AF156390

VON
ALEPPO
NACH
PARIS

HANNA
DIYĀB

VON ALEPPO NACH PARIS

*D*ie Reise eines jungen
Syrers bis an den Hof
Ludwigs XIV.

HANNA DIYĀB

Unter Berücksichtigung der
arabischen Handschrift aus der französischen
Übertragung übersetzt von Gennaro Ghirardelli
– und von diesem mit einem Vorwort versehen.

Angereichert mit historischen Abbildungen.

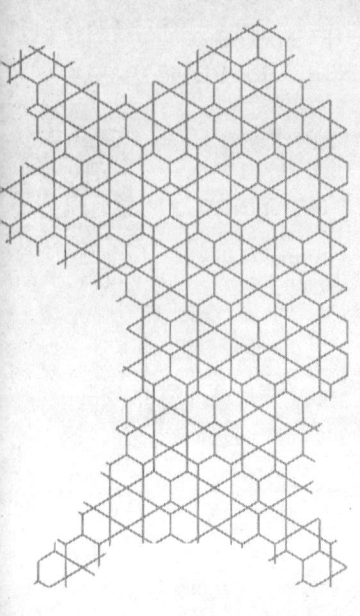

VORWORT VON
GENNARO GHIRARDELLI

Als Jérôme Lentin mir im März 2013 bei einem Zusammentreffen in Paris von seiner Arbeit an der Übersetzung des Reiseberichts eines jungen syrischen Christen aus dem frühen 18. Jahrhundert erzählte, erinnerte ich mich wieder. Jahre zuvor hatte er beiläufig von einer Handschrift gesprochen, auf die er bei Recherchen in der Vatikanischen Apostolischen Bibliothek in Rom gestoßen war. Ich hatte vergessen, worum es sich handelte. Es war der Bericht einer Reise von Aleppo nach Paris, die der junge Aleppiner Hanna Diyāb 1708 zusammen mit dem vom französischen König Ludwig XIV. beauftragten Sammlungsreisenden Paul Lucas unternommen hatte. Jérôme Lentins Ausführungen zu dem Text verführten mich zu einem spontanen Vorschlag: Wenn die drei Herausgeber und Übersetzer, Paule Fahmé-Thiéry, Bernard Heyberger und Jérôme Lentin sich die Mühe machten, Hanna Diyābs Handschrift aus dem Arabischen ins Französische zu übersetzen, könnte man auch eine deutsche Übersetzung ins Auge fassen. Zu diesem Zeitpunkt blieb diese Idee für uns aber noch ein Luftschloss, *un château en Espagne*. Nach einiger Zeit erhielt ich eine Fassung des Übersetzungsmanuskripts samt einer digitalen Version der Handschrift aus der Vatikanischen Bibliothek, las den Text und war nach der Lektüre fest entschlossen, das Unternehmen in Angriff zu nehmen. Die französische Edition der Übersetzung von Hanna Diyābs Reisebericht ist außerordentlich sorgfältig von drei ausgewiesenen Sachkundigen übersetzt und kommentiert worden, sodass sich eine deutsche Ausgabe auf der Grundlage der französischen Übersetzung unter

Heranziehung der arabischen Handschrift verantworten lässt. Meine Arabischkenntnisse sind ausreichend, dass ich in Zweifelsfällen, etwa bei der Entscheidung zwischen zwei Synonymen, den Originaltext heranziehen konnte; zumal der arabische Text stark vom Aleppiner Dialekt geprägt ist, mit dem ich dank längerer Aufenthalte in Syrien und vor allem in Aleppo besser zurechtkomme als mit dem sogenannten Hocharabischen. Bei meiner Arbeit stand ich dann in beständigem Kontakt mit Jérôme Lentin, dessen Kompetenz für historische arabische Dialekte der Levante außer Frage steht.

Ich machte mich an die Übersetzung und auf die Suche nach einem deutschen Verlag. Nach einigen Irrwegen und auf einen Fingerzeig Thomas Hettches hin gelangte ich an *Die Andere Bibliothek*. Der Verleger Christian Döring sah, las und siegte: Er entschloss sich von einem Tag auf den anderen, den Titel in sein Programm zu nehmen. *Chapeau!*

Den Linguisten und Dialektologen Jérôme Lentin hatte ich im Frühherbst 1976 in Mayadin, einer kleinen Stadt am unteren syrischen Euphrat, kennengelernt. Er hielt sich dort zu Studien des örtlichen Dialekts zusammen mit französischen Archäologen auf, die gern auch in eine Höhle auf der Burg über der Stadt stiegen, um dort nach »alten Dingen« zu suchen. Jérôme und ich hingegen setzten uns am ersten Abend nach meiner Ankunft an diesem heißen Tag auf das Dach des französischen Grabungshauses in der Stadt und kamen ins Gespräch. Wir sprachen in dieser Nacht am Euphrat aber nicht über Geschichten aus *Tausendundeiner Nacht*, nicht über *Aladdin und die Wunderlampe* oder Schätze, die man aus Höhlen birgt, sondern kurioserweise, wie ich mich bis heute erinnere, vor allem über Robert Musils Roman *Der Mann ohne Eigenschaften*. Ich fand es großartig, denn ich hatte gerade für eine ethnologische Feldforschung viele Wochen allein in einem kleinen Dorf am oberen Euphrat verbracht. Aus dieser Begegnung auf dem Hausdach in Mayadin wurde eine mittlerweile vierzig Jahre währende Freundschaft.

Doch kehren wir zu Hanna Diyāb zurück: Er hatte zweifellos Charme, dieser junge syrische Mann. Man kann sich vorstellen, dass manche der »in kostbare Kleider aus goldbestickter Seide« gekleideten Prinzessinnen, Hofdamen und »Zofen, schön wie Sterne« [96v] am Hof in Versailles entzückte Augen machten, wenn er in seinem pittoresken orientalischen Aufzug recht ungeniert durch die Flure und Säle des Schlosses flanierte. Dort hielt er sich mit seinem »Meister« Paul Lucas acht Tage lang auf, in denen Lucas dem Minister und dem König über die auf seiner Reise gewonnenen Erkenntnisse und die getätigten Erwerbungen Bericht erstattete und Hanna mit der Vorführung der mitgebrachten Wüstenspringmäuse, den *gerboises*, glänzte. Liest man seine Beschreibung der Episode, so gewinnt man den Eindruck, dass er selbst ganz begeistert war von seinen Auftritten: »In diesen acht Tagen spazierte ich im Palast herum, ohne dass mich irgendjemand daran gehindert hätte.« [101v]

Hanna Diyāb war einfacher Herkunft: Er war ein Sohn des Basars, dem der Umgang mit Europäern nicht fremd war, da er, wie sein älterer Bruder und andere orientalische Christen auch, bei levantinischen Niederlassungen europäischer Händler in Aleppo arbeitete. Aus dieser Umgebung, vom Basar der bedeutenden Handelsstadt, bezog er seine erstaunlichen Sprachenkenntnisse; er sprach neben seiner arabischen Muttersprache Französisch, wohl auch passabel Provenzalisch, Italienisch und Türkisch. Sie waren der Anlass seiner Begegnung mit Paul Lucas und dafür, dass dieser ihm offenbar auf der Stelle das Angebot machte, ihn als Übersetzer und Gehilfe nach Paris zu begleiten.

Es wurde zu Lande wie zu Wasser eine lange, beschwerliche und manchmal auch sehr gefährliche Reise via Zypern, Ägypten, dem libyschen Tripolitanien nach Tunis und von dort über das Mittelmeer nach Nordafrika. Besonders gefährlich war die Seereise über das Mittelmeer. Abgesehen von Stürmen und Flauten drohten Überfälle von Korsaren. Dieses »Meer der Mitte«, das Okzident und Orient verband, war einerseits ein Raum enger mediterraner Handelsverbindungen, in dem Menschen unterschiedlichster Herkunft, religiöser, ethnischer oder anderweitiger Zugehörigkeit als freie Personen miteinander in geschäftliche Verbindungen treten und Austausch pflegen konnten. Andererseits war es immer auch die Bühne, auf der interessierte Groß- und Regionalmächte ihre Imponierstücke aufführten. In deren Diensten agierten die Korsaren. Im Laufe des spanischen Erbfolgekriegs zu Beginn des 18. Jahrhunderts beherrschten auf europäischer Seite Frankreich und England mehr und mehr die Szene, von Osten her mischte nach wie vor das Osmanische Reich im Spiel um die Vormacht mit. Ausgeraubte Opfer dieser Verhältnisse wurden denn auch prompt Hanna Diyāb und Paul Lucas auf ihrer Überfahrt von Tunis nach Italien.

Paul Lucas erwähnt Hanna in seinem eigenen Bericht über die Reise nie. Doch aus Hannas Beschreibung wird deutlich, wie eng das Zusammenleben der beiden Männer über Monate in vielen schwierigen Situationen geworden war. Paul Lucas war sich dieser Lage wohl weniger bewusst, umso mehr dafür Hanna Diyāb, wie aus mehreren Bemerkungen hervorgeht, was denn aus ihm werden sollte, verlöre er seinen »Meister« unterwegs. Während der Reise wurde das Verhältnis zwischen den beiden zu einem der symbiotischen Ergänzung, denn auch Lucas war auf Hanna angewiesen, da er die Landessprachen nicht beherrschte und mehr als einmal als »Franke« und Ungläubiger in Gefahr geriet oder sich durch unbedachtes Verhalten selbst in Gefahr brachte. Beide waren daher in dieser Zeit bis zu einem gewissen Grad gegenseitig voneinander abhängig. Dieses Verhältnis änderte sich mit der Ankunft in Europa – und ganz besonders nach ihrem Eintreffen in Paris. Hier brauchte Paul Lucas den jungen Syrer nicht mehr, was letzten Endes den Ausschlag dafür gab, dass sich Hanna, der sich von den leeren Versprechungen Lucas' hingehalten und um seine Hoffnungen auf eine vielversprechende Zukunft in Paris betrogen fühlte, nach längerem Aufenthalt wieder auf die Heimreise nach Syrien machte.

Dennoch bewegte sich Hanna Diyāb in Paris recht frei und

unbekümmert und verbrachte dort eine anregende Zeit, über die er mehr zu berichten weiß, als man es sonst von weit gebildeteren Reisenden aus dem Orient kennt.

Hanna Diyāb zeichnet sich durch eine unbezähmbare Neugierde und Offenheit gegenüber neuen Eindrücken aus, durch lebendige Beschreibungen von Menschen und Lebensumständen und Lust an der Wiedergabe gehörter Berichte und Geschichten. Er geht auf fremde Menschen zu, egal, welcher Herkunft sie sind, spricht sie an und befragt sie. Er drückt sein Erstaunen über Neugesehenes aus und will sofort mehr darüber erfahren. Sein Interesse gilt allen Bereichen des öffentlichen Lebens, staatlichen wie sozialen Einrichtungen und ihrer Organisation, technischen Errungenschaften und Neuerungen in Paris und anderswo. Dabei entwickelt er eine zunehmende Vertrautheit mit der anfänglich fremden Umgebung: Wo er zunächst noch naiv und mit Erstaunen von all den Wunderdingen spricht, auf die er in den Ländern der »Franken« stößt, so meint man im Laufe seines Aufenthaltes nach so vielen Begegnungen mit Land und Leuten eine Veränderung hin zu einer aufgeklärteren Auseinandersetzung bei der Begegnung mit Ungewohntem und für ihn zunächst gar Unerhörtem feststellen zu können. Bei der hinreißenden Beschreibung seines Besuchs einer Aufführung von Lullys Oper *Atys* kommt fast schon der Verdacht auf, dass er selbst, und nicht nur seine Umgebung, sich über seine Naivität angesichts der »Wunder«, die sich auf der Bühne abspielen, lustig macht.

Auf dem Rückweg von Istanbul durch Anatolien nach Aleppo bringt Hanna sein neues »aufgeklärtes« Wissen zur Anwendung: Er gibt sich als fränkischer Arzt aus, kleidet sich auch so und kuriert von Etappe zu Etappe gicht- und magenkranke Provinzgouverneure und Paschas mit den Mitteln, die er bei dem in Belangen der Heilkunde von ihm bewunderten »Meister« Paul Lucas kennengelernt hatte. Dieser war nun freilich ebenso wenig wie Hanna ein echter Arzt, sondern eher ein experimentierfreudiger Kurpfuscher. Hanna hatte Erfolg damit, doch zeigt sich gerade hier die neue Selbsteinschätzung, die er sich auf seiner »Bildungsreise« angeeignet hatte: Es ist ihm bewusst, dass diese Rolle des fränkischen Arztes eine Anmaßung ist, und er hegt diesbezüglich Befürchtungen, man könnte ihm auf die Schliche kommen und ihn bestrafen. Die Listen, wie er sich jeweils aus der Affäre zieht, sind nun wieder ganz nach seiner Art. Mit kleinen Notlügen und gewitzten Einfällen hatte er bei aller christlichen Frömmigkeit schon auf der ganzen Reise mit Paul Lucas geglänzt. Und die Unbefangenheit, mit der er, stolz auf seine Erfindungsgabe, davon berichtet, nimmt einmal mehr für ihn ein.

Im Reisebericht gibt es zwei Ereignisse, die das Geschehen wie eine Klammer einfassen. Es sind zwei Höhlenepisoden – die eine vor Beginn der Reise in Keftin, auf der Strecke zwischen Aleppo und dem libanesischen Tripolis, die andere nach der Reise in einer Höhle bei Aleppo. Zwischen diese beiden Pole ist die Entwicklung von Hannas »Entdeckungs- und Bildungsreise« eingepasst. Es ist auch eine Reise vom Erkunden der Dinge bis hin zur Verifizierung von Sachverhalten, für Hanna mithin der Beginn einer Lehrzeit, in der er eine neue Art kennenlernt, die Dinge und den Lauf der Welt zu betrachten und sich anzueignen.

Bei der Höhle von Keftin handelte es sich eigentlich um ein Grab, das der unermüdliche Antikenjäger Paul Lucas – hier und in anderen Fällen wäre die Bezeichnung »Grabräuber« wohl eher angebracht – unbedingt erkunden wollte. Da er selbst nicht und auch sonst niemand aus seinem Gefolge, den Mut aufbrachte, hineinzugehen, bezahlte man einen vorbeikommenden Ziegenhirten für dieses Geschäft. Dies geschah am ersten Tag der Begegnung Hannas mit Paul Lucas, kurz bevor dieser Hanna aufforderte, sein Begleiter und Gehilfe auf der Reise nach Paris zu werden.

Das zweite gemeinsame Höhlenerlebnis der beiden fand am letzten Tag statt, den Hannas Bericht erwähnt. Bei einem neuerlichen Aufenthalt in Aleppo verlangte Paul Lucas von Hanna, der schon eine Weile wieder dort lebte, ihm eine Höhle etwas außerhalb der Stadt zu zeigen, um die sich viele Geschichten rankten. Deren Gang, so hieß es, solle bis nach ʿAintāb (das heutige Gaziantep in der Türkei) führen. Hanna beschwört nun seinen »Meister«, das Unternehmen zu lassen: »Was willst du an einem so gefährlichen und unheimlichen Ort?« Und obwohl Hanna die Höhle selbst nur von Legenden her kannte, die sich darum woben, vertritt er augenblicklich, was er vom Hörensagen weiß: »Bis auf den heutigen Tag ist niemand, der hineinging, lebendig wieder herausgekommen. [...] Viele Leute sind hineingegangen und nicht wieder herausgekommen.« Worauf Lucas den entscheidenden Satz entgegnet: »Bist du hineingegangen? Hast du geprüft, ob es wahr ist oder nicht?« Und Hanna: »Alle sagen es. Ich weiß nicht, ob es die Wahrheit oder Lüge ist.« Lucas: »Ich will es mit eigenen Augen sehen, um zu wissen, was es damit auf sich hat.« [172r]

Hanna Diyāb und Paul Lucas begeben sich daraufhin zusammen mit anderen ansässigen Europäern und Einheimischen zu dieser Höhle; und auch hier hat die Begleitung Angst, hineinzugehen. Als sie aber sehen, dass Lucas hineingeht, folgen sie ihm. Bald gelangen sie ans Ende der Höhle und erkennen, »dass alles, was man erzählt hatte, Lüge war. [...] Es war jetzt klar, dass alle, die behaupteten, dieser unterirdische Gang ende in ʿAintāb, gelogen hatten.« [173v] Nach einigen Erkundigungen und der Befragung von Ortsansässigen stellte sich heraus, was es mit dieser Höhle auf sich hatte. Sie war durch Kalksteinabbau und Herstellung von Kalk für den Bau der Häuser der Stadt Aleppo entstanden und soll auch eine strategische Bedeutung zur Herbeiführung von Truppen durch unterirdische Gänge gehabt haben. Letzteres hört sich nun freilich wieder eher nach einer Legende an, doch jetzt nach einer rational begründeten. »Diese Erklärungen [...] hatten [Paul Lucas] überzeugt« [174r] – und offenbar auch Hanna Diyāb, der von den Sagen um die Höhle nichts mehr wissen will, sie sogar als »Lügen« bezeichnet und damit seinen Bericht schließt.

Mit der Annahme einer Veränderung von Hannas Weltsicht ist jedoch auch die beträchtliche zeitliche Entfernung zwischen Reise und Niederschrift des Reiseberichts in Betracht zu ziehen: Hanna Diyāb schloss seinen Bericht im Jahr 1764 als Familienvater und gestandener alter Tuchhändler im Basar von Aleppo ab. Er hatte in seinem jungen Leben viel gesehen und erlebt, mehr als die meisten anderen um ihn herum, was ihm in seiner Umgebung gewiss den Rang eines kenntnisreichen Mannes verliehen hat, dem man nicht so ohne weiteres etwas vormachen konnte. Davon erzählt er hier. Was es mit Höhlen und vielem anderem in diesem Buch sonst noch auf sich hat, erfahren die Leser aus dem kenntnis- wie inhaltsreichen Nachwort von Bernard Heyberger.

Der Reisebericht beginnt mitten in einem Satz: »[…] ihren Tisch bis auf die Mönche und die Novizen«, weil die Seiten davor im Manuskript fehlen. Wir begegnen Hanna Diyāb zum ersten Mal bei seinem Eintritt in das Kloster Mar Alischa (Sankt Elisa) im Libanongebirge. Er hat es dort nicht lange ausgehalten und nahm eine Erkrankung zum Anlass, nach Aleppo zurückzukehren, wo er seine Arbeit in der Niederlassung des französischen Händlers wieder aufnehmen wollte. Die Hoffnung zerschlug sich, und Hanna war bereits wieder auf dem Weg zurück zum Kloster, als er mit Paul Lucas zusammentraf, dessen Angebot, mit ihm nach Paris zu reisen, er nach kurzer Bedenkzeit annahm: »Durch Zufall traf ich diesen Reisenden, [1711] und in der Ortschaft Keftin habe ich meinen Plan, Mönch zu werden, aufgegeben.«

Sein mutiger Entschluss war, wenn man so will, ein literaturgeschichtlicher Glücksfall: Ohne ihn wären wir nicht in den Genuss dieser einzigartigen Reisebeschreibung aus jener Epoche gekommen, und die europäische Welt hätte vermutlich keine Kenntnis von einigen der bekanntesten Stücke der Weltliteratur, darunter *Ali Baba und die vierzig Räuber* und *Aladdin und die Wunderlampe*. Der Name Hanna Diyāb war bereits bekannt, bevor sein Reisebericht in der Vatikanischen Bibliothek (wieder-)entdeckt wurde. Er war es, der dem Orientalisten Antoine Galland in Paris diese Geschichten erzählte und sie für ihn niederschrieb: »[…] ich erzählte ihm […] die Geschichten, die ich kannte. Er konnte sein Buch mit diesen Geschichten ergänzen und war sehr zufrieden mit mir.« [128r]

Im März 2016

Für die Transkription arabischer Namen und Begriffe haben wir weitgehend das System der französischen Ausgabe übernommen: Im Text des Reiseberichts wird eine an die deutsche Aussprache angepasste Schreibweise verwendet, wobei die langen, im Arabischen mit Buchstaben geschriebenen Vokale hier mit Längenzeichen versehen sind. In den Fußnoten hingegen werden dieselben und weitere arabische Begriffe in einer leicht modifizierten Form nach Hans Wehr, *Arabisches Wörterbuch für die Schriftsprache der Gegenwart*, mit diakritischen Zeichen wiedergegeben. Dialektale Formen sind gelegentlich durch phonetische Zeichen kenntlich gemacht. Die Assimilation zwischen Artikel und anlautendem »Sonnenbuchstaben« bei Substantiven wird nicht berücksichtigt; es wird die Schriftform *al-*[Substantiv] beibehalten. Die Angaben in eckigen Klammern ([1r] usf.) weisen auf die entsprechenden Seiten von Hanna Diyābs Handschrift in der Vatikanischen Bibliothek hin.

الجزاير بحسب ما باشروا في بناء مدينة تونس وهي بعدير عن تلك الاسكلة بمقدار ثلاث او اربع ميال • اخيرا انقضنا احوالنا الى الاسكلة • وكان العنصر هيا النار ولدونا انه من زاد ونبيذ وجاج وراس غنم وما يشبه ذلك من ما يلزم فاني سفر البحر و

الفصل السادس

في سفرنا الى بلاد المغربية   ١٧٠٨

فكان خروجنا من بنتر تونس في اول شهر جرزيرات مرلنا في حلك المركب المذكور وبعد يوم سانحنا لا الانسان في حتى وصلنا الى جزيرة كورسيكا وهي من مملكة ايطاليا • فلما حطا مريو المركب في تلك الاسكلة صار القبطان يسال اهل تلك الجزيره هل بعهم خبر من مركب قومان فرنساوي في ذلك البحر الذي هو قريب اليهم • نلجابوه نعم في مركب قومان فرنساوي يصلب في عمل ادوية وجرمسوت ليل واياما ني لان المركب كبير ودخله ما بين عسكري وعرطوليه من غير البحرية • فلما سمع القبطان منهم هذا الخبر صمم النية بان لا يستقيم في تلك الجزيره الا حين ما ياخذ خبر باندا سفي من تلك الرقصله فاستقنا ذلك اليوم في تلك الاسكلة ونحن الا مع اهل الجزيره من مركبنا وكان سافر عناني اينر انفسار من اليسارة من الذي فيه اشترو مع اوليك البادره المذكورين • وكان واحد منهم اختيار وهو من اهل الجزيره • ليستقام في اليسر عشرين سنة • فهذا صار يسال عن حرمنة واولاده هل هن طيبين • فاتوا يهم

1. KAPITEL

MÖNCHSLEBEN IM LIBANON UND BEGINN DER REISE MIT PAUL LUCAS [1]

[11] […] ihren Tisch bis auf die Mönche und die Novizen. Wir verbrachten diese Nacht in der Herberge, bis zum Morgen.

Nachdem wir die Messe besucht hatten, ließ uns der Vorsteher zu sich in seine Zelle rufen. Wir küssten ihm die Hände, er hieß uns willkommen und ließ uns Platz nehmen. Dann fragte er uns, ob wir uns vorgenommen hätten, Mönche zu werden. Wir antworteten ihm, dass dies sehr wohl unsere Absicht gewesen sei, schon bevor wir Aleppo verlassen hatten.

– Der Segen Gottes sei mit euch und euren Vorsätzen, sagte er. Ihr weilt nun schon vier Tage bei uns im Kloster und habt unsere Lebensweise und unsere Regeln kennengelernt. Ihr sollt euch jetzt drei Tage lang zurückziehen, und ein jeder von euch möge sein Gewissen prüfen und sich auf eine Generalbeichte vorbereiten. Ihr werdet das heilige Sakrament empfangen und schließlich das Novizengewand anlegen, und ihr werdet euch den Mönchsregeln unterwerfen, so wie es in diesem Heft steht.

Er brachte jedem von uns ein Heft, das er uns zum Studieren gab. Daraufhin rief er den Verwalter des Klosters, Pater Jussef ibn al-Būdi [2], und hieß ihn, uns allen eine Zelle zuzuweisen. Er erteilte uns den Segen und entließ uns in Begleitung des Letzteren, der jedem von uns einen Kammerschlüssel zu einer Zelle und ein Gebetbuch gab.

Wir lebten drei Tage lang zurückgezogen. Der Vorsteher hatte uns einen Priester zur Unterweisung zugewiesen, der uns anleiten und sich in geistlichen Fragen um uns kümmern sollte. Am Ende dieser drei Tage legten wir die Generalbeichte ab und empfingen die heiligen Sakramente, will sagen: die heilige Kommunion.

Danach führte uns der Verwalter des Klosters in den Raum, wo die Gewänder der Mönche aufbewahrt werden. Er reichte mir zuerst ein Hemd, ein Beinkleid[3], eine Tunika aus dickem Stoff und einen Mantel aus schwarzer Wolle mit einem Gürtel aus Pflanzenfaser, eine Kalotte und dazu zwei Schlingen Tuch aus Wolle in der Farbe von dunklem Honig, um daraus eine Art *Schāsch*[4] zu machen, [IV] sowie schwarze, geflochtene Sandalen.

– Lege deine Kleider ab, Bruder, sagte der Verwalter zu mir, ziehe das Novizenkleid an und erwarte den glücklichen Tag, an dem wir dich in das himmlische Gewand der Mönche einkleiden.

Ich legte mein feines Gewand ab, zog das Hemd aus ungebleichtem grobem Stoff und die anderen Kleidungsstücke an. Ich legte den dicken, groben Mantel um und gürtete mich mit dem Strick. Mit meiner Pluderhose sah ich aus wie ein Gemüsehändler. Ich nahm den *Schāsch* und den *Qāwūq* vom Kopf und setzte die schwarze Kalotte auf, wickelte das kastanienfarbene Wolltuch darum und zog die geflochtenen Sandalen an.

Bei der Betrachtung meiner Lage fand ich, dass ich nun einen sonderbaren Anblick bot.

Von diesem Augenblick an sagte sich mein Herz vom Mönchsleben los, und ich bereute, was ich getan hatte. Aber aus lauter Stolz ließ ich mir nichts anmerken.

Mein Gefährte kleidete sich auf die nämliche Weise. Es war der bereits erwähnte Schalabi X.[5] Schließlich verließen wir die Kleiderkammer. Alle Mönche und die Novizen kamen vorbei, gaben uns ihren Segen zu unserem Eintritt in das Noviziat, freuten sich mit uns und beglückwünschten uns.

Ein jeder kehrte in seine Zelle zurück, bis die Glocke zum Mittagessen erklang. Wir gingen in das Refektorium hinunter. Dort erblickten wir den Vorsteher und alle Mönche. Der Vorsteher trat ein und setzte sich an das obere Ende der Tafel, die Priester taten es ihm nach, und jeder setzte sich an seinen Platz, wonach die Mönche eintraten und sich ihrerseits hinsetzten. Die Novizen blieben draußen stehen. Einige Augenblicke später erlaubte ihnen der Vorsteher, einzutreten. Wir traten ein und jeder nahm Platz, ein Älterer jeweils vor einem Neuen. Auf dem Tisch standen drei verschiedene Schüsseln: Linsensuppe, gekochter Weizen (oder manchmal [2r] anderes Getreide und Gemüse), Weißkäse[6], in der Melasse eingelegte Feigen. Für zwei gab es jeweils eine Flasche Wein und ein Glas. Jeder durfte nach seinem Vermögen und Belieben trinken.

Auf den Regalen des Refektoriums erblickte ich die aufgereihten Schädel verstorbener Mönche. Auf jedem war der Name eingeschrieben, der zu ihm gehört hatte. Am unteren Ende der Tafel saß ein Mönch auf einem Podest und las die Chroniken der Märtyrer vor mit den entsetzlichen Qualen, die sie erduldet hatten und die, wie jeder weiß, unmöglich zu ertragen sind. Bei dieser Vorstellung konnte ich keinen Bissen mehr hinunterbringen, auch nicht trinken, und war fassungslos.

Wenn der Vorsteher bemerkt, dass niemand mehr das Essen anrührt, erhebt er sich, und alle erheben sich mit ihm, sagen das Dankgebet und verlassen die Tafel. Der Koch und der Mönch, der vorgelesen hatte, setzen sich zur Mahlzeit nieder. Daraufhin geht der Vorsteher hinaus, und alle Mönche und Novizen folgen ihm vor das Tor des Klosters an einen Ort, der einem offenen Empfangszimmer gleicht.[7] Dort bleiben manche eine halbe Stunde lang sitzen, andere gehen umher und unterhalten sich über geistliche Dinge.

Danach geht jeder der Arbeit nach, die ihm vom Vorsteher zugewiesen wurde: der Schneider ans Schneidern, der Schuster ans Schustern, der Schreiber ans Schreiben, der Gärtner in seinen Garten, und die übrigen an andere zum Kloster gehörige

Arbeiten. Zu diesem Zeitpunkt sieht man außer dem Verwalter niemanden im Kloster.

Am Abend, nach den Vespergebeten und der Komplet, ertönt die Glocke zum Abendessen. Nach dem Essen versammeln sie sich wieder im Empfangszimmer und wandeln [2v] wie gewohnt umher. Danach gehen sie wieder in die Kirche, um jeder für sich zu beten.

Der Vorsteher zieht sich darauf in seine Zelle zurück, und einer nach dem anderen tritt bei ihm ein, um ihm seine Gedanken zu entdecken. Es ist keine Beichte, jedoch eine Art geistliche Unterweisung, damit der Vorsteher erfährt, ob diese Gedanken vom Teufel kommen oder vom Heiligen Geist oder von den Engeln eingegeben sind. Der Vorsteher erteilt seinen Rat und deckt die Lügen und Listen des heimtückischen Satans auf. Erkennt er bei irgendeinem eine Sünde, trägt er ihm vor dem Schlafengehen eine Beichte auf. Auf diese Weise schläft der Novize in aller Ruhe und in Frieden.

Wenn alle beim Vorsteher gewesen sind, gilt Stillschweigen. Niemand darf bis zum nächsten Morgen mehr mit seinen Gefährten sprechen. Wer will, geht in seine Zelle, wer noch umhergehen möchte, tut dies im Inneren des Klosters. Schließlich ziehen sich alle in die Zellen zurück und schlafen.

Genau um Mitternacht steht der Sakristan auf und geht mit einer Glocke in der Hand von Zelle zu Zelle, um den Mönchen und den Novizen den Mitternachtsgottesdienst anzuzeigen. Die Mönche, der Vorsteher und die Novizen versammeln sich in der Kirche und verrichten etwa eine Stunde lang ihre Gebete. Danach kehren sie in die Zellen zurück und schlafen bis zum Anbruch des Morgengrauens.

Dann läutet die große Glocke[8] zum Morgengebet, und nach dem Gebet beginnt die Messe. Jeder nimmt daran teil und wendet sich dann, ohne gefrühstückt zu haben, bis eine Stunde vor Mittag der Aufgabe zu, die ihm zugewiesen wurde. Danach verrichten sie das Gebet der sechsten Stunde, dann ertönt die Glocke zum Mittagessen, wie wir bereits gesehen haben. Jeder

Mönch [3r] und jeder Novize ist angehalten, alle sieben Tage zur Beichte und zur Kommunion zu gehen.

Unter den Novizen gab es einen alten, weißhaarigen Mann mit weißem Bart von hohem Wuchs, der beeindruckend war. Ich fragte einige Mönche, wer er sei. Wie konnte er, hoch betagt und in diesem vorgerückten Alter, noch in das Mönchsleben eintreten und seinen Platz unter den Novizen einnehmen? Ein Mönch sagte mir:

– Mein Bruder, da du die Geschichte dieses Mannes wissen willst, hier ist sie: Er war der Scheich eines Dorfes, ein gastfreier Mann. Jeden Abend versammelten sich mehr als zwanzig Leute an seiner Tafel. Er hat sieben Söhne, junge, verheiratete Männer, und auch verheiratete Töchter. Seine Frau und er kamen überein, der Welt zu entsagen und ihr Leben im Kloster zu beschließen. Die Frau trat in das Nonnenkloster ein, und er kam vor drei Jahren in dieses Kloster. Er führte mit unserem Vorsteher, dem Pater Germanos[9], eine Unterredung und bat ihn darum, in den Orden eintreten zu dürfen. Als der Vorsteher seine Bitte hörte, war er erstaunt und sagte:

»Mein Bruder, du hast der Welt zu deiner Zeit dein Bestes gegeben, und jetzt, wo es dem Ende zugeht, willst du dein Alter dem Mönchsleben weihen?«

Der Pater Vorsteher sagte dies, um seine Entschlossenheit zu prüfen.

Der Greis antwortete:

»Vater, vielleicht wird Gott mich unter den Arbeitern der elften Stunde aufnehmen.«

Der alte Mann ließ nicht locker und bat so sehr und inständig, dass er Mitleid mit ihm bekam und sagte:

»Mein Bruder, ich kann dich erst im Kloster aufnehmen und zu den Mönchen zählen, wenn du deine Entschlossenheit bewiesen hast.«

Der Greis war damit einverstanden und sagte:

»Mache mit mir, was du für gut hältst.«

Der Vorsteher entgegnete darauf:

»Wenn du wirklich fest entschlossen bist, so wirst du außerhalb des Klosters und der Gesellschaft der Mönche bleiben, bis der Herr sich deiner erbarmt.«[10]

Der Greis antwortete ihm:

[3v] »Mein Vater, befiehl, und ich werde dir gehorchen.«

Als der Vorsteher sah, dass der Greis entschlossen war, wies er ihn an, als Pförtner am unteren Tor des Klosters zu verbleiben, hinter dem es eine kleine Hütte gab.

»Ich werde dir gehorchen«, sagte der alte Mann zu ihm.

Drei Jahre lang lebte er in dieser kleinen Hütte, ertrug die Kälte des Winters ebenso wie die Hitze des Sommers standhaft, ohne sich zu beklagen, und begnügte sich mit dem Wenigen an Nahrung, das von der Tafel des Klosters übrig blieb. Als die Mönche und Priester das Ausmaß der Geduld und Beharrlichkeit dieses Mannes sahen, legten sie beim Vorsteher Fürsprache für ihn ein, auf dass er ihn im Kloster und unter den Novizen aufnehme. Der Vorsteher erhörte ihre Bitte und ließ ihn in das Kloster eintreten. Sie legten ihm das Novizengewand an. Nunmehr hatte er bereits drei Monate seines Noviziats hinter sich gebracht. Dies ist seine Geschichte und der Grund seiner Anwesenheit unter den Novizen.

Als der Mönch mir die Geschichte dieses Mannes erzählt hatte, war ich sehr erstaunt und verwirrt. Es ereignete sich noch Seltsameres. Eines schönen Tages begaben wir uns wie gewöhnlich zum Mittagessen in das Refektorium. Der Vorsteher und die Mönche traten ein und setzten sich zu Tisch. Danach erlaubte der Vorsteher den Novizen, Platz zu nehmen. Als der Greis seinerseits eintreten wollte, herrschte der Vorsteher ihn an und verbot es ihm. Jener zog sich mit gekreuzten Armen und gesenktem Kopf zurück und blieb so stehen, bis die Mönche ihre Mahlzeit beendet hatten. Der Vorsteher verließ die Tafel und trat mit einem Ausdruck der Verärgerung zu ihm. Der Greis kniete, die Stirn an die Erde gedrückt, zu seinen Füßen nieder. Der Vorsteher begann, ihn zu rügen, und machte ihm Vorwürfe, indem er ihn [4r] einen geschwätzigen und schamlosen

Alten nannte. Dann fing er an, sich nach Art eines Dichters von Spottversen über ihn lustig zu machen. Nachdem er ihn verhöhnt und ihm mit verletzenden und harten Worten Vorwürfe gemacht hatte, gab er ihm einen Fußtritt und sagte zu ihm:

– Steh auf, Elender, und speise mit dem Koch!

Der alte Mann erhob sich sogleich, küsste die Hände des Vorstehers und bat vor allen Mönchen und Novizen um Verzeihung und Vergebung. Danach setzte er sich zum Essen mit dem Koch an den Tisch. Wir gingen wie gewöhnlich hinaus, uns zu ergehen.

Für Euren Diener war der Anblick dieses Schauspiels eine bittere Medizin. In meinem Innersten sagte ich zu mir: Wenn der Vorsteher einen Greis wie diesen mit solcher Grobheit behandelt, was wird erst mein Los sein, sollte ich mir eine Verfehlung zuschulden kommen lassen? Wie streng wird er mich dann behandeln? Mit diesen Sorgen quälte ich mich bis zum Abend. Als die Zeit der Gewissensprüfung kam, begab sich Euer Diener wie gewöhnlich dorthin, um seine Gedanken zu offenbaren. Meine ersten Worte, die ich an den Vorsteher richtete, waren:

– Ich habe den ganzen Tag an dich gedacht, mein Vater. Warum hast du diesen Greis so roh behandelt? Ich habe dich in meinen Gedanken verurteilt.

Der Vorsteher lächelte:

– In Wahrheit, mein Bruder, habe ich an diesem Mann keinen Fehler gesehen, sagte er. Aber mein Amt zwingt mich, so zu handeln, um die Novizen zur Demut zu erziehen und sie zu brechen, auf dass sie tugendhafter werden. Ich liebe diesen Mann sehr, denn in ihm ist Heiligkeit. Was ich tat, tat ich in der Absicht, die Hochmütigen zurechtzuweisen, damit sie sich ein Beispiel an seiner Demut, seiner Geduld und seinem Gehorsam nehmen, denn alle wissen sehr wohl, dass ich ihn tadelte, ohne dass er einen Fehler begangen hatte.

Der Vorsteher ließ mir noch weitere tröstliche und aufmunternde Worte zuteilwerden, die mein Herz schließlich beruhigten. Ich ging bestärkt und zufrieden von ihm. Es bestätigte sich mir, dass die Gedankenoffenbarung von großem Nutzen war.

[4v] An einem anderen Tag hatten wir die Mittagstafel bereits verlassen und ergingen uns wie gewöhnlich außerhalb des Klosters im Freien. Der Vorsteher ließ einen Mönch namens Mussa zu sich rufen, der mit der Versorgung der Gemeinschaft betraut war. Er schickte ihn nach Tripolis und an andere Orte, damit er dort Geschäfte des Klosters erledige. Als er sich bei ihm meldete, trug er ihm auf, Bruder Arsenios mitzunehmen und diesen bei seiner Ankunft im Dorf Bscharre auf ein Maultier zu setzen, ihn in das Dorf Saidet Zghorta[11] zu bringen, ihn in die Hände des Dorfgeistlichen zu geben und auf dem Weg gut auf ihn aufzupassen. Er gab ihm einen Brief für den Pfarrer mit, empfahl ihn seiner Zuwendung und bat, ihn zu pflegen. Daraufhin schickte er einen Mönch, den Bruder Arsenios zu holen. Dieser war krank und konnte sich im Kloster nur mit Mühe und Not von der Stelle bewegen. Als er vor den Vorsteher trat, kniete er nieder und küsste ihm die Hand. Der Vorsteher richtete folgende Worte an ihn:

– Bruder, ich trage dir unter größter Gehorsamspflicht auf, dich mit unserem Bruder Mussa zum Pfarrer von Saidet Zghorta zu begeben. Du wirst ihm in allem, was er dir befiehlt, Folge leisten. Wenn er dir den Befehl gibt, Fettes zu essen, wirst du das tun und alle Medikamente, die er dir verschreibt, unbesehen zu dir nehmen.

Sowie der Vorsteher seine Rede beschlossen hatte, erhob sich der Bruder Arsenios und küsste ihm die Hand. Dann entfernte er sich und stieg die Treppe hinunter. Der Vorsteher rief ihn mit tadelndem Tonfall zurück. Dieser trat wieder vor den Vorsteher, kniete nieder und sagte:

– Verzeih mir, Vater.

Der Vorsteher weigerte sich und begann ihn zu tadeln:

[5r] – Unvernünftiger Mann ohne Verstand und Einsicht, wo willst du hin? Bist du etwa in der Lage, von hier bis zum Dorfe Zghorta zu Fuß zu gehen, wie es unsere Regel gebietet? Glaubst

du denn, so viel Kraft zu haben? Du hast dich vom Stolz hinreißen lassen, Elender! Steh auf und höre, was ich dir sage, und handle meinen Befehlen nicht zuwider.[12]

Der Bruder erhob sich gehorsam mit zu Boden gesenktem Kopf:

    – Verzeih mir, Vater.

    – Bist du in Bscharre angekommen, besteige das Maultier und mache keinen Schritt zu Fuß!

Daraufhin gab der Vorsteher einem Mönch Anweisung, ihm sein Gebetbuch und seinen Stock zu bringen, ebenso seinen Übermantel. Er überreichte alles dem Bruder Mussa, gab ihm den Segen und verabschiedete ihn.

Der Vorsteher wandte sich nun an uns und seufzte:

    – Meine Kinder, ich wünschte mir, der blinde Gehorsam, der bei diesem Bruder zu finden ist, fände sich bei jedem von euch. Habt ihr gesehen, wie er nicht versucht hat, eine Entschuldigung für sich zu suchen, indem er etwa sagte: »Vater, ich habe nicht die Kraft, zu Fuß zu gehen«? Er ist sogleich aufgebrochen und gehorchte meinen Worten, ohne daran zu denken, ob er gehen könne.

Der Vorsteher ermahnte uns auf dem Spaziergang noch weiter eine halbe Stunde lang in diesem Sinne.

Euer ergebener Diener hat in dieser heiligen Kongregation und von den Mönchen, deren Wandel gleich dem der Engel ist, noch viele Dinge gesehen. Was ich berichtet habe, ist nur wenig von vielen anderen Dingen. Wenn ich es tue, dann in Hinblick auf meine Verwirrung und um einen jeden zu warnen, der in den Orden eintreten möchte, ohne auf ein solches Ausmaß an Frömmigkeit gefasst zu sein. Vor allen Dingen und besonders möge er sich viel Zeit nehmen, Gott zu bitten, die Berufung in ihm zu festigen. Er bereite sich unter Anleitung eines klugen, tüchtigen und weisen geistlichen Führers vor. Nur so wird er sich seiner Berufung sicher sein können.

Kurz nach meinem Eintritt in das Noviziat [5v] erkrankte ich schwer, war zwei Monate lang leidend und schwebte noch einen weiteren Monat zwischen Krankheit und Gesundheit.

In diesem Monat befreite mich der Vorsteher von den Mönchsregeln. Er schickte mich mit den Mönchen mit, wenn sie draußen in Angelegenheiten des Klosters zu tun hatten. Ich erging mich in ihrer Gesellschaft. Eines Tages begaben sich zwei Mönche zur Mühle, um dort Mehl für das Kloster zu mahlen. Der Vorsteher hieß sie, mich mitzunehmen, damit ich mich ergehen konnte. Ich begleitete sie zu einem Ort, der Rās al-Nahr hieß, wo sich die Mühle befand. Als wir ankamen und sie das Korn von den Rücken der Esel abluden, stellten sie fest, dass sie noch lange nicht an der Reihe waren, denn es waren viele vor ihnen gekommen, um Mehl zu mahlen. Sie sahen sich gezwungen, dort zu übernachten und zu warten, bis sie an die Reihe kamen. Sie sagten daher zu mir:

– Bruder, geh zum Kloster, nimm den Esel mit dir und sage dem Vorsteher Bescheid, warum wir in der Mühle übernachten, damit er nicht beunruhigt ist.

Ich erhob mich und trieb den Esel vor mir her. Ich wanderte das ganze Tal hinauf; es ging bereits wieder abwärts. Der Esel war vor mir, und plötzlich meinte ich, er wolle sich den Abhang hinunterstürzen. Ich sprang vor und packte ihn am Schwanz, um ihn zurückzuhalten, aber er zog mich, der ich mich an seinen Schwanz klammerte, mit sich. Schließlich entkam er mir und lief davon. Ich stürzte den Abhang hinunter und hätte mir beinahe die Knochen gebrochen. Als ich kurze Zeit danach das Bewusstsein wieder erlangt hatte und zu mir gekommen war, sah ich den Esel nicht mehr. Ich sagte mir, dass ein *Hamādi*[13] das Tier genommen habe und auf ihm weggeritten sei. Was sollte ich dem Vorsteher antworten? In diese Gedanken versunken, vergaß ich meine Schmerzen.

Ich irrte auf der Suche nach meinem Esel im Tal umher, fand aber keine Spur von ihm. Ich war niedergeschlagen und [6r] ratlos, da ich jede Hoffnung verloren hatte, den Esel wiederzufinden. Schließlich wandte ich mich langsamen Schrittes in die

Richtung des Klosters und kehrte dorthin zurück. Es begab sich an diesem Tage, dass einige Novizen aus Aleppo, von denen ich bereits gesprochen habe, in Verwirrung waren und darum gebeten hatten, das Kloster verlassen zu dürfen. Dies stellte ein großes Problem für den Vorsteher dar, der befürchtete, dass auch die Entschlossenheit der anderen Novizen nachlassen könnte. Er rief sie der Reihe nach zu sich, um zu prüfen, ob sie in ihrem Entschluss fest blieben.

Schließlich ließ er nach mir rufen, und die Mönche sagten ihm:

– Unser Bruder ist mit den anderen Mönchen zur Mühle gegangen, wie du befohlen hast.

– Wenn er zurückkommt, schickt ihn zu mir, entgegnete er.

Gerade in diesem Augenblick kam ich im Kloster an. Als ich, noch ganz erhitzt und in Angst und Schrecken über den Verlust des Esels, hinaufging, sagten mir die Mönche:

– Bruder, begib dich sogleich zum Vorsteher, er hat nach dir gerufen.

Auf diese Worte hin war ich überzeugt, er hatte erfahren, dass der Esel abhandengekommen war. Meine Angst wurde noch größer. Ich sprach bei ihm vor und küsste ihm die Hand. Er wies mich an, Platz zu nehmen. Ich setzte mich. Mit strengem Blick schaute er mich an:

– Bruder, weißt du, warum ich dich kommen lasse?

– Nein, mein Vater.

Daraufhin erzählte er mir, dass einige Novizen darum gebeten hatten, das Kloster verlassen zu dürfen.

– Weil dies für andere abträglich sein könnte, habe ich einen nach dem anderen einer Prüfung unterzogen, um mich der Festigkeit ihres Entschlusses zu vergewissern und um zu verhindern, dass immer wieder einer von ihnen sein Noviziat aufkündigt und so für andere zu einer Versuchung wird, aufzugeben.

Nach einer langen Ansprache fragte er mich, ob ich fest entschlossen sei. Ich antwortete ihm sogleich:

– Nein, mein Vater, ich werde mich in Aleppo gesund pflegen, und wenn ich wieder hergestellt bin, werde ich ins Kloster zurückkehren.

Daraufhin lächelte er und ermahnte mich mit milden Worten und sagte:

– Lasse dich nicht in Versuchung führen, mein Bruder, und nicht von den Verführungen der Welt [6v] besiegen, mein Sohn.

Danach sprach er weiterhin wohlwollend mit mir und zeigte mir seine Zuneigung bis zu dem Augenblick, als ich sagte:

– Mein Vater, gib mir heute Bedenkzeit, dass ich sehe, wohin Gott mich leitet.

Er war einverstanden, segnete und entließ mich, damit ich hingehe und nachdenke.

Als ich bei ihm hinaustrat, erblickte ich einige Mönche, die auf mich warteten, um mir ihre Freundschaft zu zeigen, damit ich nicht meinen Entschluss änderte und mich entschied, den Orden zu verlassen.[14] Ich fragte sie, ob sie den Esel gefunden hätten. Erstaunt fragten sie mich, von welchem Esel ich spräche. Ich erzählte, was mir widerfahren war. Sie begannen zu lachen und sagten mir, dass die Mönche den Esel aus Bscharre ausgeliehen hätten.

– Als er mit dir zurückkam, ist er nicht entflohen, er ist nur an seinen Ort im Dorf zurückgekehrt. Fürchte nichts, Bruder, er ist nicht abhandengekommen. Alle Esel sind an ihren Ort zurückgegangen, auch diejenigen, die mit euch unterwegs waren. Das machen sie immer so.

Mein Herz wurde ruhiger, und ich kehrte in meine Zelle zurück, um nachzudenken, was ich tun sollte. Diese Gedanken trieben mich den ganzen Tag und die Nacht bis zum Morgen um.

Als die Messen zu Ende waren, rief uns der Vorsteher und fragte uns, ob wir immer noch an unserem Entschluss festhielten, das Kloster zu verlassen. Wir antworteten ihm mit Ja. Er befahl, dass man unsere Sachen bringe. Die Novizenkleidung wurde uns abgenommen, und wir erhielten wieder unsere gewöhnlichen Kleider zurück. Wir waren zu viert: Euer ergebener

Diener, Dāwūd, Sohn des Dschabbūr al-Kwayyes, Yussef, Sohn des Schahin Schalabi, und Mīchāīl, Sohn des Tūma Hawwa. Nachdem wir unsere Kleider angezogen hatten, verabschiedeten wir uns vom Vorsteher und den Mönchen und verließen das Kloster. In diesem Augenblick traf der Generalvorsteher, Pater Abdallah ibn Qarāʿali[15], ein. Als er uns hinausgehen sah, war er über unseren Weggang betrübt. Er gab uns seinen Segen, [7r] dann sagte er mir vertraulich, indem er mich beiseiterief:

– Glaube mir, mein Sohn, von keinem der Novizen, die das Kloster verlassen haben, werde ich eine Rückkehr zulassen. Aber wenn du zurückkämest, nähme ich dich wieder auf.

Er segnete mich und sagte: Geh in Frieden! Daraufhin brachen wir alle auf.

Wir wanderten bis Tripolis, wo eine Karawane im Begriff war, nach Aleppo aufzubrechen. Wir mieteten einen Platz und gelangten nach Aleppo. Jeder ging nach Hause. Ich blieb an diesem Tag zu Hause, um mich auszuruhen.

Am nächsten Tag begab ich mich zum bereits erwähnten *Chawādscha*[16] Rémuzat[17], ihm meinen Gruß zu entbieten. Als er mich sah, machte er mir Vorwürfe und erinnerte mich an das, was er mir vorher gesagt hatte. Daraufhin würdigte er mich keines Blicks mehr und weigerte sich, mich bei sich wieder aufzunehmen, weil er Groll gegen mich hegte. Ich blieb drei Monate lang ohne Arbeit und Anstellung. Meine Aussichten verdüsterten sich, und ich trug mich mit dem Vorhaben, ins Kloster zurückzukehren. Ich wartete, bis eine Karawane nach Tripolis zusammengestellt wurde, und mietete mir ein Reittier bei einem Maultierführer. Ich erzählte ihm, dass ich das Tier für einen meiner Freunde mietete. Dies tat ich, damit niemand von meiner Abreise aus Aleppo erfahre, aus Angst, dass man mir wiederum verbieten mochte, zu gehen.

Tags darauf erwachte ich kurz nach dem Gebetsruf bei Tagesanbruch[18] und nahm einige Kleider mit, die ich benötigte, wie Unterkleider, Hemden und anderes. Von meiner ersten

Ansicht der Stadt Aleppo um 1750.

Reise hatte ich einen Reisesack behalten; ich packte alles hinein, verließ das Haus und begab mich zum Chān al-Zait, wo der Maultierführer wartete.

Dort angekommen, suchte ich ihn. Ich erfuhr, dass er die Ladung eines Franken[19] abholte, der bei dem *Chawādscha* Sauron[20], dem Meister meines Bruders, abgestiegen war.

Dann erfuhr ich auch, wer er war. Er reiste im Auftrag des [7v] Sultans von Frankreich[21] und kam aus den Ländern Armeniens. Er hatte diese Gegenden als wandernder Arzt durchquert. Von Aleppo aus wollte er die orientalischen Länder, will sagen: die arabischen Länder besuchen. Sein Name war Paul Lucas.

Ich lud meinen Reisesack auf das Pferd.[22] Es waren einige Aleppiner da, die mit der Karawane reisten. Ich lud sie ein, einige Schritte zu machen, bevor der Maultierführer zurückkam. Wir führten die Pferde am Halfter und gingen bis zum Platz der Kuppel und der Säule. Da der Maultierführer nicht erschien, setzten wir uns und warteten auf ihn.

Währenddessen wechselte ich meine Kleidung und band meinen weißen *Schāsch* um meinen Kopf, zog die Stiefel an und brachte meinen Reisesack in Ordnung. Ich war zur Abreise bereit.

Einige Augenblicke später erschien der Maultierführer, danach dieser Franke in Begleitung von vier oder fünf *Chawādschāt*, die mich alle kannten. Ich bestieg sogleich mein Pferd und machte mich allein davon, um von ihnen nicht gesehen zu werden, bevor sie herbeikamen. Sie verabschiedeten den *Chawādscha*, dann gingen sie und wir machten uns auf den Weg.

Das Gepäck ging uns voraus und war am Vortag nach Keftin befördert worden. Auf dem Weg regnete es unaufhörlich. Bei unserer Ankunft in Keftin waren wir vollkommen durchnässt. Wir traten beim Maultierführer ein, und er machte sogleich ein Feuer in seinem Haus. Wir alle zogen die Kleider aus und ließen sie trocknen. Der Franke setzte sich mit seinem Diener zu uns. Dieser, ein katholischer Christ aus dem Land Armenien, war auf Pilgerreise nach Jerusalem.

Als wir uns ein wenig ausgeruht hatten, vernahm ich, wie der Franke und der Maultierführer sich unterhielten, ohne einander zu verstehen. Der Maultierführer rief mich herbei, da er wusste, dass ich die Sprache des Franken sprach.

– Frage doch bitte diesen *Chawādscha*, was er will.

Ich fragte [8r] den Betreffenden in französischer Sprache, was er wolle. Er erklärte mir, dass er in Aleppo dem Maultierführer einige Sachen anvertraut habe, die er jetzt nicht mehr finde. Als ich dies dem Karawanenführer zu verstehen gab, erklärte er mir, dass sich die Sachen im Gepäck befänden. Der Franke war sehr zufrieden und bedankte sich bei mir. Dann fragte er mich:

– Bist du Christ?[23]

– Ja, dank der Gnade des Allmächtigen.

– Verzeih, aber ich habe den weißen *Schāsch* auf deinem Kopf gesehen und ich dachte, du seiest ein Muslim.[24]

Daraufhin lud er mich ein, mich neben ihn zu setzen und mit ihm das Abendessen einzunehmen. Ich lehnte ab. Er bestand darauf. Ich setzte mich. Er wies seinen Diener an, ein Abendessen zuzubereiten, denn er hatte aus Aleppo reichlich Verpflegung und guten Wein mitgebracht. Ich speiste mit ihm zu Abend, und am Ende tranken wir Kaffee und der junge Mann brachte uns Tabakpfeifen. Wir unterhielten uns weiter, und er begann, mir Fragen zu stellen:

– Von welcher Nation[25] bist du?

– Ich bin von der Nation der Maroniten. Ich habe von dir gehört, als du in Aleppo warst. Du hast im Haus von *Chawādscha* Sauron, dem Franzosen, gewohnt; mein Bruder ist der Verwalter seines Warenlagers.

– Der Lagerverwalter ist dein Bruder?

– Ja.

Der *Chawādscha* war erstaunt, dass ihm mein Bruder nicht erzählt hatte, dass auch ich mit der Karawane reise. Ich sagte ihm, dass er über meine Abreise aus Aleppo nicht unterrichtet gewesen sei.

– Und aus welchem Grunde nicht?

– Hätte er es gewusst, hätte er mich nicht gehen lassen.

Der *Chawādscha* fragte mich nun, wohin ich zu gehen beabsichtigte. Ich wagte nicht, ihm meine Geschichte zu erzählen, und erwiderte nur, dass ich in die Welt hinausziehen und sie entdecken wolle. Ich sagte dies, um ihn in die Irre zu führen, aber er setzte sich in den Kopf, dass ich mich zum Reisen entschlossen hätte.

Und so hat es Gott gefügt.

Er fuhr fort:

– Wenn es dein Wunsch ist, zu reisen, könntest du keinem Besseren begegnet sein als mir.

Er erzählte mir, dass er vom Sultan Frankreichs entsandt worden sei, die Länder zu bereisen und zu allem, was ihm begegne, Verbindung aufzunehmen, nach alten Chroniken und Münzen zu suchen, will sagen: nach Münzen [8v] alter Könige, ebenso nach Pflanzen, die sich in diesen Ländern fänden. Dann fragte er mich:

– Kannst du die arabische Sprache lesen?

– Ja, und *frandschi*[26] obendrein.

– Wenn du mit mir kommst, werde ich dich in der Bibliothek der arabischen Bücher unterbringen, und du wirst vom König entlohnt werden und dein ganzes Leben lang unter seinem Schutz stehen. Der Minister hat mir aufgetragen, aus diesen Ländern einen Mann mitzubringen, der das Arabische lesen kann. Du könntest viele Wohltaten daraus ziehen. Willst du mit mir kommen?

– Ja.

– Gibst du mir deine feste Zusage, mit mir nach Paris zu kommen?

Ich teilte ihm nun mit, dass ich ihm erst in Tripolis eine endgültige Antwort geben würde, da ich mir vornahm, über ihn Erkundigungen einzuholen. Sagte er mir die Wahrheit oder nicht?

Zum Schluss bat er mich, auf dem Weg nach Tripolis bei ihm zu bleiben. Er wünschte, dass ich ihm als Übersetzer diente, denn derjenige, der mit ihm unterwegs war, sprach kein Arabisch und verstand nur ein wenig die italienische Sprache. Ich war gern damit einverstanden. Danach begab ich mich mit seiner Einwilligung wieder zu meinen Kameraden und wir verbrachten so die Nacht bis zum Morgen. Als wir erwachten, sagte uns der Maultierführer, er wolle den Tag über, wie es seine Gewohnheit war, in diesem Dorf verbleiben.

Als der *Chawādscha* hörte, dass die Karawane an diesem Tag im Dorf bleiben werde, begann er die Bewohner von Keftin zu befragen, um zu erfahren, ob es in der Umgebung ein altes Bauwerk aus der Zeit der christlichen Könige gebe. Man zeigte ihm einen Berg in der Nähe des Dorfes, ungefähr eine Stunde Wegstrecke entfernt, wo es christliche[27] Bauten, ein Kloster und eine Kirche, aber als Ruine, gab. Doch wiesen manche Steine fränkische Schriftzeichen auf. Als der *Chawādscha* das hörte, ließ er den Maultierführer rufen und erklärte ihm, dass er diesen Berg sehen wolle. Der Maultierführer sagte, es gebe dort Banditen und Beduinen, und er fürchte [9r], dass er ausgeraubt werde.

– Das ist nicht deine Sache, bringe nur Reittiere herbei!

Der Maultierführer mietete für ihn Pferde im Dorf, denn die seinen waren müde, und er wollte sie für die Reise am nächsten Tag ausruhen lassen. Als die Pferde beigebracht waren, nahmen wir etwas Wegzehrung mit und vier oder fünf Männer als Begleitschutz gegen die Banditen in Dienst. Wir brachen auf und bestiegen den Berg. Nach kurzer Strecke bemerkten wir die Bauten, von denen die Bewohner Keftins gesprochen hatten. Wir stiegen ab. Der *Chawādscha* begann die Örtlichkeiten zu untersuchen und die auf manchen Steinen eingemeißelten Inschriften abzuschreiben. Als er mit den Inschriften zu Ende war, begaben wir uns an einen Ort, wo wir ein Grab vorfanden, das mit einem aus dem Berg gebrochenen Fels zugedeckt war. Der *Chawādscha* fing an, um das Grab herumzulaufen, und suchte eine Öffnung.

Er entdeckte nur eine Lücke, durch die man ins Innere gelangen konnte. Er wünschte, dass einer der Begleiter hineingehe. Keiner wollte. Sie meinten, es könnte sich darin ein wildes Tier, eine Hyäne, ein Tiger oder ein anderes Raubtier, befinden. Wer Mut habe, möge hinuntersteigen! Während wir noch diskutierten, kam ein Ziegenhirte vorbei. Die Begleiter forderten ihn auf, hinunterzusteigen.

– Was gebt ihr mir, wenn ich hinuntersteige?

Der *Chawādscha* gab ihm einen drittel *Abu kalb*.[28] Als der Hirte das Geldstück in seiner Hand erblickte, entledigte er sich sogleich seines Gewandes und stieg hinab. Das Grab war eine Mannshöhe und eine Spanne tief. Der *Chawādscha* sagte daraufhin zum Hirten:

– Gehe im Grab herum und gib mir alles, was du findest.

Der Hirte begann das Innere des Grabes zu erkunden, fand einen menschlichen Schädel und gab ihn uns. Er hatte die Größe einer dicken Wassermelone.

– Es ist der Schädel eines Mannes, verkündete der *Cha-wādscha.*

Danach reichte uns der Hirte einen weiteren Schädel, kleiner als der erste; der *Chawādscha* teilte uns mit, dass es ein weiblicher Schädel sei. Er vermutete, es handle sich um das Grab dessen, der über diese Ländereien und das Land geherrscht hatte.

Dann warf er dem Hirten eine kleine Plane[29] zu:

[9v] – Sammle alles zusammen, was du auf dem Boden des Grabes findest, und gib es mir.

Dies tat er auch. Unter den Gegenständen, die er zusammensammelte, fanden wir auch einen großen, flachen Ring. Der *Chawādscha* prüfte ihn und sah, dass er rostig und keine Inschrift darauf zu sehen war. Er konnte nicht ausmachen, aus welchem Metall er gefertigt war, aus Gold, Silber oder einem anderen. Er behielt ihn. Dann sagte er zum Hirten:

– Taste die Innenwand des Grabes ab.

Der Hirte ertastete eine Nische, darin sich eine Lampe wie die der Butterhändler befand, deren Material er auch nicht mehr feststellen konnte. Der *Chawādscha* nahm sie ebenfalls an sich und behielt sie. Der Hirte bemerkte nichts mehr. Er stieg aus dem Grab und ging seines Wegs.

Wir unsererseits kehrten gesund und wohlbehalten ins Dorf zurück. Am nächsten Tag reisten wir von Keftin nach Dschisr al-Scheghl[30] und gelangten von da aus ohne Schwierigkeiten bis zur Stadt Tripolis.

Der *Chawādscha* nahm Quartier im Haus des *Chawādscha* Blanc[31], des Franzosen, und ich stieg im Chān al-Ghummaida[32] im Haus der Aleppinermönche ab, will sagen: der Mönche von Sankt Elisa. Der Schlüssel befindet sich immer beim Herbergsvorsteher[33] des Chans. Er gab ihn mir und ich brachte meine Sachen unter. Er kannte mich, denn ich hatte dort gewohnt, als ich mit meinen Gefährten aus dem Kloster zurückgekommen war. Ich blieb den ganzen Tag über dort, und am nächsten Tag ging ich den *Chawādscha* Roman[34] begrüßen. Ich hatte ihm von meinem Meister, dem *Chawādscha* Rémuzat, ein Empfehlungsschreiben mitgebracht, als ich das erste Mal nach Tripolis gekommen war, um Mönch zu werden. Nachdem ich ihn begrüßt hatte, erzählte ich ihm die ganze Geschichte mit dem *Chawādscha* Paul Lucas und fragte ihn, ob es wirklich wahr sei, dass er vom Sultan Frankreichs gesandt sei. Er bestätigte es. Ich fragte auch ihn um Rat:

— Rätst du mir, nach Paris zu gehen?

— Es wäre dein Glück! Geh [101], habe keine Furcht, dieser Mann ist ein guter Mann!

Ich verließ ihn und begab mich zu *Padre*[35] Elias, dem Karmeliten.[36] Ich hatte ihn kennengelernt, als ich im Kloster Sankt Elisa gewesen war. Ich grüßte ihn und erzählte ihm meine ganze Geschichte zu diesem Mann, will sagen: Paul Lucas. Der *Padre* hörte mich an und sagte zu mir:

— Da du dich über diesen Mann zu erkundigen suchst, habe ich über ihn Auskünfte eingeholt: Er ist sehr wohl ein Reisender des Sultans von Frankreich. Wenn du mit ihm gehen willst, spricht nichts dagegen, gehe und habe keine Angst, ich werde dich ihm empfehlen.

Von da an war ich in meiner Absicht bestärkt, fortzugehen, und ich ging hin, ihm meinen festen Entschluss mitzuteilen, ihn zu begleiten. Als ich ihm meine Entscheidung bekannt gab, fragte er mich, ob ich andere Kleider hätte als jene, die ich trug. Ich sagte ihm, dass ich viel kostbarere in Aleppo besäße. Er forderte mich auf, meinem Bruder zu schreiben, sie mir nach Saida kommen zu lassen.

— Denn wenn wir gesund und wohlbehalten in Paris ankommen, will ich dich Seiner Majestät, dem Sultan von Frankreich, vorstellen. Deshalb musst du schöne Kleider nach der Art eures Landes tragen.

Ich folgte seiner Anweisung und schrieb sogleich einen Brief an meinen Bruder. Ich unterrichtete ihn von der Angelegenheit und bat ihn, schnell meine Kleider irgendjemandem, der im Begriff stand, nach Tripolis abzureisen, mitzugeben und sie von dort durch einen der großen Händler dieser Stadt nach Saida zu schicken. Er möge ebenfalls diesen Herrn anweisen, mir ein wenig Geld zukommen zu lassen, für den Fall, dass ich dessen bedurfte; daran schlossen sich die Grüße an.

Zufälligerweise ging an diesem Tag ein Kurier nach Aleppo ab. Ich vertraute ihm den Brief an und sagte dem *Chawādscha*, dass ich ihn, wie er mir aufgetragen, nach Aleppo geschickt hätte.

[10v] VON UNSERER ABREISE AUS TRIPOLIS IN BEGLEITUNG DES REISENDEN CHAWĀDSCHA PAUL LUCAS IM MONAT FEBRUAR 1707

E inige Tage später verließen wir die Stadt Tripolis in Begleitung eines Mannes, der mit der Familie der Chāzin verschwägert war und Chevalier[1] Hanna genannt wurde. Er hatte den *Chawādscha* in Aleppo getroffen, und sie hatten brüderliche Freundschaft geschlossen. Als wir in den Bergen des Kesruan an einem Ort mit Namen Zūq Mikail, wo er wohnte, angekommen waren, lud er den *Chawādscha* zu sich zum Mittagessen ein.[2] Was uns betrifft, will sagen: Euren ergebenen Diener und den Diener, der uns begleitete, begaben wir uns auf den Dorfplatz von Zūq, banden die Pferde fest und sammelten unsere Reisesäcke und unser Gepäck zusammen. Wir blieben dort und warteten, dass uns das Mittagessen aus dem Haus des Chevalier gebracht werde, denn er hatte auch uns eingeladen. Als das Essen nicht kam, und weil wir hungrig waren, da wir die ganze Nacht unterwegs gewesen waren, nahmen wir gebratenen Meeresfisch, Brot und Wein aus unseren Vorräten und setzten uns zum Essen, worauf sich sogleich eine Menschenmenge um uns versammelte und man uns fragte:

— Seid ihr Christen?

– Ja.

– Wie kommt es, dass ihr vor der Zeit das Fasten brecht?

– Wir sind Reisende; wir waren die ganze Nacht unterwegs und sind deshalb nicht zum Fasten verpflichtet.

Dies geschah in der ersten Woche des großen Fastens; manche Bewohner dieses Landes fasteten bis zum Mittag, andere bis neun Uhr, aber niemand durfte das Fasten in der Öffentlichkeit vorzeitig brechen.[3]

Dasselbe widerfuhr unserem *Chawādscha*. Der Chevalier versuchte ihn abzulenken, bis er ihm zu Mittag ein Essen anbieten konnte. Da sich die Sache hinzog, stahl sich der *Chawādscha* davon und begab sich zu uns. Als er uns beim Essen sah, setzte er sich hinzu und aß mit, nicht ohne eine gewisse Verlegenheit gegenüber dem Chevalier [111] Hanna zu verspüren. In diesem Augenblick erschien dieser und entschuldigte sich für den Verzug und lud ihn ein, mit ihm zu gehen und unverzüglich das Essen einzunehmen. Betreten folgte ihm mein Meister.

Der Chevalier ließ uns für unser Mahl ein Tablett mit einem Teller Honig und Öl sowie zwei Fladenbrote kommen.[4] Wir nahmen davon zwei Bissen und gaben es ihm zurück.

An diesem Tag blieben wir in Zūq. Am Tag darauf verabschiedeten wir uns vom Chevalier und brachen, von Dorf zu Dorf ziehend, in die Berge auf.

Im Hochgebirge suchte der *Chawādscha* nach Pflanzen. Schließlich gelangten wir nach Beirut, wo wir uns im Kloster eines *Padre* der Kapuziner niederließen. Er hieß uns willkommen und gab unserem *Chawādscha* ein möbliertes Zimmer mit einem Bett, einer Matratze und einem Stuhl sowie noch anderen Möbeln.

Ein Mann aus meiner Heimat, ein Aleppiner mit Namen Yussef ibn Al-Mukahhal, traf an diesem Tag im Kloster ein. In Aleppo war er mein Freund gewesen. Als er mich sah, begrüßte er mich herzlich und fragte mich, aus welchem Grund ich nach Beirut gekommen sei. Ich erzählte ihm, was mir begegnet war und wie es sich getroffen hatte, dass dieser Reisende mich in seinen Dienst genommen hatte. Dann bat ich ihn, mir vor unserer Abreise die Stadt Beirut zu zeigen.

– Ich stehe dir zu Diensten, sagte er. Lass uns herumgehen, ich werde dir alle Winkel der Stadt zeigen.

Ich wollte nun meinen weißen *Schāsch* abnehmen und den blauen *Schāsch* um meinen Kopf wickeln.

Er hielt mich davon ab und sagte:

– Wenn du willst, kannst du sogar ein grünes Tuch um deinen Kopf wickeln. In diesem Land werden dem Christen keine Vorschriften gemacht, er kann sich kleiden, wie es ihm gefällt.[5]

Aber es war stärker als ich, und ich nahm schließlich meinen blauen *Schāsch*. Wir gingen hinaus, um uns in der Stadt zu ergehen, und kamen zu einer Art Serail, aber von geringen Ausmaßen und mit einem Zimmer zum Hof[6]. Drei oder vier Aghas saßen dort in osmanischer Tracht [11v] und mit einem *Schāsch* aus Krepp[7] und mit goldenen Seidenbordüren auf dem Kopf, einem Mantel aus leichter schwarzer Wolle[8] über den Schultern und mit Dolchen am Gürtel, die mit eingelegten Steinen verziert waren. Vor ihnen saßen zehn oder fünfzehn junge Männer, die scharlachrote Turbane[9] – einige auch grüne – trugen, und auch sie hatten silberne Dolche und Schwerter mit tauschierten Klingen. Als ich sie sah, wich ich zurück und trat beiseite. Dieser junge Mann, will sagen: Yussef, der Aleppiner, sprach zu mir:

– Mein Bruder, was erschrickst du? Weißt du nicht, wer die Aghas sind?

– Nein, aber ich glaube, es sind die Führer des Landes.

– Ja, sie regieren das gesamte Land des Kesruan und sind hier an der Grenze, die sie kontrollieren. Es sind Maroniten aus dem Haus der Chāzin, sie kümmern sich um die Eintreibung des *Mīri* im Land.[10]

Von dort nahm er mich mit, die Handelsniederlassung von Beirut kennenzulernen und die Höhle des Drachen, den der Heilige Georg getötet hatte.[11] Danach kehrten wir zum Kloster zurück.

Am nächsten Tag brachen wir noch nicht auf. Der *Chawād-*

scha wollte einige Tage in Beirut bleiben, denn ich hatte ihm erzählt, was ich am ersten Tag gesehen hatte. Als wir das Kloster verließen, sagte er zu mir:

– Von nun an sage, ich sei Arzt, wenn sich jemand bei dir nach mir erkundigt.

Er trug jetzt die Kleidung unseres Landes mit einem Kalpak[12] auf dem Kopf. Wir ergingen uns in der Stadt. Er suchte altes Geld, will sagen: Münzen von alten Königen. Wir kauften an diesem Tag vierzig bis fünfzig und kehrten zum Kloster zurück. Am nächsten Tag gingen wir wieder in die Stadt und begaben uns auf den Suq der Juweliere. Der *Chawādscha* wollte Fassungen gravierter Ringe suchen. Wir fanden einige, ebenso einige Münzen.

Als wir zum Kloster zurückkamen, rief mich ein Muslim, ein *Maʿsarāni*[13], herbei:

– Ich habe Münzen, wollt ihr sie kaufen?

Ich bat ihn, sie uns zu zeigen. [12r] Er ging nach Hause und brachte uns vierzig Münzen, jede so groß wie eine Drittelmünze, aber dicker. Er legte sie vor uns hin. Als der *Chawādscha* sah, wie sehr sie mit Grünspan angelaufen waren, sodass man die Inschriften nicht mehr erkennen konnte, wollte er sie nicht nehmen und sagte in fränkischer Sprache zu mir:

– Kauf sie ihm ab.

Daraufhin verließ er uns und ging. Auch ich ging weg. Dieser Mann fragte mich:

– Warum kaufst du sie nicht?

– Weil sie angelaufen sind und weil ihre Inschriften unleserlich sind. Sie sind nichts mehr wert.

Er bot sie mir für einen Preis an, den ich nennen sollte.

– Der Arzt will sie nicht. Aber um dir gefällig zu sein, kaufe ich sie. Für wie viel verkaufst du sie?

– Für einen Piaster, eine *Masrīye*[14] pro Stück.

Ich bot ihm einen halben Piaster, dafür wollte er sie nicht hergeben. Ich verließ ihn und ging weiter. Er rief mich zurück und zeigte mir die Ringfassung eines *Slaimāni*[15], in den ein schöner Kopf eingraviert war, unter dem sich eine Inschrift mit Buchstaben einer unbekannten Sprache befand. Sowie ich dies sah, rief ich den *Chawādscha* zurück. Nachdem er die Fassung des Rings betrachtet hatte, warf er sie hin und sagte, indem er sich in seiner Sprache wieder an mich wandte:

– Kauf sie, zu welchem Preis auch immer.

Ich sagte also zu dem Mann:

– Ich kaufe alles, Stein und Münzen.

Nach mühsamem Feilschen gelang es mir, ihn auf einen Piaster für alles herunterzuhandeln, und fügte hinzu, dass ich keine weiteren Gebote über diesen Preis hinaus mehr abgeben würde. Er überreichte mir die Münzen und den Ring wieder. Ich gab ihm den Piaster, nahm alles und ging. Der *Chawādscha* wartete an einer Straßenecke auf mich. Als ich bei ihm ankam, fragte er mich:

– Hast du sie gekauft?

– Ja, er hat sie mir für nur einen Piaster gegeben.

– Bravo! Gehen wir zum Kloster!

Nach unserer Ankunft sagte er:

– Bring mir ein wenig Essig in einem Gefäß und lege die Münzen hinein.

Daraufhin betrachtete er mit großer Freude diesen Stein und diese Inschrift.

– Wahrlich, sagte er zu mir, hätte dieser Mann hundert Piaster als Preis allein für diesen Stein verlangt, ich hätte sie ihm gegeben, [12v] denn dieser Stein ist von großem Wert.

Er wollte mir diesen Wert nicht nennen, aber er sagte mir, dass es sich um den Kopf eines Königs aus alten Zeiten handelte. Später suchte er in den Chroniken nach dessen Namen. Am Morgen trat ich früh in sein Zimmer und fand ihn, wie er die Münzen rieb, um sie vom Grünspan zu säubern. Sie waren aus purem Silber und ihre Inschriften waren klar und leserlich. Er sagte mir, diese Münzen seien Münzen des Königs, dessen Antlitz in die Fassung des Ringes eingraviert sei, den wir bei diesem *Maʿsarāni* gekauft hätten. Der Beweis dafür war, dass er, als wir ihn fragten, woher er diese Geldstücke und diesen Stein habe, uns gesagt hatte, er habe viele davon in den Fundamenten einer alten eingestürzten Mauer gesehen. Er hatte die Mauer wieder aufbauen wollen und sie in der Erde vergraben gefunden.

An diesem Tag machten wir noch einen weiteren Gang durch die Stadt, um alte Münzen zu suchen. Das Gerücht, dass der *Chawādscha* ein Arzt sei, hatte sich bereits verbreitet, und man rief uns an verschiedene Orte. Er behandelte einige Kranke und verschrieb anderen Heilmittel. Als Preis für die Behandlungen verlangte er alte Münzen. Wir trugen eine große Menge davon in Silber und Kupfer zusammen, auch einige goldene, die wir zu ihrem wahren Preis kauften.

Einige Tage später verließen wir Beirut und stiegen in die Berge der Drusen[16], deren Gebiete wir, immer auf der Suche nach Münzen, durchreisten. Der *Chawādscha* behandelte die Patienten, die als Gegenleistung für diese ärztliche Behandlung Münzen für ihn suchten. Wir beschafften uns einige, ebenso einige Pflanzen, die wir in diesen Bergen fanden.

Von da aus wandten wir uns in Richtung der Stadt Saida, wo wir im Haus des Konsuls wohnten, das sich im Inneren eines Chans befand, darin auch die fremden Händler[17] [13r] ihre Zimmer hatten. Der Konsul und die Händler gewährten dem *Chawādscha* großzügig Gastrecht. Einige Franziskanermönche[18] brachen zu diesem Zeitpunkt nach Jerusalem auf. Der *Chawādscha* schickte sich an, mit ihnen zu gehen, da er dem Diener[19], der ihm aufwartete, versprochen hatte, ihn nach Jerusalem zu begleiten. Er ließ mich beim Konsul zurück und brach mit den Mönchen auf. Ich hatte leider nicht das Glück, ihn begleiten zu dürfen.

Ich blieb also in Saida beim Konsul. Eines Tages, als ich am Tor des Chans saß, rief mich einer der dort ansässigen Händler zu sich und fragte mich nach meinem Namen. Ich nannte ihn und auch meinen Familiennamen.[20] Er sagte, er habe einen Brief aus Aleppo für mich, und führte mich in seinen Laden. Er zeigte mir den Brief und übergab ihn mir. Ich öffnete ihn und las ihn. Er kam von meinem Bruder. Er machte mir schwere Vorwürfe: Warum hatte ich Aleppo ohne sein Wissen verlassen? Ich müsse unbedingt, mit der ersten Karawane, die dorthin aufbreche, nach Aleppo zurückkehren. Er befahl mir, bei dem *Chawādscha*, der mir die Nachricht gegeben hatte, zu bleiben, bis sich jemand auf den Weg nach Tripolis mache: »Du wirst dann unwiderruflich aufbrechen, und keine Widerrede!«

Als ich den Brief zu Ende gelesen hatte, wurde ich von großer Traurigkeit erfasst. Warum hatte er mir meine Sachen, um die ich ihn gebeten hatte, nicht geschickt?

Dann wandte sich der *Chawādscha* an mich und sagte, er habe auch einen Brief von meinem Meister, dem *Chawādscha* Rémuzat, erhalten, worin dieser ihm auftrage, er solle mich, freiwillig oder unter Zwang, nach Aleppo zurückschicken.

Ich sagte ihm:

– Ich stehe nicht mehr unter der Aufsicht des *Chawādscha* Rémuzat, und du, du kannst mich nicht zur Rückkehr zwingen. Ich bin ein Mann, der seinen Weg selbst bestimmt. Zur Zeit bin ich Diener [13v] bei dem *Chawādscha* Paul Lucas, dem Abgesandten des Sultans von Frankreich. Nach seiner Rückkehr aus Jerusalem wird er für mich die Antwort geben.

Am Ende einer lebhaften Diskussion mit vielem Ja und Nein, und als er merkte, dass es kein Mittel gab, mich zu überzeugen, reichte er mir ein zweites Schreiben meines Bruders, in dem dieser schrieb: »Wenn du nicht zurückkommen willst, möge dich Gott auf deinem Weg behüten! Ich lasse zu Händen dieses *Chawādscha* das Bündel mit den Kleidern bringen, die du gewünscht hast. Er wird sie dir übergeben. Verlange von ihm auch die Summe Geld, die du brauchst. Ich habe ihn angewiesen, dir die notwendige Summe, wie viel es auch sei, zu geben. Du wirst mir die Bestätigung für den Empfang deiner Sachen und den Erhalt des Geldes schicken«; es folgten die Grüße.

Bei der Lektüre dieses zweiten Briefes empfand ich große Freude über die Ankunft meiner Sachen. Der Händler händigte mir das Bündel aus und fragte, welche Summe ich für meinen Unterhalt haben wolle. Ich ließ mir einige Piaster geben und gab ihm die von meiner Hand gezeichnete Quittung für alles zusammen. Ich kehrte überglücklich zum Konsul zurück.

Ich blieb in Saida und schlenderte zur Besichtigung verschiedener Orte in der Stadt herum. Es begab sich, dass man zu dieser Zeit bei uns das Osterfest feierte. Bei der Nation der Maroniten ist es üblich, dass niemand in einer anderen Kirche als der eigenen oder bei einem anderen Priester zur Beichte gehen oder die Kommunion empfangen kann, und dies aus bestimmten Gründen. Ein Freund lud mich am Vorabend des Festes zu sich ein, damit wir früh aufstehen und bei dem Priester zur Beichte gehen, die Messe besuchen und die Kommunion empfangen konnten. Nachdem wir unsere Pflichten erfüllt hatten, nahm er mich zu sich nach Hause mit, wo ich mit großer Gastfreundschaft empfangen wurde.

Ich blieb in Saida, bis mein Meister aus Jerusalem zurückkehrte. Ich erzählte ihm, dass meine Sachen mit einem Brief meines Bruders angekommen seien, und auch, dass er diesem *Chawādscha* geschrieben und ihn gebeten habe, mich freiwillig oder unter Zwang nach Aleppo zurückzubringen.

[14r] – Jetzt bin ich fest entschlossen, was dich betrifft, fügte ich hinzu.

– Und ich, sagte er zu mir, erneuere mein Versprechen, das ich dir gegeben habe, wenn wir gesund und wohlbehalten in Paris ankommen.

Der Diener, der mit ihm nach Jerusalem gegangen war, war nicht wiedergekommen; er war dort geblieben, um in sein Land zurückzukehren. Ich stand nun allein im Dienst dieses *Chawādscha*. Dann machten wir uns bereit, nach Zypern aufzubrechen.

VON MEINER ERSTEN SCHIFFSREISE AUF DEM MEER MIT DEM CHAWĀDSCHA PAUL LUCAS, DIE IM MONAT MAI 1707 STATTGE-FUNDEN HAT

A m fünften Tag des Monats Mai[1] verließen wir die Stadt Saida an Bord einer *Schaitīye*[2] von *Rūm*[3] Richtung Zypern. Das Boot segelte zur zweiten Nachtstunde aus dem Hafen von Saida. Sobald ich es bestiegen hatte, wurde ich von Schwindel erfasst, und ich legte mich neben dem Mast zum Schlafen nieder. Der Wind war günstig, und schon vor Tagesanbruch kamen wir im Hafen von Larnaca[4] an, will sagen: auf der Insel Zypern. Als ich, noch ganz benommen, aus dem Schlaf erwachte, sah ich die Festung und die Bewohner des Hafens. Ich wollte nicht glauben, dass wir schon in Zypern angekommen waren, und meinte, wir befänden uns noch im Hafen von Saida. Doch als es Tag wurde, bemerkte ich, dass wir sehr wohl in Zypern waren, und ich sagte mir, dass es sehr bequem sei, auf dem Meer zu reisen. Eine einzige Nacht hatte für die Verbindung von Saida nach Zypern genügt.

Wir gingen im Hafen von Bord des Schiffes, nahmen unser Gepäck und gelangten zur Wohnung des Konsuls der Franzosen. Als er uns sah, bereitete er meinem Meister einen großen Empfang und ließ für ihn [14v] ein Zimmer mit einem üppig bereiteten Bett, Stühlen und allem Notwendigen herrichten. Man brachte unsere Sachen in das Zimmer meines Meisters. Am nächsten Tag gingen wir zur Besichtigung hinaus. Die französischen Händler am Ort luden uns nun öfter ein.

Ihre Bediensteten waren alle Griechen, Orthodoxe, die nur Griechisch sprachen. Unter ihnen war ich wie ein Tauber in einem Hochzeitszug[5], da ich ihre Sprache nicht verstand, während sie die meinige nicht verstanden. Als ich mich in der fränkischen Sprache an sie wandte, denn diese verstanden sie, antworteten sie mir zum Spott nur auf Griechisch. Wahrlich, sie hegten einen erbitterten Hass gegen die Gruppe der Katholiken. Ich fühlte mich in ihrer Gegenwart gekränkt.

Einige Tage danach wünschte mein Meister eine Stadt zu besuchen, die ungefähr vierzehn Wegstunden von Larnaca entfernt war. Die Stadt heißt Nikosia. Es ist die größte Stadt der Insel Zypern. Ein *Padre* vom Orden des Heiligen Franziskus wohnte dort. Als wir gerade nach dieser Stadt aufbrechen wollten, gab uns der Konsul ein Empfehlungsschreiben, in dem er diesen *Padre* darum bat, uns in seinem Kloster aufzunehmen. Ein Maultierführer vermietete uns Reittiere, und so ritten wir an diesem Tag bis zum Abend. Wir gelangten bis zu seinem Dorf und quartierten uns dort ein. Eine Stunde später vernahm ich Lärm und Getöse von den Feldern her. Ich trat ins Freie, um zu sehen, was vor sich ging, und ich sah Schweineherden, die von der Weide kamen. Eine dieser Herden hielt auf das Haus des Maultierführers zu, der uns beherbergte. Es gab im Freien eine gemauerte Einfriedung, und die Schweine begaben sich in diese Einfriedung. Sie grunzten derart laut, dass wir in dieser Nacht nicht schlafen konnten.[6]

[15r] Bei Tagesanbruch machten wir uns wieder auf den Weg. Wir meinten, uns in einem Garten vorwärtszubewegen, so viele Bäume und so viel fließendes Wasser gab es hier; der Erdboden war über und über grün, sogar die Ähren, die der Erde entsprossen gleich weiß-blauen Steinklingen. Erhabene Schöpfung! Ganz zu schweigen von den vielen verwilderten

Reben in diesen Bergen. Es bestätigte sich mir, was ich von dieser Insel gehört hatte: Es war die grüne Insel.

Bei Sonnenuntergang kamen wir nach Nikosia und suchten das Kloster dieses *Padre* auf, wo wir übernachteten. Er bereitete uns einen sehr freundlichen Empfang und gab uns die Schlüssel der Zellen mit den Worten, dass wir uns dort nach unserer Wahl und unserem Belieben einrichten möchten. Wir blieben dort über Nacht und am nächsten Tag besuchten wir die Messe, die er las. Wenige Augenblicke später traf ein Bote des Vorgesetzten, der in Larnaca residierte, bei dem *Padre* ein. Er überbrachte einen Brief, in dem er nachdrücklich aufgefordert wurde, sich nach Empfang des Briefes unverzüglich dorthin zu begeben. Er entschuldigte sich daher bei meinem Meister, zeigte ihm den Brief, der ihn zwang, aufzubrechen, denn man gehorcht dem Befehl seines Vorgesetzten. Er überließ uns die Schlüssel der Vorratskammer und meinte, dass wir dort alles vorfänden: Butter, Öl, alten und neuen Wein, Schweinefleisch in Lake oder gepökelt, Schinken, Oliven, Käse und andere Lebensmittel mit Ausnahme von Brot. Der Geschmack des Brotes von Zypern ist ein unvergleichlicher Genuss, und wir kauften es jeden Tag frisch. Der *Padre* verabschiedete sich von uns und machte sich auf den Weg zu seinem Vorgesetzten.

Wir verbrachten den ganzen Tag im Kloster, denn wir hatten niemanden gefunden, der uns die Wege zeigte. Ein in dieser Stadt gebürtiger Franke mit Namen Callimeri[7] erhielt Nachricht von unserer Anwesenheit. Er kam vorbei [15v], um meinen Meister zu begrüßen, und hieß ihn willkommen. Mein Meister freute sich über die Ankunft dieses Mannes, der als Einheimischer dieses Landes die Wege kannte. Sie setzten sich, um zu plaudern, und mein Meister sagte zu ihm:

— Ich bitte dich, morgen zu kommen und dir die Mühe zu machen, mich zu einer Besichtigung der Stadt mitzunehmen.

— Mit großem Vergnügen, antwortete er.

Mein Meister behielt ihn zum Abendessen bei uns. Nach dem Essen fragte er ihn, was für einen Beruf er ausübe.

– Ich bin Arzt.

Mein Meister begann ihn nun zu fragen, ob man in ihren Bergen Pflanzen finde, und zeigte ihm ein Buch, in dem es einige Zeichnungen von denen gab, die er unentwegt in den Bergen suchte.

– Man findet welche auf einem Berg, der die Wegstrecke von einem Tag entfernt liegt, antwortete er.

Und er fügte hinzu:

– Es gibt da unten alte Bauruinen wie Kirchen und Klöster, ebenso ganze verfallene Dörfer. Wenn du dorthin gehen willst, werde ich dich begleiten.

Mein Meister war einverstanden und empfahl ihm, schon am Abend einen Maultierführer in Dienst zu nehmen, sodass man früh am Morgen aufbrechen könne. Am nächsten Tag ließ er Verpflegung einkaufen, und sie nahmen einen Diener des Landes mit.

Mein Meister trug mir auf, im Kloster zu bleiben, denn der *Padre* hatte uns die Verantwortung dafür anvertraut. Wir konnten es nicht unbewohnt lassen, da wir fürchteten, es könnte sich etwas ereignen, worunter der *Padre* zu leiden hätte. Ich war daher gezwungen, allein dort zurückzubleiben. Dann brachen sie auf. Ich begab mich auf einen Gang in die Stadt, entfernte mich aber nicht allzu weit, aus Angst, mich zu verirren; danach kehrte ich ins Kloster zurück.

Es gab dort einen sehr alten Mann, der sich nicht mehr fortbewegen konnte. Der *Padre* hatte uns gebeten, ihn zu ernähren und ihm einen Teil unserer Mittags- und Abendmahlzeiten zu geben. [16r] Er bewohnte ein kleines Haus im Hof des Klosters. Ich brachte ihm das Mittagessen, füllte seinen Wasserkrug und begann mit ihm zu reden. Er wollte mir in griechischer Sprache antworten. Als er sah, dass ich das Griechische nicht verstand, sprach er mit mir auf Türkisch und fragte nach meiner Herkunft.

– Ich bin Aleppiner und von der Nation der Maroniten.

– Sei gegrüßt, Sohn meiner Gemeinde, antwortete er mir in arabischer Sprache.

– Bist du Maronit?, fragte ich ihn.

– Ja, ich bin ein Nachkomme der Maroniten, die auf dieser Insel wohnten, als sie von den Venezianern regiert wurde. Es gab hier über fünfhundert Familien. Heute sind immer noch einige da, aber sie geben sich nicht zu erkennen, aus Angst vor den ketzerischen Griechen.[8] Ich bin zu diesem *Padre* geflohen, der mir als Almosen etwas Nahrung für mein Überleben zukommen lässt, denn ich habe lange im Kloster gedient. Jetzt habe ich die Kraft dazu nicht mehr.

Um ihn aufzuheitern, unterhielt ich mich mit ihm und blieb bis zum Abend zum Plaudern bei ihm. Dann erhob ich mich und ging, um mir etwas zum Abendessen zuzubereiten. Nachdem ich gegessen und ihm sein Nachtessen gebracht hatte, stopfte ich mir eine Pfeife und begann im Hof auf und ab zu gehen. Ich sah eine Steintreppe und stieg hinauf; oben angekommen, sah ich am Ende der Klosterterrasse eine Brüstung. Ich wollte wissen, was dahinter war. Ich sah einen Hof, in dem sich Frauen aufhielten, und einen Mann, welcher der Hausherr dieser Örtlichkeit zu sein schien. Als er mich bemerkte, begann er mich in griechischer und türkischer Sprache zu beschimpfen. Als ich die Frauen sah, kehrte ich auf der Stelle um, während dieser Mann immer noch schrie und mich beschimpfte.[9] Ich stieg die Treppe wieder hinunter und nahm meinen Rundgang im Hof des Klosters wieder auf. Plötzlich hörte ich, dass man mit einem Stein an das Tor des Klosters schlug. Ich ging zum Tor und fragte:

– Wer klopft?

– Öffne, du Hund, öffne schon!, antwortete er mir in türkischer Sprache.

Dann begann er mich zu beschimpfen und mir zu drohen:

[16v] – Wenn du nicht aufmachst, rufe ich einen Gerichtsvollzieher des Pascha, um ihm zu zeigen, wie du heimlich von oben die Frauen der Leute beobachtest!

Als ich diese Worte hörte, bekam ich einen großen Schrecken.

– Seien Sie mir nicht böse, mein Herr, sagte ich zu ihm, ich bin ein Fremder und erst gestern hier angekommen. Ich wusste nicht, dass hinter der Brüstung Frauen waren.

Aber je mehr ich ihn zu besänftigen suchte und mein Bedauern aussprach, umso mehr beschimpfte er mich, schrie und warf Steine gegen das Tor des Klosters.

In diesem Augenblick kam ein griechischer Christ, aber ein katholischer[10], vorüber. Ihn hatte Gott geschickt, mich von diesem bösen Menschen zu befreien. Er fing an, mit ihm zu reden und ihn zu besänftigen. Nach mehreren Beschwichtigungsversuchen gelang es ihm, ihn vom Tor zu entfernen.

Nachdem er ihn losgeworden war, wandte sich dieser Mann in italienischer Sprache an mich:

– Öffne, habe keine Furcht, ich bin ein Freund, ich habe diesen Mann weggeschickt und er ist gegangen.

Aus Angst weigerte ich mich zu öffnen.

– Öffne, habe keine Angst, wiederholte er, ich bin ein katholischer Christ wie du.

Als ich diese Worte hörte, öffnete ich ihm unverzüglich das Tor und verschloss es sogleich wieder aus Angst, dieser Böse könnte wieder kommen. Er riet mir, nicht mehr auf die Terrasse zu steigen und mich nicht mehr der Brüstung zu nähern.

– Solltest du ihn ein zweites Mal heimlich beobachten, würde er dich mit einer Kugel töten, wie mir dieser böse Mensch geschworen hat. Glaube nur nicht, dies geschehe aus Eifersucht, damit du seine Frauen nicht sehen sollst; es geschieht wegen seines teuflischen Hasses auf den *Padre* und dieses Kloster. Diese Griechen unternehmen alles, damit dieses Kloster bei ihnen verschwinde, weil sie fürchten, ihre Kinder könnten vom katholischen Glauben angezogen werden. Denn sie wiederholen unablässig: »Besser, ein Muslim sein, als ein Römischer.«[11] Es gibt bei ihnen nicht eine einzige Familie, die nicht einen oder zwei, manchmal auch drei Muslime zu den ihren zählt, denn [17r] sie verheiraten ihre Töchter mit Janitscharen, um in den Genuss des Schutzes der Regierenden und Mächtigen zu gelangen.[12] Sie haben weder Ehre noch Religion.

Als ich das Ausmaß der Liebenswürdigkeit und der freundschaftlichen Gefühle dieses Mannes erkannt hatte, bat ich ihn, doch jeden Tag bis zur Rückkehr meines Meisters bei mir vorbeizuschauen. Er war gern damit einverstanden, wünschte mir einen guten Abend und ging.

Ich blieb zurück, voller unruhiger Gedanken und Furcht, dieser rohe Mensch möchte in der Nacht zurückkehren und mich töten. Zurück in meiner Zelle, verriegelte ich die Tür, nachdem ich sie geschlossen hatte. Ich verbrachte die Nacht in größter Unruhe, die Furcht hinderte mich bis zum Morgen am Schlafen. Als der Tag angebrochen war, kam dieser junge Mensch mich besuchen, machte mir Mut und erbot sich, mich zu unterhalten. Als ich sah, welche Freundschaft er mir bewies, bat ich ihn, er möge doch mit mir gehen und mir die Stadt zeigen, bevor ich wieder auf die Reise ging. Er war einverstanden. Wir verließen gemeinsam das Kloster, und er nahm mich auf einen Gang durch die Straßen mit. Es war eine prächtige Stadt, aber die meisten Gebäude waren Ruinen. Wir kamen an einem weitläufigen Platz vorbei, wo ich eine hohe Moschee mit weiten Arkaden erblickte, über die sich ein hohes Minarett und eine große und wunderbare Kuppel erhoben. Auf der gesamten Umfassung der Kuppel waren Statuen von Engeln aus Marmor aufgestellt. Das Moscheeportal war aus kostbarem schwarzem und weißem Marmor. Zu beiden Seiten des Moscheeportals standen zwei Statuen aus weißem Marmor, die eine war der heilige Petrus und die andere der heilige Paulus, ebenfalls aus weißem Marmor. Beim Anblick dieses schönen Baus erstaunte ich und fragte den jungen Mann, was das sei.

— Es ist eine Moschee, sagte er mir.

— Wie können Statuen von Engeln und Heiligen in einer Moschee aufgestellt sein? Das ist bei den Muslimen verboten.

[17v] — Auch im Inneren dieses Gebäudes sind viele Statuen, fuhr er fort, so fest eingelassen, dass man die ganze Kirche hätte

zerstören müssen, hätte man sie entfernen wollen. Deshalb haben sie sie erhalten, aus Furcht, das Ganze könnte einstürzen.[13]

Danach nahm er mich auf einen Stadtrundgang mit. In den Straßen sah ich Frauen, die Wein verkauften. Jede hatte einen kleinen Weinschlauch vor sich, den sie zum Verkauf anbot und dessen Vorzüge und Alter sie rühmte. Jeder kleine Krug kostete einen ʿ*Uthmāni*[14]. Andere Frauen verkauften Schweinefleisch, wieder andere hatten einen Weinschlauch auf einen Esel geladen und gingen damit zum Verkauf von Haus zu Haus. Ihre Gesichter waren alle unbedeckt, ohne Schleier.[15] Angesichts dieses schamlosen Schauspiels sprach ich zu dem jungen Mann, der mich begleitete:

— Was ist nun von den Worten dieses Mannes zu halten, der mir vorgeworfen hat, ich würde seine Frauen anschauen? Hier sitzen doch ihre Frauen ohne Scheu und Schamgefühl mit unbedeckten Gesichtern vor den Augen aller Passanten auf der Straße!

— Du hast recht. Doch wenn sich dieser böse Mann, wie ich dir schon erklärt habe, so verhalten hat, dann nicht, weil du seine Frauen angeschaut hast, sondern wegen seines Hasses auf den *Padre* und dessen Kloster.

— Wie kommt es, dass die Muslime, die in dieser Stadt wohnen, es dulden, dass Wein und Schweinefleisch in den Straßen und Gassen verkauft werden?

— Sie haben die Erlaubnis der Regierenden dieses Landes erhalten, entgegnete er, damit sie die Steuer des *Mīri*, die ihnen auferlegt wurde, eintreiben können. Dieser *Mīri* ist gleich geblieben wie der, den sie bezahlt haben, als das Land wohlhabend war. Heute liegt es danieder, und man treibt von ihnen den gleichen Betrag ein wie früher. Wegen der übermäßigen Ungerechtigkeit, die sie bedrückte, waren deshalb viele Bewohner dieser Insel zur Flucht gezwungen.

[18r] Wir beschlossen unseren Rundgang und kehrten zum Kloster zurück. Ich verbrachte die Nacht dort, und am nächsten Tag kam mein Meister wieder mit diesem Arzt, der ihn beglei-

tete. Er brachte einige von diesen Pflanzen mit, deren Zeichnungen in dem Buch abgebildet sind, von dem ich gesprochen habe. Ich erzählte dem *Chawādscha*, was mir in seiner Abwesenheit mit diesem bösen Menschen widerfahren war. Als mein Meister das hörte, geriet er in großen Zorn und schrieb dem Konsul unverzüglich einen Brief. Er beschrieb den Fall und verlangte, auf der Stelle einen Dragoman zu schicken, damit er Beschwerde beim Pascha einlegen und Entschädigung verlangen könne, um allen eine Lektion zu erteilen, und dass es niemand mehr wage, das Kloster und den *Padre* anzugreifen. Der *Chawādscha* nahm die Dienste des Mannes in Anspruch, der ihn begleitet hatte, und gab ihm den Brief, auf dass er ihn zu seiner Exzellenz, dem Konsul in Larnaca, befördere.

Gerade in diesem Augenblick traf der Arzt ein, der ihn begleitet hatte. Über die Absichten des *Chawādscha* in Kenntnis gesetzt, bemühte er sich, diesen von seinem Plan abzubringen, die Angelegenheit auf diese Weise zu regeln, denn der *Padre* und das Kloster könnten vonseiten der *Rūm*, die diese Stadt bewohnten, Schaden erleiden. Dem *Padre* gelinge es nur vermöge seiner Liebenswürdigkeit, Freundlichkeit und durch Geschenke, bei ihnen zu leben. Sonst könnte er keinen Tag länger im Kloster bleiben. Als der *Chawādscha* diese Worte hörte, besann er sich und nahm den Brief wieder an sich.

Wir blieben bis zur Rückkehr des *Padre*. Wir übergaben ihm das Kloster, verabschiedeten uns und gelangten wieder zur Residenz des Konsuls in Larnaca. Dort blieben wir, bis ein französisches Schiff in Richtung der Stadt Alexandria zum Auslaufen bereit war. Wir mieteten Plätze und segelten an Bord nach dem Land Ägypten.

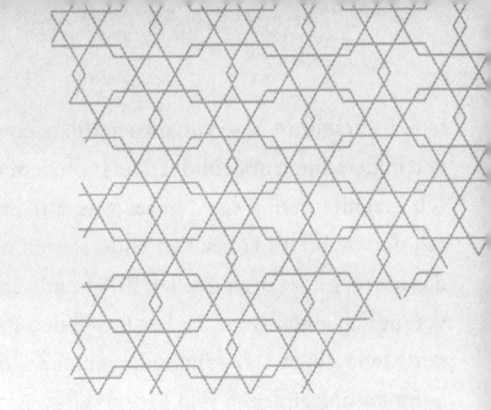

VON UNSERER REISE IN DAS LAND ÄGYPTEN UND WAS UNS DORT IM MONAT JUNI 1707 BEGEGNET IST[1]

W ir verließen den Hafen von Larnaca und erreichten am nächsten Tag den Hafen von Paphos auf der Insel Zypern. Dort warf das Schiff Anker; der Kapitän Jussuf hatte vor, eine Ladung Harz und Teer[2] an Bord zu nehmen, denn in diesen Bergen gibt es Harz. Die Bergbewohner gewinnen ihn und verkaufen ihn zu Lasten des *Mīri*[3].

Wir stiegen zu der Niederlassung hinauf: Sie bestand aus Ruinen. Dort wohnten nur der Agha des *Mīri* und seine Angestellten sowie einige Bauern, die Harz und Teer gewannen. Die Matrosen gingen bis zum Abend in den Bergen auf die Jagd. Sie schossen mit ihren Gewehren drei Ziegen und eine Kuh und brachten sie auf das Schiff. Was Euren ergebenen Diener betrifft, so missbilligte ich dieses Treiben: Wie konnte man es für erlaubt halten, sich das Gut seines Nächsten anzueignen? Es ist verboten! Aber ein Matrose versicherte mir, dass diese Ziegen und Kühe herrenlos seien. Ihre Besitzer seien vor der Ungerechtigkeit geflohen und hätten ihr Vieh in den Bergen zurückgelassen, wo es viele frei lebende Ziegen, Kühe und Schweine gebe. Man sah auch die Weintrauben von einem Jahr an den Rebstöcken, ohne dass sie jemand gelesen hätte. Wenn ihnen solche Dinge widerfahren sind, dann nur deshalb, weil sie wenig Liebe für ihren Nächsten hegen.

Als der Kapitän das Harz geladen hatte, verließen wir Paphos in Richtung des Hafens von Limassol. Dort angekommen, ankerte das Schiff, und wir betraten den Hafen dieses Ortes, der prosperierte, will sagen, dass dort viele Leute waren und geschäftiges Leben herrschte. Aber bei ihnen wurde nur Wein verkauft. Ein Quintal Wein [191] kostete fünf Piaster. Sie lagern ihn in Bottichen, von denen jeder mehr als zwanzig Quintal fasst, denn es gibt viele Reben in ihren Bergen. Der Kapitän kaufte fünfzig Fässer[4] – jedes Fass entspricht einem Aleppiner Quintal und ist, wie gesagt, fünf Piaster[5] wert –, um sie in Alexandria zu verkaufen, von wo sie weiter nach dem Land Ägypten befördert werden.

Nach Beendigung der Großeinkäufe und ihrer Verladung hielt sich der Kapitän zur Abfahrt bereit und wartete auf günstigen Wind. Als wir uns in dieser Nacht, etwa um zwei Uhr nachts, auf der Schiffsbrücke ergingen, sahen wir plötzlich einen Mann im Meer schwimmen. Er näherte sich dem Schiff. Sein Hemd hatte er über seinen Kopf gerollt. Er zog es zurecht, kleidete sich an, kletterte an Bord und fragte uns nach dem Kapitän. Dieser ging auf ihn zu:

– Wer bist du und was willst du?, fragte er ihn.

Der Mann warf sich ihm zu Füßen und flehte ihn an, ihn nach Alexandria mitzunehmen.

– Hast du einen Geleitbrief vom Agha des *Mīrī*?

– Nein, mein Herr, ich bin auf der Flucht, um ihm zu entgehen.

– Weißt du nicht, dass es uns strengstens untersagt ist, irgendjemanden ohne Geleitbrief vom Agha des *Mīrī* an Bord zu nehmen?

– Doch, ich weiß es.

– Wenn du es weißt, wie kannst du verlangen, dass ich dich an Bord meines Schiffes nehme?

Der Kapitän gab den Matrosen Befehl, ihn in der Schaluppe hinunterzulassen und ihn im Hafen abzusetzen. Als sie ihn packten, um ihn hinunterzulassen, fing er an zu weinen und uns anzuflehen, beim Kapitän Fürbitte für ihn einzulegen. Dies rührte das Herz meines Meisters, und er appellierte an das Mitgefühl des Kapitäns, dass er ihn mitnehme. Ihm zu gefallen, sah sich dieser dazu gezwungen; aber unter der Bedingung, ihm den Bart abzuschneiden, ihn in ein Matrosengewand zu kleiden und ihm eine Perücke und einen Hut aufzusetzen, damit man nicht erkenne, dass er Grieche war. [19v] Der Mann unterwarf sich den Auflagen. Man schor ihm unverzüglich Bart und Schnurrbart. Die Matrosen gaben ihm einige gebrauchte Kleidungsstücke, setzten ihm Perücke und Hut auf, und dergestalt verblieb er zum Arbeiten bei der Mannschaft.

Als wir zwei Tage später günstigen Wind hatten, setzten wir die Segel in Richtung des Hafens von Alexandria, den wir innerhalb von vierundzwanzig Stunden erreichten. Als wir aber in den Hafen einfahren wollten, erhob sich ein stürmischer Wind vom Festland her und zwang uns, wieder das offene Meer zu gewinnen. Wir mussten zwölf Tage lang auf hoher See wenden, bis ein günstiger Wind vom Meer her aufkam. Gesund und wohlbehalten gelangten wir in den Hafen.

Wir verließen das Schiff und begaben uns zur Wohnung des Konsuls. Dieser bereitete meinem Meister einen warmen Empfang und befahl seinen Bediensteten, unsere Sachen von Bord des Schiffes zu holen. Er ließ Zimmer mit Möbeln für uns herrichten, und wir konnten unser Gepäck ohne Zollkontrolle dahin befördern. Wir fühlten uns sehr geehrt und gut versorgt und richteten uns in seinem Haus ein.

Die französischen Kaufleute luden uns zu sich ein und erfüllten meinem Meister gegenüber alle Pflichten einer großzügigen Gastfreundschaft. Sie führten ihn einige Tage später aus der Stadt heraus und zeigten ihm am Meeresufer eine hohe Säule, so hoch wie ein Minarett. In diese Säule waren Figuren von Vögeln, Vierfüßern[6], Gazellen und anderen Tieren eingemeißelt. Nach Meinung kundiger Personen war diese Säule aus einer Mischung gebrannter Ziegel gefertigt, denn es schien unmöglich, dass sie aus Stein war in einem Land, wo es weder

OBÉLISQUE, dit DE CLÉOPATRE, À ALÉXANDRIE.

Vue des ruines de la Bibliothèque des Ptolemées et du Musée?.

Aspect de la mer et du petit Pharillon.

»[…] eine hohe Säule, so hoch wie ein Minarett.« – Der Kleopatra-Obelisk in Alexandria, Radierung von 1800.

Berge noch Felsen gab. Zweitens waren Umfang und Größe dieser Säule von der Art, dass es nicht möglich gewesen wäre, sie mit einem Wagen zu ziehen oder aufzurichten, noch hätte sie jemand zu bewegen vermocht. Sie war in den Boden ebenso tief eingegraben, wie sie sich in die Höhe erhob. [20r] Deshalb schien es einleuchtend, dass sie aus verschiedenen Materialien bestand.[7]

Mein Meister blieb bei der Säule und kopierte alle Zeichnungen, die eingemeißelt waren. Als man ihn fragte, warum er die Zeichnungen übertragen habe und was sie bedeuteten, erklärte er, dass sie Buchstaben und hinter geheimen Texten verborgene Worte darstellten, welche die alten griechischen Philosophen zu jener Zeit vorgetragen hätten.

Neben der Säule war eine Grotte, die Sklavengrotte genannt wurde. Sie war in den Fels getrieben und das Meer strömte dort hinein. Wegen der Heftigkeit der Wellen im Inneren machte sie einen schrecklichen Lärm. Nur wenige Schwimmer vermögen dort hineinzugelangen, aber diejenigen, die es getan hatten, erzählen, sie sei so weitläufig und die Wellen prallten darin derart aufeinander, dass niemand das äußerste Ende erreichen könne.[8]

Anschließend begaben wir uns an einen Ort, wo man vierzig Zisternen zur Speicherung des Wassers gebaut hatte, das die Bewohner dieser Stadt tranken, als die Quellen unter dem Einfluss bestimmter Sterne verdorben waren, wie die astrologischen Meister jener Zeit meinten[9], die behaupteten, dass dieses verdorbene Wasser diejenigen, die davon tränken, verrückt werden ließe. Aus diesem Grund hatte man die Zisternen gebaut. Die Astrologen beobachteten das Erscheinen dieser Sterne und ließen kurz vorher die Quellen zu den Zisternen umleiten, um sie volllaufen zu lassen. Als es so weit war, schöpften die Einwohner daraus ihr Wasser, bis der Einfluss der Sterne wieder verschwand. Dies haben wir über die Gründe des Baus dieser Zisternen gehört, aber Gott weiß mehr.

Danach besichtigten wir zahlreiche andere alte Orte und Gebäude, denn die Chroniken lehren uns, dass die Stadt [20v]

Alexandria eine der großen Städte der alten Zeiten war. Darauf gingen wir wieder zu unserer Wohnung zurück. Bestens untergebracht und behandelt, blieben wir mehrere Tage lang dort.

Ich ging jeden Tag zum Hafen, um zu sehen, welche Fische man in diesem mit dem Nil[10] gemischten Meer fing; das war etwas, das jeder Beschreibung spottete. In keinem der Länder, die ich bereiste, habe ich je wieder das Vergnügen erlebt, einen so schmackhaften Fisch zu kosten. In diesem Hafen hat man zum Fischfang Absperrungen im Meer angelegt und einen Mechanismus angebracht, bei dem, wenn sie ins Innere gelangten, die Fische nicht mehr entweichen konnten. Innerhalb der Absperrungen kann man die Fische so ohne Mühe fangen. Man kann die Fische aufgehäuft am Ufer des Hafens sehen. Aus manchen macht man die *Boutargue*[11], andere werden gesalzen und getrocknet. Sie werden in großer Zahl in viele Länder ausgeführt.[12] Die bescheidenen, fleißigen Leute[13] dieser Stadt beziehen das Notwendige für ihren Lebensunterhalt aus diesen Fischen und aus der Bearbeitung des *Assiūti*, will sagen: von Leinen.[14]

Mein Meister traf danach Vorbereitungen, um nach Kairo zu reisen und dessen Orte zu besichtigen. Wir mieteten einen Platz auf einer *Maʿāsch*, will sagen: auf einer großen *Dscherme*[15], das sind die großen Boote, die auf dem Nil verkehren. Wir verließen das Haus des Konsuls bei Tagesanbruch und schifften uns auf der *Maʿāsch* ein. Wir segelten auf dem Meer bis zur Meerenge des Nils[16]. Dort sind immer Leute postiert, um jede *Maʿāsch*, die in die Mündung einfährt, zu geleiten und zu zeigen, von welcher Seite sie hineinfahren soll, weil sich immer wieder Sand an einem Ufer der Mündung sammelt und den Zugang versperrt.[17]

Lange habe ich beobachtet, wie der Nil ins Meer fließt. [21r] Das ist eine erstaunliche Sache, denn es geschieht, ohne dass sie sich vermischen. Ich habe gesehen, wie sich eine Linie zwischen den beiden Meeren bildet, denn das Meer des Nils wendet sich zum Grund des Meeres. Dies konnte ich feststellen, als ich auf dem Meere fuhr. Auf dem Meeresgrund sah ich bei Windstille weiße Linien. Ich fragte, was diese Linien bedeuteten, und man gab mir zur Antwort, dass es Ströme von Süßwasser seien, die ins Meer flössen, ohne sich mit dem Salzwasser zu mischen.

Nach den Aussagen mancher Leute trinken die Wolken von diesen Strömen. Auch ich konnte dies auf dem Meer an Regentagen beobachten: Wenn eine Regenwolke sich löst und zum Meer herabsinkt, bildet sich an diesem Ort eine Menge Gischt. Will sagen, dass das Meer aufreißt, wenn die Wolke sich mit diesen Strömen verbindet, von denen sie Süßwasser aufnimmt. Der Beweis dafür ist darin zu sehen, dass, wenn im ozeanischen Meer, das heißt im Indischen Ozean, Wassermangel droht, die Matrosen einen Kupfereimer an einem Haken in diese Strömung, die an diesem Ort fließt, hinunterlassen, der sich dann randvoll mit diesem Süßwasser füllt. Dieser Eimer ist mit einem Mechanismus versehen, bei dem ein wasserdichter Deckel herunterklappt, sobald er voll ist, sodass das Eindringen von Salzwasser verhindert wird. So können sie Süßwasser trinken, wie wir es von solchen, die auf dem ozeanischen Meer gereist sind, erzählen hörten.[18]

Kehren wir zu unserem Gegenstand zurück. Wir fuhren an Bord der *Dscherme* auf dem Nil und segelten an diesem Tag bis zum Hafen von Rosetta, einem der Häfen Ägyptens, dessen zweiter Hafen derjenige von Damiette ist. Als wir im Hafen festgemacht hatten, verließen wir die *Dscherme* und suchten das Haus eines französischen Händlers auf, der *Chawādscha* Durand[19] hieß. In seinem Haus stiegen wir eine breite Steintreppe hinauf, und oben angekommen, befanden wir uns in einem langen, mit Steinplatten ausgelegten Durchgang, [21v] an dessen Ende sich ein Salon befand, der zum Nil hin gelegen war mit Blick auf herrliche Reisfelder, die wie Smaragde wirkten, deren Anblick den Geist erfreute.

Der *Chawādscha* Durand kam zu unserer Ankunft und hieß meinen Meister mit allen Bezeugungen der Ehre und der Hochachtung willkommen. Er befal den Bediensteten, unsere Sachen heraufzutragen, und ließ ein Zimmer mit Möbeln und allem Erforderlichen für meinen Meister herrichten. Wir blieben für den Rest des Tages dort bis zum Abendessen, das sie gemeinsam einnahmen und wir mit den Hausangestellten. Nach dem Essen plauderte ich mit diesen bis zur Schlafenszeit. Ein Diener forderte mich auf, das Zimmer anzuschauen, das man für mich vorbereitet hatte. Ich weigerte mich:

– Ich werde hier auf dieser Galerie schlafen. Wer könnte im Sommer bei dieser großen Hitze in einem Zimmer schlafen?

Er forderte mich zweimal auf, das Zimmer aufzusuchen, aber ich wollte nicht auf ihn hören. Darauf ließ er es und ging. Ich blieb allein und erging mich auf der Galerie. Schließlich stellte ich das Bett auf, das wir mitgebracht hatten, und streckte mich zum Schlafen aus, ohne mir auszumalen, was mir in dieser Nacht widerfahren sollte.

Kaum war ich auf dem Bett eingeschlafen, hörte ich ein Geräusch und ein großes Gebrumme. Mein Gesicht bedeckte sich mit Mücken von der Art, wie sie sich in den stehenden Gewässern der Reisfelder dieser Gegend finden. Ich sprang wie ein Verrückter von meinem Bett auf und versuchte eine Weile, sie von meinem Gesicht, meinen Armen und Beinen zu verjagen. Unmöglich, sie loszuwerden! Ich zündete mir daher eine Pfeife an, und der Rauch vertrieb sie. Mit der Pfeife im Mund ging ich auf dieser Galerie auf und ab, aber ich wurde bald müde und schläfrig. Ich ging wieder zu Bett, um zu schlafen, aber mir begegnete dasselbe Missgeschick. Ich erhob mich von neuem, ging auf und ab [22r] und rauchte die Tabakpfeife, damit die Mücken nicht an mich herankämen. So ging es weiter bis zum Tagesanbruch.

Nun kam mir aber in den Sinn, dass der Diener im Zimmer einen Mückenschutz vorbereitet hatte. Ich versuchte daher eine Tür nach der anderen zu öffnen, bis ich schließlich diejenige des Zimmers fand, die offen war. Ich trat ein und erblickte ein Bett mit einem Mückenschutz, will sagen: einem leichten Schleier, der das Bett mit seinen beiden Betttüchern aus feinstem Linnen umhüllte. Ich erkannte, dass es das für mich bereitete Bett war, und stürzte mich, um mir dieses Glück nicht entgehen zu lassen, unverzüglich auf dieses süße, weiche Lager, wo ich schlief, bis man mich zum Frühstück weckte.

Nach dem Aufstehen und Ankleiden fühlte ich mich zerschlagen und kraftlos und ohne Appetit. Ich schickte denjenigen, der mich geweckt hatte, weg und blieb hilflos, unfähig, die Augen zu öffnen, in meinem Zimmer. In diesem Zustand entdeckte ich einen Spiegel, der an der Zimmerwand hing. Als ich darin mein Gesicht betrachtete, bemerkte ich, wie es sich zu solcher Hässlichkeit verformt hatte, dass ich es nicht mehr wiedererkannte. Es war derart aufgebläht, dass sich auf meinen Wangen neue Wangen und auf meinen Augenlidern neue Lider gebildet hatten. Meine Lippen waren dick geschwollen, mein Mund aufgeplatzt, und ich war in einem Zustand, der mir Scham bereitete. Und dies alles wegen dieser Mückenstiche! So blieb ich ohne Essen bis zum Abend in meinem Zimmer, da ich mich niemandem in diesem Zustand zu zeigen wagte.

Mein Meister war schließlich durch meine Abwesenheit beunruhigt und fragte nach mir. Man sagte ihm, dass ich mich in meinem Zimmer eingeschlossen hätte und nicht herauskommen wolle. Er dachte, ich sei krank, und kam mich besuchen. Als er sah, in welchem Zustand ich war, fragte er mich:

— Was ist mit dir geschehen, dass du in einem solchen Zustand bist?

Ich erzählte ihm, was mir in der Nacht mit den Mücken begegnet war, weil ich nicht auf den Rat des Hausdieners hören wollte.

— Habe keine Sorge, sagte er zu mir.

[22v] Er brachte mir sogleich einen Balsam, mit dem er mein Gesicht bestrich, das noch am selben Tag abschwoll und sein übliches Aussehen annahm. Ich schreibe dies für jeden, der nach Rosetta reist: Er schlafe dort nicht ohne Mückenschutz!

Am folgenden Tag ging ich mit meinem Meister hinaus, um die Stadt, ihre Straßen und Chane zu erkunden. Wir besuchten einen Chan, in dem Juden mit ihren Familien wohnten. Ihre Frauen saßen unter den Bögen des Chans und arbeiteten dort ohne Schleier und übergeworfenen Umhang.[20] Sie verbargen sich vor niemandes Blicken wie in den Ländern der Franken. Das habe ich sonst nirgends in Ägypten gesehen.

Ihre Kaffeehäuser am Ufer des Nils sind Tag und Nacht geöffnet, und jeder kann sich des Nachts ergehen, ohne dass ihn die Obrigkeit noch sonst jemand daran hindert, im Gegensatz zu anderen Orten in Ägypten. Im Ganzen besehen ist es ein sehr angenehmes und sicheres Land, und ich habe an ihm keinen anderen Fehler als die Mücken entdeckt. Wir haben in dieser Stadt so viel Annehmlichkeit und Vergnügen erlebt, dass wir zwölf Tage dort geblieben sind, die wie ein einziger Tag vergingen.[21]

Danach mieteten wir einen Platz auf der *Dscherme*. Wir reisten auf dem Nil in Richtung der Stadt Kairo und erreichten Bulaq, den Hafen von Kairo. Wir ließen unser Gepäck auf Esel laden, bestiegen unsererseits diese Esel, die im Passgang laufen, und betraten die Stadt. Wir befahlen dem Eseltreiber, uns zum Viertel von Muski zu führen, wo die französischen Händler wohnen und wo sich die Unterkunft des Konsuls der Franzosen befindet.

Gleich bei unserer Ankunft in diesem Viertel wurde der Konsul benachrichtigt, und er schickte Bedienstete, die uns zu ihm führten. Als er meinen Meister erblickte, umarmte er ihn und bereitete ihm einen großen Empfang. Er hatte nämlich bereits gehört, [23r] dass er auf einer Forschungsreise im Auftrag Seiner Exzellenz, des Sultans von Frankreich, in Alexandria angekommen war. Deshalb ließ er ihm so viel Ehre zuteilwerden. Er ließ ihm eines der prächtigsten Zimmer herrichten und wies seine Diener an, ihm zur Verfügung zu stehen, was die anderen Konsuln nicht getan hatten. Wir blieben drei Tage lang bei ihm, bis zum Ende des Austauschs der Höflichkeitsbezeigungen mit den Händlern.

Nach Ablauf der drei Tage bat der *Chawādscha* Seine Exzellenz, den Konsul, sich freinehmen zu dürfen, denn er wollte die

Stadt Kairo besichtigen. Der Konsul bestimmte einen *Ghuzzi*[22] zu seinen Diensten, der uns bei unseren Gängen durch Kairo begleiten sollte. Dieser Mann kam uns jeden Tag abholen und führte uns durch ein Viertel der Stadt, wobei er uns viele verschiedene Örtlichkeiten zeigte: den Palast des Pharao, die Zitadelle und den Platz *Ramlīya*[23], ebenso wie die Wohnsitze der *Sanādschiq*[24] und andere Sehenswürdigkeiten. Mit diesem *Ghuzzi* waren wir drei Tage lang unterwegs und entdeckten Durchgänge, Gassen und Straßen.

Mein Meister wünschte nun, dass wir allein ausgingen, nicht in Begleitung dieses Mannes, denn er wollte sich auf die Suche nach dem machen, was er stets in jeder Stadt, in die er kam, zu finden hoffte: alte Münzen, alte Bücher mit Chroniken, Edelsteine wie Diamanten, Rubine, Smaragde, Olivine[25] und andere Gemmen, sowie andere Steine, deren Wirksamkeit nur einigen wenigen Menschen in den Ländern des Orients bekannt sind. Mein Meister hatte umfassende Kenntnisse auf dem Gebiet der Juwelierkunst und von den in unseren Ländern unbekannten Metallen. Von ihrer Wirksamkeit werde ich später, wenn es an der Zeit ist, sprechen. Ich konnte beobachten, dass dieser Mann, will sagen: mein Meister, in allen Wissenschaften unterrichtet war. Besonders geschickt war er auf dem Gebiet der Heilkunde: Er brauchte nur in das Gesicht eines Menschen zu schauen, um dessen Krankheit zu entdecken, ohne [23v] sich nach seiner Krankheit auch nur erkundigt zu haben. Er kannte sich in der Sternkunde aus, in der Baukunst und der Philosophie, in der Wissenschaft von der Natur und in der Physiognomik. Er kannte alle Wirkkräfte der verschiedenen Kräuter, Pflanzen und Heilkräuter und alle Dinge der Heilkunde. Ich habe ihn zu verschiedenen Gelegenheiten Beweise davon geben sehen, wie ich zu gegebener Zeit noch berichten werde.

Am Ende unseres Rundgangs mit dem *Ghuzzi* wünschte mein Meister das Haus Unserer Jungfrau Maria in Alt-Kairo zu sehen, ungefähr drei Meilen vom neuen Kairo entfernt. Bei unserer Ankunft begaben wir uns zum Kloster Sankt Rīhān.[26] Von dort führte uns ein *Padre* zum Ort des Hauses der Jungfrau, das sich jetzt im Inneren der Kirche der Kopten befindet. Wir betraten diesen erhabenen Ort, wo die Heilige Jungfrau, der heilige Josef und das Jesuskind sieben Jahre lang gelebt hatten, wie das erhabene Evangelium berichtet.[27] Wir besuchten die Messe, die der *Padre* am Altar der Jungfrau las, der sich im Inneren dieses Hauses befindet.[28] Danach lud er uns ein, bei ihm im Kloster das Mittagessen einzunehmen.

Nach dem Essen führte er uns herum. Er zeigte uns die alten Ruinenstätten, deren Kornspeicher von Josef dem Seligen erbaut worden waren, wie es in der Heiligen Schrift steht.[29] Es waren vierzig an der Zahl, und man konnte noch die Reste davon sehen, abgesehen von den gänzlich zerstörten, von denen keine Spur mehr zu sehen war. Nach dieser Besichtigung kehrten wir wieder zu unserer Unterkunft im Haus des Konsuls zurück. Später gingen wir allein aus, ohne Führer, und durchstreiften die Suqs und die Kaffeehäuser und hielten uns bei den Ladenbesitzern auf, sodass bald überall bekannt wurde, dass mein Meister ein Arzt war. Viele Leute [24r] kamen zu uns und baten um Behandlung. Er behandelte sie umsonst, forderte sie aber auf, nach Medaillen oder vielmehr alten Münzen zu suchen, die sie ihm in großer Zahl brachten.

Ein Kopte brachte uns eines Tages eine Thora auf einer Pergamentrolle in *Estrangelo*, das von der syrischen Sprache abgeleitet ist.[30] Ihm zufolge war diese Thora abgeschrieben worden, als die Söhne Israels zu Zeiten der Pharaonen die Stadt Kairo bewohnt hatten. In dieser Zeit gab es noch kein Papier, und man schrieb auf Pergament. Als mein Meister sie sah, wollte er sie kaufen, jedoch unter der Bedingung, dass er sie einige Tage bei sich behalten konnte, um sie zu untersuchen. Der Mann war einverstanden und vertraute sie uns an. Wir nahmen sie an uns und handelten den Preis von vierzig Piaster *Riāl*[31] aus, wenn sich herausstellen sollte, dass die Thora echt war. Mein Meister zeigte sie dem *Padre*, damit er sie von Leuten prüfen lasse, die Kenntnisse in dieser Sprache hatten: Ob es sich um eine Thora handelte oder nicht? Es stellte sich heraus, dass es eine Thora war, in der das Buch der Genesis geschrieben stand. Überzeugt davon, dass es eine echte Thora war, zahlte mein Meister dem Mann die vereinbarten vierzig Piaster *Riāl*. Er sagte mir danach, dass sie nach seinem Dafürhalten viertausend wert sei, und freute sich sehr über den Kauf. Wir kauften alte Bücher mit Chroniken, die in verschiedenen Sprachen geschrieben waren und aus diesen Ländern und anderen stammten. Danach gingen wir durch die Straßen bis zum Suq der Schmuckhändler, wo mein Meister viele Dinge kaufte: Edelsteine, insbesondere Olivine, in großer Zahl. Es gab viele davon, die wir nach Gewicht bezahlten, sehr wohlfeil, obwohl dieser Stein im Land der Franken ebenso viel wert war wie der Smaragd.

An einem anderen Tag kam ein Jude zu uns und fragte mich:

– Wollt ihr Edelsteine?

– Ja.

– Folgt mir!

Wir gingen mit ihm zu einer *Wakāla*, [24v] will sagen: einem Chan oder einer *Qaisarīye*[32]. Wir stiegen mit ihm in den ersten Stock, wo er uns in ein Zimmer eintreten ließ und die Tür verschloss. Daraufhin öffnete er eine eisenbeschlagene fränkische Truhe und zeigte uns Edelsteine: Diamanten, Rubine, Smaragde und andere Juwelen. Mein Meister wählte einige aus und sagte, nachdem man sich über den Preis geeinigt hatte:

– Komm mit mir zum Konsul, damit ich dich bezahle.

Es gab nämlich eine Weisung des Sultans [von Frankreich] an alle Konsuln in den Ländern des Orients, die bestimmte, dass dem *Chawādscha* Paul Lucas so viel Geld ausgehändigt werde, wie immer er benötigte. Als wir im Begriff waren, zu gehen, sagte der Jude zu uns:

– Ich möchte euch etwas zeigen, aber nur unter der Bedingung, das ihr mir schwört, das Geheimnis nicht zu verraten.

Mein Meister beteuerte, dass er das Geheimnis hüten werde, er brauche keine Angst zu haben. Der Jude zeigte uns nun einen

rundum mit Edelsteinen besetzten Gürtel, der ein wahres Vermögen wert war.

– Es ist der Gürtel eines türkischen Königs, sagte er uns.

Als mein Meister ihn untersuchte, sah er, dass er wirklich
viel Geld wert war. Obwohl er ihn nicht kaufen wollte, fragte
er trotzdem:

– Wenn du einige Steine aus dem Gürtel herauslöstest,
würde ich ihn dir abkaufen.

Der Jude lehnte ab. Danach zog er aus der Truhe ein Kästchen, in dem sich ein schwarzer Diamant von vierundzwanzig Karat befand, eine wahre Seltenheit und ein einzigartiges
Stück.

Das Herz meines Meisters schlug beim Anblick dieses Steines schneller, dennoch erklärte er dem Juden, dass er gefärbt
sei und nicht von natürlicher Farbe. Darauf hob eine Diskussion von beinahe einer Stunde zwischen den beiden an, in deren
Verlauf es dem Juden gelang, ihm zu beweisen, dass die Farbe
natürlich war. Mein Meister hatte die Absicht, diesen Stein zu
kaufen, aber aus Angst, dass der andere sich als zu geldgierig
erweisen und er keine Gelegenheit haben könnte, mit ihm zu
verhandeln, wandte er eine List an und behauptete, den Preis
nicht zu kennen und nicht sicher zu sein, ob es sich wirklich um
einen Diamanten handle.

Er sagte zu ihm:

– Komm mit mir [25r] zum Konsul, dort werden wir den
Stein prüfen, und ich werde mit dir über den Preis verhandeln.

Der Jude wollte nicht, weil er befürchtete, dass die Existenz
dieses Steins bekannt würde und ein *Sandschaq* ihn mit Gewalt
wegnähme. Wir versicherten ihm, dass wir mit niemandem
darüber sprechen würden und er nichts zu befürchten habe.
Nach vielen Bemühungen gelang es uns, ihn zu überreden, mit
uns zum Konsul zu kommen. Wir führten ihn in den Saal, wo
dieser, der Dragoman und mein Meister sich zusammensetzten.
Sie blieben beinahe drei Stunden lang allein dort. Dann kam der
Jude heraus und ging wieder seinen Geschäften nach. Ich konnte

nicht in Erfahrung bringen, zu welchem Preis mein Meister den Stein gekauft hatte; das Geheimnis blieb unter ihnen.

Es begab sich, dass ein französischer Händler von einem Bauern für hundert *Masrīye* einen Stein mit einer Gravierung gekauft hatte. Er zeigte ihn meinem Meister, der ihn, als er ihn sah, kaufen wollte. Aber der andere wollte ihn nicht verkaufen. Mein Meister versuchte, ihn zu gewinnen, indem er ihm einen hohen Preis anbot. Das Angebot erreichte den Preis von zweihundertfünfzig Piastern. Der andere weigerte sich immer noch zu verkaufen. Mein Meister ärgerte sich und beschwerte sich beim Konsul, den er aufforderte, ihn zum Verkauf zu zwingen, indem er ihm sagte, dass alles, was er kaufe, Steine und dergleichen, für den Schatz des Sultans von Frankreich bestimmt sei. Der Konsul rief diesen *Chawādscha* zu sich und zwang ihn zum Verkauf. Er konnte nichts dagegen einwenden; er gab den Stein her und strich den Preis ein, den wir angegeben hatten.

Zu dieser Zeit kam ein Bauer vom Land in das Viertel von Muski, das Viertel der fränkischen Händler. Er vertraute einem der Diener des Konsuls unter dem Siegel der Verschwiegenheit an, dass er den Körper einer Mumie gefunden habe. Er fürchtete, die Obrigkeit könnte es erfahren, sie beschlagnahmen und dem Staatsschatz zuführen. Es gab nämlich für diese Art von Gegenständen eine strikte Auflage, und niemand konnte sie kaufen. Deshalb verheimlichten es die Bauern, wenn sie einen solchen Fund gemacht hatten, mit der Absicht, bei den Händlern einen guten Preis damit zu erzielen. Solche Entdeckungen [25v] ließen sich bei den Pyramiden[33] machen, will sagen: bei den Gräbern der Könige Ägyptens, der Pharaonen. Sie sind selten, denn diese Gräber sind durch angehäuften Sand versperrt. Nach Hunderten von Jahren kann sich ein Sturmwind erheben, der den Sand von diesen Gräbern und von diesem Stück Land hinwegweht. Deshalb suchen die Bauern, welche diese Böden gemeinsam bearbeiten, danach. Es kommt selten vor, dass sie ein Grab ausfindig machen, in dem sich ein einbalsamierter

Körper befindet. Wenn sie einen finden, verstecken sie ihn und verkaufen ihn einige Zeit später an Händler.

Als mein Meister über den Diener Nachricht von dieser Mumie erhielt, unterrichtete er sogleich den Konsul und forderte ihn auf, alle nur möglichen Anstrengungen zu unternehmen, sie zu erwerben, denn eine solche Gelegenheit böte sich selten und der Sultan von Frankreich würde es sehr begrüßen. Der Konsul ließ den Bauern holen und empfing ihn heimlich. Er fragte ihn aus: Hatte er diesen einbalsamierten Körper wirklich bei sich zu Hause? Der Bauer antwortete ihm, dass er ihn tatsächlich bei sich zu Hause habe. Der Konsul legte mit ihm den Preis auf zweihundertfünfzig Piaster fest, unter der Bedingung, dass er ihn heimlich bringe und niemand davon erfahre. Sie kamen überein, und der Bauer ging.

Einige Tage danach kam er wieder mit einigen Ballen Heu, die er im Stall des Konsuls ablud, um sie dem Stallknecht zu verkaufen, wobei er einen höheren Preis verlangte, als sie in Wahrheit wert waren, um zu vermeiden, dass der Stallknecht sie ausrollen und den einbalsamierten Körper darin finden könnte. Er ließ die Ballen im Stall und ging hinaus. Als er dem Diener begegnete, dem er davor von der Mumie erzählt hatte, bat er ihn, den Konsul von seiner Ankunft zu unterrichten. Als der Konsul hörte, dass er da war, ließ er ihn kommen und fragte ihn, ob er das infrage Stehende mitgebracht habe. Der Bauer verneinte und erklärte, dass jene, die vorgegeben hätten, einen solchen Gegenstand bei sich zu haben, ungeachtet ihrer Zusagen jetzt das Gegenteil behaupteten:

– Die Hoffnung, die ich in sie gesetzt habe, ist enttäuscht worden. Ich habe nun einige Fuhren Heu aufgeladen und [26r] in deinen Stall gebracht, um sie dem Stallknecht zu verkaufen. Er bat mich, mit dem Preis herunterzugehen. Ich bitte deshalb bei deiner Ehre, ihm zu befehlen, sie mir zum ausgemachten Preis abzukaufen.

Dann näherte er sich dem Konsul, um ihm die Hand zu küssen und ihn so darum zu bitten, dem Stallknecht aufzutragen, zu diesem Preis zu kaufen. In diesem Augenblick bedeutete er dem Konsul, dass die Mumie sich im Inneren des Heus befinde, und verriet ihm, wie er den Sack aus grobem Tuch erkennen könne, in dem sich der Körper befand.

Der Konsul verstand die Botschaft:

– Geh, und sage dem Pferdeknecht, er soll dir das Heu abkaufen. Er wird dir den verlangten Preis bezahlen.

Der Bauer ging in den Stall zurück und setzte sich neben das Heu. Der Konsul rief den Pferdeknecht und schickte ihn mit einem Auftrag nach Rosetta. Er wies ihn an, dem Bauern den Preis für das Heu zu bezahlen, das man während seiner Abwesenheit auspacken werde. Der Pferdeknecht befolgte seine Befehle. Er bezahlte den Bauern, befahl seinem Burschen, das Heu während seiner Abwesenheit auszupacken, und machte sich auf den Weg.

Kaum war er weg, schickte der Konsul einen Diener, das Stalltor zu schließen und ihm den Schlüssel zu bringen; und er ordnete an, das Heu erst nach der Rückkehr des Pferdeknechts auszupacken. Der Diener tat, wie ihm der Konsul geheißen, und brachte ihm die Schlüssel. Er versprach dem Bauern, ihm die leeren Säcke am nächsten Tag zurückzuschicken. Der Konsul wartete geduldig, bis die halbe Nacht vorüber war und die Knechte schliefen. Dann stieg er allein mit meinem Meister in den Stall hinunter. Sie öffneten den Leinensack, den ihnen der Bauer angezeigt hatte, und erblickten den Körper, eingehüllt in Binden aus ägyptischem Leinen. Sie brachten ihn in das Haus des Konsuls, legten ihn in ein Zimmer, schlossen die Tür, und der Konsul nahm den Schlüssel mit.

[26v] Dies alles geschah, ohne dass jemand davon erfuhr. Erst nach unserer Abreise aus der Stadt Kairo erzählte mir mein Meister alles, was ich hier über diese Mumie berichtet habe, und wie sie sie versteckt hatten, sodass niemand, nicht einmal der Diener, den der Bauer unterrichtet hatte, davon wusste.

Einige Tage später ließ der Konsul einen Schreiner kommen und bestellte bei ihm eine Kiste. Er gab ihm die Maße, Länge und Breite, und befahl ihm, in der Mitte eine Trennwand aus einem soliden Brett anzubringen und auf beiden Seiten der Kiste zwei Deckböden einzupassen, ohne sie zuzunageln, sondern nur die Stellen für die Nägel zu bohren. Am nächsten Tag brachte der Schreiner die vorzüglich nach den Anweisungen gefertigte Kiste. Der Konsul legte den Körper in die Mitte der Kiste und bedeckte ihn mit prächtigen Stoffen: mit Betttüchern, Tischtüchern, feinem Leinen und anderen wertvollen Stücken. Als eines der Fächer voll war, nagelte er den Deckel darauf fest, drehte die Kiste um und füllte das zweite Fach mit gleichartigen Stoffen und nagelte dann in gleicher Weise den Deckel darauf. Dies tat er für den Fall, dass die Kiste beim Zoll geöffnet würde, damit man von einer Seite wie der anderen nur Stoffe sehen konnte.

Diese Kiste, die Geldstücke, Edelsteine, Bücher und alles, was wir in Ägypten gekauft hatten, verblieben beim Konsul, um später nach Marseille, dem Hafen von Frankreich, verschickt zu werden. Nach ihren Gepflogenheiten erhielt mein Meister eine Bescheinigung mit dem Inventar von allem, was er hinterlassen hatte, und ließ es in der Kanzlei, will sagen: im Gericht des Konsuls in der Stadt Kairo eintragen. Dasselbe machte er in allen Konsulaten, bei denen wir vorbeikamen, damit wir bei unserer Ankunft in Marseille alles, was [27r] wir in diesen Ländern gekauft hatten, wiederbekommen konnten.

Wir ergingen uns von einem Ende der Stadt Kairo zum anderen und besuchten alle Orte, die Chane, die Suqs, die Wohnsitze der *Sanādschiq*, die Zitadelle, das Janitscharentor Bāb al-'Azab und dergleichen mehr. Dass wir überallhin gehen konnten, lag daran, dass mein Meister seine Heilkunst zum Wohl der Menschen ausübte, ohne sich dafür bezahlen zu lassen. Deshalb wurde er von allen gut aufgenommen.

Mein Meister wünschte außerdem, den Berg Sinai[34] zu besuchen. Als der Konsul dies hörte, äußerte er große Bedenken und stellte meinem Meister die Schwierigkeiten der Reise und die Gefahren des Weges dar. Er sagte ihm, er werde eine

Art Dromedar reiten müssen, das besonders genügsam und so schnell[35] sei, dass man den Reiter darauf festbinden müsse, um zu verhindern, dass er herunterfalle und getötet werde. Auf dem Weg gebe es nichts zu trinken und zu essen, man nehme Wasser und Verpflegung für vier bis fünf Tage mit, je nach Geschwindigkeit der Dromedare, welche die Strecke von sieben oder acht Tagen an einem einzigen Tag zurücklegen könnten.

– Deshalb ist diese Reise nach meiner Ansicht unmöglich auszuhalten, schloss der Konsul.

Diese Worte ließen meinen Meister von seinem Vorhaben Abstand nehmen: Er verzichtete auf die Reise nach dem heiligen Berg, da er befürchtete, Schaden zu nehmen. Er beschloss, sich in die Gebiete des Said[36] zu begeben, zur Quelle des Nils, in die Länder Äthiopiens und des Sudans.[37] Er zog einige Personen zurate, die bereits in diese Gegenden gereist waren; sie brachten ihn auch von diesem Plan ab:

– *Chawādscha*, du kannst nicht [27v] durch diese Landstriche ziehen, ihre Bewohner sind bösartig und Hexer. Es sind wahre Bestien. Sich in diese Länder zu begeben ist sehr gefährlich, und es ist nicht sicher, dass du lebendig wiederkehrst. Wir haben dich gewarnt. Willst du unbedingt diese Landstriche und ihre Bewohner kennenlernen, gehe nach Medinet el-Faiyūm, wo du dich über sie kundig machen kannst, ohne dein Leben aufs Spiel zu setzen.

Mein Meister beschloss daher, nach Medinet el-Faiyūm zu gehen. Er beriet sich mit dem Konsul, der zustimmte:

– Es gibt in dieser Stadt nur den *Padre* Jean.[38] Ich werde dir einen Brief mitgeben, dass er dich in seinem Kloster aufnehme, wo du in Sicherheit bist, denn dieser *Padre* ist ein weiser Mann und er hat freien Zutritt zum Gouverneur der Stadt, zum *Sandschaq*.

Wir trafen unsere Reisevorbereitungen und schifften uns zur Abreise auf einer *Dscherme* ins Faiyūm ein. Es war die Zeit der Nilflut. Als wir Alt-Kairo an Bord der *Dscherme* verließen, hatte das Meer[39] die Erde auf eine Entfernung von vier Tagesreisen nach allen Seiten hin überschwemmt. Alle Dörfer des Gebietes waren vom Wasser wie von Hyänen umzingelt, dessen Tiefe auf den überschwemmten Landstrichen nicht mehr als eine Spanne betrug. Als die Bewohner dieser Dörfer uns vorbeifahren sahen, kamen sie herbei, nackt, ohne Kleider, Knaben und Mädchen, und bettelten, dass wir ihnen ein Stück Brot oder trockenen Zwieback⁴⁰ zuwarfen.

Unser Boot wurde von vier Männern gezogen, denn wir fuhren gegen den Strom. Sehr häufig machte der Kapitän einen Umweg, die *Dscherme* lief auf eine Sandbank auf, und es bedurfte beträchtlicher Anstrengungen, um sie wieder in die Strömung zu bringen. Man machte jeden Abend am Ufer fest, und wir gingen an Land, um dort die Nacht zu verbringen, bevor wir unsere Reise am nächsten Tag fortsetzten.

So fuhren wir [28r] vier Tage lang dahin. Am fünften Tag erreichten wir den Damm Josefs des Glückseligen. Er hatte zur Zeit seines Sultanats seinen Vater Jakob nach Ägypten kommen lassen und Medinet el-Faiyūm gebaut, damit dieser dort wohne, wie es in der Heiligen Schrift steht.⁴¹ Er hatte diesen Damm gebaut, um einen Teil des Nilwassers umzuleiten und es in einem Kanal zur Bewässerung auf die Böden zu leiten. Deshalb wurde der Josefsdamm *Dschisr Yusuf*⁴² genannt, wie es auf einem Stein gemeißelt heißt, der auch den Zeitpunkt des Baus angibt.⁴³

Als wir ankamen, wurde unser Boot an Land festgemacht und die gesamte Ladung auf ein zweites Boot auf der anderen Seite des Dammes umgeladen, wo wir einen Tag lang bis zum Ende des Umladens blieben. An diesem Tag aßen wir Fisch, der vom Damm aus gefangen wurde. Die Fischer halten ihre Netze über das Wasser, das vom Damm herunterfließt, ohne dieses zu berühren, denn die Wucht des Wasserfalls schleudert die Fische nach oben in die Luft, sodass sie in die Netze fallen. Auf diese Art fangen sie sie. Sie verkaufen sie zum Preis von drei oder vier halben Silbermünzen, will sagen: für eine *Masrīye*. Die Garküchen verkaufen sie für einen *Hadīd*, will sagen: für einen *Fils*⁴⁴ das Stück.

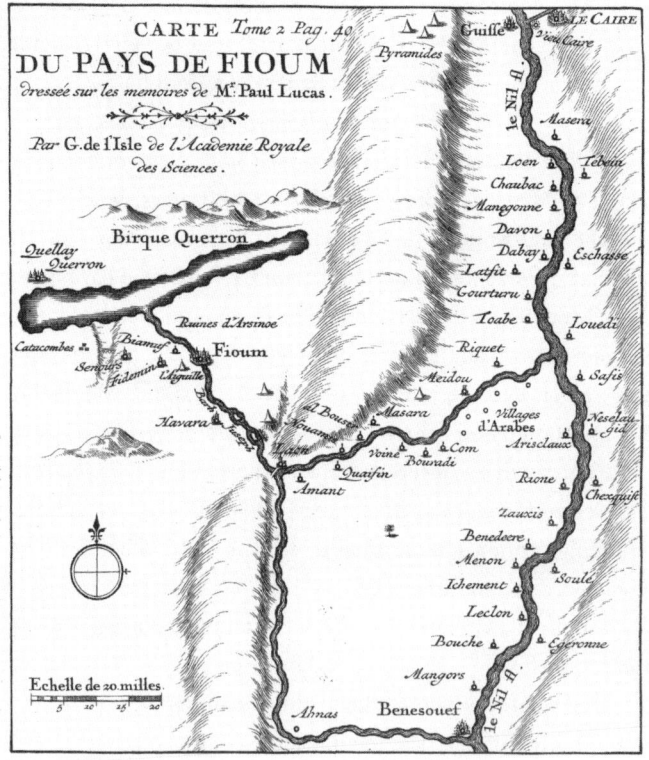

Karte aus: *Voyage du Sieur Paul Lucas*, Bd. 2, Amsterdam 1714.

Am folgenden Tag nahmen wir diese zweite *Dscherme* auf der anderen Seite des Dammes. Am Abend gelangten wir nach Medinet el-Faiyūm. Wir erkundigten uns nach dem Haus des *Padre* Jean. Wir erkannten es, als wir dort eintrafen, und mein Meister legte ihm den Brief des Konsuls vor und bat ihn, uns unterzubringen, alles Notwendige für ihn zu tun und ihm die Stadt zu zeigen. Nachdem er den Brief gelesen hatte, hieß ihn der *Padre* herzlich willkommen und bereitete ihm im Rahmen seiner Möglichkeiten einen Schlafplatz, denn sein Haus war winzig klein. [28v] Wir verbrachten dort die Nacht. Am nächsten Morgen machte er uns den Kaffee, nachdem wir bei ihm die Messe besucht hatten. Der *Padre* riet uns, nicht auszugehen, bevor er uns nicht Seiner Exzellenz, dem *Sandschaq*, dem Gouverneur dieses Gebietes und dieser Dörfer und der angrenzenden Landstriche bis zur Grenze des Said, vorgestellt hatte.

Dieser *Padre* war beim *Sandschaq*, dessen Arzt er war, gut eingeführt. Ohne ihn hätte er in dieser Stadt nicht wohnen können. Die Menschen dieses Landes sind bösartig, wilde Tiere. Manche sind Kopten, andere Bauern. Sie tragen nur eine Tunika auf der nackten Haut und gehen barfuß sowie barhäuptig. Ihre Gesichter sind mürrisch und hässlich, und man kann einen Kopten nicht vom Bauern unterscheiden. Die Frauen spinnen Leinen und die Männer stricken die *Assiūti*.[45] Sie flechten *Sābāni*-Matten und führen andere Arbeiten dieser Art aus.

Kehren wir zu unserem Gegenstand zurück: Der *Padre* begab sich zum *Sandschaq* und unterrichtete ihn, dass ein kundiger Arzt eingetroffen sei, der in allen Künsten und Wissenschaften bewandert sei, und fragte ihn:

– Beliebt es Seiner Exzellenz, mit ihm zusammenzukommen?

Der *Sandschaq* war sogleich einverstanden:

– Führe ihn her, dass ich ihn sehe!

– Ganz nach deinen Wünschen, antwortete der *Padre*. Doch jetzt ist die Stunde gekommen, da du dich in den Regierungspalast begibst. Ich werde ihn morgen herbeiführen, damit deine Herrlichkeit mit ihm zusammentreffen kann.

Nach seiner Rückkehr berichtete der *Padre* meinem Meister von dem Gespräch mit dem *Sandschaq*, und am nächsten Tag gingen wir mit ihm zum Serail. Man führte uns an einen Ort zwischen dem Frauengebäude und dem Regierungspalast. Wir warteten eine Weile, dann kam der *Sandschaq* aus dem Frauenserail. Wir erhoben uns und küssten ihm die Hände. Er setzte sich und forderte auch uns zum Sitzen [29r] an seiner Seite auf. Dann gab er seinem Diener Befehl, uns Süßigkeiten und Kaffee zu bringen. Die Unterhaltung kam in Gang, und der *Padre* übersetzte. So ging es zwei volle Stunden lang, wonach wir darum baten, uns zurückziehen zu dürfen. Der *Sandschaq* forderte nun den *Padre* auf, meinen Meister zu bitten, jeden Morgen ohne Umstände bei ihm vorbeizukommen und mit ihm den Kaffee zu nehmen. Mein Meister erklärte sich gern dazu bereit. Der *Sandschaq* war in der Sternkunde und der Architektur bewandert, und als er meinen Meister darüber befragte, gab dieser ihm überzeugende und treffende Antworten; deshalb schätzte er seine Gesellschaft.

Von da an gingen mein Meister und Euer ergebener Diener jeden Morgen früh bei ihm den Kaffee trinken. Sie setzten sich zusammen hin, um zu diskutieren, und Euer Diener bewerkstelligte die Übersetzung, bis zu dem Zeitpunkt, da der *Sandschaq* sich zum Regierungssitz begeben musste. Darauf verließen wir ihn und ergingen uns in der Stadt ohne Angst und Furcht. Wir suchten alte Münzen und fanden eine große Anzahl. Wir kauften Figuren von Idolen, einige waren aus Silber, andere aus Kupfer, sowie Bücher, die auf Pergament in Hebräisch und *Estrangelo*[46] geschrieben waren und aus der Zeit der Söhne Israels stammten. Eines Tages sahen wir beim Vorübergehen einen Mann, der am Wegrand einen Marktstand hatte. Darauf waren Eisenstücke ausgelegt, Nägel und farbige Perlen, Fassungen von Achatringen oder aus gefärbtem Glas und andere Kleinigkeiten. Mein Meister heftete seinen Blick auf den Stand und wies mich in seiner Sprache an, dem Mann das Ganze abzukaufen. Weil ich zweifelte, ob er noch bei Sinnen war, sagte ich zu ihm:

— Was willst du mit dem ganzen Zeug? Wenn wir es kaufen, werden sich alle über uns lustig machen.

Er wiederholte seinen Befehl: Ich müsse alles kaufen. Daraufhin ging er weg. Als ich sah, dass er sich ärgerte und ging, war ich gezwungen, seinem Befehl nachzukommen. Ich verhandelte mit diesem Mann und besiegelte das Geschäft für dreißig Silberlinge. Ich entfaltete mein Kopftuch, legte alles hinein und folgte meinem Meister [29v] zum *Padre*. Er fragte mich:

— Hast du alles von seinem Stand gekauft?

— Ja.

— Für wie viel?

– Dreißig *Masrīye*.

– Das hast du teuer bezahlt, sagte er lachend.

Dann nahm er mein Kopftuch und ging in sein Zimmer.

Einige Augenblicke später gab er mir das Kopftuch zurück und befahl mir, den Inhalt draußen wegzuwerfen. Sein Benehmen verwunderte mich. Er aber hatte bemerkt, dass es auf diesem Stand einen unbearbeiteten Edelstein gab, der eine große Summe wert war. Denn später habe ich gelernt, dass es ein wertvoller Stein war. Er hatte in seinem Tagebuch neben dem Datum auch den Namen hinzugefügt, der unter die seltenen Juwelen gezählt wird. Denn dieser Mann hatte große Kenntnisse über unbearbeitete Steine und musste einen wertvollen Stein gekauft haben, der nur ihm bekannt war. Ich kannte mich auf diesem Gebiet nicht aus und wurde auf der Reise nicht eingeweiht.

Am erstaunlichsten ist, dass er die Eigenschaften der Steine kannte. Ich hatte ihm einmal erzählt, dass meine Mutter seit zwanzig Jahren an der Melancholie[47] litt. Er kaufte auf dem Sūq der Juweliere für zwei *Masrīye* einen Stein, der einem Achat glich und durchbohrt war, den er mir mit der Anweisung gab, ihn an einem Faden meiner Mutter um den Hals zu hängen, dergestalt, dass er auf der Höhe ihrer Brust lag. Als ich nach Aleppo zurückgekehrt war und meiner Mutter diesen Stein um den Hals gehängt hatte, war sie zur selben Stunde von ihrer alten Krankheit geheilt, wo sie doch vorher weder schlafen noch sprechen noch essen konnte. Sowie sie diesen Stein auf ihre Brust legte, fand sie ihre Gesundheit von früher wieder. Wir hatten schon viel Geld ausgegeben, um sie zu heilen, Ärzte und deren Behandlungen bezahlt, ohne daraus Nutzen zu ziehen. Dieser Stein für zwei *Masrīye* war das einzige Heilmittel, das ihr geholfen hat.[48]

Kehren wir zu unserem Gegenstand zurück: Wir gingen jeden Tag zu diesem *Sandschaq*, um mit ihm zusammen zu diskutieren. Eines Tages sagte er zu mir:

[30r] – Schlage deinem Meister vor, bei mir heute das Abendessen einzunehmen.

Als ich ihm mitteilte, was Seine Exzellenz, der *Sandschaq*, gesagt hatte, verzog mein Meister keine Miene und wollte nicht antworten.

– Meister, was ist mit dir?, wiederholte der *Sandschaq*. Willst du nicht von unseren Gerichten kosten?

Mein Meister sagte schließlich, ich solle ihm sagen:

– Es ist mir eine Ehre, aber wir anderen können nicht essen, ohne zu trinken.[49]

Als ich diese Worte übersetzt und mich beim *Sandschaq* entschuldigt hatte, sagte dieser zu mir:

– Keine Sorge, Meister[50], sag ihm, dass bei mir alles für ihn bereitstehen wird.

Denn der *Sandschaq* trank. Sie lachten daher beide und vereinbarten, zusammen zu dinieren. Der *Sandschaq* begab sich in den Regierungspalast und wir gingen zu unserer Unterkunft zurück.

Bei Sonnenuntergang schickte der *Sandschaq* zwei Männer aus seinem Gefolge, die meinen Meister baten, sich zu ihm zu begeben. Wir gingen mit ihnen zum Serail. Wir setzten uns in den Bereich, der zwischen dem Harem und dem Regierungspalast lag, und blieben dort bis zur Ankunft des *Sandschaq*. Wir erhoben uns vor ihm. Er forderte uns auf, mit ihm in den Serail der Frauen einzutreten. Wir betraten den prunkvoll ausgestatteten, offenen Empfangsraum. Ein Garten mit allen Arten von Bäumen, Pomeranzen, Zitronen, wilden Zitronen und anderen Obstbäumen erstreckte sich vor uns, so weit das Auge reichte; und bei diesem Anblick weitete sich das Herz. Der *Sandschaq* hieß uns Platz nehmen. Ein schöner und anmutiger Jüngling, der eine Kaffeetasse trug, kam aus dem Harem. Er bot davon dem *Sandschaq* an, dann meinem Meister und auch Eurem ergebenen Diener. Daraufhin brachte er Pfeifen und Tabak, der mit Aloeholz vermischt war.[51] Wie gewöhnlich begannen sie eine gute Stunde lang zu diskutieren.

Dann befahl der *Sandschaq* dem jungen Mann, [30v] die Tafel zu bereiten. Als dieser sie hergerichtet hatte, trug er ein vergoldetes Silbertablett auf, darum herum bereitete er ein Tuch aus, auf das er Fladen vom Willkommensbrot legte. Dann brachte er eine Flasche guten Wein und einen goldenen Becher, und er trug nach und nach die Gerichte aus dem Harem herüber und stellte sie neben der Tafel ab. Es waren zwanzig, die Süßigkeiten nicht mitgezählt.

Der junge Mann reichte uns eine Platte nach der anderen von diesen köstlichen und wohlschmeckenden Gerichten. Der *Sandschaq* sprach das *Bismillāh*[52], nahm zwei Bissen von einem Gericht, gefolgt von meinem Meister und Eurem Diener. Jeder nahm zwei Bissen, darauf nahm der junge Mann das Gericht wieder weg und trug ein anderes auf. Man nahm auf diese Weise weiter zwei Bissen von jedem Gericht, das der junge Mann wieder wegnahm, um ein neues aufzutragen. Irgendwann trug er ein Huhn auf, das einen Duft verbreitete, der das Herz höher schlagen ließ, ein raffiniertes Gericht, das man in türkischer Sprache *Qaẓān kabābi*[53] nennt. Mein Meister kostete es und es mundete ihm vorzüglich. Der junge Mann wollte das Gericht wieder wegnehmen und ein anderes bringen, wie es bei ihnen der Brauch ist, aber mein Meister ergriff die Schüssel und begann in seiner Sprache auf diese Art des Vorgehens zu schimpfen, die den Gewohnheiten der Franken entgegengesetzt war.

Bei diesem Anblick wurde ich von einem unwiderstehlichen Lachen erfasst und konnte zunächst nicht antworten, als der *Sandschaq* mich fragte:

— Was geht hier vor, Meister?

Ich sagte zu ihm, indem ich den Saum seines Kleides küsste:

— Gnädiger Herr, nimm keinen Anstoß an diesem ungehobelten Benehmen. Lass es mich deiner Herrlichkeit erklären: Diese Franken haben die Gewohnheit, das gesamte Essen auf den Tisch zu stellen, und jeder nimmt von dem Gericht, das ihm gefällt. Da dieser Mann das Huhn liebt, das du auf dem Tisch siehst, so hat er es festgehalten, um zu verhindern, dass der junge Diener es wieder abräumt.

[31r] Der *Sandschaq* lachte und befahl dem jungen Mann, die Gerichte nicht mehr vom Tisch zu nehmen, bevor man fertig war. Es wurde daraufhin weitergegessen, und man trank von diesem ausgezeichneten Wein, bis alles zu Ende war. Wir nahmen die Süßigkeiten zu uns und Früchte, von denen es in ganz Ägypten nicht ihresgleichen gab, danach den Kaffee und stiegen in den Garten hinunter. Dort befiel uns beim Anblick der Wiesen, des Wassers, das in den Bächen und Teichen dahinströmte, ein großes Wohlgefühl. Wir blieben dort bis zum Einbruch der Nacht. Dann kam die Zeit zum Aufbrechen, und wir verließen den Garten, um zu unserer Unterkunft zurückzukehren. Der *Sandschaq* befahl seinen zwei Dienern, uns bis zur Wohnung des *Padre* zu begleiten. Mein Meister wünschte dem *Sandschaq* tausendfaches Wohlergehen und bedankte sich für dessen Großzügigkeit, sodann kehrten wir in Begleitung der beiden Diener zu unserem Domizil zurück.

Wir gingen weiterhin jeden Tag beim *Sandschaq* vorbei. Alle Welt hatte nun verstanden, dass wir unter seiner Protektion standen, und wir hatten die Feindseligkeit der Bevölkerung der Stadt nicht mehr zu fürchten.

Eines Tages erzählte uns ein Kopte, dass sich in der Nähe von Medinet el-Faiyūm, etwa eine Stunde Wegstrecke entfernt, eine mächtige und hohe Säule mit eingravierten Figuren[54] befinde. Niemand hatte bisher in Erfahrung gebracht, was es mit dieser Säule inmitten der Sandwüste, wo es keinen Kies und noch weniger richtige Steine gab, auf sich hatte. Als mein Meister dies hörte, beschloss er, sich unverzüglich dorthin zu begeben, denn dies war sein oberstes Ziel. Ohne den *Padre* zurate zu ziehen, befahl er mir, einen Esel zu mieten, um die Säule aufzusuchen, [31v] und vergaß die Gefahren in diesen Gegenden. Er vertraute darauf, beim *Sandschaq* gut eingeführt zu sein, und dachte, niemand würde es wagen, ihn anzugreifen. Wir packten Verpflegung ein, zu trinken und zu essen, von allem, was wir benötigten, und machten uns auf Eselrücken auf den Weg zu besagter Säule.

Wir erblickten eine imposante Säule, mächtig und hoch, wie jene, die wir in der Stadt Alexandria gesehen hatten, aber noch mächtiger und noch höher. Darauf waren auch Figuren von Vögeln, Vierfüßern[55] wie Gazellen, Tigern, Hunden, Löwen und anderen wilden Tieren eingeritzt. Meinem Meister zufolge handelte es sich um Worte, die Sinn ergaben. Die Franken besitzen Bücher mit Berichten, die über diese Worte Auskunft geben.

Wir ruhten uns ein wenig aus und aßen etwas, dann machte sich mein Meister daran, die Gravierungen zu kopieren. Und da scharten sich plötzlich an die zweihundert Bewohner des Ortes um uns herum. Sie waren barfuß, barhäuptig und von hässlichem Aussehen. Sie starrten uns an und sprachen untereinander, dass es zu Zeiten ihrer Vorfahren an diesem Ort zwei Säulen gegeben habe. Sie erzählten, um uns zu täuschen, dass ein *Rūmi* gekommen sei, der die Oberfläche der einen Säule mit dem Hammer bearbeitet, sie zertrümmert und das Gold, das darunter lag, mitgenommen habe. Daraufhin sei er verschwunden.

– Diesen hier töten wir, bevor er das Gold nimmt, und nehmen das Gold, das unter der Säule liegt, schlugen einige vor.

– Nehmen wir zuerst das Gold, wir töten ihn danach, entgegneten die anderen.

Sie näherten sich einer nach dem anderen meinem Meister, hielten ihre Tuniken hoch und sagten:

– Gib uns [32r] das Gold her, das unter der Säule liegt, oder wir töten dich.

Mein Meister verstand nicht, was sie sagten. Ich trat an ihn heran und berichtete ihm zitternd, was gesprochen wurde, schier wahnsinnig vor Schrecken, so große Angst hatte ich vor diesen bösen Menschen, diesen schwachsinnigen Bestien. Als mein Meister von mir hörte, was sie vorhatten, glaubte er, seine letzte Stunde habe geschlagen, und begann mich zu fragen:

– Was sollen wir tun? Wohin fliehen? Was soll aus uns werden?

– Lass mich mit ihnen reden.

– Geduldet euch, sagte ich zu ihnen, bis er das Gold hervorgeholt hat und euch alles gibt. Was meinen Teil angeht, so nehmt einen Teil davon. Aber lasst ihn zuerst das Gold hervorholen, und wir nehmen uns dann davon, so viel wir wollen.

Mit diesen Worten beruhigte ich sie, und ihre Wut legte sich. In dieser ausweglosen Lage schickte uns Gott Erleichterung. Wie aus dem Inneren der Erde erhob sich eine Staubwolke, die, nachdem sie abgezogen war, die Gestalt eines Reiters freigab, der sich auf uns zubewegte. Als die Leute den Reiter sahen, stoben sie alle bis auf den Letzten davon wie Bienen, die den Rauch fliehen. Wenige Augenblicke später war der Reiter bei uns. Als er uns sah, stieg er von seinem Reittier und begrüßte meinen Meister, den er wiedererkannte, weil er ihn im Serail des *Sandschaq* gesehen hatte. Er fragte uns:

– Was ist euch zugestoßen, dass ihr so benommen und verschreckt seid? Hat euch jemand gepeinigt?

Wir erzählten ihm, was uns von diesen Wilden widerfahren war:

– Sie haben uns mit dem Tod bedroht. Hätte Gott, gelobt sei Er, dich nicht zu uns geschickt, sie hätten uns sicher ein Leid angetan.

Er richtete nun Worte der Beruhigung an uns und erzählte uns, warum er zu uns gekommen war. Er hatte in dem Dorf, dessen Vorsteher er war, auf einer kleinen Anhöhe mit Blick auf die Säule gesessen, als er um diese herum eine große Ansammlung bemerkte, die ihn verwunderte.

– Ich wollte wissen, was vor sich ging, habe deshalb mein Pferd bestiegen [32v] und bin hierher gekommen, wo ich euch gefunden habe. Ihr könnt jetzt ruhig sein und habt nichts mehr zu befürchten.

Unsere Gemüter beruhigten sich, die Schrecken und Ängste vergingen, und mein Meister fuhr fort, die Gravierungen der Säule zu kopieren.

Der Soldat blieb bei uns, bis mein Meister die Kopie beendet hatte. Wir bestiegen schließlich unsere Reittiere, der Soldat blieb bis zum Dorfrand bei uns. Er lud uns ein, mit ihm zu kommen. Wir gingen mit ihm, gelangten ins Dorf und betraten sein Haus. Er ließ uns zu dem erhöhten Ort hochsteigen, von dem er gesprochen hatte, der möbliert war und Fenster in alle vier Windrichtungen über das Land hatte.

Der Soldat befahl seinem Diener, uns etwas zum Mittagessen zuzubereiten. Es gab gebratene Eier mit Käse. Wir packten ebenfalls einen Teil unseres Mundvorrats und den Wein aus. Nach dem Essen und dem Kaffee äußerten wir den Wunsch, aufzubrechen. Der Soldat hielt uns davon ab:

– Bleibt hier bis zur Abendkühle, danach werde ich euch zurückbegleiten.

Wir blieben bis eine Stunde nach Sonnenuntergang, dann bestiegen wir unsere Reittiere, der Soldat das seine. Er begleitete uns bis zum Haus des *Padre*, daraufhin kehrte er um. Wir dankten Gott dem Allmächtigen, dass er uns vor diesen bösartigen Irren gerettet hatte.

Mein Meister änderte seine Absicht, in den Said zu reisen, in diese gefährliche Gegend, von der man uns, wie schon früher erwähnt, abgeraten hatte, und wir blieben zu guter Letzt bei dem *Padre*; ohne auch nur einen Fuß aus Medinet el-Faiyūm zu tun, streiften wir innerhalb der Stadt herum und ergingen uns da. Man hätte von einem großen Garten sprechen können, so viele Obstgärten, Wasser im Überfluss, köstliche Früchte und eine erfrischende Brise gab es dort. Aber die Bewohner [33r] waren, wie schon gesagt, wahre Bestien. Und es wimmelte von Ungeziefern wie Würmern. In keinem anderen Land habe ich so viele davon wie Ameisen auf den Wänden herumkrabbeln sehen. Bei dem *Padre* überstieg es jede Beschreibung. Zu Beginn meines Aufenthaltes in diesem Haus wechselte ich das Hemd drei oder vier Mal täglich, dennoch gelang es mir nicht, sie loszuwerden. Ich war sehr verlegen und fühlte mich belästigt.

– Mein Herr, verlassen wir diesen Ort, sagte ich eines Tages zu meinem Meister, das Ungeziefer hat mich aufgefressen und mich entkräftet.

– Hast du an mir ein einziges Ungeziefer gesehen?, fragte er mich.

– Nein, es ist wahrhaftig erstaunlich. Wie kommt es, dass du kein Ungeziefer hast, während ich aufgefressen werde und es meinen ganzen Körper heimsucht?

– Ich werde dich davon befreien.

Er öffnete sogleich seine Truhe und hüllte eine Substanz, die ich nicht kannte, in ein Leinentuch. Er band es an einen Faden und befahl mir, es mir unter dem Hemd direkt auf der Haut um den Hals zu hängen.

– Du wirst kein einziges Ungeziefer mehr haben!

Ich tat, wie er gesagt hatte, und ich sah für den Rest der Reise mit ihm kein Ungeziefer mehr an mir.

Auch der *Padre*, bei dem wir wohnten, kannte sich in der Heilkunde aus. Nach außen hin behandelte er die Körper, aber in Wirklichkeit heilte er die Seelen. Viele Männer und Frauen kamen ihn besuchen, auch Kinder, Kopten wie Bauern. Er lehrte sie den Weg des Glaubens.[56] Er behandelte ihre Krankheiten mit einer seltsamen Medizin[57]: Er legte kleine Eisen in ein glühendes Kohlenbecken und brannte damit die Kranken, manche auf der Stirn, andere im Nacken oder auf der Brust, wieder andere am Schenkel oder an anderen Stellen.

– Mein Vater, sagte ich eines Tages zu ihm, fühlt dein Herz kein Mitleid mit diesen Menschen, wenn du sie mit deinen rotglühend heißen Eisen quälst, die unerträglichen Schmerz verursachen?

– Mein Sohn, diese Menschen, die du da siehst, haben den Charakter von Wilden. Die gebräuchlichen Arzneien haben keinerlei Wirkung auf ihre Körper und bringen ihnen keine Erleichterung. Ich kann sie nur mit [33v] diesem Heilmittel, das für Tiere bestimmt ist, heilen.

Das ist, was wir in Medinet el-Faiyūm gesehen haben. Ich

habe nur einige wenige Dinge davon erzählt, aus Angst, es würde zu lang und ermüde den Leser.

Wir bereiteten uns danach auf unsere Abreise nach Kairo vor. Wir verabschiedeten uns vom *Sandschaq* und vom *Padre* und schifften uns auf der *Dscherme* ein. Wir reisten bis zum Josefsdamm und wechselten von diesem Boot auf ein anderes, das auf dem Nil, auf der anderen Seite des Damms, fuhr. Wir segelten auf dem Nil. Unsere Reise war leichter als bei der Hinfahrt, denn wir fuhren mit der Strömung.

Innerhalb sehr kurzer Zeit erreichten wir die Stadt Alt-Kairo. Nachdem wir unsere Sachen auf Esel verladen hatten, betraten wir die Stadt im Viertel von Muski, und von dort gingen wir zu der Wohnung des Konsuls, wo wir bereits vorher gewohnt hatten. Wir blieben noch einige Tage in Kairo, danach segelten wir auf der *Dscherme* bis Rosetta und kehrten von dort nach Alexandria zurück. Wir ließen uns im Haus des Konsuls nieder, wo wir schon vorher gewohnt hatten. In Alexandria blieben wir einige Tage und warteten darauf, dass ein Schiff nach dem westlichen Tripolis auslaufe.

Es war ein französisches Schiff, gemietet von einem Garnisonssoldaten der Stadt. Er hatte Kaffee, ägyptische Stoffe und andere Waren geladen, die sich gut in diesen Ländern verkaufen ließen. Den gesamten Laderaum des Schiffes hatte er mit seinen Waren füllen lassen. Daraufhin hatte er alles versiegelt und mit Pech versetzten Wachs auf die Eingänge auftragen lassen, damit kein Wasser eindringen konnte.

Diese Schiffsart nennt sich in fränkischer Sprache *bīnka*[58], das ist eine kleine *Schaitīye* mit einem einzigen Laderaum.[59] Der Soldat hatte die Plätze auf dem Schiff an Leute vermietet, die von der Pilgerreise aus Mekka zurückkehrten und auf dem Weg in das Tripolis des Westens waren. Unter ihnen waren zwei maghrebinische Frauen mit ihren Männern. Wir zählten um die vierzig Personen, ohne die Matrosen. Der *Chawādscha*, will sagen: mein Meister, äußerte den Wunsch, mit diesem Schiff zu reisen. Der Konsul und der ausländische Händler[60] rieten davon ab:

– Diese *Schaitīye* ist klein, [34r] der Platz ist eng, die Passagiere sind zahlreich und alle sind Berber[61], ihre Gesellschaft dürfte für einen Mann wie dich anstrengend sein.

– Wir befinden uns in Kriegszeiten, und es sind viele Korsaren auf dem Meer, antwortete er ihnen. Wenn ich auf dieser *Schaitīye* in Gesellschaft von Muslimen reise, müssen wir die englischen Korsaren nicht fürchten.[62] Im Übrigen fährt sie in Küstennähe, so kann sie kein Korsar erspähen.

Sie ließen ihn daher tun, wie er es für richtig hielt.

5. KAPITEL

VON UNSERER REISE IN DAS LAND DER MAGHREBINER IM JAHRE 1708

W ir schifften uns also auf dieser *Schaitīye* nach der Stadt Tripolis des Westens ein. Das war im Monat Februar.[1] Wir segelten in Gesellschaft dieser Berber unter größtem Mangel an Bequemlichkeit auf dem Meer bis zu unserer Ankunft an einem Ort, der Golf von Syrte genannt wird.[2] An dieser Stelle dringt das Meer zweihundert Meilen tief und auf einer Breite von ebenfalls zweihundert Meilen in das Land ein. Man nennt dies in der Sprache der Türken *Dīl*.[3] Da das Schiff[4] sich nicht weit vom Land entfernen konnte, fuhr es in diesen *Dīl* ein.

Es war nach zwei Uhr in der zweiten Nacht nach unserer Einfahrt in den Golf. Die Hälfte der Matrosen schlief und die anderen blieben wach, um nach ihrer Gewohnheit den Wachdienst sicherzustellen. Während dieser Zeit ergingen sich Euer Diener und der *Yāẓidschi*[5] des Kapitäns auf dem Deck des Schiffs. Plötzlich sahen wir etwas wie Vögel aus dem Meer auftauchen. Manche fielen auf das Schiff; der *Yāẓidschi*, die Matrosen und ich stürzten hinzu, um einige zu fangen. Wir sahen, dass es Fische waren mit Flügeln wie Vögel. Diese seltsamen Lebewesen setzten uns in Erstaunen.

Auf den Lärm unserer Schreie hin erwachten der Rais, der Kapitän und alle, die sich auf dem Schiff befanden. Als der Rais, welcher der Besitzer [34v] der *Schaitīye* war, ein alter Mann und

Veteran auf dem Gebiet der Seefahrt, diese Fische sah, gab er sogleich den Matrosen den Befehl, das große Segel einzuholen und nur noch die Hälfte des kleinen, das Stagsegel[6] heißt, zu setzen. Er befahl ihnen, die Takelagen der Segel zu spannen und auch andere der Führung von Schiffen im Meer angemessene Manöver auszuführen. Ich beobachtete dieses Schauspiel. Dennoch schien mir nichts auf die Notwendigkeit solcher Wachsamkeit hinzuweisen: Das Wetter war klar, das Meer ruhig und der Wind günstig. Ich war erstaunt und fragte den *Yāẕidschi*, aus welchem Grund man die Segel eingeholt, die Fockwanten gespannt und die Ankerseile gesichert hatte. Sie hatten das Rettungsboot fest im Inneren der *Schaitīye* vertäut, obwohl das Wetter freundlich und das Meer ruhig war.

– Der Rais ist ein Veteran, er ist schon seit langem mit der Kunst der Seefahrt vertraut, gab mir der *Yāẕidschi* zur Antwort. Er kennt die Kalamitäten des Meeres. Er sagt, dass diese Fische ein großes Unwetter ankündigen. Die heftige Bewegung des Meeres und die Höhe der Wellen bewirken, dass diese Fische, hochgeschleudert durch den heftigen Wellenschlag, aufsteigen und fliegen.

Zwar vernahm ich diese Worte, unterschätzte jedoch, wie begründet das Urteil des Rais war, und nahm sie nicht ernst. Ich legte mich hin und schlief im Beiboot ein. Das war mein Schlafplatz. Mitten in der Nacht erwachte ich. Ich sah, wie aufgewühlt das Meer war und die Wellen sich auftürmten. Manche brachen über das Schiff herein. Auf Deck erreichte das Wasser die Höhe einer halben Elle, und die Abflussrinnen vermochten es nicht mehr nach außen abfließen zu lassen. Die Matrosen schöpften bis zum Tagesanbruch mit Schippen. Die Situation wurde mit jedem Augenblick schlimmer. Man konnte sehen, wie Wellen, hoch wie Berge, die *Schaitīye* bis auf ihren Kamm hoben, um sie daraufhin wieder auf Meereshöhe [35r] herabstürzen zu lassen. Jeder klammerte sich in seiner Ecke fest, die einen am Tauwerk, die anderen an den Masten, wieder andere am Ankertau, aus Angst, dass Wind und Wellen sie ins Meer rissen. Starker

Regen, Blitz und Donner und dichte Wolken verstärkten unser Unglück.

Zwei Tage und zwei Nächte verbrachten wir in dieser Notlage und kurz vor dem Untergang, ohne zu trinken, zu essen und zu schlafen. Und wir beteten zu Gott dem Allmächtigen, Er möge uns vor dem Ertrinken und dem Tod erretten.

Am dritten Tag sahen wir, wie eine mächtige Wolkensäule auf das Meer herabsank. Als sie niederging, öffnete sich das Meer, und ein ungeheurer Schlund tat sich auf. Es war die Wolke, welche das Wasser der Ströme, die auf dem Grund des Meeres fließen, aufnimmt, wie wir bereits früher erwähnt haben. Ich hatte es nicht geglaubt, bevor ich es mit eigenen Augen gesehen habe.

Als der Rais und der Kapitän dies sahen, wurden sie von großem Schrecken ergriffen, denn sie wussten, dass das Schiff zwangsläufig sinken musste, sollte es in diesen Schlund geraten. Wenn die Wolken sich in die Atmosphäre erheben, schließt sich das Meer und kehrt wieder in seinen ursprünglichen Zustand zurück, und das Schiff, das da hineingefahren ist, versinkt bis auf den Meeresgrund. Am Ende bleibt nur der Schiffbruch.

Der Kapitän befahl daher dem *Yāẓidschi*, zur Maria und zu allen Heiligen beten zu lassen. Er hatte alle Hoffnung auf unsere Rettung verloren. Als die Maghrebiner auf dem Schiff die Matrosen Litaneien rezitieren und alle beten sahen, waren sie sicher, dass der Schiffbruch drohte. Sie begannen mit lauter Stimme zu jammern und Abschied zu nehmen, ein jeder wandte sich an einen Gefährten und trug ihm auf, im Falle seiner Rettung den Kindern, der Gattin, der Familie und den Verwandten seine letzten Grüße zu überbringen.

Euer ergebener Diener meinte den Tod mit eigenen Augen zu sehen und verlor vollends den Verstand angesichts der Matrosen, von denen sich jeder eines Fasses, einer Holzplanke oder eines ähnlichen Gegenstandes [35v] bemächtigte und sich auf den Untergang des Schiffs gefasst machte. In diesem Augenblick, da ich mich am Beiboot festklammerte, in dem ich saß, hörte ich die Stimme eines kleinen Kindes, das schrie. In meiner Verblüffung war ich überzeugt, dass dieses Kind aus dem Meer gekommen oder aus den Wolken gefallen sein musste. Dann verlor ich das Bewusstsein und versank in eine tiefe Lethargie.

Als meine Ohren die Stimme des Schiffsjungen vernahmen, des Jungen, der die Mannschaft bediente, wie er die gute Nachricht verkündete, er habe Land gesehen, kam ich zu mir. Ich erwachte und erlangte mein Bewusstsein wieder. Auch die maghrebinischen Passagiere kamen zu sich, und wir empfanden bei dieser Nachricht unermessliche Freude.

Zu dieser guten Nachricht kamen wir auf folgende Weise: Als der Kapitän die Wolke sich auftürmen und den Schlund sich auftun sah und er an unserer Rettung verzweifelte, gab er dem Steuermann Befehl, auf die Küste zuzuhalten. Er sagte sich, dass es besser wäre, die *Schaitīye* auf Grund laufen zu lassen, als im Meer in die Tiefe gerissen zu werden. Es war eine Eingebung Gottes, um uns vor dem Schiffbruch zu bewahren, der uns drohte.

Die *Schaitīye* hielt auf das Land zu, und der Kapitän schickte den Schiffsjungen auf den Mast, um nach dem Auftauchen der Küste Ausschau zu halten. Als sich die *Schaitīye* bei Sonnenuntergang bis auf wenige Meilen dem Ufer genähert hatte, währenddessen sich das Meer einigermaßen beruhigte, erspähte der Junge das Land und kletterte unverzüglich herunter, um den Kapitän und die Passagiere zu benachrichtigen. Die Nachricht ließ uns aufleben und erfüllte uns mit großer Freude. Wir dankten Gott, dem Allerhöchsten, für die Gnade, die Er uns zuteilwerden ließ. Kaum eine halbe Stunde später sahen wir das Land mit eigenen Augen, und einige Augenblicke später warf man die Anker, und das Schiff stand still.

Die Passagiere erhoben sich nun, so, wie sich Tote aus ihrem Grab aufrichten. Sie sahen aus, als ob sie aus einer Höhle oder einem Abflussloch hervorgekrochen wären. Ihre Kleider waren voller Flecken und Schmutz, denn während dieser drei Tage hatten sie ihre natürlichen Bedürfnisse in ihren Hosen [36r] und Hemden verrichtet. Sie waren in einem abstoßend verwahrlosten Zustand. Sie wuschen sich und zogen saubere Kleider an.

Wir litten unter Hunger und Durst, sodass wir nicht sprechen konnten, da unsere Kehlen zu trocken waren. Alle machten sich auf die Suche nach ihrer Verpflegung. Als sie sie gefunden hatten, stellten sie fest, dass ihr Schiffszwieback und ihr Reis vom Meerwasser durchnässt war, das in alle Nahrungsmittel eingedrungen war und sie bitter und ungenießbar gemacht hatte. Wir hatten bis zum nächsten Morgen weder zu trinken noch zu essen. Bei Tagesanbruch stellten wir fest, dass die Mannschaft alles, was sich im Laderaum des Schiffes befunden hatte, sogar die Wasserfässer, ins Meer geworfen hatte. Desgleichen die Kochherde, das Brennholz und alle Reserven, die an Bord gewesen waren, diejenigen der Mannschaft, des Kapitäns und unsere Vorräte.

Die Passagiere wandten sich an den Kapitän und baten ihn, seine eigenen Vorräte mit ihnen zu teilen, wenn ihm etwas geblieben sei. Der Kapitän hatte Mitleid mit ihnen und brachte aus seinem Schlafzimmer einen Sack Schiffszwieback von etwa vier bis fünf *Ratl*[7], den er für sein Frühstück beiseitegestellt hatte, und ein halbes Fass sauberes Wasser zum Trinken. Als der Soldat, der die *Schaitīye* gemietet hatte, den Sack Zwieback und das halbe Fass Wasser sah, beschlagnahmte er sie eigenmächtig. Er befahl einem seiner Diener, den Säbel zu ziehen und sich neben dem Fass aufzustellen, um zu verhindern, dass die Passagiere es in einem Zug austranken. Er gab jedem von uns einen halben Zwieback, damit wir nicht an Entkräftung starben, und ein kleines Glas Wasser, um die Kehle zu netzen.

Als die Passagiere dieses neue Unglück auf sich zukommen sahen, wollten sie am Überleben verzweifeln und sagten:

– Gott hat uns vor dem Ertrinken gerettet, und jetzt werden wir vor Hunger und Durst sterben.

Sie glaubten, sie wären verloren, und wussten nicht, was tun. [36v] Dieses Land, das wir entdeckt hatten, war eine trockene Wüste. Aus Mangel an Wasser und Nahrung gab es weder Menschen noch wilde Tiere, noch nicht einmal Vögel. Es war wie ein Sandmeer. Einer der Passagiere, ein alter Mann, berichtete uns, dass es an dieser Küste Menschen gebe, die zum Dattelpflücken kämen, genauer zum Pflücken einer Art *Qasabi*[8], die sie auslegten und trocknen ließen und in den Ländern des Sudan verkauften.

Wir verständigten uns: Einige von uns sollten auf Erkundung gehen, vielleicht, dass sie einem von diesen begegneten, dem sie Nahrungsmittel abkaufen konnten, um uns zu versorgen. Dies wurde mit dem Einverständnis des Kapitäns und der Passagiere beschlossen.

Man ließ das Beiboot zu Wasser. Der *Yāẓidschi* des Schiffs, Euer ergebener Diener und einige Passagiere nahmen darin Platz. Wir beeilten uns, an den Ort zu gelangen, wo wir Palmen sahen, was uns Hoffnung machte, dass sich Menschen in dieser Wüste befanden. Als wir bei diesen Bäumen ankamen, erblickten wir Zelte aus Tierhaar, gleich denen der Beduinen. Erfreut verdoppelten wir unsere Anstrengungen und marschierten außer Atem in diesem Sand weiter, mit vor Müdigkeit trüben Augen, denn unsere Füße versanken bis zu den Knöcheln im Sand.

Nach langen Mühen erreichten wir endlich die Zelte. Jeder von uns betrat eines. In dem Zelt, in das euer Diener, der *Yāẓidschi* und ein Maghrebiner eintraten, saß ein Mann, der einem Teufel glich, mit Augen wie ein Affe, eingehüllt in eine schwarze Decke. Er selbst war auch schwarz und ein schrecklicher Anblick. Wir fragten ihn:

– Hast du Brot zu verkaufen?

Er antwortete uns barsch:

– Ihr Ärmsten, was ist das, Brot?

– Was esst ihr denn?

– Wir? *Bsīssa* und Datteln.

Wir fragten den Maghrebiner, der mit uns war, was *Bsīssa* sei.

– Das ist Mehl von *Dūra*.[9]

Wenn diese Leute sich in diese Gebiete [37r] begeben, um

Datteln zu trocknen, nimmt jeder einen Sack Mehl und einen kleinen Topf Butter mit. Er gibt etwas Mehl und Butterfett in seine Handfläche, vermischt es miteinander und isst es. Das ist ihre Nahrung, mit den Datteln.

Wir besprachen uns und beschlossen, ihnen diese getrockneten Datteln abzukaufen, um uns davon zu ernähren. Wir machten einen Preis aus von einem Piaster für zwei Körbe, die wir auf ein Kamel luden, um sie mit einem unserer Gefährten zum Schiff zu bringen; und wir hießen sie das Kamel auch mit zwei Fässern beladen, die wir mit ihrem Wasser füllen wollten. Als die Beduinen uns die zwei Fässer brachten, forderten wir sie auf, diese mit dem Wasser aufzufüllen, aber sie sagten uns:

– Wir haben nicht genug davon für uns und euch.

Sie zeigten uns ein Loch, das sie im Sand gegraben hatten, in dem es ein wenig Wasser gab. Als wir es tranken, stellten wir fest, dass es salzig war, kaum anders als das Meerwasser. Die Not zwang uns dennoch, dieses Salzwasser zu nehmen. Sie ließen uns nach langem Palaver ein einziges Fass für einen Piaster füllen. Nachdem sie Wasser eingefüllt hatten, gaben sie ein wenig Sand in das zweite Fass, um die Ladung im Gleichgewicht zu halten, und luden alles auf das Kamel; dann gingen wir zum Schiff. Wir verstauten die Fässer im Beiboot, wo auch wir Platz nahmen; danach gingen wir an Bord des Schiffes. Wir aßen von diesen Datteln und wir tranken von dem Salzwasser, das den Durst nicht löscht.

Wir ankerten drei Tage lang an diesem Ort, bis sich das Meer beruhigte. Die Wellen legten sich. Die Anker wurden gelichtet, die Segel gehisst, und wir stachen in See. Aber am zweiten Tag erhob sich von neuem ein stürmischer Wind. Der Kapitän befahl, wieder das Land anzusteuern [37v], um zu vermeiden, dass wir das Gleiche erdulden mussten wie beim ersten Mal. So nah an der Küste fanden wir keinen Grund, und wir mussten drei Meilen vom Land entfernt die Anker werfen und die ganze Nacht bis zum Morgen dort bleiben.

Beim Erwachen stellten wir fest, dass die *Schāiqa* vor Anker lag und im Sand steckte. Wir waren wie betäubt beim Anblick dieses neuen Unglücks. Wir fragten den Rais, warum das Schiff im Sand auf Grund gelaufen war und warum sich das Meer über eine Meile zurückgezogen hatte. Er erwiderte, dass das Meer in dieser Gegend Ebbe und Flut kenne. Dies war eine den Seeleuten bekannte natürliche Erscheinung, die keine Schwierigkeiten bereitete. Unser Schiff blieb an diesem Tag und in der folgenden Nacht im Sand vor Anker.

Am Morgen, als der Tag anbrach, sahen wir, dass das Meer seine frühere Höhe wieder erreicht hatte, dennoch lag die *Schaitīye* immer noch vor Anker. Der Rais und der Kapitän waren darob erstaunt und befahlen den Matrosen, unverzüglich ins Meer zu steigen, unter das Schiff zu tauchen und nachzuschauen, warum es sich nicht bewegte. Sie bemerkten, dass es von Seegrasbüscheln festgehalten wurde. Sie versuchten, es mit allen Kräften und unter Aufbietung all ihrer Erfahrung ins Meer zu stoßen, aber es gelang ihnen nicht, es auch nur eine Spanne weit zu bewegen.

In solchen Schwierigkeiten und Unannehmlichkeiten befanden wir uns, als Gott uns erlöste.

In der Nähe tauchte eine *Schaitīye* auf. Wir riefen und winkten, um sie zum Näherkommen aufzufordern. Als sie dies tat, baten der Kapitän und die Passagiere den anderen Kapitän, seinen Matrosen den Befehl zu geben, ins Meer zu steigen und den Unserigen zu helfen, unsere *Schaitīye* weiter ins Meer hinauszustoßen, damit sie wieder Wasser unter den Kiel bekomme. Die zwei Mannschaften vereinten ihre Anstrengungen, es gelang ihnen aber nicht, das Schiff in Bewegung zu setzen. Sie mühten sich den ganzen Tag umsonst. Schließlich meinten sie [38r], dass die *Schaitīye* auseinandergebrochen sei. Unsere Betrübnis und unsere Befürchtungen wuchsen, und wir gaben die Hoffnung auf, zu überleben.

Aber durch das Wirken Gottes und dank seiner Hilfe verständigten sich die beiden Kapitäne, und so begaben wir uns alle auf das andere Schiff, um unseres zu erleichtern und von diesem

Ort loszukommen. Sie befahlen uns, einer nach dem anderen in die Barke zu steigen und uns auf das andere Schiff zu begeben. Wir stiegen alle hinab, und nur die Frauen, die uns begleiteten, blieben in der Kajüte des Kapitäns. Als sie uns hinuntersteigen sahen, bekamen sie Angst, fingen an zu weinen und baten uns, sie mitzunehmen.

Da hörte ich das Weinen des Kindes, und ich erinnerte mich, dass ich schon einmal das Weinen eines Kindes gehört hatte, als wir, geschwächt von dem Unwetter, das das Meer aufgewühlt hatte, zusammengekauert im Schiff verharrt hatten. Ich war damals sehr erstaunt gewesen und hatte nicht begriffen, dass in jenem Moment eine Frau ein Kind geboren hatte. Gott der Allmächtige hatte ihr beigestanden, und dieses Kind hatte überlebt. Später habe ich in einer Gasse im Tripolis des Westens dieses Kind in den Armen seines Vaters gesehen: Er hatte ihm den Beinamen »der Schiffbrüchige« gegeben.

Aber kehren wir zu unserem Gegenstand zurück! Als wir an Bord der anderen *Schaitīye* waren, stiegen alle Matrosen, diejenigen aus unserer Mannschaft und die der anderen, hinunter, um unser Schiff ins offene Wasser zu stoßen. Wir unterstützten sie etwa eine Stunde lang mit unseren Gebeten und Anrufungen der Heiligen. Das Schiff löste sich von den Pflanzen und begann ohne Havarie oder irgendeinen Schaden frei zu schwimmen. Wir dankten Gott dem Allmächtigen für die Gnade, die Er uns bewiesen hatte.

Die Segel wurden gesetzt, und wir gewannen das offene Meer. Nach zwei Tagen Seereise entdeckte der Rais eine Anlegestelle, doch es war ein alter Hafen. Er hielt darauf zu und warf dort den Anker aus, weil er dachte, dass wir dort vielleicht Leute fänden, von denen wir etwas zum Essen und zum Trinken kaufen konnten. Wir gingen an Land, trafen aber keine Menschenseele an. [38v] Es war ein alter, verfallener, seit vielen Jahren verlassener Hafen.

Wir blieben noch einen Tag lang da, aßen Datteln und tranken Salzwasser, das uns die Kehle austrocknete und unsere

Kräften schwinden ließ. Die Matrosen waren bereits so weit, die Schiffskatzen zu verzehren. Hätten wir die Datteln nicht gehabt, wir hätten uns sicher gegenseitig aufgefressen; schweigen wir vom Juckreiz, den sie uns verursachten. Dennoch ertrugen wir mit Geduld die Prüfungen, die uns der allmächtige Gott auferlegte, und warteten darauf, dass er uns Erlösung bringe.

Wir verbrachten die Nacht an dieser Stelle. Wir dösten alle ein, auch die Matrosen, die Wache hatten. Mitten in der Nacht hörten wir einen großen Lärm. Der Kapitän erwachte und sah, dass die *Schaitīye* sich dem Land näherte und Gefahr lief, in tausend Stücke zu zerschellen. Als der Kapitän dies bemerkte und sah, dass alle Matrosen schliefen, geriet er außer sich. Er ergriff seinen Stock und begann sie erbarmungslos zu prügeln, wobei er brüllte:

– Schnell, packt an, sonst zerschellt das Boot!

Sie sprangen auf wie die Verrückten und machten sich daran, das äußere Ankerseil hochzuziehen, um das Schiff wieder ins offene Meer zu bringen. Sie stellten aber fest, dass dies unmöglich war, weil es lose war. Diesen Anker werfen alle Boote und Schiffe, eine halbe Meile bevor sie in einem Hafen ankern, ins Meer. Das Schiff fährt dann weiter, während das Seil abrollt, bis das Fahrzeug in den Hafen einfährt. Dann macht man das Seil fest, damit es sich nicht mehr abwickelt, und das Schiff steht an diesem Ort still, denn der äußere Anker hält es zurück; es fährt nicht mehr weiter und bleibt stehen. Um den Hafen zu verlassen, [39r] zieht man am Seil des äußeren Ankers, bis das Schiff senkrecht über ihm steht: Der Anker ist mit einer Boje versehen, einer leeren Tonne an einem Seil, die über ihm schwimmt und den Seeleuten den Ort anzeigt, wo er ausgeworfen wurde. Sie holen ihn mit dem Seil ein, bis er auf der rechten Seite des Fahrzeugs auftaucht, und vertäuen ihn. Kommen sie in einem Hafen an, lösen sie ihn, wie schon erwähnt, eine halbe Meile bevor sie dort einfahren. Weshalb unsere *Schāiqa* sich dem Land genähert hatte, war darauf zurückzuführen, dass das Seil des äußeren Ankers vom felsigen Grund an dieser Stelle zerschnitten worden und gerissen war.

Kehren wir zu unserem Gegenstand zurück. Der Rais befahl den Matrosen, in das Beiboot zu steigen, ein Seil an der *Schaitīye* zu befestigen und zu rudern, um sie ins offene Wasser zu ziehen. Sie taten, wie ihnen befohlen, und mit der Hilfe Gottes des Allmächtigen zogen sie sie ins offene Wasser. Daraufhin setzten sie die Segel und stachen in See, wobei sie sich etwa zwanzig Meilen vom Hafen entfernten. So entkamen wir dem Untergang.

Am Morgen kehrte unser Schiff an die Stelle zurück, wo die Tonne an der Wasseroberfläche schwamm, wie wir bereits erwähnt haben. Man zog den Anker vom Meeresgrund herauf und befestigte ihn an der Schiffswand. Wir setzten daraufhin unsere Reise fort. Der Wind war günstig und das Meer ruhig, sodass wir in einem Tag die Entfernung von acht Tagen zurücklegten; der Rais versicherte uns, dass wir noch in dieser Nacht im Hafen vom Tripolis des Westens eintreffen würden. Wir freuten uns sehr und beglückwünschten uns gegenseitig, gesund und wohlbehalten zu sein.

Wir vergaßen, was uns widerfahren war, die Gefahren, den Hunger und alles Übrige. Unser Schiff war wie ein Vogel, der über das Wasser flog. [39v] Wir reisten den ganzen Tag und die halbe Nacht. Diese war klar, denn es war Vollmond. Wir fragten den Rais, ob wir in der Nähe des Hafens seien, wie er uns angekündigt hatte. Aber er war damit beschäftigt, herauszufinden, wie er sich in seinen Berechnungen der Ankunft am Ziel hatte irren können. Er ließ die Tiefe an der Stelle messen, wo wir uns befanden, und stellte fest, dass es nicht das Meer vor Tripolis[10] war, wie er geglaubt hatte. Er befahl den Matrosen sogleich, das große Segel einzuziehen und bis zum Morgen nur die Hälfte des Stagsegels stehen zu lassen, um zu überprüfen, ob man sich verirrt hatte oder nicht. Unser Schiff trieb nun ganz langsam im Schritttempo eines kleinen Kindes dahin.

Am Morgen erblickten wir von ferne Land und einen hohen Berg. Die Maghrebiner, die mit uns waren, sagten nun, dass dieses Land das alte Tripolis sei, sechzig Meilen vom neuen Tripolis entfernt. Der Rais begriff, dass der starke Wind uns über den Hafen von Tripolis hinausgetrieben hatte. Er hatte geglaubt, das Schiff lege eine Entfernung von acht Stunden in einer zurück, aber es segelte noch schneller und legte zehn Stunden in einer einzigen zurück. Er änderte den Kurs des Schiffes, um wieder zurückzusegeln. Der Wind, der bis dahin günstig gestanden hatte, wehte uns jetzt entgegen, und nun durchfuhr das Schiff die Entfernung von einer Stunde in zehn Stunden zurück. Diese Geschwindigkeit hielt drei Tage und drei Nächte lang an, bis wir wieder auf der Höhe des Hafens von Tripolis waren. Als wir einfahren wollten, erhob sich ein Sturmwind vom Land her, der uns bei der Einfahrt zu großen Anstrengungen zwang. Zwei Schaluppen mussten aus dem Hafen kommen und die *Schaitīye* in das Hafeninnere schleppen.

Man warf die Anker und holte wie gewöhnlich die Segel ein. Alle machten sich bereit, an Land zu gehen. In diesem Moment kam ein Boot vorbei. Es hatte [40r] Lebensmittel geladen, Obst und eine Stiege Brot aus feinem Mehl. Der Kapitän kaufte die ganze Stiege und gab sie den Matrosen, damit sie sich stärkten. Euer Diener ergriff ebenfalls ein Brot und nahm einen Bissen davon, aber er konnte ihn nicht herunterschlucken. Ich hatte das Gefühl, als habe es den Geschmack von Asche. Ich warf es weg und verfluchte dieses Land, in dem das Brot nicht genießbar war. Mein Meister sah, dass ich ganz verbittert war. Er fragte mich:

– Was hast du denn?

– Wir haben solche Qualen und Strapazen ausgestanden, um gesund und wohlbehalten in dieses Land zu gelangen, und ich bekomme ungenießbares Brot! Es hat den Geschmack von Erde!

Er begann zu lachen und machte sich über mich lustig:

– Das Brot ist sehr gut, aber der Geschmack in deinem

Mund hat sich verändert, weil du lange Zeit kein Brot mehr gegessen hast.

Schließlich brachten wir unser Gepäck in das Beiboot, gingen an Land und begaben uns zum Haus des französischen Konsuls, der in dieser Stadt residierte. Er hieß Lemaire[11] und bewohnte eine luxuriöse Residenz. Wir betraten sein Haus. Als er meinen Meister sah, erhob er sich, hieß ihn mit aller Ehrerbietung willkommen und lud ihn ein, mit ihm zu speisen. Mein Meister lehnte die Einladung ab und erzählte ihm, was uns seit unserer Abreise aus Alexandria bis zu unserer Ankunft in Tripolis widerfahren war, und fügte hinzu, dass wir seit fünfzehn Tagen bis auf Datteln und in den letzten zehn Tagen bis auf brackiges Salzwasser keine Nahrung zu uns genommen hätten.

Auf diese Worte hin gab der Konsul dem Koch unverzüglich Anweisung, vier Hühner zu kochen und daraus eine Brühe zu bereiten. Er riet meinem Meister, einige Tage lang diese Hühnerbrühe zu sich zu nehmen, damit unser Rachen wieder weicher werde und unsere Eingeweide sich entspannten. Wir nahmen also acht Tage lang diese Hühnerbrühe zu uns und tranken dazu sieben Jahre alten Wein aus Zypern, bis wir wieder zu Kräften kamen [40v] und unser Rachen die Geschmeidigkeit von früher wiedererlangt hatte.

Wir ergingen uns nun ohne Bedenken in der Stadt Tripolis, denn der Konsul erfreute sich der Gunst des Beys, des Herrn über Land und Leute, der ihn behandelte wie seinen Bruder.[12] Und das ist der Grund dafür: In seiner Jugend war der Bey als Gefangener nach Malta entführt worden. Ein französischer Ritter kaufte ihn und nahm ihn nach Marseille mit. In dessen Diensten blieb er einige Tage, in denen er schwer krank wurde, worauf sein Herr ihn ins Krankenhaus brachte. Eines Tages begab sich der *Chawādscha* Lemaire, besagter Konsul, einer löblichen Gepflogenheit folgend, ins Hospital, um die Kranken zu besuchen. Dabei kam er bei diesem auf seinem Bett liegenden Gefangenen vorbei, setzte sich neben ihn und versuchte ihm Trost zu spenden, ihn zu zerstreuen und ihm Mut zuzusprechen, diese

Prüfung geduldig zu ertragen, und wünschte ihm nach weiteren Worten der Aufmunterung gute Besserung und Erholung. Schließlich fragte er ihn, aus welchem Land er komme und von welcher Nation er sei. Jener erwiderte, er sei Maghrebiner aus dem westlichen Tripolis, von vornehmer Abkunft[13] und seine Familie gehöre zu den Adelsgeschlechtern jenes Landes.

Daraufhin hatte der *Chawādscha* Lemaire Mitleid mit seinem Los. Er befahl dem Direktor des Hospitals, ihn mit einer Sänfte zu ihm nach Hause bringen zu lassen. Seinen Bediensteten trug er auf, ihm ein Bett herzurichten, seine Kleider zu wechseln und ihn so zu bedienen, wie sie ihn bedienten. Er schickte augenblicklich nach einem Arzt, der ihm die richtigen Medikamente verabreichen und darauf achten sollte, dass es ihm an keinem Medikament oder Elixier, so viel sie auch kosten mochten, fehle.

Dieser Mann wurde von den Dienern und dem Arzt gepflegt, bis er seine Gesundheit wiedererlangt hatte. Er genas von der schweren Krankheit, mit der er geschlagen war, und konnte sein Bett vollkommen geheilt verlassen. Dank seines Wohltäters war er wieder hergestellt und bat um die Erlaubnis, endlich zu seinem Herrn zurückzukehren. *Chawādscha* Lemaire, der seine Wohltaten vollkommen machen wollte, kaufte ihn von seinem Herrn los und brachte ihn [41r] an Bord eines Schiffes, das nach dem westlichen Tripolis auslief. Er bezahlte dem Kapitän den Preis für die Überfahrt und die Verpflegung und empfahl ihn seiner Obhut. Dann verabschiedete er ihn und ging seines Wegs. Das Schiff nahm Kurs auf sein Ziel und kam wohlbehalten an.[14]

Dieser Mann verblieb mehrere Jahre im Dienst des Beys, welcher das Land zu jener Zeit regierte. Der machte ihn zu einem seiner Vertrauten, denn er leistete ihm gute und treue Dienste. Er versah ihn mit dem hohen Amt, die Gebiete unter seiner Rechtsprechung zu verwalten. Der Mann verwaltete sie mit Strenge und Geschick. Alle in diesen Gebieten waren zufrieden mit ihm und liebten ihn sehr. Es begab sich, dass der Bey von einer schweren Krankheit heimgesucht wurde, an der er nach wenigen Tagen starb. Die Mächtigen des Landes wählten nun diesen Mann zum Bey und leisteten ihm nach alter Sitte den Treueeid.[15]

Zu dieser Zeit wurde der *Chawādscha* Lemaire zum Konsul vom Tripolis des Westens ernannt, ohne zu wissen, dass der Gefangene, den er von seinem Herrn losgekauft und in sein Land zurückgeschickt hatte, Bey geworden und an die Macht gekommen war. Einige Tage nach seiner Ankunft in der Stadt begab sich Lemaire zum Bey, um sich vorzustellen, wie es die Konsuln zu tun pflegen. Als er eintrat und der Bey ihn sah, erkannte er ihn und erhob sich. Er umarmte ihn, küsste ihn und hieß ihn willkommen[16], wobei er ihm größte Ehrerbietung erwies und den wichtigen Persönlichkeiten des Staates kundtat:

— Dieser Mann hat mich aus der Gefangenschaft befreit und vor dem Tod gerettet. Wer ihn ehrt, erweist auch mir Ehre.

Als der Konsul den Serail verließ, ließ ihn der Bey von allen seinen Hofleuten und seiner gesamten Dienerschaft begleiten. Damit erwies er ihm größere Ehre als allen Konsuln vor ihm. Er nannte ihn stets »mein Bruder«, denn er liebte ihn sehr. Das ist, was wir von vertrauenswürdigen Leuten über den Bey und den Konsul berichten hörten.

Euer ergebener Diener konnte [41v] an diesem von Gott gesegneten Konsul erstaunliche Züge beobachten: angenehme Umgangsformen, Bescheidenheit und Mitgefühl für die Armen und Gefangenen. Neben dem Tor seiner Niederlassung gab es einen Raum, den er für die Verteilung der Almosen an die Armen und Notleidenden bestimmt hatte. Er hatte einem seiner Bediensteten aufgetragen, sich immer zur Verteilung von Brot und Zwieback bereitzuhalten und dafür zu sorgen, dass es nie daran fehle.

Er war sehr fromm. Jeden Abend versammelte er, bevor er zu Bett ging, in seiner Kapelle seine drei Kinder, zwei Knaben und ein Mädchen, sowie alle seine Bediensteten. Er wandte sich ihnen zu und wartete, bis sie alle vollzählig waren. Sie stimmten dann ihre Gebete und Litaneien an die Jungfrau an, danach gingen alle schlafen, zuletzt, nach allen anderen, auch er. Desgleichen besuchten am frühen Morgen alle mit ihm die Messe. Er unternahm große Anstrengungen, um Gefangene loszukaufen, und schickte sie, dank der Spenden, die er in christlichen Ländern gesammelt hatte, in ihre Länder zurück. Kurz, sein ganzes Leben verwandte er darauf, Gutes zu tun.[17]

Während unseres Aufenthalts in Tripolis erfuhr der Bey eines Tages von Beduinen aus der Gegend, dass ein großes venezianisches Schiff nicht weit, nur etwa drei Tagesreisen von der Stadt entfernt, auf Grund gelaufen war. Da die Venezianer stets Krieg mit den Maghrebinern führten, schickte der Bey fünfhundert Soldaten mit dem Befehl, das Schiff und alle Güter, die sich darauf befanden, zu beschlagnahmen[18] und alle Männer als Gefangene nach Tripolis zu bringen. Danach ließ er seinen Bruder Lemaire kommen und bat ihn, eines der Schiffe, die sich derzeit im Hafen aufhielten, dorthin zu schicken, um die Kanonen und die verbliebene Munition, die sich auf jenem Schiff befanden, herbeizubringen. Der Konsul versprach zu tun, [42r] was er verlangte. Er verließ sogleich den Bey und ließ den Kapitän eines der französischen Schiffe kommen, die sich auf Reede im Hafen befanden. Er befahl ihm, sich an jene Küste zu begeben, alles, was sich auf dem venezianischen Schiff an Gütern, Kanonen und Menschen befand, umzuladen und es in den Hafen von Tripolis zu bringen. Dies war der Befehl, den der Konsul dem Anschein nach gegeben hatte. Aber Gott allein weiß, was er wirklich befohlen hatte.

Das Schiff fuhr ab und nahm Kurs auf jene Küste. Als es ankam, waren die Soldaten des Beys bereits an Ort und Stelle. Diejenigen, die auf dem Schiff gereist waren, hatten es geleert bis auf das, was sich im Laderaum befand, der voll war mit Getreide, das am frühen Morgen auf den Inseln[19] gelöscht worden war. Nachdem sie mit dem Löschen fertig waren, sind sie in Richtung des Landes Venedig abgesegelt. Aber auf dem Meer hatte das Schiff ein Leck, und das Wasser drang so stark ein, dass das schwer gewordene Schiff unterzugehen drohte. Der Kapitän setzte es daher in der Nähe der maghrebinischen Länder auf Grund, weil er befürchtete, das Schiff gehe mit ihnen unter. Er ließ das Schiff auf sandigen Grund laufen, und sie hatten, was sich darauf befand, entladen, an Land gebracht und das auf Grund gelaufene Schiff mit dem Getreide darin im Meer gelassen.

In diesem Augenblick trafen die Soldaten des Beys in Begleitung eines seiner Aghas ein, um die Venezianer zu ergreifen und gefangen zu nehmen. Die Soldaten des venezianischen Schiffes weigerten sich, sich zu ergeben. Sie richteten die Kanonen und Gewehre auf sie, was diese dazu brachte, die Flucht zu ergreifen – bis zu dem Augenblick, als das vom Konsul aus Tripolis entsandte Schiff eintraf.

Nachdem der Anker geworfen war, ging der französische Kapitän an Land und stellte fest, dass die Soldaten des venezianischen Schiffs sich nicht ergeben wollten. Er beriet sich daraufhin mit ihrem Kapitän.

[42v] – Ich wurde, sprach er, vom akkreditierten französischen Konsul in Tripolis geschickt. Ich habe vom Bey und vom Konsul Befehl erhalten, alles, was sich auf dem Schiff befindet, Ware wie Menschen, zu übernehmen und nach Tripolis zu bringen.

Die Venezianer antworteten ihm:

– Wir werden uns nicht ergeben, sollten wir in Gefangenschaft gebracht werden. Wir ziehen es vor, hier an diesem Ort zu sterben.

Der französische Kapitän gelangte zu der Einsicht, dass weder er noch die Truppen des Beys in der Lage waren, sie zu schlagen: Die Soldaten des Schiffes zählten gegen zweihundert Mann, nicht eingerechnet die Mannschaft und die Passagiere. Er entgegnete ihnen daher:

– Hört meinen Vorschlag.[20] Ich befreie euch von diesen Leuten hier und bringe euch nach Venedig unter der Bedingung, dass ihr mir ein schriftliches Dokument von eurer Hand gebt, das bezeugt, dass, erstens, wenn wir Venedig wohlbehalten erreichen, ihr mich vor den Franzosen schützt, damit sie mich nicht fassen, um sich an mir zu rächen, und, zweitens, dass ihr mir den Lebensunterhalt bis zu meinem Tod sichert.

Sie erklärten sich sogleich mit seinen Forderungen einverstanden und händigten ihm ein Dokument aus, das er unterzeichnete.

Auf diesem Schiff, das ein Fahrzeug der Republik war, befanden sich wichtige Personen, darunter Ritter, das heißt Sipahis[21], Kriegskapitäne sowie andere bedeutende Staatspersonen. Die Diskussion wurde abgeschlossen. Der französische Kapitän suchte den Kommandanten der vom Bey entsandten Truppe auf. Er wiegte ihn in Sicherheit, indem er ihm sagte, dass die Leute des Schiffes und alle Soldaten bereit seien, sich zu ergeben, angesichts der Tatsache, dass sie nicht entkommen konnten. Der Agha bezog mit seinen Männern wieder Stellung und befahl ihnen, die gesamte Ladung des venezianischen Schiffs umzuladen. Als sie damit fertig waren, befahl er dem französischen Kapitän, alle Passagiere des venezianischen Schiffes außer der zweihundert Soldaten an Bord seines Schiffes zu bringen. [43r] Der Kapitän folgte dem Befehl. Der Agha hieß die fünfhundert Männer, die mit ihm waren, den zweihundert Soldaten des Schiffes Fußfesseln anlegen und hinter ihnen bis nach Tripolis zu marschieren, um sie vor den Bey zu bringen.

Nachdem er sie weggeschickt hatte, wollte der Agha an Bord des französischen Schiffes gehen. Aber der französische Kapitän hielt ihn davon ab und sagte:

– Erlaube mir, vor dir an Bord des Schiffes zu gehen, und lass mich diejenigen, die wir gefangen genommen haben, zuerst in den Laderaum bringen, denn ich fürchte, dass sie auf dem Weg revoltieren könnten. Ich werde danach das Beiboot schicken, um dich und deine Dienerschaft aufzunehmen, denn ich möchte dir einen Ort herrichten, der deiner würdig ist.

Der Agha war einverstanden. Der französische Kapitän

ging an Bord seines Schiffes. Das war klug gehandelt: Er vermied damit, dass der Bey dem Konsul hätte Vorwürfe machen können, hätte er sich des Aghas und seiner Leute bemächtigt, um sie in Gefangenschaft zu führen. Sobald der Kapitän auf seinem Schiff war, gab er den Matrosen Befehl, die Anker zu lichten, ebenso den äußeren Anker. Als das Schiff über diesem Anker ankam, zogen sie ihn hoch, setzten die Segel und suchten das Weite.

Als der Agha sah, dass das Schiff das Weite gesucht hatte, erkannte er die List und war gezwungen, seine Männer einzuholen und mit ihnen nach Tripolis zurückzukehren. Das französische Schiff hingegen nahm Kurs auf Venedig mit allen Leuten, von denen wir gesprochen haben, und rettete sie auf diese Weise vor der Gefangenschaft.

Einige Tage später traf der Agha mit seiner Truppe und den zweihundert venezianischen Soldaten, die er gefangen genommen hatte, in Tripolis ein. Es war ein großes Spektakel an diesem Tag, sie in Fesseln in die Stadt einmarschieren zu sehen. Sie wurden Seiner Exzellenz, dem Bey, vorgeführt [43v], der, als sie vor ihm standen, befahl, sie einzusperren. Er ließ den Konsul holen und erzählte ihm, was ihm der Agha, den er geschickt hatte, berichtet hatte: Der Kapitän habe ihn zurückgelassen und das Weite gesucht.

– Er ist immer noch nicht zurückgekehrt, sagte der Bey. Der Punkt ist, dass er die Männer in ihr Land entführt und sie befreit hat. Aber wenn dem so ist, dann versteht es sich von selbst, dass ich die zweihundert Soldaten bis auf den letzten Mann hinrichten lassen werde. Wäre nicht unsere Freundschaft, fügte er hinzu, hätte ich alle französischen Schiffe, die im Hafen liegen, beschlagnahmt, bis mir dieses Schiff wieder zurückgebracht worden wäre.

Bei diesen Worten erfasste den Konsul großer Verdruss über dieses Vorgehen, sollte es denn ausgeführt werden. Er versuchte, den Bey zu beruhigen und dessen Zorn zu mildern. Er versprach ihm, das Schiff zurückzubringen, wenn sich die

Sache so verhalte. Er wolle dem Sultan von Frankreich schreiben, einen Abgesandten von hohem Rang zu schicken, der sie verpflichten sollte, das Schiff wieder zurückzubringen. Und er flehte den Bey an, die Gefangenen im Namen ihrer Freundschaft freizugeben und ihnen nichts anzutun, denn sie seien nicht schuldig. Die Schuld liege bei denen, die den Kapitän zur Flucht gezwungen hätten. Es sei die mangelnde Urteilsfähigkeit dieses Aghas gewesen, der eingewilligt habe, dass alle diese Männer an Bord des französischen Schiffes gingen und den Kapitän und dessen Männer überwältigt hätten. Auf diese Weise hätten sie das Schiff in ihren Besitz gebracht. Auf diese Worte hin erwiderte der Bey:

– Mein Bruder, du sprichst wahr, der Fehler liegt beim Agha. Ich werde es ihm bald heimzahlen.

Aus Rücksicht auf seinen Freund, den Konsul, ordnete er an, die zweihundert gefangenen Soldaten unverzüglich freizulassen und sie vor ihn zu bringen. Er sagte zu ihnen:

– Ich begnadige euch, um meinem Bruder, dem Konsul, einen Gefallen zu tun.

Sie küssten ihm die Hände und zogen in Frieden davon. Als die Angelegenheit bereinigt war, erhob sich der Konsul, bedankte sich beim Bey für die Wohltaten und ging nach Hause. [44r] Was Euren ergebenen Diener betrifft, so war er bei dieser ganzen Audienz von Anfang an zugegen.

Hier noch eine weitere Geschichte, die uns über die Zuneigung dieses Beys zum Konsul erzählt wurde. Als die Schiffe des Beys des westlichen Tripolis wie gewöhnlich im Meer kreuzten, begegneten sie zufällig einem Schiff der Republik Genua. Sie verfolgten es, holten es ein, brachten es in ihre Gewalt und führten es nach Tripolis in Gefangenschaft, wo sie den Bey von ihrer Beute benachrichtigten, nachdem sie im Hafen die Anker geworfen hatten. Dieser befahl, die Männer, die auf dem Schiff waren, vor ihn zu führen. Man brachte sie herbei: den Kapitän, die Matrosen und die übrigen Passagiere. Es waren etwas mehr als zweihundert. Der Bey schaute sie sich genau an und be-

merkte einen sehr jungen Mann unter ihnen. Er war von angenehm gefälligem Äußerem, hatte eine bescheidene und anmu-
tige Ausstrahlung und trug kostbare Kleider. Er war der Sohn
eines römischen Prinzen, den sein Vater in das Land Messina
geschickt hatte, um dort herumzureisen, bevor er seine Tante
besuchte. Der Bey fasste in seinem Herzen Zuneigung zu ihm
und war in seinem Innersten so sehr zu ihm hingezogen, dass er
ihn zu sich rief, um ihn zu liebkosen. Er gab dem Dragoman die
Anweisung, seine Unruhe und Befürchtungen zu besänftigen
und ihm zu sagen:

– Fürchte dich nicht, Seine Exzellenz ist dir gewogen. Er
möchte dich zu seinem Sohn und seinem Herzallerliebsten machen.

Aber der junge Mann ließ sich nicht beruhigen und weinte.
Der Bey, der sah, dass er untröstlich war und nur noch mehr
weinte, konnte es nicht ertragen, ihn in einem solch betrübten
Zustand zu sehen, und schickte ihn in seinen Harem, damit man
ihn aufheitere und zerstreue. Daraufhin wählte er zwei junge
Gefangene aus und befahl ihnen, ihn zu bedienen und ihm Gesellschaft zu leisten. Dann entließ er die restlichen Männer und
schickte sie [44v] an den Ort ihrer Gefangenschaft. Im Laufe
des Tages lebte sich der junge Mann ein. Er verließ den Harem
und erschien in aller Bescheidenheit und Liebenswürdigkeit
vor dem Bey. In dessen Herzen wuchs die Zuneigung. Er zog
ihn oft an seine Brust und umarmte ihn. Mit Rücksicht auf den
Bey ehrten ihn alle Personen des Hofes. Lange Zeit genoss er
daher die Achtung aller, bis zu dem Zeitpunkt, als eines Tages
ein französisches Schiff im Hafen eintraf. Sobald der Kapitän
an Land war, begab er sich zum Konsul, um ihm ein Schreiben
von einem Herzog Frankreichs zu übergeben, der ihm schrieb:
»Der Vater dieses jungen Mannes, der bei Ihnen in der Stadt
Tripolis gefangen gehalten wird und der Soundso heißt, hat uns
einen Brief geschrieben, in dem er uns bittet, Ihnen zu schreiben und Sie zu bitten, alles in Ihrer Macht Stehende zu unternehmen, um seinen Sohn, zu welchem Preis auch immer, aus

der Gefangenschaft zu befreien und ihn zu uns zurückzuschicken. Sie erhalten durch den Kapitän, der Sie aufgesucht hat, zwei Kassetten mit Wertgegenständen, denn vielleicht werden sie ihn gegen Geld nicht ausliefern. Sie werden daher diese Gegenstände dem Bey vorlegen, welcher der Herr dieser Stadt ist. Und sollte es nötig sein, zusätzlich zu den Wertgegenständen noch Geld hinzuzufügen, geben Sie es, ohne zu zögern, Sie haben freie Hand für diesen Dienst, um den wir Sie bitten. Kurz, wir erwarten nur, dass die Antwort die Übersendung des jungen Mannes sein wird.« Es folgten die üblichen Grußworte.

Der Konsul befand sich nach der Lektüre dieses Briefes in großer Verlegenheit. Er wusste, welche Liebe der Bey für den Knaben hegte und dass er sich weigern würde, ihn freizulassen. Schließlich begab er sich zu ihm, wie es seine Gewohnheit war, ob er ihn um etwas ersuchte oder nicht. Als er vor den Bey trat, forderte ihn dieser auf, sich zu setzen, und fing wie gewöhnlich an, mit ihm zu diskutieren. Der Konsul erinnerte ihn daran, dass er versprochen hatte [45r], seine Bitten zu erfüllen, ohne dass er inständig darum bitten müsse. Der Bey ahnte nicht, dass er um die Freilassung des Knaben bitten könnte, und antwortete sogleich:

– Sprich, mein Bruder. Es steht mir fern, dir eine Bitte abzuschlagen.

Der Konsul zögerte, seine Bitte vorzubringen. Der Bey wiederholte:

– Mein Bruder, weißt du nicht, dass keine Gunst, um die du mich bittest, verweigert werden kann, und sollte ich noch so sehr darunter leiden?

Der Konsul unterrichtete ihn nun vom Inhalt des Briefes, den er von diesem Herzog erhalten hatte, der ihn darum bat, sich für ihn zu verwenden, damit der Bey den jungen Mann zu seinem Vater und seiner Mutter zurückschicke. Sie hatten Seiner Exzellenz herrliche Geschenke gesandt, die seinem Rang würdig waren und die der Konsul augenblicklich holen ließ und ihm vorlegte. Der Bey würdigte sie keines Blicks, aber Zorn und Schmerz waren auf seinem Gesicht zu lesen. Er sprach kein einziges Wort mehr zum Konsul, der auch nichts mehr sagte. Schließlich ließ er ihn allein und kehrte mit beleidigter Miene in seinen Harem zurück. Die Schwierigkeit war folgende: Einerseits hatte er versprochen, dem Konsul die Fürsprache nicht zu verweigern, andererseits war ihm die Trennung von dem Knaben schmerzlich.

Der Konsul sah, dass seine Vorgehensweise nicht erfolgreich war und seine Hoffnungen enttäuscht wurden. Verstimmt und bekümmert kehrte er nach Hause zurück. Der Bey seinerseits dachte unentwegt an die Freundschaft des Konsuls und befürchtete, dass er durch die Weigerung, dessen Ersuchen anzunehmen, gekränkt sein könnte. Am nächsten Tag ließ er ihn kommen, um ihn aufzumuntern. Als der Bote kam, ihn im Auftrag des Beys abzuholen, ersann der Konsul eine List, den jungen Mann zu retten: Er hatte einen kleinen Jungen mit Namen Nicolas, den der Bey wie einen eigenen Sohn liebte. Jedes Mal, wenn er mit seinem Vater zum Bey kam, drückte ihn dieser an seine Brust, küsste ihn und gab ihm alles, was er wollte, ohne ihm einen seiner Wünsche abzuschlagen.[22]

[45v] Dieser Junge war lebhaft, aufgeweckt und wortgewandt. Sein Vater gab ihm folgende Anweisungen:

– Sobald wir im Begriff sind, vom Bey wegzugehen, nimm den Knaben bei der Hand, halte ihn fest und lasse ihn nicht mehr los. Wenn man versucht, dich von ihm zu lösen, fang an zu weinen und bitte den Bey, ihn mit dir zusammen zu lassen. An diesem Tag werdet ihr bis zum Abend zusammen sein.

Er fügte noch hinzu, um ihn zu warnen:

– Lass ihn auf keinen Fall los, auch wenn ich dir befehle, es zu tun!

Nachdem er ihn unterrichtet hatte und ihm gezeigt, was er tun solle, ging er mit ihm zum Bey. Bei seiner Ankunft hieß ihn dieser willkommen und begrüßte ihn mit wohlmeinenden Worten:

– Ich war besorgt und fürchtete, du könntest verärgert darüber sein, dass ich mich weigerte, deiner Bitte nachzukommen. Hätte ich gewusst, dass sie diesen jungen Mann betrifft, hätte ich dir das Versprechen meiner Gunst nicht gewährt. Aber was geschehen ist, ist geschehen, man soll es mir nicht verübeln.

Der Bey hatte seinen Ärger vergessen, als er die Geschenke gesehen hatte, die ihm der Konsul vom Vater und der armen Mutter des Knaben gebracht hatte. Sie unterhielten sich wie üblich und tranken eine Stunde lang Kaffee miteinander, währenddessen der Sohn des Konsuls und der junge Mann miteinander spielten, wie es Kinder zu tun pflegen. Schließlich erhob sich der Konsul, um sich zu verabschieden und nach Hause zu gehen. Da nahm Nicolas den jungen Mann bei der Hand und wollte ihn nach Hause mitnehmen. Die Diener des Beys bemühten sich in aller Freundlichkeit, ihn davon abzuhalten und seine Hand zu lösen, ohne Erfolg. Er fing an zu weinen und den Bey zu bitten, den jungen Mann mit ihm mitgehen zu lassen, so wie es sein Vater ihm aufgetragen hatte.

Der Bey ahnte die List nicht. Er begann den kleinen Nicolas zu liebkosen und ließ ein kleines Pferd holen, damit er es besteige und mit seinem Vater gehe. Aber Nicolas wollte nur eines: dass der Junge [46r] mit ihm komme. Sein Vater ermahnte ihn daraufhin, ihn loszulassen, aber er weinte und bat den Bey nur noch mehr. Angesichts der Beharrlichkeit des Knaben wollte er ihm auch aus Rücksicht auf den Vater und aus Zuneigung zu ihm selbst keinen Kummer bereiten. Er ließ zu, dass er den jungen Mann mit sich nehme und ihn bei sich behalte, solange er wollte. Nicolas freute sich und lief zum Bey hin, um ihm die Hand zu küssen, der ihn an seine Brust drückte und ihn küsste. Dann ließ er ihn gehen und gab dem jungen Mann die Erlaubnis, ihn zu begleiten, so als ob er ihn ihm schenkte. Die beiden Knaben gingen vergnügt und hochbeglückt zusammen davon.

Der junge Mann blieb einige Tage bei dem Konsul, ohne

dass der Bey sich nach ihm erkundigte, als hätte er den Schmerz, ihn verloren zu haben, vergessen. Als der Konsul gewahr wurde, dass er sich nicht mehr nach ihm erkundigte, begriff er, dass er ihn Nicolas zum Geschenk gemacht hatte. Sogleich ließ er den Kapitän des Schiffes holen, das die Geschenke gebracht hatte, und sagte ihm, er solle sich zur Abfahrt bereit machen. Um Mitternacht schickte er den jungen Mann auf das Schiff, das in See stach, sowie er an Bord war.

Einige Zeit danach erhielt er Briefe vom Herzog und vom Prinzen, dem Vater des jungen Mannes. Sie bedankten sich für seine Wohltaten und für diejenigen seines Sohnes Nicolas, dank dessen Hilfe der junge Mann aus seiner Gefangenschaft entkommen war. Der Prinz hatte seinem Brief ein Dokument beigefügt, in dem er sagte: »Ich mache zugunsten von Nicolas, Sohn des französischen Konsuls Lemaire, eine immerwährende Schenkung[23] über einen Besitz von jährlich eintausend Piaster, den ihm und seinen Nachkommen niemand streitig machen kann. Diese von meiner Hand geschriebene Urkunde bezeugt die Echtheit des Gesagten.« Es folgten die üblichen Grußworte. Ein Verwalter in Rom wurde beauftragt, der ihm [46v] jedes Jahr tausend Piaster schickte, was bis auf den heutigen Tag geschieht.

Das ist die Geschichte von der Zuneigung des Beys zum Konsul. Der mir diese Geschichte erzählt hat, war zu jener Zeit der Dragoman, der Übersetzer des Konsuls und dessen Vertrauter. Er war ein vertrauenswürdiger Mann, denn ich hörte auch andere die Geschichte in übereinstimmenden Worten erzählen.

Wir wohnten zufrieden und guter Dinge im Haus des Konsuls. Eines Tages, als die in der Stadt ansässigen Jesuiten ein Fest begingen, beschloss ich, bei ihnen die Messe zu besuchen, um einen Ablass zu erwirken. Ich zog meine guten Kleider an, jene, die ich aus Aleppo hatte kommen lassen, und verfiel auf den Gedanken, den *Schāsch* und den *Qāwūq*, die Kleidung meines Landes, zu tragen. Der Konsul war begeistert, mich in diesen Kleidern zu sehen, mein Anzug gefiel ihm.

Ich begab mich zum Kloster der Jesuiten, wo ich die Messe besuchte, danach brach ich wieder auf, um mich zum Haus des Konsuls zu begeben. Auf dem Weg begegnete ich vier Janitscharen, die bei meinem Erscheinen anhielten, um mich zu kontrollieren. Sie schüttelten den Kopf, begannen mich in ihrer Sprache zu beleidigen und zu beschimpfen, als wollten sie mich töten. Ich hatte Angst, dass sie mich angreifen würden. Plötzlich erblickte ich einen von ihnen, wie er sich von der Gruppe absetzte und sich auf mich stürzte, als wollte er mich umbringen, mir den *Schāsch* vom Kopf riss und mit seinen Kumpanen weiterging. Ich war barhäuptig, erschreckt und vor Angst halb bewusstlos.

Als ich sah, dass sie weitergingen, kam ich wieder zu mir. Ich ging weiter und schaute immer wieder nach hinten, um sicherzugehen, dass sie nicht zurückkamen. In diesem Zustand kam ich beim Konsul an, barhäuptig und halb bewusstlos. Nicolas, der Sohn des Konsuls, und seine Schwester Marguerite[24] waren am Tor. [47r] Als sie mich in diesem Zustand erblickten, liefen sie, ihren Vater zu benachrichtigen. Aufgeschreckt kamen der Konsul und mein Meister beide herunter und fanden mich. Beim Anblick meines Zustandes war der Konsul erstaunt und fragte mich, was mir widerfahren sei und wer mir meinen *Schāsch* weggenommen habe. Nach meinem erschöpfenden Bericht geriet er in großen Zorn und befahl, dass man unverzüglich den Dragoman hole. Dieser stellte sich ein und der Konsul trug ihm auf, Nachforschungen einzuleiten.

– Wer hat den *Schāsch* und den *Qāwūq* vom Kopf unseres Gastes weggenommen? Geh, und hole sie unverzüglich zurück; beeile dich!

Der Dragoman zog sich zurück und ließ mich zu sich rufen, um zu berichten, wo man mich beraubt hatte.

– Es war neben dem Quartier, das an das Kloster der Jesuiten grenzt, erklärte ich ihm.

Er ging weg. Eine Stunde später ließ er mich wieder kommen und sagte:

– Warum hast du den *Schāsch* und den *Qāwūq* angezogen? In diesem Land darf sich niemand damit kleiden, nur die vom König als Botschafter aus Istanbul gesandten Paschas. Niemand außer ihnen darf das tragen. Diejenigen, die dir deinen *Schāsch* weggenommen haben, können ihn dir jetzt nicht zurückgeben. Ich fürchte, dass diese Geschichte aufrührerische Unruhen hervorruft und dass du deren Ursache bist. Kurz, wenn dich der Konsul nach dem *Schāsch* fragt, sage ihm, dass du ihn wiederbekommen hast, damit wir diesem bedauerlichen Streit ein Ende setzen. Die Soldaten in diesem Land sind rüde, denn sie sind in Regimentern[25] zusammengeschlossen, die sich gegenseitig schützen, und sie fürchten den Bey nicht, wenn sie sich zu einer Missetat zusammentun.[26]

Als ich diese Worte vernahm, ließ ich mir nichts anmerken.[27] Ich versprach dem Dragoman, dem Konsul auszurichten, ich hätte den *Schāsch* und den *Qāwūq* wieder erhalten. Sollte er mich auffordern, ihn zu tragen, würde ich mich entschuldigen und ihm sagen, dass mir dies in diesem Land [47v] verboten sei. Ich wollte ihn um die Gunst bitten, mir das Tragen zu erlassen, um keinen Schaden zu haben. Ich verständigte mich mit dem Dragoman, die Sachlage so darzustellen. Ich behielt daher meinen Kalpak auf, bis der Konsul zum Mittagessen herunterkam. Als er mich sah, fragte er mich:

– Hat man dir den *Schāsch* gebracht?

– Ja.

– Warum trägst du ihn nicht?

Ich antwortete, wie ich es mit dem Dragoman ausgemacht hatte.

– Zieh ihn an, erwiderte er, und habe keine Angst, niemand kann dir schaden, solange du unter meinem Dach wohnst.

Diese Worte richtete er an mich, ehe er mit meinem Meister zum Essen ging. Da ich mich verspätete, schickte er einen Diener und ließ mich zu sich rufen, als er bei Tische saß:

– Warum trägst du deinen *Schāsch* nicht?

– Ich werde ihn morgen aufsetzen.

— Ich will, dass du ihn jetzt trägst!

Mein Meister, der sich den Worten des Konsuls anschloss, forderte mich ebenfalls auf, ihn anzuziehen. Da stand ich nun, verlegen, und wusste nicht, was tun. Entweder gestand ich, dass er mir nicht zurückgegeben worden war und deshalb meinetwegen Unruhen ausbrechen konnten, oder ich sagte ihm, dass er mir zurückerstattet worden sei, und er würde mich auffordern, ihn aufzusetzen. Ich sah mich gezwungen, meinem Meister vertraulich zu gestehen, dass ich ihn nicht zurückerhalten hatte.

Der Konsul wartete auf meine Antwort. Mein Meister begriff, dass er wissen wollte, ob der *Schāsch* wieder an mich zurückgegeben worden sei oder nicht, und war gezwungen, ihm die Situation wahrheitsgemäß zu schildern. Als der Konsul erfuhr, dass der Dragoman den *Schāsch* nicht zurückgebracht hatte, ließ er ihn holen. Dieser war ein ehemaliger Gefangener, der sich zum Islam bekehrt hatte und den der Konsul zu sich genommen hatte, um ihn wieder zum Glauben zurückzuführen. Als er vor ihm stand, tadelte er ihn und schimpfte mit ihm, dann befahl er ihm, zum Bey zu gehen.

— Sage ihm, er solle den Soldaten rufen und ihm zweihundert Peitschenhiebe verabreichen lassen. Und er solle sich den *Schāsch* zurückgeben lassen und ihn mir auf der Stelle schicken.[28]

Der Dragoman zog sich verlegen zurück und wusste nicht, was er tun sollte. Ginge er zum [48r] Bey, dann würde dieser, da er niemals das Wort seines Bruders, des Konsuls, in Zweifel zog, den Soldaten kommen und ihm die Peitschenhiebe verabreichen lassen; die ganze Bande würde sich erheben, und nicht Gutes ergäbe sich für ihn daraus. Er befolgte daher die Anweisungen des Konsuls nicht, sondern suchte die Ältesten des *Odschāq*[29] auf und berichtete ihnen, was geschehen war. Sie befahlen dem Stubenältesten dieser Einheit, diesen *Schāsch* und diesen *Qāwūq* unverzüglich zurückzugeben. Er kam dem Befehl nach und schickte sie ihnen. Sie übergaben sie dem Dragoman, trugen ihm auf, Seine Exzellenz, den Konsul, von ihnen zu grüßen und

ihm auszurichten, die Regimentsältesten hätten ihm davon abgeraten, wegen einer Angelegenheit, für die es sich nicht lohne,
beim Bey Beschwerde einzulegen.

– Er sei unbesorgt, fuhren sie fort, wir wachen darüber,
dass seine ihm zustehenden Rechte respektiert werden.

Der Dragoman kehrte zum Konsul zurück und brachte ihm
den *Schāsch* und den *Qāwūq*. Er erzählte ihm, was vorgefallen
war, dass die Stubenältesten des *Odschāq* ihn daran gehindert
hätten, sich bei Seiner Exzellenz, dem Bey, wegen einer Sache
zu beschweren, die es nicht wert sei, und dass sie ihm ihre Frie-
denswünsche ausrichten ließen und ihn ihrer Hilfe versicherten;
und er solle ihm ausrichten, dass sie den Soldaten bestraften,
wie er es wünsche. Zu guter Letzt richteten sie ihm ihre Grüße
aus.

Der Konsul sagte daraufhin, ich solle meinen *Schāsch* um-
legen und ihn vor ihm tragen. Ich tat, wie er mich geheißen
hatte, und legte ihn um. Mein Herz war beunruhigt: Wenn ich
mit diesem *Schāsch* bedeckt den Soldaten begegnete, würden sie
nicht zögern, mich schlicht und einfach umzubringen. In der
folgenden Zeit sah ich zu, dass ich nur den Kalpak trug, wenn
ich das Haus des Konsuls verließ.

Als ich später von meiner Reise zurückgekehrt war, traf ich
in Aleppo den Konsul Lemaire mit seinen Kindern. Ich ging
zu ihm, um ihn, ebenso wie seinen Sohn Nicolas, zu begrüßen.
Er bereitete mir einen liebenswürdigen Empfang und zeigte mir
große Aufmerksamkeit. Er erzählte den Händlern, was mir widerfahren war, als ich bei ihm im Tripolis des Westens gewohnt,
und was sich alles ereignete, als ich ihn in Begleitung meines
Meisters, des *Chawādscha* Paul Lucas, besucht hatte.

Kehren wir [48v] zu unserem Gegenstand zurück. Wir blieben etwa dreißig Tage in der Stadt Tripolis des Westens im Haus
des Konsuls Lemaire, hatten zu essen und zu trinken und lebten
sehr angenehm. Wir sahen vieles, das ich nicht einzeln aufzähle,
um es nicht zu lang werden zu lassen.

Danach wünschte mein Meister, auf dem Landweg in die

Stadt Tunis im Maghreb zu reisen. Er wollte diese Gegenden kennenlernen. Er unterrichtete den Konsul davon und begab sich dann zum Bey, der ihm einen Ferman oder einen von seiner Hand geschriebenen Erlass[30] mitgab, worin er ihn allen Gouverneuren unter seiner Rechtsprechung auf unserer Route empfahl. Man packte große Mengen an Vorräten ein. Der Konsul ließ einen Maultierführer kommen, einen ehrlichen Mann seines Vertrauens, und wies ihn an, uns dahin gehen zu lassen, wohin wir wollten, und sich unseren Wünschen nicht zu widersetzen.

– Dieses Land ist sicher, du kannst dort unbesorgt sogar Gold mit auf die Reise nehmen.

Wir verabschiedeten uns vom Konsul und verließen Tripolis in Richtung des Landes Tunis. Fünf Tage lang reisten wir über Straßen und durch Wüsten. Aber unsere Reise verlief, wie wir es schon kannten. Jedes Mal, wenn wir durch ein Dorf kamen, gingen wir hinein und beobachteten die Bauern, ihre Lebensweise, ihr Land und andere solche Dinge. Schließlich gelangten wir zur Stadt Dscherba.[31] Die Menschen dieser Stadt musterten uns, als sie uns in unseren Kleidern sahen, die ihnen fremd waren. Sie fragten den Maultierführer, der uns begleitete. Dieser antwortete ihnen:

– Dieser Mann ist Arzt. Er war beim Bey von Tripolis und jetzt geht er nach Tunis, um dort seine Heilkunde auszuüben.

Wir ließen uns zum Serail des Gouverneurs weisen und baten um eine Audienz [49r] bei Seiner Exzellenz. Nachdem wir die Zusage erhalten hatten, traten wir ein und mein Meister legte ihm den Ferman vor, den der Bey von Tripolis uns mitgegeben hatte. Als er ihn sah, hellte sich seine Miene auf. Er hieß meinen Meister willkommen. Euer ergebener Diener besorgte die Übersetzung. Der Gouverneur fragte mich über meinen Meister aus:

– Wer ist er? Zu welcher Nation[32] gehört er?

– Er ist ein fränkischer Arzt französischer Herkunft.

– Was will er und was ist der Grund, dass er in dieses Land kommt?

– Mein Herr, er ist ein Reisender und auf der Suche nach bestimmten Pflanzen dieser Gegend für seine Heilkunde.

Daraufhin lud er uns ein, Platz zu nehmen. Als wir saßen, befahl er seinen Dienern, uns Getränke zu bringen sowie Süßigkeiten und Kaffee nach der Gewohnheit ihres Landes. Daraufhin fragte er meinen Meister um Rat: Er hatte heftige Magenschmerzen, die ihn am Essen hinderten. Er erbrach sogleich, was er zu sich genommen hatte. Ich übersetzte die Worte des Gouverneurs für meinen Meister.

– Sei unbesorgt, sagte mein Meister zu ihm. Ich werde dir einen Trank mischen. Du nimmst davon drei Tage lang, dein Magen wird gestärkt und du wirst wieder fünf Mal am Tag essen können, ohne übersättigt zu sein.

Als der Gouverneur dies hörte, freute er sich und sah seiner Besserung entgegen. Er ordnete unverzüglich an, dass man uns eine gut ausgestattete Unterkunft gebe und ausreichend zu trinken und zu essen, worauf er uns verabschiedete. Wir bezogen diese Unterkunft, und mein Meister machte sich sogleich daran, den Trank zu bereiten, der aus einer Persilessenz bestand, die er mit Zucker verdickte. Er fügte vier *Mithqāl*[33] Perlenpulver und einige Arzneimittel hinzu. Er gab die Mischung in eine Porzellantasse und ließ sie ihm bringen.

Der Gouverneur machte am ersten Tag davon Gebrauch, dann am zweiten Tag. Sein Magen beruhigte sich, und er fing wieder an zu essen wie gewohnt, sogar noch besser. Als er sah, dass er geheilt war, ließ er uns zu sich [49v] kommen und bedankte sich herzlich bei meinem Meister, erwies ihm große Ehre dafür, dass er sein Magenleiden geheilt hatte. Er begann wieder mit dem gleichen Appetit zu essen wie vorher und bat ihn, ihm ein großes Glas von diesem Trank herzustellen, damit er ihn für alle Fälle aufbewahren konnte. Mein Meister war einverstanden:

– Gern, aber mir fehlt es an fünfzig *Dirham* Perlen, gleichgültig, ob zerbrochene oder kleine.

Der Gouverneur ließ sogleich welche holen und ihm eine große Menge davon bringen, ebenso Bargeld. Mein Meister weigerte sich, das Geld anzunehmen. Wir nahmen nur die Perlen und zogen uns in unsere Unterkunft zurück, wo wir den Trank bereiteten.

Danach gingen wir hinaus, um die Stadt zu erkunden. Eines Tages kamen wir bei unseren Gängen über einen Platz, auf dem wir drei hohe Türme sahen, nach der Art eines Zuckerhuts gebaut. Sie bestanden aus Schädeln. Wir waren ob dieses erschreckenden Schauspiels erstaunt. Ein alter Mann kam vorbei. Wir fragten ihn:

– Was bedeuten diese aufgemauerten Schädel?[34]

– Diese Stadt war in den Händen der spanischen Christen. Die ismaelitischen[35] Maghrebiner, von denen sie geschlagen wurden, haben ihnen das Land weggenommen – im Einvernehmen oder mit Gewalt. Als sie zu dieser Stadt gelangten, erhob diese sich gegen sie. Sie wurde drei Monate lang belagert. Sie konnten sie nur erobern, indem sie sie aushungerten. Der Emir, der sie erobern wollte, hatte geschworen, dass er alle Bewohner, Männer, Frauen und Kinder, niedermachen werde, wenn sie falle. Nachdem er die Stadt eingenommen hatte, befahl er seinen Truppen, alle zu töten und niemanden zu schonen. Sie bauten mit den Schädeln der Toten diese Türme, damit die kommenden Generationen daran erinnert würden. Die Körper sind im Inneren und [50r] darum herum sind die Schädel derer aufgeschichtet, die getötet worden waren, wie große, mit Gips verfugte Bausteine, damit sie sich nicht lösten und für Jahrhunderte an Ort und Stelle verbleiben.[36] Nach diesem traurigen Bericht beklagten wir das Los der Menschen in diesem Land, das Afrika[37] genannt wird und achtzehn Bistümer zählte und das in den Chroniken bekannt ist.

Nach der Besichtigung der Stadt begaben wir uns zum Gouverneur. Er gab uns die Erlaubnis abzureisen und verabschiedete uns. Er stellte uns einen Empfehlungsbrief für den Gouverneur der Stadt Sfax aus. Wir nahmen den Brief entgegen und machten uns auf die Reise in diese Gebiete. Auf dem Weg kamen wir wieder durch Weiler und Dörfer, in denen viele

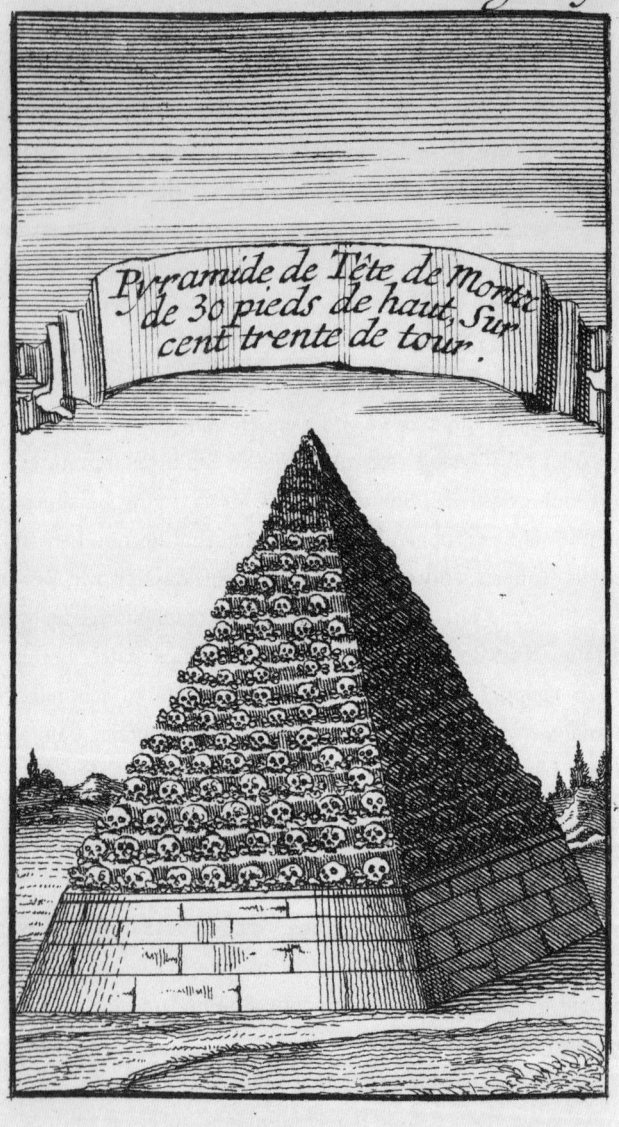

Torne 2 Pag. 105.

Pyramide de Tête de Mort de 30 pieds de haut, Sur cent trente de tour.

Die Schädelpyramide von Dscherba, nach der Beschreibung von Paul Lucas.

Häuser verfallen waren. Wir zogen weiter bis Sfax. Dies ist eine blühende Stadt mit hohen Befestigungen, Gärten, Bächen und Parkanlagen. Wir ließen uns zum Serail des Gouverneurs führen, wo man uns Zutritt gewährte.

Wir übergaben ihm den Brief des Beys und denjenigen des Gouverneurs von Dscherba. Nachdem er sie gelesen hatte, hieß er uns willkommen und bat uns, Platz zu nehmen. Daraufhin brachte man uns Getränke und Kaffee, wie es der Brauch ist, und der Gouverneur begann meinen Meister über den Trank auszufragen, den wir dem Gouverneur von Dscherba gegeben hatten. Ob noch etwas davon übrig sei? Mein Meister, der etwas davon in einem Krug bei sich behalten hatte, sagte Ja und versprach, ihm einen kleinen Becher davon zu schicken. Der Gouverneur gab daraufhin Befehl, dass man uns eine Unterkunft bereite; wir begaben uns dorthin und ruhten uns an diesem Tag aus.

Am nächsten Tag gingen wir zum Gouverneur, um ihm den Trank zu geben. Er war zufrieden und wies seine Diener an, uns gut zu behandeln und ganz zu unserer Verfügung zu stehen. Wir bedankten uns bei ihm und machten uns [50v] zu einer Besichtigung der Stadt und der Altertümer dieses Ortes auf. Es handelte sich um Gebäude der christlichen Bewohner dieser Gegend: Kirchen, Klöster und Schulen, alle jedoch verfallen. Mein Meister schrieb die Inschriften und die auf den Steinen eingemeißelten Daten ab, die Auskunft über diese Orte gaben. Wir kauften zahlreiche alte Silber- und Kupfermünzen, die als Geld in diesen Ländern in Gebrauch waren, desgleichen andere, ebenfalls alte Dinge wie Geschichtsbücher und Chroniken der Tscherkessen.[38] Einige waren in Arabisch geschrieben, andere in Latein und in anderen Sprachen.

Dies alles war dank der Heilkunde möglich, die mein Meister ausübte. Er bat die Leute, die er behandelte, Gegenstände zu suchen, die er ihnen dann gegen großzügige Bezahlung abkaufte. Wir blieben sieben Tage in dieser Stadt, danach begaben wir uns zum Gouverneur, um Abschied zu nehmen und ihn um einen Empfehlungsbrief für die Gouverneure der Gebiete auf unserem Weg zu bitten. Er erwiderte:

— Sobald ihr die Stadt verlassen habt, betretet ihr nach kurzer Strecke den Hoheitsbereich des Beys von Tunis, wo mein Brief euch nichts nützt. Aber ihr könnt unbesorgt sein, die Route ist sicher.

Wir verabschiedeten uns von ihm. Bevor wir in unsere Unterkunft zurückkehrten, versahen wir uns mit Verpflegung für die Reise. Dann brachen wir in Begleitung des Maultierführers auf, der seit dem Tripolis des Westens mit uns gekommen war. Wir setzten unsere Reise etwa acht Tage lang fort, und auf dem Weg sahen wir viele zerstörte Orte und Gebäude. Unter anderem kamen wir durch ein Gebiet, wo sich auf der Erde viele Spuren menschlicher Tätigkeiten zeigten: versteinerte Olivenbäume, die noch Oliven trugen, versteinerte Melonen und Wassermelonen. Wir brachen eine dieser Früchte auf: Im Inneren waren gelbe, versteinerte Kerne. Wir sahen auch einen ausgetrockneten Fluss und fanden [51r] zwischen den Steinen versteinerte Fische und Steinplatten, auf denen sich die Formen von Fischen abzeichneten. Dieser Anblick versetzte uns in Erstaunen und wir befragten den Maultierführer. Er wies auf eine Anhöhe und sagte:

— Dieser Ort war wohlhabend und bevölkert. Gott richtete seinen Zorn gegen seine Bewohner und Er schickte einen Sturm, der so stark war, dass er den Sand aufwühlte, der das Dorf vollständig zudeckte, sodass es viele Jahre vom Sand begraben war. Deshalb haben sich die Bäume und Pflanzen in Steine verwandelt. Später schickte der allmächtige Gott einen starken Wind, der den Sand wegwehte und das Dorf wieder zum Vorschein brachte. Auf diese Weise entstand diese Anhöhe vor uns.

Wir nahmen einige versteinerte Oliven und Melonen mit, ebenso Steine mit Abdrücken von Fischen.

Wir setzten unseren Weg bis zur Stadt Sousse fort. Der Maultierführer hielt uns vom Betreten der Stadt ab und sagte, die Stadtbewohner seien schlechte Menschen und 'Arfād.[39] Sie wollten weder mit sunnitischen Muslimen noch mit Christen noch Juden und überhaupt mit niemandem, welcher Nation[40] auch immer, verkehren, so sehr lehnten sie alles andere ab und verachteten es. Wir waren dadurch gezwungen, außerhalb der Stadt unter den Stadtmauern zu bleiben, wo wir die Nacht verbrachten. Bei Tagesanbruch bereiteten wir unsere Abreise vor und baten unseren Maultierführer, in die Stadt zu gehen und genügend Brot und Fleisch für den Weg einzukaufen. Als er alle notwendigen Einkäufe getätigt hatte, mietete er von einem der Landesbewohner, der mit uns reisen sollte, ein Reittier. Er selbst hatte zwei, und in jeder Stadt, durch die wir kamen, mietete er ein drittes mit seinem Besitzer als Begleitung. Nachdem er eines gemietet hatte, belud er es mit unserem gesamten Gepäck, wie er es mit denen der anderen Besitzer getan hatte. Er ließ uns dann, meinen Meister und mich, jeweils ein nicht beladenes Tier besteigen, [51v] während er unser Gepäck auf das geliehene Tier lud. Als er mit dem Beladen des Tieres, das diesem Mann gehörte, fertig war, ließ dieser es nicht zu, dass sich das Gepäck auf seinem befand und die beiden anderen ohne Ladung waren. Unser Treiber sagte ihm:

– Aber ich habe dein Tier nur gemietet, um das Gepäck daraufzuladen.

Sie begannen zu diskutieren und der Streit verschärfte sich. Der Mann trat an sein Tier heran und stieß die gesamte Ladung herunter. Oben, auf dem anderen Gepäck, befand sich eine Kiste mit vierundzwanzig Flaschen gutem Wein, die uns der Konsul von Tripolis auf den Weg mitgegeben hatte, denn man fand auf unserer Route keinen Wein, und mein Meister konnte kein Wasser trinken, ohne es mit Wein zu mischen. Als er sah, dass dieser Mann die Ladung mitsamt der Kiste von seinem Tier heruntergeworfen hatte, glaubte er, dass alle Flaschen zerbrochen wären und der Wein verloren. Er geriet außer sich, schrie und begann, diesen Mann auf Türkisch, Arabisch und Französisch zu beschimpfen. Er hatte das Wort *Kebek* auf Türkisch und *Kalb*[41] auf Arabisch gelernt. Er trat auf ihn zu, stieß ihn und hätte ihn beinahe zu Boden geworfen. Der Mann lief sogleich zum Stadttor und schrie:

– Oh, mein Ahne![42] Kommt mir zu Hilfe, ein *Rūmi* hat mich beleidigt und geschlagen!

Wie ein Heuschreckenschwarm liefen die Leute herbei, kamen aus dem Stadttor und richteten sich gegen uns. Als der Maultierführer dies sah, kam er uns zu Hilfe. Er sagte zu meinem Meister:

– Fliehe, rette dich oder sie werden dich töten!

Mein Meister floh und versteckte sich in den Winkeln der Befestigungstürme. Die Leute stürzten auf uns zu. Als sie nur mich sahen, packten sie mich und wollten mich töten. Der Besitzer des gemieteten Tieres trat dazwischen und sagte zu ihnen:

– Das ist nicht der, der mich beleidigt [52r] und gestoßen hat.

Mit großer Mühe brachte ich sie dazu, mich loszulassen, indem ich den Mann und diese Menschen alle anflehte. Sie begannen nun, meinen Meister zu suchen, der eine Mauerspalte gefunden hatte, wo er sich unter Stroh, das sich darin befand, versteckte. Er verbarg sich so gut, dass sie ihn nicht entdeckten. Während dieser Zeit setzten wir uns, der Maultierführer und ich, mit dem Mann auseinander. Ich versprach ihm, sein Tier nicht zu beladen. Ich würde allein und ohne Last darauf reiten. Ich versprach auch, ihm zum Mietpreis für das Tier obendrein noch zwei Goldstücke zu geben. Als er von den zwei Goldstücken hörte, wurde er umgänglicher und drängte die Leute zurück, indem er ihnen sagte:

– Ich werde mich beim Bey von Tunis beklagen und mit ihm abrechnen.

Schließlich entfernten sich die Menschen. Wir luden unser Gepäck auf ein Tier unseres Maultierführers. Ich untersuchte die Kiste und stellte fest, dass keine Flasche zerbrochen war. Sie waren alle heil geblieben und der Wein war nicht ausgelaufen. Nach dem Aufladen machten wir uns entlang der Befestigungsmauern daran, den *Chawādscha* zu finden. Wir sahen niemanden und waren ratlos. Als er uns sah, kam er aber aus seinem Loch und uns nach. Er war verschreckt, und sein Gesicht hatte alle Farbe verloren.

Ich sprach ihm Mut zu und sagte ihm, dass er keine Angst haben müsse, die Leute hätten sich zurückgezogen und wir nichts mehr zu befürchten. Es sei nichts von seinem Wein ausgelaufen und nichts zerbrochen. Ich erzählte ihm, was sich in seiner Abwesenheit ereignet hatte: Wie schwierig es gewesen sei, mich von den Angreifern loszumachen, wie sie mich gewiss getötet hätten, hätte der Mann sie nicht zurückgehalten, und dass sie ihn, hätten sie ihn entdeckt, ebenfalls getötet hätten. Wir dankten Gott, dem Allerhöchsten, für Seine Güte und dafür, dass er uns durch Seine Wohltat aus den Händen dieser bösartigen und abscheulichen Rohlinge befreit hatte.

Wir ließen ihn auf sein Reittier aufsteigen und entfernten uns etwa zwei Stunden des Weges von der Stadt. Auf einer grünen Wiese mit einer Wasserquelle luden wir unsere Sachen ab, um das Essen einzunehmen und uns etwas auszuruhen. [52v] Dann gingen wir bis zum Abend ein wenig in dieser verlassenen Gegend umher, ohne auf ein Dorf, noch einen Menschen oder bloß einen Vogel zu treffen. Wir schliefen in dieser Nacht an diesem verlassenen Ort, ohne eine Unterkunft zu haben. Am Morgen bestiegen wir unsere Reittiere und reisten den ganzen Tag lang weiter. Am Abend gelangten wir in ein Tal, das Tal der Löwen genannt wurde. Wir sahen Gruppen, die haltgemacht hatten. Wir taten dasselbe neben ihnen. Man konnte dieses Tal nur ohne Angst vor den Löwen durchqueren, wenn man in Begleitung von zwanzig oder dreißig Personen war.

Wir übernachteten dort, und bei Sonnenaufgang stiegen wir in das Tal hinab. Wir waren fünfzehn; sie kamen aus dieser Gegend und von diesen Dörfern. Wir waren den ganzen Tag unterwegs. Am Abend gelangten wir an einen großen eingezäunten Platz mit Tag und Nacht entfachten Feuern. Jedes Mal, wenn eine Karawane an diesen Ort kam, fällten die Reisenden Bäume und warfen sie ins Feuer, um die Löwen daran zu hindern, anzugreifen und Menschen und Tiere zu verschlingen. Wir verbrachten die Nacht an diesem Ort. Wir hörten das Brüllen der Löwen in der Nacht und wie sie mit den Schwänzen ihre Flanken peitschten. Die Pferde wieherten, denn sie sahen die Löwen in der Nacht.[43]

Nach Tagesanbruch reisten wir bis Mittag durch dieses Tal. Wir verließen es und setzten unseren Weg bis zum Abend fort. Wir gelangten zu einer Saline, die sich, so weit das Auge reichte, mit Salz, weiß wie der Schnee, ausdehnte.[44] Wir verbrachten die Nacht am Rand dieser Saline und betraten sie am nächsten Tag, denn es gab keinen anderen Weg. Wir bedeckten uns mit blauen Gesichts- und Kopftüchern,[45] um zu vermeiden, dass unsere Augen von dieser Weiße geblendet wurden. Wir marschierten in diesem Salz etwas länger als drei Stunden, bis wir wieder herauskamen.

Wir setzten unseren Weg fort [53r] bis zu einem Dorf, das Hammamet hieß. Es war sauber, und seine Bewohner waren gute Menschen. Wir betraten es und blieben in dieser Nacht dort. Am nächsten Tag gingen wir herum und begegneten Leuten aus Tunis, die sich uns gegenüber sehr freundlich benahmen, als sie hörten, dass wir zum Konsul in dieser Stadt gingen. Wir erzählten ihnen, was uns mit diesem Menschen, von dem wir in Sousse das Lasttier gemietet hatten, zugestoßen war. Als sie diesen Bericht hörten, empörten sie sich über ihn und wollten ihn auf der Stelle töten. Sie sagten zu ihm:

– *Rāfidi*! Du verdienst den Tod!

Mein Meister setzte sich für ihn ein, bezahlte ihm die Miete für sein Tier, und wir ließen ihn ziehen. Er wagte nicht mehr, die zwei Goldstücke einzufordern, die ich ihm versprochen hatte. Wir blieben an diesem Tag in diesem Dorf und setzten am nächsten Tag unseren Weg nach der Stadt Tunis fort. Bei dem Chan, der drei Wegstunden von Tunis entfernt war, machte die Karawane halt. Die Händler der Karawane weigerten sich, die Stadt bei Tage zu betreten, denn sie wollten den Zoll für bestimmte Waren umgehen. Wir blieben also in dem Chan.[46]

In der Nähe gab es eine *Qablūdscha*⁴⁷, will sagen: heißes Wasser, das aus der Erde kam. Euer ergebener Diener ging zu dieser *Qablūdscha* und betrat den Ort, wo sich diese heiße Quelle befand. Ich erblickte ein großes Becken, etwa hundert Fuß lang und breit, überdacht mit einer großen Kuppel. Auf der ganzen Umrandung befanden sich Leute, die badeten. Manche hatten das Wasser bis zu den Knien, andere bis zum Bauch, wieder andere bis zur Brust. Der Wasserdampf stieg bis zur Kuppel empor. Leute bewachten ihre Kleider, und wenn ein Mann aus dem Wasser kam, gab er [53v] demjenigen, der sie bewacht hatte, einen ʿ*Uthmānī*.

Ich zog mich aus, setzte mich neben einen der Badenden und streckte ein Bein aus, um das Wasser zu erfühlen. Als ich die Hitze spürte, lief ich schleunigst davon und glaubte, mir das Bein verbrannt zu haben, derart heiß war das Wasser. Der Mann rief mich zu sich zurück:

– Warum läufst du weg? Setz dich neben mich, und ich werde dir zeigen, wie du baden sollst.

Ich setzte mich neben ihn. Er wies mich an, ein Bein ganz langsam auszustrecken, bis es unempfindlich gegen die Hitze werde, danach ganz langsam das andere auf gleiche Weise. Ich tat, wie er mir sagte. Wenn ich meine Füße auf eine Stufe setzte, reichte mir das Wasser bis zum Knöchel. Ich blieb eine Weile lang in dieser Haltung, bis meine Beine unempfindlich wurden und ich die Hitze nicht mehr spürte. Der Mann hieß mich nun, meine Beine bis zu einer zweiten Stufe auszustrecken, und ich tat es wie beim ersten Mal. Danach ging ich zu einer dritten Stufe auf gleiche Weise wie davor, bis mir, die Beine auf die Stufen gestellt, das Wasser bis zur Brust ging.

Ich blieb schließlich fast eine halbe Stunde im Wasser und spürte die Hitze nicht mehr. Dafür spürte ich, wie die Säfte der Verstimmung in meinen Gliedern meinen Körper verließen. Dieses schwefelhaltige Wasser hat außerordentliche Fähigkeiten, alle Übel und Krankheiten zu heilen. Viele, die an Niedergeschlagenheit, Krankheiten, Elephantiasis und anderen

Beschwerden litten, suchten dieses Wasser auf. Manche kamen von weither, um ihre Leiden zu lindern. Das Becken ist immer voll, und das Wasser läuft immer über, Tag und Nacht, und dies bis auf den heutigen Tag.

Schließlich stieg ich aus dem Wasser, nahm meine Kleider und ging, meinem Meister von den großartigen Wohltaten dieses Wassers und Beckens zu erzählen. Als er hörte, was ich ihm berichtete, bekam mein Meister Lust, [54r] ebenfalls zu baden. Wir begaben uns wieder an diesen Ort und traten ein. Als er das siedend heiße Wasser sah, fragte er mich, wie ich da hineinsteigen konnte. Ich zeigte ihm, wie man es machte, um hineinzukommen, so wie ich und die anderen es gemacht hatten. Er streckte die Hand ins Wasser, um die Temperatur zu prüfen, und stellte fest, dass es unerträglich war. Er verzichtete deshalb darauf, hineinzugehen, und wir kehrten zurück. Er war erstaunt vom Anblick der Leute, die in dieses siedend heiße Wasser stiegen, ohne sich zu verbrühen.[48]

In diesem Chan blieben wir bis gegen Mitte der Nacht. Die Händler und Maultierführer erhoben sich und luden ihre Waren auf, dann verließen sie den Chan und wir mit ihnen. Als wir uns in der Wüste befanden, beobachtete mein Meister die Sterne und schloss daraus, dass es Mitternacht war. Er wollte nicht länger mit der Karawane ziehen. Wir blieben also allein, er und ich, in dieser unbewohnten Gegend. Der Maultierführer, der das Tier, das unser Gepäck trug, vor sich hertrieb, zog mit der Karawane weiter, ohne zu merken, dass wir zurückgeblieben und wir voneinander getrennt worden waren. Wir blieben in dieser Wüste bis zum Sonnenaufgang, dann stiegen wir auf die Pferde und brachen in Richtung der Stadt auf. Aber wir gingen auf einem anderen Weg und verirrten uns.

Als die Karawane in der Stadt ankam und der Maultierführer sah, dass wir nicht da waren, ging er zurück und suchte uns. Während wir auf dem anderen Weg daherkamen, begegneten wir einem Bauern, der zu seinem Dorf wollte. Wir fragten ihn, ob wir uns der Stadt Tunis näherten.

– Ihr habt sie verfehlt, sagte er uns. Sie liegt zu eurer Linken. Kehrt um bis zu einem breiten Weg, dem ihr folgt, um in die Stadt zu gelangen.

Wir sagten ihm daraufhin:

– Kehre um und zeige uns den Weg, wir bezahlen dich für deine Mühe. Er kam mit uns bis zu diesem Weg. [54v] Wir gingen etwa eine Stunde und trafen den Maultierführer in Begleitung von zwei Maghrebinern aus Tunis. Sie waren mit ihm gekommen, denn er hatte unser Gepäck in der Residenz des Konsuls abgeladen, wo man sich nach uns erkundigt hatte.

– Sie haben sich aufgehalten und sind nicht mit der Karawane gekommen, hatte er entgegnet.

Der Konsul, der von unserer Verspätung erfuhr, hatte zwei seiner Leute mit dem Maultierführer losgeschickt, um uns zu ihm zu geleiten. Sie gingen aus der Stadt in der Annahme, dass wir nicht weit seien, fanden aber niemanden. Sie waren weitergegangen, bis zu dem Ort, wo wir haltgemacht hatten, trafen uns aber auch da nicht an. Der Maultierführer war ratlos und fürchtete, es könnte uns etwas zugestoßen sein. Sie traten daher den Rückweg an und sahen uns dann von weitem. Der Maultierführer rief und winkte uns, wir antworteten ihm und trafen uns. Als er uns fragte, warum wir so spät kämen, erzählten wir ihm, was geschehen war und wie wir unseren Weg verfehlt hatten.

Wir reisten nun zusammen bis in die Stadt und erreichten das Haus des Konsuls, das ein großer Chan war, in dem alle französischen Händler wohnten.[49] Wir stiegen die Treppe hoch und traten ein. Der Konsul kam zu unserem Empfang heraus und hieß meinen Meister willkommen. Sie begrüßten sich.

Der Konsul hatte den Brief seines Kollegen aus Tripolis erhalten, der die Ankunft meines Meisters als Reisender im Auftrag des Sultans von Frankreich ankündigte. Darum empfing er ihn mit großen Ehren und überließ ihm sein prächtiges Schlafzimmer. Auch mir gab man ein Zimmer.

Bald nachdem man unser Gepäck vom Chan in unsere Zimmer gebracht hatte, kamen die Händler zum Konsul, um meinen Meister zu begrüßen und ihn zu seiner Ankunft zu beglückwünschen. [55r] Wir verbrachten diesen Tag damit, die Begrüßungen entgegenzunehmen. Am nächsten Tag entbot ihnen mein Meister nach ihrer Sitte seinerseits seinen Gruß.

Drei Tage später lud der Konsul meinen Meister ein, dem Bey, welcher der Sultan von Tunis war, ihre Aufwartung zu machen.[50] Mein Meister war einverstanden. Man richtete einen Wagen her. Mein Meister stieg ein, der Konsul an seiner Seite. Einige Händler bestiegen ihre Pferde, ihre Dienerschaft und Euer Diener folgten ihnen, und wir begaben uns alle zusammen zum Serail des Beys, der Bardo genannt wird und etwa anderthalb Stunden von der Stadt entfernt ist.

Als wir ankamen, sah ich Dinge, die jede Beschreibung übersteigen. In diesem Park gab es Gärten und Grün und Quellen mit fließendem Wasser, und in der Mitte einen großartigen Serail mit hohen Säulen sowie hohe, kunstvoll gearbeitete Pavillons mit Glasfenstern an ihrem Umgang. Durch eine erste Tür betraten wir ein Palais mit offenen Salons[51], mit Wasser gefüllten Bassins und prachtvollen Bauten. Wir gingen durch eine zweite Tür. Es war die Residenz des Beys, noch größer als das erste Palais, mit noch vornehmeren und noch prunkvolleren Wohnräumen. Dann stiegen wir eine breite, leicht zu begehende hohe Treppe aus Marmor empor. Schließlich gelangten wir ins Innerste des Ortes, der mit weißem Marmor gefliest war. Vier Pavillons standen auf jeder Seite, jeder für eine der vier Jahreszeiten. Der Bey saß im Pavillon des Frühlings.[52]

Man benachrichtigte ihn von der Ankunft des Konsuls. Er ließ uns eintreten; wir betraten den Pavillon und stellten uns vor ihn. Der Konsul und die Gruppe begrüßten den Bey, indem sie sich vor ihm verbeugten.[53] Er hieß sie willkommen und forderte sie auf, Platz zu nehmen. Als alle saßen, brachte man uns die Getränke und den Kaffee, wie es Sitte ist. Der Konsul erklärte daraufhin dem Bey, warum mein Meister in sein Land gekommen sei und dessen besondere Eigenschaft als Reisender.

[55v] – Er ist mit uns gekommen, um die Ehre zu haben, dich zu sehen, fuhr er fort.

Mein Meister erhob sich daraufhin und verbeugte sich vor Seiner Exzellenz, dem Bey, der ihn willkommen hieß, ihn zu seiner Ankunft beglückwünschte und ihn über allerlei Dinge zu befragen anfing, die er auf seiner Reise gesehen hatte, und über die Städte, durch die er gekommen war. Mein Meister beantwortete alle seine Fragen. Der Dolmetscher des Konsuls, der sehr gewandt im Übersetzen der Sätze und in seinem Beruf als Dolmetscher war, verschönerte die Worte auf bestmögliche Weise. Der Bey war zufrieden mit den Antworten, die ihm mein Meister gab, besonders, dass er die Schönheit des Landes, die Ausstattung und die Anlage des Serails lobte, von der er behauptete, im ganzen Osmanischen Reich keine ebenbürtige gesehen zu haben. Der Bey fragte ihn daraufhin:

– Hat dir mein Serail gefallen?

– Ja, entgegnete mein Meister, aber noch mehr die strahlende Erlesenheit deines Antlitzes, dein liebenswürdiges Wesen und die elegante Grazie deiner Worte, und richtete noch weitere ähnlich süße und schmeichlerische Worte an den Bey.

Schließlich erhob sich der Konsul nach einer längeren Unterhaltung und bat Seine Exzellenz um die Erlaubnis, sich zu entfernen. Der Bey gewährte sie und wies den Dolmetscher an, meinen Meister aufzufordern, ihn wieder zu besuchen, solange er bis zu seiner Abreise in Tunis weilte. Mein Meister nahm dankbar an:

– Es wird mir eine große Ehre sein.

Der Bey gab Anweisung, für ihn ein Pferd aus seinem persönlichen Stall zu satteln,[54] auf dem er zum Serail kommen konnte, wann er wollte. Mein Meister dankte dem Bey für seine Wohltaten. Wir zogen uns zurück und begaben uns zum Haus des Konsuls in Tunis. Am folgenden Tag besichtigten wir in Begleitung eines Dieners die Stadt. Wir bewunderten ihre unvergleichliche Anlage und Organisation. Wir gingen durch die Straßen und die Suqs. Die Händler saßen in ihren

Läden wie [56r] Prinzen, so schön waren ihre Kleider, ihre raffinierte Unterhaltung, ihre Aufmerksamkeit und Ehrerbietung. Einige luden uns ein, bei ihnen zu verweilen, und stellten sich uns zur Verfügung, boten sich an, unsere Wünsche zu erfüllen oder uns alles zu besorgen, was wir bräuchten, und machten noch viele weitere angenehme und höfliche Vorschläge.

Kurz, wir sind in Tunis Menschen begegnet, wie wir sie in keinem anderen Land der Maghrebiner angetroffen haben. Auf diesem Spaziergang sagte ich allen, die mich über meinen Meister ausfragten, dass er Arzt sei. Der Ruf, dass dieser Franke ein Arzt sei, verbreitete sich in der Stadt Tunis, und man begann, uns um die Wette überall zur Behandlung zu holen. Mein Meister bot großzügig seine Behandlungen an und machte seine Verordnungen. Er stellte die Gesundheit vieler Leute mit schlimmen und schmerzhaften Krankheiten wieder her.

Wir kamen durch einen Chan, der für die Gefangenen vorgesehen war, traten dort ein und stellten fest, dass es viele waren, ein jeder von ihnen mit seiner Arbeit beschäftigt. Im Inneren dieses Chans gab es für sie eine Kirche, wo von den Kapuzinermönchen die Messe gelesen wurde. Es gab noch drei weitere Chane für die Gefangenen, die wir auch besuchten. In jedem waren eine Kirche und Mönche, die einem der vier Orden angehörten. Ich konnte feststellen, dass dank der Milde des Beys ihr Leben friedvoll war im Unterschied zu dem anderer Gefangener in anderen Ländern.[55]

Man führte uns in die Häuser der Notabeln, um nach ihren Kranken zu sehen. Wir gelangten auch noch an andere Orte und sahen auf diese Weise die ganze Stadt. Ich konnte feststellen, dass sie mit ihren Gebäuden und Suqs Aleppo glich, nur war sie kleiner.

Wir gingen regelmäßig bei Seiner Exzellenz, dem Bey, vorbei, und wenn wir bei seinem Serail ankamen, schickte er Leute, die uns zu seinem Pavillon begleiteten, denn er konnte uns schon sehen, wenn wir das Stadttor verließen. Mein Meister setzte sich neben ihn, um sich mit ihm zu unterhalten, und Euer ergebener Diener besorgte die Übersetzung.

[56v] Eines Tages fragte der Bey meinen Meister, ob er sich für Juwelen und Edelsteine interessiere. Er antwortete ihm, dass dem so sei. Der Bey ließ uns daraufhin in eine alte Schatzkammer eintreten, und man zeigte meinem Meister Edelsteine und Juwelen. Da er über das nötige Wissen verfügte, begann er die Steine, Rubine, Smaragde, Diamanten und andere, zu schätzen. Einige waren dem Bey, der ihre Namen nicht wusste, unbekannt. Mein Meister benannte jeden einzelnen der Steine für ihn und hob ihre Eigenheiten und ihren Wert hervor. Der Bey erfreute sich an seinen Kenntnissen. Sie verblieben bis zum Abend in dieser Kammer, dann gingen sie hinaus und stiegen zum Pavillon hinauf. Der Bey bemerkte durch das Fenster einen *Padre*, der durch das Stadttor kam. Er sagte zu den Gefangenen, die neben ihm standen:

– Geht euren *Padre* begrüßen.

Dieser *Padre* kam immer am Vorabend eines Sonntags gegen Abend zum Serail. Er übernachtete bis zum nächsten Tag bei den Gefangenen, die im Dienst des Beys standen, und am nächsten Tag las er die Messe für sie, und dies mit der Erlaubnis des Beys. Sie verbrachten dann den ganzen Tag mit dem *Padre* und traten am Montag früh ihren Dienst wieder an. Mein Meister war über das Wohlwollen und die außerordentliche Höflichkeit des Beys erstaunt. Dies war es, was ich an diesem noblen Mann – was sage ich? –, an diesem eleganten, würdigen und großherzigen Bey beobachten konnte. Ich weiß nicht, wie ich es beschreiben soll, aber wer die Annalen konsultiert, wird dort entsprechende Auskünfte über ihn finden.

Danach verabschiedete sich mein Meister vom Bey, und wir kehrten zurück.

An einem anderen Tag lud uns ein Händler zu sich nach Hause ein, damit wir dort nach einem Kranken sähen, den er bei sich hatte. Wir gingen hin; er empfing uns mit allen Ehren. Nachdem mein Meister den Kranken untersucht hatte, bereitete uns der Händler ein köstliches Mahl. Als wir fertig waren und den Kaffee [57r] zu uns genommen hatten, zeigte er uns seinen Serail.

Als wir an einem offenen Salon vorbeikamen, sahen wir einen Käfig, in dem zwei kleine wilde Tiere waren. Mein Meister betrachtete sie aufmerksam. Ihr Fell war eigenartig, aber sie waren hübsch anzusehen. Sie waren von seltsamer und erstaunlicher Art, die man folgendermaßen beschreiben kann: Sie hatten beide die Größe eines kleinen Hasen mit Hinterläufen, so lang wie ein Kranich, kurzen Vorderläufen unterhalb des Unterkiefers, ähnlich wie menschliche Handflächen mit fünf Fingern, mit deren Hilfe sich das Tier ernährte. Am Rücken trugen sie einen langen Schwanz wie den eines Löwen, zu zwei Dritteln mit schwarz-weiß gestreiftem Haar bedeckt. Ihre Augen glichen denen einer Gazelle, ihre Schnauze war derjenigen eines Schweines ähnlich, das Fell dem eines Hirschen. Ihr Körperbau vereinigte folglich Elemente von vier oder fünf verschiedenen wilden Tieren. Mein Meister verwunderte sich über ihre seltsame Beschaffenheit und sagte zu dem Händler, dass er im Lauf seines Lebens viel in der Welt herumgekommen sei, aber niemals so etwas gesehen habe. Er fragte ihn, ob er sie ihm nicht verkaufen möchte.

– Diese wilden Tiere wurden mir von einem meiner Freunde aus dem Said geschickt. Dir zuliebe werde ich ihm schreiben, mir welche zu beschaffen. Wenn ich sie erhalte, gebe ich sie dir umsonst; wenn es keine mehr gibt, werde ich dir diese geben.

Mein Meister fragte ihn:

– Gibt es viele davon in jener Gegend?

– Ja, aber sie sind schwer zu fangen: Niemand vermag dieses Tier zu erwischen, weder Hund noch Vogel noch Reiter, denn sie sind leichtfüßig, schneller als die Vögel. Man muss sie überlisten. Die Jäger wissen, wo ihr Bau ist, und wenn sie ihn verlassen, um Nahrung zu suchen, steckt der Jäger seinen Arm hinein und verschließt ihn etwa auf der Höhe seines Ellbogens.

»Sie hatten [...] die Größe eines kleinen Hasen mit Hinterläufen, so lang wie ein Kranich [...].« | Wüstenspringmaus nach Paul Lucas.

[57v] Kommt das Tier zu seinem Bau zurück, geht der Jäger mit seinem Arm hinein und packt es.

Der Händler versprach meinem Meister, seinem Freund zu schreiben, ihm einige dieser wilden Tiere zu schicken. Mein Meister bedankte sich bei ihm, und wir kehrten zurück.[56]

In dieser Zeit trafen zwei *Padri* vom Orden der Jesuiten in Tunis ein. Sie wohnten beim Konsul. Diese Mönche kamen einmal jährlich, um mit den Spenden von Christen Gefangene loszukaufen. Einer von ihnen war Prediger, Meister in der Kunst der Predigt. Der Konsul bat ihn eines Tages, ihm zur Erbauung der Seelen eine Predigt zu halten. Der *Padre* willigte unter einer Bedingung ein: dass seine Predigt von täglich je zwei Stunden sich über sieben Tage erstrecken dürfe. Der Konsul war einverstanden, denn er war ein gottesfürchtiger christlicher Mann, der Gutes tun und Wohltaten verbreiten wollte.

Der *Padre* hielt seine erste Predigt. Es war ein Montag, am Ende der Messe, zwei Stunden vor Mittag. Er betrat die Kirche und ließ das Tor, die Fenster und die Dachluken schließen. Er ließ die Kerzen löschen, und wir befanden uns in der Kirche vollkommen im Dunkeln. Nachdem er mit Weihwasser das Kreuzeszeichen gemacht hatte, kündigte er an, dass sich seine Predigt an die Vernunft richte. Man musste die Augen schließen und mit ihm die ganze Predigt hindurch den Weg im Geiste beschreiten, ihm an alle Orte folgen, wohin er uns im Geiste führte.

Im ersten Teil begann er zu erläutern, wie Gott die Welt, das Licht, die Sterne, die Engel erschaffen, wie Er die Gewässer, die Meere zusammengeführt und alles auf der Welt geschaffen hatte. Der zweite Teil ging darum, dass Er Adam und Eva erschaffen und sie ins Paradies gestellt hatte, über den Sündenfall Adams und seine [58r] Vertreibung aus dem Paradies, sodann über das Leben unseres Herrn Jesus Christus, des Messias, und andere Berichte aus den heiligen Schriften. Dann machte er sich daran, uns die vier letzten Dinge des Menschen zu erklären: den Tod, das Jüngste Gericht, die Hölle und das Paradies. Für jedes führte er uns im Geist mit sich, bis wir mit ihm in der Hölle angekommen waren. Auf jeder Stufe der Hölle fragte er die Besitzer dieser Seelen, welches die Sünde gewesen sei, die sie an diesen infernalischen Ort gebracht habe, wo sie gnadenlos, bar aller Hoffnung, auf Ewigkeit gequält wurden. Danach ließ er uns mit ihm ins himmlische Reich emporsteigen. Dort befragte er die Gemeinschaft[57] der Heiligen, wie sich die Erlösung erfüllt habe, die sie zur ewigen Glückseligkeit geführt habe. Auf diese Weise fuhr er fort mit seinen Worten, die dazu angetan waren, Eindruck auf die Seelen zu machen. Am siebenten Tag beschloss er dann seine Predigt.

Wir kehrten wie betrunken aus dieser Einkehr zurück, bei der wir das Bewusstsein und die Sinne verloren hatten, sodass jeder von uns sich fühlte, als sei er in eine Ohnmacht gefallen. Was Euren ergebenen Diener betrifft, so widerfuhr ihm eines Tages, als er nach der Messe in tiefster Andacht in der Kirche kniete, dass er sein Bewusstsein verlor und wie benommen bis zum Zeitpunkt des Mittagessens verharrte. Man suchte mich zum Essen und fand mich kniend in der Kirche, erstarrt und ohne Bewusstsein. Man weckte mich aus diesem Schlaf oder dieser Art Verwirrung, in die ich gefallen war.[58]

Im Lauf dieser Woche ging jeder von uns zur Beichte und empfing die Heiligen Sakramente.

In dieser Zeit erkrankte mein Meister schwer. Er war dem Tod nahe, und wir verloren die Hoffnung, dass er überlebte. In dieser Nacht wachte ich neben seinem Bett in tiefster Trauer über den Gedanken, dass dieser Mann sterben sollte. Ich stürzte in einen Ozean von Gedanken: Was sollte aus mir werden? Ich war in der Fremde, ohne Mittel und weit weg von meiner Heimat. Die halbe Nacht war vorbei, als ich seinen Stock auf das Brett neben seinem Bett klopfen hörte. [58v] Da seine Stimme vollkommen erloschen war, hatten wir einen Stock neben sein Bett gestellt mit einem Brett darunter, damit er klopfen konnte, wenn er etwas brauchte. Auf diese Weise konnten wir zu ihm gehen und schauen, wessen er bedurfte. Als ich nun das Klopfen auf dem Brett hörte, lief ich schnell zu ihm hin. Er befahl mir, seinen Medizinkasten neben das Bett zu bringen. Ich holte ihn und stellte ihn auf einen Stuhl vor ihm. Er wies mich an, seinen Geldbeutel unter seinem Kopfkissen hervorzuholen und den Schlüssel des Kastens herauszunehmen.

Ich tat, wie er mich geheißen hatte, und öffnete den Kasten. In der Mitte erblickte ich ein kleines Kästchen aus Ebenholz, das mit gelben Kupferplättchen überzogen war. Es war verschlossen und wie aus einem Stück gefertigt, ohne Öffnung. Er zeigte mir den Mechanismus: einen Nagel wie die anderen Nägel des Kastens. Als ich mit dem Daumen auf den Nagel drückte, öffnete sich das Kästchen. Ich sah darin ein weiteres kleines Kästchen, darin sich ein Kristallfläschchen mit einem kupfernen Rändelrad befand. Er hieß mich ein Glas mit zwei Finger breit Wein bringen.

– Dreh an der Schraube am Ausguss des Fläschchens, sagte er zu mir, als ich das Glas mit dem Wein gebracht hatte.

Ich tat, wie er sagte, und der Ausguss des Fläschchens öffnete sich. Ich sah nun einen zweiten Kristallkorken, der mit hellem Wachs überzogen war. Ich nahm alles weg.

– Halte deinen Daumen auf den Ausguss des Fläschchens und lasse genau gerade drei Tropfen dieser Flüssigkeit, die sich darin befindet, darauf tropfen, sagte er.

Dann wies er mich an, alles wieder an seinen Platz zu stellen, den Kasten zu schließen und den Schlüssel in seine Geldtasche zurückzulegen. Als ich damit fertig war, nahm er das Glas aus meinen Händen, während ich ihm den Kopf stützte, und trank. Er spülte das Glas [59r] mit ein wenig Wein und trank es aus. Daraufhin streckte er sich aus und schlief ein. Ich ging in mein Bett zurück und schlief bis zum Morgen. Er rief mich, ohne mit dem Stock zu klopfen. Ich erhob mich geschwind, ging zu ihm hin und fragte ihn, was er wünsche. Er befahl mir, seine Sachen zu bringen, um sich umzuziehen. Ich brachte ihm seine Kleider, und er stand ganz allein auf, ohne dass ich ihm half. Ich war verblüfft: Wie kam es, dass er aufstehen konnte?

Wie war er wieder zu Kräften gekommen? Ich begann ihn zu entkleiden und sah, dass seine Kleider durchgeschwitzt waren, ich konnte ihm kaum das Hemd ausziehen. Ich gab ihm saubere Kleider; er nahm meine Hand, stieg von seinem Bett und setzte sich auf einen Stuhl. Ich fragte ihn nun, was er möchte.

– Wechsle mir die Decken und drehe die Matratze, sagte er, denn sie sind nass vom Schweiß, der bis zur dritten Matratze durchdrang.

Ich tat, was er mir aufgetragen hatte. Er ging ins Bett zurück, schlief ungefähr zwei Stunden, wachte dann auf und hieß mich eine Schale Brühe holen. Ich ging in die Küche, brachte ihm die Brühe, das Mundtuch und den Löffel und trat ein, um ihn davon trinken zu lassen. Ich fand ihn, wie er im Zimmer umherwandelte. Ich freute mich darüber, war aber erstaunt, ihn auf den Beinen zu sehen, nachdem man ihn die vorhergehende Nacht für sterbenskrank gehalten hatte. Mir war nicht klar, dass die drei Tropfen, die er getrunken hatte, ihn wieder aufgerichtet und von dieser schweren Krankheit, von der er heimgesucht worden war, geheilt hatten. Er erzählte mir etwas später, dass die drei Tropfen ihn geheilt hätten. Ich fragte ihn:

– Mein Meister, warum hast du denn diese Tropfen nicht schon früher genommen? Du hättest dir und uns viel Aufregung und dir Schmerzen, die dich quälten, erspart.

Er lachte und sagte mir:

– Wäre ich nicht sicher gewesen, [59v] im Sterben zu liegen, hätte ich sie gewiss nicht genommen. Ich bin mehr als vierundzwanzig Jahre lang durch die Welt gereist, bevor ich das Glück hatte, eine einzigartige Pflanze zu finden, ein Elixier, das den Menschen vor Gebrechen und Krankheiten schützt. Den Hinweis habe ich durch den Bericht eines Reisenden in den Chroniken des Klosters des heiligen Franziskus in Paris entdeckt. Für das Fest dieses Heiligen gewährt man denen eine Generalabsolution, die zur Beichte gehen und das Heilige Sakrament der Kommunion empfangen. Eines Tages sah sich ein Priester, der die Beichte abnahm, in seinem Beichtstuhl einem schönen jungen Mann gegenüber, der vor ihm kniete und ihn bat, ihm die Beichte abzunehmen. Der Priester machte über ihm das Zeichen des Kreuzes und sagte zu ihm:

»Beichte, mein Sohn. Seit wann hast du nicht mehr gebeichtet?«

»Mein Vater, das ist sechzig Jahre her«, entgegnete der junge Mann.

Verblüfft sprach der Priester zu ihm:

»Du machst dich lustig über mich? Weißt du nicht, dass das Sakrament der Beichte weder Ironie noch Lüge zulässt?«

»Warum sagst du mir das, mein Vater? Bin ich denn so unwissend oder verrückt, dich oder gar Gott, den Allerhöchsten, anzulügen?«

»Du sprichst wahr, mein Sohn, aber wie soll ich dir glauben, dass du seit sechzig Jahren nicht gebeichtet hast, wo du doch höchstens dreißig Jahre alt bist? Geh bei einem anderen beichten, ich kann deine Beichte nur annehmen, wenn du mir beweisen kannst, was du gesagt hast.«

»Folge mir«, sagte der junge Mann, »wir wollen zum Kloster hinaufsteigen, und ich werde dir über meinen Fall eingehend Auskunft geben.«

Der Priester willigte ein, und sie stiegen zusammen hoch. Der Priester betrat seine Zelle und forderte den jungen Mann auf, ebenfalls einzutreten. Sie setzten sich, und er bat ihn, ihm die Wahrheit über die Sache zu berichten.

[60r] »Mein Vater, hier ist meine Geschichte: Ich bin ein Kind dieses Landes. Ich habe es im Alter von vierzig Jahren verlassen. Sechzig Jahre lang bin ich durch ferne Länder gereist auf der Suche nach Pflanzen und Heilkräutern, die in den alten Büchern verzeichnet sind. Ich habe die Pflanze gefunden, die ich suchte, das pflanzliche Elixier, das man in den Büchern der griechischen Philosophen den ›Stein der Weisen‹[59], will sagen: Stein der Philosophen, nennt. Ich habe daraus ein Heilpulver gemacht. Dann habe ich damit experimentiert und habe erkannt, dass es eben die Wirkung hat, wie in den Büchern beschrieben:

Wenn jemand eine sehr geringe Menge davon zu sich nimmt, schützt es ihn zehn Jahre lang vor Schmerzen und Krankheiten, und seine Gesundheit bleibt ihm wie in seiner Jugend erhalten. Dies habe ich alle zehn Jahre getan, und so habe ich mir diesen Zustand der Jugend bewahrt, wie du festgestellt hast. Dies hat mich in die Irre geführt und ließ mich den Tod vergessen. Ich habe mein Seelenheil vernachlässigt. Nun hat sich Gott meiner erbarmt und mein Herz mit Seiner Gnade erfüllt. Ich habe mich aus dieser verderblichen Benommenheit befreit, und mir ist klar geworden, dass ich gewiss sterben werde, denn Gott, gepriesen sei Sein Name, hat bestimmt, dass der Mensch sterben muss. Die Philosophen, die diese Pflanze genommen haben, sind tot. Deshalb bin ich in mein Land zurückgekehrt und habe gebeten, beichten zu dürfen und zu bereuen, bevor ich sterbe.«

Dieser Bericht setzte den Priester in großes Erstaunen. Er fragte den jungen Mann:

»Hast du noch etwas von dem Elixier[60]?«

»Ja, ein wenig.«

»Würdest du mir etwas davon geben, damit ich eine Probe machen und überprüfen kann, ob deine Worte wahr oder eine Lüge sind?«

Der Mann war gern damit einverstanden. Er zog eine Schachtel [60v] aus seinem Beutel, gab dem Priester sechs Tabletten und sagte:

»Wenn du alle zehn Jahre eine dieser Tabletten nimmst, wirst du hundert Jahre leben, das Alter, das du heute hast, nicht mitgezählt.«

Der Priester nahm sie, ließ ihn eine Generalbeichte ablegen und seine Sünden bereuen. Er erteilte ihm die Absolution, erlegte ihm eine Buße auf, dann entließ er ihn. Er begann darüber nachzudenken, wie er die Probe mit den Tabletten durchführen sollte. Er erinnerte sich, dass es im Kloster einen altersschwachen Hund gab, der vor Schwäche nicht mehr laufen konnte. Diesem brachte man ein wenig Brühe in einer Schüssel, die er liegend ausschlabberte. Der Priester nahm eine dieser Pillen, löste sie in etwas Brühe auf und stellte sie vor ihn hin. Der Hund schlabberte sie wie gewöhnlich auf.

Der Priester verließ ihn und ging in seine Zelle zurück, um sein Brevier zu lesen. Nach dem Gebet schaute er nach dem Hund und sah, wie er im Hof des Klosters herumlief und sich schüttelte. Er hatte alle seine Kräfte wiedergefunden. Auf diese Weise konnte er die Wahrheit dessen, was der Mann gesagt hatte, feststellen. Daraufhin schrieb er alles, was geschehen war, in einem Heft nieder und schloss seinen Bericht mit den Worten: »Will man diese Tatsachen nicht glauben, überprüfe man nur die Art und Weise, wie dieser altersschwache Hund wieder zu Kräften gekommen ist.«

Der Priester ließ das Heft auf seiner Schreibunterlage und verschwand, ohne dass man je wieder eine Spur von ihm sah. Nachdem er vergeblich überall gesucht worden war, baten die Mönche den Prior um die Erlaubnis, das Schloss seiner Zelle aufzubrechen. Sie traten ein und sahen das Heft auf der Schreibunterlage. Sie lasen es mit großem Erstaunen und eilten, den Hund zu sehen, den sie so vorfanden, wie im Heft beschrieben.

Das Gerücht verbreitete sich daraufhin in der Stadt Paris, und die Menschen strömten zum Kloster, um den Hund zu sehen. Die Geschichte wurde schließlich in den Chroniken des Klosters festgehalten. [61r] Die Tatsache, dass mein Meister über sechzig Jahre alt war, beweist jedenfalls die Wirksamkeit dieses Elixiers.[61]

Kehren wir wieder dorthin zurück, wo wir stehen geblieben waren. Mein Meister überwand diese tödliche Krankheit und fand seine frühere Gesundheit wieder. Wir nahmen unsere gewohnten Gänge in den Straßen der Stadt wieder auf. Manchmal besuchten wir den Bey im Bardo und ergingen uns in den Parkanlagen und den Gärten. Der Bey erwies meinem Meister weiterhin alle Ehren und bezeugte ihm Freundschaft bis zu dem Tag, an dem er sich anschickte, Tunis zu verlassen, und sich von ihm verabschiedete und ihm für seine Wohltaten dankte.

Bevor wir zum Konsul zurückkehrten, trafen wir auf dem

Weg den Händler, der meinem Meister versprochen hatte, ihm einige dieser wilden Tiere kommen zu lassen, die wir bei ihm zu Hause gesehen hatten. Nachdem er ihn begrüßt hatte, eröffnete er ihm, dass sie angekommen seien und es fünf davon gebe. Diese Nachricht erfreute meinen Meister. Wir begleiteten den Händler nach Hause und erblickten sie in einem Käfig aus Palmenästen. Mein Meister wollte dem Händler die Kosten dafür bezahlen, dass er sie für ihn hatte kommen lassen. Dieser wollte es nicht nur nicht annehmen, sondern befahl einem seiner Diener, die Tiere zu uns zu bringen. Mein Meister bedankte sich, und wir gingen zum Haus des Konsuls, wo uns der Junge mit dem Käfig in der Hand erwartete. Mein Meister nahm etwas Geld und gab ihm zehn Piaster Trinkgeld, darauf entließ er ihn.

Er schickte sogleich nach einem Schreiner und gab diesem Anweisung, einen Käfig mit Abteilen und Gehäusen zu bauen, um die Tiere voneinander zu trennen. Dann setzten wir sie in diesen Käfig. Jedes Tier lief sogleich in sein Gehäuse, um sich zu verstecken. Wir legten ihnen einige Früchte zum Fressen hin: Mandeln, Haselnüsse und andere dieser Art. Sie begannen alles zu fressen, was man ihnen hinlegte, außer Fleisch. [61v] Nachdem sie gefressen hatten, wischten sie mit ihren Schwänzen über den Boden, um den Schmutz und ihre Exkremente zu entfernen. Sie sahen hübsch aus, und die Art und Weise, wie sie fraßen und sich putzten, war erstaunlich. Sie fraßen aufrecht stehend, nahmen die Früchte zwischen ihre Vorderpfoten und führten sie zum Maul wie Menschen. Wenn sie fertig waren, verschwand jedes in seinem Unterschlupf. Wir legten ihnen Rohwolle in den Käfig, die sie in Fetzen rissen und von der sie die Verschmutzungen entfernten. Dann vergruben sie sich darin, um sich zu wärmen, denn sie kamen aus sehr heißen Gebieten. Dieser Händler hatte uns gewarnt: Man dürfe sie nicht im Kalten lassen und müsse ihnen Wolle hinlegen, damit sie es warm hätten.

Nachdem wir sie im Käfig untergebracht hatten, vertraute mir mein Meister die Pflege der Tiere an, die ich sorgfältig vor

Kälte schützen sollte, damit sie nicht stürben. Sollten sie bei unserer Ankunft in Paris noch am Leben sein, könnte ich großen Nutzen daraus ziehen, wie er erklärte, denn sie würden mir Zutritt an Orte verschaffen, die anderen nicht zugänglich seien. Ich empfahl daher meinem Meister, ihren Käfig mit einer Hülle aus Wolle zu bedecken.[62]

Zwei Tage später traf ein kleines englisches Schiff im Hafen von Tunis ein. Es transportierte Getreide zum Verkauf in Livorno. Als der Konsul dies erfuhr, riet er meinem Meister, auf diesem Schiff zu reisen:

– Auf diese Weise werden dich die englischen Korsaren nicht erwischen. Sind es französische Korsaren, hast du nichts zu befürchten, weil du Franzose bist und Untertan des Sultans von Frankreich.[63]

Mein Meister hielt diese Ansicht für richtig. Wir mieteten also Plätze neben dem englischen Kapitän, um nach Livorno zu reisen. Einige Tage später ließ er uns die Nachricht zukommen, unser Gepäck zum Hafen der Stadt Karthago zu bringen, die für ihre Größe und Ausdehnung bekannt war.[64] Durch den Anstieg des Meeres war sie zerstört und das Land [62r] von den Tscherkessen[65] erobert worden, die daraufhin in einer Entfernung von drei bis vier Meilen von diesem Hafen die Stadt Tunis erbauten. Der Konsul hatte reichlich Verpflegung für uns vorbereiten lassen: Wein, Huhn, Lamm und weitere für eine Seereise erforderliche Dinge.

6. KAPITEL

VON UNSERER REISE IN DIE FRÄNKISCHEN LÄNDER IM JAHRE 1708 [1]

Wir verließen die Stadt Tunis zu Beginn des Monats Juni. Wir schifften uns an Bord dieses Schiffes ein und stachen am folgenden Tag in See. Wir segelten bis zur Insel Korsika. Das ist eine Insel unter der Herrschaft Italiens. [2] Als das Schiff in diesem Hafen vor Anker ging, fragte der Kapitän die Bewohner, ob sie von einem französischen Korsarenschiff in ihrer Gegend gehört hätten.

– Ja, es gibt tatsächlich ein französisches Korsarenschiff, das in dieser Umgebung kreuzt, antworteten sie. Stich nicht in See, fügten sie hinzu, dieses Schiff ist groß und verfügt über zweihundert Soldaten und zwanzig Kanonen, die Matrosen nicht eingerechnet.

Der Kapitän entschied daher, auf der Insel zu bleiben bis zu dem Zeitpunkt, da er die Nachricht erhielte, das Korsarenschiff habe den Bereich verlassen. Wir blieben also diesen Tag in diesem Hafen und unterhielten uns von unserem Schiff aus mit den Bewohnern der Insel.

Mit uns reisten acht Gefangene, die von den *Padri* losgekauft worden waren. Einer von ihnen war ein Greis, der zwanzig Jahre in Gefangenschaft gewesen war und zu den Bewohnern dieser Insel gehörte. Er begann die Leute zu befragen: Waren seine Frau und seine Kinder noch am Leben? Daraufhin führte man sie herbei. [62v] Als sie sich einstellten und er seine

Frau und seine Kinder sah, begann er vor Glück zu weinen. Auch seine Frau und seine Kinder fingen an zu weinen. Sie flehten ihn an, das Schiff zu verlassen und die Quarantäne in seinem Land zu verbringen. Tatsächlich muss jeder Reisende, der aus Ländern des Orients oder des Okzidents eintrifft, sich an einen Ort begeben, wo er vierzig Tage lang bleibt. Nach dieser Zeit lässt man ihn gehen, und er darf die Stadt betreten. Aber der alte Mann weigerte sich, das Schiff zu verlassen, und sagte ihnen, er wolle sich nach Livorno begeben, um einige Angelegenheiten zu regeln, und dass er bald zu ihnen zurückkehren werde. Seine Familie bat uns nun inständig, ihn zum Verlassen des Schiffes zu nötigen, aber niemand vermochte ihn zur Vernunft bringen, und er blieb zu seinem Unglück auf dem Schiff.

An diesem Tag verweilten wir bis zum Sonnenuntergang an diesem Anlegeplatz. Dann erhob sich vom Land her ein günstiger Wind. Als der Kapitän dies bemerkte, sagte er sich, er könnte, wenn er ausliefe, noch in der Nacht im Hafen eintreffen und dem Korsarenschiff entkommen, da ihn nur sechzig Meilen von der Stadt Livorno trennten. Sofort machte er sich an die Ausführung dieses Plans und befahl seinen Matrosen, die Anker zu lichten und die Segel zu setzen, um abzureisen. Sie taten, wie ihnen befohlen. Das Schiff nahm Fahrt auf und legte unter günstigem Wind eine Entfernung von dreißig Meilen hinter sich.

Dann trat eine große Flaute ein, eine große Windstille auf dem Meer, und der Wind füllte die Segel nicht mehr, das Schiff blieb stehen, als hätte man den Anker im Hafen ausgeworfen. Angesichts dieser Katastrophe wurde der Kapitän von großer Angst ergriffen. Er forderte seine Leute auf, zu beten und den Allmächtigen zu bitten, ihnen eine Brise zu schicken, um die verbliebene Entfernung zu bewältigen. Aber Gott in [63r] Seinem unergründlichen Willen erhörte ihre Gebete nicht.

Unser Schiff blieb in dieser Nacht unbeweglich auf der Stelle liegen. In der Morgendämmerung befahl der Kapitän einem Matrosen, auf den Mast zu steigen und Ausschau zu halten, ob Schiffe auf dem Meer waren. Der Matrose kletterte hinauf, kam wieder herunter und sagte, er habe im Westen etwas Schwarzes bemerkt. Sie dachten, es wäre ein Berg im Lande Italien. Im Ungewissen, schickte der Kapitän den *Yāẕidschi* des Schiffes auf den Mast, um sicherzugehen, woran er war. Handelte es sich um einen Berg oder um ein Schiff?

Der *Yāẕidschi* stieg bei Tagesanbruch hinauf. Er kam wieder herunter und sagte dem Kapitän, dass er ein großes Schiff gesehen habe, das auf uns zuhalte. Es hatte uns entdeckt, bevor wir es gesehen hatten. Der Kapitän ergriff daraufhin das Fernrohr und erblickte das Schiff, das mit großer Geschwindigkeit auf uns zuruderte. Es hatte sechsunddreißig Ruder, will sagen: Ruderbänke, die mit zweihundert jungen Ruderern besetzt waren. Der Kapitän sah sich gezwungen, die Ruder im Wasser einzusetzen, aber es gab nur sechs. Er bat diejenigen, die sich auf dem Schiff befanden, inständig, sich an die Ruder zu setzen. Er ließ das Schiff in die Richtung der Insel beidrehen, die wir in der letzten Nacht verlassen hatten. Wir machten uns alle an die Ruder und unterstützten uns gegenseitig, um dem Schiff zu entkommen.

Die anderen beschleunigten nun ebenfalls, um uns einzuholen. Sie näherten sich in kürzester Zeit. Als der Kapitän feststellte, dass sie schon sehr nahe bei uns waren, befahl er den Matrosen, das Beiboot ins Meer herunterzulassen. Sie machten es am Heck des Schiffes fest. Der *Yāẕidschi* sprang mit vier anderen Matrosen hinein, um zu rudern und das Schiff zu ziehen.

Aber der Kapitän hatte in Wahrheit eine ganz andere Absicht: Er besaß vier [63v] Kisten mit Korallen, die er an verschiedenen Orten gekauft hatte. Die Korallen erntet man im Meer, denn sie wachsen am Meeresgrund wie in den Sand gesteckte Bäume. Der Kapitän besaß auch eine gewisse Summe *Riyāl*. Als wir zu fliehen versuchten, ließ er die vier Kisten mit Korallen sowie diese Summe Piaster in *Riyāl* ins Beiboot schaffen, ohne dass jemand von uns es merkte.[3]

Wenig später näherte sich das Verfolgerschiff und gab einen

Kanonenschuss ab. Die Kugel flog über den Mast. Wir ergaben uns nicht, sondern verdoppelten unsere Kräfte, um zu fliehen. Es folgte ein zweiter Kanonenschuss: Die Kugel ging auf halber Höhe des Mastes vorbei. Wir ergaben uns immer noch nicht. Der Kapitän spornte uns an und machte uns Mut zur Flucht. Der Korsar gab jetzt zum dritten Mal einen Kanonenschuss ab. Die Kugel ging über unseren Köpfen vorbei. Die Angst und das Getöse des Schusses warfen uns mit dem Gesicht nach unten zu Boden. Hätte sie uns getroffen, keiner von uns wäre verschont worden. Wir erhoben uns daraufhin, herrschten den Kapitän an und zwangen ihn, sich zu ergeben. Einige von uns beeilten sich, die Segel zu streichen, das Signal für die Feuereinstellung. Als dies geschehen war, rief der Korsar durch sein Sprachrohr:

– *Maina* Frankreich, *maina!*[4], was so viel heißt wie: »Ergebt euch Frankreich, ergebt euch!«

Wir holten die Segel ein. Der *Yāẕidschi*, der sich im Beiboot befand, erkannte, dass sich der Kapitän ergeben hatte. Er glaubte nicht mehr an eine Rettung. Er durchtrennte das Seil, welches das Beiboot mit dem Schiff verband, und entfloh zur Insel. Gott beschützte ihn auf seiner Flucht. Das Korsarenschiff bemerkte seine Flucht nicht und ließ sein großes Beiboot zu Wasser. Fünfzig junge, bewaffnete Männer nahmen darin Platz, um sich unseres Schiffes zu bemächtigen.

Euer ergebener Diener hielt sich an der Reling fest und beobachtete die Szene. [64r] Neben mir war der Gefangene, von dem wir schon erzählt haben, der Bewohner der Insel Korsika, der dort nach zwanzig Jahren seine Familie wiedergefunden und sich geweigert hatte, zu ihr zurückzukehren, wie wir berichtet haben. In den Händen dieses Mannes sah ich einen mit Geld gefüllten Gürtel, den er gerade ins Meer werfen wollte. Ich riss ihm den Gürtel aus den Händen und fragte ihn:

– Warum willst du ihn ins Meer werfen?

– Lass mich! Lieber werfe ich ihn ins Meer, als dass ich

VON UNSERER REISE IN DIE FRÄNKISCHEN LÄNDER ...

zuschaue, wie diese Leute alles, was ich unter Anstrengungen und Schmerzen in zwanzig Jahren erworben habe, an sich nehmen.

– Gib ihn mir in Verwahrung! Gott der Allmächtige wird ihn vielleicht vor den Händen dieser Leute retten.

Ich ging weg und legte diesen Gürtel in die Tasche mit den Küchenutensilien für unterwegs: Kochtopf, Kasserolle, einige Teller, Löffel und andere Ausrüstungsgegenstände für die Reise. Die anderen Gefangenen gaben ihre Geldbeutel meinem Meister zur Aufbewahrung, damit er sie in seiner Truhe einschließe. Sie wussten, dass er als Franzose von den Korsaren nicht durchsucht würde.

Das vom Korsarenschiff ausgesandte Beiboot legte an unserem Schiff an. Sogleich erhoben sich die Männer darin und stürzten sich wie wilde Wölfe auf uns. Sie hießen uns in das Beiboot heruntersteigen, während die Soldaten auf dem Schiff blieben. Matrosen brachten uns auf das Korsarenschiff. Als wir hochstiegen, sah mein Meister den Kapitän und erkannte ihn. Er hieß Kapitän Brémond.[5] Sie umarmten sich und begrüßten sich mit Zuneigung und Freundschaft.

Er fragte meinen Meister, wo er herkomme und warum er sich an Bord eines englischen Schiffes befinde. Mein Meister antwortete ihm, dass ihm der Konsul in Tunis geraten habe, sich auf dieses [64v] Schiff zu begeben, aus Furcht, die englischen Korsaren könnten ihn berauben.

– Du hast genau das Richtige getan, sagte der Kapitän zu ihm.

Und er fügte hinzu:

– Ich werde dein Gepäck holen lassen, damit nichts wegkommt.

Mein Meister war einverstanden und bedankte sich, dann befahl er mir, mit dem Beiboot auf das Schiff zu gehen, alle unsere Sachen zusammenzusuchen und sie hierher zu bringen. Als ich in das Beiboot stieg, befahl der Kapitän den Matrosen, unsere Sachen und diejenigen aller Gefangenen zu bringen, und dass nichts fehlen dürfe. Sie taten, was er ihnen befohlen hatte. Wir begaben uns auf das Schiff, und vor allen anderen Dingen lud ich unsere Sachen in das Beiboot; danach luden sie diejenigen der Gefangenen ein. Wir begaben uns auf das Korsarenschiff zurück, wo wir unsere Sachen sowie die der Gefangenen an Bord brachten, wo man sie in der Kajüte des Kapitäns hinterlegte. Sie hießen die Matrosen des englischen Schiffes hinuntergehen und sperrten sie im Laderaum ein. Das Korsarenschiff kreuzte weiterhin in der Gegend.

Am nächsten Tag, es war der zweite Donnerstag nach Fronleichnam, las der *Padre* auf dem Schiff die Messe. Danach frühstückten wir. Der Korsarenkapitän befahl nun, dass unser Gepäck und das der Gefangenen vor ihm ausgebreitet werde. Er ließ ihre Truhen und Körbe öffnen und den Inhalt registrieren. Schließlich brachten sie unser Gepäck zu ihm. Er machte sich daran, zu nehmen, was ihm gefiel. Wir hatten eine Vierladerflinte mit einem einzigen Hahn, desgleichen ein Paar Pistolen, ebenfalls Vierlader mit einem Hahn, auch einen Zweilader mit einem Hahn, dann einen alten, sehr wertvollen Damaszenersäbel und andere Waffen wie einen Dolch und ein wertvolles fränkisches Fleischmesser. Er nahm alles an sich.

Dann öffnete er mein Gepäck und nahm daraus, was er wollte, auch meinen *Schāsch* mit Goldbordüren, und sagte zu mir:

– Du brauchst ihn nicht mehr, denn du gehst ja ins Land der Franken.

Dann bemerkte er in [65r] der Truhe meines Meisters die Taschen, in denen sich Geld und einige Bündel mit tunesischen Tarbuschen befanden. Er schloss daraus, dass die Tarbusche den Gefangenen gehörten, und nahm sie an sich.

Mein Meister geriet in Zorn. Er wandte sich an den Kapitän:

– Willst du mich berauben und dich meines Gepäcks bemächtigen? Weißt du nicht, dass ich ein Abgesandter des Sultans von Frankreich bin und auf Forschungsreise?

Daraufhin reichte er ihm den Ferman, den der König ihm

mitgegeben hatte und der ihn den in den Ländern des Orients residierenden Konsuln empfahl. Der Kapitän erwiderte:

– Auf meinem Schiff bin ich der Sultan! Da ich dich auf einem feindlichen Schiff angetroffen habe, kann ich dich ausplündern. Geh, tunke deinen Ferman ins Wasser und trinke den Saft davon![6]

Der andere Kapitän sowie der Besitzer des Schiffs nahmen daraufhin Stellung gegen den Kapitän, aber dieser blieb von ihren Worten unberührt. Er beschlagnahmte alles, was er an sich genommen hatte.

Mein Meister ließ ihn machen und wartete darauf, dass wir in Livorno ankamen. An diesem Tag blieben wir auf dem Meer, und früh am Morgen des nächsten Tages liefen wir in den Hafen von Livorno ein. Das Schiff machte im Hafen fest, wenig später auch die Schaluppe, die vor dem Schiff des Korsaren Brémond die Flucht ergriffen und dabei die Truhen mit Korallen und den Piastern von *Riyāl* mitgenommen hatte; und sie teilten ihm mit, dass sie geflohen seien und die wertvollsten Sachen auf dem Schiff mitgenommen hätten. Der Korsarenkapitän war sehr verärgert, als er dies sah. Aber wozu auch? Der Vogel war entflogen und ihm entkommen!

Schließlich befahl der Korsarenkapitän, den englischen Kapitän und dessen Männer in das Beiboot steigen zu lassen und sie in die Quarantäne zu bringen. Nachdem man sie dort abgeladen hatte, kam das Beiboot zum Schiff zurück, und der Korsarenkapitän ließ unser Gepäck dorthin bringen, erleichtert um das, was er an sich genommen hatte. Mein Meister und ich gingen von Bord, und wir begaben uns zum Gebäude [65v] der Quarantäne.

Bei unserer Ankunft gab man uns ein Zimmer. Der Ort war überdacht, umgeben von einem breiten Meerwasserkanal, ähnlich einer Insel. Wir blieben an diesem Tag dort, und am frühen Morgen des nächsten Tages schrieb mein Meister einen Brief und sandte ihn an den französischen Konsul in Livorno, der den Rang eines Botschafters des Sultans von Frankreich hatte.

Als das Schreiben bei ihm eintraf, erkundigte er sich bei den Leuten seines Serails über die Identität der Person, die ihm geschrieben hatte. Aber der Korsarenkapitän war meinem Meister zuvorgekommen und hatte der Umgebung des Konsuls erzählt, dieser Mann sei einer dieser in der Welt herumreisenden Wichtigtuer. Sollte er sich bei Seiner Exzellenz beschweren, solle man nicht auf ihn hören, denn er sei ein Lügner mit einem falschen Ferman, einem gefälschten. Sie wiederholten dem Konsul die Äußerungen des Kapitäns, die ihnen zu Ohren gekommen waren. Er glaubte sie und beantwortete das Schreiben nicht.

Mein Meister wartete den ganzen Tag, und als er vom Konsul keine Antwort erhielt, verfasste er einen neuen Brief und schickte ihn ab. Der Konsul schenkte auch diesem zweiten Schreiben keine Beachtung. Wir warteten also an diesem Tag, ohne eine Antwort zu erhalten.

Am selben Tag erging sich Euer ergebener Diener in der Nähe unserer Unterkunft. Ich bemerkte von weitem den Gefangenen, dessen Gürtel (mit den Geldstücken) ich übernommen hatte und der sich ebenfalls erging. Der Gürtel kam mir in den Sinn, und ich ging ihn in der Tasche suchen, wo ich ihn versteckt hatte. Ich fand ihn dort vor, wo ich ihn hingelegt hatte, zwischen dem Kochtopf und den Tellern. Ich ergriff ihn, zog ihn heraus, rief den alten Gefangenen und zeigte ihn von weitem. Als er näher kam und den Gürtel sah, warf er sich mit dem Gesicht zu Boden und hatte keine Kraft mehr aufzustehen, so groß war seine Freude. Ich ging zu ihm hin und [66r] ergriff seine Hand. Er erhob sich und fing an, meine Hände zu küssen und sich bei mir zu bedanken.

– Mein Bruder, sagte ich zu ihm, danke lieber Gott dem Allmächtigen, der sie mit Blindheit geschlagen hat, damit sie deinen Gürtel nicht finden. Hast du nicht gesehen, wie sie unser Gepäck und die Tasche, in der sich der Gürtel befand, durchsuchten? Sie haben ihn nicht gesehen. Dies geschah aus Fürsorge unseres Herrn für deine Familie.

Er wollte diesen Gürtel auftrennen, um mir einen Teil des

Geldes zu geben, aber ich weigerte mich, irgendetwas davon anzunehmen, und verabschiedete ihn.

Der Tag verstrich, ohne dass mein Meister eine Antwort des Konsuls erhielt, was ihn sehr verstimmte.

– Warte ab, sagte er zu mir, und morgen wirst du sehen, was mit ihnen geschieht, mit diesem Kapitän und seinen Leuten!

Am frühen Morgen des dritten Tages schrieb er einen Brief an den Konsul und forderte ihn im Namen des Sultans von Frankreich dringend auf, ins Lazarett zu kommen und seine Klage gegen den Kapitän Brémond entgegenzunehmen. Er versah das Schreiben mit gewissen Hinweisen aus dem Königreich, um ihn wissen zu lassen, dass er sehr wohl ein Abgesandter des Königs sei.

Es war keine Stunde vergangen, da sah ich aus dem Stadttor eine große Schar Leute herauskommen. Der Konsul befand sich in seinem Wagen und wurde von seiner Gefolgschaft sowie von allen französischen Händlern begleitet. Sie alle betraten das Lazarett von der anderen Seite des Kanals. Der Wachhauptmann ging hinaus, um ihn zu empfangen, ließ einen Fauteuil für ihn und auch für die Händler bringen. Sie setzten sich alle, ihre Diener, die respektvoll ihre Hüte abgenommen hatten, aufrecht hinter ihnen stehend.

Der Konsul gebot nun dem Hauptmann, den *Chawādscha* Paul Lucas, den Franzosen, der sich zur Zeit in Quarantäne aufhalte, zu ihm zu bitten. Der Hauptmann gab die Anweisung, den *Chawādscha* Paul Lucas aufzufordern, sich zu Seiner Exzellenz, dem Konsul, zu begeben, an die Person weiter, welche die Aufsicht über diejenigen hatte, die von Bord des Schiffes des Kapitäns Brémond gegangen waren. Der Wächter kam zu uns und überbrachte seinerseits die Aufforderung. Mein Meister erhob sich, legte [66v] seinen Pelz um, nahm den Ferman an sich und hieß mich, ihm zu folgen. Wir begaben uns gemeinsam zur Begegnung mit dem Konsul. Als mein Meister sich dem Konsul vorstellte, waren seine ersten Worte die folgenden:

– Herr Konsul, verdenke es mir bitte nicht, dich gestört und dir die Mühe bereitet zu haben, dich hierher zu mir zu begeben. Es hätte für dich vielleicht hinreichend sein können, den geringsten deiner Diener zu schicken, um einen Prozess zwischen dem Kapitän Brémond und mir zu entscheiden, aber ein Prozess wie dieser hier, der auch ein Prozess Seiner Herrlichkeit, des Königs, ist, den Gott beschütze, wirst du zu entscheiden haben und gehalten sein, Seiner Herrlichkeit Rede und Antwort zu stehen.

– Was ist der Gegenstand deines Prozesses und was wirfst du dem Kapitän Brémond vor?, fragte der Konsul.

– Erstens hat er mich beraubt und mir meine Sachen gestohlen, obwohl ich Franzose bin. Und als ich geltend machte, dass ich ein Abgesandter des Sultans von Frankreich bin und im Besitz eines Fermans aus dessen Hand, antwortete er mir: »Ich bin Sultan auf meinem Schiff. Geh, tunke deinen Ferman ins Wasser und trinke den Saft davon!« Die Besitzer des Schiffs können es bezeugen.

Daraufhin zog er den Ferman aus seiner Westentasche und zeigte ihn dem Konsul. Dieser befahl, ihn entgegenzunehmen, damit er ihn lesen könne. Sie hielten eine Stange aus Rosenholz mit geschlitztem Ende in seine Richtung, steckten ihn in die Einkerbung und unterzogen ihn einer Räucherung, danach übergaben sie ihn Seiner Exzellenz, dem Konsul. Sowie er zu Ende gelesen hatte, erhob er sich von seinem Stuhl, zog den Hut vor meinem Meister und sprach ihm sein Bedauern aus:

– Ich bitte dich um Entschuldigung. Was man mir von dir berichtet hat, ist anders als die Lage, in der du dich befindest.

Er befahl seiner Gefolgschaft sogleich, sich zum Hafen zu begeben, den Kapitän und dessen Leute zu suchen und sie in Quarantäne zu bringen, was sie taten. Als sie bei uns eintrafen und vor dem Konsul erschienen, fragte dieser den Kapitän, ob er diese Worte, wie von Paul Lucas berichtet, gesagt habe. Er leugnete. Mein Meister wandte sich nun an die Zeugen, die nicht leugnen konnten, denn es war [67r] in Anwesenheit von Leuten auf dem Schiff geschehen.

Sie bezeugten nun Wort für Wort, was der Kapitän wirklich gesagt hatte. Als ihre Zeugenaussagen bestätigt wurden, ließ der Konsul den Kapitän in Quarantäne sperren und schickte dessen Leute auf das Schiff zurück. Er verlegte den Prozess auf den nächsten Tag, verabschiedete sich und kehrte nach Hause zurück. Wir begaben uns unsererseits wieder in unsere Unterkunft.

Am nächsten Tag kam der Konsul wie am Vortag wieder in Begleitung seiner Leute und der Kaufleute. Sie hielten Rat. Der Konsul ließ den Kapitän holen und vor sich führen. Er befahl, alle Gegenstände, die dieser meinem Meister gestohlen hatte, herbeizubringen und vor ihm auszubreiten. Als dies getan war, forderte er meinen Meister auf, zu kommen und das, was der Kapitän ihm auf dem Schiff weggenommen hatte, an sich zu nehmen. Als sich mein Meister einstellte, erhob sich der Konsul und mit ihm alle die Menschen, die ihn begleiteten; dann sagte der Konsul:

– Schaue nach, ob etwas von deinen Sachen fehlt!

Mein Meister wies mich an, die Dinge, die uns gehörten, entgegenzunehmen. Ich nahm sie, eines nach dem anderen, und legte sie in einiger Entfernung hin. Mein Meister sagte:

– Es fehlen vier Beutel mit Geld und ein roter Beutel mit zweihundertzwanzig Medaillen altem Geld darin. Es waren dabei auch ein Silberring mit der Fassung eines *Slaimāni*[7] und sechs Dutzend tunesische Tarbusche.

Der Konsul befahl dem Kapitän, sich auf sein Schiff zu begeben und die Beutel herbeizubringen, die er aus der Truhe meines Meisters genommen hatte, ebenso die Tarbusche. Der Kapitän protestierte und sagte, die Geldbeutel gehörten nicht meinem Meister, sondern den Gefangenen. Der Konsul fragte ihn, ob sie bei den Gegenständen der Gefangenen gefunden worden seien. Der Kapitän antwortete:

– Ich habe sie in der Truhe von Paul Lucas gefunden.

Der Konsul wies ihn zurecht:

– Es ist nicht an dir, zu entscheiden, wem sie gehören; hast du sie nicht [67v] aus der Truhe dieses Mannes genommen? Gehe sie schleunigst holen und bringe sie hierher.

Der Kapitän begab sich auf sein Schiff und brachte die Tarbusche und die Beutel, nicht aber die Medaillen. Mein Meister forderte sie von ihm.

– Das ist, was ich aus deiner Truhe genommen habe, ich habe nur diese Geldbeutel gesehen, antwortete ihm der Kapitän.

Mein Meister wandte sich an den Konsul und sagte ihm, dass dieser Beutel mit den Medaillen beim Konsulat von Tunis registriert worden und speziell für Seine Exzellenz, den König, bestimmt sei, da er auf seiner ganzen Reise nichts Gleichwertiges gesehen habe.

– Der Kapitän mag meine gesamten Sachen an sich nehmen – und ich gestatte es ihm sogar –, wenn er mir nur diesen Beutel zurückgibt.

Das war eine List, um den Kapitän zu treffen. Zwar existierte der infrage stehende Geldbeutel, und er enthielt sehr wohl einen Ring, aber die Medaillen waren beim Konsul in Tunis zusammen mit anderen Dingen hinterlegt worden, die er von seiner Reise in den Ländern des Maghreb mitgebracht hatte. In jeder Stadt, in der es ein Konsulat gab, verfuhr er so: Er hinterlegte dort Medaillen, Bücher, Steine mit Eingravierungen, Edelsteine und andere Gegenstände, registrierte sie, behielt einen Beleg des Konsuls, damit dieser sie nach Marseille schickte, von wo er sie nach Paris brachte.

Der Konsul von Livorno hörte sich die Darlegung meines Meisters an und gewann darob die Überzeugung, dass es diesen Beutel tatsächlich gab. Er befahl daher dem Kapitän, noch einmal zum Schiff zu gehen und ihn zu suchen. Aber dieser entgegnete:

– Ich bitte dich um einen Gefallen: Beauftrage Leute, mit mir zu kommen und das ganze Schiff von oben bis unten zu durchsuchen; vielleicht findet er sich. Ich für meinen Teil habe ihn nicht gesehen und weiß nichts davon.

Der Konsul bat also meinen Meister, sich auf das Schiff zu

verfügen, und gab ihm den Kanzler und zwei Männer aus seinem Gefolge mit, um die Kajüte des Kapitäns und dessen Truhe sowie diejenigen der Mannschaft zu durchsuchen. [68r] Mein Meister begab sich in Gesellschaft dieser Personen auf das Schiff. Sie durchsuchten die Kajüte des Kapitäns und fanden den Beutel mit dem besagten Ring. Sie kehrten mit dem Beutel in der Hand zum Konsul zurück. Als dieser ihn sah, wandte er sich an den Kapitän:

— Hier, die Börse wurde gefunden, jetzt bist du überführt. Wo hast du die Medaillen für den Sultan von Frankreich versteckt? Willst du ihre Existenz immer noch leugnen?

Der Kapitän hob zu schwören an, dass er bereit sei zu sterben, sollte er jemals von diesen Medaillen gehört oder auch nur eine Spur von ihnen gesehen haben.

Dieser Prozess brachte den Konsul in große Verlegenheit, und er wusste nicht mehr, was tun. Die Händler rieten ihm, alle Männer des Schiffs herbeibringen zu lassen und sie einer Untersuchung zu unterziehen. Vielleicht würde man auf diese Weise auf die Spur dieser Medaillen kommen. Der Konsul folgte diesem Rat und befahl, alle herzuführen, auch die Matrosen. Als sie vor ihm standen, begann er, sie einen nach dem anderen zu befragen. Wussten sie etwas von diesen Medaillen? Alle bestritten es. Der Konsul wurde zornig und befahl, sie alle einzusperren. Denen, die in der Nähe der Kapitänskajüte untergebracht waren, drohte er mit der Folter, sollten sie die Medaillen nicht zurückgeben. Als sie vom Gefängnis sprechen hörten, versicherten die Matrosen, dass keiner von ihnen schuldig sei. Es sei die Schuld der Wache, des Wächters der Kapitänskajüte und des Pulverraums, der seinen Kameraden erlaubt hatte, die Sachen der Gefangenen zu stehlen. Diese Worte der Matrosen überbrachte man dem Konsul, der sie vorladen ließ und sie befragte. Sie erzählten, was vorgefallen war, und berichteten von der Treulosigkeit des Kajütenwächters des Kapitäns. Der Konsul ließ ihn vorführen und fragte ihn:

— Hast du etwas aus der Kajüte des Kapitäns gestohlen?

Er leugnete und schwor, dass er keinen Diebstahl begangen habe. Die Matrosen sagten gegen ihn aus, und der Konsul drohte ihm, ihn hängen zu lassen, wenn er die Medaillen nicht zurückgebe. [68v] Er befahl, ihn zu verhaften. Man band ihm die Hände hinter dem Rücken zusammen, um ihn zum Galgen zu führen. Als mein Meister sah, dass seine List diesen Mann in den Tod führte, wo er doch unschuldig war, fürchtete er, dass der Konsul ihn tatsächlich hinrichten ließe und dass man von ihm den Preis für sein Blut fordern würde. Er sagte zum Konsul:

– Überstürze die Vollstreckung deines Urteils nicht. Halte diesen Mann im Gefängnis. Wenn wir die anderen Schiffsleute einer gründlichen Untersuchung unterziehen, erhalten wir vielleicht weitere Auskünfte. Danach tue, was dich gut dünkt.

Der Konsul hielt ihn im Gefängnis, denn er fürchtete, Verweis und Tadel des Ministers auf sich zu ziehen. Er gab Anweisung, alle einzusperren, und sandte dem Agha des Hafens den Auftrag, man solle die Landebrücke hochziehen und das Schiff beschlagnahmen. Er nahm vor allen Leuten Beutel und Siegelring und sagte meinem Meister, er werde den Prozessbericht zum Minister senden und sich an dessen Befehle halten. Der Kapitän und seine Leute blieben in Quarantäne, und der Konsul und sein Gefolge sowie die Händler gingen nach Hause. Auch wir kehrten zurück, und damit endete der Prozess.[8]

Wir blieben bis zum Ende dieser Periode von zwanzig Tagen in Quarantäne. Dann kam der Oberarzt, der uns zu sich rief und uns einen nach dem anderen untersuchte, um zu bestätigen, dass keiner von uns krank war. Nachdem er uns alle genau untersucht hatte, forderte er jeden auf, sich mit der Hand an die Achselhöhlen und auf den Unterleib zu klopfen. Dann unterzog man uns einer Ausräucherung und entließ uns.

Wir gingen in die Stadt. Als wir das Stadttor passierten, durchwühlten die Männer des Gouverneurs unser Gepäck auf der Suche nach Tabak, Salz oder Branntwein, denn auf diese drei Waren wurde eine Abgabe erhoben. Wer immer Schmuggel betrieb, wurde unwiderruflich auf die Galeeren geschickt, und der Tabak, den er mitbrachte, wurde beschlagnahmt. Euer ergebener Diener hatte vierzig Pakete ausgezeichneten Tabak aus Tunis. Ich hatte am Vortag erfahren, [69r] dass derjenige, der Tabakschmuggel betrieb, auf die Galeeren geschickt wurde und dass derjenige, der ihn deklarierte, eine Abgabe von vier Piastern für jeden Aleppiner *Ratl* zu entrichten hatte. Diese Gebühr war dafür da, zu verhindern, dass jemand Tabak in diese Länder importierte, denn man ließ davon aus anderen Gegenden kommen, um den Staatsschatz zu füllen. Sie erhoben einen Piaster auf drei oder vier *Ratl*, verkauften jedoch den *Ratl* für vier Piaster und das Salz für denselben Preis.[9]

Diese Auskunft brachte mich in Verlegenheit. Was tun? Ich entschied mich also für einen Weg, den Tabak, den ich bei mir hatte, zu schmuggeln, ohne an die Gefahr zu denken, die sich daraus ergeben könnte. Ich trennte die Matratze, die wir besaßen, auf und riss die Wolle, mit der sie gefüllt war, in Stücke. Dann löste ich die Tabakpakete voneinander und steckte sie in die Matratze, wobei ich darüber und darunter Wolle verteilte. Danach vernähte ich den Saum der Matratze wieder und brachte die Knöpfe daran an, so, wie sie vorher gewesen waren. Es blieben fünf Pakete Tabak übrig, die dem Wächter zu geben, der uns während dieser Zeit zu Diensten stand, ich mich nicht entschließen konnte. Ich hatte eine andere Idee: Ich öffnete die Kiste, in der sich die Flaschen mit unserem Wein befanden. Ich nahm sie heraus, ebenso die Füllung, die sich darunter befand. Dann nahm ich die Tabakpakete voneinander und legte sie unter diese Füllung, worauf ich die Flaschen wieder darauf zurücklegte, so, wie sie vorher gelegen hatten, und verschloss die Kiste. Als die Männer des Gouverneurs kamen und unser Gepäck durchsuchten, war die Matratze mit einem Teppich umwickelt und einem Strick verschnürt. Sie lösten den Strick und öffneten den Teppich. Sie sahen nichts als eine Matratze und ein kleines Kopfkissen. Sie ließen die Matratze beiseite und sagten zu mir:

– Öffne diese Kiste!

Ich öffnete sie. Sie sahen nur Weinflaschen, von denen sie ebenfalls abließen. Sie hatten bereits den Rest unseres Gepäcks durchsucht, ebenso die Reisetaschen, und hatten nichts gesehen. Sie erlaubten uns, unsere Sachen zu nehmen und zu gehen. Die Träger für unser Gepäck wurden gewechselt, [69v] und wir begaben uns zum Haus eines französischen Freundes meines Meisters, der in Livorno lebte und verheiratet war. Als wir eintrafen, empfing er uns mit allen Ehren und hieß seine Bediensteten sogleich unsere Sachen auf die Etage bringen. Er ließ für meinen Meister ein möbliertes Zimmer mit einem prächtigen Bett, Stühlen und mit weiteren, für ein luxuriöses Zimmer angemessenen Möbeln herrichten. Auch mir gab man ein Zimmer, wo unser Gepäck abgestellt wurde.

Dann erschien die Gattin dieses Mannes, hieß uns willkommen und beglückwünschte meinen Meister dazu, wohlbehalten in den christlichen Ländern angekommen zu sein. Nach den Begrüßungen zog sich mein Meister um, legte seine Reisekleidung ab und zog andere Kleider als diejenigen unserer Länder an. Danach stellte sich ein Barbier ein, um ihn zu rasieren.[10] Er sagte ihm, dass er auch mich rasieren solle. Ich setzte mich in den Lehnstuhl. Nachdem der Barbier mir das Gesicht und den Bart eingeseift hatte, zog er das Rasiermesser und strich damit über meinen Bart. Danach schnitt er die Hälfte meines Schnurrbarts ab. Als ich dessen gewahr wurde, stieß ich einen solchen Schrei aus, dass er Angst bekam. Er hielt verwundert inne und fragte mich:

– Was hast du denn? Ich habe dich nicht geschnitten!

– Ich wollte eher, du hättest mich geschnitten, als mir den Schnurrbart abzuschneiden, erwiderte ich. Weißt du nicht, dass die Söhne des Orients sich den Schnurrbart nicht schneiden, wie ihr es macht?

Widerwillig ließ ich ihn schließlich auch die andere Hälfte des Schnurrbarts rasieren. In diesen Ländern rasieren sich alle Männer den Schnurrbart, sogar die Priester, ausgenommen die Kapuziner.[11]

An diesem Tag blieben wir bei diesem Mann und wurden sehr umsorgt und geehrt. Einige Händler kamen zu meinem Meister, um ihn zu seiner Ankunft zu beglückwünschen. Sie baten ihn, dem Kapitän Brémond zu verzeihen und den Prozess nicht bis zum Minister gelangen zu lassen. Mein Meister gab ihnen zur Antwort, dass die Angelegenheit nicht mehr in seinen Händen liege.

– In eurer und des Konsuls Gegenwart war sie Gegenstand einer protokollarischen Erfassung gegen ihn. Sie ist daher in den Händen des Ministers und liegt in seiner Macht, man kann dem in diesem Land nicht einfach ein Ende machen. [70r] Es hat daher keinen Sinn, darauf zu bestehen.

Sie ließen drei Tage lang nicht von ihrem Wunsch ab und kamen jeden Tag, ihn um den Gefallen zu bitten. Am Ende erklärte er sich einverstanden, ihnen ein Schreiben zu geben, in dem er erklärte, dass er dem Kapitän Brémond verzeihe. Sie bedankten sich für seine Großzügigkeit und berichteten dem Konsul, dass der *Chawādscha* Paul Lucas dem Kapitän verzeihe und ihn bitte, den Minister davon zu unterrichten.

Der Konsul bereitete nun einen Empfang vor und schickte seinen Kanzler[12], um meinen Meister einzuladen, am nächsten Tag zum Mittagessen in die Niederlassung des Konsuls zu kommen. Mein Meister nahm die Einladung an. Am nächsten Tag schickte der Konsul den Kanzler, der ihn bat, ihn zu begleiten. Im Serail hatten sie eine Unterredung. Sie begrüßten sich, dann fragte ihn der Konsul, ob er einverstanden sei, dass man den Kapitän und seine Truppe freilasse. Er antwortete, dass er seinerseits nur ihm und den Händlern zuliebe den Fehler auf sich nehme und er diese Leute daher freilassen und sie ihren Geschäften nachgehen lassen möge. Der Konsul bedankte sich für seine Nachsicht und ließ auf der Stelle den Kapitän und dessen Truppe zu sich kommen.

– Bedanke dich bei diesem *Chawādscha* für seine Güte, sagte er zum Kapitän. Hätte er dir nicht verziehen, du und deine Truppe, ihr wäret im Gefängnis geblieben, bis eine Nachricht von Seiner Exzellenz, dem Minister, eingetroffen wäre mit der Aufforderung, entweder dich zu ihm zu bringen oder dein Schiff und deinen Besitz zu beschlagnahmen, um ein Exempel zu statuieren. Denn anstatt den Ferman des Sultans und seinen Träger ehrerbietig zu behandeln, hast du sie entwürdigt, und deine Niedertracht ist auf den Unterzeichner des Fermans, will sagen: Seine Exzellenz, den König, gefallen.

Der Kapitän begrüßte nun meinen Meister, indem er sich verbeugte, dann umarmte er ihn, bat ihn um Verzeihung, und sie versöhnten sich. Alle begaben sich daraufhin zu Tisch und tranken vergnügt und voller Freude auf gegenseitige Gesundheit. Danach wandte sich jeder wieder seinen Angelegenheiten zu.

[70v] Von diesem Tag an erging sich Euer ergebener Diener in den Straßen der Stadt und staunte über Dinge, die er nie zuvor gesehen hatte. Es war die erste Stadt in Christenland, die ich betreten hatte. Ich sah Frauen in den Geschäften, die verkauften und kauften, als ob sie Männer wären. Sie schlenderten unbedeckt, mit unverschleierten Gesichtern in den Straßen umher. Ich glaubte zu träumen.

Einmal, als ich durch eine Straße kam, hörte ich, wie man in arabischer Sprache nach mir rief. Ich drehte mich um und erblickte einen Mann in einem Kaffeehaus.[13] Ich ging zu ihm hin.

– Sei gegrüßt, Sohn meines Landes!, rief er. Tritt ein, damit ich den Duft meines Landes atme!

Ich trat ein. Er begrüßte mich nun auf Arabisch. Ich erwiderte die Grußworte und fragte ihn:

– Wer bist du, Bruder, aus welchem Land kommst du?

– Ich bin Aleppiner, aus der Nation der Maroniten.[14]

– Auch ich bin aus Aleppo, sagte ich.

Wir umarmten uns und gaben uns die Hand. Er bat mich, Platz zu nehmen. Nachdem er mich gastfreundlich empfangen hatte, bot er mir einen Kaffee an und brachte mir eine Tabakpfeife. Wir setzten uns, um uns zu unterhalten, und es entstand ein vertrautes Verhältnis zwischen uns. Ich besuchte ihn jeden Tag und fragte ihn über die Sitten dieses Landes aus, und er erklärte mir ihre Gebräuche.

An einem anderen Tag, als ich mich am Meeresufer erging, sah ich einen Mann, der nach der Art unserer Länder gekleidet war. Er verlangsamte seinen Schritt und fragte mich, aus welchem Land ich sei. Ich antwortete ihm, dass ich aus Aleppo sei. Er hieß mich wärmstens willkommen.

– Kennst du mich vielleicht?, fragte ich ihn.

– Tatsächlich weiß ich nicht, wer du bist, aber da du ein Sohn meines Landes bist, fühle ich mich in deiner Gesellschaft wohl, erwiderte er.

Dann fügte er hinzu:

– Begleite mich doch, mein Bruder, machen wir einen Spaziergang und ich erzähle dir, was mir widerfahren ist und welches Unglück ich erlitten habe. Wenn du wissen willst, wer ich bin, dann sage ich dir, dass ich aus der Stadt Damaskus im *Schām* stamme, von der Nation der Syriaken[15] und katholischen Glaubens, ein Sohn der Kirche, bin. Die Nation der syriakischen Häretiker [٧١٢] verfolgte mich. Sie haben mir die Hälfte meines Besitzes geraubt. Als ich merkte, dass ich nicht in Damaskus bleiben konnte, suchte ich einen Ausweg: Ich trieb meine Schuldforderungen ein und beglich die Schulden, die ich gemacht hatte, ohne dass jemand etwas davon merkte. Danach übergab ich meine Möbel und mein Haus einem meiner Verwandten und ließ ihn glauben, ich ginge mit meiner Familie, meiner Frau und den drei Kindern, zwei Töchtern und einem Knaben, auf eine Pilgerreise nach Jerusalem.[16]

Ich brach in Gesellschaft anderer Pilger auf, unternahm die Pilgerreise und kehrte über das Meer nach Saida zurück. Dort blieb ich einige Tage und wartete auf ein Schiff, das mich in die Länder der Christen bringen sollte. Meine Absicht war, mich mit meiner Familie in der Stadt Rom niederzulassen. Ein französisches Schiff mit Ziel Smyrna traf zu dieser Zeit im Hafen von Saida ein. Ich sagte mir, dass ich an Bord gehen und in

Smyrna Waren, die in den Ländern der Christen gesucht sind, einkaufen würde, denn ich hatte Geld bei mir. Mein Entschluss war gefasst und ich nahm dieses Schiff. Wir kamen einige Tage später in Smyrna an, und kurz darauf machte ich mich auf die Suche nach den Waren, die ich in den Frankenländern leicht absetzen konnte.

Es begab sich, dass ein guter Mensch mir riet, persische Waren, bedruckten Kattun aus Isfahan, Rhabarber, Santonin[17] und andere Waren, die in diesen Ländern gefragt waren, zu beschaffen. Als ich meine Einkäufe abgeschlossen hatte, kaufte ich für teures Geld einige persische Teppiche aus Chorassan[18], ebenso wie einige Doppelzentner gelben Wachs, um sie für die Kirchen nach Rom zu bringen. Die Gesamtheit meiner Käufe überstieg fünftausend Piaster. Ich behielt etwa tausend venezianische Goldpiaster für die laufenden Kosten.[19]

Ich blieb einige Tage in der Stadt Smyrna, bis ein Schiff bereitstand, um nach Marseille auszulaufen. [71v] Es war groß und hatte Waren aus Smyrna geladen. Ich mietete daher einen Platz und brachte alle Waren, die ich gekauft hatte, an Bord. Einige Tage später segelte es in Richtung Marseille ab.

Als wir uns auf der Höhe der Insel Malta befanden, entdeckte der Kapitän von weitem ein Schiff. Er fürchtete, es handle sich um einen englischen Korsaren, der im Hafen von Malta anlegte. Wir blieben daher aus Furcht vor diesen Korsaren zehn Tage lang auf offener See vor Anker. Danach erfuhr unser Kapitän, dass dieses Schiff in Richtung Orient abgesegelt und das Meer frei von Korsaren sei. Er beschloss daher, die Reise fortzusetzen. Wir fuhren des Nachts von Malta weg, der Wind war günstig für uns. Als der Tag anbrach, sahen wir uns einem Kriegsschiff mit vierzig Kanonen gegenüber. Unser Schiff hatte nur zwanzig.

Die beiden Schiffe machten sich zum Kampf bereit, dann begann der Schusswechsel. Ich stieg nun mit meiner Familie in den Laderaum hinunter. Wir waren in Angst und Schrecken, besonders meine Frau und ihre Kinder. Man stelle sich eine Frau in einem Kampf wie diesem da vor! Wir glaubten uns verloren: Die Mutter begann ihre Kinder zu beweinen, die Kinder ihre Mutter. Ich meinerseits war wie ein Mann, der den Verstand und das Bewusstsein verloren hatte. Als der andere Kapitän bemerkte, dass unser Schiff sich nicht ergab, begann er mit seinen Kanonen geradewegs auf uns zu schießen. Es gab mehrere Tote und Verletzte an Bord. Einer unserer Masten brach und wurde dadurch unbrauchbar. Unser Kapitän verfügte über keinerlei Möglichkeit mehr, dem feindlichen Schiff zu widerstehen. Er ergab sich daher diesen Kriegern, die uns schließlich an Bord nahmen und uns nach Livorno brachten, wo sie uns an Land setzten und in Quarantäne warfen. Sie beschlagnahmten unseren gesamten Besitz bis auf eine Truhe meiner Gemahlin. Diese rührten sie nicht an, da sie einer Frau gehörte. Sie erbarmten sich ihrer und gaben sie ihr zurück. In dieser [72r] Truhe war der Beutel mit ihrem Geld, ungefähr hundert Piaster, sowie der Schmuck, der fünfhundert Piaster wert war. Das war alles, was uns blieb und wovon wir jetzt leben mussten.

Meine Kinder habe ich zum Arbeiten geschickt; meine Frau bleibt seit drei Monaten zu Hause, sie ist nicht in die Stadt gegangen, denn sie bringt es nicht über sich, ohne Schleier, und ohne sich zu bedecken, auszugehen.[20] Ich habe es aufgegeben, sie zu überreden. Ich bitte dich um den Gefallen, es zu versuchen, weil du ein Sohn des Landes bist. Vielleicht hört sie ja auf dich. Vielleicht ginge sie hinaus, frische Luft schnappen, und würde ihre Furcht überwinden.

Ich antwortete diesem Mann:

– Ich werde gern mit dir kommen, wenn du es willst.

– Morgen ist Sonntag, sagte er zu mir. Ich werde dich in der Kirche erwarten und wir werden zusammen nach Hause gehen. Vielleicht wird meine Frau ein wenig mit uns in der Stadt spazieren gehen.

So wurde es beschlossen, und am nächsten Tag ging ich nach der Messe mit zu seiner Wohnung. Als ich eintrat, sah ich einen Vorhang, hinter dem sich seine Frau aufhielt. Ich grüßte sie. Sie erwiderte meinen Gruß durch den Vorhang und lehnte es ab, sich mir zu zeigen. Ich sagte zu ihr:

– Was soll diese Narretei? Geh hinaus und schau dich um! Alle Frauen in dieser Stadt kommen und gehen unverhüllt, und niemand beachtet den anderen. Wir sind im Christenland und der Gesichtsschleier[21] wird abgelegt.

Trotz langem Reden war es unmöglich, sie dazu zu bringen, ohne Schleier auszugehen. Schließlich fragte ich sie:

– Hast du einen Schleier, der deine Augen bedeckt?[22]

– Ja, entgegnete sie.

– Ziehe diesen Kopfschleier an und komm mit uns, sagte ich zu ihr.

Sie war einverstanden und entnahm ihrer Truhe ein wertvolles Kleid und einen verzierten *Chmār*. Sie zog das Kleid an, bedeckte sich mit dem *Chmār* und ging mit uns und ihren Kindern hinaus. Wir kamen durch das Stadttor. Um diese Zeit waren dort viele Männer und Frauen, die einen Spaziergang aus der Stadt hinaus machten. Als sie diese Frau mit verhülltem Kopf sahen, kamen alle herbei und streckten die Köpfe vor [72v], um ihr Gesicht zu sehen, und fragten uns, warum sie verschleiert sei. Wir wussten nicht, was wir darauf antworten sollten, vor allem den Frauen nicht. Um uns drängte sich nun eine solche Menge Männer und Frauen, dass wir nicht mehr auf unserem Weg weitergehen konnten. Wir mussten weggehen und uns in einer Grotte am Hang eines Hügels in der Nähe des Meeres verstecken.[23]

Als wir dorthin gelangten und es uns gelungen war, uns den Blicken dieser Leute zu entziehen, wandte ich mich an die Frau:

– Wenn du willst, dass ich in eurer Gesellschaft mitkomme, sagte ich zu ihr, dann nimm diesen Schleier von deinem Kopf und kleide dich wie diese Frauen, die sich hier ergehen. Niemand wird sich umdrehen, um dich anzuschauen.

Aber sie blieb bei ihrer Weigerung und wollte den Schleier nicht ablegen. Als ich sah, dass sie an ihrem Entschluss festhielt, verließ ich sie und ging in die Stadt zurück; und ich hörte nicht mehr von ihnen. Nach dieser Episode habe ich begriffen, dass die Frauen bei uns sich nicht so verhalten können wie diejenigen in diesen Ländern, denn sie wurden dazu erzogen, im Verborgenen zu bleiben.

An einem anderen Tag saß ich zu Besuch bei meinem Freund, dem aleppinischen Kaffeehausbetreiber. Ein schöner und großer junger Mann trat ein. Sein Gesicht trug alle Zeichen der Anmut und des Anstands. Er trank seinen Kaffee, verließ das Lokal und ging. Seine Schönheit und sein Anstand hatten mich beeindruckt, und ich fragte den Kaffeehausbetreiber, wer dieser junge Mann sei:

– Er ist der Sohn der Verstorbenen, und seine Geschichte ist seltsam.

Daraufhin begann er, die Geschichte zu erzählen. Sein Vater war ein sehr begüterter Händler. Er hatte die Tochter eines anderen Händlers geheiratet. Zur Heirat schenkte er ihr einen in Diamanten gefassten Ehering im Wert von fünfhundert Piastern. Gemäß den Hochzeitsgebräuchen in diesem Land steckt der Ehemann seiner Frau und diese ihrem Mann den Ring an den Finger. Nach den Hochzeitsfeierlichkeiten zog die Frau mit einigen Mitgliedern ihrer Familie in das Haus ihres Gatten, wo sie eine Weile lebte. Sie nahm Tag für Tag zu und gelangte zu beträchtlicher Körperfülle. [73r] Eines Tages betrachtete ihr Gatte ihre Hand und sah, dass der Ehering sich tief in den Finger eingegraben hatte, so sehr hatte sie zugenommen. Er wollte den Ring abnehmen, um zu verhindern, dass sie sich wehtat, was ihm aber nicht gelang. Er ließ den Juwelier kommen und wies ihn an, den Ring zu zerbrechen und vom Finger zu nehmen.

Als die Frau hörte, dass der Juwelier gekommen war, um den Ehering zu zerbrechen und vom Finger zu nehmen, weigerte sie sich und bat ihren Gemahl, dies dem Juwelier nicht zu gestatten. Dieser Ring verursachte ihr keine Schmerzen, und er gefiel ihr. Der Gatte erklärte ihr, dass er es gewesen sei, der den Juwelier darum gebeten habe.

– Tue mir doch den Gefallen und lasse diesen Ring an meinem Finger, und sollte ich darob sterben, dass ich ihn trage.

Ihr Gemahl hegte große Liebe für sie und wollte sich ihren Wünschen nicht entgegensetzen. Er schickte daher den Juwelier wieder weg und ließ den Ehering eine ganze Weile lang an ihrem Finger. Eines Tages, als sie saß, wurde sie plötzlich ohnmächtig und verlor das Bewusstsein. Zwei Stunden später war sie tot. Zu jener Zeit gab es im Land viele plötzliche Todesfälle. Nachdem ihr Tod festgestellt worden war, bereitete man die Bestattung vor. Man entledigte sie ihrer Kleider und wollte auch den Ehering von ihrem Finger streifen, was aber nicht gelang. Man bat den Ehemann um die Erlaubnis, ihr den Finger abzuschneiden und den Ring abzunehmen. Er erinnerte sich nun an die Worte seiner Frau, die besagten, dass der Ehering nicht von ihrer Hand genommen werden solle, und sei es, dass sie darob stürbe. Er verbot daher, dass man ihn ihr abnahm.

– Lasst ihn ihr!, sagte er.

Man hüllte sie schließlich in ein Leichentuch und legte sie in einen Sarg, den man, ihren Sitten gemäß, in ein Grabgewölbe hinunterließ. Dann gingen alle davon. Nun hatte einer der Anwesenden bemerkt, dass man den Ring an ihrem Finger gelassen hatte, als man sie ins Leichentuch hüllte. Er versteckte sich in dieser Nacht im Hof des Friedhofs und um Mitternacht öffnete er die Pforte zur Grabkammer und stieg hinunter. Er hatte eine Kerze sowie Anzünder und Schwefelhölzer mitgenommen. Nachdem er die Kerze angezündet und sie auf dem Boden abgestellt hatte, hob er den Deckel des Sarges, griff mit der Hand in das Leichentuch [73v] und machte die rechte Hand der Frau frei, die den Ring trug. Nachdem er festgestellt hatte, dass dieser sich nicht abziehen ließ, zog er sein Messer und schnitt den Finger, an dem er festsaß, ab. Als das Blut spritzte, erwachte die Tote aus ihrer Ohnmacht, kam zu Bewusstsein, stieß einen lauten Schrei aus und fragte, wo sie sei. Als der Mann die Stimme der Frau hörte, bekam er Angst, dass sie ihn wiedererkennen könnte. Er ließ Kerze und Messer liegen und entfloh.

Als die Frau wieder zu Sinnen gekommen war und sah, dass sie sich, eingehüllt in ein Leichentuch, in einem Sarg und in einer Grabkammer mitten unter Toten befand, fing sie an zu schreien und so laut zu klagen, dass der Sakristan der Kirche erwachte und zur Grabkammer lief, um zu sehen, wer da schrie und solche Schreie der Verzweiflung ausstieß. Er sah, dass die Grabplatte hochgehoben war und eine Kerze im Inneren brannte. Wie vom Donner gerührt von diesem Anblick und von dem Lärm, der sich zwischen den Toten erhob, lief er davon, um den Vorsteher und die Mönche zu wecken, und erzählte ihnen, was er in der Grabkammer gehört und gesehen hatte. Sie kamen alle, zu hören, was geschehen sei, und stellten fest, dass der Sakristan die Wahrheit gesagt hatte.

Durch diese entsetzliche Angelegenheit in Angst und Schrecken versetzt, redeten sie einander zu, wer in die Grabkammer steigen solle, um Aufklärung darüber zu erhalten, was geschehen war. Nur der Sakristan fand den Mut dazu. Er wandte sich an den Vorsteher:

— Mein Vater, bete für mich. Ich werde hinuntersteigen.

Der Vorsteher segnete ihn, dann machte man ihn an einem Seil fest und ließ ihn hinunter. Als er den Grund erreichte, sah er die brennende Kerze neben dem Sarg, in dem sich die Frau befand, die vom Tod wiedererstanden war und die fortwährend schrie und weinte. Er näherte sich zitternd vor Angst dem Sarg, nahm dann all seinen Mut zusammen und fragte sie:

— Tote, wer bist du?

— Ich bin Soundso, Gattin des Soundso, antwortete sie aus dem Inneren des Sarges. Stehe mir um Gottes willen bei und bringe mich weg von hier, denn ich bin gerade dem Tod entronnen!

[74r] Er ging zu ihr hin und half ihr aus dem Sarg. Das Blut rann von ihrer Hand, und das Messer lag noch daneben. Der Mönch[24] war verwundert und verstand nicht, was dieser Frau widerfahren war. Sie brachten sie schließlich aus der Grabkammer, betrachteten sie näher und erkannten sie: Es war die

Soundso, die man am Vortag begraben hatte. Sie antwortete ihnen, dass sie von nichts wisse, außer, dass sie aus ihrem Schlaf erwacht sei und sich mit verletzter, blutender Hand in einem Sarg wiedergefunden habe. Sie untersuchten ihre Hand und stellten fest, dass ein Finger halb abgeschnitten und der Ring an ihrem kleinen Finger geblieben war. Sie verstanden nun, dass sie nicht tot gewesen war, sondern dass das Blut in ihrem Herzen gestaut war, was ihre Ohnmacht herbeigeführt hatte. Als der Finger abgeschnitten wurde, floss das Blut ab, das sich in ihrem Herzen gestaut hatte; dank des Eherings hatte sie überlebt.

Man benachrichtigte ihren Mann und ihre Nächsten, die sie abholten und sie bei bester Gesundheit nach Hause führten. Nach diesem Unglück, das sie so sehr erschreckt hatte, gebar sie noch drei Kinder, zwei Knaben und ein Mädchen. Der junge Mann, den ich soeben gesehen hatte, war eines der drei Kinder.[25]

Als ich an einem anderen Tag durch die Straßen der Stadt ging, erblickte ich Soldaten, die offenbar zum Abmarsch bereitstanden; alle waren vollständig bewaffnet. Sie waren in Kompanien eingeteilt; jede marschierte für sich mit ihrem Tambour, ihrem Querpfeifer und ihrem Hauptmann, will sagen: ihrem *Balkbāschi*. Ich fragte einen Soldaten, der mir erklärte, dass man sie zu Beginn eines jeden Monats auf einem bestimmten Platz versammle, auf einer großen Fläche, um ihnen beizubringen, wie man sich im Kampf verhalte. Euer ergebener Diener begab sich nun zu diesem Platz und stellte sich mit einer Gruppe anderer Leute an einen höher gelegenen Ort. Am Ende dieses Platzes sah ich eine Erhöhung, wo ein imposanter und ehrwürdiger Mann in Galauniform saß: Das war der Oberkommandierende. [74v] Jede Kompanie geht vor ihm vorbei, und wenn er einen Soldaten mit schmutziger oder unvollständiger Ausrüstung erblickt, gibt er Befehl, dass man ihn züchtige: Man verabreicht ihm zur Abschreckung vor seinen Augen hundert Hiebe mit der Reitpeitsche auf das Hinterteil.

Nach der Parade stellen sich die Kompanien auf, einer vor

der anderen, sodass kein Fuß über den anderen hinausragt, bis die Reihen vollkommen ausgerichtet sind. Es sind ihrer ein Dutzend, die ersten sechs mit etwas mehr Abstand getrennt von den sechs anderen.

Die Tamboure der ersten sechs Kompanien schlagen jetzt die Trommeln. Ihr Rhythmus zeigt den Soldaten an, wo und wann sie ihr Gewehr mit der rechten Hand anzuheben haben. Dann wechselt der Rhythmus der Trommeln und zeigt jedem den Zeitpunkt an, da er sein Gewehr gegen die Schulter drücken muss, als ob er ziele.

Man kann sehen, dass sie ihre Gewehre auf gleiche Weise halten, perfekt ausgerichtet, als wären sie ein einziger Mann. Schaut man auf ihre Füße, bemerkt man ebenfalls, dass kein Fuß auch nur um Haaresbreite über den anderen hinausragt. Dann wechselt der Rhythmus der Trommeln, und sie wenden sich nach rechts. Der Rhythmus ändert sich wieder, sie wenden sich nach links und verharren wieder alle, indem sie ein unsichtbares Ziel, bereit zum Schuss, ins Visier nehmen. Am Ende erklingen Fanfaren und Trommelwirbel. Auf dieses Signal hin entladen die Soldaten ihre Gewehre in gleicher perfekter Übereinstimmung wie ihre Aufstellung. Noch einmal wechselt der Rhythmus der Trommeln, die Kompaniehauptleute stimmen ein Geschrei an, und man sieht plötzlich die hinteren Reihen vor die vorderen treten. Nach einem Augenblick befinden sich diejenigen, die hinten waren, vorn und machen das Gleiche, was die ersten gemacht hatten. Die ersten knien nieder, um ihre Gewehre zu laden, solange die anderen die ihren entladen.

Doch erzählen ist nicht sehen. Ich habe [75r] nicht die Fähigkeit, die Übungen beim Exerzieren, die ich gesehen habe, zu erklären und aufzuzeichnen. So etwas gibt es im Orient nicht, und es ist dort nicht einmal bekannt.

An einem anderen Tag sah ich Soldaten in gleicher Art wie beim vorigen Mal marschieren. Ich folgte ihnen bis zum Übungsplatz, an dessen Rand sie sich aufstellten. Ich sah einen Mann in der Mitte des Platzes knien, seine Mütze hielt er in den vor dem Körper gebundenen Händen. Der Scharfrichter hinter ihm hielt ein Dokument, das Strafregister, in dem festgehalten war, was gegen diesen Mann vorlag. Als alle Kompanien aufgestellt waren, begann der Scharfrichter mit der Lektüre: Dieser Mann hatte seinen Kommandanten verraten und die Flucht ergriffen. Er verdiente den Tod durch den Strang. Doch seine Gnadengesuche waren angenommen worden, und er war zu drei Jahren Galeerendienst verurteilt worden. Damit alle Welt sehen konnte, dass er ein Verräter war, hatte das Gesetz angeordnet, dass ihm die Nasenflügel abgeschnitten werden und er mit dem Siegel des Sultans auf der Stirn und an den Schläfen gebrandmarkt werde.

Nachdem das Register verlesen war, schnitt man ihm die Nasenflügel auf, dann brandmarkte man ihn mit diesem Siegel auf Stirn und Schläfen. Alle Soldaten defilierten an ihm vorbei und gaben ihm zum Trost etwas Geld. Danach wurde er zum Galeerenkapitän zurückgeführt. Daraufhin zerstreute sich die Kompanie, und alle gingen ihren Geschäften nach.

Wieder an einem anderen Tag stieg ich mit einem Freund auf die Zitadelle, zu deren Kompanie er gehörte. Er zeigte mir nun, eine nach der anderen, die Örtlichkeiten, ebenso die auf Hochglanz geputzten Kanonen, so sauber, dass man sich hätte darin spiegeln können. Die Mündungen der Rohre waren mit einer Bleiplatte zugedeckt, die mit einem fest eingeschweißten Riemen an der Kanone festgemacht war. Die Lafette und ihre Räder [75v] sind so leicht beweglich, dass ein kleines Kind sie ohne Mühe ziehen kann. Mein Freund ließ mich auch in die Waffenkammer hinuntersteigen. Es war ein kreuzförmiges Gebäude mit vier Sälen, in denen jeweils auf beiden Seiten an Haken aus dünnem Holz vom Boden bis zur Decke übereinander eine Waffenart angebracht war. Es gab da Gewehre, Pistolen, zweischneidige Säbel, große Messer und Bajonette sowie andere Waffen.

In einem der Säle waren Harnische ganz aus Stahl[26], andere durchbrochen, mit geflochtenem Netzwerk, Helme und Schilde

VON UNSERER REISE IN DIE FRÄNKISCHEN LÄNDER ...

aus Stahl. Ich habe sogar Harnische ganz aus Stahl gesehen, die für Frauen gemacht waren, mit einer schützenden Ausbuchtung für die Brüste. Man erzählt, dass in alten Zeiten, zur Zeit der Götzenanbeter, die Frauen in den Krieg gezogen seien.

An diesem Ort sah ich zwölf Männer, welche die Waffen mit Öl polierten, um sie vor Rost zu schützen. Sobald sie eine Seite gereinigt hatten, machten sie sich an die andere. Wenn sie mit allem fertig waren, kehrten sie in den ersten Saal zurück und begannen wieder von vorn, und so immer weiter. Diesen zwölf Männern stand hier alles Lebensnotwendige zur Verfügung, und sie verließen diesen Ort nie. Wenn einer von ihnen starb, brachte man einen anderen dorthin.

Da kam mir die Zitadelle von Aleppo wieder in den Sinn, die in keiner Stadt dieser Welt ihresgleichen hat. Aber die meisten Kanonen dort sind in der Erde vergraben, ihre Rohre gebrochen und mit Rost überzogen. Gelangt man in den Turm der Waffenkammer, ist der Boden klebrig, der Fuß sinkt ein, alle Geräte und Waffen sind vom Rost zerfressen und einfach über Generationen aufeinandergestapelt, ohne dass jemand sie reinigte oder einölte. Sie sind alle schadhaft und zu nichts mehr zu gebrauchen. Dies alles, weil man keine Sorgfalt walten lässt. Mit diesen Worten will ich nicht die Zitadelle und ihre Waffenkammer schlechtmachen, wohl aber jene tadeln, in deren Obhut [76r] diese Schätze sind.

Mein Freund stieg danach mit mir auf die Befestigungsmauern der Stadt. Dort habe ich die Steinkammern gesehen, die auf die Befestigungsanlage aufgebaut waren. Jede von ihnen ist mit einer Luke zum Land hin und einer anderen zum Meer hin versehen und von der nächsten zehn Schritte entfernt. Ich habe den Mann über diese Schilderhäuser befragt. Er sagte mir, dass sie für die Wachen bestimmt seien. Jede Kompanie Soldaten, die in der Stadt einquartiert war, musste jede Nacht eine Wache aufstellen. Ein jeder Soldat stellte sich in sein Wachhäuschen und stand vier Stunden lang Wache. Hatte er seinen Wachdienst geleistet, kam ein anderer Soldat, der ihn ablöste, und so weiter bis zum Morgen. In jedem Wachhäuschen war eine Glocke aufgehängt. Nach jeder abgelaufenen Stunde läutete der Soldat mit der Glocke. Wenn der zweite diese hörte, läutete er mit der seinen, der dritte ebenfalls und so weiter um die ganze Befestigungsanlage herum. Dieses System hatte man eingerichtet, damit die Soldaten nicht einschliefen. Kam der Kommandant vorbei und bemerkte, dass einer von ihnen eingeschlafen war, weckte er ihn und versetzte ihm einige Hiebe mit der Peitsche, die er in der Hand hielt, um ihm den Schlaf zu vertreiben. Diese Organisation war aus Furcht vor dem Feind entwickelt worden, der im Schutz der Dunkelheit das Tor der Stadt hätte öffnen, angreifen und eindringen und sie unter seine Kontrolle bringen können.

Eines Nachts erging sich Euer ergebener Diener mit dem Damaszener aus Syrien, von dem ich gesprochen habe, außerhalb der Stadt am Meeresufer. Wir hielten uns bis zum Sonnenuntergang dort auf. Dieser Mann sagte nun zu mir:

– Bewege dich, und beeilen wir uns, bevor die Tore schließen.

Wir liefen eiligen Schrittes zum Stadttor, und ich sah etwa fünfzig bewaffnete Soldaten, die ihre Gewehre nach [76v] draußen richteten, als ob sie feuern wollten. Ich bekam Angst, als ich sie erblickte, und wich nach hinten zurück.

– Warum weichst du zurück?, fragte mich dieser Mann. Gehe ohne Furcht hinein, ich werde dir den Grund für diesen Aufmarsch erklären.

Wir betraten die Stadt, wobei wir an den Reihen der Soldaten vorbeigingen. Ich fragte ihn nun, warum diese Soldaten hier mit erhobenen Gewehren aufgestellt waren.

– Das ist ein alter Brauch bei ihnen. Beim Öffnen und beim Schließen der Stadttore stellen sich die Soldaten auf, wie du es sehen konntest, aus Furcht, dass der Feind sich irgendwo versteckt hat. Das ist der Grund.

In diesen Tagen verbreitete sich eine seltsame und erstaunliche Nachricht. Sie betraf einen angesehenen Juden von Livorno.

Der Großherzog, den man den Herzog von Toskana nennt, der König dieses Landes ist und in Florenz residiert, benötigte eine große Summe Geld, um den Sold für seine Soldaten bezahlen und andere Ausgaben begleichen zu können. Er sah sich gezwungen, eine Summe Geld bei einem der Notabeln seines Landes zu leihen. Er fragte die Beamten seines Königreichs um Rat, bei wem er diese Summe leihen könne. Sie antworteten, dass es in der Stadt Livorno einen Juden gebe, der ein riesiges Vermögen besitze.

– Lass ihn rufen, sagten sie ihm, er wird dir das Geld, das du brauchst, leihen, gleichgültig, wie hoch die Summe ist.

Der Herzog befolgte den Rat und ließ ihn rufen. Er empfing ihn mit allen Ehren und bat ihn, Platz zu nehmen. Nachdem er ihm seine Höflichkeitsbezeugungen gemacht hatte, sagte er zu ihm:

– Ich benötige achtzig *Kīs*[27] Geld, ich möchte, dass du sie mir leihst, bis ich die Steuern in meinem Königreich eingetrieben habe und sie dir wiedererstatte.

Dieser heimtückische Schurke antwortete ihm:

– Ganz zu Diensten. Was die Hände deines Dieners besitzen, gehört meinem Herrn, der Gunst gewährt.

Der Herzog dankte ihm und befahl dem Sekretär des Rats, zu diesem Zweck ein Dokument aufzusetzen, in dem das Darlehen in dieser Höhe festgehalten werde. Der Jude erhob sich daraufhin und warf sich [77r] dem Herzog zu Füßen:

– Wie denn, mein Herr? Kann der Diener einen Schuldschein von der Hand seines Herrn akzeptieren? Was tust du, bin ich nicht dein Diener?

– Ich will keinen meiner Untertanen betrügen, antwortete der Herzog. Wenn du den Schuldschein nicht quittieren willst, werde ich nicht bei dir leihen. So gehe in Frieden!

Daraufhin ersann der Jude eine teuflische List, die sich niemand vorgestellt hatte. Er sagte zum Herzog:

– Mein Herr, ich weiß wohl, dass der Meister von seinem Diener nicht verpflichtet werden kann. Deshalb bitte ich deine

Herrlichkeit, mir etwas zu verkaufen, über das du nach Lust und Laune gebietest und das dieser Summe entspricht.

Der Bey[28] war einverstanden und fragte ihn, was er wolle. Der heimtückische Jude antwortete ihm:

– Verkaufe mir die Sonne für diese Summe und ich werde dir jedes Jahr achtzig *Kīs* zurückerstatten. Lass ein Dokument ausstellen, woraus folgt, dass ich anerkenne, dir diese Summe zu schulden.

Der Herzog wunderte sich und dachte, dass dieser Mann verrückt war und seinen Verstand verloren hatte.

– Unverständiger Mann, wie kannst du verlangen, dass ich dir etwas verkaufe, das nicht mein Eigentum ist? Kann man die Sonne verkaufen oder kaufen?

Der Jude entgegnete ihm:

– Das ist wahr, Herr. Erlaube deinem Diener dennoch, es so zu halten, und lasse die Leute sich über mich lustig machen und lachen.

Die Beamten des Königreichs, die anwesend waren, sagten daraufhin zum Herzog:

– Gewähre ihm, was er verlangt, Herr, und lass ihn die Sonne verwalten.

Der Herzog hörte auf seine Ratgeber und nahm ihre Meinung an; er wollte diese sonderbare Angelegenheit zu Ende bringen. Er befahl dem Ratssekretär, einen Ferman auszustellen, mit dem er diesem Juden die freie Verfügung über die Sonne zugestand, und ein Dokument, das ihn dazu verpflichtete, dem Staatsschatz jährlich achtzig *Kīs* Geld zu zahlen, was vierzigtausend *Écus*, will sagen: vierzigtausend Piastern entspricht. Man setzte [77v] die beiden Dokumente auf, danach verabschiedete man ihn. Der Herzog und die Beamten seines Hofes machten sich nicht klar, wie heimtückisch dieser Jude war, sie unterschätzten seine Schläue und machten sich über ihn lustig.

Der Jude kehrte in seine Stadt Livorno zurück und ging gleich bei seiner Ankunft zum Gericht, wo er seinen Ferman eintragen ließ. Drei Tage später rief er die Eigentümer von

Land zu sich, auf dem man Weizen und anderes Getreide aussäte. Er las ihnen den Ferman vor, den ihm seine Exzellenz, der Herzog, ausgestellt hatte, in dem er ihm die Verfügungsgewalt über die Sonne nach seinem Gutdünken verliehen hatte. Er sagte ihnen, dass er von ihnen jährlich eine bestimmte Abgabe verlange, da ihr Samen nur dank der Sonne gedeihe. Sollten sie sich weigern, würde er selbst dieses Land bestellen und die Steuerabgabe seiner Exzellenz, dem Herzog, auszahlen. Diese Männer gerieten darob in große Bedrängnis und wurden gezwungen, ein Dokument abzufassen, in dem sie den Betrag, den er von ihnen verlangte, anerkannten.

Danach ließ er die Eigentümer der Obstgärten holen, schloss die Vereinbarung mit ihnen ab und setzte ein Dokument auf, in dem ihre Verpflichtung aufgeführt wurde, und entließ sie. Dann rief er die Wäscher und die Färber und alle, die auf die Sonne angewiesen waren, und setzte für jeden ein gleiches Dokument auf. Der Ruf von den Machenschaften dieses Juden mit einem vom Herzog unterzeichneten Ferman verbreitete sich in der ganzen Stadt.

Die Würdenträger und Notabeln der Stadt kamen zusammen und beriefen die Richter, die Bischöfe und den gesamten Klerus. Sie hielten Rat und verständigten sich darauf, dass diese Geschichte rechtswidrig sei. Gott, Sein Name sei gepriesen, ließ Seine Sonne für die Guten wie die Schlechten scheinen, und niemand konnte über die Wohltaten Gottes für Seine Diener verfügen. Alle schlossen sich dieser Ansicht an, und sie setzten ein Protokoll auf, in dem sie eigenhändig schrieben, dass sie die Anordnung seiner Exzellenz, des Herzogs, anfochten. Dann bestimmten sie einige Notabeln der Stadt und sandten sie zu seiner Exzellenz.

Als sie vor [78r] den Herzog traten, grüßten sie ihn, indem sie sich vor ihm verbeugten, wie es sich für sie geziemte, und legten ihm das Protokoll vor, worauf mehr als zweihundert Unterschriften von Bischöfen, Priestern und Klostervorstehern verzeichnet waren und worin sie erklärten: »Seine Exzellenz, unser

Herr und Meister, ist von einem Juden, einem Feind unserer Religion, getäuscht worden. Er wird auf diese Weise eine beachtliche Summe anhäufen, die sich auf mehr als dreihundert *Kīs* belaufen wird.« Sie berichteten, wie der Jude Steuern über diesen oder jenen Betrag von denen erhoben hatte, deren Beruf auf die Sonne angewiesen war.

Als der Herzog das Protokoll gelesen hatte, geriet er in sehr großen Zorn und wurde sich seines Irrtums bewusst. Wie hatte er einen Säbel in die Hand dieses Schuftes geben können, womit dieser jetzt auf seine Untertanen einschlug? Er bestellte sogleich einen Kommandanten seines Hofes zu sich und trug diesem auf, unverzüglich diesen jüdischen Spitzbuben kommen zu lassen. Der Kommandant ging und brachte alsbald den Juden zu ihm. Er erschien vor dem Herzog, und dieser sagte zu ihm:

– So hast du mich also getäuscht und in die Irre geführt, Verräter Gottes und des Sultans!

Er nahm den Ferman und alle Schuldscheine, die er in dieser Sache für ihn unterzeichnet hatte, und befahl, ihn zu hängen und seinen Besitz einzuziehen. Dann rief er den Henker. Das ist die Strafe für jene, welche die Könige täuschen.[29]

Etwa zur gleichen Zeit ereignete sich ein anderer seltsamer Fall, der einen Juden betraf. In seiner Jugend hatte dieser Mann das Verlangen, Christ zu werden und sich taufen zu lassen. Man ließ ihn ein dreijähriges Noviziat absolvieren, nach dessen Ablauf er einer strengen Prüfung unterzogen wurde. Der Bischof wies nun den Pfarrer an, ihn zu taufen, ihm die Beichte abzunehmen und ihm das heilige Sakrament zu spenden. Danach blieb dieser Mann seinem Glauben treu. Seine Frömmigkeit wuchs mit jedem Tag, so sehr, dass er die Mönchskutte nahm und mehrere Jahre lang andächtig war und ein gutes Betragen zeigte. Er verdiente deshalb, dass man ihn mit dem heiligen Mönchsgewand bekleidete. Nach einiger Zeit wurde er zum Priester geweiht [78v]. Alle bezeugten sein gutes Betragen. Er war jahrelang Priester und führte ein tugendhaftes Leben in äußerster Frömmigkeit.

Eines Nachts kam ein Trupp Soldaten beim Wachgang unter den Fenstern des Klosters vorbei, in dem dieser jüdische Priester lebte. Als sie eine große Rauchwolke sahen, die aus einigen Fenstern quoll, und ein loderndes Feuer, dachten sie an einen Brand in einer Zelle. Einige Wachen klopften eilig mit schweren Schlägen an die Klosterpforte und konnten schließlich den Hausdiener wecken, der herbeieilte und das Tor öffnete. Die Soldaten sagten ihm:

— Wir sind gekommen, um dir zu sagen, dass in einer Zelle des Klosters ein Feuer brennt. Gehe und lösche es schnell!

Der Hausdiener weckte den Vorsteher und die Mönche und sagte ihnen, dass eine Zelle in Flammen stehe. Sie gingen alle Zellen ab bis zur Zelle des jüdischen Priesters. Als sie sahen, dass der Rauch durch die Türspalten drang, schlossen sie daraus, dass die Zelle und der Mönch verbrannten. Der Vorsteher befahl, unverzüglich die Tür aufzubrechen und einzudringen, um zu verhindern, dass er verbrenne. Dies taten sie, und als sie drinnen waren, sahen sie, dass dieser elende Priester das Stroh aus seinem Bett, will sagen: das Heu[30], das man gewöhnlich unter die Matratzen legt, herausgerissen und in Brand gesetzt hatte. Mitten hinein hatte er ein Kreuz gestellt, um es zu verbrennen. Aber die Flammen hatten es nicht erfasst, und es war heil geblieben. Sie entfernten das Heu und küssten das Kreuz; dann wandten sie sich diesem Unglückseligen zu und fragten ihn, warum er das getan habe. Geifernd und schäumend vor Wut entgegnete er ihnen:

— Ich will das Kreuz verbrennen, das ihr anbetet, denn ich bin Jude, Feind des Kreuzes.

Der Vorsteher und die Mönche waren wie vom Donner gerührt über die Falschheit dieses [79r] unglückseligen Bösewichts. Der Vorsteher gebot, ihn zu ergreifen und ins Gefängnis zu bringen. Am folgenden Tag verständigte man den Bischof, der befahl, ihn herbeizuschaffen. Als er ihm vorgeführt wurde, fragte ihn Seine Eminenz, ob er diese Tat in vollem Bewusstsein getan habe oder ob er Opfer eines Anfalls von Melancholie[31] oder Wahnsinn geworden sei. Er fragte ihn, um ihn zu prüfen. Der Verfluchte erwiderte, er sei Jude, ein Feind des Kreuzes, und dass er es deshalb verbrennen wolle.

Der Bischof schickte ihn nun vor den Gouverneur der Stadt, den er über den Fall unterrichtete. Als der Jude vor dem Gouverneur erschien, und nachdem dieser den Bericht über die Affäre gelesen hatte, schickte er ihn zum Gerichtshof, will sagen: zum Tribunal[32]. Nach Prüfung des Falls wurde verfügt, dass er bei lebendigem Leib verbrannt werden solle für die Tat, die er begangen hatte. Danach führte man ihn zum Gouverneur, damit dieser das Urteil verkünde, welches das religiöse Gesetz gesprochen hatte. Als der Gouverneur erfuhr, dass er zum Scheiterhaufen verurteilt war, wollte er ihn diesen grausamen Tod nicht sterben lassen, denn er hatte ein mitleidiges Herz. Er konnte aber das religiöse Gesetz nicht behindern, denn er hatte Angst vor der Reaktion des Volkes.

Er schickte ihn also nach Florenz zu Seiner Exzellenz, dem Herzog, der mit ihm nach seinem Belieben verfahren sollte. Auf diese Art zog sich der Richter aus der Affäre. Man führte den Juden nun vor den Herzog, der, nachdem er über die gefällte Strafe für das Verbrechen in Kenntnis gesetzt worden war, sogleich befahl, dass man ihn verbrenne. Sein Leib verbrannte hier auf Erden, seine Seele brennt in der Hölle. Ein schlimmes Ende![33]

An einem anderen Tag, es war ein Samstagmorgen, sah ich Männer und Frauen aus unserem Quartier, die sich anschickten, zur Kirche der Jungfrau Maria auf dem Schwarzen Berg[34] zu gehen, die etwa drei Meilen außerhalb der Stadt lag.

Man hatte mir von dieser ehrwürdigen Kirche erzählt, die den Namen der Jungfrau Maria trägt, wie auch von zahlreichen Wundern, die dort stattgefunden haben. [79v] Ich bat meinen Meister um die Erlaubnis, dorthin zu gehen, und er gewährte es mir. Die Hausherrin schickte einen ihrer Hausangestellten als Begleitung mit. Sie gab mir einen Hut aus geflochtenen Palmenblättern, der so groß war wie ein Worfelsieb, aber trotz seiner

VON UNSERER REISE IN DIE FRÄNKISCHEN LÄNDER …

Größe nur ein halbes Pfund wog. Sie riet mir, den Hut beim Aufstieg auf den Berg aufzusetzen, um mich vor der Sonne zu schützen, denn es war sehr heiß in diesem Monat Ende August.

Mit diesem jungen Mann stiegen wir bis auf die Flanke des Berges. Ich sah, wie Männer und Frauen sich hinaufquälten. Sie waren zahlreich. Viele gingen barfuß über den schwarzen Fels mit Kanten, schärfer als ein Messer. Einige, die besonders fromm waren, rutschten auf den Knien und richteten ihre Bitten an die Jungfrau Maria, die Wundertäterin. Andere gingen mit gesenktem Kopf einher und baten um ihre Fürsprache. Schließlich gelangten wir auf den Gipfel des Berges, welcher der Schwarze Berg genannt wird und der über dem Meer aufragt, das zu seinen Füßen anbrandet.

Ich sah eine prachtvolle Kirche mit hohen Bögen, neben der ein großes Mönchskloster stand. Wir betraten die Kirche, und in diesem Moment begann die Messe zur Lobpreisung der Jungfrau vor dem Marienbild. Diese Ikone bestand aus drei prächtigen Bildtafeln. Im ersten Drittel der Messe enthüllte man die erste Tafel, im zweiten Drittel die zweite und im letzten Drittel die dritte. Man enthüllte so das Bild der Maria, und das Volk kam zu ihr, um ihren Segen zu erbitten. Dies geschah jeden Samstag, das ganze Jahr hindurch.

Nachdem wir die Messe besucht und am Altar den Segen erhalten hatten, forderte mich der junge Mann, der mich begleitete, auf, einen Rundgang durch die Kirche zu machen, und zeigte mir [80r] die Wunder, welche die Jungfrau Maria für diejenigen getan hatte, die in Zeiten der Not und der Gefahr, in denen sie bedroht waren, ihre Hilfe erfleht hatten. Jedes Wunder hatte seine kleine Statue, unter der geschrieben stand, unter welchen Umständen der betreffenden Person das Wunder widerfahren war. Unter diesen Bildern war auch dasjenige eines Reisenden auf dem Meer, dessen Schiff mit seiner Besatzung Schiffbruch erlitten und der die Hilfe der Jungfrau Maria vom Schwarzen Berg erfleht hatte. Sie hat ihn vor dem Schiffbruch durch das Eingreifen eines Fisches, den man Delfin nennt, gerettet, der ihn zur Küste trug und dort absetzte. Dieser Mann hatte der Kirche ein kleines Schiff aus Silber mit einem Fisch aus Silber darunter gespendet. Ein anderer, der von einer sehr hohen Leiter gestürzt war, hatte sie angefleht; er wurde gerettet und trug keinen Schaden davon. Er hängte in der Kirche eine Leiter aus Silber auf, worunter der Bericht vom Wunder geschrieben stand, das die Jungfrau Maria für ihn bewirkt hatte. Die Kirche war auf diese Weise mit unzähligen Votivbildern angefüllt. Ich schätze, dass ich nicht alle, die darin aufgehängt waren, erfassen könnte, selbst wenn ich mich drei ganze Tage in dieser Kirche aufhielte.[35]

Eines dieser Wunder hatte in deutschen Ländern[36] stattgefunden: In einer Zitadelle jenes Landes, in der sich eine Gruppe Soldaten und ihr Kommandant als Wache aufhielten, beschlossen zwei Männer, ohne Erlaubnis ihres Kommandanten in der Nacht zu entfliehen. Am nächsten Tag erhielt er die Nachricht von ihrer Flucht. Er wurde zornig und schwor, beide hängen zu lassen, sollte er sie wieder fassen. Daraufhin sandte er einige Soldaten als Kundschafter aus mit dem Auftrag, alles auszukundschaften und alles zu unternehmen, um sie aufzuspüren, wo auch immer sie waren. Die Soldaten machten sich auf die Suche und zwei Tage später fassten sie sie und führten sie vor den Kommandanten. Als dieser sie erblickte, geriet er in furchtbaren Zorn und befahl, beide zu hängen. Einer der beiden flehte den Kommandanten an:

[80v] – Habe Mitleid, mein Herr, ich bin nicht schuldig, mein Kamerad hat mich in diese Sache hineingezogen.

Der andere behauptete wie der erste, er sei nicht schuldig. Der Kommandant befand sich nun in Verlegenheit: Welcher der beiden verdiente, gehängt zu werden? Er sagte deshalb:

– Ich werde das Los entscheiden lassen; derjenige, den es trifft, wird gehängt.

Das Los traf einen der beiden, und der Kommandant befahl, dass man ihn bis zum nächsten Tag einsperre, denn inzwischen war es Abend geworden. Man warf ihn ins Gefängnis, wo er weinte und über sein Schicksal klagte. In diesem traurigen Zustand befand er sich, als sein Fluchtgenosse eintrat. Dieser versuchte ihn nun zu trösten und nahm an seinem Unglück Anteil. Im Gefängnis war ein Marienbild aufgehängt. Sein Kamerad sagte zu ihm:

— Hab keine Angst, mein Bruder, wende dich an die Jungfrau Maria vom Schwarzen Berg, sie wird dich erretten; alle, die ihren Schutz erfleht haben, sind erhört worden.

Der Mann kniete sich also vor dem Bild der barmherzigen Muttergottes nieder und vergoss heiße Tränen, unter denen er sie die ganze Nacht hindurch anflehte, ihn zu retten. Am Morgen ließ ihn der Kommandant herbeiführen und befahl dem Henker, ihn auf der Stelle zu hängen. Dieser ergriff ihn, führte ihn zum Galgen und legte ihm den Strick um den Hals. Dann hieß er ihn auf die Leiter steigen, die an den Galgen angelehnt war, und stieß ihn von der Leiter herab, damit er hänge. Der Mann stieß einen lauten Schrei mit den Worten aus:

— O Jungfrau Maria vom Schwarzen Berg, rette mich!

Sogleich riss das Seil, und er fiel lebendig auf den Erdboden. Der Kommandant befahl, ein neues, stärkeres Seil zu bringen. Man schlang es um seinen Hals und ließ ihn wieder auf die Leiter steigen. Der Henker gab ihm von dort einen Fußtritt wie beim ersten Mal. Der Glaube des Mannes an die Jungfrau Maria, die ihm beim ersten Mal die Rettung gebracht hatte, war stärker geworden; er stieß wieder diesen lauten Schrei aus mit den Worten:

— O Jungfrau Maria vom Schwarzen Berg, rette mich!

[811] Das Seil riss wieder, und wieder fiel der Mann lebendig zu Boden. Der Kommandant geriet in Zorn und befahl, ein Seil aus Leinen mehrere Male um seinen Hals zu schlingen. Nachdem dies geschehen war, fragte der starrsinnige Kommandant, der nicht an die Jungfrau Maria glaubte:

— Wird es ein weiteres Mal gelingen, mit deiner Anrufung das Seil zu zerreißen?

Er hatte es nicht für möglich gehalten, dass die Jungfrau

Maria zwei Mal das Wunder hatte vollbringen können, das Seil zu zerreißen. Noch einmal ließ man den Verurteilten die Leiter hochsteigen; jetzt war sein Vertrauen in die Barmherzigkeit der Muttergottes noch stärker. Als ihn der Henker hinunterstieß, schrie er aus Leibeskräften sein Flehen an die wundertätige Muttergottes vom Schwarzen Berg heraus. Das starke Seil riss sogleich, aber dieses Mal löste es sich auch in Stücke auf. Als die Anwesenden dieses Wunder sahen, riefen sie wie aus einer Kehle:

– Kommandant, lass von deiner Verirrung ab! Glaube an die Wunder der Jungfrau Maria, die sich vor deinen Augen abspielen!

Der Kommandant glaubte nun an das Wunder. Er bedauerte, was er getan hatte, und bereute seinen fehlenden Glauben. Er rief den Soldaten zu sich und drückte ihn an sein Herz. Er bat ihn, ihm zu verzeihen, dass er sein Blut hatte vergießen wollen und bewies ihm seine neu gewonnene Achtung mit den Worten:

– Du bist hinfort deines Ranges als einfacher Soldat enthoben und wirst an meiner Seite eine höhere Aufgabe erfüllen.

Doch der Mann entgegnete dem Kommandanten:

– Lass mich ziehen und für den Rest meiner Tage jener dienen, die mich mit diesem außerordentlichen Wunder drei Mal vom Tod errettet hat.

Als er diese Worte vernahm, sagte der Kommandant:

– Tue, was dich gut dünkt.

Er versah ihn mit komfortablem Reisegepäck und Wegzehrung, dann ließ er ihn ziehen. Der Mann begab sich auf den Schwarzen Berg und stattete der Jungfrau Maria seinen Dank für ihre Wohltaten ab. Er wurde Mönch in diesem Kloster und verbrachte sein Leben mit Fasten, in Gebet und Andacht zu Unserer Lieben Frau.[37]

Nach meiner Rückkehr nach Aleppo konnte ich [81v] einigen Gruppen von Christen die Geschichte der Wunder dieser Madonna, der Lieben Frau vom Schwarzen Berg, erzählen. Ich konnte ihnen beweisen, dass die Bitten all derer, die sie angefleht hatten, erhört worden waren. Ich berichtete ihnen von den Wundern, deren Zeugnis ich in der Kirche aufgehängt gesehen hatte. Kurze Zeit danach kam einer von ihnen, denen ich von den Wundern der Jungfrau Maria erzählt hatte, zu mir und sagte:

– Bruder, ich habe gehört, wie du von den Wundern der Jungfrau Maria vom Schwarzen Berg berichtet hast. Vor Jahren bin ich in große Schwierigkeiten geraten, aus denen ich mich nicht mehr befreien konnte. Als ich die Jungfrau Maria, von der du uns berichtet hast, angefleht und ein Gelübde abgelegt hatte, spürte ich alsbald eine große Erleichterung von meinen Problemen. Ich bin gekommen, dir zu übergeben, was ich versprochen habe, als ich dieses Gelübde ablegte.

Er gab mir zwölf venezianische Goldstücke, um sie ihrer Kirche zukommen zu lassen. Ich nahm sie und hieß ihn mir folgen. Ich führte ihn zu einem französischen Händler, der *Chawādscha* Guillon hieß und mit dem Land von Livorno Handel trieb. Ich bat ihn, den Betrag dieses Gelübdes seinem Handelskompagnon zu schicken, der sie der Kirche der Jungfrau Maria zukommen lassen solle. Er war einverstanden und steckte die Goldstücke in einen Umschlag, auf den er schrieb: »Einlage für die Jungfrau Maria vom Schwarzen Berg«. Wir dankten ihm und gingen.

Kurze Zeit danach besuchte mich ein Mann, der ebenfalls zehn venezianische Goldstücke brachte für ein Gelübde, das er für diese Kirche abgelegt hatte. Er hatte die Hilfe Unserer Lieben Frau erfleht, und sie hatte ihn vor einer verleumderischen Anklage bewahrt, die seinen Ruin hätte bedeuten können.

Eurem ergebenen Diener, der diesen Bericht fünfzig Jahre später niederschreibt, widerfuhr das Unglück, etwa elfhundert Piaster zu verlieren. Vierzig Tage waren verstrichen, ich hatte alle Hoffnung aufgegeben, sie wieder zu erlangen, und war auf dem Weg in den sicheren Ruin. Da kam mir in den Sinn, [82r] die Jungfrau Maria vom Schwarzen Berg anzuflehen. In derselben Nacht beichtete derjenige, der mich dieser Summe beraubt hatte, bei einem Priester und gestand, mir das Geld gestohlen zu haben. Der Priester forderte einen meiner nächsten Verwandten auf, sich als Vermittler zur Verfügung zu stellen und mir mitzuteilen, dass sich, was ich verloren hatte, wiedergefunden habe, ohne dass ich wusste, wer es genommen hatte. Am nächsten Tag brachte es mir dieser Mann. Ich dankte der wundertätigen Jungfrau Maria für ihre Wohltaten.[38]

Ich möchte jetzt davon berichten, was ich von vertrauenswürdigen Leuten über dieses selige Marienbildnis und die Gründung dieser Kirche hörte. Ein Mann war Hirte auf diesem Berg. Als er eines Tages an einem felsigen Ort vorbeikam, fand er dieses Bildnis der Jungfrau Maria. Er besah es genauer und erkannte, dass es sehr schön war. Er zog es zwischen den Felsen hervor und hängte es an einen Baum. Als es Zeit war, den Berg zu verlassen, sagte er sich, dass er das Bildnis in die Stadt zum Bischof mitnehmen wolle, dass dieser ihm vielleicht ein kleines Almosen dafür gäbe. Am Abend nahm er das Bild und begab sich zum Bischof. Seine Eminenz prüfte es und sah, dass es eine Rarität war, von der Hand eines sehr begabten Meisters gemalt. Er fragte den Hirten, woher er dieses Bildnis habe. Dieser antwortete ihm, dass er es auf dem Schwarzen Berg zwischen den Felsen gefunden habe und es ihm mitbringe. Der Bischof dankte ihm, gab ihm seinen Obolus und entließ ihn.

Aber damit hatte es nicht sein Bewenden. Am nächsten Tag trieb der Hirte wie gewöhnlich seine Schafe zur Weide auf diesen Berg. Als er am nämlichen Ort vorbeikam, sah er dasselbe Bildnis zwischen den Felsen, so wie er es tags zuvor gefunden hatte. Er war erstaunt, nahm es und brachte es wieder zum Bischof. [82v] Als dieser das Bildnis in dessen Händen sah, war er verblüfft und fragte ihn, wo er es gefunden habe. Der Hirte antwortete, dass er es zwischen den Felsen am selben Ort gesehen habe wie am Tag davor. Der Prälat wunderte sich und schickte seinen Schüler, nachzusehen, ob das Bild noch in der Zelle war, wo er es hingehängt hatte. Der Schüler kam zurück und sagte, dass er es nicht gefunden habe. Die Verwunderung des Bischofs wurde noch größer; er gab dem Hirten seinen Obolus und entließ ihn.

Dann hängte er dieses Bildnis am selben Ort wie zuvor in seiner Zelle auf. Der Hirte kam am dritten Tag am nämlichen Ort vorbei und erblickte das Bildnis dort, wo er es beim ersten Mal gefunden hatte. Er war perplex und sagte sich, denn er war von einfachem Gemüt, dass jemand dieses Bildnis jedes Mal beim Bischof gestohlen und es an diesem Ort abgelegt habe. Er nahm es wieder an sich, begab sich zum Bischof und sagte zu ihm:

– Ich glaube, mein Herr, dass einer deiner Diener es raubt und es zu diesem Ort bringt.

Der Bischof stand auf, ging in seine Zelle und fand es nicht vor. Er war nun sicher, dass es sich um ein Wunder der Jungfrau Maria handelte und dass sie auf diesem Berg eine heilige Stätte haben wollte. Er gab sogleich Anweisung an alle seine Pfarrer, die Priester, die Vorsteher der Klöster, den gesamten Klerus, in ihren religiösen Gewändern gemeinsam mit den Diakonen, welche die Kerzen und die Rauchfässer trugen, in seine Residenz zu kommen, um mit großem Gepränge zu einer allgemeinen Prozession hinauszugehen. Wie seine Eminenz angeordnet hatte, versammelten sich alle am nächsten Tag zu dieser Prozession. Als sie vollzählig waren, hob der Bischof mit größter Ehrfurcht und Ehrerbietung das Bildnis über seinen Kopf und trug es auf den Berg.[39]

Sie riefen den Hirten und fragten ihn nach dem Ort, wo er es gefunden hatte. Er führte sie dorthin. Der Bischof trat vor und bestimmte den Ort, an dem die Kirche gebaut werden sollte. Man holte die Maurer und die Arbeiter [83r] und begann mit dem Bau. Ein Altar für das Bildnis der Jungfrau Maria wurde errichtet.

Seit dieser Zeit bis auf den heutigen Tag hat diese Barmherzige Mutter außergewöhnliche Wunder getan; alle, die Zuflucht bei ihr suchen und ihre Anliegen voller Glauben an sie richten, erhalten, worum sie bitten. Dies habe ich über diese

Madonna vom Schwarzen Berg erfahren und gehört. Ihre Geschichte ist in allen Ländern der Christenheit so bekannt, dass ein Schiff, wenn es unter der Kirche vorbeifährt, ihr seine Ergebenheit kundtun muss, indem es Kanonenschüsse abfeuert. Fährt es vorbei, ohne dies zu tun, wird es vom Unglück heimgesucht und unweigerlich untergehen. Wer mir nicht glaubt, soll jene fragen, die diese Gegenden besucht haben, ob es nicht stimmt.

Nach diesem Erlebnis wurde euer ergebener Diener krank. Schüttelfröste und Fieber hielten mich zwei Wochen im Griff. Zu dieser Zeit kam aus Genua die Nachricht, dass drei Galeeren des Sultans von Frankreich in Messina angekommen seien mit Töchtern von Prinzen an Bord, die dort zu Besuch bei einer Prinzessin, Tochter eines französischen Königs, seien. Mein Meister freute sich sehr, als er dies hörte. Er bereitete sogleich seine Abreise nach Genua vor, um dort auf diese Galeeren zu stoßen und auf diese Weise ohne Furcht vor den Korsaren nach Marseille zu gelangen. Als der *Chawādscha* seine Reisevorbereitungen traf, sagte er zu mir:

– Du bist krank, du kannst nicht mit mir kommen. Bleib hier und erhole dich; ich werde in Marseille auf dich warten.

Als ich ihn dies sagen hörte, überfiel mich eine große Traurigkeit. Ich befand mich hier, krank, weit von zu Hause entfernt. In meiner Verzweiflung rief ich die Barmherzige Mutter, [83v] die Jungfrau Maria, an.

Ein alter Mann, der ein Philosoph war, kam zu dieser Zeit zu uns, um meinen Meister zu verabschieden. Er kannte mich, weil er mich als Begleiter meines Meisters bei sich zu Hause gesehen hatte. Als er mich in diesem Zustand erblickte, fragte er mich, was ich hätte und was mir zugestoßen sei. Ich berichtete ihm von meiner Krankheit und sagte ihm, dass mein Meister beabsichtige, ohne mich abzureisen und mich dort zu lassen. Er sagte zu mir:

– Sei ohne Furcht, so Gott will, wirst du mit deinem Meister reisen. Komm um vier Uhr zu mir, ich muss dich sehen.

Daraufhin ging er. Ich wartete bis vier Uhr und begab mich dann zu ihm. Er erwartete mich und fragte mich:

– Um welche Zeit kommen die Schüttelfröste?

– Sie kommen um neun Uhr und halten bis Mittag an, danach kommt das Fieber, das bis zum Abend anhält; danach klingt es ab.

Er nahm ein Kristallfläschchen aus einem Wandschrank und goss daraus dreißig *Dirham* destilliertes Wasser in ein kleines Fläschchen um. Dieses gab er mir und forderte mich auf, ein Drittel davon vor dem Zubettgehen zu trinken, ein zweites Drittel beim Fieberschub und das dritte Drittel wieder vor dem Schlafen.

– Und solltest du je in deinem Leben wieder fiebrige Schüttelfröste haben, bin ich es, dem du dies vorwerfen kannst, sagte er zu mir.

Ich tat, wie er mich geheißen hatte, und das Fieber ging weg, und bis heute, da ich fünfundsiebzig Jahre alt bin, habe ich nie wieder welches bekommen. Dies kann ich von den Wohltaten der Jungfrau Maria bezeugen, die ich um Hilfe angefleht habe, als ich krank war.

Am nächsten Tag verließen wir Livorno auf einer Barkasse[40], ohne uns, aus Furcht vor den Korsaren, weit von der Küste zu entfernen. Im Hafen von Genua gingen wir von Bord, nahmen unser Gepäck und begaben uns zu einer Herberge in der Stadt. Der Wirt weigerte sich, uns eintreten zu lassen; er forderte von uns [84r] ein vom Statthalteramt ausgestelltes Dokument. Eine Verfügung des Statthalters in der Stadt[41] verlangt tatsächlich, dass niemand einen Fremden ohne eine Bestätigung durch das zuständige Amt beherbergen darf. Diese Maßnahme dient dazu, über die Anzahl Fremder, die in der Stadt wohnen, Bescheid zu wissen, um zu verhindern, dass ein Feind eindringt und sich dort versteckt.

Wir, mein Meister und ich, begaben uns also zum Statthalteramt. Beim Eintreten sah ich in einem Zimmer einen Mann sitzen, der speziell für diese Angelegenheit zuständig war. Er fragte uns, aus welchem Land wir stammten. Mein Meister antwortete ihm, dass er französischer Herkunft sei und ich ein Orientale. Er fragte uns noch nach dem Zweck unseres Aufenthaltes in diesem Land und welches unser Ziel sei. Mein Meister unterrichtete ihn über die Umstände unserer Ankunft und unsere bevorstehende Abreise nach Frankreich. Der Mann stellte daraufhin einen Passagierschein[42] aus, versah ihn mit Datum und händigte ihn uns aus. Wir kehrten in die Herberge zurück, und ich übergab dem Wirt das Papier. Sie brachten uns nun unser Gepäck und wiesen uns die Zimmer zu.

Wir blieben dort und warteten auf die Galeeren, auf denen wir reisen sollten. Drei Tage nach unserer Ankunft forderte der Herbergswirt uns auf, unseren Passagierschein bei demjenigen, der uns den ersten ausgestellt hatte, zu erneuern. Wir waren daher gezwungen, ihn ändern zu lassen gegen einen neuen mit neuem Datum. Wir blieben fünfzehn Tage in Genua. Ich erging mich in der Stadt und bewunderte die schönen Gebäude und Paläste aus weißem Marmor. Ich habe auch prachtvolle Kirchen besucht.

Als ich eines Tages durch eine enge Gasse ging, bemerkte ich Häuser, die ganz zerfallen waren. Da ich es verwunderlich fand, so großartige Bauten in einem solchen Zustand des Verfalls zu sehen, fragte ich nach dem Grund. Man gab mir [84v] zur Antwort, dass der Sultan von Frankreich einen Botschafter in dieser Stadt habe, um sein Ansehen zu erhalten. Die Könige haben die Gewohnheit, Botschafter in Fürstentümer wie dieses hier zu schicken, um ihnen Schutz gegen ihre Feinde zu geben. Aber die Bewohner dieses Fürstentums sind stolz, und man nennt diese Stadt Genua, die Stolze. Sie verachteten diesen Botschafter und behandelten ihn nicht mit der ihm gebührenden Achtung, ebenso wenig wie denjenigen, der ihn geschickt hatte. Der Botschafter ertrug die Beleidigungen geduldig, denn er war ein gottesfürchtiger Mann. Er wollte keine Revolten und keinen Hass hervorrufen, für die man ihm die Schuld hätte geben können. Aber Feingefühl schürt die Heimtücke. Eines Tages fanden die Diener das Tor zum Palast und die Insignien des Sultans von Frankreich darüber beschmiert vor. Sie gingen und erzählten Seiner Exzellenz, dem Botschafter, was geschehen war. Als dieser davon Kenntnis erhielt und es mit eigenen Augen gesehen hatte, fühlte er sich vor seinem Gewissen dazu verpflichtet, die Stadt zu verlassen und wegzufahren, darauf bedacht, die Ehre seines Souveräns gegenüber dieser Beleidigung des Sultans und seiner eigenen Person durch die Leute von Genua zu rächen.[43]

Am folgenden Tag nahm er daher mit, was er für die Reise brauchte, ging an Bord eines Schiffes[44] und reiste nach Marseille ab, ohne dass jemand über den Grund seiner Reise nach Frankreich Bescheid wusste. In Marseille angekommen, nahm er mit zwei Männern seines Gefolges sogleich einen Wagen und machte sich auf den Weg nach Paris. Nach einer Unterredung mit dem Minister, dem er berichtete, was geschehen war, begleitete er diesen zu Seiner Exzellenz, König Ludwig dem Vierzehnten mit Namen. Als er vor ihn trat, übergab er ihm einen Bericht über alles, was in der Stadt Genua passiert war, die Revolte der Bewohner und ihre mangelnde Achtung gegenüber Seiner Exzellenz, dem Sultan von Frankreich. Die Lektüre dieses Berichtes [85r] versetzte den König in großen Zorn. Er befahl sogleich, den Oberbefehlshaber kommen zu lassen, und stellte ihm einen Ferman aus. Er erteilte den Befehl, vierzig Galeeren und eine bestimmte Anzahl von Schiffen mit Soldaten zu nehmen, sich nach der Stadt Genua zu begeben, sie mit Kanonen zu bombardieren und sie gänzlich zu zerstören und keinen Stein auf dem anderen zu lassen, und sei es um den Preis des Lebens aller Einwohner der Stadt. Der Oberbefehlshaber ging und führte aus, was ihm der König befohlen hatte.

In Genua angekommen, befahl er den Kapitänen der Schiffe, weit entfernt vom Hafen zu ankern, und den Galeeren, im seichten Wasser in der Nähe der Stadt und auf der anderen Seite zu ankern, um sich nicht dem Kanonenfeuer der Festung auszusetzen. Dies alles geschah, ohne dass die Bewohner von Genua von der Ankunft der Flotte wussten, noch deren

Absicht ahnte, die Stadt zu zerstören. Sie merkten nichts, bis zu dem Moment, als die Geschosse wie brennende Holzscheite vom Himmel auf sie heruntergingen und den Ort vollkommen zerstörten. Sie wussten nicht, was tun, und hatten große Angst, dass alle Menschen und Familien in den Trümmern umkämen.

Der Doge verließ die Stadt in Begleitung der Würdenträger Genuas, des Bischofs und der Priester. Sie fuhren aufs Meer hinaus und baten den Kommandanten der Flotte, die Bombardierung einzustellen, bevor alle Einwohner getötet würden. Der Kommandant entgegnete ihnen, sein Herr, der Sultan von Frankreich, habe ihm den Befehl gegeben, die Stadt zu zerstören und keinen Stein auf dem anderen zu lassen. Wenn sie um das Leben der Bewohner und ihrer Familien fürchteten, sollten sie ihnen befehlen, die Stadt zu verlassen und sich zu entfernen, bevor sie alle umkamen. Er selbst könne den Befehlen seines Herrn, des Sultans von Frankreich, die Stadt vollkommen zu zerstören, nicht zuwiderhandeln. Sie flehten ihn an, ihnen Aufschub zu gewähren, der ihnen erlaubte, sich zum König zu begeben. Vielleicht würde er Gnade walten lassen.[45]

Der Kommandant hielt ihre Bitte für gerechtfertigt und befahl, das Feuer bis zur Ankunft eines neuen Befehls von Seiner Exzellenz, dem König, einzustellen. Er [85v] würde auf ihre Rückkehr warten.

Der Doge wählte nun zwanzig Granden und Edelleute aus Genua, die er mit Geschenken zum Sultan von Frankreich schickte. Bei ihrer Ankunft hatten sie eine Unterredung mit Seiner Exzellenz, dem Minister, und baten ihn um eine Audienz beim König. Der Minister willigte ein, und sie erhielten die Audienz. Sobald sie vor den König traten, warfen sie sich ihm zu Füßen und baten ihn, ihre Stadt und deren Bewohner zu verschonen, denn sein Zorn habe sie in größte Not gebracht. Der König hatte Mitleid mit ihnen, verzieh ihnen ihren Fehler und gestand ihnen die Unterwerfung zu.

Er befahl dem Minister, sie als Gäste mit allen Ehren zu

empfangen. Der Minister führte die Anweisungen aus und ließ ein großes Bankett vorbereiten. Er ließ ihnen alle Wohnungen und Lustgärten des Königspalastes zeigen, die auf der ganzen Welt nicht ihresgleichen haben. Nach dem Besuch und dem Gastmahl bereiteten sie ihre Rückreise vor. Der Minister fragte sie nun auf einen Wink des Königs hin, ob ihnen die Anlage und Schönheit des Palastes gefallen und ob sie sich wohlbefunden hätten und zufrieden seien. »Ja, mein Herr«, antworteten sie. Sie hätten alles in perfekter Ordnung gefunden und von größter Schönheit. Die einzige Unannehmlichkeit habe darin bestanden, dass die Granden von Genua sich zu Füßen des Sultans von Frankreich hätten werfen müssen.

Diese Worte gingen auf ihren Hochmut und ihren Stolz zurück, denn es wäre ihnen leichter gefallen zu sterben, als die Erniedrigung und Niederlage zu ertragen, die sie entgegen ihrem Willen hinnehmen mussten.[46]

Der Minister tadelte sie für diese unverschämten und überheblichen Worte und hielt ihnen die Milde und Nachsicht des Königs vor. Dann entließ er sie, die verlegen waren und bereuten, solche Worte geäußert zu haben. Sie verließen Paris und erreichten die Stadt Genua. Sie legten dem Kommandanten den Ferman vor, den sie [86r] von Seiner Exzellenz, dem König, erhalten hatten und in dem er ihm befahl, die Belagerung abzubrechen und zurückzukehren. Doch im Anschluss an die Worte, die sie geäußert hatten, schickte der Minister auf dem Landweg per Boten einen Brief an den Kommandanten und trug ihm auf, den Ort erst zu verlassen, nachdem die gesamten Kosten für die Schiffe, die Galeeren, den Sold der Soldaten und andere Aufwendungen erstattet worden seien. Der Kommandant schickte dem Dogen die Forderung für die so angefallenen Kosten, die sich auf eine bestimmte Summe Geld beliefen. Er zog erst ab, als er die gesamte Summe erhalten hatte. Er kehrte nach Frankreich zurück und erstattete dem König Bericht über alles, was er getan hatte.

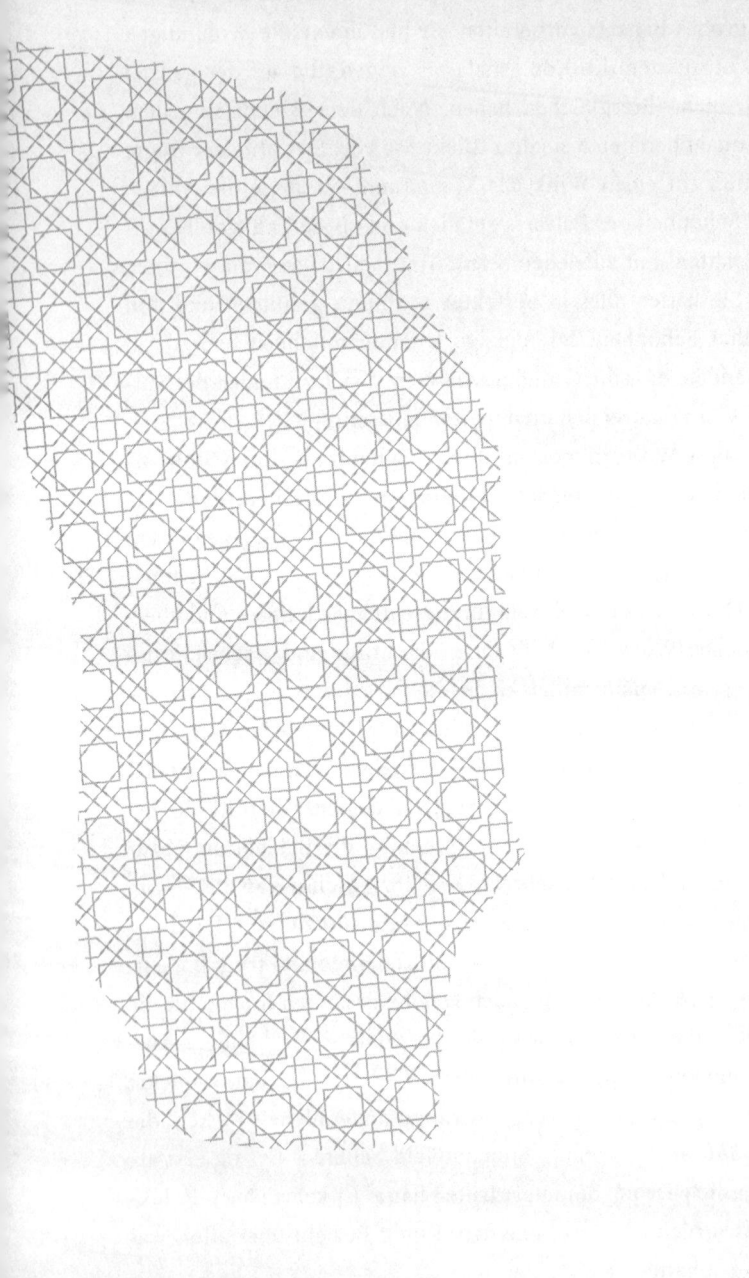

7. KAPITEL

VON UNSERER REISE IN DAS LAND FRANKREICH [1]

E inige Tage danach reisten wir mit diesen französischen Galeeren in Richtung der Stadt Marseille ab. Man hatte uns auf der ersten, der Kapitänsgaleere, untergebracht, zusammen mit den Töchtern der Prinzen, von denen wir gesprochen haben.[2] Dies war eine große Ehre für meinen Meister und ein Zeichen, dass er der Obrigkeit des Königreichs bekannt war. Als ich an Bord der Galeere kam, sah ich etwas, was ich noch nie gesehen hatte. Die Galeere war mehr als hundert Ellen lang.[3] An dem einen Ende war ein erhöhter Platz[4], wo sich die Kajüte des Kapitäns befand. Außerhalb der Kajüte gab es so etwas wie einen offenen Salon[5] mit Fenstern auf das Meer, Esstischen zu beiden Seiten, alles reich verziert und schön bemalt. Über der Kapitänskajüte lag eine Terrasse. Sie wurde in Mannshöhe von einer Leuchte aus durchsichtigem Glas überragt. Unter der Kajüte des Kapitäns standen nebeneinander zwei große Kanonen, mit den Mündungsrohren auf das Meer hinaus gerichtet.

Beim Eintreten in die Kapitänskajüte drängte sich mir der Vergleich mit einem königlichen Palast auf. Sie war ganz mit einer aus Kristallspiegeln versehenen Decke geschmückt. Königliche Waffen, glänzend wie Silber, waren an allen vier Ecken aufgestellt, alle mit silbernen [86v] oder goldenen Bemalungen versehen, die den Betrachter in Bewunderung versetzten. Am anderen Ende der Galeere richteten ebenfalls zwei Kanonen ihre Mündungsrohre auf das Meer.

Darüber befand sich eine große Terrasse, welche die ganze Breite der Galeere einnahm. Dort war der Aufenthaltsbereich der Soldaten. Darunter lagen die Küchen mit einem großen Herd aus Eisen und einem kleinen Backofen, ebenfalls aus Eisen, zum Backen des täglich frischen Brotes. Um die Kapitänskajüte und den offenen Salon waren Kästen aufgestellt, in denen Kräuter für den Salat angepflanzt wurden. Hühner, Tauben, Junghähne und Schafe waren im Laderaum untergebracht, bereit zur Schlachtung für täglich frisches Fleisch. Kurz, alles war bestens geregelt und organisiert.

Bei der näheren Besichtigung des Mittelteils der Galeere sah ich Bänke, zwölf auf jeder Seite, die jeweils zwei Ellen voneinander entfernt waren. Auf jeder betätigten zu beiden Seiten des Schiffes jeweils sechs Personen, Sträflinge[6], die Ruder. Im Durchgang zwischen den Bänken gingen Soldaten auf und ab, von denen jeder einen Ochsenziemer in der Hand hielt. Zeigte sich, dass einer der Ruderer aus Müdigkeit oder Trägheit nachließ, schlug ihn der Soldat mit dem Ochsenziemer auf den Rücken, so stark, dass sie blaue Flecken an diesen Körperstellen hatten. Ihr Anblick war traurig.[7] Man hätte meinen können, dass sie sich, von Dämonen gepeitscht und gemartert, in der Hölle befanden. Beim Anblick dieses traurigen Schauspiels wandte ich mich dem Priester der Galeere zu, der neben mir stand, und fragte ihn:

— Warum, mein Vater, so viel Grausamkeit von Christen? Ist das erlaubt?

— Du bist entschuldigt, entgegnete der Priester, denn du bist ein Fremder und kennst dich in diesen Dingen nicht aus. Doch da du nach diesen Leuten fragst, mein Sohn, will ich dir sagen, dass jeder von ihnen für seine Taten den Tod verdient hätte. Aber das Gesetz hat aus Gründen, die ihnen bekannt sind, Milde walten lassen. Jeder von ihnen ist nach seiner Schuld verurteilt, die einen für drei Jahre Galeerendienst, andere für fünf [87r] Jahre, wieder andere für das ganze Leben. Man verurteilt sie, um ein Exempel zu statuieren, um zu vermeiden, dass andere solche Ungeheuerlichkeiten, solche offenkundigen und zutage liegenden Verbrechen begehen.

Die Worte des Priesters überzeugten mich, und ich sagte mir, dass ich im Himmel lebte im Vergleich zur Hölle, in der sich diese hier befanden. Möge Gott uns vor allem Übel bewahren!

Einige Tage danach erreichten wir den Hafen von Marseille. Als unser Schiff einfuhr, donnerten Kanonenschüsse von den beiden Festungen, die am Eingang der Fahrrinne zum Hafen liegen. Um hineinzugelangen, müssen die Schiffe zwischen den beiden befestigten Zitadellen hindurchfahren. Trifft ein Schiff bei der Einfahrt zu dieser Fahrrinne ein, werden die Segel gestrichen, und Schaluppen schleppen es durch die Enge bis zum Landeplatz, wo es am Kai festgemacht wird,[8] denn dieser befindet sich im Inneren der Stadt, in die das Meer hereinströmt. Diese große und weitläufige Stadt gewährt allen Schiffen und Galeeren Zufahrt. Eine große Eisenkette verbindet die beiden Festungen an der Einfahrt des Hafens. Bei Sonnenuntergang spannt man sie mithilfe einer Seilwinde von einer der beiden Festungen aus bis auf Meereshöhe. Auf diese Weise kann noch nicht einmal eine kleine Schaluppe durch die Fahrrinne hinein oder hinaus. Am Morgen lässt man die Kette ins Meer sinken und der Weg ist für jene, die hinein- oder hinauswollen, wieder offen.[9]

Ich sah, dass sie einen Reinigungsmechanismus für diesen Hafen eingerichtet hatten. In einer großen und breiten Schaluppe war ein großes und breites Rad angebracht, das zwei Sträflinge, die im Inneren saßen, mit ihren Füßen und Händen zum Drehen brachten, indem sie eine Stufe nach der anderen bestiegen, dabei aber auf der Stelle blieben. Dadurch wurde das Rad in Bewegung gesetzt, und zwei Eisenblätter wurden sichtbar; das eine ging nach vorn hinunter und kratzte den Schlamm und den Schlick zusammen, hob ihn dann heraus, um ihn in eine andere Schaluppe zu kippen. Daraufhin [87v] senkte sich das zweite Eisenblatt, kratzte am Grund und kam nach oben, um

Ansicht von Marseille, 1760.

seinerseits den Inhalt in eine Schaluppe abzuladen. Der Mechanismus funktioniert so, dass das Eisenblatt geleert wird, ohne dass eine Person dabei eingreifen muss. So verfährt man das ganze Jahr hindurch.[10]

Als die Prinzessinnen bei unserer Ankunft die Galeere verließen, organisierte man zu ihren Ehren einen Festumzug und führte sie mit großem Gefolge und unter allerlei Ehrbezeugungen, denn sie waren Königstöchter, zum Palast des Kommandanten, will sagen: zum Gouverneur der Stadt. Das Fest dauerte drei Tage. Alle Arten von Lustbarkeiten wurden geboten.[11]

Insbesondere gab es auf der Galeere einen Jungen, Sohn eines Sultanatsprinzen, der ein Verbrechen begangen hatte, das nach dem religiösen Gesetz mit dem Tod bestraft zu werden verdiente. Mehrere Prinzen, Freunde seines Vaters, hatten Gnadengesuche eingereicht, aber es gab keine Möglichkeit, sie ihnen zu gewähren. Man verurteilte ihn zu Galeerendienst auf Lebenszeit. Dieser junge Mann war von schöner Gestalt. Er war ein Meister in der Tanzkunst, darin er dank seiner Gelenkigkeit in Frankreich nicht seinesgleichen hatte. Der Gouverneur der Stadt hatte den Einfall, ihn kommen und vor den Prinzessinnen tanzen zu lassen. Er schickte daher einen Trupp Soldaten zum Kapitän der Galeere, auf der sich dieser junge Mann befand, und befahl, ihm die Ketten abzunehmen und ihn herbeizubringen. Der junge Mann stellte sich den Prinzessinnen vor und entbot ihnen die Ehrbezeugungen, die ihrem Rang zukamen. Euer ergebener Diener war bei diesem Fest anwesend, als er den Ort betrat.

Der Gouverneur hieß ihn tanzen und seine Meisterschaft in dieser Kunst zeigen. Er begann also zur Musik zu tanzen. Er tanzte wunderbar und erregte die Bewunderung aller Anwesenden. Als sein Tanz zu Ende war, warf er sich den Prinzessinnen zu Füßen und bat sie inständig darum, seine Befreiung zu erbitten, denn sie hätten als Königstöchter die Macht dazu. Die Älteste von ihnen entgegnete ihm:

– Junger Mann, verlange von uns, was du willst, du wirst alles erhalten, nur nicht [88r] deine Befreiung. So ist das Urteil nach dem Gesetz. Wir haben nicht die Macht, es aufzuheben. Gehe in Frieden!

In seiner Erwartung enttäuscht und voller Verzweiflung ging er weinend und in tiefem Gram davon. Alle Anwesenden bedauerten sein Unglück.[12]

Kehren wir zu unserem Gegenstand zurück. Nach unserer Ankunft in Marseille begaben wir uns in die Herberge mit dem Namen *Petit Paris*, will sagen: »Klein Paris«. Die Herbergswirtin empfing uns mit großer Aufmerksamkeit und machte für uns zwei möblierte Zimmer zurecht, mit allem versehen, dessen man zum Leben bedarf. Zwei Stunden später verspürte ich ein natürliches Bedürfnis und stieg hinunter, um den Abort zu suchen. Eine Magd fragte mich, was ich suchte; ich teilte es ihr mit. Sie sagte zu mir, ich solle in das obere Stockwerk steigen, da ich dort fände, was ich suchte. Ich stieg wieder hinauf und schaute überall hinein, wobei ich verschiedene Türen öffnete, ohne den Ort zu finden, den ich brauchte. Ich stieg wieder hinunter und bat die Magd noch einmal, mir den Ort zu zeigen, denn ich hätte ihn nicht gefunden. Sie sagte:

– Was du suchst, ist in deinem Zimmer unter dem Bett.

Ich ging also wieder hinauf, betrat das Zimmer, hob die Bettdecke und erblickte einen großen Nachttopf. Ich verstand nun, dass es keine Latrinen gab. Ich hatte demnach hinfort keine andere Wahl, als die Herberge zu verlassen. Ich erkundigte mich nach dem Weg, aus der Stadt herauszukommen, und man zeigte ihn mir. Ich fand in den Gärten einen geschützten Ort, wo ich meinem Bedürfnis nachkommen konnte. Danach kehrte ich in die Herberge zurück. Einen Aleppiner, dem ich begegnet war,[13] ersuchte ich um Aufschluss über diese eigenartige Geschichte.

– Diese Stadt hat keine Latrinen, sagte er. Da der Grund auf der Höhe des Wassers liegt, können sie nicht graben. Deshalb verrichtet jeder seine natürlichen Bedürfnisse in seinem Zimmer, in ein Gefäß, wie du es gesehen hast. In der Nacht werfen sie den Inhalt durch das Fenster auf die Straße. Die Müllsammler kommen am frühen Morgen, um den [88v] Unrat einzusammeln. In der Mitte jeder Gasse der Stadt befindet sich eine Abflussrinne, durch die ständig Wasser hinunterläuft. Alle entledigen sich ihres Mülls mit diesem Wasser vor der Tür.[14]

Mitten in der Stadt befindet sich zwischen dem Römer Tor und dem Pariser Tor eine große Fläche, die *Cours* heißt.[15] Sie ist von beiden Seiten mit Bäumen bepflanzt, und zwischen jedem Baum und dem nächsten steht eine Steinbank. In einer Rinne unter den Bäumen fließt Tag und Nacht Wasser. Die Notabeln, aber auch viele Leute aus dem Volk, ergehen sich auf der langen und breiten Mittelallee dieser Fläche. Es ist ein offener, durch die Bäume vor Sonneneinstrahlung geschützter Ort, ähnlich einem Garten.

Es gibt noch einen anderen weiträumigen Ort mit hohen Säulen, *Hôtel de ville*[16] genannt. Dort versammeln sich alle Händler und Agenten. Die Verhandlungen, Verkäufe und Käufe finden dort von zehn Uhr morgens bis mittags und von zwei Uhr nachmittags bis zum Abend statt.[17] Das Haus des Konsuls liegt darüber, und hier führt er wie ein *Schāhbandar* die Prozesse mit den Händlern.[18] An einem weiteren Ort, der das Handelsgericht genannt wird,[19] kümmert sich der Konsul um Angelegenheiten der Händler aus Indien und des Orients. Er ist wie ein Richter, der zwischen denen Recht spricht, die mit diesen beiden Teilen der Welt Handel treiben.[20]

Niemand darf Handel treiben oder Händler werden ohne die Einwilligung der Leute dieses Ortes. Sie prüfen seinen Beweggrund und lassen mächtige Händler in der Höhe einer bestimmten Summe für ihn bürgen. Dann geben sie ihm die Bewilligung, in den Ländern seiner Wahl Handel zu treiben. Auch für die Agenten dieses Handelshafens[21] wird von Dritten gebürgt. Sie erkaufen sich diese Funktion durch Hinterlegung einer Kaution von dreitausend Piastern. Tatsächlich sind sie es, die, vorausgesetzt, sie sind integer, alle Geschäfte der Händler in die Hände nehmen und die Verwaltung ihrer Vermögen gewährleisten. Die Händler verlassen sich bei allen Käufen und Verkäufen auf sie, als ob diese selbst Eigentümer ihrer Güter wären, und niemand widerspricht ihnen, gleichgültig, worin. Dies habe ich über die Organisation der Händler Frankreichs erfahren [89r] und habe es aufgeschrieben.[22]

Ich erging mich in der Stadt Marseille und besuchte Kirchen und Klöster. Eines Tages zeigte man mir die Höhle der Maria Magdalena. Hier lebte sie mit ihrem Bruder Lazarus, nachdem die Juden sie aus der Stadt Jerusalem vertrieben hatten. Sie hatten sie in ein Boot ohne Segel und ohne Ruder gesetzt und so der Strömung überlassen. Unser Herr bewahrte sie vor Schiffbruch, und das Boot brachte sie bis nach Marseille, dessen Bewohner zu jener Zeit Götzenanbeter waren. Maria Magdalena und Lazarus gingen in die Stadt und versteckten sich in einer Höhle, mussten aber betteln gehen, um sich zu ernähren. Sie vollbrachten so viele Wunder, dass die Bewohner der Stadt ihretwegen den Glauben annahmen. Schließlich kamen die Apostel in die Stadt und tauften alle Bewohner. Ihre Chronik zu erzählen wäre zu lang.[23]

Ich besuchte diese heilige Höhle, die auf der anderen Seite des Hafens und in der Nähe der Stockfischläden liegt.[24] Wer die Stadt besucht hat, kennt diesen Ort. Ich besuchte auch die Kirche der Jungfrau, Beschützerin von Marseille. Sie steht auf einer Bergspitze und heißt in französischer Sprache *Madame de Garde*. Sie hat zahlreiche Wunder vollbracht.[25] Ich stieg in Gesellschaft einer Gruppe von frommen und der Jungfrau Maria ergebenen Einwohnern Marseilles auf diesen Berg. Am Abhang des Berges sah ich eine Nische mit einem Fenster, in der sich ein kniender Jesus im Gebet befand. Das Bild stellt das Gebet am Ölberg dar. Er ist in Lebensgröße abgebildet, schweißbedeckt und in Todesangst, so, wie es im Evangelium steht. Dieser Anblick erfüllt einen mit Trauer. Man hatte es hingestellt, um zum Nachdenken über das Leiden Christi anzuhalten.[26]

Beim Weitergehen habe ich noch eine weitere Nische gesehen, darin Jesus an eine Säule gebunden ist. Wachen halten

Gerten und Geißeln in der Hand, wie um ihn auszupeitschen.
[89v] In einer anderen, weiter oben, wird Jesus von den Wachen eine Dornenkrone aufgesetzt. Noch weiter oben ist eine Nische, in der man Jesus das Kreuz auflädt. Und noch einmal weiter oben steht eine letzte, in der Unser Herr Messias auf das Kreuz genagelt wird. Die Henker versenken die Nägel in seine Hände und Füße. Ein Henker mit einem Hammer in der Hand treibt mit größter Grausamkeit die dicken Nägel in die Glieder Unseres Herrn Messias. Neben diesem Soldaten trägt ein Kind einen Korb mit Nägeln. Dies alles ist höchst kunstvoll ausgeführt, sodass der Betrachter den Eindruck hat, an den Orten gegenwärtig zu sein, an denen sich die fünf Mysterien des Leidens erfüllt haben.

Der Zweck besteht darin, denjenigen, der die fünf Stationen des Leidens gesehen hat, vor dem Betreten der Kirche zu größter Demut und Reue zu bewegen. Ich stieg am Ende bis zur Kirche auf dem Gipfel dieses Berges hinauf. Sie steht über dem Meer, das etwa drei Meilen weit entfernt ist. Von diesem Punkt aus konnte man die Schiffe sehen, die in den Hafen einfuhren. Wachen beobachteten ohne Unterlass das Meer, um beim Anblick eines Feindes Alarm zu geben. Ich betrat die Kirche und besuchte die heilige Messe, danach kehrte ich zur Herberge zurück.

Auf dem Weg begegnete ich einem Händler aus Marseille. Ich sah, dass er stehen blieb und mich zu mustern begann. Dann fragte er mich:

– Bist du nicht der Soundso aus der Stadt Aleppo?

– Doch.

– Erkennst du mich nicht mehr?

Ich betrachtete ihn näher und erkannte ihn: Es war mein Meister aus meiner Jugendzeit; er hieß *Chawādscha* Rimbaud.[27] Ich begrüßte ihn daraufhin. Er begrüßte mich ebenfalls und fragte mich, wie ich nach Marseille gekommen sei. Ich erzählte ihm in allen Einzelheiten, was ich erlebt hatte, und gab ihm Auskunft über meinen Meister, mit dem ich nach Paris unterwegs war. Als er mich hörte, hatte er Angst, dass mir etwas zustoßen könnte. Er forderte mich auf, ihn nach Hause zu begleiten.

Als [90r] ich eintrat, befahl er der Magd, mir etwas zu essen zu bringen. Als wir fertig gegessen hatten und ich ihn darum bat, in die Herberge zurückkehren zu dürfen, untersagte er es mir und meinte:

– Bleibe hier in meinem Haus, ich werde dich nicht in den Händen eines Mannes lassen, über den ich nichts weiß.

– Ich bitte dich, mir den Gefallen zu erweisen, dich über ihn zu unterrichten, entgegnete ich, denn ich habe große Lust, ihn nach Paris zu begleiten. Er hat mir versprochen, sich für mich zu verwenden.

Er bedachte meine Worte und schickte einen seiner Diener mit mir, um meinen Meister zum Mittagessen einzuladen. Dieser kam. Als sie zusammenkamen, sagte der *Chawādscha* Rimbaud zu ihm:

– Wisse, dass ich diesen jungen Mann erzogen habe, als ich in der Stadt Aleppo war. Ich habe ihn hier wieder angetroffen und möchte ihn endgültig bei mir behalten.

Mein Meister machte seine Funktion als Reisender im Auftrag des Sultans von Frankreich geltend. Er habe den Auftrag von Seiner Exzellenz, dem Minister Pontchartrain, dem Orientminister,[28] aus den Ländern der Levante einen Mann mitzubringen, der die arabische Sprache lesen könne, damit er dereinst zuständig für die Bibliothek arabischer Bücher sein sollte, die dem König gehörten. Er schloss mit der Versicherung:

– Es wird für diesen jungen Mann gute Aussichten geben!

Der *Chawādscha* Rimbaud vernahm die Worte und ließ sich überzeugen. Er willigte ein, dass ich ihn begleitete. Wir aßen und mein Meister brach auf. Er sagte nun zu mir:

– Komm mit. Ich gebe dir einen Brief für einen meiner Freunde in Paris für den Fall, dass dieser Mann sein gegebenes Versprechen nicht halten sollte. Er wird auf dich aufpassen. Wenn du irgendetwas brauchst, wird er dich an mich verweisen.

Ich bedankte mich für sein Wohlwollen und ging. Nach

dieser Begegnung luden mich alle Händler, die in Aleppo gewesen waren und mich kannten, zu sich nach Hause ein und erwiesen mir Ehre. Der erste war der *Chawādscha* Bazan, dann der *Chawādscha* Simon, der *Chawādscha* Bonifay[29], der *Chawādscha* Roux und der *Chawādscha* Samatan[30]. Letzterer war in Aleppo mein liebster Freund gewesen. Er nahm mich auf einen Spaziergang in ihre Gärten mit und zeigte mir interessante Dinge, [90v] lud mich zu sich nach Hause ein und erwies mir große Freundschaft.

Wir blieben zehn Tage in der Stadt Marseille. In dieser Zeit hatte mein Meister vom Handelsgericht[31] alles in Empfang genommen, was er, wie bereits erklärt, aus den Ländern des Orients durch Vermittlung der Konsuln abgeschickt hatte. Dazu gehörte der Inhalt der sieben verschlossenen Kisten. Damit kein Zoll auf der Strecke diese Kisten öffnen und Abgaben darauf erheben konnte, hatte mein Meister vom Zoll in Marseille ein Dokument erhalten, in dem festgehalten war, dass sie abgabenfrei waren. Man drückte auf jede Kiste das Stempelsiegel des Königs. Als dies getan war, übergab mein Meister die Kisten und den Rest seiner Sachen verschlossen einem Kutscher, der nach Paris unterwegs war, damit er sie beim Zoll hinterlasse.

Die Kutscher dieser Länder befördern die Passagiere in einem langen Wagen, der von sechs starken Pferden gezogen wird, und packen alles obendrauf. Als mein Meister ihnen diese Kisten und unser Gepäck anvertraut hatte, blieben uns nur noch unsere Kleider und der Käfig mit den wilden Tieren, von denen wir bereits gesprochen hatten. Es waren nur noch zwei, drei waren unterwegs gestorben.

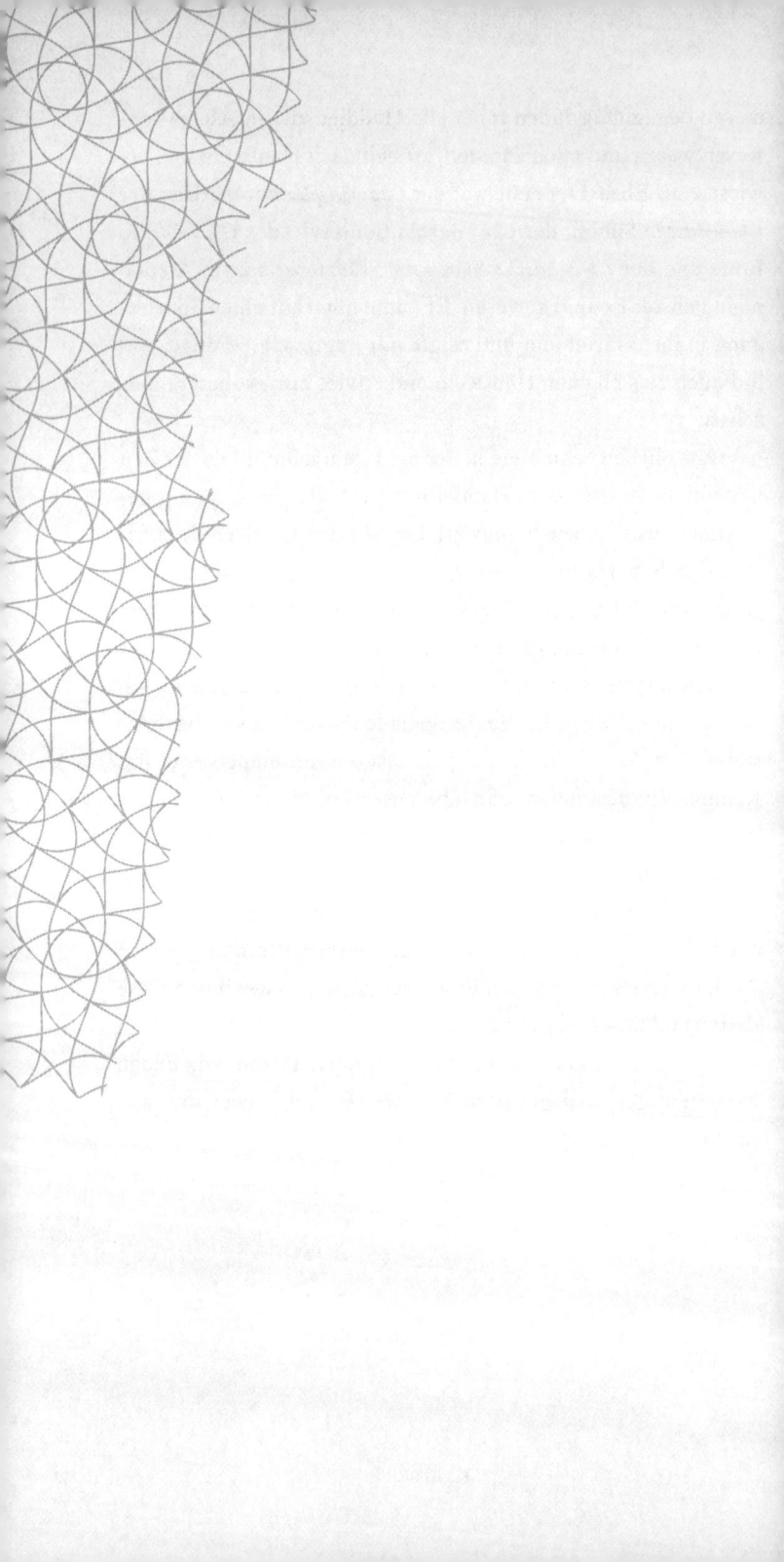

VON UNSERER REISE AUS DER PROVENCE IN DAS LAND FRANK- REICH UND IN DIE STADT PARIS [2]

W ir verließen die Stadt Marseille im Monat März des Jahres 1709.[3] Die erste Stadt, die wir betraten, war die Stadt Azāy. Das ist eine Stadt mit schönen und großen Bauten. Ein König von Frankreich hat sie Seiner Heiligkeit, dem Papst, zur Zeit der alten Päpste bei einem Besuch eines dieser Kirchenfürsten beim Sultan von Frankreich zum Geschenk gemacht. Bis heute hat derjenige, der den apostolischen Stuhle innehat, die Verfügungsgewalt über diese Stadt. Sie ist auf das Recht[4] ausgerichtet, denn sämtliche Gerichte und Rechtsprechungen haben dort ihren Ort, um Rechtsfragen zu lösen.[5] Am nächsten Tag verließen wir diese Stadt und machten uns auf den Weg, wobei wir durch alle möglichen Städte und Dörfer kamen.

[91r] Auf dem Weg nahmen wir jeweils in einer Herberge das Mittagessen, in einer anderen, wo wir auch schliefen, das Abendessen ein und wurden auf der ganzen Strecke mit großer Aufmerksamkeit und aller Ehrerbietung behandelt. Wir setzten unseren Weg bis in die Stadt Lyon fort. Dort stiegen wir in einer Herberge ab, in der wir fünf Tage blieben. Während dieser Zeit erging ich mich und besichtigte die Stadt. Sie ist groß, dicht besiedelt und durch hohe, mächtige Befestigungsmauern gut geschützt. Es gibt luxuriöse Gebäude, großartige Paläste

und prächtige Kirchen. Ein mächtiger Fluss durchquert die Stadt.

Es finden sich in dieser Stadt alle möglichen Gewerbe, insbesondere die Verarbeitung von Seide und prächtigen, kostbaren Stoffen von der Art des *Dībādsch*[6], silbernes und goldenes Seidenbroché[7], von dem die Elle sechs Piaster kostet, und weitere Wunderwerke. Es gibt auch noch anderes Gewerbe wie in anderen Ländern. Diese prächtige Stadt ist etwa so bedeutend und ausgedehnt wie die Stadt Aleppo.

Eine große Kirche hat den Namen Saint-Jean. Ich besuchte sie, und nachdem ich um den Altar herumgegangen war, gelangte ich an einen Ort in der Kirche, wo ich eine große, ein Klafter und eine Spanne hohe Uhr aus gehärtetem Stahl erblickte. Sie ist von einer Kupferkuppel überwölbt, die ihrerseits wieder von einem Hahn aus Kupfer überragt wird. Unter der Kuppel sind Engel, vor jedem ist eine Glocke angebracht. Jede Glocke hat ihren eigenen Ton. Diese Uhr besitzt vier Zifferblätter.

Das erste Zifferblatt ist *sūrī*, will sagen: lang und wenig breit, mit einem Zeiger aus Eisen, der einmal in der Stunde das Zifferblatt umrundet, indem er im Laufe seines Vorrückens den Minuten folgt. Bei der Umdrehung hat er stets die gleiche Größe wie das Zifferblatt. Wenn er in der Mitte ankommt, zieht er sich auf die Größe der schmalsten Partie des Zifferblatts zusammen. Er ist aus einem einzigen Stück Eisen hergestellt. Der Betrachter wird von dieser Bewegung ganz verwirrt. Auf dem zweiten Zifferblatt der Uhr legt der Zeiger in vierundzwanzig Stunden eine Umdrehung zurück, auf dem dritten eine Umdrehung im Jahr. Auf diesem sind [91v] der Jahreskalender, die Feste, die Fastenzeiten, die Sonnen- und Mondfinsternisse sowie andere astronomische Hinweise angegeben. Auf dem vierten Zifferblatt vollführt der Zeiger eine Umdrehung in einem Jahrhundert und sagt Dinge voraus, welche nur die Meister verstehen, die sehr vertraut mit astronomischen Fragen sind. Jeden Tag erscheint der Heilige, der an diesem Tag gefeiert wird, in einer Öffnung, und sein Name steht darübergeschrieben. Am Ende jeder Stunde schlägt der Hahn auf der Kuppel mit den Flügeln und kräht drei Mal. Sein Schrei gleicht vollkommen dem Schrei eines echten Hahnes. Schließlich läuten die Engel unter der Kuppel mit den Glocken, die vor ihnen sind und eine Art Melodie von sich geben. Wenn das vorbei ist, erscheint die kniende Jungfrau Maria mit dem Engel Gabriel vor sich, der ihr den Gruß entbietet. In diesem Augenblick flattert der Heilige Geist in Form einer weißen Taube über ihnen. Wenn alle diese Bewegungen aufhören, läutet die Glocke die Stunde.[8] Alles, was wir hier gesagt haben, geschieht zu jeder Tages- und Nacht-stunde, durchweg, und dies seit Instandsetzung dieser Uhr bis heute. Nichts kommt dieser Uhr gleich.

Nach Aussage der Reisenden hat sie in der ganzen Welt nicht ihresgleichen. Aus diesem Grund hat man die Augen des-sen, der sie hergestellt hat, geblendet, damit er keine andere mehr herstellen konnte und diese die einzige in der Welt bleiben sollte.[9] Das habe ich von dieser wunderbaren Uhr gesehen.

Ich habe in dieser Stadt noch viele Dinge gesehen, die ich aber um der Kürze willen nicht niedergeschrieben habe.

Nach unserem Aufenthalt von fünf Tagen machten wir uns auf den Weg, kamen durch Weiler und Marktflecken und stiegen unterwegs in Herbergen ab. Jede Nacht schliefen wir komfor-tabel in einer Herberge und erfreuten uns aller Annehmlichkei-ten. Alles stand zu unserer Verfügung, und es wurde bestens für unsere Bedienung und Unterbringung gesorgt. [92r] Wir setzten unsere Reise fort bis zu einer massiv gebauten Brücke, welche Brücke des Heiligen Geistes hieß. An jedem ihrer Brückentore stand ein Wächter[10] des Sultanats mit dem Auftrag, die Perso-nen zu kontrollieren, die ein und aus gingen, denn an diesem Ort betrat man zum ersten Mal das Innere des Landes Frankreich.[11] Wir verließen die Brücke, nachdem wir kontrolliert worden wa-ren. In der Nähe befand sich ein großes, wohlhabendes Dorf. Wir gingen zum Übernachten in eine Herberge. Dort trafen wir zwölf Reisende an. Die Herbergswirtin fragte uns, ob wir die

Tafel mit ihnen teilen wollten, und wir waren einverstanden. Einer unserer Reisegefährten antwortete ihr:

– Mach uns ein gutes Abendessen.

– Sehr gern, sagte sie.

Dann ließ sie uns allein und schickte sogleich eine Magd mit einem Krug Wein, die einen nach dem anderen von uns mit Getränken bediente. Wir tranken alles aus. Danach deckte sie die Tafel mit allem, was daraufgehört: Teller, saubere Servietten, Gabeln, Silberlöffel sowie frisches Brot aus feinstem Mehl. Schließlich brachte sie uns in einer großen Schüssel einen Truthahn und zwölf gebratene Hühner an einem großen Spieß, zwei Platten Frikassee mit Hühnerflügeln, dazu Fleischstücke und zwei Schalen mit Lattichsalat. Wir setzten uns an die Tafel, während uns zwei Mägde mit Gläsern in der Hand guten Wein einschenkten. Nach dem Abendessen wurden Teller und Schüsseln weggeräumt, und man brachte uns ein Stück französischen Käse, sechzig Oliven sowie sechzig Äpfel zum Nachtisch. Danach wusch man uns die Hände und räumte ab, was noch auf dem Tisch stand. Eine große, mit Wasser gefüllte Schale aus fränkischem Porzellan und darum herum sechs mit Wasser genetzte Gläser und zwei Karaffen mit Wein wurden hingestellt, damit jeder, der trinken wollte, [92v] sich sein Glas nehmen und nach Belieben trinken konnte.[12] Am Ende, als es Zeit zum Schlafen war, wurde ein jeder angehalten, zu Bett zu gehen.

Die Herbergswirtin kam und öffnete einen großen Schrank mit mindestens zweihundert sauberen weißen Betttüchern darin. Den Mägden befahl sie, auf jedes unserer Betten zwischen die Decke und die drei Matratzen, die auf dem Bettkasten lagen, zwei Betttücher zu legen. Sie führten die Anweisung aus und gingen. Jeder streckte sich in seinem Bett auf diesem weichen Lager aus. Neben dem Bett war ein Kissen, davor eine Ikone für diejenigen, die beten wollten. Auf dem Kopfkissen lag eine leichte Nachtmütze aus weißem Leinen. Wir schliefen alle sehr gut und erhoben uns am Morgen, besuchten die heilige Messe und kehrten zur Herberge zurück, wo man uns das Frühstück servierte, das aus einem Stück Käse mit frischem Brot und einem Krug Wein bestand.

Nach dem Frühstück fragten wir die Besitzerin des Ortes nach dem Preis, den wir für unsere Unterkunft und Verpflegung zu entrichten hatten. Sie verlangte vier Piaster, was für jeden von uns einen drittel Piaster machte. Sie fanden dies zu teuer und gaben ihr drei Piaster. Sie war einverstanden und bedankte sich. Wir machten uns auf den Weg.

Wenn man mich fragte, ob wir in allen Ländern, die wir durchquert hatten, so niedrige Preise angetroffen hätten, würde ich sagen: nein, denn das Land Provence ist im Gegensatz zum Land Frankreich gut versorgt. Es ist ein Land, wo die Preise niedrig sind, weil die Ernten ertragreich sind, besonders auf dem Land und in den Dörfern. Von da reisten wir in die Gebiete des Burgunds, wo es viele Früchte und Reben gibt. Wie man mir berichtet hat, wird dort ein Gebiet von vier Tagesmärschen in der Länge und in der Breite [931] gänzlich mit Reben bepflanzt. Sie nennen dieses Land »die Quelle des Weins«. Dieser Wein hat in ganz Frankreich nicht seinesgleichen. Er gleicht dem Wein der trockenen Abhänge im Land Libanon.

Wir setzten unseren Weg bis nach Paris fort. In dieser prachtvollen Stadt trafen wir gegen Abend ein. Als wir uns näherten, sah ich eine große Fläche, die sich, so weit das Auge reichte, vor mir erstreckte. Dieser riesige Raum war mit Lichtern wie von Kerzen übersäht. Ich fragte meinen Meister, was das für Lichter und Kerzen seien. Er entgegnete, dass dies die Stadt Paris sei. Denn diese Stadt hat keine Stadtmauern, die den Blick versperrten. Wir betraten die Stadt und gingen durch die Gassen und durch große und breite Straßen. Ich sah, dass alle Läden zu beiden Seiten von zwei oder drei Kerzen erleuchtet waren. Alle zwanzig bis dreißig Fuß stand eine Glaslaterne mit langen brennenden Kerzen.[13] Ach, was soll man von der Stadt Paris noch alles berichten, von ihrer Ausdehnung und unermesslichen Größe!

Man kann die Häuser nicht zählen, so viele sind es! Neben

dem Eingang eines jeden Gebäudes liegt der Laden seines Be-
sitzers, und im Inneren ist die Werkstatt, nach der Besonderheit eines jeden Berufs sortiert. Von dort kann der Besitzer in
das erste Stockwerk, in seine Wohnung hinaufsteigen. Denn
ihre Häuser bestehen aus fünf Stockwerken, von denen jedes
fünf bis sechs Stufen über dem darunter liegt. Kommt man zum
zweiten Stockwerk, stößt man auf eine Schwelle und eine Tür.
Durchschreitet man diese Tür, erblickt man einen Raum mit
Zimmern, einen Salon und eine Küche, wo eine Familie wohnt.
Die Zimmer haben große Fenster, die sich zur Straße hin öffnen. Und steigt man in das dritte, das vierte und das fünfte
Stockwerk, stellt man fest, dass sie nach dem gleichen Muster
gestaltet sind. Was die Laternen angeht, so sind sie auf Kosten
der Stadt installiert worden. Die Kerzen werden den Bewohnern des Viertels gestellt, damit sie sie an ihrem Ort anzünden.
Bei jeder Laterne ist an der Mauer ein Fach [93v] angebracht, und
jeder Bewohner des Quartiers hat die Pflicht, für jeweils einen
ganzen Monat die Kerzen anzuzünden.

Desgleichen hat auf Anordnung der Regierung jeder Eigentümer die Pflicht, täglich früh am Morgen vor der Tür seines
Hauses zu kehren. Der Polizeioffizier, der von der Regierung
mit diesem Amt betraut ist, macht eine Stunde nach Sonnenaufgang die Runde. Er belegt denjenigen mit einem Bußgeld von
einem Piaster, der nicht vor seiner Tür gekehrt hat. Die Buße
wird von demjenigen entrichtet, der für das Kehren verantwortlich ist, gleichgültig, ob es sich um den Lehrling oder um den
Hauseigentümer handelt. Um den Unrat, der sich an der Straße
auftürmt, kümmern sich Leute, die damit beauftragt sind, ihn
aufzusammeln. Sie geben ihn in eine Kiste, die auf einem Wagen
steht, und werfen ihn außerhalb der Stadt weg. Eine Stunde nach
Sonnenaufgang kann man sehen, dass alle Straßen der Stadt
Paris sauber und von allem Unrat gereinigt und gekehrt sind.
Das ist das erste Organisationssystem, das ich in der blühenden
Stadt Paris beobachten konnte.

Kehren wir zu unserem Gegenstand zurück. Nachdem wir

die Stadt betreten hatten, gingen wir etwa eine halbe Stunde lang, bis wir zur Wohnung eines Mannes gelangten, der ein Freund meines Meisters war. Wir stiegen bei ihm ab, denn die Stadt meines Meisters war vier Tagesreisen von Paris entfernt; sie heißt Rouen.[14] Dieser Mann empfing uns mit allen Ehren. Das Gepäck wurde gebracht, und man bereitete uns die Zimmer mit allem, was man sich nur wünschen kann.

Unsere Ankunft in Paris geschah im Monat Februar des Jahres 1709.[15]

Wir blieben einige Tage im Haus dieses Mannes, so lange, wie mein Meister benötigte, um seine Angelegenheiten vorzubereiten. Er ließ sich ein kostbares Kleid anfertigen und schickte das Buch über die Reise zur Druckerei. In diesem Buch berichtete er in allen Einzelheiten von seiner Reise in den Ländern, in denen er unterwegs gewesen war, und ebenso von allen Begebenheiten, die er gesehen, und gab darin Auskunft zu allem, was er gesammelt hatte, denn er schrieb jeden Tag auf, was er gesehen und gehört hatte.[16] Er gab auch einen schönen Käfig für die wilden Tiere [94r] in Auftrag, von denen ich gesprochen hatte und von denen nur zwei am Leben geblieben waren.

Als alles bereit war, befahl mir mein Meister, die Kleider anzuziehen, die ich von Aleppo hatte kommen lassen: ein langes Gewand, aber ohne Schleppe, rot-braun, in Damaszener *Alādscha*, eine rote Pluderhose aus Londoner Wolle[17] und einen kostbaren Gürtel, einen silbernen Dolch, einen *Schāsch* und einen *Qāwūq* sowie andere Kleidungsstücke aus den Ländern des Orients. Nachdem ich diese Kleider außer dem *Schāsch* und dem *Qāwūq* angezogen hatte, setzte ich einen Kalpak auf, der ähnlich war wie die Mützen aus Zobelpelz, die mein Meister für mich in Kairo gekauft hatte. Es war eine prachtvolle Mütze. Schließlich nahmen wir einen Wagen und begaben uns nach dem Dorf Versailles, wo der Serail des Sultans von Frankreich lag, etwa anderthalb Stunden von der Stadt Paris entfernt. Als wir uns näherten, bemerkte ich von weitem einen strahlenden Glanz. Ich fragte meinen Meister:

– Was ist das für ein Glanz?

– Das sind die Pferdeställe des Königs.

Als wir ankamen, stellte ich fest, dass es sich um ein festes und herrschaftliches Gebäude handelte, dessen Dächer mit diesem schwarzen Stein bedeckt waren, auf dem man auch schreiben kann. Die Kaminaufsätze dieser Gebäude waren golden. Wenn die Sonne daraufschien, leuchteten sie so stark, dass man ihren Anblick nicht aushalten konnte. Wir fuhren etwa eine halbe Stunde lang an diesen Ställen entlang, dann gelangten wir nach Versailles.[18]

Als wir in der Nähe des Königspalastes waren, so, dass wir ihn sahen, erblickte ich davor eine sehr große, weitläufige Fläche. Sie war von einem ein Klafter und eine Spanne hohen Eisengitter mit langen Spitzen wie Lanzen umzäunt, und in der Mitte befand sich eine Eisentür, durch die man eintrat.[19] Soldaten von hohem Wuchs mit Hellebarden und Lanzen standen an diesem Tor. Sie knurrten wie Tiger. Sie ließen niemanden passieren, bis auf diejenigen, von denen sie wussten, dass sie als Würdenträger und Amtsinhaber des Königreichs bekannt waren.[20] Als wir uns bei diesem Tor einstellten, [94v] wollten sie uns abweisen. Mein Meister gab ihnen das vereinbarte Erkennungszeichen, und sie ließen uns durch. Wir gelangten auf diesen Platz und gingen bis zum Tor des Königspalastes. Ähnliche Soldaten wie die ersten standen auch an diesem Ort neben einem sitzenden *Qabidschi* in Paradeuniform. Viele Diener standen vor ihm, und er selbst war eine stattliche Erscheinung und ein bezaubernder Anblick.

Mein Meister näherte sich ihm, wandte sich an ihn und erklärte ihm, wer er sei. Der *Qabidschi* hieß ihn willkommen, zeigte ihm seine Ehrerbietung und ließ ihn eintreten. Wir stiegen eine große und breite Steintreppe empor. Oben angekommen, begaben wir uns zum Pavillon des Ministers mit Namen Pontchartrain, welcher der Minister des Orients war. Nachdem wir die Erlaubnis zum Eintreten erhalten hatten, sprachen wir bei Seiner Exzellenz, dem Minister, in Begleitung des *Qabid-*

schi vor. Mein Meister verbeugte sich vor Seiner Exzellenz, wie es sich gehörte, und unterrichtete ihn darüber, von seiner Forschungsreise zurück und wohlbehalten in Paris angekommen zu sein. Dann legte er ihm die Liste dessen vor, was er für Seine Exzellenz, den König, auf der Reise eingekauft hatte und was sich in den sieben Kisten befand, von denen wir schon früher gesprochen hatten. Nachdem er dieses Inventar zur Kenntnis genommen hatte, hieß der Minister meinen Meister erneut willkommen und beglückwünschte ihn dazu, nach all den auf der Reise erlittenen Misshelligkeiten heil angekommen zu sein.

Euer Diener hielt sich währenddessen, den Käfig mit den wilden Tieren in der Hand, in einiger Entfernung. Der Minister wandte den Kopf und bemerkte mich in dieser Haltung. Er fragte meinen Meister:

– Wer ist dieser junge Mann, und was hält er da in der Hand?

– Dieser junge Mann war mein Übersetzer auf der Reise. Als wir uns im Land des *Saīd* aufhielten, habe ich diese Tiere von seltsamer Gestalt und sonderbarem Aussehen gefunden; ich hatte so etwas in allen Ländern, die ich schon besucht hatte, vorher nie gesehen. Ich habe sieben davon in einem Käfig mitgenommen und hergebracht. Aber fünf sind auf dem Weg gestorben, und so verblieben nur noch zwei. Wenn Eure Exzellenz sie zu sehen wünscht, sie sind in [95r] dem Käfig.

Der Minister ließ mich nun zu ihm führen. Man nahm mir den Käfig aus den Händen und zeigte ihn Seiner Exzellenz. Als er die beiden Tiere und ihre merkwürdige Gestalt sah, sagte er zu meinem Meister:

– Ich möchte diese Tiere dem König zeigen, morgen, denn der Zeitpunkt seiner Ausfahrt[21] ist schon vorbei.

Der Minister gab sogleich Anweisung, uns eine Unterkunft in seinem Pavillon zuzuweisen. Wir wurden in eine möblierte Wohnung geführt, wo man uns zu trinken und zu essen und alles, wessen wir bedurften, anbot. In dieser Wohnung blieben wir dann bis zwei Stunden vor Mittag des nächsten Tages. Der

Minister ließ uns rufen und führte uns zum Rat des Königs. Wir blieben bis zu dem Augenblick draußen, da der König seine Räumlichkeiten verließ, um den Ratssaal zu betreten.[22] Der Minister unterrichtete ihn von der Ankunft meines Meisters und bat ihn um die Erlaubnis, uns eintreten zu lassen.

Man führte uns hinein, und ich sah den König aufrecht dastehen, zur Rechten und zur Linken aufgereiht die Großen und Mächtigen des Königreichs in einer Haltung tiefster Ehrerbietung und Ergebenheit. Er war groß gewachsen und hatte ein angenehmes Gesicht. Er war so majestätisch, dass niemand seinen Blick ertragen konnte. Mein Meister näherte sich ihm und machte seine Verbeugungen vor ihm, dann sprach er seine Wünsche zur Beständigkeit seiner Herrschaft aus und äußerte alle diese Worte, die sich für eine Begegnung mit den Königen geziemten. Danach richtete der König Worte voller Wohlwollen und Zuneigung an ihn, dankte ihm für die Strapazen, die er in seinem Dienst für ihn auf sich genommen habe.

Daraufhin trat der Minister heran und fragte den König, ob er die wilden Tiere zu sehen wünsche. Der König befahl, sie vorzuführen. Man nahm mir den Käfig aus den Händen und stellte ihn vor den König. Die Gestalt dieser Tiere erstaunte den König, dann fragte er meinen Meister, in welchem Land er sie gefunden habe. Dieser entgegnete:

— Im Land des *Saīd*.

— Sind es Männchen oder Weibchen?, fragte der König.

— Monseigneur, antwortete mein Meister, es waren sieben, und darunter gab es Männchen und Weibchen; aber jetzt kann ich nicht mehr sagen, ob [95v] es Männchen oder Weibchen sind.

Der König fragte noch:

— Wie werden sie in ihrem Land genannt?

Mein Meister geriet in Verlegenheit. Er wusste ihren Namen nicht oder hatte ihn vergessen. Er wandte sich an mich und sagte zu Seiner Exzellenz, dem König:

— Dieser junge Mann, der mich begleitet, kennt ihren Namen.

Nun drehten sich der König und alle Würdenträger des Königreichs nach mir um, und einer von ihnen befragte mich zum Namen dieser wilden Tiere:

— In ihrem Land nennt man sie *Dscharbūʿ*, gab ich zur Antwort.

Der König befahl, dass man eine Feder und Papier bringe, damit ich ihren Namen in meiner Sprache aufschriebe. Sie gaben mir ein Papier, und ich schrieb ihren Namen in arabischer Sprache darauf. Ich schrieb ihn auch in französischer Sprache, denn ich kann das Französische sowohl lesen als auch schreiben. Als ich ihren Namen aufgeschrieben und man ihn Seiner Exzellenz, dem König, gezeigt hatte, musterte er mich und fragte meinen Meister:

— Wer ist dieser junge Mann und aus welchem Land kommt er?

Mein Meister antwortete ihm mit gesenktem Kopf:

— Monseigneur, dieser junge Mann ist aus dem Land Syrien im Heiligen Land. Er gehört zur Nation der Maroniten, die seit der Zeit der Apostel in der Kirche des Petrus geblieben sind und sich von ihr bis heute nicht losgesagt haben.[23]

In diesem Augenblick trat Monseigneur le Dauphin, Sohn des Königs, ein. Er war ein Mann mittlerer Größe und wohlbeleibt. Man sagte von ihm, dass sein Vater König, sein älterer Sohn König von Spanien, er selbst aber nicht König sei.[24] Er kam näher und beobachtete die wilden Tiere. Ihr Anblick setzte ihn in Erstaunen. Er besaß eine große und prächtige Tafel, auf der die Tiere der ganzen Welt abgebildet waren – mit Ausnahme dieser Tiere hier. Er befahl, den Arzt des Königs zu rufen, der Monsieur Fagon hieß. Der war ein Gelehrter und Meister. In der Welt der Medizin und der Naturwissenschaften[25] gab es nicht seinesgleichen, ebenso wenig in anderen Wissenschaften.[26] Als Monsieur Fagon eingetroffen war und [96r] diese Tiere eingehend betrachtet hatte, fragte ihn der Sohn des Königs, ob er solche schon gesehen habe oder ob sie in den naturwissenschaftlichen Büchern nachgewiesen seien. Er antwortete, dass er sie weder erwähnt noch abgebildet gesehen habe.

Er ließ nun den Zeichner holen, um sie auf der Tafel der wilden Tiere, die er besaß, darstellen zu lassen. Danach wies der König den Minister an, die Tiere wie ihren Träger an einen Ort zu bringen, wo niemand sie sehen könne, bevor Madame de Bourgogne[27] von der Jagd zurückkehre. Sie war die Schwiegertochter des Königs, die Gattin seines Sohnes, der sich Herzog von Burgund nannte. Der König hegte eine große Zuneigung für sie und nannte sie seine Tochter.

Dies war das erste Mal, dass ich die Ehre hatte, den König, den Sultan von Frankreich, Ludwig XIV. mit Namen, im Saal seines Rates zu sehen.[28]

Alles, was ich hier berichte, ist wahrheitsgemäß, ohne Hinzufügung noch Auslassung, wie es sich gehört. Ich fasse mich kurz, damit der Leser nicht den Eindruck bekommt, ich fabuliere. Denn ich habe viele Dinge gesehen, ohne sie niederzuschreiben, und sie sind mir nach fünfzig Jahren nicht im Gedächtnis geblieben. Ich habe diesen Reisebericht und diese Chronik im Jahr 1763 geschrieben, während ich doch im Jahr 1709 in der Stadt Paris gewesen war. Kommt mir denn alles, was ich gesehen und gehört habe, wieder genau ins Gedächtnis zurück? Ganz gewiss nicht!

Kehren wir dahin zurück, wo wir stehen geblieben sind. Wir verließen den Rat des Königs in Begleitung des Ministers und gingen in unsere Wohnung. Der Minister wies die *Qabidschi* an, jedermann, ob einem Prinzen oder sonst jemandem, zu untersagen, zu uns vorzudringen, damit niemand die wilden Tiere sehe, bevor die Schwiegertochter des Königs sie sehen könne, wie der König es befohlen hatte. Wir blieben dort bis um zehn Uhr abends, das heißt, bis zwei Stunden vor Mitternacht. Dann ließ der Minister uns holen. Wir stellten uns ein, und er ging voran, geführt von vier Wachslichtträgern.[29] Wir gelangten in die Wohnung von Madame de Bourgogne, der Schwiegertochter des Königs. Der Minister hielt inne und ließ [96v] fragen, ob sie

bereit sei, uns zu empfangen. Wenige Augenblicke später kamen zwei Zofen heraus und forderten den Minister auf, einzutreten. Er ging hinein und erzählte der Herzogin die Geschichte
der wilden Tiere, erwähnte auch den Befehl des Königs, dass
niemand sie sehen dürfe, bevor sie sie gesehen habe. Sie gebot
nun, uns eintreten zu lassen. Die Zofen kamen uns holen.

Als wir eintraten, erblickte ich die Prinzessin[30] beim Kartenspiel auf einem Sessel sitzend, umgeben von ebenfalls sitzenden Prinzen. Vor jedem von ihnen lag ein Haufen Goldstücke.
Sie waren in kostbare Kleider aus goldbestickter Seide gekleidet
und von Zofen, schön wie Sterne, umgeben. Wir stellten uns
vor der Prinzessin auf; mit ihrer Schönheit und ihrer Kleidung
übertraf sie alle anderen.

Sie drehte sich um und bemerkte die Tiere. Auch die Prinzen erhoben sich, um sie zu betrachten. Dann fingen sie an,
mich in Augenschein zu nehmen, ebenso wie meine Kleidung.
Sie hoben die Zipfel meines Gewandes hoch, manche streckten
die Hand nach meiner Brust aus, andere lüpften meinen Kalpak
und entblößten meinen Kopf. Sie ließen vom Anblick der wilden Tiere ab und fingen an, mich und meine Kleider zu untersuchen und sich darüber lustig zu machen. Die Prinzessin fragte
schließlich meinen Meister, wer dieser junge Mann sei und aus
welchem Land er komme. Mein Meister erzählte ihr meine Geschichte mit denselben Worten wie früher schon. Sie fragte ihn:

– Warum trägt er einen Bart, ich meine, einen Schnurrbart?

– Das ist die Sitte in ihrem Land, sie rasieren sich den
Schnurrbart nicht, erwiderte er.

Wir blieben etwa eine halbe Stunde bei ihr, dann verließen
wir sie in Begleitung des Ministers. Auf dem Weg stellte sich
uns ein hübsches junges Mädchen in den Weg. Es trug einen
königlichen Mantel aus broschierter Seide und ein Diadem
mit Edelsteinen im Haar aus Diamanten, Hyazinthsteinen und
Smaragden, die das Auge entzückten. Es war von vier schönen
Zofen in üppigen Kleidern umgeben. Ich dachte, es sei eine Kö-
nigstochter.

Als der Minister sie erblickte, hielt er an und entbot ihr voller Liebenswürdigkeit und Ehrerbietung seinen Gruß. Sie fragte nach dem Anlass unseres Kommens. Er erzählte ihr die Geschichte unserer wilden Tiere. Sie verlangte sie zu sehen. Der Minister [97r] sagte, es sei ihm ein Vergnügen, sie ihr zu zeigen. Die Diener nahmen mir augenblicklich den Käfig aus den Händen und zeigten ihn ihr. Der Minister hob die Hülle, die ihn bedeckte, und zeigte ihr die Tiere. Bei ihrem Anblick begann sie zu zittern und entfloh. Der Minister lief hinter ihr her, um ihr Mut zu machen, sie zurückzuholen und ihr die Tiere vorzuführen, aber es war unmöglich, sie dazu zu bewegen. Er kam zurück und wies uns an, uns in seine Wohnung zu begeben.

Wir hatten kaum einige Schritte gemacht, da erreichte uns ein Ersuchen Seiner Exzellenz, des Königs, das von zwei Zofen des Palastes überbracht wurde. Sie bestellten dem Minister die Anweisung, den Käfig und dessen Träger holen zu lassen. Der Minister gebot uns, zum Pavillon des Königs zurückzukehren. Beim Eintreten sah ich starke, große Männer, an die vierzig solcher kräftiger Burschen. Es war die Leibwache des Königs in seinem Pavillon. Wir traten ein; es gab ein Zimmer, das Schlafzimmer des Königs. Die Zofen kamen herein und nahmen mich mit, während der Minister und mein Meister außerhalb des Nebenzimmers verblieben.

Als ich eintrat, sah ich den König auf einem Fauteuil sitzend, mit zwei Kerzen vor sich und in der Hand ein Buch, in dem er las. Auf der anderen Seite erblickte ich ein Bett mit einem Brokatvorhang, auf dem angelehnt eine Prinzessin lag. Das junge Mädchen, dem wir begegnet waren, stand aufrecht neben dem Bett. Die Zofen stellten mich sogleich der Prinzessin vor und hoben den Käfig auf einen Stuhl, damit sie die Tiere sehen konnte. In diesem Augenblick stand der König von seinem Stuhl auf, gesellte sich mit einem goldenen Kerzenleuchter in der Hand zu uns und begann ihr die Tiere zu erklären.

Euer ergebener Diener stand neben dem König. Aus Torheit

und Einfalt nahm ich ihm den Kerzenleuchter aus der Hand.[31] In seiner großen Nachsicht gab er ihn mir, da er wusste, dass ich dies aus Arglosigkeit und Unwissenheit tat. [97v] Denn was ich getan hatte, war etwas Ungewöhnliches. Wer hätte die Kühnheit haben können, die Hand gegen den König auszustrecken und zu ergreifen, was er hielt? Mein Meister erzählte danach überall in Paris: »Dieser junge Mann hat dem König den Kerzenleuchter aus der Hand genommen.«

Als die Prinzessin mit der Betrachtung der Tiere zu Ende war, setzte sich der König wieder. Man übergab mir den Käfig, dann verließ ich diesen Ort und kehrte zum Minister und zu meinem Meister zurück. Gemeinsam mit dem Minister begaben wir uns zu unserer Unterkunft. Wir begegneten zwei Zofen, die von Madame d'Orléans geschickt wurden, welche königlicher Abkunft ist.[32] Sie baten den Minister, den Träger des Käfigs mit den Tieren mitzunehmen. Der Minister hieß mich mit ihnen gehen. Als ich im Pavillon der Prinzessin ankam, sah ich eine Gruppe von Prinzessinnen um sie versammelt, welche die Tiere sowie den, der sie brachte, zu sehen wünschten.

Nach eingehender Betrachtung der Tiere und auch meiner selbst schickten sie mich zu einer anderen Prinzessin und von da noch einmal zu einer anderen. Man führte mich dergestalt bis zwei Uhr früh von einem Ort zum anderen. Schließlich brachte man mich in unsere Unterkunft zurück, wo wir wohnten. Mein Meister erwartete mich. Wir verbrachten dort bis zum Morgen eine äußerst komfortable Nacht.

Nun begab es sich, dass Madame de Bourgogne, die Schwiegertochter des Königs, die wir weiter oben erwähnt haben, infolge der Jagd vom Vortag nach dem Erwachen noch sehr müde war. Die Prinzengattinnen kamen bei ihr zusammen, um sie zu unterhalten, während sie angelehnt in ihrem Bett saß. Es war eine Prinzessin anwesend, die von den wilden Tieren gehört hatte und sie zu sehen wünschte. Sie bat die Schwiegertochter des Königs, sie kommen zu lassen, damit sie sie betrachten könne. Diese Dame schickte sogleich einen Diener zum Minister mit dem Auftrag, den Käfig mit den Tieren sowie den Orientalen, der ihn trug, herzuschicken.

Als der Bote bei dem Minister eintraf, gab dieser die Aufforderung an uns weiter. Wir machten uns auf der Stelle bereit, [98r] und er wies uns an, dem Diener zu folgen. Im Pavillon der Prinzessin angekommen, führte man mich allein mit dem Käfig in der Hand in ihr privates Zimmer, ihr Schlafzimmer. Als ich eintrat, erblickte ich das königliche Bett mit den Vorhängen aus kostbarem Brokat, auf dem die Prinzessin angelehnt saß. Sie war von einer Schönheit und einem Liebreiz, die zu ihrer Zeit nicht ihresgleichen hatten. Die Prinzengattinnen saßen um ihr Bett herum wie Sterne, in Roben gekleidet, deren Glanz unbeschreiblich war, so sehr waren sie mit Juwelen und Edelsteinen bestickt. Man führte mich vor die in ihrem Bett sitzende Prinzessin. Ich trat vor, stellte den Käfig ab, verbeugte mich bis zur Erde und machte einen Knicks, wie mein Meister es mir beigebracht hatte. Als ich mich verbeugte, erblickte eine der Prinzessinnen die Spitze des silbernen Dolchs, den ich in meinen Gürtel gesteckt hatte. Sie streckte die Hand aus, ergriff den Dolch und sagte zu den Anwesenden:

— Kommt her und seht den Säbel des Muselmanns!

Als ich diese Worte hörte, hob ich sogleich den Rockzipfel meines Kleides und sagte zu ihr:

— Nein, Madame, was Sie hier sehen, ist kein Säbel, sondern ein Dolch.

Beim Wort »Dolch« nahm sie sofort Abstand und erbleichte. Aber sie schenkte der Sache keine weitere Beachtung. Die Prinzessinnen setzten die Betrachtung der Tiere und meiner Kleider fort.

Schließlich ließ man mich wieder gehen. Ich nahm den Käfig und ging hinaus.

Mein Meister, der sich abseits aufhielt, war bereits auf dem Laufenden über den Vorfall. Als ich mich näherte, schaute er mich streng an und weigerte sich, mit mir zu sprechen, so groß war sein Zorn. Als wir in die Wohnung zurückgekehrt waren, streckte er die Hand nach meinem Gürtel aus, nahm den Dolch und warf ihn zu Boden, um ihn zu zerbrechen. Dann wandte er sich mir zu und hob an, mir Vorwürfe über mein Betragen und meinen Leichtsinn zu machen:

– Du warst bereits einmal frech, als du dem König den Kerzenleuchter aus der Hand nahmst, was ein Zeichen äußerster Anmaßung ist, [98v] die vor dir noch niemand gezeigt hat. Aber Seine Exzellenz, der König, ist nachsichtig, und in seiner großen Güte hat er es geschehen lassen, dass du ihm den Kerzenleuchter aus der Hand genommen hast. Und jetzt benimmst du dich ein zweites Mal den Prinzessinnen gegenüber unverschämt und sagst zur Prinzessin, dass, was du trägst, kein Säbel sei, sondern ein Dolch. Weißt du nicht, dass die Obrigkeit ein absolutes Verbot verfügt hat, das sogar für den König gilt, dass, wer immer mit einem Messer oder einem Dolch angetroffen wird, zu lebenslanger Freiheitsstrafe auf dem Schiff, das heißt auf den Galeeren, verurteilt wird? Andere werden zum Tod verurteilt, wenn auch nur der geringste Verdacht auf sie fällt. Man geht davon aus, dass Messer oder Dolche zu heimlichen Feinden gehören, im Gegensatz zum Schwert, das sichtbar ist, sodass man sich vor dem, der es trägt, in Acht nehmen kann, während Messer und Dolch es dem Feind ermöglichen, sich zu nähern und zuzuschlagen, ohne dass man es ahnt oder erwartet. Aus diesem Grund hat die Obrigkeit angeordnet, dass niemand ein Messer oder einen spitzen Dolch trage. Diese Warnung und dieses Verbot sind in der ganzen Stadt Paris bekannt, fügte er hinzu. Umso mehr im Palast des Sultans von Frankreich, wo nur ein anmaßender Kerl von deiner Sorte mit einem scharfen Messer wie deinem ins Schlafgemach des Königs eintreten kann. Gedankt sei Gott, dass er dich – und mich mit dir – vor diesem Unglück gerettet hat.

Und auf der Stelle ergriff er das Messer, zerbrach die Klinge und behielt es bei sich. Ich entschuldigte mich:

– Ich wusste das nicht.

– Eben weil du es aus Unwissenheit getan hast, hat Gott

dich verschont und hat Seine Exzellenz, der König, dir keine Vorwürfe gemacht.

Ich begann nun, ihn über die Örtlichkeiten auszufragen, die wir aufgesucht hatten, über die Prinzessin, die ich im Zimmer des Königs gesehen hatte, und über dieses junge Mädchen, das an ihrer Seite gewesen war und das wir auf dem Weg angetroffen hatten. War es vielleicht die Tochter des Königs?

— Nein, sagte er mir, aber es ist eine lange Geschichte. Ich will sie dir erzählen, damit du es zur Kenntnis nimmst und deinerseits berichten kannst, was du gesehen hast. Da du wissen willst, wer die Prinzessin im Schlafzimmer des Königs war, so wisse, sie heißt Madame de Maintenon und ist die Gemahlin des Königs. Und das junge Mädchen, das du gesehen hast, wurde von dieser Königin, von der wir sprechen, aufgezogen, die es [99r] erzogen hat wie eine eigene Tochter.[33]

Ich fragte meinen Meister, ob diese Frau wirklich die Gemahlin des Königs sei. Ich habe an ihr weder Schönheit noch eine stattliche Erscheinung gesehen. Nichts wies an ihr auf eine Königin hin. Er sagte mir:

— Ihre Geschichte ist lang und erstaunlich. Der König hat sie zur Gemahlin genommen, weil ihre Geistesgaben bemerkenswert und ohne Vergleich im ganzen Königreich sind. Das ist der Grund, warum der König von ihr angetan war und sich in sie verliebt hat.

Diese Frau war eine Zofe der Madame d'Orléans gewesen.[34] Der König hatte diese Prinzessin sehr geliebt und sie oft besucht. Bei ihr begegnete er dieser jungen Frau und schätzte ihre sanften Worte, ihren Anstand, ihr angenehmes Wesen und ihren Scharfsinn. Eines Tages hatte der König dieser Prinzessin einen Brief geschickt, in dem er sie zu sich einlud. Als die von der Hand des Königs geschriebene Einladung bei ihr eintraf, geriet sie in große Verlegenheit: Wie sollte sie sich ihm gegenüber entschuldigen? Sie fühlte sich in diesem Augenblick äußerst unpässlich und konnte der Ehre, vom König eingeladen zu werden, nicht nachkommen. Sie gab daher ihrer Zofe,

Madame de Maintenon, den Auftrag, dem König eine Antwort zu schreiben, worin sie ihn bitten solle, sie dafür zu entschuldigen, ihren Besuch bei seiner Hoheit verschieben zu müssen. Die Zofe übernahm es, die Angelegenheit für ihre Herrin zu regeln, und schrieb einen Brief mit einer an Seine Exzellenz, den König, gerichteten Vorrede, gefolgt von so untadelig formulierten Entschuldigungen mit derart liebenswürdigen Worten und feinsinnigen Anspielungen, um ihm ihr Bedauern auszusprechen, dass sie den König entzückten, als er den Brief las. Seine Zuneigung zu dieser Zofe wuchs, und er wünschte, dass man sie bei ihm einführe und sie einen wichtigeren Rang einnehme. Aber seine Gemahlin, die Königin, die eine fromme, gottesfürchtige Frau war, stimmte dem nicht zu, um jeden Argwohn zu vermeiden.

Einige Jahre später starb die Königin [99v] und fand ihren Frieden bei Gott. Man bereitete ihr ein großartiges Begräbnis. Alle Glocken von Paris läuteten, so auch die große Glocke, deren Ton man auf sieben Stunden Entfernung hört. Man transportierte ihren Leichnam in die Kirche von Saint-Denis, wo sich die Gräber aller Könige Frankreichs befinden. Euer Diener hat ihr Grab und die Gräber aller Könige Frankreichs besucht, die dort begraben sind. Vierzig Tage vergingen nach ihrem Tod. Die Berater des Königs kamen überein, dass sich der König wieder verheiraten sollte. Da die christlichen Könige gesalbt sind, ist es ihnen nicht erlaubt, sich wieder zu verheiraten. Sie suchen deshalb beim Papst in Rom um die Heiratserlaubnis nach, die nötig ist, damit der König seine Nachfolge sichert. Als die Dispens eintraf, suchten sie den König auf und forderten ihn auf, wieder zu heiraten. Sie hatten eine wunderschöne Prinzessin ins Auge gefasst, voller Liebreiz und Schönheit, aus erlauchtem Geschlecht und von hoher Abkunft. Als sie diese dem König vorschlugen, verweigerte er die Heirat.

»Ich will Madame de Maintenon zu meiner Gemahlin nehmen«, sagte er zu ihnen.

Auf diese Worte hin waren die Berater sprachlos. Sie warfen sich ihm zu Füßen:

»Wie kannst du, unser Herr und König, eine Dienerin und Landesfremde heiraten? Wir kennen ihre Herkunft nicht, sie kommt aus dem Land Savoyen, wo sie deiner Herrlichkeit feindlich gesinnt sind. Was werden die Könige sagen, wenn sie erfahren, dass du ein so liederliches Frauenzimmer geheiratet hast?«[35]

Mit strenger Miene entgegnete ihnen der König:

»Wer etwas dagegen zu sagen hat, halte es zurück!«

Sie warfen sich ihm erneut zu Füßen und flehten ihn an, seine Entscheidung zu ändern. Es war nicht möglich, und der König blieb bei dem, was er gesagt hatte. Als sie feststellten, dass er bei seinem Entschluss blieb, sagten sie zu ihm:

»Du bist unser König und unser Wohltäter; wenn deine Exzellenz wünscht [100r], diese Frau als Gemahlin zu nehmen, werden wir sie nicht als unsere Königin anerkennen.«

Der König wurde zornig und drohte, sie ins Exil zu schicken, sollten sie sich dem Befehl aus seinem Mund verweigern. Die Berater zogen sich zurück, um sich zu besprechen und eine Antwort auszuarbeiten. Sie fanden keinen anderen Ausweg, als sich an den Sohn des Königs zu wenden und darauf hinzuwirken, dass er seinen Vater an der Durchführung dieser Angelegenheit hindere und ihn wieder mit ihnen versöhne. Monseigneur le Dauphin suchte seinen Vater auf und bat ihn, seine Absicht in dieser unglaublichen Geschichte zu ändern. Sein Vater befahl ihm, sich unverzüglich in seine Festung zu begeben, will sagen: dass er seine Gefangennahme befahl.[36]

Die Würdenträger der Stadt Paris versammelten sich daraufhin und verfassten eine Eingabe an die Adresse des Königs mit dem Inhalt, dass sie diese Fremde nicht als Königin akzeptierten.[37] Als der König sah, dass die Stadtbewohner, die großen Militärführer und die Großen des Königreichs diese Heirat mit einer Fremden einhellig ablehnten, änderte er seinen Entschluss und ließ die Leute glauben, er verzichte auf die Heirat. Die Angelegenheit beruhigte sich, das Geschwätz hörte auf und alles ging wieder seinen gewohnten Gang. Der König ließ ein Jahr verstreichen, ohne sich zu verheiraten.[38]

Um diese Zeit herum ließ der König Versailles errichten.[39] Er ließ einen unvergleichlichen Palast erbauen, wie es ihn auf keinem Kontinent gibt, und alle Arten von Gärten herrichten, schattige Blumenbeete und Promenaden, die jede Beschreibung übersteigen. Dieser Palast ist bei allen christlichen Königen berühmt.

Erstaunlicherweise fließt die Seine, ein großer Fluss wie der Euphrat, hinter Versailles vorbei, von dem sie durch einen großen Berg getrennt ist. Der König forderte nun, dass der Fluss durch Versailles hindurchfließe. Er versammelte alle Handwerksmeister bei sich und trug ihnen auf, den Fluss umzuleiten und ihn durch die Gärten fließen zu lassen, die um den Palast herum angelegt worden waren. Die Handwerksmeister berieten sich und fanden [100v] keine andere Lösung, als den Hügel zu durchschneiden, damit das Wasser hindurchfließen konnte. Als sie das Projekt dem König vorlegten, erwiderte dieser:

»Wozu sollte es gut sein, wenn der Fluss unten entlangfließt? Ich will, dass das Wasser sich von einer Anhöhe in die Gärten und die Ländereien ergießt.«

Die Handwerksmeister gerieten in Verlegenheit und entgegneten dem König, dass dies nicht durchzuführen sei. Diese Dinge lägen in Gottes Hand, erst danach in seiner. Sie ließen ihre Ohnmacht durchblicken und begaben sich wieder zum König. Dieser war über ihr Unvermögen verärgert. Da trat ein Handwerksmeister vor. Er küsste den Saum des Königsgewandes und sprach:

»Mein Herr, ich werde für dich das Wasser vom Berg herunterfließen lassen, aber es wird dich viel Geld kosten.«

Der König hörte seine Worte und ließ eine Anweisung ausstellen, die er mit eigener Hand unterschrieb, nach der alle Ausgaben beglichen werden sollten, und sagte:

»Wenn du vollbringst, was du behauptest, kannst du alles haben, was du möchtest, und verlangen, was du willst.«

Der Mann küsste den Boden vor dem König und ging. Dann begann er mit der Ausführung dieses seltsamen Unternehmens.[40] Als Erstes ordnete er an, lange Pumpen aus Eisen wie Kanonenrohre zu gießen, ebenso gusseiserne Räder und Kolben aus Gusseisen. Als diese Stücke nach seinen Plänen gefertigt waren, holte der Handwerksmeister die Konstrukteure und trug ihnen auf, einen tiefen Graben am Flussufer zu graben und daneben einen zweiten, ebenso tiefen, und so immer weiter bis zum Gipfel des Berges. Dann befahl er, zwei Mauern auf beiden Seiten dieser Gräben hochzuziehen. Er installierte das erste Wasserrad und daneben eine Pumpe. Das Wasser floss auf das Rad. Wenn dieses sich in Bewegung setzte, stieß der Schieber in die Pumpe vor und kam wieder heraus, bis sie voll war und das Wasser in den zweiten Graben zwei Klafter über dem ersten drückte. War dieser voll, floss das Wasser, da er mit einem Trichter, ähnlich wie bei [1011] einer Mühle, versehen war, über das zweite Rad. Wenn sich das Rad in Bewegung setzte, wurde auch der Kolben, der sich in der Pumpe befand, in Bewegung gesetzt und drückte das Wasser in den dritten Graben und von da in den vierten und so weiter, bis es den Gipfel des Hügels erreichte, von wo es sich in die königlichen Gärten ergoss.

Der König gab die Errichtung großer Wasserbecken und Brunnen in Auftrag, gleich Stufen, über die das Wasser sich von oben nach unten ergoss.[41] Man pflanzte Pomeranzenbäume, Zitronenbäume, wilde Zitrone sowie andere Obstbäume in Kästen aus Weißblech. Ein jeder wurde durch zwei Rohre aus Terrakotta mit Wasser versorgt, damit jedes Blatt dieser Bäume getränkt werde. Unter diesen Bäumen lagen Wiesen, in denen zwei dünne Rohre verliefen, aus denen das Wasser kam. Man hatte auch eine ungefähr zweihundert Ellen lange, breite Allee angelegt, auf der vier Personen nebeneinander einhergehen konnten. Das Wasser strömte an beiden Seiten entlang, auf der rechten floss es nach links, auf der linken nach rechts, danach kam es wieder zusammen und bildete eine Wasserhöhle. Nicht ein Tropfen fiel auf die Spaziergänger, die darunter hindurchgingen.

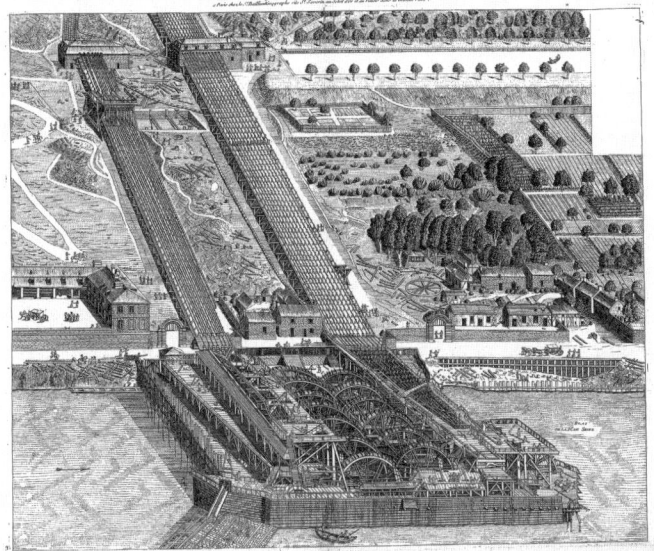

Die erste Maschine von Marly.

Alles dies war möglich dank der Strömung des Wassers, das in einer Leitung vom Berg herunterfloss. Das Überschüssige ergoss sich in einen kleinen Bach im Park, floss aus Versailles heraus und vereinigte sich hinter dem Berg wieder mit dem Fluss.

Abgesehen von alledem hatten sie Bäume in dichter Anordnung gepflanzt, die eine Art Wald bildeten, beidseitig von Bäumen eingefriedet, die so dicht belaubt und ineinander verwachsen waren, dass selbst ein Pfeil sie nicht durchdringen konnte. Darin setzten sie Hasen, Hirsche[42] und andere wilde Tiere aus, die zur Jagd gehören. Dieser Wald erstreckt sich über eine Länge von mehr als einer Tagesreise. Bis heute pflanzen sich die wilden Tiere fort, wachsen und vermehren sich, drehen sich die Wasserräder [101v] und ergießt sich das Wasser von der Spitze des Berges. Man kann die Pracht und die Herrlichkeiten dieses Ortes gar nicht wiedergeben, so sehr entziehen sie sich jeglicher

Beschreibung. Ich habe hier nur weniges von vielem niedergeschrieben.[43]

Kehren wir zu unserem Gegenstand zurück. Als diese Gebäude, die großartigen Paläste und der Park allesamt errichtet
waren, als das Wasser in die Gärten floss und alles nach dem
Willen des Königs vollendet war, gab er den Befehl, dass alles, was sich im Palast in der Stadt Paris befand, nach Versailles gebracht werde. Er stellte seinen Thron an einem Ort auf,
welcher der Krone würdig war, und versammelte die Großen
seines Königreichs, die Minister und seinen Hof in Versailles.
Damit zeigte er dem Volk von Paris, welches es abgelehnt hatte,
dass Madame de Maintenon seine Königin wird, seinen Unmut.

Aus diesem Grund brachte er sie in seinem Palast unter und
heiratete sie auf christliche Weise nach allen erforderlichen Regeln. Er blieb bis zu seinem Tod in Versailles und setzte nie mehr
seinen Fuß in die Stadt Paris.[44] Das ist, was mein Meister über
die Geschichte dieser Königin erzählt hat, die ich im Bett sitzend
im Zimmer des Königs gesehen habe. Euer ergebener Diener
blieb schließlich acht Tage lang im Königspalast, bis der Käfig,
dessen Herstellung der Dauphin in Auftrag gegeben hatte, fertiggestellt war und man die wilden Tiere darin untergebracht
hatte. In diesen acht Tagen spazierte ich im Palast herum, ohne
dass mich irgendjemand daran gehindert hätte. Danach kehrte
ich in die Stadt Paris zurück.

Mein Meister hatte ein Haus auf eigene Rechnung gemietet. Wir bewohnten dieses Haus, das auf dem Pont Saint-Michel
stand. Viele Notabeln von Paris kamen uns besuchen. Auch
mein Meister stattete ihnen Besuche ab und nahm mich mit,
damit ich ihre Paläste und ihre luxuriösen Wohnungen sowie
ihre ausgezeichnete Ordnung sehen konnte. Eines Tages betraten wir das Haus eines Prinzen, in dem ich am Ende des Salons
das Abbild eines Mannes erblickte, [102r] der einen Vogel in der
Hand hielt. Doch schien es dem Betrachter, als ob diese Hand
mit dem Vogel aus dem Bild hervorkäme. Beim Betrachten des
Bildes war Euer Diener überzeugt, dass die Hand aus dem Bild

herausrage. Die Anwesenden bestätigten mir jedoch, dass es sich hier nur um eine Malerei handelte. Ich konnte es nicht glauben, bis einer sich von ihnen auf die Zehenspitzen stellte und sie mit der Hand berührte. Erst da wollte ich es glauben und lobte die Leistung des Meisters, der dieses erstaunliche Bild zustande gebracht hatte. Sie erzählten mir, dass es die Kopie eines Porträts des Malers Pietro[45] und für fünfhundert Piaster gekauft worden sei.

Die Geschichte dieses Meisters ist sehr sonderbar. In seiner Jugend war er ein Schuhmacherlehrling der elendsten Art. Eines Tages erblickte er eine Prinzentochter von unvergleichlicher Schönheit und Anmut. Als er sie mit Prinzensöhnen lustwandeln sah, begann er von ihr zu träumen. Sein Herz erfüllte sich so mit Liebe, dass er ihr folgte. Sie gelangte zum Palast ihres Vaters und verschwand. Er wartete vor dem Palast, bis sie zu ihrem gewohnten Spaziergang herauskam. Dann folgte er ihr und schaute sie an. Dieses Spiel wiederholte sich mehrere Male, ohne dass das junge Mädchen darauf achtete, bis die Prinzensöhne, die sie auf dem Spaziergang begleiteten, anfingen, sie zu diesem schönen und anmutigen Verehrer zu beglückwünschen. Sie ärgerte sich sehr darüber und berichtete ihrem Vater, dem Prinzen, von dem Treiben dieses jungen Mannes und davon wie er sie anschaue und ihr überallhin folge, wohin sie gehe, sodass sie zum Gespött der Prinzensöhne geworden sei. Der Prinz geriet in Zorn und ließ den jungen Mann holen.

– Warum folgst du meiner Tochter, der Prinzessin, überallhin, wohin sie geht?, fragte er mit strenger Miene. Was willst du von ihr?

Der junge Mann erwiderte auf der Stelle:

– Ich liebe sie!

Als der Prinz diese Worte hörte, [102v] brach er in Gelächter aus und machte sich über seinen Mangel an Verstand lustig. Dann richtete er wohlmeinende Worte an ihn und fragte ihn, ob er seine Tochter heiraten wolle.

– Ja, erwiderte der junge Mann.

– Was wirst du ihr als Brautgeschenk geben?, fragte der Prinz.

– Verlange von mir, was du willst, antwortete der junge Mann.

– Ich will, dass du mir ihr Porträt eigenhändig malst, entgegnete der Prinz. Wenn du es fertigbringst, gebe ich dir meine Tochter zur Frau. Aber unter einer Bedingung: Folgst du ihr weiterhin, lasse ich dich hängen.

Der junge Mann war einverstanden und verließ den Prinzen frohen Herzens. Dann begann er auf den Mauern zu kritzeln in der Hoffnung, das Bild des Mädchens zeichnen zu können. Allein, es war ihm unmöglich, auch nur ein einziges Werk dieser Kunst zustande zu bringen, und er war gezwungen, sich als Lehrling bei einem Maler zu verdingen, wo er die Farben zerreiben musste. Dort blieb er eine Weile und beobachtete seinen Meister bei der Arbeit, seine Art zu zeichnen und die Farben anzulegen. Er begann das Porträt des Mädchens aus dem Gedächtnis zu zeichnen, denn seine Liebe zu ihr war so heftig, dass sie in seinem Kopf tief eingeprägt war. Am Ende war er fähig, sie in größter Meisterschaft zu zeichnen.

Als das Porträt fertig war, ging er zum Prinzen und übergab es ihm. Dieser betrachtete es aufmerksam: Er war erstaunt über die Qualität des Gemäldes und die Meisterschaft, die es verriet, und er glaubte nicht, dass der junge Mann der Schöpfer war. Dieser sagte zu ihm:

– Gemäß der Bedingung, die du mir gestellt hast, ist dieses Bild von meiner Hand.

Der Prinz glaubte es nicht und wollte die Wahrheit wissen. Er ließ vier Meister der Malerei kommen und zeigte ihnen das Porträt, wobei er sie fragte, ob sie den Meister kennten, der es gemalt hatte. Sie antworteten ihm, dass es weder in diesem Land noch in Indien einen Meister gebe, der in der Lage wäre, ein solches Gemälde zu malen. Es sei nicht von Menschenhand, sondern von der eines Engels oder eines Dämons gemalt.

Der Prinz kam somit der Wahrheit der Sache auf den Grund

[103r] und wusste nun, dass das Bild das Werk des jungen Mannes war. Er ließ ihn zu sich rufen und fragte noch einmal, ob er wirklich der Schöpfer dieses Bildnisses sei. Der junge Mann antwortete:

– Mein Herr, lass es untersuchen. Gibt es einen Maler, der in der Lage ist, ein solches Bild zu malen, dann bin ich ein Lügner.

Der Prinz erwiderte:

– Mein Sohn, du sprichst die Wahrheit. Da ich aber nicht geglaubt habe, dass du fähig wärest, das Bildnis meiner Tochter zu malen, habe ich sie bereits verheiratet. Wenn du willst, und als Anerkennung deiner Rechte, kann ich dir ihre Schwester zur Gemahlin geben.

Als der junge Mann erfuhr, dass das Mädchen verheiratet war, geriet er außer Verstand und schwankte unter diesem schrecklichen Schlag. Er verließ den Prinzen wie ein Besessener, wusste nicht mehr ein und aus vor lauter Leidenschaft und Liebe für dieses Mädchen. Er irrte in Wüsten und Einöden umher. Als er von Hunger und Not gepeinigt wurde, blieb er in einer Stadt und trat in die Dienste eines Malers, wo er Farben zerrieb, um sein Brot zu verdienen. Er blieb eine Weile bei ihm, den er bei der Ausführung eines außergewöhnlich schönen Porträts angetroffen hatte, mit dem er den Ruf seiner Kollegen übertreffen wollte.

Nachdem das Porträt vollendet war, stellte er es aus und lud die Meister ein, es zu betrachten und sein Können zu bezeugen. Als dieser weg war, ging der Lehrling Nicolas hin, malte eine Fliege auf die Nase der abgebildeten Person und machte sich dann daran, die Farben vorzubereiten. Der Meister kam kurz darauf in Begleitung der Maler zurück. Sie nahmen alle auf Stühlen Platz und der Meister stellte ihnen das Porträt zur Begutachtung vor. Da erblickte er die Fliege. Man hätte meinen können, sie sei auf dem Bild mit abgebildet. Er streckte die Hand aus, um sie zu verscheuchen, doch sie flog nicht weg. Er schaute genauer hin und stellte fest, dass sie gemalt war. Er schämte sich dafür, dass er sich zum Narren hatte halten lassen. Er wandte sich an seinen Lehrling und fragte ihn:

— Wer ist hier hereingekommen und hat diese Fliege gemalt?

Der Lehrling antwortete:

— Niemand außer Nicolas, der Verrückte, dein Lehrling. [103v] Er hat die Fliege gemalt.

Als die Meister der Malerei den Namen Nicolas' hörten, dessen Ruf sich im ganzen Land verbreitet hatte, erhoben sie sich und erwiesen ihm alle Ehre. Sie fragten ihn:

— Was hast du aus dir gemacht, du, der du ein Meister dieser Kunst bist? Bleibe bei uns, und wir werden deine Schüler sein!

Er aber lehnte ab, würdigte sie keines Blicks und schickte sich an, den Ort zu verlassen. Sein Meister sagte nun zu ihm:

— Bleibe bei mir, wir wollen zusammen über Malerei sprechen.

— Mit welcher Absicht forderst du mich zum Bleiben auf?, fragte Nicolas.

Der Meister antwortete ihm:

— Ich werde ein Bild malen, dann machst du eines, und der Schöpfer des Bildes, das bei den Meistern am meisten Gefallen findet, wird der Meister sein.

Nicolas ließ sich im Beisein der Meister, die daraufhin den Ort verließen, auf das Unterfangen ein. Der Meister begann zu malen. Als sein Bild fertig war, ließ er die Meister holen, um es ihnen zu zeigen. Es stellte Früchte dar und Weintrauben, die an einem Spalier hingen. Er hängte es im Freien auf. Die Vögel ließen sich täuschen, kamen herbei und begannen auf die Leinwand zu picken, als ob sie Früchte und Trauben pickten. Als die Meister dies sahen, erkannten sie ihm den Titel des Meisters zu, da er die Vögel getäuscht hatte. Dann umringten sie Nicolas und sagten zu ihm:

— Jetzt ist es an dir, ein Bild zu malen, damit wir die beiden Gemälde gerecht beurteilen können.

Nicolas sagte zu ihnen:

– Gebt mir ein Zimmer, damit ich allein bin, um mein Bild zu machen. Dass mir ein Monat lang niemand hineingeht, bis ich das Bild fertiggestellt habe!

Die Meister willigten ein und verschafften ihm ein Zimmer und Material, damit er malen konnte, dann ließen sie ihn allein. Nicolas malte ein Bild und vollendete es an einem Tag. Seine Absicht war jedoch, die Meister im Glauben zu lassen, er benötige für die Ausführung des Gemäldes viel Zeit, denn es verlangte großes technisches Geschick.

Nach Ablauf der vereinbarten Frist kamen die Meister herbei, um das Bild zu sehen, überzeugt davon, dass es einzigartig und besonders sei. Sie sagten zu [104r] Nicolas:

– Öffne doch dieses Zimmer, damit wir dein Gemälde betrachten können.

Nicolas gab seinem Meister den Schlüssel. Als sie geöffnet hatten, erblickten sie am Ende des Zimmers ein Gemälde, das mit einem Vorhang verdeckt war. Der Meister streckte die Hand aus, um das Tuch, welches das Bild verdeckte, anzuheben, da traf seine Hand die Mauer, denn darauf war es gemalt. Der Meister schämte sich, ein zweites Mal getäuscht worden zu sein. Nicolas wandte sich ihm zu und sagte:

– Nicht die Vögel zu täuschen ist eine Meisterleistung, sondern Meister der Kunst wie dich.

Darauf ging er weg und ließ sie angesichts dieses Wandschmucks und der Kunst, die sich darin zeigte, verblüfft zurück.[46]

Dieser Nicolas betrat eine Herberge, blieb zwei oder drei Tage und aß und trank dort. Als der Herbergswirt das Seine für die Bewirtung forderte, sagte er zu ihm:

– Bring mir ein Papier, damit ich eine Zeichnung mache.

Dann sagte er zum Herbergswirt:

– Bring dieses Papier zu einem Meister der Kunst und verlange von ihm fünf Goldstücke. Wenn er sie dir nicht gibt, sage es mir.

Der Herbergswirt ging und brachte die Zeichnung zu

einem Meister, von dem er fünf Goldstücke verlangte. Man gab ihm drei. Er kehrte zu Nicolas zurück, ihn um Rat zu fragen. Dieser nahm das Papier in die Hand, zerriss die erste Zeichnung, machte eine neue, schönere und bessere und sagte zu ihm:

– Überlasse ihm diese Zeichnung für nicht weniger als zehn Goldstücke.

Der Herbergswirt ging wieder hin, verlangte die zehn Pfund, und der andere gab ihm sofort fünf Goldstücke dafür. Er kehrte wieder zu Nicolas zurück, ihn um Rat zu fragen, stellte indes fest, dass dieser die Herberge ein für alle Mal, als ob er verärgert wäre, verlassen hatte.

Nicolas verbrachte den Rest seiner Tage auf diese Art und Weise, mit dem Bündel auf dem Rücken und seinem Hund hinter sich. Seine Gemälde erzielen heute noch hohe Preise. Dies ist in Kürze seine Geschichte.

Kehren wir zu unserem Gegenstand zurück und beschreiben wir die Schönheiten der Stadt Paris und ihre hervorragende Organisation. Zunächst gibt es in dieser Stadt achthundert Kirchen, Männer- und Frauenklöster nicht mitgezählt. [104v] In jeder Kirche befinden sich mehrere Opferstöcke. Manche sind für die Armen des Viertels bestimmt, andere für die verschämten Armen, die Wohlstand und Reichtum gekannt hatten, bevor sie mit Armut und Schande geschlagen wurden. Diese vermögen nicht zu betteln und sich nicht im Elend sehen zu lassen. Deshalb gibt es in jeder Kirche einen Opferstock, der für sie vorgesehen ist. Zwei Priester sind mit der Verteilung dessen beauftragt, was für sie gesammelt wurde, ohne dass jemand Kenntnis davon hätte, wer diese Leute in beschämender Lage sind.

Andere Opferstöcke sind für die Armen des Viertels bestimmt. Manche von ihnen sind blind, andere Krüppel, andere Personen sind alte und gebrechliche Greise. Wieder andere sind Witwen mit Familie und Kindern. Zwei Beauftragte, die unter den vorbildlichen Männern des Viertels ausgewählt wurden und deren Namen registriert sind, sind für diese Opferstöcke verantwortlich und verteilen den Erlös nach den Erfordernissen eines jeden.[47]

Euer ergebener Diener hat nicht einen einzigen Bettler gesehen, der flehentlich um ein Almosen gebeten hätte. Aber ich habe einen versehrten Soldaten mit nur einem Bein gesehen, der von zwei Wachleuten heftig und erbarmungslos geschlagen wurde. Ich fragte eine der anwesenden Personen, warum man diesen Soldaten schlage.

– Man hat ihn beim Betteln erwischt, entgegnete man mir.

Ich war erstaunt:

– Schlägt man in euren Ländern etwa denjenigen, der bettelt, zumal einen gebrechlichen wie ihn, der nicht arbeiten kann? Wie ist das möglich?

Der Mann antwortete:

– Er verdient es, geschlagen zu werden, denn der König, Gott schütze ihn, versorgt die Soldaten mit allem Nötigen und bezahlt ihnen den Sold. Es mangelt ihnen an nichts, und sie sind in keiner Weise zum Betteln gezwungen. Dies ist eine Beleidigung seines Ruhmes und seiner Großherzigkeit.

Ich befragte ihn abermals:

– Was ist die Geschichte dieses Soldaten?

– Der König hat für die Soldaten, die arm- oder beinamputiert aus dem Krieg zurückkehren, ein großes Hospital erbauen lassen, in dem sich Ärzte, [105r] Chirurgen, eine Kirche und Priester für die Beichte aufhalten. Der König hat auch einen Speisesaal für ihre Mahlzeiten einrichten lassen. Man hat einem jeden ein Bett zum Schlafen und Ausruhen zugeteilt. Haben sie noch einen Vorwand zum Betteln? Ihre Bettelei ist einzig dazu da, ihre Gefräßigkeit zu befriedigen. Deshalb wird derjenige, den man beim Betteln erwischt, auf der Stelle bestraft.[48] Und da unten, im Hospital, legt man ihn auf eine Holzplanke und schlägt ihm zur Abschreckung für andere mit einem Ochsenziemer auf die Fußsohlen.

Es gibt auch noch einen anderen Opferstock, der eigens für

das Hospital des Viertels bestimmt ist. Neben den erwähnten Kirchen in der Stadt Paris gibt es die Kirche von Notre-Dame.[49] Das ist eine mächtige und geräumige Kirche mit einer großen Glocke von der Größe einer kleinen Kuppel. Diese Glocke ist in einem Gehäuse auf vier Säulen zuoberst in einem Turm[50] angebracht. Ihre Stärke beträgt fast eine Spanne, und sie ist in der Mitte mit einem Eisenklöppel versehen. Sie ist mit Seilrollen und Seilen ausgestattet, die bis zum Boden hängen. Wenn man sie zum Läuten bringen will, müssen zwölf Männer mit aller Kraft an den Seilen ziehen, und auch so erreicht der Klöppel nur mit Mühe den Glockenrand.

Wenn man sie läutet, ist sie so laut und verbreitet einen solchen Klang, dass die Bewohner der Stadt ob der Gewalt des Schalls erschrecken, und der Klang trägt über eine Wegstrecke von sieben Stunden.[51] Sie erklingt nur selten, beim Tod eines Königs, eines Prinzen, eines Kardinals oder einer anderen bedeutenden Person. In dieser Kirche stehen vierundzwanzig Altäre, ein jeder von der Größe einer kleinen Kirche. In der Mitte befindet sich ein großer zweiseitiger Altar. Die Kirche hat sieben Portale, von denen sich jedes zu einem der Viertel von Paris öffnet, und jedes dieser Viertel ist so groß wie Aleppo innerhalb der Stadtmauern. Das ist keine Übertreibung, denn die Stadt Paris ist nach Meinung der Reisenden siebenmal größer als die Stadt Istanbul. Ihre Straßen sind so lang, dass man selbst bei schneller Gangart eine Stunde von einem Ende zum anderen benötigt. Ein von unserem Heiligen Vater, dem Papst, eingesetzter Kardinal steht an der Spitze dieser Kirche. Er verfügt über so viel Macht wie ein zweiter Papst [105v] für die Region Frankreich.

In der Umgebung des Kardinals gab es einen Mann namens Cristofalo, Bruder des Paolo Dschalabi aus Aleppo. Er war einer der Aghas des Kardinals, höheren Ranges als die anderen, und hatte die Funktion seines Stellvertreters inne.[52] Es war gerade Fronleichnam. Ihrem Brauch gemäß tragen die Bewohner von Paris den heiligen Leib des Herrn in einer Prozession durch die Stadt: das erste Mal am Donnerstag, welcher der Tag des Festes ist, dann am Sonntag darauf und danach noch einmal am darauffolgenden Donnerstag.[53]

Am Tag der Prozession bedecken sie die Mauern, Tore und Türen, die Läden und Werkstätten mit kostbaren Tüchern und stellen ihre schönsten Schätze aus, daraufhin bestreuen sie die Straßen mit Blumen. Am Eingang jeder Straße stellen sie ein Podest in Form eines Altars auf. Wenn die Prozession bei diesem Altar ankommt, stellen sie darauf den heiligen Leib zur Schau und rezitieren Litaneien, Psalmen und andere fromme Gebete.

An diesem Tag fand die Prozession von Notre-Dame statt, die durch die Straße führte, wo Euer Diener wohnte. Ich stellte mich ans Fenster, um diese prächtige Prozession anzuschauen, an der über fünfhundert Priester und Diakone teilnahmen. Sie waren alle mit goldbestickten Messgewändern[54] bekleidet und trugen Kampferkerzen und Kreuze aus Gold. Nach den Priestern und Diakonen kam der Kardinal unter einem großen, weiten Baldachin, der von zwölf Stangen gehalten und zwölf Männern getragen wurde. Er selbst trug die Monstranz, die den Leib des Herrn enthielt.

Als ich diese Monstranz erblickte, glaubte ich, die Sonne zu sehen. Niemand konnte ihren Anblick aushalten, so sehr war sie mit Edelsteinen besetzt: Diamanten, Hyazinthsteinen, Smaragden und anderen Edelsteinen. Sie entzückte das Auge. Ich verlor mich in ihrem Anblick, überwältigt von diesem Schauspiel, als mein Meister mich aufforderte, eine Inschrift oben am Baldachin zu entziffern. [106r] Ich schaute genauer hin. Ich erblickte einige Stofffetzen aus dunkelroter Baumwolle, auf der in weiß gestickten Lettern stand: *Lā ilāh illā Allāh*[55] mit der ganzen daran anschließenden Formel.[56] Ich war verblüfft über diese Inschrift auf dem Baldachin. Mein Meister fragte mich, was da geschrieben stehe, und ich sagte es ihm. Er war erstaunt und glaubte mir nicht. Er forderte mich auf, mich zu den Nachbarn zu begeben, um von ihrem Fenster aus die Inschrift aufmerksam zu lesen. Ich ging, überprüfte es und sah, was ich schon beim ersten Mal gesehen hatte. Ich kehrte zurück und bestätigte die Sache, indem ich ihm mitteilte, dass ich mich wirklich nicht getäuscht haben könne, denn das Tuch war rot und die darauf gestickten Lettern weiß.

Als mein Meister von der Richtigkeit meiner Beobachtung überzeugt war, trug er mir auf, zum Kardinal zu gehen und ihm zu erzählen, was ich gesehen hatte. Er fügte hinzu, dass der Kardinal mir dafür bestimmt Anerkennung zollen und mich belohnen werde. Ich wartete bis zwei Uhr nachmittags, dann begab ich mich zum Kardinalspalast. Am Eingangstor fragten mich die Torwachen, was ich wolle. Ich antwortete ihnen, dass ich Seiner Exzellenz etwas zu sagen hätte. Sie wollten wissen, worum es sich handle und was ich wolle. Aber ich sagte ihnen, dass ich den Auftrag hätte, nur Seiner Exzellenz, dem Kardinal, davon Mitteilung zu machen. Sie schickten daher einen der ihren mit mir ins Innere des Palastes, dorthin, wo der Kardinal residierte.

Daraufhin erschien ein junger Mann, der mich aufforderte, mit ihm zu kommen. Wir stiegen in den oberen Stock, und er ließ mich in ein Zimmer eintreten, wo ich einen Mann von beeindruckendem Äußeren in einem Fauteuil sitzen sah. Er schaute mich prüfend an und fragte mich:

— Wer bist du und aus welchem Land kommst du?

— Ich komme aus Syrien, aus der Stadt Aleppo, entgegnete ich. Er fragte mich darauf in klassischem Arabisch:

— Von welcher Nation bist du?

[106v] — Ich bin von der Nation der Maroniten.

— Sei willkommen, Sohn meines Landes!, sagte er nun mit herzlichen Begrüßungsworten.

Dann fragte er:

— Erkennst du mich wieder?

— Nein, mein Herr.

Ich gehöre zum Haus der Zamariya, teilte er mir mit. Mein älterer Bruder heißt Paolo Dschalabi und mein anderer Bruder

Jussef. Der älteste Bruder von uns heißt Zamariya und ist Prokurator von Jerusalem in Istanbul. Er wohnt beim Botschafter.[57]

– Ich kenne den *Chawādscha* Paolo Dschalabi und seinen
Bruder Jussef aus Aleppo, erwiderte ich, denn ihr Name ist bekannt und sie haben einen ausgezeichneten Ruf.

Dann fragte er mich, was mich hierherführe, denn er hatte
durch das Fenster gesehen, wie ich mit dem Kammerherrn eingetreten war und mich zum Sitz Seiner Exzellenz, des Kardinals,
begeben wollte.

– Willst du ihm ein Ersuchen unterbreiten? Ich werde mich
darum kümmern, dass ihm nach deinen Wünschen stattgegeben
wird.

– Gott schütze dich, mein Herr, ich komme nicht mit einem
Ersuchen zu ihm, sondern mit etwas, was ich Seiner Exzellenz,
dem Kardinal, zur Kenntnis bringen möchte.

– Worum handelt es sich? Sage es mir, denn ich bin der
Stellvertreter des Kardinals, niemand kann ohne meine Erlaubnis bei ihm vorsprechen.

Diese Worte bewogen mich, ihm zu berichten, was ich als
Inschrift gesehen hatte. Als er mich hörte, war er sehr erstaunt
und verblüfft.

– Ist das wirklich so?, fragte er mich mehrmals.

– Ja, deine Exzellenz kann sicher sein.

Darauf sagte er zu mir:

– Es ist nicht nötig, dass du den Kardinal triffst; ich werde
mich selbst um die Angelegenheit kümmern. Komme morgen
wieder bei mir vorbei, ich werde dir mitteilen, ob das, was du
gesagt hast, bestätigt wurde oder nicht, und ich werde dich
beim Kardinal einführen.

Der Tag verging; am nächsten Tag ging ich wieder zu ihm,
und er bestätigte, dass, was ich berichtet hatte, richtig sei. Er
hatte den Tatbestand Seiner Exzellenz, dem Herrn Kardinal,
mitgeteilt, der unverzüglich den Sakristan kommen ließ und
ihm auftrug, die Stoffe zu holen, welche die Baldachinbehänge
des heiligen Leibs bedeckten. Als sie herbeigebracht waren,

hatten sie die fragliche Inschrift sofort gesehen. Der Kardinal hatte den Mann gefragt, [1071] woher der Behang komme. Er gab zur Antwort, er sei alt und es handle sich um Standarten, die bei den maghrebinischen Feinden erbeutet und im Schrank der Sakristei untergebracht worden waren.

– Ich habe den Baldachin vorsichtshalber damit bedeckt, um zu vermeiden, dass Erde von den Hausdächern darauf fällt, fügte er hinzu.

Der Kardinal ordnete an, dass die Stoffe auf der Stelle verbrannt würden.[58] Diese Standarten befanden sich in Notre-Dame, denn als die Könige Frankreichs über die Maghrebiner den Sieg davongetragen hatten, hatten sie ihnen ihre Flaggen genommen und sie für Gedenkgottesdienste und Dankgebete in der Kirche deponiert. Als er geendet hatte, sagte der Stellvertreter des Kardinals zu mir, dass ich den Kardinal nicht aufzusuchen brauche. Er verabschiedete mich, nicht ohne mir nahezulegen, ihn öfter zu besuchen.

Im Viertel dieser Kirche befindet sich ein großes Hospital mit Namen *Hôtel-Dieu*, will sagen: Altar Gottes[59], denn es nimmt jede Person auf, die dort eintreten will, von welcher Nation auch immer, ohne vorherige Befragung, ob arm oder reich oder ein niedriger Arbeiter. Kurz, dieses Hospital nimmt alle unter der Voraussetzung der Gleichheit auf.

Wir werden jetzt die hervorragende Organisation dieses Hospitals erklären sowie die großen Wohltaten, die dort erwiesen werden. Erstens, wenn der Kranke sich an diesem Ort einstellt, trifft er am Tor auf einen Verantwortlichen, der stattlich und mit ernster Würde seinen Platz dort einnimmt, umgeben von Dienern, die bereit sind, seine Anordnungen auszuführen. Er befragt den Kranken: Ob er fremd sei oder in der Stadt wohne. Welches Alter? Hat er einen Taufschein? Zweitens fragt er, ob er Christ sei oder einer anderen Konfession angehöre. Hat der Kranke alle Fragen beantwortet, wird sein Name unter das Datum des Tages geschrieben. An der Mauer hängt eine Liste mit den Namen der hospitalisierten Kranken.

Blick auf die Südfassade des Hôtel-Dieu und den Pont Saint-Charles, um 1630.

Es sind mehr als tausend, manchmal sogar noch mehr, niemals weniger.

Anschließend wird der Kranke von einem Diener ins Innere des Hospitals geführt, wo sich eine Kirche und Beichtväter befinden. Von einem von diesen wird er in Obhut genommen, in seine Zelle gebracht und auf die Beichte vorbereitet. Dann nimmt er ihm die Generalbeichte ab, [107v] erteilt ihm die Absolution und entlässt ihn. Der Kranke begibt sich daraufhin in Begleitung eines Dieners zum Oberarzt, damit dieser ihm die Diagnose stelle. Nach der Untersuchung vertraut er ihn der Pflege eines seiner Ärzte in Ausbildung an, dem er aufträgt, den Kranken in den für diese Krankheit bestimmten Saal zu legen.

An diesem Ort gibt es verschiedene Säle, will sagen: Galerien, von denen jede für eine Krankheit reserviert ist. Auf beiden Seiten befinden sich Betten mit einer Tagesdecke aus rotem Tuch; eine weiß gestickte Zahl befindet sich am Fuß eines jeden Bettes, *numéro* genannt. Die zwei Reihen zählen ungefähr zweihundert Betten. Ein einem Heiligen geweihter Altar steht am Ende des Saals, und jeden Tag wird am frühen Morgen für die Kranken dieser Galerie eine Messe gelesen.

Kehren wir zu unserem Gegenstand zurück. Der Arzt übernimmt den Kranken und führt ihn in den weitläufigen Saal, wo es kleine Nischen gibt, will sagen: kleine Schränke. In jedem dieser Schrankfächer liegt eine Hospitalkleidung. Man entkleidet den Kranken und zieht ihm diesen Anzug an, seine Kleider rollt man zu einem Bündel zusammen, das man in den Schrank legt, versehen mit seinem Namen, damit er, wenn er dereinst geheilt sein wird, seine Kleider wieder anziehen und in Frieden von dannen gehen kann.

Wünscht jemand einen Verwandten oder einen Freund in diesem Hospital zu besuchen, kann dies nur nach Konsultierung der Liste des Oberarztes geschehen. Man gibt ihm dann Auskunft und sagt:

– Begebe dich in den Saal drei, vier oder fünf und halte

Ausschau nach der oder jener Zahl auf den Betten. Du wirst bei der und der Zahl den Kranken finden, den du suchst.

Wäre es nicht so, könnte der Besucher den Kranken drei Tage lang suchen ohne ihn zu finden.

In jedem Saal ist ein Arzt für die morgendliche und abendliche Verteilung der Medikamente an die Kranken zuständig. Man gibt ihnen jeden Tag nach der Messe eine Suppe, desgleichen am Mittag und am Abend. Ich war [108r] bei der Verteilung der Suppe anwesend. Auf einem Wagen, der von einem Mann gezogen wird, steht eine Schüssel. Auf einem zweiten Wagen befindet sich ein langer Behälter mit Zinnschalen. Die Bedienung gießt die Suppe in die Schalen und reicht sie den Kranken, bis sie an das Ende des Saales gelangt.

Ich habe auch viele vornehme Damen gesehen, die am Bett der Kranken sitzen, um ihnen zu Diensten zu sein und sie zu unterhalten. Verlangt der Kranke etwas, schicken sie ihre Hausangestellten, es zu holen. Ich habe eine Dame gesehen, die einen Kranken, als er einem natürlichen Bedürfnis nachkommen musste, auf den Topf setzte, den sie anschließend leerte. Obwohl sie von vier oder fünf Dienerinnen begleitet wurde, lehnte sie es ab, dass die eine oder andere den Kranken bediente. Nur sie allein bot dem Kranken die Handreichungen, derer er bedurfte, trotz ihres unangenehmen Charakters und des ekelerregenden Gestanks.

Ebenfalls sah ich, dass, wenn ein Kranker in den letzten Zügen lag und mit dem Tode rang, man sogleich einen Priester kommen ließ, um ihm die letzte Ölung zu geben. Alle, die in der Nähe vorbeigingen, hielten inne und verrichteten ein Gebet für den Sterbenden. Wenn er starb, bereitete man an Ort und Stelle das Begräbnis für ihn vor und brachte ihn zum Friedhof, der in der Nähe liegt.

Es gibt neben diesem auch ein weiteres Hospital für die Frauen. Niemand außer den Priestern und Ärzten darf es betreten. Es gleicht demjenigen der Männer, von dem wir gesprochen haben. Unten befindet sich ein Kloster mit zwei- oder dreihundert gottgeweihten Nonnen, welche die Kleidung der Kranken waschen, ihre Kleider nähen und flicken sowie den Teig für ihr Brot kneten und backen. Neben diesem Kloster fließt ein großer Fluss, jener, der das Zentrum der Stadt Paris durchfließt. Euer ergebener Diener hat gesehen, wie sie die Kleider der Kranken dort wuschen.

Man hat mir auch von einem verborgenen Ort in diesem Hospital berichtet, der für die in Sünde gefallenen Mädchen bestimmt ist. Bevor ihre Schwangerschaft zu sehen ist, [108v] wenden sich ihre Eltern dorthin, ohne dass jemand davon weiß. Dort bleiben sie bis zu ihrer Niederkunft. Man nimmt dem Mädchen, das dorthin gebracht worden war, das Neugeborene weg und übergibt es einer Amme; das Mädchen muss wieder gehen. Das Neugeborene wird gepflegt, bis es größer geworden ist, dann bringt man es bei einem Handwerker unter, damit es einen Beruf erlerne. Viele dieser Kinder sind geschickte Handwerker geworden und einige von ihnen haben es in herausragende Stellungen gebracht; andere sind heute in der Verwaltung tätig, wieder andere ins Kloster eingetreten, Mönche geworden, davon einige Klostervorsteher und Heilige.[60]

Das sind die unermesslichen Wohltaten, die sich aus der Organisation dieses Hospitals ergeben. Euer ergebener Diener beschreibt nur einen Bruchteil dessen, was er über diesen Ort, den man im Französischen *Hôtel-Dieu* nennt, das heißt: Altar Gottes, gesehen und gehört hat.

Diese Einrichtung erhält Zuwendungen aus Grundbesitz: von Dörfern, Ländereien, Wohnungen oder Läden und Werkstätten, zu viele, um hier aufgeführt zu werden. Dazu kommen die Einnahmen aus den Opferstöcken aller Kirchen von Paris, denn jedermann hinterlässt dort seinen Obolus. Viele Händler und Adlige setzen in ihrem Testament eine Summe Geld zugunsten dieses Hospitals ein. Kurz: Dieses Hospital verfügt über beträchtliche Einnahmen, weit mehr, als seine Ausgaben ausmachen.[61]

In Paris gibt es auch ein Hospital für widerspenstige Kinder, das sich am Stadtrand in einem Mönchskloster befindet. Euer ergebener Diener besuchte es. Man ließ mich einen Ort betreten, wo die Kinder eingesperrt sind. Ich erblickte einen langen Saal mit einem Balken über die gesamte Länge. Daran sind Eisenringe befestigt, an denen die Kinder mit einer Kette festgeschnallt sind. Sie sind derart angebunden, dass keines von ihnen seinen Kameraden erreichen kann. Auf einem kleinen Mattenstück verrichten sie bei Wasser und Brot als schmale Kost eine Arbeit für das Kloster. Zweimal täglich werden sie auf einem Holzbrett liegend auf die Fußsohlen geschlagen. [109r] Alle bleiben an diesem Ort, bis ihre Väter oder Mütter die Entlassung bewilligen, ohne diese bleiben sie für immer dort.[62]

In der Stadt Paris finden sich auch Schulen für alle Wissenschaften und Künste, die es auf der Welt gibt. Der Sultan von Frankreich ließ Meister aus allen Kontinenten holen und herbringen, damit sie in den Wissenschaften, die es in seinem Königreich nicht gab, unterrichteten.

Zu dieser Zeit ereignete sich beim König ein seltsamer Vorfall. Eines Abends, als er sich auf seinem Lager ausgestreckt hatte, befielen ihn Ängste und große Beklemmungen. Er konnte nicht mehr in seinem Bett bleiben, stand voller Sorge und Furcht auf und verließ seinen Alkoven. Er sah die Wachen wie gewöhnlich Wache halten. Der König hatte vierzig Wachleute, starke Kerle, die Tag und Nacht über seine heilige Person wachten, ein alter Brauch, der bei allen Königen galt. Er musterte die Wachen eingehend, da er fürchtete, es könnte sich ein Fremder unter ihnen befinden, aber er erblickte keinen solchen. Er fragte sie daraufhin, ob ein Fremder den Ort betreten habe.

— Wer, mein Herr, könnte hier eintreten?, entgegneten sie.

Der König befahl, Fackeln anzuzünden und den Palast zu durchsuchen. Vielleicht, dass jemand gefunden würde. Sie kamen dem Befehl nach und untersuchten sorgfältig alle Örtlichkeiten. Der König begleitete sie dabei. Sie fanden niemanden und kamen in seiner Begleitung zurück. Er betrat wieder seinen Alkoven und legte sich ins Bett. Seine Ängste wurden noch stärker. Er erhob sich und ging wieder hinaus, wobei er den Wachen versicherte:

– Es ist ein Feind hier anwesend. Verbergt mir nicht die Wahrheit!

Sie warfen sich ihm zu Füßen und sagten:

– Mein Herr, wir haben alle Winkel durchsucht, ohne jemanden zu finden. Die Tore des Palastes sind geschlossen und die Wachen auf ihren Posten. Wie sollte ein Fremder oder ein Feind eindringen können?

Der König war perplex. Von einer göttlichen Inspiration erleuchtet, wies er sie an, ihn in den Park des Palastes zu begleiten und ihre Fackeln wieder anzuzünden. [109v] Sie betraten mit dem König erneut den Palast. Sie öffneten die Tür, die in den Garten führte, wo sie im Fackelschein hinter den Bäumen und in allen Ecken und Winkeln des Gartens suchten. Sie fanden niemanden und machten sich daran, in den Palast zurückzukehren, als eine Wache, welche mit einer Fackel in der Hand die Bäume absuchte, in einer Zypresse einen Schatten bemerkte. Er verharrte, hob seine Fackel und entdeckte jemanden, der sich im Baum versteckt hatte. Er verständigte den König, der befahl, ihn herunterzuholen. Als dies geschehen war, führte man ihn vor, und er erblickte einen jungen Mann, der eine Waffe trug. Er gab Befehl, sie ihm wegzunehmen, dann fragte er ihn:

– Was machst du hier an diesem Ort? Was willst du? Sage die Wahrheit, und der 'Amān[63] Gottes sei dir gewährt.

– Willst du wissen, wer ich bin, dann erfahre, dass ich dein Todfeind bin. Ich bin an diesen Ort gekommen und habe mich versteckt, um dich in deinem Bett zu töten. Das ist alles!, antwortete der junge Mann.

– Was hat dich dazu gedrängt, mich töten zu wollen? Was habe ich dir Schlechtes getan?

– Meine Religion gebietet mir, dich zu töten, denn du bist der Feind unserer Religion!

Als der König diese Worte hörte, erwiderte er:

– Wenn deine verfluchte Religion dir befiehlt, mich zu

töten, ohne dass ich dir ein Leid angetan habe, dann befiehlt mir meine heilige Religion, dir zu verzeihen. Gehe und berichte dies den Deinigen!

Der König befahl, ihn freizulassen, und man ließ ihn außerhalb des Palastes laufen. Er kehrte in seinen Alkoven zurück und legte sich hin, ohne weiter von Angst heimgesucht zu werden. Durch dieses erwiesene Wunder hat unser Herr ihn vor dieser Gefahr bewahrt.

Als sich der Bericht über diesen Vorfall in der Stadt verbreitete, scharten sich die Würdenträger der Nation sowie die Berater um den König, beglückwünschten ihn, der Gefahr, in der er geschwebt hatte, entronnen zu sein, und baten ihn, einen allgemeinen Rat mit den Bischöfen [110r] und den Klostervorstehern einzuberufen.

Der Rat kam zusammen und jeder nahm den Platz ein, der ihm zugewiesen wurde. Der Herzog von Orléans trat vor und unterrichtete den König, dass es viel Abtrünnigkeit im Königreich Frankreich gebe, will sagen: Häretiker, welche die Feinde des katholischen Glaubens sind. Sie haben viele unschuldige Schafe vom richtigen Weg abgebracht und sind weiterhin dabei, andere davon abzubringen.[64]

– Wir fürchten, Sire, dass sie ihre Häresie im Laufe der Zeit im ganzen Land Frankreich verbreiten werden.

Als der König diese Worte vernommen hatte und ihm bestätigt wurde, dass sie zutreffend seien, gab er Auftrag, ein königliches Edikt zu verfassen und im ganzen Königreich bekannt zu machen. Von diesem Tag an und für eine Periode von sechs Monaten[65] sollten alle Renegaten, die sich noch im Königreich aufhielten, getötet und ihre Güter zugunsten der Staatsgewalt eingezogen werden.[66] Wer von ihnen ein Darlehen gegeben hatte, sollte es sich zurückzahlen lassen, wer Schulden hatte, sie begleichen. Besaß einer Häuser, Felder, Gärten, sollte er sie ohne Belastung verkaufen. War die Frist verstrichen, geschah dies auf die Gefahr des Verlustes für jeden. Der König verpflichtete die Bischöfe, Priester und Klostervorsteher, im ganzen Land Frankreich bekannt zu machen, dass, auf Befehl des Kardinals von Paris, wer immer von einem Renegaten wusste, diesen bei der Obrigkeit seiner Stadt anzuzeigen hatte. Wer dagegen verstieß, sollte exkommuniziert und aus der Kirche ausgeschlossen werden. Alle schrieben in diesem Sinn an die Bischöfe in sämtlichen Städten; jeder von ihnen musste diese Anordnungen in seinem Bistum bekannt machen.

Der König ordnete ebenfalls an, dass an allen Ausreisestationen des Landes Frankreich im Namen des Königs ein *Qabidschi* postiert werde, um die Häretiker an der Einreise ins Königreich zu hindern. Wer kein Taufzeugnis besaß, durfte nicht einreisen. Die Renegaten machten sich gruppenweise daran, auszuwandern, bevor die Frist von sechs Monaten verstrichen war. Manche gingen nach England, manche in die flandrischen Länder, andere zerstreuten sich in den Ländern Italiens. Wieder andere gingen in die Länder Deutschlands[67] und in andere Städte [110v], bis das Land Frankreich von ihnen vollkommen leer war.

Einige Zeit danach sah ein Flickschuster der Stadt Paris, der am Abend nach Hause ging, zwei Fremde durch eine Tür treten. Er glaubte, es wären Diebe. Er ging nach Hause, versteckte sich hinter dem Fenster und versuchte die Örtlichkeit zu überwachen. Er sah, wie drei weitere Männer eintrafen, dann wieder drei oder vier, und bis Mitternacht folgten noch weitere. Der Mann war erstaunt über das, was er sah, denn er wusste, dass der Ort seit langem nicht bewohnt war. Er sagte sich, dass er weiterhin aufpassen und vielleicht herausfinden werde, wer diese Leute waren, die dort hineingegangen waren. Er blieb bis drei Uhr morgens hinter dem Fenster. Er sah sie alle, einer nach dem anderen, wieder herauskommen. Es war niemand mehr dort drinnen, und sie verschlossen die Tür.

Am Morgen erstattete der Flickschuster den Behörden Bericht über die Vorgänge, die er in dieser Nacht beobachtet hatte. Der Offizier hörte ihn an und trug ihm auf, niemandem etwas davon zu sagen und am Abend wieder zu ihm zu kommen. Als

VON UNSERER REISE AUS DER PROVENCE …

er wiederkam, gab ihm der Offizier zwei Männer mit, damit sie sich in seinem Haus auf die Lauer legten, um seine Angaben nachzuprüfen, und wies sie an, mit niemandem darüber zu reden. Sie versteckten sich bis zur besagten Stunde. Die Leute betraten einer nach dem anderen das Haus. Die Männer des Offiziers blieben bis zu dem Zeitpunkt, als sie einer nach dem anderen wieder hinausgingen und die Tür verschlossen, wie der Flickschuster angegeben hatte. Sie erstatteten dem Offizier Bericht über ihre Beobachtungen, der Spitzel zum Ausspähen hinschickte.

Bei der Befragung vertrauenswürdiger Leute[68] erfuhren sie, [111r] wer diese Leute waren und um was für einen Ort es sich handelte: Wenn die Renegaten in der Stadt Paris waren, kamen sie ein- bis zweimal im Monat zusammen, um Rat zu halten. Nach eingehender Untersuchung konnte der Offizier die Richtigkeit der Angaben feststellen und unterrichtete Seine Exzellenz, den König. Dieser gab Befehl, diese Leute zu überwachen, sobald sie im Inneren waren, die Tür zu versperren, dann auf das Dach des Hauses zu steigen und es über ihnen einstürzen zu lassen. Sollte einer von ihnen aus den Trümmern entkommen, mache man ihn auf der Stelle nieder. Er gab auch Anweisung, den Ort umzugraben und ihn ungepflastert zu lassen, damit die Erinnerung daran von Generation zu Generation wach gehalten werde. Die Zahl der Opfer belief sich auf fünfhundert, und ihre Güter wurden vom Staat eingezogen.

Euer ergebener Diener hat diesen Ort in Begleitung eines Bewohners von Paris besucht. Als ich bemerkte, dass er nicht gepflastert ist, war ich erstaunt, da sonst alle Straßen der Stadt Paris mit schwarzen Steinen gepflastert sind. Ich habe diesen Mann nach dem Grund gefragt. Er hat mir die Geschichte erzählt und mir erklärt, dass die fehlende Pflasterung die Erinnerung aufrechterhalten solle.[69]

In diesen Tagen traf aus Istanbul ein Abgesandter Seiner Exzellenz Sultan Ahmed bei Seiner Exzellenz, dem Sultan von Frankreich, ein,[70] um eine Bestellung von achtzig Ankern aufzugeben,[71] denn er hatte fünf Schiffe für die Flotte des Sultans[72] bauen lassen.[73] Man empfing ihn mit allen Ehren und ließ ihn mit einem Prachtzug in die Stadt Paris einziehen.[74] Ein Gefolge von vierzig *Dschōchadār*en[75] begleitete ihn, die Dienerschaft nicht mitgezählt. Der König gab ihm einen seiner Dragomane zur Seite und einige Tage später hatte er eine Unterredung mit Seiner Exzellenz, dem Minister des Orients, Pontchartrain.

Dieser empfing ihn mit allen Ehren und richtete ein glanzvolles Bankett für ihn aus, an dessen Ende der König Anweisung gab, [111v] dem Botschafter die Sehenswürdigkeiten von Versailles und den königlichen Park zu zeigen. Man ließ für ihn das Wasser fließen, das sich von den Bäumen, aus den Bassins und den Brunnen in diese Höhle ergießt, von der wir gesprochen haben.[76]

Danach kehrte der Botschafter nach Paris in sein Palais zurück, das für ihn vorgesehen war. Die Notabeln der Stadt besuchten ihn und beglückwünschten ihn zu seiner Ankunft. Ihre Frauen und diejenigen der Prinzen kamen aus Neugierde ebenfalls, ihn zu sehen. Euer Diener ging jeden Tag zu seinem Palais und gesellte sich zu den *Dschōchadār*en. Es kam öfter vor, dass der Dolmetscher nicht anwesend war. Ich übernahm dann die Übersetzung zwischen dem Botschafter und den Frauen der Würdenträger. Der Botschafter war entzückt vom Takt und Anstand der Frauen, von der Liebenswürdigkeit und Anmut ihrer Worte und der Verständigkeit und Lebendigkeit ihrer Erwiderungen. Er sagte, die fränkischen Frauen hätten mehr Höflichkeit und Taktgefühl als diejenigen seines Landes.

Nachdem er die Notabeln der Stadt empfangen hatte, stattete er ihnen seinerseits seinen Besuch ab, um ihre Wohnsitze, ihre ausgezeichnete Organisation und Wirtschaft und die Annehmlichkeiten ihres Lebens zu bewundern. Er stellte auch einen großen Unterschied zwischen der Organisation der fränkischen Länder und der seines Landes fest, das voller Laster, Ungerechtigkeit und Missbrauch der Herrschenden gegen ihre Untertanen sei. Er sagte dies im Vertrauen seinen *Dschōchadār*en, die es

mir danach berichteten, denn sie stimmten mit der Ansicht ihres Aghas überein.

Einige Tage später befahl der Minister dem Dragoman und einigen hochrangigen Personen des Königreichs, dem Botschafter eine Aufführung in der Oper zu bieten.[77] Das ist ein Ort, wo im Winter erstaunliche und sonderbare Vorführungen stattfinden. Die Leute gehen zweimal in der Woche dorthin. Über den Dragoman lud der Minister den Botschafter ein, sich am Abend dorthin zu begeben. Dieser nahm die Einladung an. Euer Diener befand sich gerade in dessen Palais. [112r] Als ich diese Neuigkeit erfuhr, freute ich mich und gab es meinem Meister bekannt mit der Bitte, mir den Besuch dieses Spektakels im Gefolge des Botschafters zu erlauben. Ich erhielt die Erlaubnis, ging in das Palais zurück und blieb dort bis zur besagten Stunde.

Dann sprachen die Emissäre des Ministers vor und luden den Botschafter ein, besagten Ort zu besuchen. Er verließ das Palais in Begleitung seiner Leute, und Euer Diener war auch mit dabei. Sie nahmen einen schönen königlichen Wagen und fuhren zu diesem Ort. Wir traten alle in Begleitung des Botschafters ein. Ich sah einen großen Raum mit hohen Säulen und zwei Galerien zu jeder Seite. Diese Galerien waren in Logen aufgeteilt, von denen jede nur Platz für acht Personen bot. Das ist so eine Art Kammer mit einer Tür. Im Inneren ist ein Geländer und eine kunstvoll geschnitzte Bank aus Nussbaumholz angebracht. Jede Logen-Kategorie hat ihren Preis. Ich will sagen, dass in der ersten Kategorie, das sind diejenigen, die am Ende der Galerie gelegen sind, ein Platz einen Piaster kostet. In der zweiten Kategorie, das sind diejenigen, die höher gelegen sind und sich näher am Ort der Vorstellung befinden, kostet ein Platz zwei Piaster. In der dritten Kategorie gegenüber der Bühne kostet ein Platz ein Goldstück. Wer die Vorstellung sehen will, kann das tun, ob er nun mit acht, fünf, drei Personen oder allein kommt. Am Vorabend geht einer von ihnen zum Verwalter dieses Ortes und bezahlt ihm den Preis entsprechend der Anzahl der Personen, ob in der ersten, zweiten oder dritten Kategorie der Logen, von denen wir gesprochen haben. Der Verwalter händigt ihm eine von seiner Hand unterschriebene Eintrittskarte aus, entsprechend der Anzahl der Personen, für die er die Bezahlung erhalten hat. Er vermerkt auch die Kategorie der Logen, in denen sich diese Personen aufhalten werden. Wenn die Leute eintreffen, zeigen sie dem Zuständigen am Ort die Eintrittskarte [112v], der sie zu dem darauf vermerkten Ort führt und danach die Tür hinter ihnen schließt, damit niemand zu ihnen hereinkomme.

Man ließ den Botschafter also den Ehrenplatz in der ersten Loge nächst der Bühne einnehmen, seine Leute erhielten den Platz in der zweiten, und die Türen ließ man geöffnet, damit sie mehr Platz hatten. Als wir saßen, sah ich, dass ein Vorhang über die gesamte Breite des Schauplatzes gespannt war. Kurz darauf erschien hinter dem Vorhang ein Licht, so stark, dass ich glaubte, im Inneren ginge die Sonne auf. Wenig später sah ich, wie der Vorhang sich hob, und es erschien etwas Verblüffendes: In der Mitte erblickte ich zuerst so etwas wie einen mit vielen Bäumen bestandenen Berg mit Bauern, welche mit ihren Eseln zwischen diesen Bäumen unterwegs waren. Am Fuß des Berges lag ein Dorf, wo Bauern und ihre Frauen in ihren Häusern ein- und ausgingen. Neben dem Dorf befanden sich eine Kuhherde, eine Ziegenherde und Hirten. Alles das sah ich und konnte feststellen, dass diese Menschen und Tiere echt waren; es waren keine Schatten oder Phantome, sondern Menschen aus Fleisch und Blut.

Kurze Zeit später erlosch alles, und eine große, dunkle Wolke senkte sich aus der Luft herab und legte sich über den Grund. Ein groß gewachsener Mann mit einem langen, weißen Bart und einer königlichen Krone trat daraus hervor. In der Hand hielt er einen gebogenen Stock, und seine Erscheinung war beeindruckend; man konnte sich von seinem Anblick nicht losreißen.[78] Er sprach rätselhafte und mysteriöse Worte. Dann sah ich, wie aus der Wolke plötzlich zwölf Mädchen und zwölf Knaben von weniger als vierzehn Jahren hervortraten, in kö-

VON UNSERER REISE AUS DER PROVENCE ...

niglich bestickten Kleidern, schön [113r] wie Sterne. Sie reihten sich links und rechts auf.

Die Musikinstrumente begannen zu spielen. Mädchen und Knaben begleiteten sie mit Stimmen gleich einem Goldfaden, derart vollkommen abgestimmt mit den Instrumenten, dass der Geist davon ganz gelähmt wurde und Euer ergebener Diener darob seinen Verstand verlor. Das Orchester[79] spielte eine halbe Stunde lang, danach schwiegen die Instrumente. Der alte Mann begann mit sanfter Stimme Verse zu rezitieren. Die Mädchen und die Knaben näherten sich ihm paarweise. Sie antworteten ihm in Rede und Gegenrede, ebenfalls in Versen nach dem Klang dieser entzückenden Melodien, die das Herz von Königen erfreuen könnten. Als die Gedichte zu Ende waren, setzte das Orchester wieder ein und spielte bis zum Ende der Stunde.

Dann stieg der alte Mann auf die Wolke, erhob sich in die Lüfte und entschwand. Im selben Augenblick wurde auch alles, was auf der Bühne war, in die Lüfte emporgehoben, und an dessen Stelle erschien ein großartiger Palast mit hohen Decken, mit Pavillons und Salons, Fenstern aus Glas sowie anderen Zutaten, ähnlich wie der Palast des Sultans von Frankreich. Sein Bogentor war aus schwarzem und weißem Marmor. Daraus trat majestätisch ein König mit einer Krone hervor. Er war, im Purpurkleid und in der Hand das königliche Szepter, von seinem Hof, Ministern und Würdenträgern des Königreichs umgeben.

Er nahm einen bestimmten Platz ein, und die Mädchen und Knaben traten zu seinem Empfang vor. Sie küssten den Boden vor ihm, dann reihten sie sich auf, wie sie dies schon zuvor getan hatten. Die Instrumente der Musik begannen zu spielen, und die jungen Leute begleiteten sie mit sanfter Stimme wie Engel bis zum Ende des Stücks.

Der Ort verdunkelte sich für eine kurze Weile, und eine große Wolke senkte sich von oben herab. [113v] Daraus trat ein schönes Mädchen hervor, begleitet von zwei engelgleichen kleinen Kindern mit Flügeln, von denen jedes Pfeil und Bogen in den Händen hielt.[80] Es hob mit dem König zu sprechen an, wäh-

rend die Kinder ziellos ihre Pfeile abschossen. Das Mädchen
fuhr fort, sich mit ihm zu unterhalten und ihn zu umschmeicheln. Er jedoch entzog sich, und es endete damit, dass sie sich
stritten und verärgert auseinandergingen. Das Mädchen bestieg
wieder die Wolke in Begleitung der Kinder, erhob sich in die
Lüfte und entschwand.

Plötzlich sah ich, wie die Erde aufging. Daraus hervor kam
ein Teufel mit langem Schwanz und gefleckter Haut. Als er auftauchte, spuckte er Feuer und Rauch ins Gesicht des Königs,
dann verschwand er in der Luft. In diesem Augenblick begann
der König zu delirieren und zu schäumen, wie es die Verrückten
tun. Der Hof sah diesen Dämon und stellte fest, dass der König
verrückt geworden war. Die Höflinge ergriffen alle die Flucht
aus Angst, mit demselben Übel geschlagen zu werden wie der
König. Dieser blieb allein und machte Verse über das, was ihn
bedrückte, und außer sich fragte er, ob ihm dies im Traum oder
im Wachen zugestoßen sei.

Danach sah ich aus der Erde die vier Säulen eines Bettes
hervorkommen, das alsbald vollständig bezogen und mit einem
Kopfkissen geschmückt war.[81] Als der König dies sah, legte
er sich hin und schlief ein. Vier Bäume wuchsen an allen vier
Ecken des Bettes aus der Erde hervor. Sie wuchsen und wurden
höher, und dichtbelaubte Äste trieben aus. Sie wurden so groß,
dass sie sich über dem Bett ausbreiteten. Der König schlief, als
ob er in einem Garten wäre. Dann sah ich, wie unter dem Bett
schöne junge Mädchen mit Hirtenflöten in den Händen her-
vorkamen. Sie begannen, um das Bett herumzugehen und auf
sanfte und entzückende Weise, die einen zum Seufzen brachte,
auf diesen Flöten zu spielen und sich mit dem Schläfer in seiner
Sprache zu unterhalten.

In dem Augenblick, da der König erwachte, verschwand
alles. [144r] Er fing wieder an, Verse zu machen wie vorher. Während er deklamierte, senkte sich die Wolke erneut herab und
das junge Mädchen kam daraus hervor. Es hob an, den König zu
umschmeicheln und ihn zu überreden, es zu lieben. Da trat die

Königin ein. Als sie diese Zauberin beim König sah, geriet sie in Zorn und stieß die Frau zurück, die auf der Stelle in ihrer Wolke verschwand und sich in die Lüfte davonmachte. Die Königin wandte sich dem König zu und machte ihm schwere Vorwürfe über sein Benehmen. Wie konnte er sich erniedrigen, mit einer Zauberin Kontakt zu pflegen, die seinen Wahnsinn verursacht hatte? Ihre Stiche versetzten den König in äußerste Wut. Er zog seine Waffe und stieß sie in die Seite der Königin. Die Klinge kam auf der anderen Seite heraus, und die Königin fiel tot um.[82]

Als die Zofen ihre Königin tot daliegen sahen, ergriffen sie die Flucht und beeilten sich, den wichtigsten Persönlichkeiten des Königreiches zu berichten, was geschehen war. Diese versammelten sich, riefen die Soldaten, drangen beim König ein, verhafteten und entthronten ihn. Schreie ertönten im Palast, und alles, was auf der Bühne war, verschwand – bis auf ein Becken aus weißem Marmor, wo aus dem Rachen eines Marmorlöwen Wasser sprudelte. Das überlaufende Wasser ergoss sich in ein zweites Becken und von da in ein drittes.

Die Musikinstrumente begannen wieder zu spielen, die Knaben und Mädchen erschienen und fingen an zu tanzen, einen sittsamen Tanz, ohne mit den Hüften zu wiegen. Nach dem Tanz grüßten sie den Botschafter und die Zuschauer und gingen von der Bühne ab. Das Becken erhob sich in die Luft, ohne die geringste Spur zu hinterlassen. Ich wurde von Staunen ergriffen. Dieses Becken, das ich seit der Öffnung des Vorhangs gesehen hatte, war an seinem Platz geblieben, während alles andere sich veränderte. Ich hatte geglaubt, dass das Wasser aus einem Rohr floss oder dass es sich um eine Quelle handelte. Wie auch immer, als das Becken in die Luft gehoben wurde, wurde es dunkel [114v] und man sah nichts mehr. Das Stück war aus.

Was ich über diesen Ort und dieses Stück geschrieben habe, ist nur wenig im Vergleich mit dem, was man dort sehen und hören kann und was alle Beschreibung übertrifft. Am Ende der Aufführung erhob sich der Botschafter und mit ihm der Dragoman und die Aghas des Ministers. Sie begaben sich zur Tür.

Alle anwesenden Frauen stellten sich in einer Reihe zu beiden Seiten auf. Die meisten waren Prinzessinnen, Gattinnen
von Stadtnotabeln, Prinzen und andere Persönlichkeiten. Als
wir vorbeikamen, hörte ich eine Prinzessin beleidigende Bemerkungen über den Bart des Botschafters machen. Da ich die
französische Sprache verstehe, drehte ich mich um und sagte
auf Französisch zu ihr:

— Warum, Madame, äußern Sie solche ungebührlichen Worte
gegen unsere Gebieter?

Als sie begriff, dass ich ihre Worte verstanden hatte, versteckte sie sich hinter den anderen Frauen, so verlegen war sie,
und sie schämte sich, denn sie war sich ihres ungebührlichen
Benehmens gegenüber dem Botschafter bewusst. Wir schritten
durch die Mitte des Spaliers, das sie bildeten, und gingen hinaus. Alle nahmen ihren Wagen und machten sich auf den Weg.
Der Botschafter begab sich in sein Palais und Euer Diener zur
Wohnung seines Meisters.

Als ich eintrat, erblickte ich zahlreiche Freunde meines
Meisters, die mich erwarteten, um meinen Bericht zu hören und
sich über mich lustig zu machen. Als ich vor ihnen stand, fragten sie mich über das aus, was ich gesehen und gehört hatte.
Was mir gefallen habe? Ich antwortete, dass alles, was ich gesehen und gehört hätte, erstaunlich gewesen sei, aber nichts so
sehr wie das Becken, wo von Anfang bis zum Ende des Stücks
das Wasser aus dem Rachen des Löwen nicht zu fließen auf-
gehört habe und das am Ende mit seinem Wasser in die Lüfte
entschwebt sei.[83] Dies hatte mich noch mehr erstaunt als die
anderen Effekte der Maschinerie. Sie begannen zu lachen, und
einer von ihnen meinte:

— Es ist das Einfachste [115r] von allem, was du gesehen hast.

— Bei Ihrem Leben, Monsieur, befreien Sie mich von meiner Unkenntnis!, sagte ich zu ihm.

Er erklärte mir, es handle sich um ein Holzbecken, das bemalt sei, sodass es wie Marmor aussehe, hinter dem sich ein mit
Pech ausgestrichener und mit Wasser gefüllter Behälter befinde.

Darüber fülle ein Schöpfrad einen Bottich, aus dem das Wasser in den Rachen des Löwen fließe. Wenn es unten angekommen sei, werde es durch das Schöpfrad, das von einem Jungen betrieben werde, wieder in den Behälter befördert. Die Wassermenge übersteige nicht den Inhalt eines Schlauchs, und kein Tropfen gehe verloren. Der Mechanismus sei mit Seilrollen und schwarz eingefärbten Trossen ausgestattet, die in der Dunkelheit unsichtbar seien. Wenn man daran ziehe, lasse sich das Ganze leicht heben, ebenso wie die anderen Maschinerien der gleichen Art.

Ich fragte ihn auch nach dem alten Mann und der Wolke.

– Man nennt ihn auch den König der Lüfte, und dieser König heißt Bacchus, antwortete er mir. Das Stück hat den Titel *Le Sommeil du roi Bacchus*[84], und alles, was du gesehen hast, stammt von der Geschichte dieses Königs.

Dann erklärte er mir, dass der Ort für diese Schauspiele viel Geld gekostet habe und dass diejenigen, die ich gesehen hätte, die jungen Mädchen, die jungen Männer und andere Personen, dort ausgebildet worden seien. Er legte mir auf verständliche Art jeden Wechsel des Bühnenbildes dar. Um den Bericht nicht zu sehr zu belasten, habe ich mich auf die Schilderung des Wasserbeckens beschränkt, denn es werden verschiedene Bewegungen und hydraulische Räder mit erstaunlicher technischer Geschicklichkeit in Gang gesetzt, da alles, was man sieht, in einem einzigen Augenblick verwandelt wird. Die Bühne ist tief und weit entfernt, deshalb sieht man nur den äußeren Schein der Dinge, ohne das Funktionieren der Maschinerien genau erkennen zu können.

Es gibt noch einen anderen Ort, der Komödie[85] heißt und der den Schattenspielen[86] bei uns gleicht. Dort führt man ungewöhnlich vergnügliche und komische Stücke auf. Sie werden von Menschen gespielt. Der Held des Stücks heißt Harlekin[87] und erinnert an ʿ*Īwāẓ* und *Karakōẓ*, die Helden der Stücke bei uns.[88]

Jedes ihrer Stücke [115v] bezieht sich auf Ereignisse unserer

Zeit und zeigt bösartige Trunkenbolde, elende Faulenzer, feige Soldaten und Angsthasen im Krieg und noch andere, insbesondere törichte Frauen, die ihre Liebesdienste verkaufen. All dies wird in treffenden und glaubhaften Worten dargeboten. Der Zuschauer wird so durch das abschreckende Beispiel dieses abscheulichen, allerseits verurteilten Gesindels belehrt.

In einigen Kirchen wird an bestimmten Tagen unterrichtet. Man lernt dort das Wahre von dem, was unbegründet und falsch ist, zu unterscheiden. Das ist der hervorstechendste Zug, den ich an diesem edlen Unterricht gefunden habe, neben zahlreichen Wohltaten, die er allen, Frauen oder Männern, Weisen oder Unwissenden, jung oder alt, zukommen lässt – auf jeden Fall nützlich für alle, ob Junggeselle oder verheiratet, Priester oder Mönch.

Ein gelehrter Priester und Philosoph steht auf der Kanzel. Ihm gegenüber, weiter unten, befindet sich ebenfalls ein Meister der Philosophie, der alle abergläubischen Dummheiten kennt, welche die Leute von sich geben. Der Prediger auf der Kanzel fängt an, das Wahre zu predigen, während der zweite ihm widerspricht und das Falsche ausspricht, indem er das Gerede der Leute aus dem Volk wiedergibt, die vom Teufel, dem Feind des Guten, genarrt werden. Der Prediger oben widerlegt diese Reden durch Zeugnisse aus der Heiligen Schrift und zeigt, dass sie von verderblichen Ansichten und Überzeugungen irregeleitet werden. Der Redner unten beginnt nun mit der Beichte der unter den Leuten am weitesten verbreiteten Sünden. Der Prediger der Wahrheit antwortet mit der Zurückweisung dieser Beichte voller Listen und Rechtfertigungen, in denen man sich wie in einem Spinnennetz verfangen kann und mit denen Sünde auf Sünde gehäuft wird. Er zeigt ihm, wie man richtig beichtet, ohne Tücke und Bosheit, insbesondere im Fall schwatzhafter Frauen, die dem Beichtvater erfundene Geschichten erzählen, [116r] und in anderen, ähnlichen Fällen.

In anderen Kirchen verkündet man an Sonn- und Feiertagen den Kindern die christliche Lehre von ein Uhr nachmittags bis zum Sonnenuntergang. Die Kinder aus dem Viertel der Kirche versammeln sich, um zu lernen. Das Kind, das sich die Lektion gemerkt hat, stellt sich in die Mitte und rezitiert, was es vom Sonntag davor im Gedächtnis behalten hat. Macht es seine Sache gut, gibt ihm der Lehrer eine Medaille oder ein Bild und weist ihm einen höheren Rang zu als den Kindern, die ihre Lektion nicht behalten haben. So entsteht ein Wettstreit, der die anderen Kinder dazu antreibt, ihre Lektion der Woche zu lernen.[89]

Ebenso werden an Sonn- und Feiertagen Disputationen in allen Schulen abgehalten. Jene, die Philosophie studieren, setzen sich mit Lehrern zusammen und debattieren über Philosophie. Wenn die Ansicht eines von ihnen sich als besser erweist als die der anderen, gibt der Lehrer ihm eine Medaille aus Silber und billigt ihm einen höheren Rang zu. Das Gleiche geschieht für die Logik, die Theologie, die Astrologie und die anderen Wissenschaften.

Euer ergebener Diener betrat eines Tages eine Zeichenschule in Begleitung eines Malers, der dort unterrichtete. Es war am Gründonnerstagabend, am Vorabend von Karfreitag. Ich sah vier Lehrer eintreten, die sich durch ihre Zeichenkunst auszeichneten und sehr berühmt waren. Dank dieses Malers, der mich im Zeichnen unterrichtete, konnte ich mit ihnen hineingehen. Ich erblickte einen großen Saal mit Bänken rundherum an den Wänden. In der Mitte war ein hohes und langes Holzkreuz auf drei Stufen aufgestellt.

Ein junger Mann von vollkommenem Körperwuchs und Aussehen trat auf. Er mochte etwas über dreißig Jahre alt gewesen sein, war nackt, [116v] nur mit einem Lendenschurz gegürtet. Die Meister hießen ihn auf das Kreuz steigen. Er tat es und ergriff mit den Händen die Schnüre, die sich an der Stelle der Nagellöcher an beiden Enden des Kreuzbalkens befanden. Dann stellte er die Füße auf eine am Holz festgenagelte Stütze. Als er bewegungslos am Kreuz hing, berieten sich die Meister. Sie wurden einig und forderten ihn auf, sich zu entspannen, als ob er tot wäre. Als er losließ, die Füße fest aufgestützt, knickten seine Knie ein, und er hing an seinen Händen. Die Meister sagten, er solle auch den Kopf zur Seite neigen, was er tat. Er sah nun aus wie ein toter Mann. Und dieses Bild sollte Christus, unseren Herrn, tot am Holz des Kreuzes darstellen.

Als dieser Vorgang auf diese Weise abgeschlossen war und die vier Meister sich mit der Darstellung zufrieden erklärt hatten, befahlen sie allen Schülern, sich hinzusetzen und die Kreuzigung in dieser Haltung zu zeichnen. Diese kamen herein, jeder ging an seinen Platz und begann mit Bleistift eine Stunde lang auf Papierblätter zu zeichnen. Dann stieg der junge Mann vom Kreuz, um sich eine Weile auszuruhen, danach stieg er wieder hinauf und nahm die Haltung ein, in der er eine weitere Stunde lang ausharrte, bis die Schüler fertig waren.

Sie zeigten ihre Zeichnungen. Die Meister prüften sie und wählten die gekonnteste aus. Sie gaben dem Zeichner eine Goldmedaille mit Kette, damit er sie sich um den Hals legen konnte, und stellten ihn über die anderen Schüler.

Es gibt auch Orte, an denen man das Fechten[90] unterrichtet, ich meine die Handhabung der Waffe, die an das Spiel mit Stock und Schild[91] bei uns erinnert. An anderen lernt man die Handhabung des Gewehrs und das Schießen mit Schrot, in wieder anderen das Schießen mit Kanonen. An noch anderen wird [117r] die Reitkunst gelehrt. Kurz: In der Stadt Paris findet man Schulen für alle Wissenschaften und Künste, die es auf der Welt gibt. Es gibt sogar Orte, wo man das Tanzen, und andere, wo man das Spielen von Musikinstrumenten lernt.

In dieser Stadt gibt es viele sündige Mädchen. Ihre Häuser sind an großen Distelsträußen zu erkennen, die über den Eingangstoren angebracht sind.

Es gibt auch viele Schelme und Schelminnen, wie jene gerissene Spitzbübin, die einen Streich gespielt hat, der verdient, in die Geschichte einzugehen. Sie putzte sich groß heraus wie die feinen Damen, mietete einen Wagen mit vier Pferden und vier Lakaien hintendrauf. Sie begab sich zum Kloster, wo man die missratenen Kinder erzog, die gegen ihre Eltern rebellier-

ten. Dort angekommen, rief sie nach dem Vorsteher und bekniete ihn: Sie habe einen lasterhaften Sohn, dessen Vater gestorben sei, der ihr ganzes Hab und Gut mit Ausschweifungen und beim Kartenspiel verprasse. Sie fragte ihn, ob sie diesen mit List ins Kloster bringen könne, damit er ihn recht hart anfasse, ihn in Fesseln lege, ihn täglich auspeitsche und ihm, nach ihrer Gewohnheit, nur Brot und Wasser als Nahrung gebe, bis er sich bessere. Sie würde dann wiederkommen und ihn mitnehmen. Daraufhin zahlte sie ihm Unterhaltskosten für einen Monat im Voraus.

– Sei auf der Hut und lasse dich von den Worten dieses Knaben nicht verführen. Er ist verschlagen und weiß die Dinge geschickt durcheinanderzubringen. Er wird dir sagen, er sei der Sohn des Händlers Soundso, sein Vater wisse nicht, dass er hier sei, und wird dich bitten, ihn loszulassen, um zu ihm zu gehen. Er wird dir auch sagen: »Diese Frau ist nicht meine Mutter.« Glaube ihm nicht, behalte ihn hier bei dir, bis ich am Ende des Monats wiederkomme. Ich werde sehen, ob er vernünftiger geworden ist oder nicht, und ich werde ihn befreien oder aber hierlassen.

– Sei beruhigt, entgegnete ihr der Vorsteher, ich kenne die arglistigen Kinder. Gehe in Frieden.

Die Frau stieg wieder in ihren Wagen und befahl dem Kutscher, sie [117v] an einen Ort zu fahren, der *lū balī*[92] genannt wird, will sagen: der Palast[93]. Dieser Ort ist den reichen indischen Händlern vorbehalten, denn dort befinden sich die feinen Waren erster Güte aus Indien, Stoffballen, *Bardschāwāt*[94], feine und kostbare *Chāssāt*[95] und andere Stoffe. Dort angekommen, ließ sie sich zum Vorsteher der Händler an diesem Ort fahren. Vor dem Laden dieses reichen Händlers hieß sie den Wagen anhalten, und jener befahl seinen Dienern, ihr einen Tritt zum Aussteigen zu bringen.

Man reichte ihr den Arm und führte sie in den Laden. Der Händler hieß sie willkommen und empfing sie mit den entsprechenden Ehren. Sie setzte sich und zog einen Brief hervor, den,

wie sie sagte, ihr Bruder aus Spanien geschickt habe, und in
dem er sie bitte, ihm einige Gegenstände zuzustellen. Ob er solche habe?

– Worum handelt es sich?, fragte er.

Sie zählte ihm nun alle einzeln, einen nach dem anderen,
mit Namen auf. Der Händler sagte ihr, dass alles, was sie genannt habe, bei ihm vorhanden sei und dass sie da die reichsten
und teuersten indischen Stoffe verlange.

Er begann nun, Stück für Stück vor ihr auszubreiten. Von
zehn, die man ihr vorlegte, wählte sie fünf oder sechs aus und
ließ die anderen zurückgehen. So ging es fort, bis sie zusammengestellt hatte, was sie wollte. Daraufhin begann sie wie ein
versierter Händler[96] zu handeln und schrieb die Preise, die sie
festgesetzt hatte, einen nach dem anderen auf. Sie beendeten
die Diskussion und zählten alles zusammen. Es ergab sich eine
Summe von mehr als fünftausend Écus. Die Stoffe wurden in
Ballen verpackt und in den Wagen gelegt. Dann wandte sich die
elegante Schöne zum Gehen und sagte zum Händler:

– Schicke einen deiner Jungen mit mir mit, ich werde dir
durch ihn das Geld überbringen lassen.

Der Händler wandte sich an seinen einzigen Sohn und sagte
zu ihm:

– Gehe mit der Tante[97], mein Sohn, dass sie dir das Geld
mitgibt.

Dann wollte er ihn [118r] in einen Wagen steigen lassen, aber
die Frau hinderte ihn daran und setzte ihn in ihren. Sie befahl
dem Kutscher, sie in das Viertel Soundso zu einer Adresse zu
bringen. Sie machten sich auf den Weg und kamen am Kloster
für schwer erziehbare Kinder vorbei. Als der Wagen beim Tor
ankam, zog sie an der Schnur, die mit den Zügeln der Pferde
verbunden war, die anhielten. Sie stieg aus und sagte zum jungen Sohn des Händlers:

– Ich möchte mit dem Vorsteher über etwas Wichtiges
sprechen. Komm mit und sieh dir das Kloster und die missratenen Kinder an, die darin in Ketten gelegt sind.

Der Junge stieg aus und betrat mit der Dame das Kloster. Als sie in den Hof kamen, ließ sie den Vorsteher holen. Er kam, und sie sagte zu ihm:

– Hier ist der Knabe, von dem ich dir erzählte.

Während sie sich freundlich unterhielten, ging der Knabe hinein und schaute sich die angeketteten Kinder an. Die Dame verabschiedete sich nun vom Vorsteher und verließ das Kloster. Sie stieg in ihren Wagen und begab sich zu der Adresse, die sie dem Kutscher angegeben hatte. Als sie ankamen, ließ sie die Pferde an einer Kreuzung anhalten und gab Anweisung, die Stoffballen aus dem Wagen herauszubringen und sie dort hinzulegen. Sie bezahlte, was sie für die Miete des Wagens und die Lakaien schuldete, und schickte sie weg. Dann ging sie nach Hause und ließ die Ballen abtransportieren; niemand hatte bis dahin den Streich, den sie gespielt hatte, bemerkt.

Nachdem er die Örtlichkeiten besichtigt hatte, wollte der Knabe nun seinerseits wieder gehen. Man ergriff ihn und legte ihm wie den anderen Fesseln an.

– Warum fesselt ihr mich? Ich bin doch nur mit jener Dame hier vorbeigekommen, ihr müsst nur hinausgehen und sie fragen, sagte er.

– Du bleibst hier, du übler Galgenstrick, der du das Vermögen deines Vaters beim Kartenspiel verschleudert hast!

Wie vom Schlag getroffen von dem, was er hörte, sagte ihnen der Junge, er sei der Sohn des Händlers Soundso, dass jene Frau [118v] bei ihnen indische Stoffe gekauft und er sie begleitet habe, um die Bezahlung entgegenzunehmen.

Als sie hörten, was er sagte, gingen sie und erzählten es dem Vorsteher. Dieser jedoch, von der Mutter gewarnt, dass dieses Kind verschlagen und heuchlerisch sei, wollte es nicht glauben und befahl, ihm noch mehr Qualen zu verursachen. Der Junge musste drei Tage bei Brot und Wasser verbringen, zweimal täglich wurde er erbarmungslos gezüchtigt, ohne dass man darauf achtete, was er sagte.

Währenddessen wartete sein Vater bis Mittag und sah ihn

nicht zurückkehren. Er sagte sich, dass ihn die Dame wohl zum Mittagessen eingeladen hatte. Am Nachmittag, als er noch immer keine Nachricht von ihm hatte, kam das dem Vater seltsam vor. Der Tag verging und die Nacht kam, ohne dass er auftauchte. Der Vater trug nun seinen Bediensteten auf, die Häuser der Notabeln und Händler aufzusuchen und sich nach ihrem jungen Herrn zu erkundigen. Vielleicht würden sie ihn finden oder zumindest eine Nachricht erhalten.

Ein jeder begab sich in ein Viertel, begann zu suchen und nach dem Jungen zu fragen. Die Nacht verging, ohne das sie die geringste Spur von ihm fanden. Sie kehrten zu ihrem Herrn zurück und berichteten ihm, dass sie die ganze Stadt Paris erfolglos abgesucht hätten. Die Miene des Händlers verdüsterte sich und er wurde von großer Trauer ergriffen: Er hatte seinen Sohn und sein Vermögen verloren.

Er ging zur Obrigkeit[98] und berichtete die Geschichte. Der Polizeioffizier ordnete an, Anschläge mit einem Bericht des Geschehens drucken zu lassen, die an den Straßen- und Gassenkreuzungen ausgehängt werden sollten. Darauf stand, dass, wer diese Frau kenne oder Hinweise über sie geben könne, eine gebührende Belohnung zu erwarten habe; wer hingegen etwas über sie wisse und es nicht mitteile, werde gehenkt.

Man tat, wie es der Offizier angeordnet hatte, und die Aushänge wurden an allen Straßenecken aufgehängt. Ein Tag verstrich, danach ein zweiter, am dritten Tag stieß ein Hausangestellter, der für das Kloster Einkäufe in der Stadt tätigte, [191r] auf die Anschläge. Als er diese las, begriff er, dass es sich um den besagten Jungen handelte. Unverzüglich ging er zurück und verständigte den Vorsteher. Die Stadt war über das Verschwinden dieses Jungen in Aufruhr. Der Offizier befahl, jeden zu hängen, der Hinweise über den Verbleib des Jungen zurückhalte.

Der Vorsteher ging zu dem Jungen und befragte ihn nach seiner Geschichte. Dieser schilderte den Sachverhalt genau so, wie er auf den Anschlägen wiedergegeben war. Der Vorsteher

schenkte seinen Worten nun Glauben. Er ließ ihm die Ketten abnehmen und brachte ihn zu seinem Vater, dem er die Geschichte von Anfang bis Ende erzählte. Der Junge fand seinen Vater wieder, aber diese böse Frau war mit dem gesamten gestohlenen Gut verschwunden, ohne dass man je die geringste Spur von ihr fand. Dies geschah durch die List und Tücke dieser bösen Person.

An einem anderen Tag, als ich durch eine Straße ging, sah ich jemanden laufen und dabei rufen: »*Al-santansa!*«[99] In der Hand hielt er bedruckte Blätter, welche die Leute ihm für zwei *Madschīdi*[100] abkauften. Ich ging zu jemandem, den ich kannte, und fragte ihn, was das für Blätter seien, und was *santansa* bedeute. Er antwortete, dass auf diesen Blättern das Urteil gegen jemanden festgehalten sei, der gehenkt werde.

Dann erklärte er mir, wie dieser Vorgang des Aufzeichnens abläuft. Verurteilt das Gesetz jemanden zum Tode, geschieht dies um zehn Uhr morgens. Sein Verbrechen wird auf einem Blatt aufgezeichnet und dementsprechend das, was erforderlich ist: Hängen, Vierteilen, Köpfen oder eine andere Art der Exekution, zu der man Verbrecher verurteilt. Sobald der Eintrag von der Hand des Richters unterzeichnet ist, wird von dem Blatt eine Kopie auf Papiere gedruckt, die in der Stadt zum Preis von zwei *Madschīdi* verkauft werden.[101]

Der zum Tod verurteilte Verbrecher [119v] wird in die Kirche geführt, die sich innerhalb des Gerichts befindet, und der Beichtvater kümmert sich darum, ihm die Generalbeichte abzunehmen. Für die Beichte behält er ihn etwa zwei Stunden bis zum Mittag bei sich. Nach der Beichte ermahnt er ihn, zu bereuen, und erteilt ihm die Absolution. Zu diesem Zeitpunkt bringt man dem Priester eine Mahlzeit, und dieser isst mit dem Verbrecher. Nach dem Mahl verlässt der Priester den Verurteilten. Ein Augustinermönch kommt ihn besuchen, um ihm eine Predigt zu halten, ihn zu zerstreuen und ihm Mut zuzusprechen. Er bleibt bis zum Ende des Nachmittags bei ihm.

Dann kommt der Henker. Er klopft an die Tür, tritt ein

und legt dem Verurteilten den Strick um den Hals, daraufhin führt er ihn aus der Kirche. Der Mönch, der Verbrecher und der Henker steigen auf einen Karren, der sie zu dem vom Offizier bezeichneten Ort bringt. Dort steigt der Henker auf die am Holz des Galgens befestigte Leiter, der Verbrecher folgt hinter ihm und stellt sich unter die Beine des Henkers. Dann steigt der Mönch hinauf, um ihn zur Reue zu ermahnen und ihn auf das Sterben vorzubereiten.

Der Mönch wendet sich nun an seinen Helfer, den er das Gebet für die Seelen der Verstorbenen anstimmen lässt. Es wird mit lauter Stimme gesprochen, und wenn es fertig ist, wird ein anderes Gebet begonnen, währenddessen der Priester den Verbrecher immer wieder zur vollen Reue ermahnt. Ist das zweite Gebet zu Ende, wendet sich der Priester wieder seinem Helfer zu und fordert ihn auf, die Jungfrau Maria um Fürbitte zur Vergebung von den Sünden und zur Rettung dieser armen Seele, die uns verlässt, zu bitten. Am Schluss der Gebete macht der Priester das Zeichen des heiligen Kreuzes über dem Verbrecher [120r] und steigt von der Leiter.[102]

In diesem Augenblick stößt der Henker den Verbrecher mit dem Strick um den Hals von der Leiter. Er steigt ihm auf die Schultern und zwingt ihm den Kopf zwischen seine Beine und lässt ihn dreimal hin und her schwingen, dann lässt er ihn los. Der Gehängte wird heruntergeholt, und man legt ihn auf den Karren. Die Ärzte, die ihn dem Henker abgekauft haben, bringen ihn in ihre Schule, wo er für ihre Schüler seziert wird.

Am Ende seines Berichts fragte ich diesen Freund, was der Verurteilte getan habe, dass er es verdiene, gehängt zu werden. Er antwortete mir, dass die Geschichte dieses Unglücklichen sonderbar und erstaunlich sei.

Ein sehr reicher Händler hatte keinen Sohn. Eines Tages ging er zum Hospital für uneheliche Kinder und sah unter ihnen einen schönen jungen Mann von vollkommener Gestalt, eloquent, mit gepflegter Sprache, feinsinnig und von scharfem

Verstand, der alle anderen Kinder an Anmut, Feinsinnigkeit und Anstand übertraf. Sein Herz fasste Zuneigung zu dem Knaben, und er bat den Verantwortlichen des Hospitals, ihn mitnehmen zu dürfen, um ihn zu erziehen und an Sohnes statt anzunehmen. In diesem Land werden diese Kinder an die Handwerkermeister verschiedener Berufe verteilt. Ich will sagen, dass derjenige, der sich als Handwerkermeister beworben hatte und Meister in diesem Beruf wurde, angehalten ist, eines dieser Kinder in die Lehre zu nehmen, es wie einen eigenen Sohn zu behandeln und ihm den Beruf beizubringen, bis es groß geworden ist und gut gelernt hat.

Dieser Lehrling kann dann nach freiem Willen verfügen. Wenn er will, kann er bei seinem Meister bleiben, wenn nicht, wird er bei einem anderen arbeiten oder wird selbst ein Meister und arbeitet auf eigene Rechnung. Das ist eine der Segnungen in diesem Land.

Der Händler ließ sich also diesen Jungen mittels einer offiziellen Urkunde übergeben und nahm ihn mit nach Hause. Als seine Frau ihn sah, fasste sie sofort eine lebhafte Zuneigung zu ihm. Ihr Gemahl nicht weniger, so sehr, dass sie in ihrem Testament diesen Jungen [120v] als ihren Erben einsetzten. Der Händler übernahm seine Erziehung und Ausbildung und stellte einen Lehrer ein, der ihn im Lesen und Schreiben unterrichtete. Danach übernahm er ihn in sein Geschäft und brachte ihm eine Weile lang die Buchführung bei, was der junge Mann ebenfalls lernte. Er half nun seinem Vater beim Kaufen und Verkaufen und bei den Geschäften, so gut, dass er ihn im Händlerberuf bald übertraf.

So erreichte er das Alter von zwanzig Jahren. Seine Mutter legte dem Vater nun nahe, ihn noch zu ihren Lebzeiten zu verloben und zu verheiraten. Der Vater war einverstanden. Er hielt für ihn um die Heirat mit einer hübschen Händlertochter an und legte einen Teil seines Vermögens für ihn bereit. Der Vater der Tochter stattete diese ebenfalls mit einer Geldsumme aus, und es wurde ein Vertrag vor Gericht geschlossen. Darin wurde die von den Eltern mitgegebene Geldsumme festgehalten. Kurz darauf wurde die Hochzeit vorbereitet, und sie heirateten.

Der junge Mann trennte sein Geschäft von dem seines Vaters und eröffnete einen eigenen Laden. Er betrieb nun seine eigenen Geschäfte mit dem vollen Einverständnis seines Vaters. Dieser konnte sehen, wie geschickt er im Beruf des Händlers geworden war und welche Erträge er mit seinen Geschäften erzielte. So blieb es eine Zeit lang.

Eines Tages ging der junge Mann zu seinem Vater, um ihn in einer Geschäftssache um Rat zu fragen. Da er ihn nicht antraf, betrat er das Kontor, wo er ihn vielleicht antreffen konnte, sah ihn aber auch dort nicht. Er wollte gerade wieder gehen, doch als er sich umdrehte, erblickte er zwei Kreditbriefe auf dem Ablagefach des Schreibtisches. Sie waren Teil eines Postens von Wechseln des Königs. Der eine belief sich auf fünfhundert Piaster, der andere auf dreihundert. Da sich die Ausgaben des Königs erhöht hatten, unterzeichnete er Wechsel, um die Soldaten zu bezahlen. Die Befehlshaber der Armee übernahmen diese Titel und verkauften sie zu einem etwas niedrigeren Preis den Händlern. Sie kassierten den Betrag, um daraus den Sold für ihre Leute zu bezahlen.

Solches begab sich in Kriegszeiten, und wenn sich später die Staatskasse wieder füllte, trat der Händler die Wechsel, die er hatte, ab und strich den Betrag [121r] vermöge des königlichen Siegels ein. Verspätete sich die Staatskasse mit der geschuldeten Auszahlung, betrieben die Händler mit den Wechseln, die sie besaßen, Handel wie bei einer Versteigerung. Ein Händler kauft zum Beispiel Ware für tausendfünfhundert Piaster und sagt zum Verkäufer: »Ich habe einen diskontierten Wechsel über tausendfünfhundert Piaster.« Auf diese Weise wurde verhandelt.

Als der junge Mann die Titel sah, überkam ihn die Gier. Er sagte sich:

– Mein Vater hat Kauf und Verkauf aufgegeben, er braucht diese Titel nicht mehr, hat sie vielleicht sogar vergessen.

Er nahm sie und brachte sie in seinen Laden. Niemand

wusste, dass er das Kontor seines Vaters betreten und wieder verlassen hatte. Einige Tage später kaufte er Waren und bezog die zwei Titel mit in das Geschäft ein, wie man dies zu tun pflegt. Jede der beiden Parteien ging nach dem Abschluss des Handels wieder weg.

Es verging eine gewisse Zeit. Eines Tages kam ein Makler zum Vater und sagte ihm, seines Wissens habe jemand eine bestimmte Ware zu einem günstigen Preis zu verkaufen, eine gute Gelegenheit.

– Glaube mir, ich könnte den Kauf für dich zu einem guten Preis tätigen.

Als der Händler von dem interessanten Preis hörte, gab er sein Einverständnis und sagte zum Makler:

– Ich besitze zwei Wechsel über einen Betrag von acht[hundert] Piaster, den Rest gebe ich dir in bar.

Der Makler war einverstanden. Sie legten die Verhandlungsbedingungen schriftlich fest, und der Makler unterbreitete sie dem Eigentümer der Ware, der sie akzeptierte und die Ware durch Vermittlung des Maklers dem Händler zukommen ließ. Beim Empfang öffnete der Händler seine Truhe und entnahm ihr das Geld, das er zur Ergänzung der Wechsel benötigte. Dann ging er in sein Kontor, um die Titel zu holen. Er fand sie nicht, was ihn erstaunte. Er begann sie zwischen seinen Papieren und Abrechnungsheften zu suchen, fand aber nichts. Er befand sich in größter Verlegenheit. Er fragte seine Frau und die Bediensteten, wer sein Kontor betreten habe. Sie entgegneten, nur er habe es betreten. Seine Verblüffung wurde noch größer. Er war gezwungen, bar zu bezahlen anstatt mit den zwei Wechseln.

Die Angelegenheit war unerfreulich. Nachdem er alles sorgfältig durchsucht hatte, gab er die Hoffnung auf, die Titel wiederzufinden. Aber er [121v] unterrichtete andere Händler von ihrem Verschwinden. Einer von ihnen sagte ihm:

– Hab keine Angst, die Titel werden sich bald wieder finden. Teile uns nur das Fälligkeitsdatum mit, sie werden gewiss in den Händen eines von uns landen.

Er teilte jedem von ihnen die Fälligkeiten der Titel mit. Kaum einen Monat später gerieten sie in die Hände eines Händlers, der sie auf dem Weg von Versteigerungen erhalten hatte. Als er sie genau anschaute, sah er, dass es sich um die Wechsel unseres Händlers handelte. Er suchte ihn auf und zeigte sie ihm. Dieser erkannte sie wieder, als er sie sah.

– Aber wozu soll es gut sein?, dachte er. Wie kann ich wissen, ob er es war, der sie aus meinem Kontor gestohlen hat? Ich mag nicht glauben, dass ein ehrbarer Händler und anständiger Mann in mein Kontor eingedrungen ist und sie gestohlen hat.

Der andere Händler riet ihm, die Obrigkeit darüber zu benachrichtigen, sie würden den Dieb finden.

Der Händler begab sich zum Offizier und berichtete ihm, was geschehen war und wie die Titel sich bei dem Händler Soundso gefunden hatten. Dieser wies zwei seiner Diener an, den Händler zu begleiten, um der Sache auf den Grund zu gehen. Sie begaben sich mit ihm zu dem anderen Händler und fragten ihn im Namen des Offiziers, von wem er die zwei Titel erhalten habe. Er antwortete ihnen: »Aus der Hand des Händlers Soundso.« Sie suchten diesen auf und stellten ihm die gleiche Frage. Er verwies sie an einen anderen Händler. Sie gingen weiter von Händler zu Händler, und jeder verwies sie wieder an einen anderen. Schließlich gelangten sie zu dem jungen Mann, dem Sohn des fraglichen Händlers. Als sie ihn befragten, konnte er an niemanden verweisen und schwieg, als wäre er stumm. Nun begriffen sie, dass er die Wechsel gestohlen hatte, und führten ihn vor den Offizier. Er trat voller Angst vor diesen, der ihn fragte:

– Wo hast du die Titel genommen?

Er vermochte nicht zu antworten. Der Offizier befahl, ihn einzusperren und ihn zu foltern, damit er gestehe. Schließlich gestand er und gab zu, dass er sie aus dem Kontor seines Vaters gestohlen hatte. Der Offizier überstellte ihn dem Gericht[103], das ihn [122r] als Person, der von anderen Vertrauen entgegengebracht worden war, zum Tod durch den Strang vor der Tür seines Hauses verurteilte, zur Belehrung derer, denen, so wie ihm, Vertrauen geschenkt wurde. Als sein Vater die Nachricht erfuhr, bereute er, was er getan hatte. Er ging unverzüglich zum Richter, um sich für den Jungen einzusetzen, und erklärte ihm, dass er aufgrund der Erziehung, die er ihm hatte zuteilwerden lassen, sein Sohn und Erbe sei, dass es keine Streitereien zwischen ihnen gebe und dass alles, was er besitze, ihm gehöre. Der Richter entgegnete:

– Hat er nicht deine Titel heimtückisch gestohlen, ohne dass du es merktest, obwohl du ihm dein Vertrauen geschenkt hast? Dafür hat das Gesetz ihn zum Tod durch den Strang verurteilt.

Als der Vater sah, dass er vom Richter des Gesetzes nichts erhoffen durfte, wandte er sich an die Edelleute der Stadt und bat sie, seinen Sohn vor dem Tod zu erretten. Aber sie vermochten nichts gegen das Gesetz. Nun wandte sich der Vater an den Königshof, warf sich den Großen des Reichs zu Füßen und bot ihnen vielerlei Geschenke an. Aber auch sie konnten kein milderes Urteil erreichen. Die Angelegenheit kam schließlich über die Vermittlung der Prinzen, der Königssöhne, dem König selbst zu Ohren. Es war ihm aus Achtung vor dem Gesetz unmöglich, das Urteil zu ändern. Alle hatten die Hoffnungen des Vaters enttäuscht. Er kehrte nach Hause zurück, weinte und schluchzte wie seine Frau auch. Lange Zeit vermochte sie niemand in ihrer Trauer zu trösten.

Die Angelegenheit endete folgendermaßen: Bei Sonnenuntergang begab ich mich zum Gericht und sah gegenüber den Treppen einen leeren offenen Wagen. Einige Soldaten mit ihrem Kommandanten warteten zu Pferd. Wenig später kam der Henker herunter, hielt den Strick des Verurteilten, dessen Arme auf der Brust gekreuzt waren. Ihnen folgte der Priester. Sie gingen die Stufen hinunter und bestiegen den Wagen. Der Priester hatte die eine Hand auf die Schulter des jungen Mannes gelegt, mit der anderen umfasste er das heilige Kreuz, das er ihm entgegenhielt. Er sprach ihm unentwegt Mut zu und ermahnte ihn auf dem ganzen Weg bis zum Galgen.

[122v] Als wir dort angekommen waren, erblickte ich auf einem Dreifuß ein Stück Holz, das auf einer Seite herausragte. Eine Leiter war dagegen gelehnt. Der Henker stieg bis oben hinauf; der junge Mann stieg hinter ihm hinauf und stellte sich zwischen die Beine des Henkers, der den Strick um seinen Hals gespannt hielt. Der junge Mann, das Kreuz vor dem Gesicht, hob seine Augen zu den Fenstern seines Hauses und weinte. Die Gebete hörten auf. Das Volk beweinte diesen jungen Mann, der in der Blüte seiner Jugend stand. Er war schön, mit seinen schönsten Gewändern, dem Hochzeitsgewand, bekleidet. Er war, wie man sagte, zweiundzwanzig Jahre alt. Dem versammelten Volk zerriss es das Herz. Man konnte sein Weinen und den Aufruhr seiner Gefühle hören, so, als ob jeder von ihnen den einzigen geliebten Sohn verloren hätte.

Als alles fertig war, stieß der Henker ihn hinunter, wie ich es beschrieben habe; man legte ihn auf den Karren und die Ärzte brachten ihn weg. Der Henker jedoch konnte nur unter dem Schutz der Soldaten von der Leiter steigen, die eine Schranke um ihn bildeten, um zu verhindern, dass er von der Menge getötet wurde. In diesen Ländern ist der Henker äußerst verhasst und verachtet.[104]

Als ich an einem anderen Tag auf dem Pont Saint-Michel war, da, wo wir wohnten, kamen diejenigen wieder vorbei, welche die Blätter mit dem Urteilsspruch, will sagen: das Verzeichnis mit den Verurteilten verkauften. Zwei Straßenräuber, welche ihre Opfer ausgeraubt und getötet hatten, waren auf dem Verzeichnis eingetragen. Ich ging also zur Stunde des Sonnenuntergangs zum Gericht, um mir das Schauspiel anzusehen. Ich erblickte zwei Karren und die Soldaten, wie schon erwähnt. Die zwei Verurteilten kamen mit auf dem Rücken gekreuzten Armen herunter, fest im Griff der Soldaten und begleitet von zwei Priestern und dem Henker. Man ließ jeden von ihnen in Begleitung eines Priesters, der das heilige

VON UNSERER REISE AUS DER PROVENCE …

Kreuz hielt, auf einen Karren steigen und führte sie auf einen Platz.

Als [123r] wir auf diesem Platz ankamen, sah ich, dass dort ein hohes Podest von einem halben Klafter aufgestellt war. In der Mitte stand ein sonderbares Holzkreuz wie das Kreuz des heiligen Petrus. Man zog den Ersten, immer noch im Griff der Soldaten, auf das Podest, löste seine Fesseln und legte ihn nackt auf das Kreuz. Sie befestigten einen Arm fest an einem Ende des Kreuzbalkens, den anderen am anderen. Dann banden sie ihm ein Bein an jeden Balken. Sein Kopf hing zwischen den beiden Enden des Kreuzbalkens.

Als er festgebunden war, verlas der Henker vor der gesamten Versammlung das Urteil: Ihm sollten alle vier Gliedmaßen gebrochen werden. Nach der Verlesung trat jemand mit einer langen und dicken Eisenstange vor. Wie üblich forderte der Priester die Versammlung zum Beten auf.

Nach den drei Gebeten schlug der Henker den am Kreuz festgebundenen Verbrecher auf den ersten Arm. Er verabreichte ihm drei Schläge mit der Stange und brach ihm die Knochen in Stücke; man konnte das Geräusch hören. Der Henker gab ihm auch drei Schläge auf den anderen Arm und drei Schläge auf jedes Bein. Nicht eines seiner Glieder blieb unversehrt. Der Henker versetzte ihm einen einzigen Schlag auf den Bauch, wobei er verkündete, dies sei eine Gnade des Königs, damit er schnell sterbe. Man löste ihn vom Kreuz und legte ihn auf das Wagenrad. Dort presste man ihn zusammen: Er wurde zu einer Fleischkugel zusammengedrückt. Daraufhin verschob man das Rad, durch dessen Nabe ein Holzpflock getrieben wurde, und er wurde so, gut sichtbar, neben dem Podest, den Kopf aus dem Rad heraushängend, ausgestellt.[105]

Dann ließ man den zweiten Verurteilten auf das Podest steigen. Als er seinen Kameraden in diesem Zustand sah, warf er sich [123v] auf die Knie und flehte den Priester an, ihn nicht auf diese grausame Art und Weise zu Tode kommen zu lassen und ihn zu erwürgen, bevor man ihm die Glieder breche. Der

Priester hatte Mitleid mit ihm, wandte sich an den vom Richter beauftragten Soldaten und setzte sich dafür ein, dass man ihn erdrossle. Sie erreichten mit großer Mühe, dass der Soldat der Bitte des Priesters stattgab und befahl, ihn zu erwürgen. Er wurde wie sein Kamerad auf das Kreuz gelegt, dann band man ihn fest und legte ihm um den Hals einen Strick, der durch das Loch des Podestes gesteckt und mit aller Kraft umgedreht wurde, was ihn in eine Drehbewegung versetzte: Er war sofort erdrosselt. Der Henker brach ihm daraufhin die Knochen wie dem Ersten und packte ihn wie seinen Kameraden auf ein Wagenrad. Man ließ sie dort, bis der erste starb.[106]

Dieses Schauspiel traf die Herzen der Leute und flößte ihnen Angst und Schrecken ein. Jeder machte sich auf den Weg in einem Gefühl tiefer Niedergeschlagenheit und Traurigkeit über das, was er gesehen hatte.

An einem anderen Tag sah ich Leute laufen. Auch ich lief mit ihnen daraufhin bis zu einer Kreuzung. Ich erblickte eine Frau mit nach hinten gebundenen Armen auf einem dieser Wagen, in die man die Abfälle wirft. Sie war halb nackt, will sagen: bis zum Gürtel. Auf der Kreuzung wurde der Wagen angehalten, und der Henker verlas das Strafregister, in dem ihr Verbrechen verzeichnet war: Sie verdarb die Gemüter junger Leute und verheiratete sie mit unschuldigen Frauen, von denen nicht bekannt war, dass sie in Wahrheit Frauen der Sünde waren. Deshalb hatte das Gesetz sie dazu verurteilt, auf schändliche Art durch alle Straßen der Stadt Paris gefahren zu werden. Nach der Verlesung verabreichte der Henker ihr zwölf starke Hiebe mit dem Ochsenziemer, dass man sah, wie das unter den Hieben blau geschlagene Fleisch aufplatzte. Nach der verabreichten Prügelstrafe setzte sich der Karren in Bewegung und schleppte die erschöpfte Frau, die barfuß war, mit aller Kraft hinter sich her, sodass sie vor Schwäche fast [124r] starb. Was für ein abscheuliches Schauspiel, welche schlimmste Schande für das weibliche Geschlecht![107]

An einem anderen Tag wurden weitere Urteilsverkündungen verbreitet. Ich begab mich zum Gericht, um das Schauspiel anzuschauen. Als ich eintraf, sah ich eine alte Frau von ungefähr siebzig Jahren, die man in Begleitung des Henkers und des Priesters die Treppe hinunterführte. Man ließ sie mit ihnen auf den Karren steigen. Die vom Richter abgestellten Soldaten umgaben den Wagen, der zum Ort fuhr, wo der Galgen stand. Alle drei bestiegen die Leiter und der Henker verlas das Urteil.

Diese Frau war seit mehreren Jahren Dienerin im Haus eines Notabeln. Dieser Mann und dessen Frau liebten sie, weil sie bei ihnen diente und ihre Kinder erzog. Dem Vater des Notabeln waren seinerzeit Silberteller abhandengekommen, die man nicht mehr auffinden konnte, noch gelang es, den Dieb zu fassen. Jahre vergingen. Der Vater dieses Mannes starb.

Es begab sich, dass dieser Agha eine Reise in die Stadt Toulouse unternahm. Bei seiner Ankunft lud ihn einer seiner Freunde zu sich nach Hause ein. Als sie sich an die Tafel setzten, erblickte der Mann unter den Silbertellern einen der seinen, den er an seinem Prägestempel wiedererkannte. Nach dem Essen fragte er den Hausherrn, wo er ihn gekauft habe. Dieser entgegnete ihm, er habe einen seiner Freunde gebeten, ihm ein Service in Paris herstellen zu lassen, und dass dieser Teller zu denen gehört habe, die ihm geschickt worden seien. Er gab an, es handle sich um den Soundso, Händler in der Stadt Paris.

Unser Mann verlängerte seinen Aufenthalt eine Weile, dann kehrte er mit dem Teller und einigen anderen, die aus seiner Wohnung verschwunden waren, nach Paris zurück. Einige Tage nach seiner Ankunft [124v] in seinem Palais ließ er den Händler kommen und fragte ihn, wo er die Silberteller gekauft habe. Der Händler gab ihm einen Silberschmied an. Er ließ ihn kommen, und dieser verwies ihn an einen anderen Mann mit merkwürdigem Benehmen.

Der Mann benachrichtigte nun die Obrigkeit von dem Geschehen. Der Offizier beauftragte zwei seiner Leute mit der Untersuchung: den Ersten zu suchen, der die Stücke verkauft hatte, und ihn zu ihm herzubringen. Sie machten sich an eine genaue Nachforschung und kamen schließlich bis zu dieser Dienerin, von der wir gesprochen haben. Als sie sie befragten, konnte sie auf niemanden mehr hinweisen. Sie verhafteten sie, führten sie vor den Offizier und brachten sie dazu, zu gestehen, dass sie die Teller gestohlen hatte. Das Gesetz verurteilte sie zum Tod am Galgen. Der Henker verlas die Geschichte nicht zur Gänze; er beschränkte sich darauf, zu erwähnen, dass sie ihre Herrschaft hintergangen habe. In Anbetracht der Tatsache, dass man ihr Vertrauen entgegengebracht hatte, wurde sie zum Tode verurteilt. Man konnte sie aufrecht auf der Leiter stehen sehen, wie sie das versammelte Volk bat, für sie zu beten. Sie wurde wie die anderen Verbrecher gehängt, zur Belehrung aller Bediensteten, denen Vertrauen geschenkt wurde.

In diesen Tagen brach in der Stadt Paris eine Epidemie aus, die den Tod unzähliger Personen verursachte. Wer von dieser Krankheit ergriffen wurde, überlebte keine vierundzwanzig Stunden. Die Furcht vor dem Zorn Gottes ließ die Bewohner der Stadt erzittern. Sie riefen die Hilfe der heiligen Geneviève an, der Schutzheiligen von Paris.[108]

Es wurde beschlossen, ihren Körper in einer Prozession durch die Stadt zu tragen und ihre Fürsprache zu erflehen, in der Hoffnung, Gott von den Schlägen des Zorns abzubringen. Sie baten den Bischof ihrer Kirche, ihnen zu erlauben, den Körper in der Prozession mitzutragen. Er weigerte sich und ließ nicht zu, dass sie aus ihrer Kirche herausgetragen werde, aus Angst, sie könnten diesen geweihten Schatz nicht mehr zurückbringen.

Alle Bischöfe von Paris drangen in ihn, ebenso die Klostervorsteher, sogar der Kardinal selbst. [125r] Doch es war nicht möglich, ihn dazu zu bewegen, den Körper der Heiligen herauszugeben. Sämtliche Notabeln und Richter von Paris kamen zusammen und flehten den Bischof der Kirche der Heiligen an, sein Einverständnis zu geben. Er ließ sie ein Schriftstück von ihrer Hand unterschreiben, in dem sie zusicherten, den Körper zurückzugeben, denn er fürchtete, dass der Kardinal oder ein anderer Hand an diesen Schatz legen könnte.[109]

Es handelte sich um einen Reliquienschrein aus Silber auf drei Marmorsäulen, der Anlass zahlreicher Wunder war. Die Leute hängten beispielsweise das Hemd eines Kranken an ein Schilfrohr und berührten damit den Schrein: Die Heilige heilte seine Krankheit nach Maßgabe seines Glaubens.

Die Angelegenheit wurde in dieser Form geregelt. Der Bischof war mit der Herausgabe der Reliquien der Heiligen einverstanden. Der Kardinal, der im Königreich Frankreich ein zweiter Papst ist, ordnete an, dass alle Priester, Mönche, Nonnen und Pfarrer aus allen Kirchen und Klöstern der sieben Viertel von Paris an der Prozession teilzunehmen hatten.[110] Man zählte achthundert Kirchen und Klöster. Der Kardinal wies sie auch an, die reichsten Gewänder anzuziehen, eine Kerze in die Hand zu nehmen und zur Prozession in einem langen Zug einherzuschreiten. Er verordnete auch, dass niemand an diesem Tag arbeiten und es ein allgemeiner Feiertag sein solle.

An besagtem Tag brach die Prozession in guter Ordnung auf, hintereinander die Priester, Mönche und Diakone, bekleidet mit den reichsten Messgewändern und mit brennenden Kerzen in den Händen. Vier Bischöfe trugen den Reliquienschrein der Heiligen auf ihren Schultern. Sie gingen durch die Straßen der Stadt. Man konnte die Schar der Mönche und Diakone sehen, wie sie mit wohlklingenden Stimmen und schönen Melodien engelhafte Gesänge psalmodierend einherschritten.

Der Umzug dauerte etwa zwei Stunden, denn man [125v] schätzte, dass die Zahl der Teilnehmer fast zehntausend Personen betrug. Alle Leute aus dem Volk waren in ihren Geschäften und baten den Allmächtigen, Er möge die Fürbitte der Heiligen erhören und von Seinem Zorn ablassen. Unser Herr erhörte ihre Gebete, und diese Krankheit verschwand vollständig. Euer ergebener Diener war zu dieser Zeit in Paris und hat diese Prozession und dieses Wunder miterlebt, das Gott der Allmächtige auf die Fürbitte der heiligen Geneviève für sie vollbrachte.

Ich habe mich nach ihrer Geschichte erkundigt. Die Heilige war Dienerin bei einem reichen Mann, einem der Notabeln von Paris. Sie lebte bei ihm wie eine fromme Nonne und sie liebte die Armen. Sie gab ihnen als Almosen einen Teil ihres Essens, das sie bekam, die Früchte ihrer Arbeit und die Reste der Mahlzeiten des Hauses.

Der Hausherr war geizig und hatte ein hartes Herz gegen die Armen und Bedürftigen. Als er merkte, dass sie Almosen an die Armen verteilte, drohte er seiner Hausangestellten und sagte ihr, sie könne darauf zählen, dass er sie schlagen und davonjagen werde, sollte er sie noch einmal dabei erwischen, dass sie den Armen etwas gebe. Dann trug er seinen Hausangestellten auf, sie zu überwachen und, sollten sie sehen, dass sie es wieder tat, ihn zu unterrichten, damit er sie bestrafe.

Diese arme Frau war darob sehr betrübt und verteilte aus Angst vor ihrem Herrn nichts mehr an die Armen. Aber sie legte einen Teil des Brotes beiseite, das sie erhielt, und verbarg es, bis sie eine Gelegenheit fand, es den Notleidenden zu geben. Als ihr Meister eines Tages abwesend war, sammelte sie ihr Brot, versteckte es im Rockschoß und verließ das Haus, um es den Armen zu geben. Just zu diesem Zeitpunkt kam ihr Herr zurück. Er sah sie mit gefülltem Rockschoß hinausgehen. Er fragte sie:

– Was hast du da?

Sie zitterte, fürchtete seinen Zorn und wusste nichts zu entgegnen. Aber unser Herr in Seinem Erbarmen gab ihr die Worte ein und sie antwortete ihm:

– Es sind Rosen.

Doch es war Winter, und es gab keine Rosen. Ihr Agha war verblüfft und sagte:

– Zeig mir diese Rosen.

Sie öffnete ihren Rockschoß: Darin erblickte er [126r] Rosen mit doppelter Blüte außerhalb der üblichen Jahreszeit. Er war erstaunt, schaute sie an und sagte:

– Sag mir die Wahrheit, wo hast du diese Rosen gefunden?

Sie sah sich gezwungen, die Wahrheit zu gestehen: Sie hatte Brotstücke in ihren Rockschoß gelegt.

– Ich habe ohne Bedacht und ohne nachzudenken gesagt, es seien Rosen.

Er verstand nun, dass sich für ihn durch sie ein Wunder ereignet hatte. Er unterrichtete den Bischof, der die Sache untersuchen ließ, und da er sah, dass es sich wirklich um ein Wunder handelte, bestätigte er es. Der reiche Mann ließ ein Nonnenkloster erbauen und diese Frau darin eintreten.[111] Neben dem Kloster ließ er eine Kirche errichten. Schließlich machte er eine fromme Stiftung, um die Ausgaben zu decken. Geneviève blieb dort und wurde wegen ihrer großen Frömmigkeit und ihrem engelgleichen Leben zur Oberin des Klosters gewählt. Als sie starb, wurde ihr Leib Quelle vieler Wunder. Die Chronik über sie ist lang.

Da ihr Leib Wunder bewirkte, wurde er in einen silbernen Sarg gelegt, den man auf drei Säulen stellte für die Kranken, die aus verschiedenen Ländern kamen, ihren Leichnam zu sehen und von ihren Krankheiten geheilt zu werden. Seit dieser Zeit nannte man sie Geneviève, die Schutzpatronin von Paris.

UND DIE LETZTEN TAGE DES JAHRES 1708 …

Am fünfzehnten Tage des Monats Dezember war es so kalt, dass die Bäume verdorrten und die Seine, die mitten durch Paris fließt, zufror. Die Dicke des Eises erreichte eine Spanne, sodass die Wagen darüberfuhren, als ob sie auf trockenem Schotter rollten. Die eisige Kälte dauerte fünfzehn Tage lang an.[112]

Während dieser Zeit starben die Bewohner der sieben Viertel von Paris, von denen jedes so groß war wie die Stadt Aleppo, vor Kälte. Auf achtzigtausend belief sich die Zahl derer [126v], für die man die Kirchenglocken läuten ließ, die kleinen Kinder, die Armen und Fremden nicht mitgezählt.[113]

Es wurden sogar tote Frauen mit ihren Kindern im Bett gefunden, Männer und ihre Frauen in Umarmung und tot, da sie im obersten Stockwerk des Gebäudes wohnten, wo die Miete niedriger ist. Die Gebäude in Paris haben fünf Stockwerke, und eine Wohnung über einer anderen ist billiger als diejenige darunter. Man fand auch Bauernkinder, tot, vergraben im Mist der Ställe. Sie waren aus Dörfern in die Stadt gekommen, um Arbeit zu finden. Die Stadt war leer, die Bewohner hatten sich zurückgezogen und verließen Zimmer und Herd nicht mehr. Euer Diener war geschützt in seinem Zimmer und entfernte sich kaum vom Kamin. Ich blieb fünfzehn Tage eingesperrt, ohne mich zu rühren, und erwärmte mich vor dem Feuer.

Die Priester ließen Kohlenbecken auf die Altäre stellen aus Angst, der Inhalt des Messkelchs könnte einfrieren. Wenn die Leute urinierten, erlebten viele, dass ihr Urin gefror, in der Harnröhre fest wurde und so ihren Tod herbeiführte. Die Kupfergefäße in den Häusern barsten. Das Brot brach man mit dem Beil und befeuchtete es mit heißem Wasser, damit man es essen konnte. Und was soll man erst von den Gärten und Bäumen sagen? Sie waren gänzlich verdorrt! Auch die Reben und Olivenbäume wurden dürr, und alle Pflanzen gingen ein, auch wenn zwei oder drei Saaten ausgebracht worden waren. Dieser Gotteszorn schlug das gesamte Land Frankreich.[114]

Nach fünfzehn Tagen verließ Euer ergebener Diener sein Zimmer, um sich rasieren zu lassen. Allein der Weg vom Barbierladen zu unserer Wohnung reichte, mich vor Kälte erstarren zu lassen. Ich wurde zur Statue, der Frost ließ meine Schnurrbarthaare abbrechen, und ich glaubte, sterben zu müssen. Als ich in [127r] mein Zimmer zurückkehrte und man mich in diesem Zustand sah, holte man meinen Meister. Er kam und befahl den Dienern sogleich, mich auszuziehen. Es gelang ihnen aber nicht, meinen Überzieher abzunehmen, denn meine Arme waren ganz steif. Er hieß sie daher die Ärmel auftrennen. Als sie mir die Kleider ausgezogen hatten und ich nackt war, wie meine Mutter mich zur Welt gebracht hatte, machten sie Feuer.

In unserem Gepäck hatten wir einen Topf Adlerfett, das

wir in Tunis, im Maghreb, gekauft hatten. Sie rieben mich von Kopf bis Fuß damit ein und setzten mich dicht neben das Feuer, bis das Fett auf meinem Körper geschmolzen war. Dann wärmten sie eine weiße Decke und wickelten mich darin ein. Zwei junge Leute hoben mich hoch und legten mich ins Bett. Ich war wie eine Statue, unfähig, Arme und Beine zu bewegen. Sie wickelten mich in drei oder vier Decken ein, mit denen sie mich sorgsam zudeckten. Mir wurde derart heiß, dass ich mich im innersten Bereich eines Hammam dünkte.[115]

Sie hielten mich vierundzwanzig Stunden im Bett. Danach befand ich mich wieder in meinem normalen Zustand. Ich konnte meine Arme und Beine wieder ohne Schmerzen bewegen. Schließlich stand ich gesund auf. Ich zog meine Kleider an und erging mich im Hof des Hauses. Zwei Tage später befahl mein Meister einem der jungen Leute, mit mir in den Straßen der Stadt einen zweistündigen Spaziergang zu machen, ohne mich anhalten zu lassen. Mir lief der Schweiß bis zu den Füßen herunter. Von diesem Augenblick an erholte ich mich bestens.

Wenig später gab es in der Stadt eine Hungersnot und die Preise stiegen beträchtlich, so sehr, dass die Behörden sich veranlasst sahen, die Personen, die in den Häusern wohnten, zu erfassen und auf Befehl der Obrigkeit jeder Einzelperson eine *Ūqīye*[116] Brot und nicht mehr für ihren Lebensunterhalt zuzuteilen, damit sie nicht sterbe. Die Personen einer Familie waren beim Bäcker schriftlich vermerkt, und bei [127v] jedem Ofen saß ein von der Obrigkeit entsandter Mann, der das Register führte, in dem die Namen der Familien eingetragen waren. Diese Disziplin wurde eingeführt, damit niemand mehr nehmen konnte, als ihm zukam, und sei es nur für einen Sou.[117]

Einige Tage später strömten die Bauern aus den Dörfern und Weilern zum Betteln, und um nicht hungers zu sterben, in die Stadt Paris. Euer Diener sah viele Menschen in den Gassen liegen, die verhungert waren, denn niemand gab ihnen ein Almosen. Jeder hatte nur eine *Ūqīye* Brot und konnte davon kein Almosen abgeben. Aus diesem Grund starben viele vor Hunger.

Als die Notabeln der Stadt, die Bischöfe und die Verantwortlichen das Ausmaß dieses Unglücks erkannten, suchten sie
nach einer Lösung. Eine göttliche Eingebung unseres Herrn,
der voller Barmherzigkeit gegen Seine Diener ist, kam über ihren Geist: diese Bauern zum Bau von Wohnungen auf öffent-
lichem Grund auf den der Stadt gehörenden Liegenschaften in
der Umgebung von Paris anzustellen. Es gab da einen Hügel.
Sie wollten, dass die Erde an einen anderen Ort gebracht, der
Grund eingeebnet werde und dann Häuser gebaut werden.

Aus anderen Ländern traf Getreide ein, jedoch zu einem
hohen Preis. Man baute einen Ofen an diesem Ort, um Brot für
diese Leute zu backen und um jedem, will sagen: jedem Mann
mit seiner Frau und den Kindern, denen, welche die Kraft hatten, Erde zu schleppen, ein Brot von zwei *Ūqīye* zu geben sowie
ein Gehalt von zwei *Tscherq*, will sagen: zwei ʿ*Uthmāni*, was
vier *Soldīye*[118] macht. Diese Leute blieben zum Arbeiten, und
die Bewohner der Stadt waren sie los.[119]

Schließlich wurden sie vom Unglück erlöst, als große Mengen Getreide aus den Ländern des Orients, den Ländern des
Maghreb und anderen Ländern ankamen, denn der hohe Preis
zieht Angebote an.[120] Als ich nach Marseille kam, habe ich vier
Galeeren unseres Herrn, des Papstes, mit Barkassen voller Weizen ankommen sehen, denn die Stadt Marseille erlitt eine noch
weit schlimmere Hungersnot als Paris. Die Leute brachen die
Häuser auf und plünderten alle Nahrungsmittel, die sie finden
konnten. Die Behörden mussten in jedem Viertel einen Galgen
errichten [128r] und Soldaten aufstellen, um den Pöbel zurückzu-
drängen und Einbrüche in Häuser zu unterbinden. Dann trafen
die Schiffe ein, die man zu den Inseln[121] und in die Städte des
Orients geschickt hatte, um das Land zu versorgen. Es gab wieder ausreichend Weizen, und er wurde im ganzen Land Frankreich verteilt.[122]

Es gab wieder Brot, aber der *Ratl* Brot, der jetzt dem Unserigen entsprach, das heißt drei Vierteln des früheren Gewichts,
kostete eine *Zalata*[123]. Der Brotpreis festigte sich auf diesem

Niveau bis zur neuen Ernte, danach wurde er wieder normal. Das ist es, was ich von der Teuerung gesehen habe, die im Jahr 1709 in Frankreich herrschte.

In dieser Zeit war meine Seele bedrückt; ich konnte es nicht mehr ertragen, in diesen Ländern zu leben.

Ein alter Mann[124] besuchte uns des Öfteren. Er war mit der Bibliothek der arabischen Bücher betraut. Er las gut Arabisch und übersetzte Bücher aus dieser Sprache ins Französische. In dieser Zeit übersetzte er unter anderem die Geschichten von *Tausendundeine Nacht*. Dieser Mann suchte meine Hilfe zu einigen Punkten, die er nicht verstand und die ich ihm erklärte. Es fehlten im Buch, das er übersetzte, einige Nächte, und ich erzählte ihm daher die Geschichten, die ich kannte. Er konnte sein Buch mit diesen Geschichten ergänzen und war sehr zufrieden mit mir.

Er versprach mir aus ganzem Herzen, zu helfen, sollte ich ein Problem zu regeln haben. Als ich mich eines Tages zum Diskutieren zu ihm setzte, sagte er zu mir:

– Ich möchte dir einen Gefallen tun, aber nur, wenn du das Geheimnis bewahrst.

– Welchen Gefallen willst du mir tun?, fragte ich ihn.

– Ich werde es dir morgen sagen, erwiderte er.

Als wir unsere Unterhaltung beendet hatten, entließ er mich. Am nächsten Tag sagte er, als ich eintraf:

– Freue dich, ich habe für dich eine günstige Sache in Aussicht, sie wird dich glücklich machen, wenn sie sich verwirklichen lässt.

– Sage mir doch, was für eine Neuigkeit es ist, die du mir da bringst, sagte ich zu ihm.

Er sprach von einem Prinzen, der zu den Würdenträgern des Staates gehörte:

– Dieser Prinz hat mich gebeten [128v] jemanden zu finden, der eine Forschungsreise unternimmt, wie diejenige deines Meisters Paul Lucas. Und sogleich, fuhr er fort, ist mir der Gedanke gekommen, von dir zu sprechen, denn du bist gereist und hast die nötigen Kenntnisse für solche Reisen erworben. Dieser Prinz hat mir aufgetragen, dich bei ihm vorzustellen, damit er dich treffen und mit dir sprechen kann. Ich erwarte dich morgen an einem bestimmten Ort, dann gehen wir zusammen zu ihm. Aber pass auf, sprich nicht mit deinem Meister davon, denn er würde sich deinem Weggang widersetzen.

Wir verständigten uns darüber, und er ging.

Am nächsten Tag begab ich mich an den besagten Ort, wo er mich erwartete. Ich begleitete ihn, und wir gingen zum Palast dieses Prinzen. Der alte Mann trat bei ihm ein, und einige Augenblicke später, als die Diener mich baten, ebenfalls einzutreten, stellte ich mich vor. Der Prinz hieß mich willkommen und bat mich höflich, Platz zu nehmen. Er begann mich über die Länder zu befragen, die wir besucht, und über die Gegenstände, die wir gefunden hatten, Geld, antike Figuren, Bücher und Chroniken, die von alten Königen handelten, und andere Dinge, die mein Meister mitgebracht hatte.

Ich antwortete ihm:

– Ja, mein Herr, ich habe alle diese Gegenstände gekauft und ich verstehe mich darauf, denn bei meinem Meister habe ich mir Kenntnisse in diesen Dingen angeeignet.

Seine Exzellenz, der Prinz, sagte nun zu mir:

– Halte dich bereit, verlass deinen Meister und komme zu mir. Ich werde dir zur Seite stehen. Ich werde vom König einen Ferman erhalten, wie jenen, den dein Meister erhalten hat, der dich dem Botschafter und allen Konsuln in den Ländern des Orients empfiehlt. Ich werde dir auch Empfehlungsbriefe mitgeben. Die Konsuln werden dir alles geben, was du im Laufe deiner Reise verlangst, und du wirst alles, was du kaufst, bei ihnen hinterlegen, damit sie es nach Marseille an die Handelskammer schicken. Du erhältst einen *Ecu* pro Tag für deine Kosten, unabhängig von den anderen Ausgaben. Kommst du wohlbehalten zurück, werde ich dir eine höhere Stellung und eine Funktion verschaffen, die dir ein hohes Einkommen einbringen wird.

Am Ende unserer Unterhaltung fügte er hinzu:

– Gehe jetzt und tue, wie ich dir sage, dann komme wieder zu mir.

Ich verließ ihn in großer Verwirrung. Was sollte ich tun? Denn auf der einen Seite [129r] hatte ich genug von den schrecklichen Gefahren, denen ich mit knapper Not entronnen war, auf der anderen Seite fürchtete ich, dass die Angelegenheit zu nichts führte. Ich war verwirrt und schwankte zwischen Furcht und Hoffnung.

Davor war mir etwas Entsetzliches, im höchsten Maße Erschreckendes begegnet. Zufälligerweise traf ich eines Tages einen armenischen Perser, den man Jussef den Juwelier nannte. Dieser Mann war in der Stadt Paris tätig. Er kaufte wertvolle Juwelen, Diamanten, Hyazinthsteine, Smaragde und Perlen sowie andere Edelsteine. Als er mich sah, begrüßte er mich in türkischer Sprache, obwohl ich ihn nicht kannte. Ich grüßte ihn meinerseits. Er fragte mich:

– Aus welchem Land bist du?

– Ich bin aus Syrien, aus der Stadt Aleppo.

Als er hörte, dass ich aus Aleppo kam, wiederholte er seine Begrüßung und hieß mich wärmstens willkommen. Dann fragte er mich über gewisse Personen aus. Wie es ihnen gehe? Er hoffe, dass sie noch am Leben seien. Ich beantwortete seine Fragen: Der Soundso sei noch am Leben, der Soundso gestorben, ein anderer auf Reisen und so weiter. Dann gingen wir bis vor unsere Wohnung. Ich verabschiedete mich und wollte die Treppe hochsteigen. Er folgte mir Stufe um Stufe und fragte mich, in welchem Stockwerk wir wohnten. Ich antwortete:

– Im zweiten.

Er trennte sich von mir und ging. Ich berichtete meinem Meister von der Begegnung mit diesem Mann, der Art, wie er mich willkommen geheißen, und den Zeichen der Verbundenheit und Freundschaft, die er mir gezeigt hatte. Da dieser Mann eine gewisse Bekanntheit in Paris genoss und bei den Notabeln gut eingeführt war, fragte mich mein Meister:

– Warum hast du ihn nicht eingeladen, uns zu besuchen? Wenn du ihm noch einmal begegnest, bitte ihn, zu uns zu kommen, denn ich möchte gern mit ihm über Juwelen, will sagen: Edelsteine reden und schauen, ob er über gute Kenntnisse auf diesem Gebiet verfügt.

Mein Meister war ein hervorragender Kenner in der Kunde der Edelsteine, ihrer Eigenschaften und ihres Werts. Deshalb [129v] wünschte er, diesen Mann zu treffen und zu prüfen, ob er wirklich etwas davon verstand. Einige Tage danach klopfte es am Morgen an unserer Tür. Wir waren allein, mein Meister und ich, und wärmten uns vor dem Kamin, nachdem wir Kaffee getrunken hatten. Ich erhob mich und öffnete die Tür. Es war Jussef der Juwelier. Ich begrüßte ihn und bat ihn, einzutreten und mit uns Kaffee zu trinken. Er sagte mir, er könne jetzt nicht hereinkommen, denn er habe eine dringende Angelegenheit zu erledigen.

– Ich möchte, dass du mit mir kommst, um zu übersetzen, was mir ein Mann erzählt, ein Meister, denn es gelingt mir nicht, ihm meine Angelegenheit richtig zu erklären. Ich kann nicht gut Französisch, ich spreche Italienisch, aber dieser Mann versteht es nicht. Deshalb bitte ich dich, den Dolmetscher für mich zu machen.

– Warte einen Augenblick, ich frage meinen Meister um Erlaubnis und komme nach.

Ich trat bei meinem Meister ein und erzählte ihm die Geschichte. Er erhob sich sogleich und bat ihn hereinzukommen. Der Mann konnte nicht Nein sagen. Er trat ein und wir bereiteten ihm auf der Stelle einen Imbiss. Wir servierten ihm Kaffee und behandelten ihn zuvorkommend. Nachdem mein Meister ihn freundlich empfangen hatte, diskutierten sie ungefähr eine Stunde lang über Juwelen. Mein Meister wollte mich danach mit ihm wegschicken, damit ich die Übersetzung in dieser dringenden Angelegenheit erledige. Er fragte ihn:

– Worum handelt es sich? Sag es mir, und ich zeige dir eine Lösung.

– Es ist eine geheime Sache, entgegnete der andere. Wenn du willst, dass ich Deine Exzellenz damit vertraut mache, musst du mir versprechen, das Geheimnis für dich zu behalten.

– Sprich ohne Furcht, sagte der Meister zu ihm, ich werde dein Geheimnis auf ewig für mich behalten.

Er erzählte nun die ganze Geschichte, wie sie abgelaufen war. Er hatte sich mit einem Mädchen verlobt und hatte vor Gericht einen Verlobungsvertrag unterschrieben.

[130r] – Und nun kamen Leute zu mir, die mir dazu verhelfen wollen, mich mit der Tochter des Soundso zu verloben. Sie haben mir eröffnet, dass er ein Händler in Indien ist, sehr reich. Er treibt seit mehreren Jahren Handel mit Indien und hat nicht die Absicht, nach Paris zurückzukehren. »Die Onkel väterlicher- und mütterlicherseits dieser Tochter möchten, dass du sie heiratest, und sie wollen dich nach Indien zu ihrem Vater schicken, da sie fürchten, sein Vermögen werde verteilt, sollte er dort unten sterben«, haben sie mir gesagt. Er ist alt, und diese Leute wissen nicht, dass ich schon anderswo verlobt bin. Ich befinde mich in einer schwierigen Lage: Kann ich mit diesem Mädchen brechen und mich mit der anderen verloben?

Mein Meister entgegnete:

– Meines Erachtens gibt es einen Weg, aber es ist nicht gestattet, ihn zu begehen, und ich rate dir nicht, es zu tun.

Der Mann bestand darauf und bekniete meinen Meister, ihm den Weg zu verraten. Mein Meister fragte ihn:

– Versprichst du mir, ihn nicht zu begehen?

Der Mann versprach es. Mein Meister erklärte ihm:

– Da du ein Fremder bist, kannst du vorgeben, du habest einen Brief von deinen Eltern erhalten und seiest gezwungen, aus einem schwerwiegenden Grund in dein Land zu reisen, dem Tod deines Vaters, deines Geschäftsteilhabers oder sonst einem Grund dieser Art. Du könntest den Eltern des Mädchens sagen, dass du unbedingt fahren müssest, denn die Angelegenheit sei dringend, und dass sie den Vertrag zerreißen sollen. Aber binde das Mädchen nicht durch eine Verpflichtung an dich, dass sie nicht heiraten solle, und teile ihnen mit, dass du sie heiraten wirst, wenn du zurückkehrst und sie nicht verheiratet ist. Sie werden dich nicht an der Abreise hindern können und werden den Vertrag zerreißen und die Verlobung lösen. Sobald sie den Vertrag zerrissen haben, sage dem Mädchen, mit dem du eine neue Verlobung eingehen willst, dass du in dem Land Soundso Geld habe, das du abholen wolltest, und dass du in einigen Tagen zurückkehren und dich mit ihr verloben werdest. Wenn du dann nach einiger Zeit zurückkehrst und dich mit diesem zweiten Mädchen verlobst, haben die Eltern des ersten keinerlei Rechte mehr über dich und niemand kann dich daran hindern, dich mit ihm zu verloben.

Nachdem er dies gehört hatte, bedankte sich Jussef bei meinem Meister und kehrte zu seinen Geschäften zurück. Aber seine Habgier ließ ihn sein Versprechen nicht halten und er tat, [130v] was er bei meinem Meister gehört hatte. Er war eine Weile abwesend, kehrte zurück und verlobte sich mit der Tochter des Händlers.

Wenn aber ein Fremder in diesen Ländern sich verheiraten will, wird in der großen Kirche an drei aufeinanderfolgenden Sonntagen eine Bekanntgabe dazu gemacht. Der Priester kündigt an, dass ein Fremder aus dem oder jenem Land sich verheiraten wolle. Wer Kenntnis davon habe, dass er bereits verheiratet sei, solle es dem Bischof melden. Wer die Auskunft nicht weitergebe, werde exkommuniziert. Diese Bekanntmachung erfolgte also am ersten und am zweiten Sonntag, und es gab nichts, was man ihm hätte vorwerfen können. Aber am dritten Sonntag befand sich gerade ein chaldäischer Priester in der Kirche, in der die Angelegenheit bekannt gegeben wurde. Er ging zum Bischof und sagte ihm:

— Ich kenne diesen Mann. Er ist im Land Syrien, in der Stadt Aleppo, verheiratet.

Es stimmte. Er war tatsächlich mit einer Frau namens Mariam, Tochter des Dschbāra, verheiratet, die ihm eine Tochter geschenkt hatte. Er hatte sie verlassen und war aus dem

Land weggegangen. Es könnte sich sehr wohl um diesen Mann gehandelt haben, denn als ich nach Aleppo zurückkehrte, habe ich diese Frau über das Aussehen ihres Mannes befragt, und er sah so aus, wie ich ihn gesehen hatte: groß, dunkelhäutig und schlank. Aber Gott allein weiß, ob er es wirklich war oder nicht.

Als sich die Zeugenaussage des Priesters bestätigte, unterrichtete man die Obrigkeit der Stadt und gab umgehend Befehl, diesen Mann zu verhaften, seinen Besitz einzuziehen und ihn zu hängen. Es ist nicht bekannt, wer ihn warnte, aber er verschwand und seine Spur verlor sich. Man ließ ihn an allen Orten suchen – umsonst. Nach drei Tagen wurden Männer an seinen Wohnort geschickt, um seine Güter zu beschlagnahmen, aber es war nichts mehr bei ihm zu finden. Er hatte aus den Häusern der Notabeln Edelsteine zum Verkaufen mitgenommen, aus deren Verkauf er den Erlös zurückerstatten sollte, aber sie fanden nichts. Er hatte das Geld genommen [131r] und war entflohen.[125]

Die Nachforschungen wurden verstärkt. Leute aus seiner Nachbarschaft und andere, die er kannte, wurden festgenommen, und man drohte ihnen mit der Folter, sollten sie nicht sagen, wo er sich versteckte. Euer Diener gehörte auch dazu. Als ich eines Tages ausging, um etwas zu besorgen, ergriffen mich zwei Männer der Obrigkeit und befahlen mir, mitzukommen. Mich beschlich Angst, und ich fragte sie, was sie wollten. Sie entgegneten, ich hätte mich zu stellen, man würde mir dann schon sagen, was man von mir wolle. Meine Furcht und mein Zittern wurden noch größer, und ich folgte ihnen in halb bewusstlosem Zustand.

Auf dem Weg kamen wir an dem Kaffeeladen des *Chawād-scha* Estephan, dem Damaszener, vorbei.[126] Dieser Mann hegte große Sympathie für mich. Zwischen ihm und mir bestand Freundschaft und Zuneigung, und zwar aus folgendem Grund: Bei meiner Ankunft in Paris hatte mir mein Meister aufgetragen, mich zur Begrüßung zu ihm zu begeben, denn er war ein Landsmann, und er hat mir seine Geschichte erzählt.

Als dieser Mann in Paris angekommen war, musste er betteln, aber niemand gab ihm ein Almosen. Er sah sich gezwungen, den *Chawādscha* Cristofalo Zamariya aufzusuchen und ihn zu bitten, von Seiner Exzellenz, dem Kardinal, ein Schreiben zu erwirken, das ihm erlaubte, vor dem Portal von Notre-Dame zu betteln. Den *Chawādscha* rührte sein Schicksal, und da er der Stellvertreter des Kardinals war, der ihn sehr schätzte, gab dieser ihm einen eigenhändig unterschriebenen Brief, in dem er darum bat, man möge barmherzig gegen ihn handeln, da er fremd sei und die Prüfung seines Falles ergeben habe, dass er arm und bedürftig sei. Er nahm den Brief und stellte sich am Portal auf, um zu betteln. Dieses Hirtenwort des Kardinals bewirkte, dass die Menschen sich großzügig gegen ihn erwiesen. Dank dieser Almosen trug er fast zweihundert Piaster zusammen.

Nun war es die Zeit um das Fest des heiligen Michel. In Paris gibt es sieben Viertel, von denen jedes den Namen eines Heiligen trägt. Am Festtag des Heiligen finden auf dem Platz seines Viertels sieben Tage lang Lustbarkeiten statt. In diesen Tagen wird dort verkauft und gekauft, und es werden Darbietungen gegeben. Menschen aus verschiedenen Dörfern kommen zum Verkaufen und Kaufen, denn alle Geschäfte sind vom Zoll und von den üblichen Steuern befreit, die sonst [131v] zu bezahlen sind.

Am Feiertag des heiligen Michel begab sich Euer Diener zu diesem Platz und schaute den Darbietungen zu. Ich sah unter anderem einen schwarzen Affen, eingesperrt in seinem Eisenkäfig, den ich sehr hässlich fand, wie einen Teufel. Ich sah auch eine Schlange mit zwei Köpfen. Ich gelangte an einen Ort, vor dem ein Mann die Trommel schlug. Ich fragte, was hier sei, und man sagte mir, dass es im Inneren ein großartiges Schauspiel gebe. Ich wollte es sehen, und der Inhaber des Ortes verlangte einen Viertel. Ich fand, es sei viel, verglichen mit den anderen Darbietungen. Andere Zuschauer mischten sich ein und überredeten ihn, mich zum Preis von vier *Schāhīyāt*[127] eintreten zu lassen.

Ich trat ein und sah nur ein kleines, kräftiges Kamel, weiter nichts. Ich bereute es nun und sagte zum Inhaber, dass es in unseren Ländern viele dieser Kamele gebe und man kein kleineres als dieses hier finden könne.

– Nun gut, auf Wiedersehen!, sagte er, denn er hatte mein Geld bereits eingesteckt.

Kehren wir zu unserem Gegenstand zurück. Einige wohlmeinende und dem Schicksal der Armen und Fremden gegenüber aufgeschlossene Personen hatten diesem Estephan, von dem wir gesprochen haben, geraten, zwei Kaffeekannen, einige Tassen und alles, was man zur Kaffeezubereitung benötigte, zu kaufen und zum Fest des heiligen Michel zu gehen, das gerade stattfand. Er tat, wie ihm geraten worden war, und eröffnete ein Kaffeehaus. Da er ein Orientale war, drängten sich die Kunden bei ihm, denn es gab keine anderen Kaffeehäuser.

Zu dieser Zeit waren die Kaffeehäuser in Paris nicht verbreitet; und alles, was neu ist, ist schön. Es drängten sich so viele Kunden im Café, dass Estephan nicht mehr zum Bedienen kam. Er verschaffte sich eine Lizenz, um Hilfen einzustellen. Kurz: Innerhalb von sieben Tagen verdiente er zusätzliche zweihundert Piaster, und als das Fest vorbei war, kehrte er in die Stadt zurück, wo er einen Kaffeeladen eröffnete. Er hatte so viele Leute und Kunden, dass er in der Zeitspanne eines Jahres eine schöne Summe Geld gemacht hatte, und sein Name, Estephan der Kaffeehausbesitzer, [132r] verbreitete sich in der Stadt Paris.

Viele Notabeln, Händler und andere aus den sieben Vierteln der Stadt besuchten diese Einrichtung. Sein Name verbreitete sich bis nach Versailles zum Palast des Königs. Der Minister ließ ihn zu sich rufen und hieß ihn ein Café in Versailles eröffnen, damit die Söhne der Prinzen nicht seinen Laden in Paris besuchten. Er kam der Aufforderung nach, eröffnete dort ein Café und kümmerte sich um die Kaffeeversorgung im Königspalast. Er machte die Bekanntschaft wichtiger Persönlichkeiten des Staats und erwarb sich einen großen Ruf.[128]

Er verband sich mit einer sehr reichen Witwe, Eigentümerin von Hab und Gut, die ihn zum Gemahl nehmen wollte. Sie schickte einen Unterhändler, ihm den Vorschlag zu unterbreiten. Er nahm das Angebot an, heiratete sie und hatte mit ihr eine Tochter. Diese Tochter bekam eine Krankheit, durch die sie verkrüppelt wurde. Estephan schickte jemanden mit dem Auftrag zu mir, mir Folgendes mitzuteilen:

— Der *Chawādscha* Estephan wurde beauftragt, in Versailles ein Café zu eröffnen. Er wünscht dich mit seiner Tochter zu verheiraten und dir das Café in Paris anzuvertrauen. Die Kunden werden sich besser fühlen mit dir als mit einem Sohn des Landes, denn du bist ein Orientale.

Ich hatte diese Tochter bereits gesehen. Sie war schön, aber sie war behindert. Nachdem ich diese Worte gehört hatte, antwortete ich, man möge mir Bedenkzeit einräumen, um mich mit meinem Meister zu beraten; ich würde ihm danach meine Antwort geben. Der Beauftragte ging wieder, nachdem er mir das Versprechen abgenommen hatte, ihm in drei bis vier Tagen eine Antwort zu geben.

Ich beriet mich mit meinem Meister. Er lehnte es ab, dass ich mich mit diesem Mädchen verlobte, weil es verkrüppelt war. Als der Mann wieder kam, um meinen Entschluss zu hören, gab ich ihm keine endgültige Antwort:

— Lasse die Angelegenheit noch in der Schwebe, ich muss erst selbst mit mir zurate gehen.

So verblieben wir bis zu jenem Tag, als diese Männer mich verhafteten, wie ich bereits erwähnt hatte. Als wir nun vor seinem Laden vorbeikamen, erblickte mich Estephan, [132v] stürzte aus seinem Laden und fragte sie:

— Was fällt euch ein, diesen jungen Mann zu verhaften? Was hat er getan?

— Man hat der Obrigkeit hinterbracht, dass dieser Mann auch Umgang mit Jussef dem Juwelier hatte. Vielleicht kennt er den Ort, wo er sich versteckt, und könnte gestehen. Gesteht er nicht freiwillig, wird man ihn schwer foltern.

Dem *Chawādscha* Estephan gelang es nicht, mich ihren Händen zu entreißen. In diesem Augenblick erschien mein Meister. Er hatte von meiner Verhaftung gehört. Als er sah, dass ich verhaftet und in größte Angst versetzt war, herrschte er diejenigen, die mich festhielten, an und befahl mir, nach Hause zu gehen, indem er ihnen sagte:

— Wisst ihr nicht, dass dieser junge Mann bei mir angestellt ist und ich ihn aus den Ländern des Orients mitgebracht habe, damit er in der Bibliothek der arabischen Bücher, die dem König gehören, in Dienst genommen werde? Was wollt ihr von ihm?

Sie berichteten ihm von der Angelegenheit und der Art und Weise, wie die Behörden versuchten, Hinweise zu erhalten. Man habe sie unterrichtet, dass dieser junge Mann kürzlich in einer Unterhaltung mit Jussef dem Juwelier gesehen worden sei. Das sei der Grund, warum sie ihn verhaftet hätten.

— Aber wir wussten nicht, dass er bei dir angestellt ist, fügten sie hinzu.

Paul Lucas antwortete ihnen:

— Dieser junge Mann ist bei mir und ich bürge für ihn. Wenn nötig, werde ich den Behörden Rede und Antwort stehen.

Sie ließen mich nun los und gingen.[129] Aber mich hatte dieser Schrecken getroffen, und meine Abneigung gegen diese Länder hatte sich verstärkt. Ich beschloss, Paris zu verlassen und das zu tun, wozu mich der Prinz aufgefordert hatte: zu reisen und zu entdecken, wie es mein Meister machte. Mein Entschluss festigte sich. Ich bat meinen Meister um die Erlaubnis, in mein Land zu reisen. Als er meine Bitte vernahm, war er verblüfft:

— Fehlt es dir an etwas? Bist du mit dem Leben bei mir unzufrieden? Ich habe mir große Mühe mit dir gegeben und dich in dieses Land geführt, um dir eine Wohltat zu erweisen, dir einen gehobenen Posten zu verschaffen, der dich unter den Schutz des Sultans von Frankreich stellt! Du könntest für den

Rest deines Lebens wohlbestallt und glücklich leben. Und du willst dieses Glück zurückweisen und in die Gefangenschaft der Muslime zurückkehren wie früher?

[133r] Diese Worte machten Eindruck auf mich und ich änderte meine Absicht, das Land zu verlassen.

Mein Meister sagte mir immer wieder:

– Der Minister ist zur Zeit mit dem Lauf der Welt beschäftigt. Aber wenn der Friede wieder einkehrt, werde ich das Versprechen, das ich dir gegeben habe, halten und dich in die Bibliothek einführen.

Ich hegte weiterhin Hoffnung und ging nicht zum Prinzen. Da dieser jedoch meinen Verzug bedauerte, schickte er mir drei Tage später eine Einladung, ihn in Begleitung des alten Mannes zu besuchen. Ich stellte mich ein. Er begrüßte mich und sagte mir:

– Warum hast du so lange gezögert zu kommen? Ich habe dich erwartet.

– Monseigneur, es war mir nicht möglich, von meinem Meister die Erlaubnis zu erhalten, ihn zu verlassen. Er hat sich große Mühe mit mir gegeben und mich in dieses Land geführt, um mir eine Wohltat zu erweisen und um mich aus der Gefangenschaft bei den Barbaren zu befreien. Deshalb will ich nicht gegen seinen Willen weggehen.

– Auch ich möchte dir eine Wohltat zu deinen Gunsten erweisen, sagte der Prinz zu mir. Ich will dich zu meiner Gefolgschaft zählen, damit du unter dem Schutz des Königs und meinem Schutz bleibst. Gehe und sage deinem Meister, du habest einen Brief von deinen Eltern erhalten, dass du in dein Land zurückkehren sollst. Tue so, wie ich dir sage, und komme schnell zu mir zurück, damit ich deine Ausrüstung vorbereiten und dich losschicken kann.

Seine Worte verschlugen mir die Sprache. Ich konnte nur noch in die Reise einwilligen. Ich verließ ihn ganz betreten, aber Gott, gepriesen sei Er, hat es so gewollt. Ich ging zu meinem Meister und sagte ihm:

– Mein Herr, ich habe einen Brief von meinen Brüdern erhalten, ich kann nicht mehr hierbleiben.

Als mein Meister diese Worte von mir hörte, geriet er in Zorn, erregte sich sehr gegen mich und sagte zu mir:

– Ihr Söhne des Orients, ihr seid undankbare Menschen. Geh, wohin du willst!

Er war wütend und äußerst erzürnt. Er nahm seine Geldbörse, gab mir hundert Drittel und sagte:

– Gehe in Frieden. Aber du wirst es später bereuen, wenn es zu spät sein wird und dir die Reue nichts mehr nützt.

Daraufhin ging er hinaus und verließ mich. Ich ging [133v] meine Sachen zusammenpacken und stellte sie bei einem Nachbarn ab. Dann begab ich mich zur Station der Postkutschen, will sagen: zu dem Ort, von dem die Wagen nach Lyon abgehen. Es gibt zwei Wagen, die an bestimmten Tagen abfahren. Wenn der eine von ihnen aus Lyon eintrifft, verlässt der andere Paris. Dieser Wagen wird von acht Pferden gezogen. Es reisen acht Personen darin. Außen am Wagen, zwischen den beiden Hinterrädern, befindet sich eine Bank für die Lakaien, die ihre Herren im Wagen begleiten. Der Preis für einen Platz beträgt zwei Piaster pro Tag, der auf der Bank einen Piaster.

Der Preis für einen Platz ist so hoch, weil diese Wagen kleinen Palästen gleichen, ausgestattet mit vier Glasfenstern und Vorhängen aus Juchtenleder. Im Inneren sind vier Bänke, die mit scharlachrotem Stoff überzogen sind und acht Personen aufnehmen, nicht mehr. Der Wagen wird von acht kräftigen Pferden gezogen. Alle zwei Stunden sieht man an der Strecke acht Pferde, die das erste Gespann ablösen. Die Postkutsche kann auf diese Weise eine Strecke von zwei Tagen an einem einzigen Tag bewältigen.

Zur Mittagszeit trifft die Kutsche bei einer nur für diese Wagen bestimmten Herberge ein. Die Reisenden steigen aus. Wenn sie eintreten, finden sie dort eine gedeckte Tafel vor, mit allem, was nötig ist. Man setzt ihnen ein auf das Beste zubereitetes Mittagessen vor, besser noch als bei den Notabeln:

zwei vorzügliche Gerichte, Weißbrot und einen köstlichen Wein! Vier oder fünf Bedienerinnen reichen jedem, der etwas haben will, Gläser aus ihren Händen. Nach dem Essen besteigen die Reisenden wie auch ihre Begleiter, welche das gleiche Essen an einem eigenen Tisch bekommen haben, wieder den Wagen.

Im Wagen befinden sich eine Flasche Wein, ein Glas und ein Wasserkrug, damit die Reisenden, die unterwegs trinken wollen, mit dem Nötigen versorgt sind. [134r] Die Reise wird bis zum Sonnenuntergang am Abend fortgesetzt, wo man dann wieder bei einer Herberge ankommt, die für die Postkutschen bestimmt ist. Die Reisenden steigen dort ab und nehmen das Abendessen mit den ausgezeichneten Gerichten ein, wie wir bereits berichtet haben, wonach sie sich, bevor sie sich zum Schlafen legen, noch unterhalten.

Jeder bekommt ein Bett, im Winter mit einer Wolldecke oder mit einem feinen weißen Leintuch im Sommer. Neben dem Bett liegt ein Kissen, vor dem sich eine Ikone und ein Kruzifix befinden für diejenigen, die beten wollen. Das Bett ist mit drei Matratzen versehen. Jedem werden zwei Steppdecken gebracht, unter denen noch niemand geschlafen hat, ebenso eine ebenfalls saubere leichte Nachtmütze. Am Morgen begeben sich die Reisenden in die Kirche des Ortes und besuchen die heilige Messe, dann kehren sie in die Herberge zurück, wo man ihnen ein Frühstück zubereitet hat mit frischem Brot, Käse und gutem Wein.

Wenn sie das Frühstück zu sich genommen haben, steigen sie wieder in den Wagen und fahren weiter. Wie wir gesagt haben, essen sie an einem Ort zu Mittag, dinieren und schlafen an einem anderen Ort und so weiter, bis sie in der Stadt Lyon ankommen. Es ist eine Entfernung von zwanzig Tagen, die sie in zehn Tagen durcheilen.

Euer Diener begab sich zur Postkutschenstation. Ich ließ meinen Namen einschreiben und bezahlte wie gewohnt den Platz. Es war Dienstag; der Tag der Abfahrt des Wagens war

VON UNSERER REISE AUS DER PROVENCE …

Donnerstag. Man empfahl mir, am Mittwochabend dort zu schlafen, denn sie verlassen die Stadt früh am Morgen vor Sonnenaufgang. Ich hatte meinen Namen bereits bei denen eintragen lassen, die auf dem Außensitz reisen.

Ich kehrte zurück und ging wieder zu Seiner Exzellenz, dem Prinzen, den ich über das, was ich unternommen hatte, unterrichtete: dass ich meinen Meister verlassen, einen Platz in der Postkutsche gemietet und dort den Platz bezahlt hätte.

– Wozu diese Eile, und warum bist du nicht vorher zu mir gekommen?, sagte er zu mir. Aber es ist nicht schlimm.

Daraufhin rief er einen *Yāẓidschi* [134v] und trug ihm auf, einem Herzog im Palast des Königs in Versailles einen Brief zu schreiben, damit er einen Ferman gemäß den Angaben, die in seinem Brief standen, ausstelle.

Nachdem er den Brief zusammengefaltet und versiegelt hatte, gebot er mir, mich nach Versailles zum Palast des Königs zu begeben und den Brief dem Herzog zu überreichen.

Ich nahm den Brief und wartete bis zum Abend, aus Furcht, mein Meister könnte erfahren, dass ich nach Versailles ging. Ich nahm eine Kutsche, fuhr nach Versailles und betrat unbehindert den Palast des Königs, denn die Wachen hatten mich wiedererkannt: Ich hatte dort acht Tage lang gewohnt, um die wilden Tiere zu versorgen, von denen wir gesprochen haben. Aus diesem Grund hinderte mich niemand, den Palast zu betreten. Im Inneren fragte ich nach dem Herzog. Man zeigte ihn mir: Er ging in einem Saal auf und ab. Als ich ihn erblickte, machte ich eine Verbeugung und überreichte ihm den Brief.

Er nahm ihn mir aus den Händen, näherte sich einer brennenden Kerze und las ihn. Dann wandte er sich mir zu, richtete einige freundliche Worte an mich und forderte mich auf, ihm zu folgen. Ich ging mit ihm zu dem Ort, wo man die Fermane und die Erlasse des Königs ausstellt. Viele Schreiber saßen in diesem großen Saal. Er rief den Verantwortlichen, will sagen: den Vorgesetzten der Schreiber, las ihm den Brief vor und bat ihn, einen Ferman gemäß den Angaben im Brief auszustellen. Nachdem er

seine Anweisungen gegeben hatte, verabschiedete er sich und
ging. Ich meinerseits blieb und wartete auf meinen Ferman. Ich
wartete lange. Der Vorgesetzte der Schreiber kam zu mir und
fragte mich, was ich wolle. Ich sagte ihm, dass ich auf meinen
Ferman wartete. Er lächelte und sagte:

– Was nützt dir der Ferman, wenn er nicht dem König vorgelegt wird, damit er mit seinem Namen unterschreibt?

Ich fragte ihn nun, wann diese Angelegenheit erledigt sein
werde. Er erklärte mir, dass der Rat [135r] am Montag abgehalten
werde und die Fermane dort dem König vorgelegt würden. Diejenigen, die günstig aufgenommen würden, erhielten das königliche Siegel, die anderen würden zerrissen. Ich war bestürzt und
verzweifelt über das, was er mir sagte. Ich bereute, einen Platz
in der Postkutsche genommen und den Preis dafür bezahlt zu
haben, denn so musste ich am Donnerstag abreisen.

Ich verließ den Palast und gelangte zu einer Herberge, wo
ich das Abendessen einnahm und übernachtete. Am Morgen
kehrte ich nach Paris zu Seiner Exzellenz, dem Prinzen, zurück.
Er fragte mich, ob ich nach Versailles gegangen sei. Ich sagte
Ja und auch, dass ich dem Herzog den Brief gegeben hätte. Ich
erzählte ihm, wie es sich zugetragen habe und dass der Ferman
erst am Montag bereit sei, ich aber schon am Donnerstag reisen
müsse. Er versicherte mir:

– Gehe nach Marseille. Ich sende dir nach einigen Tagen
den Ferman und die Empfehlungsschreiben nach.

Er ließ den *Yāziidschi* kommen und trug ihm auf, einen Brief
an den *Schāhbandar* von Marseille zu schreiben, welcher sich
um die Angelegenheiten derjenigen kümmert, die Handel mit
dem Orient treiben. In diesem Brief gab er ihm seine Anweisungen: »Behalte diesen jungen Mann bei dir, bis du durch Eil-
boten den Ferman bekommst. Übergebe ihm mit deiner Unter-
schrift versehene Briefe an alle Konsule, die in den orientalischen Ländern residieren. Sie sollen diesem jungen Mann das
Geld geben, das er verlangt, in welcher Höhe auch immer, und
ihn Empfangsbestätigungen gegenzeichnen lassen; und sie sol-

len im Namen des *Schāhbandar* alles, was er bei ihnen in Verwahrung gibt, nach Marseille schicken.«

Er hieß ihn auch einen Brief aufsetzen, der mich dem Botschafter in Istanbul empfahl, damit ich einen Ferman des Ministers erhalte, der mich allen Gouverneuren des Landes weiterempfehlen sollte. Ich holte meine Sachen beim Nachbarn und hinterlegte sie beim Zuständigen der Postkutschenstation. Schließlich ging ich von meinen Bekannten und Freunden Abschied nehmen; unter anderen verabschiedete ich mich vom *Chawādscha* [135v] Cristofalo, dem Stellvertreter Seiner Exzellenz, des Kardinals, der mir einen Brief für seinen Bruder, den *Chawādscha* Zamariya, mitgab, der in Istanbul wohnte. Dessen Tätigkeit war, dank eines *Chatt scherif*[130], diejenige des Prokurators der heiligen Stadt Jerusalem. Er war ein Mann von hohem Rang[131]. Er empfahl mich seiner Obhut.

Dies geschah bis zu meiner Abreise aus der Stadt Paris. Wir reisten nun in die Stadt Lyon, wo wir am zehnten Tag in der denkbar besten Verfassung eintrafen. Von dort mietete ich bei den Kutschern, welche die Strecke nach Marseille befahren, zu einem günstigen Preis einen Platz. Sie haben lange Wagen, auf denen sie Ballen mit Waren türmen. Sechs gewöhnliche Pferde ziehen den Wagen. Euer Diener saß sehr bequem und gut geschützt vor den Mühen der Reise auf den Ballen.

Mittags speisten die Reisenden in einer Herberge und am Abend dinierten und schliefen sie in einer anderen. Ich beglückwünschte sie zu ihrer Art zu leben und zu reisen, ohne Gepäck schleppen zu müssen oder andere Mühen zu haben. Sie aßen gute Dinge und schliefen in Betten. Die Bediensteten der Herberge kümmerten sich um die Tiere und das Striegeln der Pferde, und am Morgen führten sie diese aus dem Stall und spannten sie ein. Jeder Wagen wurde von einem einzigen Kutscher gelenkt. Sie zeigten unterwegs keinerlei Angst. Euer Diener aß mit ihnen, doch niemals musste er ihnen ein einziges Essen bezahlen! Schließlich kamen wir in aller Ruhe in Marseille an.

Nach unserer glücklichen Ankunft stieg ich in der Herberge ab, wo wir, mein Meister und ich, bereits gewohnt hatten, als wir auf dem Weg nach Paris gewesen waren. Die Besitzerin hieß mich willkommen und bot mir einen Platz zum Schlafen an. Eine Stunde später begab ich mich zur Handelskammer und verlangte den *Schāhbandar*[132] zu sprechen. Bei ihm vorgelassen, überreichte ich ihm den Brief des Prinzen. Er öffnete und las ihn, dann erhob er sich und hieß mich mit vielen Zeichen der Ehrerbietung willkommen.

[136r] – Der Prinz schreibt mir, sagte er zu mir, dich bei mir zu behalten, bis er dir den Ferman schickt. Ich meinerseits werde dir den Brief für die Konsuln ausstellen, wie er es in seinem Brief verlangt.

Ich dachte, der Brief sei vor mir in Marseille angekommen, denn jede Woche trifft dort ein Bote mit dem Postwagen ein. In diesem Augenblick wurde ich gewahr, dass meine Angelegenheit zu nichts führte.

Ich wollte daher nicht beim *Schāhbandar* bleiben. Ich sagte ihm, dass ich in der Herberge *Petit Paris* wohne und dass er mich holen lassen solle, wenn der Ferman bei ihm angekommen sei.

– Wie du willst, erwiderte er.

Ich verließ ihn wie betrunken, obwohl ich keinen Wein getrunken hatte, und bereute, was ich getan hatte. Aber was nützte mir mein Bedauern? Die Worte meines Meisters kamen mir in den Sinn, der mir gesagt hatte, ich würde es später noch bereuen.

Ich schwankte noch zwischen Furcht und Hoffnung bis zur zweiten Woche, und als der Postwagen ankam, ging ich zum *Schāhbandar* und fragte ihn, ob er Nachricht vom Prinzen erhalten habe. Er sagte mir, er habe weder Nachricht noch einen Brief bekommen. Ich kam nun auf den Gedanken, dem Prinzen einen Brief zu schicken und ihn zu fragen, ob er den Ferman abgeschickt habe. Er antwortete mit einem Brief aus seiner Hand, worin er sich wunderte, dass der Ferman nicht bei mir eingetroffen sei.¹³³ Er habe ihn mit einem seiner Freunde aus Marseille geschickt, dessen Namen er mir nannte. Ich machte mich auf die Suche nach ihm, in der Hoffnung, ihn zu finden, aber ich fand keine Spur von ihm in der Stadt. Ich blieb eine dritte Woche in Marseille, danach eine vierte. Niemand zeigte sich.

Ich erkannte nun, dass meine Angelegenheit mit dem Prinzen keinerlei Interesse mehr weckte. Entmutigt schrieb ich ihm einen Brief voller Vorwürfe, um ihn zu beschämen: Wie konnte ein Mann von seinem Stand, ein Prinz, mich mit meinem Meister auseinanderbringen und meine Hoffnungen begraben, was sollte ich davon halten? Aber die Vorsehung hat es gewollt, zu meinem Guten. Ich schickte den Brief also ab und schlug mir die Angelegenheit aus dem Kopf.

[136v] Zur selben Zeit kam aus Paris ein Durchreisender an. Er stieg in der gleichen Herberge ab wie Euer Diener. Eines Tages, als wir miteinander plauderten, fragte er mich, aus welchem Land ich stammte und wie ich in dieses Land hier gekommen sei. Ich erklärte ihm, dass ich mit einem Reisenden namens Paul Lucas, einem Beauftragten des Königs, gekommen und wie ich mit diesem nach Paris gereist sei. Ich erzählte ihm meine Geschichte von Anfang bis zum Ende, dass jener Prinz mich getäuscht und dazu verführt habe, meinen Meister zu verlassen, und dass er sein Versprechen, das er mir gemacht hatte, gebrochen habe.

Der Mann sagte mir:

– Was du sagst, Bruder, ist richtig, aber Seine Exzellenz, der Prinz, ist nicht schuld. Die Schuld fällt auf deinen Meister. Und ich kann dir sagen, wie die Dinge sich zugetragen haben. Es war der alte Mann, den ihr besucht habt, der insgeheim den Prinzen dazu angestiftet hat, dich auf die Reise zu schicken. Denn dieser alte Mann hatte gehört und auch Gewissheit erhalten, dass dein Meister für dich die Stelle des Verantwortlichen für die arabischen Bücher bekommen wollte. Er hatte Angst, dass ihm diese Stelle genommen werde. Daraufhin hat er zu dieser Intrige gegriffen und den Prinzen dazu angestiftet, dich auf eine Forschungsreise zu schicken. Die Sache war schon weit gediehen, und der Prinz hatte dich nach Versailles geschickt, um einen königlichen Ferman zu deinen Gunsten ausstellen zu lassen. In dieser Nacht hat dich einer der Freunde deines Meisters gesehen und ihm erzählt, dass du dem Herzog Soundso einen Brief übergeben habest und dass dieser dich zum Vorsteher der Schreiber geschickt habe, damit er dir einen Ferman des Königs ausstelle, worin er dich für die Reise empfehle. Als dein Meister Wind von der Sache bekam, ist er nach Versailles zu dem Herzog gegangen und hat ihn darüber ausgefragt, was sich wirklich zugetragen habe. Er war verärgert, denn dieses Amt als Reisender des Königs war seines. Von dort begab er sich unverzüglich zum Prinzen und äußerte sich abfällig über dich, indem er ihm sagte:

»Hüten Sie sich, Monseigneur, einem Menschen wie diesem zu vertrauen. Denn diese Kinder des Orients sind verräterisch. Es ist möglich, dass dieser Mann dank Ihrer Anweisung Geld von den Konsuln bezieht und es nicht mehr zurückgibt, wenn er in seinem Land Unterschlupf gefunden hat.[134] Sie könnten dann [137r] gar nichts mehr gegen ihn unternehmen. Ihnen zuliebe werde ich an seine Stelle treten, um Ihnen nützlich zu sein, und werde Ihnen alles, was ich sammeln kann, zusenden.«

Diese Worte deines Meisters bewogen den Prinzen, seine Meinung zu ändern und sich an ihn zu wenden, um diese Reise zu unternehmen, die er von seinem Geld finanzierte.

So haben sich die Dinge abgespielt, denn einige Zeit nach meiner Ankunft in Aleppo bin ich meinem Meister begegnet, der gerade in der Stadt eingetroffen war.[135] Ich habe ihn begrüßt und ihn zu uns nach Hause eingeladen. Ich habe ihn empfangen, wie es sich gehört, und ihm alle Ehre erwiesen. Er übernachtete in dieser Nacht bei uns, und ich bereitete ihm ein Bett in meinem Zimmer auf der Terrasse. Als meine Brüder gegangen waren, blieb ich allein mit ihm zurück. Wir machten es uns bequem und plauderten miteinander. Er begann mir Vorwürfe zu machen:

– Warum hast du mir nichts von deiner Verabredung mit

dem Prinzen, eine Reise zu machen, gesagt? Du hast es an Pflichtgefühl mir gegenüber fehlen lassen. Ein solches Benehmen von dir habe ich nicht erwartet, denn meine Absicht war, dir Gutes zu tun. Aber du hast die Gunst, die ich dir erweisen wollte, zurückgewiesen.

Darauf folgten eine lange Diskussion und bittere Vorwürfe. Wir legten uns schlafen und am nächsten Tag gingen wir nach dem Frühstück in die Stadt. Euer Diener hatte einen Tuchladen eröffnet. Er kam mich jeden Tag besuchen, und ich begleitete ihn, wie wir es taten, als wir auf der Reise waren, um Münzen, Medaillen und Edelsteine zu sammeln.

Eines Tages, als wir im Suq der Juweliere waren, sah er in einem Glaskasten einen durchbohrten Stein von der Farbe eines Karneols. Er kaufte ihn für zwei *Masrīye* und gab ihn mir mit den Worten:

– Hänge ihn deiner Mutter um den Hals, und sie wird von ihrer Krankheit gesund werden.

Als er in unser Haus gekommen war, war mir der Gedanke gekommen, ihn meine Mutter sehen zu lassen, denn sie hatte schon seit zwanzig Jahren eine Krankheit, und kein Arzt war in der Lage, sie zu heilen. Wir haben sie ihm vorgestellt und haben ihm erklärt, woran sie litt, und zwar, dass sie weder schlafen noch sprechen könne, dass sie sich weigere, das Haus zu verlassen, um sich draußen zu ergehen oder die Messe zu besuchen, und so wenig esse, dass man sie dazu zwingen müsse. Ihr Körper war verkümmert wie ein Strunk. [137v] Wir legten ihr den Stein um den Hals, und noch in derselben Nacht schlief sie so gut wie früher. Am folgenden Tag zog sie sich um und wünschte, in den Hammam zu gehen. Sie kehrte vollkommen gesund zurück. Wir waren erstaunt ob der Wirkung dieses Steins; es war, als hätte er ein Wunder bewirkt.

Schließlich fragte ich meinen Meister nach diesem Stein und nach seinem Namen. Er sagte mir, dass er in italienischer Sprache *Cheramide*[136] heiße und die Eigenschaft habe, augenblicklich die Schwermut zu heilen:

– Die Krankheit deiner Mutter ist nichts anderes als Melancholie.[137]

Zum Schluss sagte dieser Mann, den ich in der Herberge angetroffen hatte, dass der Prinz den Ferman auf meinen Meister ausgestellt habe, damit er die Reise auf seine Kosten unternehme.

– Er hat sich von dir abgewandt, erhoffe dir nichts von dieser Seite, fügte er hinzu.

Das ist der Grund für meine Abreise aus Paris.

Kehren wir zu unserem Gegenstand zurück. Ich blieb in dieser Herberge in Marseille und wartete auf ein Schiff, das nach Alexandrette abging. Jeden Tag ging ich zur Handelskammer, wo die Händler von zehn Uhr morgens bis mittags und von zwei Uhr nachmittags bis zum Sonnenuntergang zusammenkamen. Hier wurden alle Käufe und Verkäufe getätigt. Man trifft dort alle Händler aus den Ländern des Orients sowie auch diejenigen, die mit der Neuen Welt,[138] mit dem Land Spanien, den Ländern des Maghreb und anderen Ländern Handel treiben. Wenn die Händler ein Schiff auslaufen ließen, hängten sie eine Bekanntmachung mit dem Namen des Schiffs und dem Zielland aus.[139]

Eines Tages, als ich mich an diesen Ort begeben hatte, sah ich einen Anschlag mit dem Namen eines Schiffes, das nach dem Hafen von Alexandrette abging. Ich freute mich und ging zu dem *Chawādscha* Samatan, der mein liebster Freund war. Er war Händler aus der Stadt Aleppo, mein älterer Bruder war Lagerverwalter bei ihm. Dieser Mann hegte eine große Zuneigung für mich und lud mich oft zu sich nach Hause ein, [138r] wo er mich mit großer Aufmerksamkeit empfing. Ich unterrichtete ihn davon, dass ein Schiff nach Alexandrette auslief und ich die Absicht hatte, mich einzuschiffen. Er sagte mir, dass er davon Kenntnis habe, dass er mich dem Kapitän empfohlen und ihn aufgefordert habe, mich umsonst mitzunehmen. Ich bedankte mich bei ihm und machte meine Sachen bereit. Ich war noch immer fest entschlossen, zu reisen, und verabschiedete mich von den Herren Händlern aus Aleppo, die ich kannte.

Einige Tage später bewog die Furcht vor Korsaren die Eigentümer des Schiffs, ihre Pläne zu ändern: Sie verschoben die Abreise.[140] Diese Nachricht betrübte mich sehr, denn ich war müde und entmutigt. Ich kehrte zur Handelskammer zurück in der Hoffnung, dort ein Schiff zu finden, das an der Küste entlang zurückfuhr. Es gab nur zwei, die ausliefen, das eine nach Istanbul, das andere nach Smyrna. Ich suchte den Kapitän, der nach Smyrna fuhr. Man zeigte ihn mir. Ich bat ihn darum, mich an Bord zu nehmen. Er war einverstanden und verlangte, dass ich ihm sofort vierzig Piaster bezahlte, Essen und Getränke nicht mitgerechnet.

Aber zu dieser Zeit hatte ich nur noch zwei Piaster. Ich war in großer Verlegenheit. Was sollte ich tun? Ich ging zu meinem Freund, dem *Chawādscha* Samatan, und erklärte ihm meine Lage. Er meinte, diese Abreise nach Smyrna sei kein guter Plan:

– Warte ein wenig. Es gibt vielleicht ein Schiff nach Alexandrette. Ich werde dafür sorgen, dass du umsonst mitkommst.

Ich entgegnete ihm unter Bitten:

– Ich kann nicht mehr länger in diesem Land bleiben. Ich bin müde und meine Geduld ist erschöpft. Ich will unbedingt gehen.

– Ich werde dir etwas sagen, meinte er.

Es ging darum, zum Konsul über der Handelskammer emporzusteigen und ihn zu bitten, den Kapitän des Schiffes zu beauftragen, mich an Bord zu nehmen.

– Sage ihm: »Ich bin ein Fremder und arm und habe hier kein Auskommen für meinen Lebensunterhalt.« Er wird gewiss dem Kapitän sogleich befehlen [138v], dich mitzunehmen.

Ich tat, wie er es mir erklärt hatte, und ging am frühen Morgen zum Konsul. Zufälligerweise begegnete ich dem Priester, der sich für die Messe beim Konsul bereit machte. Ich ging sogleich hinein und besuchte die Messe. Als sie zu Ende war, kam der Konsul in Begleitung einiger Händler heraus, um in den Hof zu gehen. Ich näherte mich ihm, begrüßte ihn ehrerbietig, wie es nach der Sitte seinem Rang zukommt, und wandte mich in französischer Sprache an ihn, so, wie mir der *Chawād-scha* Samatan geraten hatte. Als ich mit meiner Rede fertig war, fragte mich der Konsul, aus welchem Land ich sei. Ich antwortete, dass ich aus dem Land Syrien käme. Er fragte, weshalb ich in dieses Land gekommen sei. Ich antwortete ihm, dass ich mit einem französischen Herrn gekommen, mit ihm nach Paris gegangen sei und er mich entlassen habe.

— Jetzt bin ich aus Paris gekommen, um in mein Land zurückzukehren, fuhr ich fort. Alles, was ich besaß, habe ich auf der Reise hierher ausgegeben, und es bleibt mir nichts, um meinen Lebensunterhalt zu bestreiten.

Als ich geendet hatte, schickte er einen Diener, diesen Kapitän zu holen. Dann wandte er sich mir zu und hieß mich bleiben und mich gedulden. Wenig später kam der Kapitän, und der Konsul wies ihn an, mich mitzunehmen.

— Dieser junge Mann ist ein Fremder und arm. Wir sind nach unseren Gepflogenheiten gehalten, ihn in sein Land zurückzuschicken.

Der Kapitän erwiderte, dass er gehorchen und es gern tun werde, dann wandte er sich an mich:

— Hole deine Sachen und lege sie heute Abend bei Sonnenuntergang in die Barke, dann besteige die Barke und begib dich an Bord des Schiffes, denn wir laufen morgen früh aus.

Ich dankte dem Konsul und dem Kapitän und ging zum *Chawādscha* Samatan, um ihm zu berichten, wie es gegangen war, und um ihm zu danken.

— Wir müssen jetzt zum Besitzer des Schiffs gehen, sagte er, damit er einen Brief schreibt, in dem er dich dem Kapitän empfiehlt, damit du nicht befürchten musst, dass dich auf der Reise jemand behelligt, denn du bist gegen seinen Willen an Bord gekommen.

Er führte mich also [139r] zum Besitzer des Schiffs. Dieser hieß uns wärmstens willkommen, und der *Chawādscha* Samatan sagte zu ihm:

— Ich möchte dich um einen persönlichen Gefallen bitten,

nämlich, dass dieser junge Mann an Bord deines Schiffes gehen kann und du dem Kapitän nahelegen mögest, über ihn an Bord zu wachen.

– Aber sehr gern!, antwortete er.

Er verfasste sogleich einen Brief, in dem er mich dem Kapitän empfahl und ihm auftrug, auf mich zu achten und mich nichts bezahlen zu lassen und sogar, wenn mir etwas fehlte, es mir zu geben. Dann versiegelte er den Brief und überreichte ihn mir. Wir verabschiedeten uns von ihm und gingen. Ich nahm den Brief und begab mich in die Herberge. Dort sah ich, dass mir vom *Chawādscha* eine gute Verpflegung mit Schiffszwieback, Käse, einem Topf mit kleinen Fischen, einer Schale Oliven und einem Fässchen Wein überbracht worden war. Der *Chawādscha* kam selbst vorbei, um sich von mir zu verabschieden. Ich bedankte mich von ganzem Herzen für seine Wohltaten.

– Es ist möglich, dass der Kapitän dich nicht an seine Tafel lädt, sagte er zu mir, nimm daher diese Verpflegung mit. Auf diese Weise bist du nicht auf ihn angewiesen.

Ich gab dem *Chawādscha* einen Brief, um ihn meinem Bruder mit der Post von Istanbul auf dem Landweg nach Aleppo zu schicken. Ich tat ihm darin kund, dass ich mich mit diesem Datum an Bord des Schiffes nach Smyrna begab. Mein Bruder erhielt diesen Brief erst nach einer gewissen Zeit. In der Zwischenzeit hatten sie erfahren, dass ein Schiff von Smyrna nach Alexandrette Schiffbruch erlitten habe und dass alle Passagiere ertrunken seien. Große Trauer erfüllte meinen Bruder und meine Eltern, als sie hörten, dass ich Marseille in Richtung Smyrna verlassen hatte. Sie waren überzeugt, dass ich an Bord dieses Schiffes gewesen sei, und sie hatten keine weitere Nachricht von mir, zumal ich ihnen danach nicht mehr geschrieben hatte. Sie hatten jede Hoffnung aufgegeben, mich jemals wieder zu sehen, und ließen eine Totenmesse für meinen Seelenfrieden lesen.

Kehren wir zu unserem Gegenstand zurück. Nachdem

ich mich vom [139v] *Chawādscha* Samatan verabschiedet hatte, brachte ich meine Sachen zum Hafen und legte sie in die Barke, die ich ebenfalls bestieg. Wir gelangten zum Schiff, das außerhalb der Fahrrinne vor Anker lag, und ich ging an Bord. Es war ein großes Schiff, das *La Galatane*[141] hieß, mit vierundzwanzig Kanonen und etwa achtzig Soldaten, die Matrosen nicht mitgezählt. Aus Furcht vor den Korsaren war das Schiff nur halb besetzt, zur einen Hälfte mit Kämpfern, zur anderen mit Händlern. Wir verbrachten diese Nacht dort, und am frühen Morgen des nächsten Tages wurden die Anker gelichtet, die Segel gehisst, und wir fuhren auf das Meer hinaus. Als wir auf offener See waren, gab ich dem Kapitän den Brief. Er las ihn, lächelte und sagte zu mir:

– Sei beruhigt.

Daraufhin ging er weg, ohne mich zum Essen bei ihm einzuladen. Wir segelten den ersten Tag. Am zweiten Tag bemerkte ich, dass die Zuständigen auf dem Schiff zusammenkamen und sich für die Schlacht bereit machten, will sagen: die Kanonen und Gewehre luden. Sie schrieben Listen und hängten eine an jede Kanone mit den Namen derer darauf, die sie zum Feuern bedienen sollten. Sie schrieben auch die Namen der Soldaten auf, die mit den Gewehren schießen sollten. Bei mir angekommen, fragten sie mich nach meinem Namen.

– Was geht euch mein Name an?, fragte ich sie.

– Wenn der Feind kommt, musst du ein Gewehr nehmen und wie die anderen kämpfen!

– Lasst mich, sagte ich zu ihnen, ich bin ein Fremder und kenne mich in Kriegsdingen nicht aus; ich kann nicht mit dem Gewehr schießen!

Der Kapitän wandte sich zu mir:

– Unterstehst du dich etwa, hinunterzusteigen und im Laderaum in Deckung zu gehen, wenn wir mit dem Feind kämpfen? Ich rate dir, dich während des Kampfs nicht zu verstecken, sonst kannst du sicher sein, dass die Soldaten dich töten werden.

Ich war also gezwungen, meinen Namen einzuschreiben und mich mustern zu lassen wie die anderen. Der Tag verstrich, und am dritten Tag sahen wir in der Ferne ein großes Korsarenschiff. Als es uns entdeckte, hielt es auf uns zu, [140r] bereit zur Schlacht und uns zu kapern, während unser Schiff auf dieses zufuhr. Die Geschützluken wurden geöffnet, und die Soldaten, einschließlich Eures Dieners, nahmen mit den Gewehren ihre Plätze ein. Die zwei Schiffe befanden sich schließlich Seite an Seite, ebenso ein Schiff, das zur gleichen Zeit wie wir Richtung Istanbul abgefahren war. Auch dieses machte gegen den Korsaren gefechtsklar. Als dieser sah, dass zwei große Schiffe auf ihn zuhielten, bekam er Angst und drehte bei. Wir verfolgten ihn. Als er unter unser Feuer geriet, hisste er die französische Flagge, denn er hatte begriffen, dass wir Franzosen waren. Er begann durch sein Sprachrohr zu rufen, dass er einer von uns sei. Daraufhin ließen unsere Schiffe von ihm ab und entfernten sich. Der Schrecken in meinem Herzen ließ nach, und ich dankte Gott dem Allmächtigen, dass es kein Feind gewesen war, denn ich hatte die Hoffnung aufgegeben, da ich den sicheren Tod vor mir zu haben glaubte.

Als ich eines Tages in den Schiffsraum hinunterging, um mein Essen einzunehmen, erblickte ich neben mir einen schönen, anmutigen jungen Mann, der bloß einen zerrissenen *Qombāz*[142] trug, direkt auf der Haut und ohne Hemd. Er war vom Schicksal geschlagen und verzweifelt. Mein Herz wurde von Mitleid bewegt, als ich ihn so sah, und ich lud ihn ein, mit mir zu essen. Er kam herbei und aß mit mir. Ich bot ihm ein Glas Wein an und richtete freundliche Worte an ihn. Wir beendeten unser Mahl. Ich nahm ein Hemd, eine Weste und einen *Qombāz* aus meinem Korb und bot sie ihm an.

Zuerst wies er sie zurück, doch dann bedankte er sich und zog sie an.

Wir begannen miteinander zu reden. Ich fragte ihn, wer er sei und was ihm zugestoßen war.

— Wenn du meine Geschichte hören willst, hier ist sie.

Ich bin einer der *Dschōchadāre* des französischen Botschafters in Istanbul. Dieser hat mich nach Paris geschickt und mir Briefe in einer wichtigen Angelegenheit für den Minister mitgegeben.

Der Botschafter hatte sich nämlich in Begleitung des Ministers und des Dragomans zu einer Zusammenkunft mit dem König, dem Sultan Ahmed, eingestellt, nachdem er ihm die vom Sultan von Frankreich mitgeschickten Geschenke übergeben hatte.[143] Der Brauch [140v] will es bei ihnen von alters her, dass, wenn der Botschafter beim dritten Tor eintrifft,[144] der *Qabidschi bāschi*[145] vortritt und ihm aus Ehrfurcht vor Seiner Herrlichkeit, dem König, das Schwert abnimmt, das er an der Seite trägt. Als sie nun bei diesem dritten Tor ankamen und der *Qabidschi bāschi* vortrat, um ihm nach dem Brauch das Schwert abzunehmen, stieß ihn der Botschafter zurück und weigerte sich, es abzugeben. Der Minister war über dieses Benehmen verblüfft, und der Dragoman flehte den Botschafter an, es zuzulassen, dass man ihm das Schwert abnehme, wie es der alte Brauch gebiete. Aber er ließ sich nicht überreden.

»Ich habe Befehl«, sagte er zum Minister, »einzutreten und Seiner Herrlichkeit, dem König, mit meinem Schwert zu begegnen«.

Der Minister weigerte sich und sagte ihm:

»Ich kann es nicht zulassen, dass du mit deinem Schwert vor den König trittst.«

Der Botschafter ging daraufhin weg, ohne mit dem König zusammenzukommen, und kehrte in seinen Palast zurück. Der Minister schrieb einen Brief an den Minister des Sultans von Frankreich, in dem er ihn von dem ungebührlichen Verhalten des Botschafters unterrichtete. Dieser schrieb seinerseits einen Brief über den Vorgang und schickte ihn mit mir zum Minister, damit ich ihn eigenhändig übergebe. Er gebot mir, niemand dürfe erfahren, dass ich von ihm geschickt werde.[146]

Ich nahm den Brief und ging zusammen mit zwei anderen Personen an Bord eines französischen Schiffes. Als wir auf dem

Meer waren, wurden wir von einem Korsarenschiff angegriffen, das uns aufbrachte. Sie raubten uns aus, nahmen uns alles, was wir hatten, sogar die Kleider, und ließen uns nackt zurück. Ein Matrose hatte Mitleid mit mir und gab mir diesen zerrissenen *Qombāẓ*. Schließlich warfen sie uns in Livorno an Land, wo uns nur noch zu betteln übrig blieb, um uns zu ernähren. Aber der Brief blieb in meinem Besitz.

Um den Auftrag meines Herrn auszuführen, bin ich zu Fuß von Livorno bis nach Marseille gegangen, wo ich mehrere Tage blieb, hungrig und ohne Kleider, mit dem Wissen, dass ich in diesem Zustand nicht nach Paris gehen konnte. Niemand außer dir hatte Mitleid mit mir. Schließlich musste ich mich dazu entschließen, diesen Brief mit der Post zu befördern [141r] und zu meinem Herrn zurückzukehren, um in diesem Land nicht zugrunde zu gehen.

Als ich seinen Bericht angehört hatte, teilte ich sein Leid und versuchte seinen Schmerz zu lindern. Wir fassten Zuneigung zueinander und wurden Freunde. Ich erzählte ihm ebenfalls alles, was mir begegnet war. Wir setzten unsere Reise fort – bis zu dem Abend, als wir uns Sizilien näherten. Diese Insel befand sich in der Hand der Österreicher, die mit Frankreich im Krieg waren.[147] Beim Kreuzen in diesen Gewässern verstärkten wir unsere Wachen, weil wir beim Passieren der Insel fürchteten, auf ein Korsarenschiff zu treffen. Es war eine helle Nacht, denn der Mond stand in seinem vierzehnten Tag. Da erblickten die *Gardi*[148], will sagen: die Wachen, ein Boot, das die Insel zu verlassen schien. Sie sagten dem Kapitän Bescheid. Wir entdeckten es, und unser Schiff machte sich an seine Verfolgung. Das Schiff, das mit uns Marseille verlassen hatte, entdeckte es auch und nahm ebenfalls die Verfolgung auf. So nahmen wir dieses Boot zwischen unsere beiden Schiffe.

Wir mussten nur noch unser großes Beiboot mit einer Gruppe Soldaten in seine Richtung losschicken, um uns seiner zu bemächtigen. Als die Barke sah, dass sie zwischen die beiden Schiffe geraten war und nicht mehr fliehen konnte, um den Kanonenschüssen zu entgehen, die sie versenken würden, strich sie die Segel und hielt an. Wir ließen das große Beiboot mit einer Gruppe Soldaten herunter, um sie zu ergreifen und an unserer Seite festzumachen. Als sich das Beiboot näherte, richteten sie die Kanonen[149] darauf, was dieses daran hinderte, näherzukommen. In diesem Augenblick setzten sie wieder die Segel und entflohen mit dem Wind[150], will sagen: dank des Rückenwindes. Als die beiden Schiffe merkten, dass die Barke die Flucht ergriffen hatte, machten sie sich an die Verfolgung und nahmen sie wieder zwischen sich. Sie machte das Gleiche wie beim ersten Mal und entfloh wieder. Wir kreisten sie ein drittes Mal ein und überzogen sie mit Kugeln, damit sie uns nicht noch einmal entkommen konnte. Während wir sie unter Feuer nahmen, [141v] hörten wir den Kapitän der Barke seinen Leuten sagen, sie sollten unter Deck gehen, um den Kugeln zu entgehen, die sich wie Regen über ihre Köpfe ergossen. Als wir dies hörten, begriffen wir, dass er Franzose war; die Soldaten stellten das Feuer ein und fragten ihn durch das Sprachrohr, wer er sei. Er antwortete, er sei der Kapitän Soundso. Nun verstanden sie, dass es jener war, der den Hafen von Marseille verlassen hatte und neben ihnen Schutz gesucht hatte. Als sich bestätigte, dass es sich tatsächlich um diesen Kapitän handelte, bedauerten sie, was sie getan hatten, und richteten beruhigende Worte an ihn.

Am nächsten Tag schickten sie Segel zu ihm herüber, denn die seinen waren durch die Schüsse zerfetzt worden. Sie rieten ihm, sich nicht von ihnen zu entfernen, dann fuhren sie weiter.

Unser Schiff näherte sich dem Hafen von Smyrna. Ein heftiger Sturm erhob sich in diesem Augenblick vom Land her, und wir wurden in die Gewässer von Morea[151] zurückgetrieben. Dann näherten wir uns wieder, aber der Wind und mächtige Wogen warfen uns gegen die Felsen, die sich in diesen Gewässern vor der Küste von Istanbul befinden. Wir verbrachten einen ganzen Tag und eine ganze Nacht zwischen Felsen hin und her treibend mit der Gewissheit, dass unser Schiff zerschellen werde und wir zugrunde gehen müssten. Am zweiten Tag wurde uns ein Wind vom Land her geschickt, der es uns ermöglichte, unbeschadet von den Felsen wegzukommen. Wir dankten Gott dem Allmächtigen für Seine Wohltaten und für Seine Nachsicht mit uns.

VON UNSERER EIN-REISE IN DIE LÄNDER DES ORIENTS

Wir gelangten wohlbehalten in den Hafen von Smyrna, und als unser Schiff Anker geworfen hatte, ging ich in Begleitung des jungen Mannes von Bord. Ich stieg aus dem Beiboot und betrat das Festland. Ich sah die muslimischen Zollbeamten, und mein Herz erschauerte. Ich wurde von einer großen Furcht ergriffen, so, als ob ich in Gefangenschaft geraten wäre. Ich bedauerte jetzt, was ich getan hatte: Wie hatte ich nur die christlichen Länder verlassen können, um mich wieder in die Gefangenschaft der Muslime zu begeben?

Mein Begleiter wandte sich nach mir um und sagte zu mir, ich solle ihm überallhin folgen, wohin er gehe. Ich folgte ihm [142r] bis zur Residenz des Konsuls der Franzosen.² Es war ein schöner Wohnsitz. Am Eingang hielten sich Janitscharen auf, ebenso Übersetzer, Dienstleute und anderes Personal. Wir gingen hinauf, und der junge Mann bat darum, von Seiner Exzellenz, dem Konsul, empfangen zu werden. Es wurde ihm gestattet, und wir stellten uns vor. Er erzählte ihm nun, wie Seine Exzellenz, der Botschafter, ihn nach Frankreich geschickt habe, wie die Korsaren ihn geplündert hätten und dass wir auf dem Rückweg zum Botschafter nach Istanbul seien. Als er mit seinem Bericht fertig war und der Konsul erfahren hatte, was tatsächlich geschehen war, ließ er unverzüglich einen Dragoman holen und trug ihm auf, uns zu einer Herberge zu bringen und dem Herbergswirt ans Herz zu legen, uns unterzubringen, bis ein Schiff nach Istanbul auftauchte, das uns an Bord nähme. Der Dragoman brachte uns zur Herberge. Es war ein sehr komfortabler Ort, wo die Kapitäne und die reisenden Händler wohnten. Sie gaben uns einen Raum mit sauberen Matratzen und weißen Betttüchern, wie dies in französischen Herbergen Brauch war, wenn nicht noch besser. Wir blieben dort, aßen und tranken zu Mittag und Abend, labten uns an der guten Küche und erfreuten uns der angenehmsten Bedienung. Am folgenden Tag sagte der junge Mann zu mir:

— Solange du mit mir zusammen bist, brauchst du dich nicht um deinen Lebensunterhalt zu kümmern. Komm, folge mir.

Ich folgte ihm, und auf dem Weg konnte ich die Sehenswürdigkeiten von Smyrna bewundern. Bei der Landungsstelle gibt es ein großes, lang gestrecktes Viertel. Dort sind alle Häuser von fränkischen Händlern und anderen fränkischen Verkäufern und Käufern bewohnt. Ihre Frauen sind in den Läden tätig wie im fränkischen Land, und das Viertel heißt das Viertel der Franken.[3] Die eigentliche Stadt ist etwa eine Meile entfernt, dort wohnen die muslimischen Händler und die Regierenden wie in den anderen Städten. Das Viertel der Franken betreten nur die muslimischen Händler und nichtmuslimische Untertanen, die dort etwas zu besorgen haben.

Der junge Mann führte mich zum Jesuitenkloster. Als wir eintraten, [142v] war der Vorsteher verwundert, diesen jungen Mann zu erblicken, den er aus Istanbul kannte. Sie begrüßten sich, dann betraten wir das Refektorium. Der Vorsteher bot uns Kaffee an und behandelte uns mit Ehrerbietung. Er erkundigte sich nach dem Befinden des jungen Mannes und nach seiner zerlumpten Kleidung. Dieser erzählte ihm, was er, wie bereits weiter oben beschrieben, erlebt hatte. Der Vorsteher nahm an seinem Los Anteil und bemühte sich, ihn zu beruhigen und ihn aufzumuntern, denn er wusste, dass Seine Exzellenz, der Botschafter, Zuneigung zu ihm, dem Oberhaupt der *Dschōchadā-ren*, hatte. Bevor wir gingen, bat der junge Mann den Vorsteher, ihm einige Piaster zu leihen. Er werde sie bei seiner Ankunft in

Istanbul dem Vorsteher des dortigen Klosters wie einen Wechsel zurückgeben. Der Vorsteher willigte ohne weiteres ein, öffnete sogleich seine Geldtruhe und forderte den jungen Mann auf, so viel zu nehmen, wie er wolle. Er nahm fünfzehn Piaster und unterschrieb eine Quittung. Wir verabschiedeten uns und gingen.

Als wir das Kloster verließen, gab mir der junge Mann das Geld und sagte, ich solle es für die Ausgaben auf meinem Weg bewahren. Von da aus begaben wir uns zum Kloster der Kapuziner. Der Vorsteher empfing uns ebenfalls, und der junge Mann borgte sich zehn Piaster von ihm. Als wir hinausgingen, gab er sie mir mit den Worten:

– Ich habe gedacht, dass das, was wir uns vom Vorsteher der Jesuiten geliehen haben, vielleicht nicht ausreichen könnte. Deshalb habe ich noch diese zehn Piaster geborgt, damit wir genug haben und es uns an nichts fehle.

Ich hatte nun fünfundzwanzig Piaster, alle in *Zalaṭa⁴*. Von da aus machten wir uns zu einer Besichtigung der Stadt auf und ergingen uns, wobei wir uns kleine Vergnügungen leisteten und uns eine gute Zeit machten. So verbrachten wir etwa vierzehn Tage mit Essen, Trinken und Spaziergängen, bis zu dem Tag, da ein Schiff aus Ägypten mit Kaffee, Reis und Stoffen eintraf. Es fuhr nach Istanbul weiter. Der Dragoman des Konsulats kam, um uns aufzufordern, an Bord zu gehen. Der junge Mann erhob sich und sagte zu mir:

– Komm, mein Bruder, reisen wir mit diesem Schiff!

Aber ich weigerte mich:

– Ich breche mit der ersten Karawane nach Aleppo auf.

– Lass ab von diesem Vorhaben, Bruder! Ich habe beschlossen, mich erst in Istanbul von dir zu trennen, entgegnete er.

Er bestand so sehr darauf, dass ich ihn begleitete. Wir gingen [143r] mit dem Dragoman zum Hafenzoll. Dort sah ich den Agha des Zolls sitzen und neben ihm den Kapitän des Schiffes. Der Dragoman trat vor den Agha und bat ihn im Namen des

Konsuls, uns an Bord dieses Schiffes gehen zu lassen und uns dem Kapitän zu empfehlen. Der Dragoman gab uns in die Obhut des Aghas des Zolls und dieser in diejenige des Kapitäns, dem er uns empfahl. Dann zahlte er ihm unseren *Nawlūn*, will sagen: den Preis für unsere Überfahrt. Der Kapitän ließ die Matrosen kommen, die im Beiboot waren, und befahl ihnen, uns auf das Schiff zu bringen und uns eine eigene Kajüte[5] zu geben, wobei er ihnen auftrug, uns mit Respekt zu behandeln.

Wir stiegen mit den Matrosen ins Beiboot und sahen, dass der Dragoman uns fünfzig *Oqqa*[6] Schiffszwieback, fünf *Oqqa* Käse, frittierten Fisch und eine Korbflasche Wein bringen ließ. Es wurden für uns auch fünf Piaster Reisekosten pro Person bezahlt. Wir gingen an Bord des Schiffes, brachten unser Gepäck in die Kajüte, das heißt in das kleine Zimmer, wo wir den Rest des Tages verbrachten.

Am folgenden Tag wurden die Segel gesetzt, und das Schiff fuhr auf das offene Meer hinaus. Wir segelten auf diesem Meer, bis wir in Sichtweite der Meerenge von Istanbul waren, die lang und breit ist und sich in einer Entfernung von vier bis fünf Tagesreisen vom Hafen von Istanbul befindet. Als wir bei der Meerenge ankamen, erhob sich ein Wind vom Land her und hinderte uns an der Einfahrt. Der Kapitän sah sich gezwungen, an der Anlegestelle von Gallipoli, einer kleinen Stadt am Eingang der Meerenge, Anker zu werfen.[7] Wir gingen an Land spazieren und kehrten zum Schlafen auf das Schiff zurück. Dort blieben wir fünf Tage lang, bis sich ein Wind vom Meer her erhob. Es gelang uns, auf die See hinauszukommen und in die Meerenge einzufahren.

Aber zwei Tage später erhob sich von neuem ein Wind vom Land her und hinderte uns an der Weiterfahrt. Wir warfen Anker an einem kleinen Anlegeplatz, um auf einen Wind vom Meer her zu warten, der sich zwei Tage später einstellte. Wir brachen auf und erreichten den Hafen von Kadschak Dschakmadscha, wo wir ankerten.[8] In dieser Nacht bemerkten wir zwei Schiffe, die auf uns [143v] zuhielten. Der Kapitän dachte,

VON UNSERER EINREISE IN DIE LÄNDER DES ORIENTS

es handle sich um maltesische Korsaren, und ließ sogleich die Festung, der sie sich näherten, benachrichtigen. Von der Festung aus begann man mit Kanonen auf sie zu schießen, ebenso von unserem Schiff aus, um sie am Anlegen zu hindern. Sie warfen weit entfernt von der Festung Anker und holten die Segel ein. Auf diese Weise signalisierten sie, dass sie keine Feinde waren. Aber das Geschützfeuer hörte nicht auf. Sie setzten als Zeichen des Friedens ein Windlicht auf den Mast. Der Beschuss hielt weiterhin an. Alle Passagiere unseres Schiffes suchten eiligst in der Festung Deckung. Auch die Bewohner des Hafens flohen aus Angst vor Korsaren in die Berge.

Als die Besatzung der beiden Schiffe erkannte, dass ihre Signale von den Leuten auf der Festung nicht verstanden wurden, schickten sie ein Beiboot mit einem *Yāẓidschi* und drei Beauftragten an Land. Als das Beiboot im Hafen ankam, überwältigte man sie, verhaftete sie und brachte sie auf die Festung. Dann befragte man sie, wer sie seien und aus welchem Grund sie in die Meerenge eingefahren waren.

– Wir sind flandrische Seeleute, die auf verschiedenen Inseln Getreide kaufen wollen[9], antworteten sie. Da es uns nicht möglich war, es ohne einen Ferman des Ministers zu kaufen, haben wir beschlossen, nach Istanbul zu gehen, um ihn zu erhalten.[10] Wir sind auf dem Weg französischen Korsaren begegnet, vor denen wir geflohen sind, um hier in der Festung Schutz und Zuflucht zu finden. Warum habt ihr den Kampf gegen uns eröffnet und lasst eure Kanonen gegen uns sprechen, als ob wir eure Feinde wären?, fragten sie.

Aber die Leute von der Festung ließen sich nicht überzeugen. Sie sperrten sie zusammen mit den Matrosen ein, die sie begleiteten. Der Agha der Festung und einige andere Personen kamen an Bord unseres Schiffes und verständigten sich mit unserem Kapitän über die Haltung, die man einnehmen wollte. Dieser machte folgenden Vorschlag:

– Gehen wir doch zusammen, ihr und ich, auf diese [144r] Schiffe. Ich habe auf meinem Schiff zwei französische Franken, von denen der eine Türkisch spricht; nehmen wir sie mit, damit sie für uns übersetzen.

Sie waren mit diesem Vorschlag einverstanden, und man stellte uns ein Boot bereit, in das wir einstiegen. Wir hielten auf das größere der beiden Schiffe zu, stiegen hoch und betraten die Kajüte des Kapitäns. Dieser saß dort sehr behaglich und zufrieden mit seinen Leuten, vor sich Kerzenleuchter und Weinkrüge mit Gläsern. Sie erhoben sich und hießen uns willkommen. Dann boten sie uns Süßigkeiten und eingemachte Früchte sowie köstliche Getränke an. Wir verbrachten auf diese Weise zwei sehr angenehme Stunden; danach verabschiedeten wir uns und bereiteten uns auf die Rückkehr vor. Auch beschlossen wir alsbald, ihre Leute, die in der Festung waren, zurückzuschicken. Der flandrische Kapitän bat nun den unsrigen, seinen *Yāẕidschi* nach Istanbul mitzunehmen, damit er dort den Ferman zum Kauf von Getreide beschaffen könne. Unser Kapitän war einverstanden und nahm den *Yāẕidschi* mit an Bord.

Einige Tage später erhob sich ein Wind vom Meer her und wir fuhren in Begleitung dieses Flamen weiter. Wir kamen bis nach Buyuk Dschakmadscha[11], wo wir ankerten. Wir stiegen aus, um uns in der Stadt zu ergehen, und der Flame kam für alle unsere Kosten auf. Die Zeit wurde uns dabei lang, als wir da vor Anker lagen, auch dem Flamen, denn die beiden Schiffe warteten auf ihn. Er erkundigte sich nach einer Möglichkeit, Istanbul auf dem Landweg zu erreichen. Man gab ihm zur Antwort, dass dies möglich sei; es sei eine Reise von drei Tagen, wenn nicht weniger. Er fragte daher nach Leuten, die ihn dorthin führen könnten.

Man brachte ihm sogleich ein Maultier. Er wandte sich an uns und lud uns [144v] ein, mit ihm zu reisen. Wir lehnten sein Angebot ab: Wir hätten unseren Platz auf dem Schiff bezahlt, und der Kapitän ließe uns nicht gehen, denn er habe den Auftrag, uns nach Istanbul und dort zur Residenz des Botschafters zu bringen. Der Flame ließ nicht ab und versicherte, dass er die

Platzmiete übernehmen werde. Er könne nicht allein reisen, da er die türkische Sprache nicht beherrsche.

Wir ließen uns von seinen Bitten erweichen und kehrten auf das Schiff zurück. Wir ließen unser Gepäck in der Kajüte, schlossen die Tür und baten den Kapitän um die Erlaubnis, dem Flamen zuliebe auf dem Landweg zu reisen. Er erwiderte, dass er gegenüber dem Agha des Zolls die Verpflichtung eingegangen sei, sich unser anzunehmen. Dieser habe darauf bestanden, dass er uns in die Residenz des Botschafters Frankreichs bringe. Wir zeigten ihm unser Gepäck, das wir auf dem Schiff zurückgelassen hatten; sobald er wohlbehalten in Istanbul ankomme, kämen wir es holen und übergäben ihm eine Bestätigung des Dragoman, dass wir gut beim Botschafter angekommen seien. Er war einverstanden. Wir verabschiedeten uns und gingen zum Flamen.

Dieser hatte für uns bereits zwei Reittiere und ausreichend Wegzehrung besorgt. Wir bestiegen unsere Reittiere und machten uns auf den Weg. Wir ritten bis zur Stadt Istanbul, die wir an einem Ort betraten, der Kum Kapı[12] heißt, das ist der Ort des Eingangs in die Stadt. Es gab da eine Örtlichkeit namens Yedi Kule.[13] Dort hatte man tiefe Löcher gegraben. Ich fragte, was das sei. Unser Maultierführer sagte mir, dass man Marmor breche, will sagen: weißen Marmor, der dort an die Erdoberfläche komme.[14]

Wir setzten unseren Weg ungefähr eine Stunde lang fort, bis wir zum großen Hafen kamen. Dort ist der Zoll. Wir stiegen von unseren Maultieren und mieteten ein Boot, um uns nach Galata[15] zu begeben. Der Flame stieg aus, um in seine Botschaft in Beyoğlu[16] zu gelangen. Ich meinerseits war ratlos. Was sollte ich tun und wohin gehen, der ich hier fremd war? [145r] Ich bat den jungen Mann, meinen Freund, mir einen Ort zu zeigen, an dem ich unterkommen könne. Er schüttelte den Kopf und sagte zu mir:

– Folge mir in die Residenz meines Herrn, Seiner Exzellenz, des Botschafters; du wirst dort wohnen.

Ich lehnte ab. Er begann, mich mitzuziehen und hieß mich

vor ihm hergehen. Wir gingen zusammen weiter und stiegen nach Beyoğlu[17] hinauf. Dort residieren alle Botschafter.[18] Es ist ein hoch gelegener Ort mit freier Sicht. Wir kamen an Kız Kulesi vorbei, was »die Festung des Mädchens«[19] bedeutet. Als Istanbul eingenommen wurde, war dieses Mädchen in der Festung geblieben. Es hatte einer langen Belagerung und großer Anstrengung bedurft, um sie einzunehmen. Über diesen Gegenstand gibt es viele Geschichten.

Wir stiegen bis zum Zentrum hinauf, wo sich die Paläste der Botschafter befinden. Wir gelangten zu demjenigen des französischen Botschafters, der schöner und größer ist als jene der anderen, mit einem wunderbaren Garten im Inneren. Am äußeren Tor des Palastes standen stolze Janitscharen. Als wir durch das Tor schritten, erhoben sie sich und grüßten meinen Begleiter. Wir betraten danach das Palastinnere, wo Seine Exzellenz residierte. Als die Leute des Botschafters sahen, in welchem Zustand der junge Mann sich befand, waren sie verblüfft. Einige gingen, seine Ankunft dem Botschafter zu verkünden, der ihn aufforderte, einzutreten. Der junge Mann sagte, ich solle ihm folgen, was ich tat. Wir stellten uns Seiner Exzellenz vor, die sehr erstaunt war, ihn in diesem Zustand zu sehen, und ihn nach den Ursachen fragte. Er machte eine tiefe Verbeugung, verneigte sich bis zum Boden und sagte zu ihm:

– Erlaube mir, mein Herr, zu erzählen, was mir widerfahren ist.

Der Botschafter forderte ihn auf fortzufahren. Der junge Mann machte erneut eine Verbeugung und erzählte, was ihm, wie bereits berichtet, seit dem Zeitpunkt, da er ihn verlassen hatte, bis zu seiner Rückkehr begegnet war. Der Botschafter zeigte Mitgefühl mit seinen Leiden und sprach ihm Mut zu. Dann fragte er ihn über mich aus.

– Mein Herr, erwiderte er, mein Leben lag in den Händen Gottes und dieses jungen Mannes. Als er mich fand, lenkte er mich von meinem Unglück ab und hat mich mit Kleidern versorgt. Er ist mit mir bis hierher gekommen.

Darauf erzählte er ihm meine Geschichte. [145v] Glück-licherweise hatte ich in einem kleinen Beutel den Empfehlungs-brief an den Botschafter aufgehoben, den mir der Prinz in Paris ausgehändigt hatte. Ich zog ihn hervor und überreichte ihn ihm. Als er ihn gelesen hatte, hieß er mich willkommen, dann fragte er mich, was er für mich tun könne. Ich sagte ihm:

— Mein Herr, ich möchte, dass du mich als einen deiner Diener übernimmst.

— Der Sultan von Frankreich hat mich aufgefordert, nach Paris zurückzukehren; aber bleibe in meinem Palais bis zur Ankunft des neuen Botschafters, fuhr er fort, wir werden dich durch ihn anstellen lassen, ich werde dich empfehlen.[20]

Dann wandte er sich an den jungen Mann, der mit mir war, und trug ihm auf, für mich zu sorgen und mir ein Zimmer und ein Bett zu geben.

— Er soll an der zweiten Tafel mit den *Yāzidschi* essen.

Ich bedankte mich und wir gingen, der junge Mann und ich. Er rief sogleich den Verwalter und bat ihn, im Namen Sei-ner Exzellenz, des Botschafters, mir ein Schlafzimmer herrich-ten zu lassen. Er seinerseits zog sein schönes Gewand an und nahm seine frühere Tätigkeit auf. Als die Zeit des Mittagessens kam, bat man mich dazu. Ich setzte mich mit den *Dschōchadār*en an die zweite Tafel, ganz in der Nähe des Botschafters. Mein Freund ließ mich neben ihm sitzen und sagte zu seinen Kame-raden:

— Wer mir einen Gefallen tun will, erweise diesem jungen Mann Gastfreundschaft.

Alle begannen nun, mich von verschiedenen Platten zu bedienen, mir Stücke dieser guten Gerichte und vom gebrate-nen Geflügel zurechtzuschneiden und hinzustellen beim Klang des Orchesters[21], das, sobald sich der Botschafter an die Tafel setzte, bis zum Ende des Mahls spielte. Dasselbe beim Abendes-sen. Das sind die Bräuche bei den Botschaftern: Das Orchester spielt auf den wertvollen Musikinstrumenten, während sie zu Mittag oder Abend essen, wie ich es in Paris gesehen habe.

Eine Zeit lang führte ich ein solches Leben mit Essen, Trinken, Herumschlendern und verbrachte eine schöne Zeit.

Eines Tages bat ich den jungen Mann, meinen Freund, mich
mitzunehmen, um mir Istanbul zu zeigen. Er war einverstanden.
Am nächsten Tag holte er mich nach dem Frühstück ab, und
wir gingen nach Galata hinunter. Auf dem Weg blieb er zurück,
um einem natürlichen Bedürfnis nachzukommen. Ich geriet un-
vermutet an einen betrunkenen Janitscharen, [146r] der sich mir
gegenüber grob benahm. Als mein Freund mich wieder eingeholt hatte, sah er, wie dieser sich an mir festklammerte und um
Geld bettelte, um Arak zu kaufen. Er wies ihn zurecht und gab
ihm einen Tritt ans Bein, der ihn umwarf. Ich hatte Angst, es
werde übel enden. Aber er ließ ihn am Boden liegen, ohne sich
umzudrehen, und wir gingen weg. Mein Freund sagte zu mir:

– Gehen wir, fürchte nichts.

Wir gingen nach Galata hinunter und schauten uns um.
Dann nahmen wir ein Boot, um nach Istanbul zu fahren. Wir besuchten zuerst den Chan von Walideh. Dieser große, prächtige
Chan ist ganz aus Stein um einen anderen Chan herumgebaut.[22]
Im Inneren befindet sich noch ein Chan. Es gibt dort Räumlichkeiten für Händler, Schiffskapitäne und Wechsler. Man findet
unzählige Warenlager vor, denn dieser Chan ist vor Feuer geschützt. Das ist der Grund, warum sich dort alle Händler und
Wechsler niedergelassen haben. Wir machten einen Rundgang
durch den Chan und besichtigten ihn.[23]

Ich sah Aleppiner, die mich nicht wiedererkannten. Ich
meinerseits habe sie wiedererkannt, aber mir lag nicht daran,
dass sie mich erkannten. Unter ihnen waren der Sohn von Qāri,
Schukri, der Sohn des Schahin Schalabi, und viele andere. Ein
Einziger von ihnen, der *Chawādscha* Azāt, der in der Nähe meines Bruders wohnt, kam zu mir, erkannte mich und stellte sich
vor. Dann lud er mich und meinen Begleiter in seinen Laden
ein. Wir traten ein, und er bot uns Kaffee an und erwies uns
Ehre, wie es sich ziemt. Von da aus begaben wir uns zum *Sūq al-
tawīl*[24], wo man alle Arten von Waren findet. Dann gingen wir

zum Suq *Bālistān*, der ebenfalls aus Stein gebaut ist, denn er enthält die Lager vieler unterschiedlicher Güter.[25] Man findet alles,
was man will, Werkzeuge oder Waffen, kostbare Kleider, teure
Pelze wie schwarzen Zobel oder Hermelin. In diesem Suq gab
es eigene Truhen, um das Geld vor Brand zu schützen. Viele,
die Brände fürchten, hinterlegen dort tatsächlich ihr Geld, und
keiner schließt seinen Laden, denn am Abend verschließt man
die zwei Tore [146v] und versieht sie mit schweren Ketten. Vor
diesen Toren stehen die ganze Nacht über Wächter und halten
Wache. Alles in allem ist es ein Ort, der so gut bewacht ist wie
der Schatz des Sultans.[26]

Von da aus gingen wir zum Himāyūn-Tor, will sagen: zum
Tor des Königspalastes.[27] Der junge Mann sagte zu mir:

– Komm mit mir, ich werde dir die Werkstatt zeigen, wo
man Münzen prägt.[28]

Als ich eintrat, sah ich einen großen Platz, von dem drei
Wege wegführten. Der erste, zur Rechten vom Tor aus, führte
zum *Qızlar*-Serail[29], wo sich der Harem des Königs befindet.
Wer dort, ohne sich vorzusehen, eintritt, erhält Stockschläge.
Der zweite, in der Mitte, führt zum inneren Serail des Königs.
Der dritte Weg zur Linken führt zum *Darb chāneh*. Diesen kann
jedermann ohne Bedenken und Furcht betreten. Als wir bei
diesem Ort ankamen, gingen wir hinein. Ich erblickte einen
großen Raum. In zwei angefeuerte Öfen schob man Bänder aus
Silber und Gold. Auf der einen Seite sah ich einen Haufen aus
Silberbändern, auf der anderen einen aus Goldbändern. An einem anderen Ort waren Leute damit beschäftigt, diese Bänder
zu hämmern, um sie gleich eben zu machen.

Andere stanzten diese Bänder mithilfe von Pressen, wie mit
dem Zirkel ausgeschnitten, zu Piastern aus. Es gab Münzen zu
einem halben, andere zu einem viertel Piaster. Ein Mann schob
das Band auf den Amboss, der andere drehte die Presse. Der
Piaster war ausgestanzt und fiel herunter.

Andere prägten diese ausgeschnittenen Stücke mithilfe
einer Presse: die Zahl, der Stempel des Sultans und das Datum

wurden ganz ohne Hammer auf beide Seiten des Stücks geprägt.[30]

[147r] Wir verließen den Ort und begaben uns von da zur
Kirche Ayasofya, die jetzt eine Moschee des Königs ist, denn
sie befindet sich in der Nähe seines Serails.[31] Er vollzieht dort
jeden Freitag sein Gebet. Wir schauten sie von außen an, denn
man lässt keinen Christen eintreten. Ich musste die Gestaltung
der Konstruktion bewundern, die jede Beschreibung übersteigt.
Es ist ein Bauwerk, das von den alten christlichen Königen errichtet worden war.

Von da gingen wir zur Moschee der *Walideh*. Sie hat in der
gesamten Stadt Istanbul nicht ihresgleichen. Jeder, der will,
kann sie ohne Einschränkung besuchen, bis auf das Gewölbe
der *Qibla*[32]. Beim Hinausgehen kamen wir am Serail des Siegel-
bewahrers, will sagen: des Großwesirs vorbei.[33] Der Strom der
Menschen auf diesem Weg – Träger von Beschwerden, Petitio-
nen und anderen Eingaben, die hinein- und hinausgingen – riss
nicht ab. Ich sah auch einen Pascha, der von zwei *Dschōchadā*-
*r*en begleitet wurde, ohne dass ihm jemand Aufmerksamkeīt
geschenkt oder ihn angehalten und begrüßt hätte, als wäre
er ein gewöhnlicher Irgendwer. Uns boten sich viele Spektakel, und wir gingen erst nach Hause, als die Nacht herein-
brach.

Einige Tage danach erhielt der Botschafter Frankreichs die
Nachricht, dass der venezianische Botschafter, der vor Kurzem
in Istanbul angekommen war, in drei Tagen eine Audienz beim
König haben werde. Er schickte die Antrittsgeschenke, danach
sollte nach ihren Gebräuchen die Begegnung stattfinden.[34] Der
Botschafter forderte seinen Verwalter auf, seine Gewänder be-
reitzulegen und die *Dschōchadā*ren daran zu erinnern, sich für
die Truppenparade bereit zu machen. Wird einer der ihren zur
Audienz empfangen, so will es der Brauch, dass die Botschafter
ihre *Dschōchadā*ren schicken, dem Aufmarsch voranzugehen.
Der französische Botschafter schickt in der Regel vierzig, bekleidet mit Gewändern, die aus dem Sultanat Frankreich ge-

sandt wurden. Diese Gewänder sind aus scharlachrotem Tuch und mit Schnurbesatz aus vergoldetem Silberfaden an Ärmeln und an der Brust geschmückt. [147v] Sie tragen goldtauschierte Dolche und mit Goldtressen gesäumte Hüte sowie blondgelockte Perücken. Nach dem, was man mir erzählt hat, kostet ein solches Gewand etwas mehr als fünfhundert Piaster.

Als der Verwalter mit seinen Vorbereitungen so weit war, stellte sich heraus, dass drei *Dschōchadār*en fehlten. Er ließ zwei kommen, und Euer ergebener Diener war der dritte.

Drei Tage später kleideten sich alle, einschließlich Eures Dieners so, wie wir es erklärt haben. Wir begaben uns zur Residenz des Botschafters. Der Zug stellte sich auf. Er zog sich von der Residenz, wo der Anfang der Truppe stand, bis nach Galata. Als der Botschafter die Landungsstelle von Galata erreichte, war die kaiserliche Barke bereits angekommen. Man ließ den Botschafter in die kaiserliche Barke steigen und seine Leute in andere.[35] Sie fuhren in Richtung *Qirschi*, will sagen: zur Anlegestelle von Istanbul.[36] Von hier aus begannen die vom Agha der Janitscharen geschickten Janitscharen und die *Sakfāt*[37] sowie andere Männer des Wesirs den Marsch zum inneren Serail. Nur der Großwesir, der Botschafter und der Vorsteher der Dragomane dürfen dort hineingehen.[38] Sie stellen sich vor dem dem König vorbehaltenen Bereich auf, zu dem man über drei Stufen gelangt. Sie betreten die erste Stufe, dann die zweite; bevor sie die dritte Stufe betreten, begibt sich der König in den zweiten Bereich. Der Großwesir, der Botschafter und der Großdragoman stehen zu diesem Zeitpunkt auf der zweiten Stufe. Der König erhebt sich,[39] und der Dragoman richtet nun im Namen des Botschafters ein kurzes Gesuch an den König. Sobald er damit zu Ende ist, fragt der König den Botschafter, wie es seinesgleichen gehe. Der Dragoman gibt dem König die Antwort, der in den zweiten Bereich zurückgeht.

Am Eingang hat man dem Botschafter und den Männern seines Gefolges einen Kaftan aus dem königlichen Palast um die Schultern gelegt.[40] Dies ist ein Zeichen der Zustimmung und des Einverständnisses vonseiten des Königs. Danach treten sie in den Serail des Rates. Der Botschafter setzt sich in den für ihn bestimmten Sessel. [148r] Man bietet ihm Erfrischungen an, Süßigkeiten, Kaffee und Weihrauch.[41] Schließlich geht er hinaus, und der Hof des Königs defiliert an ihm vorbei: Hellebardenträger[42], Patissiers, Gärtner[43], Köche und viele andere, die ihn bis zur Landungsstelle begleiten. Der Botschafter steigt in die königliche Barke, und einige Männer von jeder Kompanie begleiten ihn zusammen mit allen *Dschōchadār*en, Janitscharen sowie den *Dschōchadār*en der Botschafter zu seinem Palais.

Wie wir schon gesagt haben, zieht sich der Zug von Galata bis zur Residenz des Botschafters in Beyoğlu. Als wir bei dieser Residenz ankamen, sah ich, dass man für die Janitscharen und andere Gäste eine hundert Spannen lange prächtige Tafel mit allerlei Patisserie und Konfitüren in geflochtenen Binsenschalen aufgestellt hatte. Als sie eintrafen, fielen die Janitscharen über die Kuchen her und leerten die Schüsseln im Nu. Es blieb nichts davon übrig!

Für die *Dschōchadār*en des Botschafters war im Inneren des Serails des Botschafters eine zweite Tafel gedeckt worden. Es gab alle möglichen Speisen wie Pasteten, *Sambūsek*, gebratene Hammelkeule und andere Gerichte im Überfluss. An jeder Tischecke hatte man ein Fass Wein aufgestellt und darum herum viele Becher aus Glas. Man forderte uns zum Essen und Trinken auf. Wir tranken auf die Gesundheit Seiner Exzellenz, des Botschafters, und stießen unter lautem Rufen ein *Che viva!*[44] aus, was man bis außerhalb des Palais hörte. Ein jeder verließ danach diese Örtlichkeit und begab sich zu seiner Wohnung.

Dies habe ich von der Audienz des Botschafters beim Betreten und beim Verlassen des Serails des Königs gesehen. An allem Übrigen habe ich nicht teilgenommen, aber ich habe die Berichte derer gehört, die mit ihm im Inneren waren. Gott allein ist allwissend!

Einige Tage danach traf ein Mann von hohem Rang ein, der vom Sultan Frankreichs gesandt worden war, um den Botschaf-

VON UNSERER EINREISE IN DIE LÄNDER DES ORIENTS

ter seines Amtes zu entheben. Er übernahm alle Tätigkeiten des Serails nach Art eines *Mutasallim*. [148v] Der Botschafter verlor nun alle Macht. Der Gang der Ereignisse änderte sich, als der neue Botschafter[45] erwartet wurde, und meine Aussichten verdüsterten sich. Ich konnte nicht länger im Serail wohnen, denn er hatte die meisten der *Dschōchadār*en entlassen und ihre Bezahlung eingestellt. Keine gedeckten Tische und Konzerte mehr! Ich war in großer Verlegenheit und wollte meine Sachen in die Herberge in Beyoğlu bringen.

Als ich gerade im Begriff stand, aus dem Serail auszuziehen, traf der Vorsteher des Jesuitenklosters von Galata[46] ein, den ich kannte und mit dem ich befreundet war. Als er mich sah, begrüßte er mich und fragte mich, wohin ich ginge.

– In die Herberge, antwortete ich.

Er lehnte diese Lösung ab und sagte:

– Mir ist es nicht recht, wenn du in der Herberge wohnst.

– Mein Vater, wohin sollte ich denn gehen?

Er überlegte eine Weile, dann wandte er sich mir zu:

– Willst du arbeiten, mein Sohn?

– Ja, mein Vater, aber wo willst du, dass ich arbeite?

– Es gibt in der Nähe unseres Klosters in Galata einen venezianischen Händler, einen guten, reichen Mann. Wenn du willst, kann ich mit ihm über deine Angelegenheit sprechen.

– Tue, wie du es für gut hältst, mein Vater, und ich werde dir gehorchen.

– Bleibe heute noch im Serail, fügte er hinzu, und morgen werde ich dich zu ihm bringen.

Er verabschiedete sich und ging. Am nächsten Tag ließ er mich zu sich rufen. Er sagte mir, er habe mit dem *Chawādscha* gesprochen, der einverstanden sei, mich als Verwalter einzustellen. Wir gingen, um uns mit ihm zu treffen. Wir betraten das Haus des *Chawādscha* und wurden zu ihm hineingeführt. Er erhob sich und hieß den Vorsteher des Klosters willkommen.

– Hier ist der junge Mann, von dem ich dir gesprochen

habe, sagte der Vorsteher, du kannst ihm vertrauen, er ist ehrlich und arbeitet gut.

Der *Chawādscha* war damit einverstanden, mich einzustellen, und gewährte mir eine Bezahlung von fünfzig Piastern im Jahr sowie die Hälfte der Einnahmen der Torhütergebühr auf die verkauften Waren, die andere Hälfte ging an den Koch und einen anderen Angestellten. Der *Padre* ging und der *Chawādscha* vertraute mir die Gerätschaften des Hauses, das Silber, das Tafelservice und noch anderes an. Er übergab mir auch den Schlüssel [149r] zum Vorratsraum. Ich holte meine Sachen aus der Residenz des Botschafters und brachte sie zum *Chawādscha*. Er hatte mir den Schlüssel zu einem Schlafzimmer gegeben, wo ich meine Sachen unterbrachte.

Ich fing nun an, alles zu durchzustöbern, und merkte bald, dass das Haus sehr schmutzig war. Ich machte mich sogleich daran, die Zimmer und das Haus auszufegen und die Dinge an ihren Platz zu stellen. Ich brachte die Matratzen des *Chawādscha* und diejenigen seines *Yāzidschi* in Ordnung, ebenso das Esszimmer. Ich stellte die Tische zurecht und putzte das Silber und die Messer. Schließlich ging ich in den Keller, um die Weinflaschen abzufüllen, und wusch die Gläser. Ich holte alles Nötige, wie Käse und Oliven.

Ich kannte mich in solchen Dingen aus, seit ich in Aleppo bei dem *Chawādscha* Rimbaud dem Älteren gedient hatte, danach zwölf Jahre lang bei dem *Chawādscha* Rémuzat, bis zu dem Zeitpunkt, da ich Aleppo verlassen hatte, um mich dem Mönchsleben zu weihen. Als der *Chawādscha* mit seinem *Yāzidschi* zum Mittagessen kam, sah er, dass alles in Ordnung war, und freute sich sehr.

Ich war seit einem Monat in seinem Dienst, als er mich fragte, ob die Korbflasche Wein leer sei. Ich antwortete ihm, dass noch mehr als die Hälfte übrig sei. Darauf wandte er sich an seinen *Yāzidschi* und sagte zu ihm, dass zu Zeiten des früheren Dieners eine ganze Korbflasche keinen Monat lang gereicht habe. Der Koch und der Verwalter hörten die Worte des *Cha-*

wādscha, die sie verdrossen. Von diesem Tag an hegten sie einen tiefen Groll gegen mich, weil ihre Unehrlichkeit aufgedeckt worden war. Ich merkte nicht, dass sie insgeheim beschlossen hatten, mir zu schaden. Ich sah, dass sie mich mit scheelen Blicken verfolgten, aber ich kümmerte mich nicht darum. Vor allem der Koch verhielt sich beständig feindselig mir gegenüber.

Ich unterrichtete den *Chawādscha* über sein Benehmen. Er entließ ihn auf der Stelle und suchte einen neuen. Als ich sah, dass er in Verlegenheit war, weil er keinen Koch fand, der ihm passte, sagte ich ihm, er brauche sich keine Sorgen zu machen: Ich würde die Küche besorgen, bis er einen neuen finde. Er fragte, ob ich mich aufs Kochen verstünde.

– Ja, sagte ich.

– Gott sei gedankt!, rief er aus.

Ich hatte das Kochen [149v] beim Koch gelernt, der bei meinem Meister, dem *Chawādscha* Rimbaud, arbeitete. Als der venezianische *Chawādscha* seinen Koch entlassen hatte, übernahm ich daher die Küche an dessen Stelle. Diese Herren waren zufrieden damit. Da ich damals noch ein junger Mann war, waren sie darüber erstaunt. Ich besorgte also die Küche, und dieser Verwalter unterstand nun meiner Verantwortung. Er war darob noch ablehnender und verbitterter. Der *Chawādscha* hingegen war sehr zufrieden und suchte keinen neuen Koch mehr. Ich hatte nun die ganze Verfügungsgewalt über das Haus, gab Anordnungen und machte es so, wie ich es verstand.

Eines Abends war ein Gast auf Durchreise beim *Chawādscha* eingeladen, der mich bat, ein großes Essen zu bereiten. Ich schickte den Verwalter, eiligst diese und jene Sache zu besorgen, aber er besorgte sie nicht. Ich bat ihn, dies oder jenes zu tun, aber er machte es nicht, so sehr fühlte er sich zurückgesetzt. Ich begann ihn daher anzuschreien und zu beschimpfen. Ich sah, wie er ein Messer zog und sich mit teuflischem Zorn auf mich stürzte. Er wollte mich töten. Ich rief meinen Schutzengel[47] zu Hilfe und warf mich ihm entgegen, entriss ihm das Messer und warf es weg; dann schlug ich ihn nach Kräften. Der *Chawādscha* hörte unser Geschrei. Er trat in die Küche und sah, wie wir uns umklammerten und im Begriff standen, uns zu schlagen. Er wies uns zurecht, trennte uns, dann wandte er sich an mich:

– Ist das der Zeitpunkt, sich zu prügeln, just wenn wir Gäste haben? Mach, dass du an deine Arbeit kommst!

Er bestand darauf, zu erfahren, was geschehen war. Indem ich den Racheteufel in mir bezwang, beruhigte ich mich und machte mich wieder an die Zubereitung des Abendessens und an meine Arbeit, wie es sich gehörte. Als der Gast gegangen war, berichtete ich dem *Chawādscha*, was vorgefallen war, so wie es sich abgespielt hatte. Er beschwichtigte mich und sagte:

– Morgen früh werde ich diesen Mann entlassen, sei beruhigt. Ich kenne dieses Griechengesindel,[48] es sind böse und neidische Menschen. Sie haben keine Moral.

Er ließ mich nicht gehen, bevor ich nicht beschwichtigt war. Ich wünschte ihm einen schönen Abend und ging in mein Zimmer, wo ich die Tür mit dem Schlüssel verschloss aus Angst, dieser Mensch könnte mir im Schlaf etwas antun.

In dieser Nacht [150r] begann ich im Bett zu überlegen: Ich sagte mir voller Furcht, dass, selbst wenn der *Chawādscha* diesen bösartigen Menschen entließ, er mir bei einer zufälligen Begegnung auf der Straße möglicherweise einen Messerstich versetzte und mich tötete. Denn für die *Rūm* dieses Landes ist es leicht, jemanden zu töten. Sie stellen sich sofort und lassen sich zu den Janitscharenregimentern einziehen. Meine Angst wuchs, und ich konnte diese Nacht nicht schlafen, da ich unruhig war und nicht wusste, was tun.

Ich erinnerte mich nun, dass ich in der Kirche der Jesuiten einen Maroniten getroffen hatte, der Hanna, Sohn des Zughbi, hieß und in Aleppo mein Freund gewesen war. Nachdem wir uns begrüßt hatten, bat ich ihn, mich zum venezianischen *Chawādscha* zu begleiten, dahin, wo ich wohnte. Ich hatte ihn mit allen Ehren empfangen, dann hatte ich ihn gefragt, was ihn nach Istanbul geführt hatte. Er antwortete mir, dass er in dieses Land gekommen sei, um die Technik des Kalanderns von Stoffen zu lernen, die in Aleppo unbekannt sei. Er hatte, Gott sei Dank, das Glück, einen Meister in dieser Technik zu finden, der ihn nach Aleppo begleitete; dieser brachte einen Kettbaum[49] aus gehärtetem Stahl mitsamt dem ganzen Mechanismus mit, und dies entsprach genau dem, was er suchte. Derzeit wartete er auf die erste Karawane nach Aleppo, mit der sie sicher aufbrechen würden.

Als ich meinerseits erzählte, was mir alles widerfahren und wie ich in dieses Land gekommen war, riet er mir in ihrer Begleitung nach Hause zurückzukehren. Es wäre besser, meinte er, zu meinen Eltern zurückzukehren, als in diesem Exil zu verschwinden oder zugrunde zu gehen, und er äußerte noch mehr Worte dieser Art. Ich wollte nicht und hörte nicht auf seine Ratschläge. Er kam oft zu mir zu Besuch und drang darauf, ich solle mit ihnen kommen; ich weigerte mich weiterhin. Als mir in dieser Nacht seine Worte wieder in den Sinn kamen, entschloss ich mich, mit ihnen nach Aleppo zurückzukehren.

Am andern Tag bat ich den *Chawādscha* um die Erlaubnis, von ihm wegzugehen. Er wollte mir wieder Mut machen, indem er mir versicherte, ich hätte nichts zu befürchten, da er diesen Mann davonjagen werde, dass ich ruhig sein könne und so weiter. [150v] Ich ließ mich nicht überzeugen und bestand auf meiner Entscheidung: Ich wollte weggehen. Als er erkannte, dass ich fest entschlossen war, machte er die Abrechnung über das, was ich nach unserer Übereinkunft zu bekommen hatte, das heißt mein Gehalt, vermehrt um die Hälfte der Torhütergebühren, und gab mir alles. Ich verabschiedete mich, packte meine Sachen zusammen, nachdem ich ihm alles, was unter meiner Zuständigkeit stand, wieder ausgehändigt hatte: das Tafelsilber, das Tafelservice und andere Utensilien; danach ging ich von ihm weg.

Ich begab mich zum Jesuitenkloster, das in der Nachbarschaft des Hauses des *Chawādscha* lag. Ich trat bei dem Vorsteher ein, erzählte ihm, was geschehen war, und bat ihn um Aufnahme im Kloster bis zur Abreise der Karawane nach Aleppo. Der Vorsteher antwortete mir:

– Mein Sohn, wir dürfen keine Laien oder wen auch immer im Kloster aufnehmen. Aber ich werde dir die Schlüssel des Hauses der *Nation* geben, wo die französischen Kapitäne und andere Durchreisende absteigen. Dort ist zur Zeit ein *Padre*, der einen Bischof aus den christlichen Ländern erwartet, mit dem er nach Persien gehen will.[50]

Ich dankte ihm und nahm den Schlüssel. Er schickte den Klosterdiener, mir die Örtlichkeit zu zeigen, die in der Nähe des Hafens war. Das Haus hatte zwei Stockwerke und verfügte über kleine Zimmer, jedes mit einem Bett und zwei Matratzen, einer Decke und zwei sauberen Steppdecken. Ich stellte mein Gepäck in einem der Zimmer im Erdgeschoss ab und ging zum Suq, um einen Topf und zwei Tonteller zu kaufen.

Ich besorgte nun die Küche auf die einfachste Art für mich allein. Der *Padre*, der hier wohnte, kam nach Sonnenuntergang bei mir vorbei, dann stiegen wir in sein Zimmer, das über meinem lag. Ich unterhielt mich eine Weile mit ihm, bevor ich schlafen ging. Mitten in der Nacht erwachte ich, weil ich Schritte über mir hörte. In der ersten Nacht war ich beunruhigt, in der zweiten ebenfalls. In der dritten erhob ich mich, um nachzuschauen, woher dieses Geräusch rührte. Durch einen Spalt in der Zimmertür des *Padre* sah ich ihn [1511] betend vor dem Kruzifix knien und an seine Brust schlagen. Ab und zu neigte er sich vor und stieß mit der Stirn auf den Boden. Nachdem ich diese Szene gesehen hatte, stieg ich wieder hinunter und legte mich beruhigt schlafen. Doch in der vierten Nacht sagte ich zu ihm:

– Mein Vater, was machst du da? Schläfst du nicht?

Er seufzte tief mit schwerem Herzen:

– Mein Sohn, wenn ich sehe, dass alle Bewohner dieser Stadt Muslime und ihre Seelen dem Verderben anheimgegeben sind, ist mein Herz bei dem Gedanken an diese vom himmlischen Weg abgekommenen und vom Satan verführten Seelen

mit Gram erfüllt. Ich bete und bitte meinen Herrn Jesus Christus, den Geist des großen Muslimus, will sagen: des Königs, zu
erhellen, damit diese Herde, die keinen anderen Hirten hat als
den infernalischen Wolf, seinem Beispiel folge.

Er wandte sich an mich und fuhr fort:

– Auch du, bete mit mir, Gott wird dein Gebet vielleicht
erhören.

Ich war sprachlos, als ich diese Worte hörte. Ich sagte ihm,
dies übersteige mein Begriffsvermögen und sei mir unfassbar.
Er erwiderte, dass alles, was den Menschen unmöglich sei, Gott
möglich sei. Ich war ergriffen vom Eifer dieses *Padre*. Ich ließ
ihn zurück und legte mich schlafen, während er die ganze Nacht
hindurch mit Inbrunst weiterbetete.

Dieser *Padre* lehrte mich, Augentropfen herzustellen, um
alle Augenleiden zu kurieren. Er bereitete sie vor mir zu und
sagte mir:

– Sei unbesorgt, du kannst diese Tropfen für alle Krankheiten des Auges verschreiben.

Und er fügte hinzu:

– Mit diesen Tropfen kannst du dein ganzes Leben bestreiten.

Er brachte mir noch weitere Dinge bei, die für die Gesundheit des Körpers gut sind. Aber damals war ich nicht aufmerksam genug, um die Wissenschaften zu erlernen. Ich war
im Gegenteil gedankenlos unter der Macht der Jugend und der
Unwissenheit.

In dieser Zeit ging ich aus und erging mich in der Stadt
Istanbul. Ich schaute mir ihre Örtlichkeiten an, die Suqs und
ihre Straßen. Es begab sich, dass Sultan Ahmed den Bau von
fünf großen Staatsschiffen[51] in Auftrag gegeben hatte, jedes mit
vier Laderäumen und siebzig oder achtzig Kanonen.[52] Ich hörte,
dass sie [151v] fertiggestellt worden seien und der König befohlen
habe, sie am Donnerstag zu Wasser zu lassen.[53]

Es war ein großartiges Schauspiel! Ich verabredete mich
mit einigen Aleppinern; wir mieteten ein Kajik und gingen an

Bord, um dem Schauspiel beizuwohnen. Als es Tag wurde, gingen alle Bewohner Istanbuls zum Meer. Man konnte sehen, wie der Hafen so voller Schiffe war, dass man hätte darüber gehen können, so sehr drängten sie sich aneinander. Man versicherte mir, dass es im Hafengebiet von Istanbul zwölftausend Kajiks gebe, welche die *Mīri*-Steuer bezahlten, nicht mitgezählt diejenigen der Aghas, von denen jeder zwei oder drei für ihre Fahrten oder Ausflüge besitzt.

Das erste Schiff wurde unter großem Getöse zu Wasser gelassen; alle hoben zu schreien an: »Allah! Allah« Es wurden Opfertiere geschlachtet.[54] Dann ließ man in Gegenwart des Königs, der Minister und der Würdenträger des Staates das zweite Schiff zu Wasser, das dritte – bis zum fünften. Es war ein denkwürdiger Tag. Das ist es, was ich von Istanbul gesehen habe, als man die Schiffe im Meer zu Wasser gelassen hat. Doch sehen ist nicht wie hören, denn dieses Schauspiel findet selten statt.

Einige Tage später trafen acht königliche Galeonen[55] ein, die vom Sultan Frankreichs gesandt worden waren. Sie liefen eine nach der anderen in den Hafen ein, und als eine von ihnen vor dem Serail des Königs vorbeifuhr, der auf der linken Seite liegt, wenn man vom Meer her in den Hafen einfährt, feuerte sie zum Zeichen des Friedens mehrere Salven ab.[56] Das kleinste dieser Schiffe hatte siebzig Kanonen und mehr als siebenhundert Soldaten an Bord, die Matrosen nicht mitgezählt. Als das erste mit den Kanonenschüssen aufhörte, fing das zweite von zwei Seiten zu feuern an, dann kam das dritte und begann wie das erste und zweite zu feuern.

Die ganze Gegend von Istanbul erzitterte, und die Menschen dachten, die Franzosen hätten die Stadt eingenommen. Viele flohen in die unbewohnte Umgebung. Man konnte sehen, wie der Kanonenrauch den Hafen einhüllte, und man konnte seinen Nebenmann nicht mehr sehen noch hören, was er sagte. [152r] Der Wesir schickte einen Anführer der Aghas zum Kapitän, um ihn zu bitten, er möge mit dem Schießen aufhören, denn Seine Exzellenz, der König, habe Kopfschmerzen. Die nächsten

Schiffe fuhren daher ohne Kanonensalven ein und gingen ganz normal im Hafen vor Anker.

Die Dragomane des Botschafters machten sich auf, den Admiral[57] mit der größten Ehrerbietung zu empfangen, benachrichtigten den Großwesir von der Ankunft der acht vom Sultan Frankreichs gesandten Galeonen und taten ihm kund, dass dieser ihm achtzig Anker für seine neuen Schiffe geschickt habe, die er ihn bitte als Geschenke anzunehmen;[58] und dass er seinen Botschafter abberufen habe, weil dieser seine Pflichten verletzt habe.

Der Wesir befahl, den Admiral der Flotte für den nächsten Tag zu ihm zu bitten. Er stellte sogleich ausreichend Vorräte für dessen Schiffe zur Verfügung und bot ihm wertvolle Geschenke an, wobei er ihm die größte Ehrerbietung vonseiten des Königs bekundete und ihm folgendes festes Versprechen gab:

– Schau, wessen du bedarfst, wir werden dich nach deinen Wünschen mit allem versorgen.

Der Admiral entgegnete:

– Wir möchten Eurer Hoheit kundtun, dass unser Land derzeit aufgrund des Getreidemangels an einer Hungersnot leidet. Wir bitten Seine Exzellenz, den König, uns einen Ferman auszustellen, der uns erlaubt, eine Rundreise über die Inseln[59] zu machen, um dort Ernten aufzukaufen, ohne dass uns jemand daran hindert.

– Du bekommst, was du verlangst, erwiderte unverzüglich der Wesir.

Und er verabschiedete ihn und sagte, er möge in Frieden gehen.

Der Wesir verständigte den König von der Bitte des Admirals, und der König stellte einen *Chatt scherif* von seiner Hand aus. Er gab Anweisung, die acht Galeonen mit gutem Weizen zu versehen und keinen Preis zu nehmen. Die Galeonen warteten zwanzig Tage, in denen der Wesir Schiffe[60] zu verschiedenen Inseln schickte, die den erwünschten Weizen brachten.

Zu dieser Zeit entkamen etwa zweihundert Gefangene aus

ihrer Gefangenschaft. Sie sprangen ins Meer [152v] und kletterten auf diese Galeonen, um zu entkommen. Denn sobald ein Gefangener die Schiffswand berührt, ist er frei, und niemand darf ihn mehr von dort wegholen. Ihnen wird Gnade gewährt zu Ehren des Sultans von Frankreich.

Zur selben Zeit traf ein Prinz des Sultanats[61] von Schweden in Istanbul[62] ein, um die Gegend zu besuchen und zu bereisen. Seine Leute suchten Einheimische, die das Italienische und das Türkische beherrschten. Einer meiner Freunde, der *Dschōchadār* des Botschafters, der mit mir aus Marseille gekommen war, kam zu mir und schlug mir vor, mich bei diesem Prinzen als Dragoman zu bewerben. Ich willigte ein und war einverstanden, mit ihm zu gehen. Ich fasste den Entschluss, diesen Prinzen zu begleiten, weil ich sagen hörte, dass er nach Beendigung seiner Rundreise auf dem Landweg wieder in sein Land zurückkehren werde.

Mein Freund wollte mich zu einer Begegnung mit dem Prinzen mitnehmen. An dem Tag, als ich hinging, kam Hanna, Sohn des Zughbi, von dem ich bereits sprach, zu mir. Als er hörte, dass ich mit dem Prinzen gehen wollte, nahm er dies schlecht auf und begann, mir eine Strafpredigt zu halten. Er unternahm alle Anstrengungen, mich von dieser Reise abzuhalten. Er wandte ein, dass die Karawane nach Aleppo schon übermorgen aufbrechen werde, dass er bereits ein Maultier für mich bei Ahmed, dem aleppinischen Maultierführer, gemietet und ihm schon die Anzahlung geleistet habe. Er hielt mir lange Reden und ließ nicht locker, bis ich mein Vorhaben, mit dem Prinzen zu reisen, fallen ließ. Als ich ihm nun versprochen hatte, dass ich auf die Reise verzichten und mit ihm nach Aleppo reisen werde, sagte er mir, wir müssten uns für die Reise vorbereiten und uns mit gewissen Sachen versehen, die uns auf dem Weg von Nutzen sein könnten: eine *Oqqa* Pfeffer und für einige *Dirham* Gewürznelken, Ingwer und andere Gewürze, einige Pakete Nadeln und Ahlen und etwas Seife. Diese Dinge seien ab Istanbul mehr wert als Geld. Im Tausch dafür würden uns die

Dorfbewohner mit allem versehen, was wir zum Leben brauchten. Ich war einverstanden mit dem, was er sagte. Ich nahm ein Goldstück [153r] und gab es ihm mit den Worten, er solle kaufen, was er für nützlich halte. Er ging.

Ich traf meine Vorbereitungen. Ich verabschiedete mich vom Vorsteher wie auch von meinem Freund, dem *Dschōchadār*, und wartete auf die Rückkehr von Hanna. Er kam zwei Stunden später:

– Komm, wir gehen!

Das Datum meiner Abreise aus Istanbul fiel auf die Mitte des Monats Juni 1710. Ich schulterte meine Sachen und begab mich mit Hanna zum Hafen. Er hatte ein Boot nach Üsküdar[63] gemietet. Dort sah ich den alten Meister im Handwerk der Satinage mit den Werkzeugen, die sie mitnahmen. Ich legte meine Sachen in das Kajik und wir begaben uns zur Anlegestelle von Üsküdar. Wir holten unsere Sachen wieder aus dem Boot und machten uns auf, ein Zimmer im Chan zu mieten. Dort blieben wir und warteten auf den Karawanenführer.

In diesem Moment traf der Verband[64] des Paschas von Afyon Karahisar[65] in Begleitung unseres Karawanenführers und mehrerer unserer Reisegenossen ein. Wir fragten ihn, warum er sich verspätet habe.

– Die Leute des Paschas haben meine Reittiere angefordert und mich unter Zwang verpflichtet, ihr Gepäck zu transportieren, erklärte er uns. Ich wurde, zusammen mit anderen Karawanenführern, gezwungen, meine Lasten abzuladen und diejenigen des Paschas auf meine Tiere zu laden. Für euch habe ich drei behalten, indem ich vorgegeben habe, ich hätte nur sieben. Jetzt bin ich verpflichtet, mit dem Agha nach Afyon Karahisar zu gehen. Wenn ihr mit mir reisen wollt, bin ich einverstanden, wenn nicht, könnt ihr die Dienste eines anderen nehmen; es steht euch frei.

Diese Nachricht betrübte uns und brachte uns in Verlegenheit. Wir suchten andere Karawanenführer, um bei ihnen einen Platz zu mieten und mit ihnen aufzubrechen, fanden aber keinen. Wir waren daher gezwungen, mit unserem Führer bis Afyon Karahisar zu reisen.

Wir blieben diesen Tag in Üsküdar. Der Pascha traf dort am nächsten Tag ein. Sie wechselten sofort die Truppe und brachen auf, wir unsererseits folgten hinter ihnen. Wir erreichten den Meeresarm, der auf unserem Weg lag und über den wir mit unseren Reittieren auf Kajiks zum anderen Ufer übersetzten.[66] [153v] Wir reisten mit dem Trupp bis Kāwur Kūy[67].

Die Karawane machte abseits des Dorfes in einer Entfernung von etwa einer Meile an einem verlassenen Ort bar jeder Vegetation halt. Wir lagerten mit unseren Landsleuten unterhalb des Dorfes auf einer Wiese, wo es Bäume und eine fließende Quelle gab; ein wahrer Garten! Als die Karawane anhielt, kam der Führer zu uns und forderte uns auf, an den Ort zu kommen, wo sie sich niedergelassen hatten, denn die Dorfbewohner seien üble Räuber und könnten auftauchen und uns nächtens ausrauben. Euer ergebener Diener lehnte es ab, den gewählten Standort zu verlassen, und die Reisegefährten weigerten sich ebenfalls. Wir erklärten ihm, dass wir nichts besäßen. Was könnten sie uns schon nehmen? Der Führer konnte uns nicht zum Umzug bewegen. Wir verbrachten die Nacht an diesem Ort, und der Karawanenführer schickte seinen Bruder, bei uns zu übernachten. Diesen forderte er auf, uns zu rufen, wenn die Karawane das Lager abbrach, damit er unsere Sachen aufladen könnte und wir zum Aufbruch bereit wären. Aus Angst, die Dorfbewohner könnten des Nachts kommen und unsere Sachen rauben, banden wir unsere Reisesäcke an, und ein jeder knüpfte den seinen zum Schlafen an sich selbst fest.

Die Karawane brach mitten in der Nacht auf, und der Karawanenführer rief seinen Bruder, um ihn aufzufordern, die Tiere zu beladen. Der Bruder, halb verschlafen und noch nicht wach, antwortete ihm von da, wo wir waren. Danach schlief er wieder ein. Wir unsererseits waren auch wieder eingeschlafen und merkten nichts. Der junge Mann wachte eine Stunde später auf und horchte nach den Geräuschen der Karawane, hörte aber keine Glöckchen. Da bemerkte er, dass die Karawane aufgebrochen war, und begann zu schreien und uns zu beschimpfen, wobei er sagte:

– Jetzt werden wir ausgeraubt, werden uns unsere Waren und Tiere gestohlen!

Wir erhoben uns, luden unsere Reisesäcke auf die Tiere und setzten uns in den Sattel. Als wir an die Stelle kamen, wo die Karawane gelagert hatte, sahen wir niemanden mehr, nur noch die Spuren des Feuers.

Es gab zwei Wege. Wir fragten einen jungen Mann, welchen wir nehmen müssten, aber er wusste nicht, welchen die Karawane genommen hatte. Wir waren bestürzt und erschraken beim Gedanken, die Dorfbewohner könnten unsere schwierige Lage nutzen, uns auszuplündern. Aber Gott, gelobt sei Er, schickte mir einen Einfall: Da mein Pferd gewohnt war, diese Strecke zu gehen, [154r] musste es den Weg kennen. Ich stieg ab, rollte das Halfter um seinen Hals und ließ es laufen. Es nahm den oberen Weg. Wir folgten ihm, und ein jeder bestieg sein Reittier.

Wir gelangten auf eine Anhöhe. Zu unseren Füßen erstreckte sich ein tiefes Tal. Das Glockengeräusch eines Lasttieres kam vom anderen Berghang. Unser Weg führte auch in diese Richtung. Beunruhigt wollten wir schon umkehren. Der junge Karawanenführer versuchte, nach seinem Bruder zu rufen. Er legte sich auf den Boden und spitzte die Ohren, um einen Ruf von ihm aufzufangen. Er hörte sie sagen:

– Wir haben doch gesagt, dass der richtige Weg oben entlangführt.

Wir waren erfreut, denn sie hatten sich im Weg getäuscht, nicht wir. Wir warteten, bis sie uns erreichten, und nahmen den richtigen Weg, dem wir bis zum Morgen folgten.

Zwei Stunden später holte uns der Pascha ein und überholte uns. Wir zogen in seinem Gefolge weiter. Ein heftiger Regen hatte uns an diesem Tag überrascht, der unser ganzes Gepäck durchnässte, so sehr hatte es geregnet und floss das Wasser herunter. Es blieb bis zum Abend bewölkt. Wir waren in einem erbärmlichen Zustand. Als der Pascha feststellte, dass es nicht aufhörte zu regnen, bog er zu einem Dorf am Weg ab und ritt mit seinem Gefolge hinein. Sie jagten die Bewohner aus ihren Häusern und richteten sich darin ein. Die Soldaten blieben am Dorfrand und stellten dort ihre Zelte auf, um sich zu schützen. Wir hingegen verblieben mitten im Dorf im Regen. Wir baten die Bauern, uns eine Unterkunft zu besorgen, und sei es nur ein Stall, um uns vor dem strömenden Regen zu schützen. Aber sie versicherten uns, dass auch sie, ihre Familien und ihre Frauen sich zwischen die Kühe und die Lasttiere geflüchtet hätten. Wir wussten nicht, was wir tun sollten.

Da standen wir und suchten nach einer Lösung. Doch dank unserem Herrn, Ihm, dem Ehre gebührt, Ihm, der alle Not beseitigt, tauchte ein junger Mann von angenehmem Äußeren vor unseren Augen auf und erkundigte sich bei meinen Mitreisenden nach mir. Er hatte gesehen, [154v] dass ich nicht wie die anderen angezogen war. Ich war nach fränkischer Art gekleidet, trug Haare, die frei fielen, und einen Kalpak aus Marderfell.

– Sagt ihm, ich sei Arzt, trug ich ihnen auf.

Als der junge Mann hörte, dass ich Arzt sei, freute er sich und beschwor meine Reisegefährten, mich zu bitten, mit ihm zu kommen, um bei ihm einen Kranken zu untersuchen. Ich antwortete ihm nun selbst in türkischer Sprache:

– Wenn du uns für diese Nacht beherbergst, werde ich mit dir kommen und deinen Kranken untersuchen.

Er bedankte sich und segnete mich.

– Aber, fügte er hinzu, ich fürchte, dass einer der Männer des Paschas mein Haus entdeckt und wir, meine Frau und ich, gezwungen werden, es zu verlassen, damit sie sich dort einrichten können. Ich werde weit vor euch gehen; folgt mir, und ich will euch zu mir führen.

Ich war einverstanden und sagte:

– Geh voran, wir folgen mit einigem Abstand.

Er ging vor, und wir folgten ihm in die Serpentinen hinter

dem Dorf. Vor einer Grotte blieb er stehen, ging hinunter und verschwand aus unseren Augen. Doch als wir an diesen Ort gelangten, sahen wir ihn auf uns warten.

Wir gingen in diese Grotte hinein und gewahrten eine Tür, wo er klopfte und ein Zeichen gab, dass man öffne. Die Tür öffnete sich und wir erblickten drei junge Leute, die sich im Inneren aufhielten. Meine Kameraden und ich erschraken bei dem Gedanken, dieser Ort könnte die Höhle einer Räuberbande sein. Diese Befürchtungen waren jedoch nutzlos, da wir ohnehin schon da waren. Während uns solche Gedanken bewegten, kamen die jungen Leute heraus, nahmen uns die Reittiere aus den Händen und führten sie ins Innere. Dann forderten sie uns auf, einzutreten. Wir betraten mit ihnen diesen eingerichteten Ort mit einer Feuerstelle in der Mitte.

Sie brachten uns nun unsere Reisesäcke und das Gepäck, und als sie bemerkten, dass unsere Sachen durchnässt waren, machten sie unverzüglich Feuer, um unsere Kleider zu trocknen. Der junge Mann, mit dem wir gekommen waren, hieß uns nun willkommen. Es war Nacht geworden, unsere Kleider waren getrocknet und wir hatten uns etwas ausgeruht. Der junge Mann befahl nun denen, die bei uns waren, das Abendessen zu bringen. Einer von ihnen trat heran und trug auf, stellte Brot hin und legte uns eine Serviette auf die Knie. Er füllte einen Wasserkrug und ein Gefäß, um uns zu trinken zu geben. [155r] Wir hingegen waren sprachlos und verwundert ob dem, was uns geschah. Unser Herr, Ihm sei Ruhm und Ehre, hatte diesen jungen Mann geschickt, uns Schutz zu bieten und mit solcher Gastfreundschaft zu behandeln.

Sie setzten uns das Abendessen vor: eine große Platte Reis mit Lammfleisch, eine große Platte mit gekochtem Gemüse[68], eine Platte *Qazan kebābī*[69] vom Huhn, alles hervorragende Gerichte. Wir aßen mit dem jungen Mann zusammen, und am Ende des Mahls brachten sie ein Becken mit Wasserkannen, und wir wuschen uns die Hände. Danach brachten sie eine große Kaffeekanne und boten uns eine erste, dann eine zweite Runde guten Kaffee an. Wir stopften unsere Pfeifen und plauderten eine Weile mit dem jungen Mann.[70] Ich fragte ihn:

– Wo ist der Kranke, den ich untersuchen soll? Ich bin dir ganz zu Diensten, denn du hast uns mit deiner Gunst überhäuft.

– Rauche deine Pfeife zu Ende, bevor du dir die Mühe machst, ihn anzuschauen, entgegnete er.

Als wir die Pfeifen fertig geraucht hatten, erhob sich der junge Mann und bat mich, ihm zu folgen. Er klopfte an die Tür, die zum Harem führte, und befahl, dass man den Weg freimache. Wir betraten nun einen prächtigen Hof, von wo er mich in ein möbliertes, reich geschmücktes Zimmer führte. In dem Bett lag ein alter Mann, welcher der Vater des jungen Mannes und der Besitzer des Dorfes war. Ich setzte mich neben ihn und fühlte ihm den Puls. Er keuchte. Er war sehr schwach und konnte sich nicht aufrecht halten. Seine Krankheit wurde durch eine starke Verstimmung verursacht, die seinen Magen belastete. Ich beruhigte ihn und sprach ihm Mut zu:

– Du hast nichts Schlimmes, du brauchst keine Angst zu haben. Dein Übel kommt von dieser Verstimmung, die dein Wohlbefinden beeinträchtigt. Morgen früh werde ich dich davon befreien, es wird dir besser gehen und du kannst dann das Bett verlassen. Hab keine Sorge!

Dann trug ich seinem Sohn auf, in dieser Nacht zwei Hühner kochen zu lassen, denn am frühen Morgen wollte ich ihm ein Abführmittel verabreichen, und es war nötig, dass die Brühe bereitstand. Und dass sie nicht gesalzen wurde. Ich wies den Sohn an, mich am Morgen früh zu wecken, damit ich das Abführmittel zubereiten konnte. [155v] Ich erhob mich, entbot dem jungen Mann meinen Gruß und ging wieder zu meinen Gefährten.

Nun hatte ich einige der Pillen aufbewahrt, die mein Meister auf die Reise mitgenommen hatte und die er mich den Leuten geben ließ. Ich hatte festgestellt, dass ihre Wirkung sich von derjenigen anderer Abführmittel unterschied: Ihre Zusammensetzung wirkte auf vier Verstimmungen des Menschen, will sagen: die schwarze Galle, den schleimigen Auswurf, die gelbe Gallenflüssigkeit und das Blut. Die Einnahme einer einzigen dieser Pillen reinigte den Menschen von allen in ihm versammelten Verstimmungen. Es brauchte keine zwei Stunden, danach konnte er, erleichtert, zu seinen Beschäftigungen zurückkehren, als hätte er keine Arznei getrunken. Ich hatte es an mir selbst ausprobiert und die Wirkung bei anderen gesehen. Mir blieben noch zehn oder zwölf dieser Pillen, die mir mein Meister gegeben hatte, um sie beiseitezulegen. Ich habe sie behalten, und er hatte sie vergessen. Als ich vom Bett des Kranken zurückkam, öffnete ich meinen Reisesack und entnahm ihm eine der Pillen, zerkleinerte sie und wickelte sie in ein Stück Papier ein, damit alles bereit war. Ich legte mich hin und schlief ebenso wie meine Reisegefährten.

Am frühen Morgen kam der junge Mann mich wecken. Ich erhob mich schnell, nahm das Blatt mit der Arznei, und wir begaben uns zu dem Ort, wo der Kranke schlief. Ich verlangte eine Tasse Hühnerbrühe, in der ich die Arznei auflöste, und reichte sie dem Kranken mit der Aufforderung, sie bis auf den letzten Tropfen zu trinken. Ungefähr eine Viertelstunde später erfasste ihn große Unruhe, und er wurde von derartigem Schwindel erfasst, dass er beinahe ohnmächtig wurde. Ich gab nun Anweisung, ihm einen Teller Brühe zum Trinken zu geben. Kurze Zeit später verlangte er die Schüssel und fing an, sich zu erbrechen. Die Schüssel füllte sich bis zur Hälfte mit Erbrochenem aus Galle, Schleim und anderen hässlichen Bestandteilen. Als er mit dem Erbrechen aufhörte, ließ ich ihm noch einen Teller Brühe geben. Danach musste er austreten, weil der Stuhlgang drängte. Als er zurückkam, hieß ich ihn einen weiteren Teller leeren. Ich ließ ihn auf diese Weise weitertrinken, und er erbrach sich und entleerte seine Eingeweide [156r] immer wieder, bis sie von diesen Stoffen, die darin faulten, und allen diesen Verstimmungen gereinigt waren.

Nach zwei Stunden richtete er sich auf, setzte sich wie neugeboren hin und verlangte nach einer Tabakpfeife. Ich befahl nun, etwas Reis in die Brühe zu geben, ihm eine Suppe zu machen und ihm ein wenig Huhn zu verabreichen, damit er gestärkt werde, das Bett verlassen und hingehen könne, wohin er wolle. Daraufhin verabschiedete ich mich und wollte zu meinen Gefährten zurückkehren. Aber er sagte zu mir:

– Warte, Meister!

Er zog eine Tasche unter dem Kissen hervor und entnahm ihr eine Handvoll Münzen, um sie mir zu geben.

– Dass Gott mich davor bewahre, etwas anzunehmen; du hast uns einen Gefallen erwiesen, als du uns in deinem Haus aufgenommen und uns von deinem Brot gegeben hast. Dein Sohn hat uns aufs Beste empfangen. Ich wüsste sonst nicht, wie diese Wohltaten angemessen zu vergelten.

Er übergab nun das Geld seinem Sohn, damit er es mir gebe. Ich weigerte mich wieder, es anzunehmen, danach begab ich mich zu meinen Reisegefährten. Dort sah ich, dass sie uns ein Frühstück und Kaffee aufgetischt hatten. Danach brachten sie vier gekochte Hühner, um die vier Dutzend harte Eier, Käse und Brot. Sie hatten alles auf den Esstisch gelegt, damit wir es mitnehmen.

In diesem Augenblick ertönte das erste Läuten des Paschas. Sie ließen unsere Pferde aus dem Stall, nachdem sie ihnen einen Haferbeutel, will sagen: Futter aufgepackt hatten. Sie luden auch unsere Reisesäcke auf. Wir schnürten unsere Stiefel und machten uns zum Aufbruch bereit. Das zweite Läuten ertönte. Wir bestiegen unsere Reittiere, verabschiedeten uns und bedankten uns von ganzem Herzen. Das dritte Läuten ertönte. Der Pascha bestieg sein Reittier, und wir folgten ihm bis zum Dorfausgang.

Da erblickten wir den Karawanenführer, der völlig außer sich war, weil er uns überall gesucht hatte. Überrascht von unserem Anblick fragte er uns:

– Wo wart ihr? Wo habt ihr geschlafen? [156v] Ich habe euch die ganze Nacht gesucht!

Wir erzählten ihm, wie es sich verhalten hatte: Dass er sich keine Sorgen um seine Tiere machen müsse, man habe ihnen Haferbeutel aufgelegt und seit dem frühen Morgen Futter gegeben. Er freute sich und sagte, er wäre lieber von uns mitgenommen worden, als die ganze Nacht die Unbill des Regens auf sich nehmen zu müssen.

Ich forderte meine Reisegefährten auf, von nun an jedem, der nach mir fragte, zu erzählen, ich sei Arzt, denn auf diese Weise könnten wir auf der weiteren Reise erwarten, mit ähnlichem Respekt behandelt zu werden. Von diesem Tag an verbreitete sich mein Ruf eines Arztes überall. Im Gefolge des Paschas verlangten viele, von mir behandelt zu werden. Ich verschrieb ihnen Mittel und manchmal gab ich ihnen eine meiner Abführpillen. Kurz: Wir machten den Weg in Begleitung des Paschas und erfreuten uns der allergrößten Wertschätzung seines Gefolges. Sie suchten gern meine Gesellschaft und behandelten mich ehrerbietig. Sie luden mich ein, in ihren Zelten zu bleiben.

Wir setzten den Weg bis Eskişehir fort. Das war eine kleine, aber wohlhabende Stadt mit einer *Qablūdscha*, will sagen: mit äußerst heißem Schwefelwasser. Über dieser Schwefelquelle war eine Art Hammam errichtet worden, wo alle Bewohner der Stadt ihr Bad nahmen.[71] Als wir dort ankamen, wurden die Zelte des Paschas etwa drei Meilen außerhalb der Stadt aufgebaut, und man gab bekannt, dass der Pascha drei Tage bleibe. Wir waren also gezwungen, in dieser Stadt zu bleiben, bis der Pascha wieder aufbrach. Wir mieteten daher ein Zimmer in einer *Qaisarīya*, wo wir blieben.

Ein Christ, der dort wohnte, kam uns besuchen. Er war aus Afyon Karahisar.[72] Er erkundigte sich bei meinen Gefährten über mich. Sie sagten ihm, ich sei Arzt. Er suchte mich auf und zeigte mir ein Geschwür an einem Auge, das von einem weißen Schleier überzogen war, und bat mich, ihn zu behandeln. Er tat mir leid. Ich entnahm meinem Gepäck eine Phiole mit den Augentropfen, von denen ich bereits gesprochen habe, und träufelte ihm etwas davon ins Auge. Ich sagte ihm, er solle früh am nächsten Morgen wieder vorbeikommen, damit ich ihm [157r] noch etwas davon verabreichte.

Am dritten Tag verließen wir die Stadt, um uns zum Lager in der Steppe zu begeben. Es war gegen Sonnenuntergang, und wir wussten, dass der Pascha sich am nächsten Tag auf den Weg machen würde. Wir setzten uns hin und unterhielten uns mit unseren Reisebegleitern in der Nähe des Lagers. Mir ging ein Gedanke durch den Kopf, und ich sagte zu meinem Gefährten aus Aleppo:

– Alle Leute des Paschas halten mich für einen Arzt. Was tue ich, wenn der Pascha krank wird, wo ich doch weiß, dass ich keine großen Kenntnisse in der Medizin habe?

– Sei unbesorgt, sollte es so kommen, wird dir Gott eine Lösung eingeben, erwiderte er.

Wir hatten das Gespräch noch nicht beendet, als wir zwei *Dschōchadār*en des Paschas sahen, wie sie sich bei einigen Personen nach dem Arzt erkundigten. Man zeigte ihnen, wo wir waren. Sie kamen zu uns und fragten, welcher von uns der Arzt sei.

– Ich bin es, antwortete ich.

– Steh auf und komm zum *Kāchiya* des Harems unseres Paschas[73], sagte einer von ihnen.

Ich erhob mich bebenden Herzens und ging mit ihnen weg. Der Pascha fühlte sich krank und fiebrig und hatte sich mit seinem Harem im Haus des Dorfaghas niedergelassen. Er hatte befohlen, aus der Stadt einen Arzt zu holen, damit der ihn zur Ader lasse.

– Aber wir haben doch bei uns in der Karawane einen sehr geschickten fränkischen Arzt, hatten sie ihm entgegnet.

– Dann bringt ihn her!

Das war der Grund, warum man mich gerufen hatte. Beim Haus angekommen, in dem er wohnte, erblickte ich am Tor einen alten Mann, welcher der *Kāchiya* des Harems war. Als ich vor ihm stand, sagte er zu mir:

– Sei willkommen, komm mit mir hinein, um Seine Exzellenz, unseren Effendi, zu untersuchen. Er ist krank, und es geht ihm wahrhaftig nicht gut.

Ich entschuldigte mich bei ihm, dass ich meinen Arzneikoffer nicht bei mir und ihn per Schiff schon nach Aleppo geschickt hätte, während ich auf dem Landweg reiste, um das Land zu besuchen.

– Unser Pascha ist nicht krank, sagte er, es ist ihm nur etwas zugestoßen. Gestern Abend ist er zur *Qablūdscha* gegangen. Als er schweißnass herauskam, war er einem kalten Wind ausgesetzt. Sein Gesicht schwoll an, und er bekam Fieber.

Auf die Aufforderung des *Kāchiya* des Harems hin [157v] betrat ich mit ihm ein Zimmer, wo der Pascha in einem Bett lag. Ich kniete mich halb hin und befühlte sein Handgelenk. Ich spürte, dass er ausgesprochen erhitzt war, als habe er hohes Fieber. Er hatte ein aufgeschwollenes Gesicht und war in einem bejammernswerten Zustand. Er schnaufte wie ein Stier. Ich sagte nun dem *Kāchiya*, dass ich ein wenig Rosensalbe bräuchte.

– Ich werde einen Mann in die Stadt schicken, davon zu holen, sagte er.

Der Pascha hörte, dass ich nach Rosensalbe verlangte. Er wies den *Kāchiya* des Harems an, zum Verwalter zu gehen und eine Phiole fränkische Rosensalbe zu verlangen, die ihm ein fränkischer Arzt geschickt hatte. Er habe zwei Phiolen, er solle ihm eine bringen. Als sie eintraf, kam ich auf den Gedanken, einige Heilkräuter beizufügen, damit man sah, dass ich noch andere Zutaten hineingegeben hatte. Ich suchte meine Gefährten auf und besprach mich mit Hanna, den ich bereits erwähnt habe.

– Es gibt nichts Besseres als Safransalbe, um Anschwellungen zu behandeln, versicherte er.[74]

Von dieser hatte ich. Ich nahm eine Portion davon und kehrte zum Pascha zurück. Ich bat den alten Mann, mir einen Kupferteller zu bringen. Ich entnahm einen Teil aus der Phiole, hielt sie über das Feuer, fügte diese Portion Salbe dazu und ließ das Ganze schmelzen. Dann begann ich, den Kopf des Paschas auf meinen Knien, ihm die Wangen, das Kinn und die Haut darunter mit diesem Balsam einzureiben. Ich bat nun den Greis, zwei Musselintücher zu erwärmen. Aus einem machte ich eine Mütze, mit der ich ihm den Kopf einwickelte, das andere legte ich ihm auf die Stirn. Schließlich hob ich seinen Kopf auf ein Kissen. Der Pascha drehte sich mir zu und sagte, er habe starke Kopfschmerzen.

– Ich werde dir etwas geben, das deine Kopfschmerzen heilt, sagte ich zu ihm.

Ich hatte ein dem Anis ähnliches ägyptisches Kraut bei mir, das wohltuend gegen Kopfschmerzen wirkte und das ich bereits früher angewendet hatte. Ich suchte es sogleich heraus, gab dem Pascha etwas davon in die Handfläche [158r] und forderte ihn auf, es herunterzuschlucken; den Greis bat ich, Seiner Exzellenz, dem Pascha, eine Tasse Kaffee bringen zu lassen. Er trank sie, danach brachte man ihm eine Tabakpfeife. Nachdem er seine Pfeife geraucht hatte, ließen seine Kopfschmerzen nach, was ihn erfreute.

Ich küsste den Saum seines Kleides und trug dem *Kāchiya* des Harems auf, dass man ihm bis zu meiner Rückkehr für eine weitere Untersuchung keinesfalls etwas zu essen gebe. Dann ging ich wieder zu meinen Gefährten. Nach kaum einer Stunde ließ der Pascha mich wieder holen. Der Greis kam mich abholen und sagte mir, er habe zu essen verlangt. Da ich angeordnet hatte, ihm nichts zu geben, fragte er mich, was er tun solle. Ich antwortete ihm:

– Lasse ihm eine Suppe und eine Zitrone zubereiten. Ich werde ihn untersuchen und dir sagen, ob du ihm zu essen geben darfst oder nicht.

Ich trat ein und fühlte ihm den Puls. Er hatte Fieber, jedoch weniger als vorher. Ich sagte ihm daher:

– Mein Herr, ich kann dir nicht zu essen erlauben, solange du noch Fieber hast. Gedulde dich ein Weilchen, bis es fällt. Dann darfst du essen, aber nur von der Suppe.

Der Pascha wollte auf mich hören und sich gedulden, ohne zu essen. Ich ging, um wieder zu meinen Gefährten zurückzukehren. Man hatte uns ein Abendessen zubereitet. Wir speisten und tranken danach Kaffee. Die Zeit zum Schlafengehen war bereits vorüber, und der Pascha hatte Hunger und verlangte zu essen. Der Greis ließ mich holen und sagte mir, der Pascha möge nicht mehr warten, er wolle essen. Ich trat ein und sah, dass er verärgert war, denn man hatte ihn mit dem Essen warten lassen. Ich ließ mich auf die Knie nieder und fühlte ihm den Puls. Ich stellte fest, dass er kein Fieber mehr hatte. Ich sagte dem Greis daher, er solle die Suppe mit der Zitrone auftragen lassen. Sofort wurden eine große Porzellanschale mit Hühnerbrühe und eine Porzellanschüssel mit Huhn gebracht. Ich gab einige Tropfen Zitronensaft in die Suppe, dann forderte ich ihn zum Essen auf. Er verschlang sie bis auf den letzten Tropfen. Darauf verlangte er, dass man ihm das Huhn tranchiere, damit er es essen könne.

– Langsam, mein Herr, sagte ich zu ihm, ich fürchte, [158v] dass das Fieber wieder steigt.

Er ließ sich auf meine Erklärungen ein, aber ich sah wohl, dass er große Lust hatte zu essen. Ich löste einen Hühnerflügel und gab ihm diesen, aber nicht mehr. Der Pascha wandte sich dem *Kāchiya* des Harems zu und sagte zu ihm:

– Hast du gesehen, wie die fränkischen Ärzte sich um die Kranken kümmern?

Nachdem er diesen Hühnerflügel gegessen hatte, wusch man ihm die Hände und brachte ihm eine Tasse Kaffee und eine Tabakpfeife. Er merkte, dass er wieder zu Kräften kam und das Fieber gefallen war. Alles dies vollzog sich dank der Fürsorge Gottes des Allmächtigen, Ihm sei Ruhm und Ehre! Es waren nicht meine Kenntnisse, sondern eine Eingebung des Allerhöchsten und Seiner Güte, die mich aus dieser Prüfung errettet hat. Ich erhob mich, löste die Tücher vom Gesicht des Paschas und sah, dass die Schwellung abgeklungen war; es war nur noch wenig davon zu sehen. Ich erwärmte noch einmal die Salben, mit denen ich ihm Wangen und Hals einrieb, dann legte ich wieder die Tücher darauf wie zuvor. Ich küsste den Saum seines Mantels und bat ihn um Erlaubnis, gehen zu dürfen. Er fragte mich:

– Kann ich mich morgen auf den Weg machen?

– Mein Herr, ich werde dich morgen früh untersuchen und dir sagen, ob du reisen kannst oder nicht.

Daraufhin verließ ich ihn. Früh am Morgen ließ er mich holen. Ich ging zu ihm, trat beim *Kāchiya* des Harems ein und fragte diesen, wie es dem Pascha gehe. Er antwortete, es gehe ihm gut, er habe gut geschlafen, und forderte mich auf, mit ihm zum Pascha zu kommen.

Als ich eintrat, fand ich den Pascha sitzend und rauchend, kerngesund und ohne irgendwelche Anzeichen der Krankheit vor. Er fragte mich:

– Lässt du mich aufbrechen?

– Mein Herr, die Wahl ist an dir. Aber wenn du zu reisen beschließt, muss die Etappe kurz sein. Ich fürchte, dass die Sonnenhitze deine Verstimmung verstärken könnte.

– Da hast du recht, sagte er.

Dann wies er den *Kāchiya* des Harems an, dem Materialvorsteher[75] ausrichten zu lassen, er solle das nächste Lager nach zwei Stunden Weg herrichten. Danach befahl er, [159r] die erste Glocke zu läuten, die das Zeichen zum Aufbruch gibt. Ich näherte mich ihm, küsste den Saum seines Kleides und kehrte zu meinen Gefährten zurück. Ich freute mich. Ich gab ihnen bekannt, dass Seine Exzellenz, der Pascha, sich gut erholt habe und bei voller Gesundheit sei. Wir lobten alle zusammen Gott. Wir luden unsere Reisesäcke auf die Tiere, hielten uns zum Abmarsch bereit und warteten auf das dritte Läuten.

Der Pascha bestieg sein Reittier, und die Musik hob zu spielen an. Wir zogen bis zu dem Ort, wo das Lager aufgestellt worden war, in einer Entfernung von nur zwei Stunden. Der Pascha stieg von seinem Reittier ab und betrat sein Zelt[76], die Soldaten bezogen ihre Zelte. Ich ließ mich mit meinen Gefährten in der Nähe des Zeltes des Verwalters[77] nieder, denn wir gehörten zum Kreis der Vertrauten des Paschas. Kaum hatte ich meinen Fuß

auf den Boden gesetzt, erschien der Vorsteher der *Dschōchadā-*
*re*n, um mir die Einladung Seiner Exzellenz, des Paschas, zu
überbringen, ihn zu besuchen. Ich begleitete ihn und trat in das
Zelt. Der *Kāchiya* des Harems erwartete mich. Zusammen traten wir beim Pascha ein. Ich sah ihn, gestützt von zwei Kissen,
dort sitzen. Ich näherte mich, küsste den Saum seines Kleides,
dann erhob ich mich. Er hieß mich, neben ihm Platz zu nehmen,
und reichte mir die Hand. Ich fühlte seinen Puls und beglückwünschte ihn zu seiner Genesung.

– Ich möchte, dass du mir ein wenig von der Ingredienz
gibst, die du in die Rosensalbe gegeben hast. Ich habe bemerkt,
dass sie mir sehr gut tut, die Schwellung ging schnell zurück.

– Dein Wunsch sei mir Befehl!

Ich holte sogleich eine gute Portion von dieser Salbe, die
ich auf ein sauberes Papier gab, und brachte sie Seiner Exzellenz, dem Pascha. Ich küsste den Saum seines Kleides und übergab sie ihm. Er war zufrieden. Dann bat ich ihn um Erlaubnis,
mich zurückziehen zu dürfen, und verließ das Zelt. Ich hatte
kaum einige Schritte getan, als mich ein *Dschōchadār* rief und
mich bat, zum *Kāchiya* des Harems zu kommen. Ich stellte mich
erneut bei ihm ein. Er sagte mir, unser Effendi habe befohlen,
uns eine Unterkunft zu besorgen. Er ließ den *Qanaqdschi*[78] kommen und gab ihm den Auftrag, Platz und Futterzuteilungen [159v]
für den Oberarzt einzutragen.

Der *Qanaqdschi* fragte mich, wie viele Personen wir seien,
und ich sagte ihm, wir seien zu dritt. Von diesem Moment an gab
mir der *Qanaqdschi* jedes Mal, wenn wir zu einem Marktort oder
einem Dorf kamen, ein versiegeltes Dokument für den Scheich
des Ortes. Dieser brachte uns dann in einem Haus unter, dessen
Bewohner uns mit Möbeln versahen, uns ein Abendessen bereiteten und die Reittiere mit Futter versorgten.

Einige Tage später trafen wir in der Nähe der Stadt Afyon
Karahisar ein, die der Gerichtsbarkeit des Paschas unterstand.
Dieser richtete sich an einem etwa eine Tagesreise entfern-
ten Ort ein. Wir erfuhren, dass er fünf bis sechs Tage bleiben

werde, um Geld einzutreiben, das die Bauern und Landbesitzer unter seiner Herrschaft schuldig waren. Er entließ die Maultierführer, die von Üsküdar mit ihm hierhergekommen waren, bezahlte ihnen die Miete für die Reittiere und verabschiedete sie.

Unser Führer meldete sich und kündigte uns an, dass wir noch in selbiger Nacht die besagte Stadt verlassen würden. Als ich dies vernahm, wollte ich den Pascha um seine Erlaubnis bitten abzureisen, aber mein Begleiter Hanna riet mir davon ab:

– Und wenn er sich weigert, dir zu erlauben aufzubrechen, und verlangt, dass du bei ihm bleibst, was kannst du dann darauf entgegnen? Lass uns gehen und unseren Kopf aus der Schlinge ziehen!

Mich dünkten seine Vorschläge vernünftig, und ich verzichtete auf mein Vorhaben, den Pascha zu besuchen, aus Furcht, er könnte sich meiner Abreise widersetzen. Wir blieben bis Mitternacht, danach zogen wir weiter bis zum Mittag des nächsten Tages, wo wir in der Stadt eintrafen. Als ich in die Stadt kam, begegnete ich dem Mann, dem ich in Eskişehir die Augentropfen in sein krankes Auge geträufelt hatte. Als er mich erblickte, umarmte er mich und begrüßte mich wärmstens. Dann lud er mich ein, bei ihm zu wohnen. Ich lehnte ab und sagte ihm, dass wir drei Personen seien, doch bat ich ihn, uns einen angenehmen Ort für meine Gefährten und mich zu zeigen, wofür ich ihm dankbar wäre. Er kam mit uns und führte uns in eine *Qaisarīya*. Er bat den Herbergswirt, uns schöne und gute Zimmer zu geben. Wir stiegen mit ihm die Treppen hoch, und er öffnete uns ein Zimmer.

Dieser Mann [160r], der mit uns gekommen war, ließ uns aus seinem Haus eine Matte, einen Teppich und eine Matratze bringen und schärfte mir ein, kein Abendessen zuzubereiten, worauf er uns verließ. Am Abend brachte man uns eine Platte mit dem Abendessen, und er selbst kam mit einer Flasche Arak und anderem Wein. Dann ließ er sich bei uns nieder, speiste mit uns und blieb bis in die ersten Abendstunden.

– Ich bin gar nicht in der Lage, dir zu vergelten, was du für mich getan hast, als du mich von meinem kranken Auge geheilt hast, sagte er zu mir.

– Danke Gott, mein Bruder, es ist das Werk unseres Herrn, der dein Auge geheilt hat. Ich meinerseits konnte nicht sicher sein, ob dein Auge durch meine Tropfen gesund wird.

Er bedankte sich noch einmal und ging nach Hause. Wir verbrachten eine angenehme Nacht bis zum Tagesanbruch. Nach dem Frühstück und dem Kaffee blieben wir noch ein Weilchen und unterhielten uns, als ein wohlgestalter und wohlgeratener junger Christ uns aufsuchte. Er bat mich, zu ihm nach Hause zu kommen, um die Augen von jemandem zu untersuchen.

– Nein, mein Bruder, ich begebe mich nicht zu den Leuten; führe diese Person zu mir, damit ich ihr Auge hier untersuchen kann, antwortete ich.

Der junge Mann war gekommen, weil ihm dieser Mann erzählt hatte, dass ich sein Auge, das er nicht mehr hatte bewegen können, geheilt und ihm gesagt hätte, wo er mich finden könne. Er begann mich anzuflehen, ihn zu begleiten, aber ich weigerte mich. Als er es leid war, mich vergeblich zu bitten, und die Hoffnung aufgegeben hatte, dass ich ihn begleiten werde, nahm er mich beiseite und sagte mir, dass besagte Person seine Frau sei. Sie war seine junge, seit einem Jahr verheiratete Frau, der es nicht anstand, eine *Qaisarīya* zu betreten. Er flehte mich an, wobei er meine Hände küsste.

– Komm mit mir, um Gottes willen! Was fürchtest du? Wir sind Christen!

Als ich diese Worte vernahm, sah ich mich genötigt, ihn zu begleiten. Mein Freund Hanna wollte nicht, dass ich gehe, aus Furcht, das Gerücht von einem hier weilenden Arzt könnte sich in der ganzen Stadt verbreiten. Ich hätte mich dann insbesondere gegenüber der Obrigkeit nicht mehr aus der Sache herauszuziehen vermocht. Denn in diesen Gebieten gab es keinen Arzt. Deshalb wollte er nicht, dass ich mitging.

[160v] Trotzdem nahm ich den Topf mit den Augentropfen

und begleitete den jungen Mann nach Hause. Bei meiner Ankunft stellte er sogleich einen Esstisch vor mich und forderte
mich auf, mit ihm zu essen. Nachdem wir gegessen und den
Kaffee getrunken hatten, brachte man die junge Frau, die schön
war. Ich untersuchte ihre Augen, die gut aussahen und keine
Anzeichen einer Krankheit zeigten. Ich fragte ihren Mann:

— Was ist der Grund eurer Klage über ihre Sehkraft? Ich
für meinen Teil kann nicht erkennen, dass ihr Sehvermögen beeinträchtigt ist.

— Sie sieht nichts, entgegnete der junge Mann.

Ich fragte nun die junge Frau:

— Wie siehst du deine Umgebung?

— Es ist alles schwarz. Ich kann das Weiße nicht vom
Schwarzen unterscheiden, noch den Mann von der Frau.

Ich begriff, dass Wasser in ihre Pupille gedrungen war.[79]
Nach Meinung eines jeden Arztes konnte dies nicht geheilt werden. Mich dauerte ihr Schicksal. Doch um ihren Mann zu beruhigen, träufelte ich Augentropfen in ihre Augen und gab ihm
etwas davon, damit er es ihr später gebe. Betrübt über das Los
dieser Frau, verabschiedete ich mich von ihnen und kehrte zu
meinen Gefährten zurück.

Ich traf sie inmitten vieler Leute, die auf mich warteten.
Es waren Kranke da, andere litten an Augenkrankheiten, wieder andere wollten mich nach Hause mitnehmen, um Kranke
zu untersuchen. Ich war in Verlegenheit. Was tun? Ich fing an,
einigen Tropfen in die Augen zu träufeln, den Kranken Rezepte
zu verschreiben, bevor ich sie nach Hause schickte. In der Stadt
verbreitete sich das Gerücht, in jener *Qaisarīya* sei ein kundiger
fränkischer Arzt. Die Leute strömten herbei, und ich versuchte,
so gut es ging, ihre Beschwerden zu lindern.[80]

Drei Tage nach meiner Ankunft kam der *Ōdabāschī* in Begleitung zweier *Dschōchadār*en des *Mutasallim* der Stadt[81], um
mich zu diesem zu rufen. Der Grund war folgender: Ein vom
Großwesir geschickter *Qabidschi* war in Begleitung von vierzig
Reitern unterwegs. Er hatte einen Gefangenen zu bewachen,

welcher der Neffe von Nassif Pascha war, der Sohn von dessen Schwester.

Nassif Pascha war zu dieser Zeit der Pascha der Pilgerreise und stand bei den führenden Persönlichkeiten des Reichs in hohem Ansehen. Schon seit mehreren Jahren führte er die Pilger [161r] und brachte sie wohlbehalten nach Damaskus. Er hatte die Beduinen besiegt und den Weg für die Pilgerreise[82] geöffnet. Dadurch hatte er große Macht und großes Ansehen gewonnen.

Nun begab es sich aber, dass Nassif Pascha von großem Zorn gegen seinen Neffen ergriffen worden war und ihn hatte töten wollen, weil dieser einen Teil des Geldes geraubt hatte, das er in den unter seiner Herrschaft stehenden Städten zu sammeln den Auftrag hatte. Als der Neffe erfahren hatte, dass sein Oheim den Befehl gegeben hatte, ihn zu töten, hatte er des Nachts die Flucht ergriffen und sich versteckt. Danach hatte er sich heimlich nach Istanbul begeben, wo er beim Wesir Zuflucht suchte, dem er die ganze Angelegenheit gestand. Dieser hatte Mitleid mit ihm und gewährte ihm Zuflucht. Als sein Onkel erkannt hatte, dass er bei den Mächtigen des Reichs Aufnahme gefunden hatte, ließ es ihm keine Ruhe, dass er ihm entkommen war.

Da er die Demütigung nicht hinnehmen wollte, beschlagnahmte er zwei Jahre lang den Staatsschatz Ägyptens und ließ dem Wesir ausrichten, dass er ihm die Einnahme erst zukommen lasse, wenn er ihm seinen Neffen übergebe, denn er habe mit diesem eine Rechnung zu begleichen. Der Wesir war gezwungen, ihm den Neffen in Begleitung eines *Qabidschi bāschi* zu schicken, um ihn seinem Onkel von Angesicht zu Angesicht gegenüberstellen zu lassen und ihn wieder wohlbehalten nach Istanbul zurückzubringen. Durch einen von der Hand des Königs signierten *Chatt scherif* hatte Nassif Pascha eine bestimmte Anzahl Reisetage festgesetzt und wollte keinerlei Verspätung dulden.

Der junge Mann war von Angst erfüllt und fürchtete, dass sein Onkel ihn bei seiner Ankunft umbringen werde, denn dieser ließ sich weder durch den Wesir noch durch die Mächtigsten einschüchtern. Ihm war so angst und bang, dass er auf dem Weg derart erkrankte, dass er sein Reittier nicht mehr besteigen konnte. Der *Qabidschi* wusste nicht, was er tun sollte. Er schickte zum Gouverneur von Afyon Karahisar mit der Forderung, dieser solle ihm einen Chirurgen besorgen, um den Kranken, der ihn begleitete, zur Ader zu lassen. Als der *Bostandschi*[83], den er beauftragt hatte, beim *Mutasallim* eintraf, bat er darum, nachdem er ihm die Geschichte dieses jungen Mannes erzählt hatte, einen Chirurgen zu schicken. Der *Mutasallim* befahl nun, einen kommen zu lassen, der ein Meister sei.

Der Zufall wollte es, dass sich zu diesem Zeitpunkt an diesem Ort der Imam des Paschas aufhielt, der ihm in die Stadt vorangegangen und in der für ihn bestimmten Unterkunft in dessen Serail abgestiegen war. Der sagte nun dem *Mutasallim*:

– Ein fränkischer Arzt ist mit uns aus Istanbul gekommen, und dieser hat den Pascha gepflegt, als er auf dem Weg erkrankte, und ihn geheilt.

[161v] Auf diese Worte hin sagte der *Bostandschi* zum *Mutasallim*, er solle diesen Arzt zu Seiner Exzellenz, dem Pascha, bitten. Leute des *Mutasallim*, die anwesend waren, erklärten ihm, dass sich der fränkische Arzt, der mit Seiner Exzellenz, dem Pascha, von dort unten hergekommen sei, in jener *Qaisarīya* aufhalte. Der *Mutasallim* gab daraufhin Befehl, ihn zu holen und herbeizubringen.

Das war der Grund, weshalb die zwei *Dschōchadār*en zu mir gekommen waren und mich gebeten hatten, sie zu Seiner Exzellenz, dem *Mutasallim*, zu begleiten. Als ich dies hörte, erschrak ich sehr, denn ich glaubte, der Pascha habe mich rufen lassen und, als man mich nicht fand, durch den *Mutasallim* den Befehl erlassen, mich zu verhaften, weil ich ohne seine Erlaubnis abgereist war. Ich erhob mich und ging mit ihnen in einem Meer von Befürchtungen mit. Meine Angst und meine Furcht wurden noch größer bei dem Gedanken, der Pascha habe vielleicht Befehl gegeben, mich auspeitschen und in Ketten legen zu lassen; und noch weitere schwarze Gedanken bedrängten mich. Als wir im Palast eintrafen, fühlte ich mich wie zerschlagen und war außer mir vor Angst. Ich trat vor den *Mutasallim*, und als ich den Imam des Paschas neben ihm sah, verstand ich, was vor sich gegangen war. Auf der anderen Seite stand ein *Bostandschi*. Der *Mutasallim* fragte den Imam:

– Ist das der Arzt?

– Ja, antwortete dieser.

Der *Mutasallim* wandte sich an mich und sagte:

– Der *Qabidschi bāschi* kam hier in der Nähe der Stadt in Begleitung eines vornehmen Mannes vorbei, der auf dem Weg erkrankt ist. Er hat uns diesen *Bostandschi* geschickt und bei uns nach einem Arzt gefragt. Und du bist nun gerade hier; ich bitte dich, ihn zu begleiten, um diesen Kranken zu untersuchen.

Auf diese Worte hin regten sich meine Lebensgeister wieder, denn ich war davor wie von Sinnen. Ich entschuldigte mich beim *Mutasallim* und sagte ihm, dass ich meinen Medizinkoffer nicht bei mir hätte, um ihn zu pflegen. Wozu sollte ich diesen Kranken in der Steppe da draußen besuchen, wo es nichts gab, um ihn zu pflegen?

– Gehe hin, sagte der *Mutasallim* erneut, und sei es nur dem *Qabidschi* zuliebe, tue dein Möglichstes. Er wird es dir gut vergelten.

Auch der *Bostandschi* begann mir zu schmeicheln und mir eine große Zuwendung zu versprechen. Ich erwiderte, dass ich nicht gehen könne. Der Imam des Paschas wandte sich daraufhin an den *Mutasallim* und sagte ihm, er solle mich nicht dazu zwingen, hinzugehen, denn ich stünde unter dem Schutz Seiner Exzellenz, des Paschas. [162r] Der *Mutasallim* befahl nun, einen Chirurgen zu rufen, den er mit dem *Bostandschi* hinschickte, und ließ mich gehen. Ich kehrte zu meinen Gefährten zurück, erfreut, den Kopf aus der Schlinge gezogen zu haben, und erzählte ihnen, wie alles abgelaufen war. Daraufhin suchte mein Freund Hanna den Karawanenführer und sagte zu ihm:

– Wenn du nicht aufbrichst, werden wir bei einem anderen Maultiere anmieten.

Le Bostangi-Bachi
ou l'Intendant des Jardins, en habit de Ceremonie.

Bild eines *Bostandschi* aus der Sammlung von Kupferstichen, die der französische Botschafter an der Hohen Pforte, Comte de Ferriol, 1707/1708 anfertigen ließ.

— Eine Karawane nach Konya[84] steht zum Aufbruch bereit, erwiderte der Maultierbesitzer, ich habe meine Tiere vermietet. Wir werden uns in zwei Tagen ganz sicher auf den Weg machen, haltet eure Sachen bereit.

Wir verbrachten diese zwei Tage mit der Furcht, dass der Pascha mich rufen lasse. Als sie verstrichen waren, machte sich die Karawane auf den Weg, und wir mit ihr. Wir zogen bis in die Nähe der Stadt Konya. Auf dem Weg sahen wir von weitem diesen *Qabidschi* in Begleitung von vierzig Reitern vorbeikommen. Einer von ihnen entfernte sich von der Truppe, kam zur Karawane und fragte, wer der Anführer[85] sei. Man zeigte ihm unseren Karawanenführer. Als er ihn traf, teilte er ihm im Namen des *Qabidschi* mit, dieser verlange, ihm nach ihrer Ankunft in Konya den fränkischen Arzt zu schicken, der mit der Karawane reise. Er trug ihm auch dringend auf, ihn nicht aus den Augen zu lassen. Sollte er verschwinden, könnte er großen Ärger mit Seiner Exzellenz, dem *Qabidschi*, bekommen.

— Ich werde diesen Befehlen gehorchen, sagte der Karawanenführer.

Der *Bostandschi* begab sich wieder zu seinem Agha, und sie kamen vor uns in die Stadt, denn sie ritten auf Postenpferden. Der *Bostandschi*, der zum *Mutasallim* geschickt worden war, um nach einem Chirurgen zu fragen, hatte mich gesehen und mit mir dort gesprochen. Als die Truppe des *Qabidschi* in der Nähe unserer Karawane vorbeikam, hatte er mich wiedererkannt und dem *Qabidschi* von mir gesprochen, wobei er ihm sagte, dass ich derjenige sei, der sich geweigert habe, mit ihm zu kommen. Der *Qabidschi* hatte ihm daraufhin befohlen, dem Anführer der Karawane mitzuteilen, gut darauf zu achten, dass ich nicht verschwände, bevor er mich rufen lasse. Als der Karawanenführer mir diese Worte hinterbrachte, wurde ich erneut von Furcht ergriffen. Kaum war ich einer Bedrängnis entronnen, befand ich mich schon wieder in der nächsten. Ich legte mein Schicksal in Gottes Hände und setzte mein Vertrauen und meine Sache auf Ihn, den Allerhöchsten.

Wir zogen weiter bis zur Stadt Konya. Der Karawanenführer wies mich an, ihn zu dem Ort, an dem er wohnte, zu begleiten, und sagte zu mir:

– Es ist so. Ich kann nichts machen, [162v] denn das sind die Befehle Seiner Exzellenz, des *Qabidschi bāschi*.

Wir betraten mit ihm einen Stall, wo er unsere Tiere festband. Wir waren kaum angekommen, als ein vom Gouverneur aus der Stadt gesandter *Schāwīsch*[86] in Begleitung eines *Bostandschi*, der zu den Leuten des *Qabidschi* gehörte, zu mir kam. Sie forderten mich auf, mit ihnen zu Seiner Exzellenz, dem *Qabidschi bāschi*, zu kommen. In der Residenz des *Qabidschi* angelangt, stiegen sie mit mir die Treppe hinauf und führten mich hinein. Als ich vor ihm erschien, betrachtete er mich finsteren Blicks:

– Warum wolltest du von Afyon Karahisar nicht mit dem Mann aus meinem Gefolge kommen?

Ich warf mich ihm zu Füßen, küsste den Saum seines Kleides und sagte zu ihm:

– Verzeih mir, mein Herr! Was mich davon abgehalten hat, in aller Demut deiner Herrlichkeit zu Diensten zu sein, ist der Umstand, dass ich meinen Medizinkoffer nicht bei mir habe. Ohne ihn kann ich niemanden behandeln. Das ist der Grund, ich schwöre es bei deinem kostbaren Leben.

Er beruhigte sich und hieß mich setzen. Er ließ mir eine Tasse Kaffee bringen. Dann begann er die Geschichte des Kranken zu erzählen, wie wir sie davor berichtet haben. Er richtete liebenswürdige Worte an mich und forderte mich auf, hinunterzugehen und den Kranken anzuschauen, ihn zu behandeln und alle möglichen Anstrengungen zu unternehmen, um ihn schnell zu heilen, denn vonseiten der Obrigkeiten des Sultans seien die Tage gezählt, die er mir zugestehen könne.

– Die Angelegenheit liegt in den Händen Gottes, mein Herr, entgegnete ich.

Der *Qabidschi* wies einen seiner Diener an, mich zu dem Kranken zu begleiten. Beim Eintreten erblickte ich den jungen

Mann ausgestreckt auf einem Bett und schnaufend wie ein Drache. Als ich ihn untersuchte, merkte ich, dass er heißes Fieber hatte, als hätte man ihn ins Feuer geworfen. Ich war ratlos: Wie sollte ich sein Fieber kurieren? In diesem Moment gab mir Gott der Allmächtige, Ihm sei Ruhm und Ehre, einen Gedanken ein, an den ich nicht gedacht hatte. Ich bat den Diener, der dem jungen Mann zu Diensten war, mir einen Bezoarstein[87] und Rosenwasser zu bringen. Er sagte, er habe keinen, und meinte, indem er mir einen vollen Geldbeutel gab, ich solle in der Stadt besorgen, was ich bräuchte. Ich weigerte mich, den Geldbeutel zu nehmen, und wies ihn an, ihn einem seiner Männer anzuvertrauen, der mich zum Suq begleiten solle, wo ich kaufen wollte, was ich bräuchte.

Er schickte zwei [163r] seiner *Dschōchadār*en mit mir. Wir gingen zum Suq, wo ich einen Bezoarstein zu suchen begann. Niemand hatte einen. Ich überlegte, was ich ihm stattdessen zu trinken geben könnte. Ich kaufte einen Posten Samenkörner, Tamarinde, Mardinpflaumen sowie Rosenwasser und kehrte in die Residenz zurück. Gerade als ich den Suq verließ, erschien ein Sohn der Stadt:

– Willst du Bezoarstein kaufen?

– Ja.

– Es gibt jemanden, der davon hat, doch wegen deiner Begleitung will er ihn nicht zeigen, denn er fürchtet, dass sie ihm einen niedrigen Preis dafür bezahlen.

Als ich dies hörte, übergab ich dem einen die Samenkörner und sagte ihm, er solle in die Residenz zurückkehren und dort die Körner mahlen und schon die Tamarinde und die Pflaumen einlegen. Den anderen mit der Geldbörse wies ich an, in einiger Entfernung auf mich zu warten. Die beiden taten, wie ich ihnen gesagt hatte, und ich kehrte zu dem Mann zurück, den ich bat, mir zu zeigen, wo der Stein sei.

– Komm mit, sagte er zu mir.

Ich folgte ihm. Dann zeigte er mir einen Greis, der in seinem Laden saß:

– Das ist der Mann, den du suchst, versicherte er mir.

Er ließ mich allein. Ich näherte mich dem Greis und fragte ihn, ob er den besagten Stein habe.

– Ich habe ihn, sagte er, aber er hat seinen Preis, den du bezahlen musst.

– Einverstanden.

Er öffnete eine Kiste und nahm eine Schachtel heraus, die fünf solcher Steine enthielt. Ich suchte die schönsten aus. Es sind olivfarbene Steine. Er verlangte fünfzehn Piaster dafür. Ich verhandelte und zahlte schließlich zwölf Piaster, dann ging ich zum *Dschōchadār*, der auf mich wartete, und hieß ihn den Preis bezahlen. Wir nahmen die Steine und kehrten in die Residenz zurück. Ich schabte den Stein sogleich und füllte eine große Tasse mit dem Abgeschabten, die ich dem Kranken zum Trinken gab. Ich drückte die eingelegten Samenkörner aus, füllte sie in eine große Schale und ließ ihn die Lösung trinken. Ich mischte Essig mit Rosenwasser und befahl, ihm die Gliedmaßen damit einzureiben. Schließlich nahm ich die eingelegten Tamarinden und Mardinpflaumen und ließ ihn abwechselnd den Extrakt aus Samenkörnern [163v] und das Wasser von Tamarinden und Bezoarstein trinken. Bis zum Abend gab ich ihm diesen Sud immer wieder zu trinken. Schließlich erholte er sich, und das Fieber ließ nach. Er öffnete die Augen und setzte sich in seinem Bett auf. Er verlangte nach einer Tabakpfeife und einer Tasse Kaffee. Ich fragte ihn:

– Wie fühlst du dich?

– Gott sei gedankt, ich bin wieder hergestellt!

Ich verabschiedete mich von ihm und wies seine Bedienung an, ihm nichts anderes zu geben als diesen Sud. Ich verließ ihn, um zu meinen Gefährten zurückzukehren. Ich trat vor das Tor des Hauses, als ein Mann aus dem Gefolge des *Qabidschi* kam, um mir zu sagen, ich solle zu ihm zurückkommen. Ich ging mit ihm zurück, stieg die Treppen wieder hoch und trat beim *Qabidschi* ein. Er fragte mich nach dem Befinden des Kranken.

– Gott sei Dank, er hat sich erholt.

Hocherfreut fragte er mich:

– Können wir uns morgen auf den Weg machen?

– Ich werde dir morgen früh antworten. Sollte er in dem Zustand sein wie jetzt, kannst du ihn mit auf die Reise nehmen.

Daraufhin bat ich um die Erlaubnis, mich zu meiner Unterkunft zu begeben. Er ließ mich aber nicht gehen und hieß mich Platz nehmen und ließ Kaffee und eine Pfeife kommen. Als ich den Kaffee getrunken hatte, begann er mich auszufragen:

– Aus welchem Land bist du?

– Ich bin aus dem Land Aleppo. Mein Vater war Arzt in Aleppo und hieß Baidāw. Ich war ein kleiner Junge, als er starb. Man schickte mich zu meinem Onkel, der in der Stadt Marseille wohnte, im Land der Franzosen. Nach dem Studium der Medizin dort wollte ich in mein Land zurückkehren. Ich nahm ein Schiff nach Smyrna. Von dort aus wollte ich die Stadt Istanbul besuchen, danach, um diese Gebiete zu erkunden, auf dem Landweg in die Stadt Aleppo zurückkehren. Meinen Medizinkoffer habe ich auf dem Seeweg nach Aleppo geschickt. Und jetzt bin ich auf dem Weg in mein Land, nach Aleppo.

Daraufhin ergriff er das Wort:

– Ich war Zöllner in Aleppo und zählte französische Händler zu meinen Freunden. Diese waren der *Chawādscha* Sauron und die *Chawādscha* Bazan, Bonafay, Rousseau und Simon.[88] Mein bester Freund war der *Chawādscha* Rimbaud, er sprach auch Türkisch. Ich besuchte ihn häufig und trank Früchtelikör bei ihm. Er hatte [164r] einen Lagerverwalter, der Antūn hieß und mir Likör brachte.

Als ich dies hörte, erbleichte ich. Ich meinte, er habe mich wiedererkannt und gemerkt, dass ich ein Lügner war. Denn der *Chawādscha* Rimbaud war mein Meister gewesen und auch der meines Bruders Antūn, und ich war es, der ihm den Früchtelikör gebracht hatte und ihm zu Diensten gewesen war. Aber offenbar hatte ich mich verändert, und er hat mich nicht wiedererkannt, denn zu damaliger Zeit war ich noch ein Kind von gut zwölf Jahren gewesen. Ich dankte Gott dem Allmächtigen, dass er mich nicht wiedererkannt hatte.

Schließlich bat ich ihn um die Erlaubnis, zu gehen und in meine Unterkunft zurückzukehren.

– Gehe, sagte er, aber stehe morgen früh auf, um den Kranken zu untersuchen, denn wir müssen uns unbedingt auf den Weg machen.

– Ich verspreche es und werde es gewisslich tun.

Ich ging und kehrte zu meinen Gefährten zurück. Sie erwarteten mich ungeduldig und besorgt über mein Los. Ich erzählte ihnen ausführlich, was mir widerfahren war. Wir dankten Gott dafür, dass Er uns behütete, und schliefen friedlich ein.

Die halbe Nacht war schon vorbei, als zwei *Dschōchadā*-*re*n aus dem Gefolge des Kranken kamen und mich überstürzt weckten:

– Beeil dich und komm, denn der junge Mann ist dem Tode nah.

Ich verließ mein Zimmer und begleitete sie, mehr tot als lebendig. Ich begann sie auszufragen, weil ich wissen wollte, was der Grund dafür war, dass das Fieber wiedergekommen war. Es war nicht möglich, die Wahrheit aus ihnen herauszubringen. Aber einer von ihnen kam zu mir und sagte mir im Vertrauen, der Agha habe, nachdem ich gegangen war, befohlen, ihm Eis zu bringen. Er habe eine *Oqqa* davon verschlungen. Den Rest davon hatte er sich auf die Brust und den Magen gelegt. Nun verstand ich die Ursache seines Rückfalls. Das war eine ausreichende Entschuldigung, mir vor dem *Qabidschi* aus der Bedrängnis zu helfen.

Als wir ankamen, ging ich zum Kranken und fand ihn in einem erbarmungswürdigen Zustand vor. Er hatte wieder Fieber, doppelt so stark wie zuvor. Er lag [164v] im Sterben. Ich tat sehr überrascht und fragte sie, was sie ihm zu essen gegeben hätten und was er getan habe.

– Sagt mir die Wahrheit, beharrte ich.

Sie leugneten alle und beteuerten, sie hätten ihm nichts gegeben. Ich sagte nun zu demjenigen, der für den jungen Mann verantwortlich war, dass ich kein Prophet sei, um zu erraten, ob sie mir die Wahrheit sagten. Aber sollte er mich anlügen und dieser Mann sterben, müssten sie für diese Sünde einstehen. Als er mich gehört hatte, nahm er mich beiseite und sagte mir heimlich (denn der Kranke hatte sie gebeten, mir nichts zu sagen), er habe Eis gegessen und sich davon auf die Brust gelegt. Das war die Erklärung.

– Aber, bei deinem Leben, sage dem *Qabidschi* nichts davon, denn er würde sich an uns rächen. Es ist nun einmal geschehen; und was geschehen ist, ist geschehen.

Ich trug ihnen auf, aus den eingelegten Körnern den Saft auszupressen, ließ ihn eine große Tasse vom Bezoarstein trinken und machte mich daran, ihn bis zum Morgen wie bereits zuvor zu pflegen.

Der *Qabidschi* erfuhr, dass der junge Mann wieder krank geworden war. Er geriet in großen Zorn und ließ mich holen. Er schaute mich vorwurfsvoll an:

– Du hast mich gestern angelogen, als du mir sagtest, der Kranke sei wieder hergestellt. Jetzt erfahre ich, dass er schwerer erkrankt ist als vorher. Willst du dich über mich lustig machen?

Als ich ihn so zornig sah und entschlossen, sich an mir zu rächen, war ich gezwungen, ihm zu erzählen, was in der Nacht vorgefallen war: Dass man mir berichtet hatte, der junge Mann habe Eis gegessen und es sich auch auf die Brust gelegt. Als er das hörte, wurde der *Qabidschi* noch zorniger:

– Ich nehme ihn mit auf die Reise, und wenn er auf dem Weg stirbt, fessle ich seine Füße und schleife ihn wie einen Hund hinterher! Ich will meinen Kopf nicht aufs Spiel setzen!

Ich warf mich nun auf seine Hände und begann ihn anzuflehen, sich für diesen einen Tag noch zu gedulden. Der Zustand des Kranken besserte sich vielleicht ein wenig, und er könnte ihn dann mitnehmen. Ich nahm meine Pflege wieder auf und verabreichte ihm den Körnerextrakt und andere Medikamente bis zum Abend. Es ging ihm etwas besser als vorher.

Der *Qabidschi* hatte befohlen, für die Reise des Kranken am nächsten Tag eine Sänfte anzufertigen. Er ließ mich holen, und als ich bei ihm war, forderte er mich auf, ihn bis Damaskus [165r] zu begleiten, um den Kranken unterwegs zu pflegen. Ich versprach, seinen Befehlen Folge zu leisten.

– Gehe und bereite heute Abend deine Sachen, um dich morgen mit uns auf den Weg zu machen, fügte er hinzu.

Ich ging zu meinen Gefährten und benachrichtigte sie davon, dass ich am nächsten Tag mit dem *Qabidschi* nach Damaskus aufzubrechen hatte. Mein Freund Hanna war nicht einverstanden und verbot mir, zu gehen, mit den Worten:

– Ich befürchte, dass dem Kranken auf der Reise etwas zustößt und er stirbt. Sein Onkel ist Nassif Pascha, man wird sagen, der Arzt sei an seinem Tod schuld. Was wird dich vor den Händen Nassif Paschas retten? Ohne Zweifel, fuhr er fort, wird dich der Tod erwarten. Wenn hingegen der Kranke gesund ankommt, fürchtest du nicht, dass dich die Ärzte dort unten auf die Probe stellen werden? Und du verstehst doch gar nichts von Medizin! Was soll dann aus dir werden? Dein Unglück wird noch größer sein!

Er setzte mir mit drastischen Worten zu, die meine Angst verstärkten. Ich war ganz durcheinander. Ich hatte dem *Qabidschi* das Versprechen gegeben, ihn zu begleiten. Die ganze Nacht hindurch wusste ich nicht, was tun: Was sollte ich dem *Qabidschi* antworten und was sagen, ihm, der im Rang eines Ministers stand?

Am Morgen hörte der Karawanenführer, bei dem wir unsere Plätze gemietet hatten, dass der *Qabidschi* aufbreche und eine Sänfte mit sich führe. Alle bereiteten sich auf die Reise mit ihm vor und erklärten, dass sie ihn in Antiochia verlassen würden. Von dort gingen sie nach Aleppo. Sie beluden ihre Pferde, nahmen ihre Verpflegung und machten sich zum Aufbruch bereit. Da ließ der *Qabidschi* mich holen. Als ich eintrat, sah ich die Sänfte und die gesattelten, abmarschbereiten Pferde. Als der *Qabidschi* mich erblickte, fragte er mich:

– Wo ist dein Reisesack? Ich habe befohlen, dir ein feuriges Pferd bereitzustellen. Geh, hole schnell deinen Reisesack und deine Sachen, ich warte auf dich!

Ich ging meinen Reisesack holen und sah, dass diejenigen, die sich mit uns auf die Reise vorbereitet hatten, darauf verzichteten. Ich fragte, warum. Einer von ihnen antwortete:

– Wir haben zuerst gemeint, wir könnten den Zug mit der Sänfte begleiten. Aber ein [165v] alter Mann hat uns einen Rat gegeben: Der *Qabidschi* wechselt seine Pferde alle zwei Stunden, man hält ihm überall neue Reittiere bereit. Auf diese Weise wird die Reise von zwei Tagen in einem durchgeführt. Könnten eure Pferde diesen Rhythmus mithalten? Das ist der Grund, warum wir darauf verzichtet haben, aufzubrechen.

Nach diesen Worten ließ ich mein Reisevorhaben fallen. Ich hatte vorgehabt, es zu wagen, mich nach der Ankunft in Antiochia vom *Qabidschi* zu trennen und aus seinem Gesichtsfeld zu verschwinden. Als ich aber erfuhr, dass ich allein mit ihm reisen sollte, änderte ich meine Meinung und suchte nach einem guten Vorwand, ihn zu überzeugen. Ich begab mich in seine Residenz und sah, dass man den Kranken in die Sänfte gelegt hatte, während seine Leute um ihm herum auf mich warteten. Ich ging zum *Qabidschi* hinauf, küsste den Saum seines Kleides und brachte meine Entschuldigung vor: Dass ich nicht die Kraft hätte, in ein solches Gefährt zu steigen, dass ich unterwegs sterben würde. Ich bat ihn inständig, Mitleid mit mir zu haben: Ich verfügte nicht über ausreichend Kräfte zu einer solchen Reise! Der Allmächtige erweichte schließlich sein Herz:

– Gehe deiner Wege, ich zwinge dich nicht, uns zu begleiten.

Daraufhin bestieg er sein Pferd und verließ das Quartier. Den Kranken hingegen versuchten seine Leute zu besänftigen:

– Wir werden alle unterwegs für dich sorgen, habe keine Angst.

Und ihr kranker Agha schwor mir bei seiner Ehre, er werde mir nach unserer Ankunft in Damaskus ein Pferd geben und mich auf seine Kosten nach Jerusalem schicken, wobei er mir obendrein eine schöne Belohnung versprach.[89] Aber ich war durch die Worte Hannas verschreckt und hatte Angst, dass mir ein Unglück begegnete. Ich weigerte mich daher, sie zu begleiten. Als der Agha die Hoffnung aufgab, dass ich annehmen könnte, wurde er zornig und ärgerte sich sehr über mich. Dann gab er dem Führer der Sänfte Befehl, aufzubrechen. Da wandte sich sein *Dschōchadār* zu ihm und forderte ihn auf, mir eine Vergütung zu geben. Der Agha steckte seine Hand in den Geldbeutel, entnahm ihm eine Handvoll Münzen und warf sie mürrisch und wütend auf die Erde. Sie suchten sie zusammen und gaben sie mir: zwölf drittel *Abu kalb*. Daraufhin brachen sie auf.

Ich kehrte zu meinen Gefährten zurück. Nach der Abreise des *Qabidschi* blieben wir fünf Tage in Konya. Wir fanden eine Karawane, die nach Aleppo ging, [166r] der wir uns bis in die Umgebung von Adana anschlossen. Dort gab es einen Engpass, den man nur im Gänsemarsch passieren konnte.[90] Der Agha des *Isbandsch*[91] hatte dort seinen Sitz, um den Wegzoll zu erheben. Er beläuft sich auf ein und zweidrittel Piaster und wird nur den Christen abverlangt, die auf diesem Weg ankommen. Als wir bei diesem Engpass eintrafen, erhoben sich die Leute des Agha und verwehrten uns den Durchlass, bevor wir nicht den *Isbandsch* entrichtet hätten. Nachdem sie ihn von meinen Gefährten und anderen Reisenden erhalten hatten, wandte sich einer seiner Dienstleute an mich und forderte, auch ich hätte ihm für einen Passierschein[92], wie er ihn den anderen ausgehändigt hatte, eine Gegenleistung zu entrichten. Ich erwiderte sogleich:

— Nur wenn ich der Kopfsteuer[93] deines Sultans unterworfen wäre, gäbe ich dir den *Isbandsch*.

Er schaute mich aufmerksam an und fragte diejenigen, die mit mir waren:

— Wer ist dieser Mann?

— Er ist ein fränkischer Arzt.

Er glaubte ihnen, denn er sah meine Kleider, meine Perrücke und mein übriges Aussehen. Er hieß mich willkommen und lud mich zum Sitzen ein:

— Ich habe nicht gleich begriffen, dass du ein fränkischer Arzt bist; sei mir nicht böse!

Nachdem er die Steuer von allen Reisenden eingezogen hatte, ließ er uns gehen. Wir bestiegen unsere Pferde und zogen weiter. Wir setzten unseren Weg bis zur Brücke von Missis fort.[94] Ich ritt der Karawane voran. Als ich mich der Brücke näherte, erblickte ich zwei *Dschochadār*en. Sie versperrten mir den Weg und forderten mich auf, zu ihrem Agha zu kommen, dem Agha von Missis. Ich dachte, dass mich jemand verraten und ihnen entdeckt hätte, ich sei kein Franke. Ich bekam Angst und weigerte mich, ihnen vor der Ankunft meiner Gefährten, denen ich mein Reittier, will sagen: mein Pferd anvertrauen konnte, zu folgen.

Sie warteten, ohne den geringsten Zwang auf mich auszuüben. Der Grund ihres Erscheinens lag darin, dass ihr Agha leidend war und die Nachricht erhalten hatte, bei der Karawane befinde sich ein fränkischer Arzt. Er hatte diese beiden geschickt, mich zu ihm zu bringen, sobald ich ankäme. Sein Haus lag in der Nähe der Brücke. Als meine Gefährten eintrafen, überließ ich ihnen mein Pferd und ging [166v] mit den zwei Männern zum Agha, dem Gouverneur der Stadt.

Als ich vor ihn hintrat, hieß er mich willkommen und forderte seine Diener auf, mir die Stiefel abzunehmen, worauf er mich bat, Platz zu nehmen. Er befahl, mir eine Tasse Kaffee und eine Tabakpfeife zu bringen. Ich war erstaunt und begann zu überlegen, welches die Gründe für diese Ehrerbietung und Höflichkeiten waren vonseiten eines Mannes solch hohen Ranges, eines Stadtgouverneurs. Während ich nachdachte, sagte er zu mir:

— Komm näher!

Ich rückte näher:

— Oh! Ich leide![95] Befreie mich von diesen Schmerzen, Meister der Heilkunst, und ich gebe dir alles, was du verlangst.

– Wo hast du Schmerzen?

Er entblößte seinen Arm, und ich sah, dass seine Haut zerfressen war. Diese Krankheit, die Elephantiasis,[96] hatte seinen Körper, seine Eingeweide und seine Haut zerfressen. Als ich seinen Zustand sah, hob ich eine Wehklage an, um ihm zu zeigen, dass ich sein Leiden wohl erkannt, aber kein geeignetes Mittel dagegen bei mir hatte. Er begann mich inständig anzuflehen.

– Habe keine Angst, sagte ich ihm, ich werde dir eine Salbe zum äußerlichen Auftragen auf deinem Körper verschreiben, damit deine Geschwüre trocknen. Aber für die Eingeweide muss bei dieser Krankheit eine besondere Paste zusammengestellt werden. Dafür habe ich nicht die nötigen Ingredienzien bei mir, sobald ich aber in Aleppo bin, werde ich das Präparat herstellen. Es gehören wahrhaftig Kräuter hinein, die es in diesem Land nicht gibt. Wenn du einen Freund hast, schicke ihn zu mir nach Aleppo, und ich werde ihm einen Topf mit dieser Paste geben. Nach der Anwendung wirst du geheilt werden, bevor der Topf leer ist. Denn dieses Mittel ist bereits erprobt.

– Wo bist du in Aleppo zu finden?

– Mein Laden ist im Chan ʾAbrak[97]. Wenn man nach mir verlangt, findet man mich dort.

Er fragte mich nach dem Rezept, das ich erwähnt hatte.

– Nimm Stein von Kupfersulfat, den man in türkischer Sprache *Kuẓdāschi*[98] nennt, eine Menge von fünfzig *Dirham*. Lege ihn in einem Glasgefäß in Wasser ein, gib davon nach vierundzwanzig Stunden, wenn der Stein sich im Wasser aufgelöst hat, in eine Tasse, befeuchte ein Tuch aus Musselin und reinige damit deine Geschwüre. [167r] Es wird die Substanz trocknen. Schicke heute Nacht jemanden zu mir zur Karawane, und ich werde dir Pillen geben, die du dreimal vor dem Schlafengehen einnimmst. Ich schicke dir auch etwas Puder, mit dem du deine Geschwüre abtupfen kannst.

Daraufhin erhob ich mich, bat ihn um die Erlaubnis, mich

zurückziehen zu dürfen, und kehrte in das Lager der Karawane zu meinen Gefährten auf der anderen Seite der Brücke zurück.

Als der Abend kam, fragten wir uns, was wir essen sollten. In diesem Moment wurde uns ein üppiges Mahl gebracht. Es enthielt drei verschiedene Gerichte. Die Diener baten uns, Platz zu nehmen, und forderten uns zum Essen auf. Wir ließen uns auf der Wiese am Fluss nieder und genossen ein üppiges Abendessen. Danach erhoben wir uns, wuschen uns die Hände und dankten Gott für die Gnade, die Er uns erwiesen hatte. Eine Kanne Kaffee wurde gebracht, ebenfalls vom Agha geschickt. Als wir den Kaffee zu uns nahmen, sagte der *Dschōchadār*, der ihn gebracht hatte, zu mir:

– Der Agha lässt dich grüßen und dir ausrichten, mir zu geben, was du versprochen hast.

Ich willigte ehrerbietigst ein. Sogleich öffnete ich meinen Reisesack und entnahm ihm fünfzehn sorgfältig ausgewählte Pillen. Ich hatte auch ein Präparat aus verbranntem Alaun für die Geschwüre. Ich wickelte ein wenig davon in ein Blatt und gab es dem *Dschōchadār* mit der Anweisung, wie es anzuwenden war: Nach dem Abreiben mit dem Sud müsse der Kranke diesen Puder fest auf seine Geschwüre pressen, um sie zu trocknen. Von den Pillen müsse er jeden Abend fünf vor dem Schlafengehen einnehmen. Daraufhin ließ ich den *Dschōchadār* gehen.

Wir verbrachten dort die Nacht und machten uns um Mitternacht auf den Weg, ohne zu erfahren, was aus dem Agha geworden war. Wir setzten unseren Weg bis zum *Eyalet* von Adana fort, das auch *Eyalet* von Ramazan[99] genannt wird. Es liegt in der Talmulde eines dicht bewaldeten und quellenreichen Gebirges, ein wahres Paradies auf Erden.

Bevor wir dieses Gebirge erreichten, kamen wir durch einen Marktort namens Ereğli[100]. Auch dieser Marktort [167v] gleicht einem Garten, so viele Bäume und so viel Wasser gibt es da. Als wir in diesem *Eyalet* ankamen, stiegen wir dort ab. Man hätte meinen können, in einer bewohnten Stadt zu sein. In Wirklichkeit hatte jeder Familienvorstand eine Trennwand zwischen den Bäumen errichtet und einen Ort geschaffen, wo sich sein Harem und seine Kinder aufhalten konnten. Denn im Sommer bringen die große Hitze und die Wolken, die über Adana hängen, alle Bewohner dazu, sich in dieses *Eyalet* zu begeben und dort die Jahreszeit zu verbringen, so auch diejenigen, welche die Berufe der Verkäufer und Käufer, der Schneider, Schreiner und andere ausüben. Es gibt sogar einen Suq, wo man alles findet, was es auch in der Stadt selbst gibt. Wir verbrachten den Anfang der Nacht an diesem Ort, und um Mitternacht brachen wir nach der Stadt Adana auf. Auf dem Weg begegneten wir Männern und Frauen mit Kindern, die in der Nacht auf dem Weg zum *Eyalet* waren. Sie hatten Laternen angezündet wie zu einem Ausflug aufs Land.

Wir betraten die Stadt gegen Morgen. Wir stiegen unter einem Brückenbogen auf dem Trockenen ab. Diese Brücke hat vierzig Pfeiler; ich habe auf meiner ganzen Reise kein solches Bauwerk gesehen. Der kleinste der Steine, aus denen sie gebaut ist, hat die Größe eines fränkischen Grabsteins; es übersteigt jede Beschreibung. Die Königin Helena, König Konstantins Mutter, hat den Bau überwacht.[101] Sie ließ auch andere Brücken errichten sowie eine gepflasterte Straße, die von der Region Istanbul in die erhabene Stadt Jerusalem führte. Auch hat sie in den Häfen Türme errichtet. Ihre Geschichte ist lang – doch lassen wir sie beiseite.

Kurze Zeit danach, als wir uns unter den Brückenbögen befanden, kam ein Christ auf uns zu in Begleitung eines Mannes in der Uniform eines *Dschōchadār*. Sie prüften nach, ob jemand von uns es versäumt hatte, den *Isbandsch* im bereits erwähnten Engpass zu bezahlen. Er forderte uns auf, ihm unsere Papiere zu zeigen. Jeder zeigte sie ihm. Dann kam er zu mir. Ich stützte mich auf, bereit, ihm meine Papiere zu zeigen, aber die Leute der Karawane sagten ihm:

– Lass ihn, dieser Mann ist ein fränkischer Arzt, der keinen

Isbandsch bezahlt. Selbst der Agha von Missis brachte ihn nicht dazu, ihn zu zahlen. Er hat ihn im Gegenteil mit aller Ehrerbietung behandelt.

[168r] Der Mann zog sich sogleich zurück und kam nicht mehr zu mir. Wir blieben den ganzen Tag an diesem Ort. Als es Zeit zum Schlafen war, wollten die Karawanenführer aufbrechen. Wir fragten sie:

— Warum wollt ihr so früh aufbrechen?

— Wir kommen zu einer finsteren Stelle, genannt *Karanlık Kapı*[102]. Dieser Ort wird von Räubern heimgesucht; wir müssen ihn in der Nacht durchschreiten, um nicht einem von ihnen in die Hände zu fallen.

Wir folgten ihrem Rat. Jeder bestieg sein Pferd, und wir zogen in der Nacht bis zu diesem Durchgang. Er ist aus schwarzem Stein gebaut und im Inneren herrscht tiefste Finsternis. Man wird beim Hineingehen von Schauder erfasst. Gott half uns, die Schwierigkeit zu bewältigen, wir verließen diese Stelle und zogen am Abhang weiter. Zu unserer Rechten erhob sich ein mächtiger, mit Bäumen bestandener Berg, zur Linken war dichter Maquis. Dahinter erstreckte sich das Meer. Wir zogen furchtsam weiter bis gegen Mitternacht, als Kälte und Tau sich vom Meer her herabsenkten. Man sah den Tau wie Melasse auf uns niedergehen. Diese Masse war so dick, dass wir die Augen nicht mehr öffnen konnten und die Reiter von ihren Pferden fielen.

Euer ergebener Diener vermochte der Schläfrigkeit, die sich seiner bemächtigte, nicht mehr widerstehen. Ich trieb mein Pferd an und ritt etwa eine Meile der Karawane voran, dann stieg ich ab. Ich entfernte mich ein wenig vom Weg und trat ins Gebüsch. Ich wickelte das Halfter des Pferdes um mein Handgelenk und legte mich, ohne mich weiter zu kümmern, hin, so müde war ich. Ich fiel sogleich in Schlaf. Während ich schlief, kam die Karawane vorbei. Als das Pferd seine Artgenossen in der Nähe sah, begann es zu wiehern. Ich meinerseits träumte in meinem Tiefschlaf, dass das Pferd wieherte. Als die Karawane unter großem Lärm vorbeizog und sich entfernte, wollte das Pferd zu den anderen und zog kräftig am Halfter, um zu gehen. Ich erwachte und spitzte die Ohren: Vielleicht könnte ich die Glöckchen der Pferde hören – aber ich hörte nichts. Das Tier zog nun mit allen Kräften, [168v] um zu seinen Artgenossen zu kommen. Ich hielt das Halfter fest in der Hand, fand aber keinen Halt, um auf seinen Rücken zu gelangen, sodass es mich immer weiter zog.

Der Ort flößte mir Angst ein. Man hatte mir gesagt, dass man dort von Räubern ausgeraubt und getötet werde. Ich begann die Jungfrau Maria und die Heiligen um Hilfe anzuflehen. Ich hatte keine Kraft mehr, mit dem Maultier zu laufen. Da kam ich auf den Gedanken, seinen Halfterriemen mit dem Fuß festzuklemmen, um es besteigen zu können. Ich stellte mich vor das Tier und versuchte es zu beruhigen und zu besteigen. Es gelang mir aber nicht. Meine Kräfte ließen nach, und ich beschloss, locker zu lassen und langsam zu gehen. Komme, was wolle, ich konnte nicht mehr! Und sogleich beruhigte sich das Maultier und ging langsamer. Es war ein Wunder der Jungfrau Maria, die ich um Hilfe gebeten hatte, und meines Schutzengels. Als ich bemerkte, dass die Gangart des Pferdes sanfter wurde, setzte ich von vorn den Fuß auf den Halfterriemen, zog mich hoch und schwang mich in den Sattel. Nun war es nicht mehr zu halten: Es brachte mich in gestrecktem Galopp[103] zur Karawane, ohne dass jemand etwas gemerkt hatte. Ich kam wieder zu Sinnen, und mein Schlaf war weg. Ich dankte Gott dem Allmächtigen für Seine Wohltaten, und wir zogen weiter bis[104] Payas[105].

Am Morgen kamen wir in Payas an. Wir zogen durch das Tor des Suqs von Payas ein, denn dieses führt unmittelbar aus der Stadt hinaus. Im Suq angekommen, erblickte ich einen Mann, der aus seinem Laden kam und mich umarmte und freundschaftlich begrüßte.[106] Ich war über dieses Zeichen der Zuneigung, die mir dieser mir unbekannte Mann bezeigte, erstaunt. Ich fragte ihn, wer er sei und ob wir uns kennten.

– Hanna, mein Bruder, erkennst du mich nicht mehr? Ich bin doch Hanna, der Sohn von Michail Mīro, dein Freund und Kamerad aus Aleppo!

Nach diesen Worten erkannte ich ihn freilich wieder. Ich umarmte ihn und entschuldigte mich, ihn nicht sofort erkannt zu haben. Er war früher mit seinem Vater nach Aleppo gekommen [169r] und war im Chan al-ʿUlabīye einquartiert, wo wir wohnten. Sein Vater hatte einen Vertrag als Teilhaber mit meinem Bruder Antūn. Sie korrespondierten miteinander. Wir hatten sie, ihn und seinen Sohn, viele Male bei uns zu Hause eingeladen. Wir mochten uns sehr. Deshalb hatte er mich wiedererkannt.

Nachdem ich jemandem mein Pferd übergeben hatte, damit es zu meinen Gefährten in der Karawane geführt werde, die sich außerhalb des Suqs niedergelassen hatte, nahm er mich bei der Hand und ließ mich nicht mehr los, bis wir bei ihm zu Hause angekommen waren. Wir gingen eine Treppe hinauf und gelangten in einen offenen Salon.[107] Vor diesem Salon erstreckte sich ein großer Garten, so weit das Auge reichte. Er war ganz mit Zedratzitronen, Zitronen- und Orangenbäumen bepflanzt, es war kaum zu glauben! Wir setzten uns dorthin, und er gab seinem Diener sogleich den Auftrag, sich um das Mittagessen zu kümmern. Ich bat ihn, kein fettes Essen zu machen, denn ich hatte mir seit der Ankunft in Adana vorgenommen, bis nach Aleppo Abstinenz zu halten, weil ich übel riechende Ausdünstungen fürchtete. Als er dies vernahm, ließ er eine *Mudschaddara* mit Reis[108], dazu Meerfisch, Meeräschenrogen und weitere gute Gerichte zubereiten.

Dann ließ er eine Korbflasche mit altem Arak bringen und goss mir eine Tasse davon ein. Ich trank. Er war derart stark, dass ich mich einen Augenblick lang, Gesicht voran, vornüberbeugte. Als ich mich wieder aufrichtete, fragte ich ihn:

– Bruder, was ist das für ein Arak?

– Dieser Arak hält die Ausdünstungen zurück, ohne ihn bekommen wir Infektionskrankheiten.

Wir warteten einen Augenblick. Sie deckten den Tisch und

trugen köstliche Gerichte auf. Er wollte mir noch eine Tasse Arak eingießen. Ich nahm nichts mehr davon, doch tranken wir zum Essen einen guten Wein. Schließlich nahmen wir Kaffee zu uns und ergingen uns im Garten. Mein Freund ließ für uns Zedratzitronen, süße Zitronen und weitere Früchte wie [169v] Granatäpfel, Gurken und andere pflücken. Ich blieb bei ihm bis zur Schlafenszeit, danach verabschiedete ich mich und kehrte zu meinen Gefährten zurück.

Wir blieben bis Mitternacht an der Meeresküste. Dann bestiegen wir unsere Pferde und zogen bis Alexandrette. Wir durchquerten die Stadt und machten an einer Quelle halt. Den Tag verbrachten wir an diesem Ort. Nachdem das Futter für die Tiere geschnitten war, machten wir uns wieder auf den Weg und durchquerten in der Nacht Bēlān. Wir setzten unseren Weg bis Chān al-Dschadīd fort, von dort ging es nach Qurt Qulāq, dann nach Dschisr al-Hadīd und nach Antiochia. Wir lagerten am Ufer des Orontes und verbrachten dort die Nacht.

Am nächsten Tag machten wir uns wieder auf den Weg und kamen am Suq von Antiochia vorbei. Ich stieg vom Pferd und hielt beim Backofen eines Armeniers aus dem Land von Sassun[109], um Brot zu kaufen. Als er das Brot gewogen hatte, öffnete ich meinen Geldbeutel, um ihm den Preis in *Dīwāni* zu bezahlen. Er weigerte sich, es zu nehmen, und sagte mir, er wolle gängige Währung.[110] Ich hatte aber keine. Ich ärgerte mich, nahm ihn am Kragen, und indem ich ihm den Kopf nach unten drückte, sagte ich zu ihm:

– Wenn du dich weigerst, das Geld zu nehmen, dann lasse ich dich erst vor dem Gouverneur wieder los! Du willst fränkisches Geld von mir!

Die Leute versammelten sich um uns herum und vermochten mich nur unter Mühe dazu zu bringen, seinen Kragen loszulassen. Sie nahmen die Geldstücke, gaben mir das Brot, danach ließen sie mich in Frieden ziehen. Ich machte mich mit meinem Pferd wieder auf den Weg und verließ die Stadt durch das Tor des Heiligen Paulus, um die Karawane einzuholen. Ich täuschte mich im richtigen Weg und nahm einen anderen. Plötzlich befand ich mich in den Gärten; der Weg endete. Ich fing an zwischen Maulbeerbäumen und Wasserläufen herumzuirren, ohne den Weg, auf dem ich gekommen war, wiederzufinden. Etwa eine Stunde lang irrte ich planlos zwischen den Bäumen umher. Die Karawane hatte mich überholt und war weitergezogen. Ich war verängstigt und verdrossen. Aber es liegt im Ermessen Gottes, Erleichterung zu bringen: Ich erblickte einen Bauern, der vorbeiging. Ich bat ihn inständig, [170r] mir den Weg zu weisen. Er zeigte sich großmütig und forderte mich auf, ihm zu folgen. Ich folgte ihm bis zum Eingang der Obstgärten und zum Paulustor, durch das ich bereits gekommen war. Er zeigte mir den Weg, den die Karawane genommen hatte. Danach ging er und ließ mich allein.

Ich begann mir Sorgen zu machen, dass ein Räuber mich auf der Strecke überraschen, mich ausrauben und mein Pferd nehmen könnte. Ich wartete eine kurze Zeit lang in der Hoffnung, einen Gefährten zu treffen. Es zeigte sich niemand. Ich blieb stehen, hin- und hergerissen zwischen Furcht und Hoffnung, doch bald sah ich mich gezwungen, allein weiterzugehen und mein Los in Gottes Hände zu legen. Ich trieb das Pferd, so stark es ging, an und erblickte einen Mann, der mir entgegenkam. Es war der Bruder des Karawanenführers. In der Karawane waren sie über mein Fehlen beunruhigt. Der Karawanenführer ließ langsamer gehen und schickte seinen Bruder Richtung Antiochia zurück, um nachzuschauen, was mit mir sei. Als er mich beim Näherkommen erkannte, freute er sich und fragte, warum ich hinter der Karawane zurückgeblieben sei. Ich berichtete ihm, was geschehen und mir zugestoßen war. Mein Herz beruhigte sich. Ich fand meine Ruhe wieder und ritt in seiner Begleitung bis dorthin, wo wir wieder mit der Karawane zusammentrafen.

Ich erklärte ihnen den Grund für meine Verspätung, und wir rückten bis zu einer Schlucht vor, die das Tal der Dschinnen genannt wurde. Es ist wahrhaftig ein Geistertal, denn bei der Durchquerung hatten wir große Schwierigkeiten zu überwinden und große Gefahren zu bestehen. Die Wege sind schwierig zu begehen. Wir benötigten den ganzen Tag, bis wir wieder herauskamen. Wir gelangten nach Hērem, wo wir übernachteten. Am Morgen machten wir uns wieder auf den Weg und kamen durch viele Dörfer und Gebiete. Zwei Tage später gelangten wir zum Chān al-ʿAssal, wo wir die Nacht verbrachten.

Am nächsten Tag trafen wir in Aleppo ein. Doch bevor wir die Stadt betraten, gab es ein schweres Erdbeben, wie man es, nach dem, was man uns sagte, noch nie gesehen hatte. Es dauerte länger als fünf Minuten, wir aber haben es nicht bemerkt, denn wir waren auf unseren Reittieren.

Bei meiner Ankunft begab ich mich, um kein Aufsehen[111] zu erregen, geradewegs zum Haus meines Bruders, der im Zqāq al-Chall[112] wohnte. Es war am Ende des Monats Juli im Jahr 1710.

[170v] Meine Brüder und meine Schwestern hörten von meiner Ankunft und kamen herbei, um mich zu sehen, und beglückwünschten mich dafür, dass ich gesund und wohlbehalten zurückgekehrt war. Sie brachten mir Kleider. Von dort ging ich zum Haus meines Bruders ʿAbdallah. Auch die Eltern und die Verwandten kamen, mich zu meiner Rückkehr zu beglückwünschen.

Sie hatten nämlich eine Nachricht erhalten, nach der ich auf dem Meer umgekommen sei. Tatsächlich hatte ich von Marseille aus einen Brief an meinen Bruder Antūn geschrieben, um ihm zu sagen, dass ich ein Schiff nach Smyrna genommen hätte und von Smyrna aus nach Aleppo zurückkehren werde. Später hatten sie gehört, dass ein Schiff von Smyrna nach Alexandrette Schiffbruch erlitten hätte und alle Passagiere ertrunken seien. Mein Bruder war überzeugt, dass ich dazuzählte, und sie hatten eine Messe für den Frieden meiner Seele lesen lassen, denn sie hatten von mir keine Nachrichten mehr erhalten. Als ich mit dem *Dschōchadār* des Botschafters, von dem ich gesprochen habe, von Smyrna nach Istanbul gereist war, hatte ich nicht mehr an meinen Bruder geschrieben, um ihn davon zu unterrichten, dass ich mich nach Istanbul begeben hatte. Deshalb waren sie froh, mich gesund und wohlbehalten in Aleppo wiederzusehen.

Ich blieb schließlich drei oder vier Tage bei meinem Bruder, bis meine Kleider bereit waren. Ich kleidete mich an, ließ mir den Kopf scheren, wickelte den *Schäsch* darum und setzte den *Qāwūq* auf. Sie schickten jemanden, mir einen Passierschein zu besorgen, und erst danach verließ ich das Haus, um meine Eltern, die Freunde und meine Nächsten zu besuchen. Dann ging ich in die Stadt zu meinem Bruder ins Lager. Einige Tage später eröffnete mein Bruder ʿAbdallah einen Stoffladen und übergab mich für eine Weile der Betreuung durch meinen Onkel Schahin Ghazāleh, bis ich lernte, wie man Stoff verkaufte. So ergriff ich für zweiundzwanzig Jahre den Beruf eines Tuchhändlers.

Der Grund war, dass mein Bruder befürchtete, ich könnte wieder abreisen. Alles dies geschah durch die Vorsehung des Allmächtigen, denn in dieser Zeit verlobte man mich. Ich heiratete und hatte zwei Söhne. Es war klar und offensichtlich, dass der Allmächtige, Er sei gepriesen, mich für die Ehe bestimmt hatte.[113] Denn als ich Aleppo heimlich verlassen hatte, war es meine Absicht gewesen, das Mönchsleben wieder aufzunehmen. Durch Zufall traf ich diesen Reisenden, [171r] und in der Ortschaft Keftin habe ich meinen Plan, Mönch zu werden, aufgegeben. Das Schicksal wollte es, dass ich mit ihm in die Länder gereist bin, von denen ich gesprochen habe.

Kehren wir zu unserem Gegenstand zurück. Ich hatte mich also im Stoffladen eingerichtet, als ein Jahr später mein Meister, der *Chawādscha* Paul Lucas, mit dem ich gereist war, nach Aleppo kam und beim Konsul der Franzosen abstieg. Als ich erfuhr, dass er da war, ging ich ihn begrüßen. Er umarmte mich, als er mich sah, dann begann er, mir heftige Vorwürfe zu machen: Ich sei von ihm weggegangen, ohne ihm eine Erklärung zu geben. In diesem Augenblick traten einige Herren bei ihm ein. Wir mussten unser freundschaftliches Zusammentreffen unterbrechen und es am nächsten Tag fortsetzen.

Schließlich wollte ich wissen, aus welchem Grund er seine Reisen wiederaufgenommen hatte. Nachdem er erfahren hatte, dass der Prinz, den ich erwähnt habe, mich an seiner Stelle auf diese Forschungsreise schicken wollte, hatte er ihm diesen Gedanken ausgeredet und ihm versprochen, sie an meiner Stelle zu unternehmen. Dies war der Grund, warum er erneut nach Aleppo gekommen war: um diese Reise auf Kosten des Prinzen abzuschließen.

Einige Tage später lud ich ihn zu Besuch und zum Abendessen bei uns ein. Er nahm an, und ich forderte meine Brüder auf, mit ihm zu speisen. Zu dieser Zeit war ich noch Junggeselle und hatte für mich eine *Murabbaʿ*[114] eingerichtet. Ich stürzte mich in Unkosten, um ihm ein üppiges Mahl zu bereiten, dann bat ich ihn zu kommen. Ich nahm ihn aus der Stadt mit zu meinem Haus. Meine Brüder waren gekommen und hießen ihn auf das Freundlichste willkommen. Als es Zeit war, setzten wir uns zu Tisch. Nach dem Essen machten wir es uns bequem und unterhielten uns. Ich erinnerte mich, dass ich ihm von der Krankheit meiner Mutter gesprochen hatte[115] und davon, wie die Ärzte es aufgegeben hatten, sie zu heilen. Ich habe ihm von ihr erzählt; er forderte mich auf, sie herbeizuführen, damit er ihre Krankheit erkennen konnte. Wir ließen sie holen. Als er sie sah, erkannte er, woran sie litt, und entließ sie wieder. Dann sagte er zu mir:

– Erinnere mich daran, dir etwas zu geben, das sie heilen wird.

Wir verbrachten den Abend bis [171v] zehn Uhr mit ihm. Ich bereitete ihm ein Bett, so bequem wie möglich. Er schlief bis zum nächsten Morgen. Wir nahmen den Kaffee zu uns und gingen zusammen in die Stadt.

Er kam häufig zu mir in den Stoffladen, und ich begleitete ihn manchmal bei einer seiner üblichen Runden auf der Suche nach alten Dingen, Münzen, Büchern, Edelsteinen und Raritäten. Am nächsten Tag kam er zu mir und sagte:

– Bringe mich heute zum Suq der Goldschmiede.

Dort angekommen, betrachtete er die Vitrinen. Bei einem von ihnen sah er im Glaskasten einen durchbohrten Stein, der einem Karneol glich. Er kaufte ihn für zwei *Masrīye*. Ich war erstaunt, und als wir den Laden verlassen hatten, fragte ich ihn:

– Wozu hast du diesen billigen Stein gekauft?

– Ich habe ihn gekauft, um deine Mutter zu behandeln.

Er wies mich an, einen Faden durchzuziehen und ihn meiner Mutter um den Hals zu hängen, direkt auf die Haut. Sie würde genesen. Ich lächelte und rief mir insgeheim die vielen Ärzte in Erinnerung, die sie behandelt hatten, ohne sie zu heilen. Wie sollte dieser Stein dies bewirken? Dennoch wollte ich nicht gegen seinen Willen handeln. Ich nahm den Stein, tat, wie er mir gesagt hatte, und dachte nicht mehr daran. Aber eine Woche später, als ich aus der Stadt kam, wurde mir berichtet, sie habe gesagt, wenn sie sich umgezogen habe, wolle sie in die Stadt zum Hammam gehen. Seit drei Jahren war sie nicht mehr zum Hammam gegangen, hatte sich nicht mehr mit uns zu Tisch gesetzt, konnte sie nicht mehr schlafen und wollte niemanden mehr sehen. An diesem Tag hatte sie mit ihnen am Tisch gesessen, hatte gut gegessen, mit ihnen geplaudert wie früher und sie zum Hammam begleitet. Sie waren erstaunt, als sie sahen, dass sie vollkommen geheilt war. Zurück vom Hammam, setzte sie sich mit uns zu Tisch und aß mit gutem Appetit, als ob sie nie krank gewesen wäre. Wir alle waren überrascht. Ich sagte ihnen daraufhin, sie sollten nicht erstaunt sein, es seien die Eigenschaften des Steines, den sie um den Hals trage, die solches bewirkten. [172r] Sie ruhten nicht eher, bis ich meinen Meister befragte und ihn davon unterrichtete, dass sie wieder hergestellt war. Er trug mir auf, sie zu ermahnen, diesen Stein niemals vom Hals zu nehmen, damit die düstere Stimmung nicht wiederkehre und sie wieder in den Zustand davor verfalle. Denn dieser Stein hatte die Eigenschaft, die düstere Stimmung[116] an sich zu ziehen. Ihr stieß tatsächlich zu, was er vorausgesehen hatte: Ein Jahr später fiel ihr der Stein vom Hals, und sie versank wieder in den Zustand wie zuvor. Ich suchte überall, einen gleichen Stein zu finden, doch ohne Erfolg. Meine Mutter blieb bis zu ihrem Tod in dieser Verfassung.

An einem anderen Tag kam Paul Lucas zu mir und begann mir Vorwürfe zu machen: Es gebe in unserer Gegend einen Ort, der *Kanakia*[117] heiße, von dem ich ihm nichts gesagt hätte. Ich verstand nicht und fragte ihn, worum es sich handle und woher er diesen Hinweis habe. Er erwiderte, dass dieser Ort ein unterirdischer Gang sei, der bis nach ʿAintāb[118] gehe. Da begriff ich endlich: Es war al-Channāqīye, will sagen: die Sklavenhöhle.

– Was willst du an einem so gefährlichen und unheimlichen Ort? Bis auf den heutigen Tag ist niemand, der hineinging, lebendig wieder herausgekommen. Es ist eine große, düstere Höhle, begibt man sich hinein, kommt man nicht wieder heraus, denn die Wege darin sind gewunden. Viele Leute sind hineingegangen und nicht wieder herausgekommen, erklärte ich ihm.

– Bist du hineingegangen? Hast du geprüft, ob es wahr ist oder nicht?

– Alle sagen es. Ich weiß nicht, ob es die Wahrheit oder Lüge ist.

– Ich will es mit eigenen Augen sehen, um zu wissen, was es damit auf sich hat. Ich bitte dich, einen alten Mann für mich zu finden, der die Örtlichkeit kennt und uns führt; ich werde ihn gut bezahlen. Ich möchte am nächsten Donnerstag dorthin gehen. Du musst diesen Mann unbedingt mitbringen.

– Es wird gemacht!

Dann ging er weg. Ich meinerseits schenkte dem, was er mir aufgetragen hatte, keine weitere Beachtung und dachte mir, dass ich am Donnerstag bei ihm vorbeiginge, um ihm diesen Einfall auszureden. Als ich mich am Donnerstag frühmorgens wie gewohnt in die Stadt begab, begegnete ich einem alten Mann, einem Christen, der Abū Zait hieß. [172v] Dieser Greis war sehr alt. Er hatte sein ganzes Leben auf dem Land verbracht und bot den Christen manchmal Trauben zum Pressen an. Nach der Traubenzeit war er Holzausträger. Er ging den Kameltreibern entgegen, die Holz transportierten, und führte sie nach Aleppo, dort bot er das Holz zum Verkauf an. Als ich ihm begegnete, wartete er auf einer Anhöhe auf Kamele mit Holz. Ich sagte mir, dass dieser Mann wissen müsse, wo sich dieser Ort befand. Ich ging zu ihm hin und grüßte ihn. Dann fragte ich ihn, ob er die Sklavenhöhle bei al-Channāqīye kenne. Er erklärte mir sogleich, dass er die Örtlichkeit kenne und mehrere Male hineingegangen, aber nie bis an ihr Ende gelangt sei. Als ich das hörte, freute ich mich und erzählte ihm, dass ein Franke dorthin gehen und sie auskundschaften wolle.

– Komm mit mir zu ihm, er wird es dir sicher reichlich vergüten.

– Es wird mir ein Vergnügen und eine Ehre sein. Gehen wir!

Wir gingen. Es war auch noch ein zweiter Mann bei ihm. Wir gelangten nach al-Channāqīye und kurze Zeit danach traf der *Chawādscha* in Begleitung fränkischer Herren mit ihren Dienern ein. Sie waren alle bewaffnet und hatten eine Ladung Munition und einen mit Stroh gefüllten Sack aus grobem Tuch dabei. Als wir uns trafen, fragte mein Meister:

– Hast du jemanden gefunden, der den Ort kennt?

– Ja, erwiderte ich und zeigte ihm den alten Mann.

Er freute sich sehr und bedankte sich bei mir. Wir baten den Greis, uns den Ort zu zeigen. Dieser forderte uns auf, ihm zu folgen. Wir gingen mit ihm bis zu einer großen Höhle und einem erhöhten Ort mit Namen Burg der Tamātīn[119], der Ort, wo der Sklave rebelliert hatte. Wir gingen hinein und erreichten das Ende der Höhle. In diesen Kalkhügel war eine kleine Pforte eingelassen. Nach Aussagen des Greises lag die Sklavenhöhle hinter dieser Pforte. Als wir das sahen, fürchteten wir uns und weigerten uns, hineinzugehen. Der *Chawādscha* sprach uns Mut zu und befahl den Dienern, sechs Wachslichter auszupacken, denn er hatte sechs davon aus reinem Wachs ziehen lassen.

Wir setzten uns und packten [173r] etwas zum Essen und Trinken aus. Nachdem wir gegessen und getrunken hatten, befahl der *Chawādscha* den Dienern, zwei dieser Kerzen anzuzünden und Stroh in einen Sack zu füllen, das sie aus jenem aus Tuch nehmen sollten. Als getan war, was er ihnen aufgetragen hatte, näherte er sich der Tür und entleerte dort seine mit Pulver gefüllte Pistole. Man hörte ein ungeheures Getöse und Krachen, das drei Minuten dauerte. Wir alle beschlossen, nicht hineinzugehen. Als der *Chawādscha* bemerkte, dass wir nicht eintreten wollten, ging er mit zwei Dienern hinein, von denen der eine die Wachskerze trug und der andere den Sack mit Stroh, um es beim Gehen auf den Boden zu streuen, damit sie den Weg zurück fanden. Als wir ihn ganz allein hineingehen sahen, fassten wir Mut und gingen ebenfalls hinein, bis auf zwei Diener, die wir als Wache bei unseren Sachen und der Öffnung ließen, um zu verhindern, dass sie jemand zusperrte.

Als wir in die Höhle eindrangen, hatten wir große Angst. Zwei Diener gingen uns mit brennenden Kerzen voran, ein weiterer streute das Stroh auf unseren Weg, damit wir uns nicht verirrten. Wir merkten nun, dass alles, was man uns erzählt hatte, pure Lüge war: Der Weg hatte keine Krümmung, war schnurgerade, leicht begehbar, hoch und zweihundert Fuß breit. Wir sahen darin nur Knochen von Lasttieren. Er war in den Kalkstein getrieben. Wir gingen eine Viertelstunde weiter, als plötzlich die Kerzen ausgingen und wir keine Luft mehr bekamen. Wir konnten kaum mehr atmen, und der Ort wurde stickig, es gab keine Belüftung mehr. Wir bekamen Angst und wollten umdrehen, weil wir fürchteten, an diesem Ort umzukommen. Der *Chawādscha* machte uns Mut:

– Habt keine Angst, dieser Ort ist weiträumig, wir werden hier nicht ersticken. Habt Geduld, wir machen noch einige Schritte, dann gehen wir zurück.

Wir hörten auf ihn und drangen mit ihm etwa hundert Fuß weiter vor. Wir standen vor einer Sackgasse, aber in der Höhe,

VON UNSERER EINREISE IN DIE LÄNDER DES ORIENTS

in den Berg gegraben, war so etwas wie eine Plattform. Der *Chawādscha* fragte den alten Mann:

– Warum sagt ihr, dass dieser unterirdische Gang in ʿAintāb endet? Wir haben hier das Ende erreicht!

Der Greis entgegnete, dass sich der Eingang des unterirdischen Ganges [173v] genau in diesem Hügel befinde. Man hatte ihn mit Erde gefüllt, um zu verhindern, dass jemand hineingeht und darin umkommt. Als er diese Worte vernahm, kletterte der *Chawādscha* auf die Schultern eines Dieners und schwang sich auf die Erhebung. Er nahm seinen Dolch und stocherte damit im Boden. Er merkte, dass er fest war, dass man auf den gewachsenen Fels des Berges stieß. Er erkannte, dass wir am Ende dieser Höhle angekommen waren und dass alles, was man erzählt hatte, Lüge war. Der *Chawādscha* kam wieder herunter und zieh den Greis der Lüge. Es war jetzt klar, dass alle gelogen hatten, die behaupteten, dieser unterirdische Gang ende in ʿAintāb.

Wir machten kehrt und kamen durch den Eingang der Höhle wieder hinaus. Wir erkundeten das gesamte al-Channāqīye. Leute, die damit beschäftigt waren, Kalk zu schneiden, fragten uns, was wir suchten, und wir erklärten es ihnen. Sie verwiesen auf einen Greis von ungefähr neunzig Jahren, der uns den Eingang zum unterirdischen Gang, der nach ʿAintāb führe, zeigen könne. Er sei seit sehr langer Zeit hier und kenne alle Örtlichkeiten. Wir baten sie, uns zu ihm zu führen.

Als er vor uns stand, gab ihm der *Chawādscha* einen drittel Piaster und bat ihn, uns den Eingang des unterirdischen Ganges zu zeigen, der nach ʿAintāb führe. Er sagte, wir sollten ihm folgen. Er zeigte uns einen Ort in einer tiefen, vollkommen zugeschütteten Grube:

– Als ich Kind war, kam ich mit meinem Vater hierher, erzählte er, da habe ich den Eingang zu diesem unterirdischen Gang gesehen. Aber später haben die Stadtoberen angeordnet, ihn zuzuschütten, damit niemand hineinging und darin umkam. Tatsächlich, so hatte man uns erzählt, war eine Gruppe junger

Leute gekommen, die bei einer Hochzeit waren – darunter auch der Bräutigam –, um den Gang zu erkunden. Sie machten sich gegenseitig Mut, gingen hinein, und keiner von ihnen ist jemals wieder aufgetaucht. Sie sind alle umgekommen, denn sie hatten sich verirrt. Sie hatten nicht daran gedacht, ein langes Seil mitzunehmen, dessen Ende sie am Eingang des unterirdischen Ganges hätten festmachen und das andere Ende in der Hand halten können, um den Rückweg zu finden.

Als der Greis seinen Bericht beendet hatte, fragte ihn der *Chawādscha*:

– Und was ist mit dem Ort, wo wir hineingegangen sind?

– Er geht auf die Zeit zurück, als man die Stadt Aleppo erbaut hatte. Man brach dort Kalkstein, den man zum Bauen benötigte. Das zeigen [174r] die Hohlräume, wo man die Blöcke aus dem Kalkmassiv schnitt, die in einer Entfernung von jeweils hundert Fuß voneinander entfernt liegen.

Das war richtig, denn wir hatten die versperrten Hohlräume im unterirdischen Gang gesehen. Der *Chawādscha* glaubte seinen Worten und erklärte, dass dieser gesamte Ort ein Kalkmassiv sei. Aber wozu habe man sich denn die Mühe gemacht, diese Galerien zu graben, um den Kalkstein herauszuschneiden? Der Greis antwortete:

– Dafür gibt es zwei Gründe: Der erste besteht darin, dass der Kalkstein hart und für Gebäude ebenso widerstandsfähig ist wie harter Stein. Der zweite, wichtigere ist, dass die früheren Könige diese unterirdischen Gänge dafür einsetzten, die Soldaten unter der Erde herbeizuführen, ohne dass es jemand merkte. Sie taten so, als ließen sie Kalk für den Bau abbauen, in Wirklichkeit jedoch dienten die unterirdischen Gänge zur Verlegung von Truppen unter der Erde.

Diese Erklärungen des Greises hatten den *Chawādscha* überzeugt. Er hielt auch die Behauptung, dass der versperrte unterirdische Gang in ʿAintāb mündete, für richtig. Wir ließen den alten Mann zurück, machten uns auf den Rückweg und stiegen zu einem Weinberg hinauf, der *Qlaiʿa*[120] hieß. Dort aßen wir zu Mittag und blieben bis zum Abend. Dann machte sich jeder auf den Heimweg.

Das ist das Ende unseres Berichts und unserer Reise. Wir bitten Gott um Verzeihung für alles, was wir hätten anfügen oder auslassen können.

Geschlossen den dritten Tag des Monats März im Jahre 1764 christlicher Zeitrechnung.

ENDE

1   Die ersten neun Seiten des Manuskripts (fünf Folios) fehlen. Der Text beginnt mit einem unvollständigen Satz. Der Titel des Kapitels stammt von den Übersetzern. [Die Anmerkungen in der Übersetzung stammen von den drei Übersetzern der französischen Ausgabe. Zusätzliche Anmerkungen des deutschen Übersetzers sind mit <A. d. dt. Ü.> gekennzeichnet.]

2   Ein Yūsuf al-Būdī (vielleicht al-Labbūdī, eine spätere Variante dieses Namens) unter den Mönchen ist uns nicht bekannt. Hingegen hielt sich zu der Zeit, als Hanna sein Noviziat im Kloster Sankt Elisa (Mār ʾAlīšaʿ) absolvierte, Pater Thomas al-Būdī dort auf, auch er aus Aleppo. 1685 geboren, musste dieser nach der Abreise des Vorstehers Germanos Farhat (Ǧirmānūs Farḫāt, s. Anm. 9) im Jahr 1711 nach Rom die Leitung des Klosters übernehmen. Später wurde er General des Ordens der Libanesischen Mönche: Tūmā al-Labbūdī, *Maǧmūʿat al-Labbūdī* (Hg. Buṭrus Fahd), Kaslīk 1988, S. 7 – 8.

3   *Rafīqa* (Plur. *rafāʾiq*). Adrien Barthélemy, *Dictionnaire Arabe-Français. Dialectes de Syrie: Alep, Damas, Liban, Jérusalem*, Paris 1935 – 1969, S. 288; »caleçon«.

4   Der *Schāsch* (»le chèche«, arab.: *šāš)*: »Stück Stoff, das um die Turbankalotte geschlungen wird«: Reinhart P. A. Dozy, *Dictionnaire détaillé des noms des vêtements chez les Arabes*, Amsterdam 1845, S. 235. Genaue Definition des *qāwūq* nach dem deutschen Reisenden Seetzen: »Der *Kawúhk* besteht aus einer steifen, mit Baumwolle ausgestopften hohen Cylinder-Mütze, welche mit rothem oder anderem Tuche überzogen ist; um den unteren Rande desselben wird eine grosse Binde von einem blauen Schahl gewunden […]. Manche dieser *Kawúhke* sind oben etwas weiter als unten.« Nach Seetzen trugen Christen und Juden in Aleppo entweder den »Kawúhk« (*qāwūq*) oder den »Kalpak« (s. Anm. 47) oder den »Leffe«: Ulrich Jasper Seetzen, *Tagebuch des Aufenthalts in Aleppo (1803 – 1805)*, Hildesheim [usw.] 2011, S. 56. Siehe auch Adrien Barthélemy, *Dictionnaire Arabe-Français*, a.a.O., Anm. 3, S. 689.

5   Der Familienname, wenn es sich denn um einen solchen handelt, ist im Manuskript schwer zu lesen. Es geht vermutlich um einen Gefährten Hannas, der wohl auf den ersten, verschollenen Seiten erwähnt wurde, aber nicht unbedingt um Jussef, den Sohn von Schahin Schalabi (zweifelsohne der Bruder des in Istanbul niedergelassenen Schukri, siehe [146r]), von dem weiter unten [6v] die Rede ist.

6   Wort im Manuskript nur teilweise lesbar.

7   Arab.: *dīwānḫāna*.

8   *Nāqūz al-kbīr*, wie weiter unten die Glocke von Notre-Dame in Paris. Die Glocken waren in den Ländern des Islams im Prinzip verboten. Der *nāqūz* bezeichnete eine Holz- oder Eisenstange, die mit einem Hammer (Semantron, »Stundentrommel«) geschlagen wurde. Doch nach Aussage des französischen Franziskanerrekollekten gab es in der »Einsiedelei von Sankt Elisa« tatsächlich eine Glocke: Eugène Roger, *La terre saincte ou Description topographique très-particulière des saincts lieux, et de la terre de promission*, Paris 1646, S. 432.

9   Ǧirmānūs Farḥat (1670 – 1732). Aus Aleppo stammend, trat er sein Mönchsleben nach einer Pilgerfahrt nach Jerusalem im Jahr 1694 an. Er hielt sich von 1700 an vom Orden der libanesischen Mönche fern, bevor er sich 1705 mit ʿAbdallah Qarāʿalī und dessen Mönchen in Sankt Elisa zusammentat. 1711 reiste er nach Europa. Nach seiner Rückkehr 1712 wurde er von 1716 bis 1722 Generalvorsteher des Ordens. 1725 wurde er zum Bischof von Aleppo geweiht. Er wurde später unter anderem durch seine Übersetzung der *Geistlichen Übungen* des Ignatius von Loyola und der *Ejercicio de perfección y virtudes cristianas* (»Übung der christlichen Vollkommenheit und Tugend«) von Alfonso

Rodriguez ins Arabische, sowie verschiedener Werke, die dem geistlichen Weg gewidmet waren, bekannt: Nihād Razzūq, *Ġarmānūs Farḥat wa ᵓāṯāruhu*, Kaslīk 1998.

10 »sich deiner erbarmt«: vermutete Lesart und Übersetzung.

11 Das Kloster Mār ᵓAlīša' (Sankt Elisa) liegt in der Nähe von Bscharre, am höchsten
Punkt des Heiligen Tals (Qadīša). Man muss daher zunächst bis zu diesem Dorf gelangen, danach dem Qadīscha-Tal abwärts bis Zghorta folgen.

12 Die Regel verbietet den Mönchen tatsächlich, Fett zu essen und auf dem Rücken der
Maultiere zu reiten.

13 Hanna schreibt *ḥ(a)mēdī*. Die Ḥamāda sind ein schiitischer Stamm, der zu jener Zeit
die Herrschaft im Libanongebirge ausübte. Die osmanische Staatsmacht hatte ihnen
die Steuerpacht *(iltizām)* übertragen. Hanna scheint die Einschätzung der maronitischen Chronisten zu teilen, bei denen sie für Gewalt und Unrecht standen: Stefan
Winter, *The Shiites of Lebanon under Ottoman Rule (1516 – 1788)*, Cambridge 2010,
S. 68 – 74. Siehe auch das Bild, das der Chevalier Laurent d'Arvieux um 1660 von
ihren Truppen zeichnet, der bei ihnen »ein wildes Aussehen« feststellte (zit. bei
S. Winter, ebd., S. 85 – 86).

14 Hanna schreibt irrtümlich das Gegenteil: »damit ich nicht meinen Entschluss änderte,
den Orden zu verlassen …«

15 Abdallah Qarāʿali (1672 – 1742) war einer der jungen Aleppiner, die 1695 den Orden der libanesischen Mönche gründeten. Nach einer durch eine Spaltung zwischen
Dschibrāᵓil Ḥawwā, dem ersten Vorsteher des Ordens, und A. Qarāʿali im Jahr 1700
verursachten Krise wurde letzterer von 1702 bis zu seiner Ernennung zum Bischof
von Beirut 1716 Generalvorsteher des Ordens der Mönche des Libanon.

16 *Chawādscha (ḫawāǧa)*: Verbreitete respektvolle Bezeichnung für Fremde und einheimische christliche Händler. Hanna benutzt sie auch, um seine Arbeitgeber zu bezeichnen. *Chawādschki (ḫawāǧkī)* bezeichnet insbesondere die großen Händler; wir haben
im Allgemeinen auch so übersetzt (zum Beispiel in [10r]).

17 Rémuzat muss demnach auf den fehlenden ersten Seiten des Manuskripts erwähnt
worden sein. Die Rémuzat (oder Rémusat) sind eine große Marseiller Patrizierfamilie.
Louis Rémuzat ist 1686 in Aleppo erwähnt. Die Rémuzat stellten zwischen 1670 und
1757 nicht weniger als zehn hohe Magistratsbeamte der Stadt Marseille. Michel Vergé-Franceschi, *Marseille. Histoire et dictionnaire*, Paris 2013, S. 275. Gaston Rambert
(Hg.), *Histoire du commerce de Marseille*, Bd. 5: Robert Paris, *De 1660 à 1789. Le Levant*,
Paris 1957, S. 112, 232 – 235: Die Marseiller Handelshäuser schickten junge Familienmit-
glieder als Verwalter oder Handelsvertreter in levantinische Handelsniederlassungen.
Die Älteren waren die Familienoberhäupter, die in Marseille ansässig waren.

18 Hanna sagt (hier und an anderen Stellen) »zum Zeitpunkt des *salām*«, das heißt, »dem
Gebetsruf vom Minarett, kurz vor dem *ᵓadān* [Aufruf zum Gebet] vor Tagesanbruch«
(siehe Adrien Barthélemy, *Dictionnaire Arabe-Français*, a.a.O., S. 354).

19 Hanna benutzt *franǧī* für »Franke« (Abendländer) (Plur. *franǧ*) und »fränkisch«
(abendländisch), aber *fransāwi* für »Franzose« (Plur. *fransāwīye* oder *fransāwīyīn*) und
»französisch«. Für die französische Sprache sagt er *lisān al-fransāwi* oder *fransāwīya*,
für diejenige der Franken *lisān al-franǧī*; das Konsulat ist dasjenige der *fransāwīyīn*,
die Kleider sind *franǧ*.

20 Paul Lucas, *Deuxième voyage du Sieur Paul Lucas dans le Levant, octobre 1704 – septembre 1708*. Neuausg., vorgelegt v. Henri Duranton, Saint Étienne 2002, S. 164: »… nach
Aleppo, wo ich bei meinem alten Freund M. Sauron untergebracht wurde …« <Zit.
a. d. Frz. v. G. G.>. Paul Lucas war also vom 4. bis zum 24. März 1707 in Aleppo. Die
Familie Sauron taucht in der Liste der Marseiller Konsuln und Handelsvertreter auf,
allerdings für das 16. Jahrhundert (Michel Vergé-Franceschi, *Marseille. Histoire et dictionnaire*, a.a.O., S. 271 – 272). Hanna schreibt (soweit sich das beurteilen lässt, da die
kurzen Vokale nicht geschrieben werden) »Sirion« (und weiter unten, in [8r], »Siron«).

21 Hanna erwähnt den König von Frankreich und nennt ihn häufiger *ṣulṭān* (Sultan) als *malik* (König).

22 *Gdīš*, »gewöhnliches Pferd«, das heißt, ein »schlechtes Pferd«, ein »Klepper« (vgl. Adrien Barthélemy, *Dictionnaire Arabe-Français*, a.a.O., S. 738: *cheval barbe, cheval commun, distinct du cheval hongre* [Wallach]). Dieses Wort benutzt Hanna gewöhnlich für andere Reittiere der Karawanen als Esel und Maultiere. An den wenigen Stellen, wo er von edleren Pferden spricht, verwendet er andere Begriffe (zum Beispiel in [165v]).

23 *Masīḥī*. Diese Bezeichnung (von *Masīḥ*, »Messias«) taucht im Bericht Hannas in unterschiedlicher Form auf. So fragen ihn zum Beispiel die Bewohner von Zūq: »*Hal ʾantum masīḥīye?*« (»Seid ihr Christen?«, siehe weiter unten in [10v]). Zur Bezeichnung *naṣrānī*, siehe weiter unten und Anm. 27.

24 Das heißt, dass ein Christ aus Aleppo, der mit einer Karawane reist, einen weißen Turban aufsetzt, um nicht als Christ zu erscheinen. Siehe weiter unten (2. Kap., Anm. 5) zur Farbwahl des Turbans in Beirut.

25 Hanna verwendet das Wort *ṭāʾifa* (Plur. *ṭawāʾif*), »Berufsgruppe, ethnische Gruppe oder Glaubensgruppe«. Dieser zur Bezeichnung der unterschiedlichen christlichen Gemeinden gängige Begriff wurde zu jener Zeit allgemein mit »Nation« übersetzt.

26 *Franǧī*, siehe Anm. 19. Das heißt, dass er die lateinische Schrift beherrscht, in der die europäischen Sprachen, die er spricht, geschrieben werden.

27 Hanna verwendet hier die Bezeichnung *naṣrānī* (Plur. *naṣārā*), abgeleitet von *al-Nāṣīra*, »Nazareth«. Zur anderen Bezeichnung für Christen, *masīḥī*, siehe weiter oben Anm. 23. In Beirut gilt die Kleidervorschrift für die *naṣārā* nicht.

28 Gaston Rambert (Hg.), *Histoire du commerce de Marseille*, Bd. 5, a.a.O., S. 355: »Die fremde Währung, welche die Grundlage aller Zahlungen darstellte, sodass sie zur Zahlungseinheit schlechthin wurde, waren der Silberpiaster und seine Untereinheiten wie der Halbpiaster und Viertelpiaster. Die verbreitetste Vorlage für den Piaster war der holländische *risedale*, auch unter den Bezeichnungen Daller und holländischer Ecu (oder Taler) bekannt, der bei den Türken *aslani* oder *abukelb* hieß. […] Es war ein ziemlich schäbiges Geldstück, mehr rötlich als weiß wegen seines Kupfergehalts, der mitunter bis zu 50 Prozent erreichte.« <Zit. a. d. Frz. v. G. G.>.

29 *Maḫzam*.

30 Keftin, ungefähr 50 km östlich von Aleppo, liegt im Gebiet der »toten byzantinischen Städte«. Ungefähr 60 km südöstlich davon befindet sich das heutige Dischr al-Schughūr, das dem Dschisr al-Scheghl bei Hanna entsprechen muss.

31 Jean-Pierre Blanc war von 1697 bis 1707 Konsul in Aleppo: Gaston Rambert (Hg.), *Histoire du commerce de Marseille*, Bd. 5, a.a.O., S. 224. Die Familie Blanc hatte bis ins 18. Jahrhundert Repräsentanten in Tripolis.

32 Der Chān al-Ghummaīda *(ḫān al-Ġummaiḍa)* in Tripolis wurde seit 1518 durch ein *waqf* (unveräußerliche Stiftung zu einem frommen Zweck oder, wie hier, zur Gemeinnützigkeit) finanziert. Er hatte verschiedene Namen und ist heute unter dem Namen *ḫan al-ʿaskar*, »Soldatenchan«, bekannt.

33 ʾŪḏābāšī, wörtlich »Kammermeister«, ist ursprünglich der militärische Grad des Stubenältesten und somit des Verantwortlichen für eine Einheit von Janitscharen (siehe [48r]). Der Begriff kann auch andere Grade bezeichnen [160v] und, im weiteren Sinn, den Herbergsvorsteher in einem Chan wie hier oder in einer *qaiṣarīya* [159v].

34 Ein Jean Roman ist um 1700 in Accra nachgewiesen.

35 Wenn Hanna von orientalischen Geistlichen spricht, nennt er sie *ʾabūnā*, »mein [wörtlich ›unser‹] Vater«. Spricht er von europäischen Ordensgeistlichen, verwendet er das italienische Wort *bādreh (padre)*.

36 Es handelt sich um Pater Elia Giacinto di Santa Maria, einen Karmeliter Barfüßermissionar französischer Herkunft, dessen Berichte an die Kongregation für die Verbrei-

tung des Glaubens *(Congregatio de Propaganda Fide)* zwischen 1705 und 1710 bekannt sind: Bernard Heyberger, »Rapport d'un missionnaire carme déchaux de Tripoli (Syrie) à son supérieur, sur une tournée missionnaire effectuée parmi les nusayrī-s (1709)«, in: Chantal Verdeil (Hg.), *Missions chrétiennes en terre d'islam*, Turnhout 2013, S. 80 – 94. Die Karmeliter bewohnten im Gebirge in der Nähe des Maroniten-klosters Sankt Elisa eine Einsiedelei.

2. KAPITEL

1 Hanna benutzt *kawālīr*, vgl. ital. *cavaliere*.

2 Die Familie der Chāzin *(Ḫāẓin)* beherrschte zu jener Zeit die Region des Kesruan und besaß das Privileg, Steuern für den Sultan zu erheben. Zūq Mikail ist ein kleiner Marktflecken, der damals namentlich durch den Seidenexport zu einiger Blüte kam. Zur Zeit von Hannas Durchreise unterstand der Ort dem Befehl von Ṭarabāi Al-Ḫā-zin oder dessen Sohn Mūsā: Richard van Leeuwen, *Notables and Clergy in Mount Le-banon. The Khāẓin Sheikhs and the Maronite Church (1736 – 1840)*, Leiden 1994, S. 84, 247 – 255, *passim*. Der hier erwähnte Chevalier Hanna könnte Gio Battista del Giu-dice *alias* Šidyāq Ḥannā Al-Muḥāsib gewesen sein, in den französischen Archiven als Jean-Baptiste Judicy bekannt und von Schaich Hossun (arab. *Ḥuṣn*) Al-Ḫāzin nach Versailles geschickt, um dort seine Gesuche vorzubringen. In dem ihm 1701 ausge-stellten Pass wird er als »Chevalier« bezeichnet: René Ristelhuber, *Traditions françai-ses au Liban*, Paris 1918, S. 157 – 167. Die Maroniten waren sehr begierig nach Orden-stiteln aus Rom und Paris, nach »chevalier de l'Éperon d'or«, »de Saint-Lazare« oder »de Saint-Pierre«: Bernard Heyberger, »Chrétiens orientaux dans l'Europe catholique (XVIIᵉ–XVIIIᵉ siècles)«, in: Bernard Heyberger, Chantal Verdeil (Hg.), *Hommes de l'entre-deux. Parcours individuels et portraits de groupes sur la frontière de la Méditer-ranée (XVIᵉ–XXᵉ siècle)* Paris 2009, S. 66, Anm. 17.

3 Ein Hinweis darauf, dass es damals keine einheitliche Regelung für das Fasten in der Fastenzeit bei den Christen gab: Bernard Heyberger, »Les transformations du jeûne chez les chrétiens d'Orient«, in: Catherine Mayeur-Jaouen, Bernard Heyberger (Hg.), *Le corps et le sacré en Orient musulman*, *Revue des Mondes Musulmans et de la Méditerranée*, Nr. 113 – 114, 2006, S. 267 – 285.

4 Zum Fasten gehört strenge Abstinenz: Das Mahl wird ohne tierische Produkte aufge-tischt *(ẓafar)*.

5 Blau war die Farbe der Christen. Aber in Beirut herrschte eine Freiheit, die es in Aleppo nicht gab. Die grüne Farbe war in der Regel den Scherifen vorbehalten, An-gehörigen einer angeblichen Abkunft vom Propheten Muhammad, die sehr bedacht auf ihre Privilegien waren. Siehe auch weiter unten [11v] die Kleidung der Scheiche der Ḥāzin und ihrer Truppe.

6 Arab.: *līwān (= 'īwān)*.

7 *Jänse* und *jänese*: »Flortuch, Schleier«, siehe Leonhard Bauer, »Kleidung und Schmuck der Araber Palästinas«, *Zeitschrift des Deutschen Palästina-Vereins*, 24 / 1, 1901, S. 32 – 38, vgl. S. 35, Kol. 1, Zeile 32. *Yānes* siehe Claude Denizeau, *Dictionnaire des parlers arabes de Syrie, Liban et Palestine (supplément au Dictionnaire arabe-français de A. Barthélemy)*, Paris 1960, S. 562 (zitiert Leonhard Bauer, »Kleidung und Schmuck …«, a.a.O.).

8 *'Angǝrli* »aus Angora« (vgl. Adrien Barthélemy, *Dictionnaire Arabe-Français*, a.a.O., S. 17).

9 Arabisch: *sarbandāt: sar-band*, persisches Wort mit der Bedeutung »Turban«. Fran-cis Joseph Steingass, *A Comprehensive Persian-English Dictionary. Including the Arabic*

Words and Phrases to Be Met with in Persian Literature, Being, Johnson and Richardson's Persian, Arabic, and English Dictionary, Revised, Enlarged, and Entirely Reconstructed, London 1892, S. 670.

10 Die Ḥāzin besaßen den *iltizām*, das heißt die Steuerpacht im Kesruan. Der *mīri* war eine Grundsteuer, mit deren Zuteilung und Beitreibung sie betraut waren. Sie übten seit 1658 für die Handelsniederlassung von Beirut die Funktion von Vizekonsuln Frankreichs aus, was ihnen das Recht gab, Zölle auf den Warenverkehr mit Frankreich zu erheben: Richard van Leeuwen, *Notables and Clergy in Mount Lebanon*, a.a.O., S. 82−85.

11 Die Kirche Saint-Georges (Sankt Georg), die an den Sieg des Heiligen über den Drachen erinnerte, wurde 1661 in eine Moschee umgewandelt. Möglicherweise hatte Hanna die Höhle betreten und unterließ es, die Moschee zu erwähnen. Bernard Heyberger, *Les chrétiens du Proche-Orient au temps de la Réforme catholique*, Rom 1994, S. 55, Anm. 29.

12 Der »Kalpak« oder »Kolpak« ist eine Mütze, die von den Christen des Landes getragen wurde, während das Unterscheidungsmerkmal der fremden »Franken« eher der Hut war. Genaue Beschreibung des Reisenden Seetzen: »Der *Kalpak* ist eine steife, mit Baumwolle ausgestopfte cylindriche oder in der Mitte bauchigte Mütze, welche mit schwarzen, fein gekräuselten Lämmerpelze überzogen ist. Die obere weiche Kappe besteht aus rothem Tuche.« (Ulrich Jasper Seetzen, *Tagebuch* …, a.a.O., S. 56). Es kam vor, dass die Christen Aleppos nicht den Kalpak tragen wollten, sondern den *Schäsch* vorzogen. Bei seiner Rückkehr durch Anatolien wurde Hanna, der wie ein Franke gekleidet war und einen Kalpak aus Pelz trug, für einen Arzt gehalten (siehe weiter unten [154v]).

13 *Maʿṣarāni*: »ouvrier qui exprime l'huile de sésame« [Arbeiter, der Sesamöl auspresst] (Adrien Barthélemy, *Dictionnaire Arabe-Français*, a.a.O., S. 533).

14 Die *Masrīye* oder *Para* ist eine osmanische Silbermünze ägyptischer Herkunft, die zu einer gängigen Zahlungswährung wurde. 20 Para sind ein Piaster *(qirš)*. Şevket Pamuk, *A Monetary History of the Ottoman Empire*, Cambridge 2000, S. 100, 166.

15 Entsprechend *Sulaimān*, König Salomon.

16 Das Gebirge hinter Beirut und im Süden von Beirut (Metn und Dschūf) war mehrheitlich von Drusen bewohnt und wurde von ihnen regiert.

17 *Bāzərgān*: »marchands étrangers, turcs ou persans« [fremde Händler, türkische oder persische] (Adrien Barthélemy, *Dictionnaire Arabe-Français*, a.a.O., S. 26).

18 Hanna sagt »Mönche von *Sakalant*«. Es handelt sich um *Zoccolanti*, wörtlich »Holzschuhträger«, ein Zweig der Minoritenbrüder der Franziskanerobservanz. Die Minoritenbrüder waren in der Region an verschiedenen Orten zugegen, die der Franziskanerprovinz der *Terra Santa* zugeordnet waren.

19 Hanna sagt: *ḫazmatkār*.

20 *Kunya*, klassisch: Teil des Namens, der auf den Vornamen des Sohnes weist, dem ʾabū, »Vater von …«, vorangeht; hier jedoch, entsprechend dem modernen Gebrauch, »Familienname, Patronym«.

3. KAPITEL

1 Paul Lucas (*Deuxième voyage*, a.a.O., S. 185) behauptet seinerseits, Saida am 9. Juni verlassen zu haben.

2 Die Schaitīye *(šaiṭīya)* ist ein kleineres Boot mit Segel. Hanna schreibt auch *šaiṭa* und *šaiqa*.

3 *Rūm*. Dieses Wort bezeichnet im weitesten Sinn die Griechen (von Griechenland,

von Zypern wie hier, hellenisierte Lateiner, unter Umständen auch orthodoxe venezianische Bürger usw.; die Griechen aus Istanbul waren häufig turksprachig); siehe [18r] und [150r]. Das Adjektiv *rūmī* bezeichnet einzig die griechische Sprache ([14v], [16r], [16v]). Das Substantiv *Rūmī* hingegen bezeichnet einen »Okzidentalen« ([31v] im Fayūm; [51v] in Tunesien). *Krīkī*, Plural *Krīkiyye*, bezeichnet insbesondere einen Griechisch-Orthodoxen, für Hanna ein Häretiker, »Ketzer« ([16r], [16v], [19r], [149v]), bis auf entgegenlautende genauere Angaben ([16v] und Anm. 67). Das Kollektiv davon ist *Krīk*: Es kann in Verbindung mit *Rūm* auftreten (siehe [14v]). Wenn Hanna von den griechischen Philosophen der Antike spricht, verwendet er das Adjektiv *yūnānī* ([20r], [60r]).

4 Hanna verwendet den arabischen Namen *al-Milāḥa*.

5 Dieser Ausdruck (Adrien Barthélemy, *Dictionnaire Arabe-Français*, a.a.O., S. 314) besagt, dass er nichts von dem verstand, was um ihn herum geschah.

6 Eine Schweineherde war für einen Aleppiner Christen wie Hanna etwas Neues. Es gibt auch andere Beispiele, in denen Reisende aus Syrien von ihrer ersten Begegnung mit Schweinen berichten. Die Schweinezucht war in Zypern ziemlich bedeutend, jedoch auf die christlichen Gebiete beschränkt: Ronald C. Jennings, *Village Life in Cyprus at the Time of the Ottoman Conquest*, Istanbul 2009, S. 86 – 87.

7 Die Familie Callimeri ist recht gut bekannt. Interessant, dass Hanna ihn für einen »Franken« hielt, was zweifelhaft scheint. Antonio Callimeri, ehemaliger Zögling des griechischen Kollegs Sankt Athanasius in Rom, war Dolmetscher, Dragoman, Schutzbefohlener Frankreichs und 1703 Prokurator, d. h. Vermögensverwalter der Brüder des Heiligen Landes in Zypern. Aber ein Konflikt mit der »französischen Nation« der Insel sorgte dafür, dass er diesen Schutz 1705 verlor, ebenso wie sein Sohn Denores. Er verlor auch das Recht, sich *alla franca* zu kleiden. Dann wurde er angeklagt, halb griechisch, halb katholisch zu sein. Aber vor dem Konsulat von Tripolis erklärte er am 24. Februar 1708, »römisch-katholischer Händler« zu sein: Bernard Heyberger, »Les nouveaux horizons méditerranéens des chrétiens du *bilād al-šām* (XVIIᵉ–XVIIIᵉ siècle)«, in: *Arabica*, Bd. 51, Okt. 2004, S. 446 – 449.

8 Eine maronitische Gemeinde in Zypern ist seit 1192 belegt. Ab dem 16. Jahrhundert war sie demographisch am Schwinden. Ihre Mitglieder waren danach insbesondere Zielscheibe von Demütigungen durch die Griechen, die versuchten, sich ihrer Kirchen zu bemächtigen. Manche konvertierten nach der Eroberung der Insel durch die Osmanen (1571) auch zum Islam. Eine Gruppe dieser Konvertiten trat im 19. Jahrhundert als »krypto-christlich« in Erscheinung. Von 1690 bis 1759 versahen die Franziskaner den seelsorgerischen Dienst für die Maroniten der Insel. Siehe G. Hourani, »A Reading in the History of the Maronites of Cyprus from the Eighteenth Century to the Beginning of British Rule«, in: *The Journal of Maronite Studies*, 2/3, Juli 1998, http://www.maroniteinstitute.org/MARI/JMS/july98/A_Reading_in_the_History.htm

9 Der Blick in den Nachbarhof, insbesondere, um die Frauen dort zu beobachten, ist ein häufiges Konfliktthema unter Nachbarn: Abraham Marcus, »Privacy in the Eighteenth-Century Aleppo: The Limits of Cultural Ideals«, in: *International Journal of Middle Eastern Studies*, 18, 1986, S. 165 – 183.

10 *Krīkī* (siehe Anm. 4), sogleich »korrigiert« durch »christlich« *(masīḥī)* und vor allem »katholisch« *(kātūlīkī)*.

11 Hanna verwendet nicht die arabischen Begriffe *muslim* und *rūmānī*, sondern die italianisierenden (sich reimenden) Formen *musulmān* und *rūmān*, die er sicherlich gehört hatte.

12 Eine interessante Bemerkung zum Islamisierungsprozess auf der Insel oder aber schlichtes Vorurteil der Katholiken gegen die Griechen. Zum Islam konvertierte und mit einem Muslim verheiratete Frauen waren offenbar ziemlich zahlreich: Ronald C.

Jennings, »The Women of the Island«, in: Ders., *Christians and Muslims in Ottoman Cyprus and the Mediterranean World, 1571 – 1640*, New York/London 1993, S. 29 – 30.

13   Hanna verwechselt vermutlich zwei nebeneinanderliegende Gebäude: Die lateinische Kirche der Heiligen Sophia, die in eine von Minaretten flankierte Moschee umgewandelt wurde, und die danebenliegende griechische Kirche des Heiligen Georg, die, in einen Markt *(Bedestān)* umgewandelt, von einer Kuppel überwölbt und mit einer reich geschmückten Hauptfassade mit drei behauenen Portalen ausgestattet ist. Wir bedanken uns bei Gilles Grivaud, der uns geholfen hat, diesen Punkt zu klären. Zum osmanischen Nikosia siehe Ronald C. Jennings, »Lefkosha«, in: *Encyclopédie de l'Islam*, II, Bd. 5, 1983, S. 716 – 719.

14   Der *ʿuṭmānī* war eine Silbermünze im Wert von 1 *Akçe*. 2 *Akçe* sind ein *Para*. Şevket Pamuk, *A Monetary History*, a.a.O., S. 99. Hanna sagt weiter unten [127v], dass sie 4 *Tscherq* wert sei. Zum Vergleich die Feststellung, dass der syrische Gelehrte Al-Muḥibbī (gest. 1699) in seiner *Ḫulāṣat al-ʾaṭar fī ʾaʿyān al-qarn al-ḥādī ʿašar* (ersch. Kairo, o. D., Bd. 4, S. 31 – 32) angibt, Muḥammad al-Baġdādī (gest. 1607) habe ein Jahrhundert davor 40 *ʿUthmānī* pro Tag dafür erhalten, dass er sich um nichts anderes als um seine wissenschaftliche Tätigkeit kümmerte (zit. bei Abdul Azim Islahi, *A Study on Muslim Economic Thinking in the 11th AH/17th CE Century*, Dschidda 2008, S. 32).

15   Hier kommen für einen Christen aus Aleppo mehrere schockierende Elemente zusammen: der Verkauf von Wein und Schweinefleisch durch unverschleierte Frauen in den Straßen. In Bezug auf die Frauen gehen die Aussagen von Reisenden auseinander, aber Richard Pococke bestätigt Hannas Wahrnehmung: Die Frauen »sind unverschleiert und stellen sich auf eine Weise den Blicken zur Schau, die in diesen Ländern als unziemlich gilt« (zit. bei Ronald C. Jennings, »The Women of the Island«, a.a.O., S. 16 <a. d. Engl. v. G. G.>).

4. KAPITEL

1   Paul Lucas (*Deuxième voyage*, a.a.O., S. 186) behauptet, Zypern am 10. Juli 1707 verlassen zu haben. Maurice Martin (»Souvenirs d'un compagnon de voyage de Paul Lucas en Égypte (1707)«, in: Jean Vercoutter (Hg.), *Hommages à la mémoire de Serge Sauneron, 1927 – 1976*, Bd. 2: *Égypte post-pharaonique*, Kairo 1979, S. 472) meint, das von Hanna angegebene Datum im Juni sei wahrscheinlicher, da dieser bemerkt, dass die jährliche Nilflut Rosetta und Kairo noch nicht erreicht habe, während er sie flussaufwärts, Richtung Fayūm, ausführlich beschreibt. Die Nilflut begann in Kairo Mitte Juli und erreichte ihren höchsten Punkt gegen Ende des Monats.

2   Arab. *zift* und *qaṭrān*. Paul Lucas (*Deuxième voyage*, a.a.O., S. 186) erwähnt in diesem Hafen eine Ladung Pech. Aber ihm zufolge ging dem Aufenthalt in Paphos ein Zwischenhalt in Limassol voraus.

3   *ʿAlā kīs al-mīri*. Möglicherweise handelt es sich hier um eine Anspielung auf ein Vorschusssystem auf die Ernte: Der osmanische Gouverneur hätte sich in diesem Fall bei den fränkischen Händlern verschuldet, die sich, indem sie die Ernte direkt bei den Bauern kauften, auf diese Weise ihr Geld, das sie dem Gouverneur geliehen hatten, zurückholten. Zum *mīri*, siehe 2. Kap, Anm. 10.

4   Wir übersetzen *qinṭār* mit »Quintal«. Der *qinṭār* ist ein Gewichtsmaß, aber auch ein Hohlmaß (vor allem für Öl), wie der Quintal in Europa (Adrien Barthélemy, *Dictionnaire Arabe-Français*, a.a.O., S. 685). Das Wort *fawġīye* bedeutet wahrscheinlich »Fass«, »Weinfass«, »Holzfass« und scheint hier sowohl das Behältnis als auch das Maß zu bezeichnen. Wir übersetzen es mit »Fass«.

5   Giovanni Mariti, *Del vino di Cipro*, Florenz 1777, S. 75: »Die Versendung dieser Art Ware nach Europa geschieht in Fässern, die in der Regel um siebzig Guze Wein, das heißt etwa siebzehneinhalb unserer Fässer enthalten« <a. d. Frz. v. G. G.>. Einzelheiten zur Herstellung von Fässern für die Verladung auf Schiffen: S. 81 – 83.

6   Arab. *dabbābāt*. Man könnte an »Reptilien« denken, vgl. jedoch die Passage [31v].

7   Es handelt sich um den sog. Kleopatra-Obelisken (auch »Nadel der Kleopatra«), von Claude Sicard »*obélisque du Roy Mesphée dit de Cléopâtre*« genannt, siehe Claude Sicard, *Œuvres*, Bd. III: *Parallèle géographique de l'ancienne Égypte et de l'Égypte moderne*, vorgelegt u. m. Anmerkungen versehen v. Serge Sauneron und Maurice Martin, Kairo 1982, S. 52 – 53.

8   Es handelt sich vermutlich um die bekannten Höhlengräber: Claude Sicard, *Œuvres*, Bd. III, *Parallèle géographique de l'ancienne Égypte et de l'Égypte moderne*, a.a.O., S. 52.

9   Claude Sicard, *Œuvres*, Bd. III: *Parallèle géographique de l'ancienne Égypte et de l'Égypte moderne*, a.a.O., S. 48: »mit wunderbaren, schön gewölbten und gut zementierten Zisternen, die eine unterirdische Stadt gebildet haben mussten« <a. d. Frz. v. G. G.>. Siehe auch die Kommentare dort in Anm., S. 57 – 58. Grabhöhlen und Zisternen sind in Paul Lucas' erster Reise erwähnt: Paul Lucas, *Voyage du Sieur Paul Lucas dans le Levant, juin 1699 – juillet 1703*, Neuausg. vorgelegt v. Henri Duranton, Saint-Étienne 1998, S. 51.

10   Im Arabischen *baḥr al-Nīl*, »das Meer des Nils«, wegen der Menge Wasser. Die Wendung wird auch für andere große Flüsse gebraucht.

11   *Boutargue* oder *Poutargue*: Meeräschenrogen, die gesalzen und an der Luft getrocknet werden.

12   Claude Sicard, »Lettre du Père Sicard de la compagnie de Jésus, Missionnaire en Égypte, à Monsieur *** sur les différentes pêches qui se font en Égypte«, in: Ders., *Œuvres*, Bd. II, a.a.O., S. 189 – 198, über die Arten des Fischfangs, S. 191: »Die Art des Fischfangs ist eigenartig und recht ergötzlich. Die Fischer umgeben Einfriedungen aus Rohr, die sie im See eingepflanzt haben, mit einem Gitter oder einem länglichen Netz, um den Fisch hineinzulassen und zurückzuhalten. Diese Einfriedungen werden Gabés genannt. Jeder Fischer ist Besitzer einer oder mehrerer solcher Gabés« <a. d. Frz. v. G. G.>.

13   *Rənğbāl*: »Wer bei einem Arbeitgeber für seinen Lebensunterhalt arbeitet; Menschen der arbeitenden Klasse, Handwerker; im weiteren Sinn auch: bescheidene Leute. Türk./pers. *ranğber*« <a. d. Frz. v. G. G.> (Adrien Barthélemy, *Dictionnaire Arabe-Français*, a.a.O., S. 269).

14   Assiut ist eine Stadt in Oberägypten (Saïd), ungefähr 375 Kilometer südlich von Kairo. Die Weberei ist dort heute noch ein wichtiges Gewerbe. Weiße und blaue Leinentücher waren Exportprodukte, welche die Franzosen in Ägypten an Bord nahmen: Michel Fontenay, »Le commerce des Occidentaux dans les Échelles du Levant au XVIIe siècle«, in: Ders., *La Méditerranée entre la Croix et le Croissant. Navigation, commerce, course et piraterie (XVIe–XIXe siècle)*, Paris 2010, S. 151 – 208.

15   Paul Lucas (*Voyage du Sieur Paul Lucas*, a.a.O., S. 53) nennt dieses Fahrzeug »germe« und gibt dafür folgende Definition: »Das ist ein kleines, flaches Schiff mit einem großen Lateinersegel. Es nimmt gut Fahrt auf, solange es vor dem Wind segelt, desgleichen nimmt es keine Fahrt auf, wenn der Wind nicht günstig steht« <a. d. Frz. v. G. G.>. Siehe auch Gaston Rambert (Hg.), *Histoire du commerce de Marseille*, Bd. 5, a.a.O., S. 379.

16   *Būḡāẓ baḥr al-Nīl*: Damit ist die Mündung des westlichen Nilarms im Delta bei Rosetta (Raschid) gemeint, auch arab. *maṣabb al-Nīl* oder *maṣabb al-Rašīd*.

17   Paul Lucas (*Voyage du Sieur Paul Lucas*, a.a.O., S. 53) macht die gleiche Beobachtung und präzisiert, dass diese »Nileingänge« *»les Boûcas«* genannt werden. Über die

Schwierigkeiten beim Verlassen des Hafens und bei der Einfahrt in den Hafen von Alexandria siehe Gaston Rambert (Hg.), *Histoire du commerce de Marseille*, Bd. 5, a.a.O., S. 380 – 381.

18 Hier erinnert sich Hanna bei der Beobachtung der Nilmündung an eine Geschichte, die ihm in Aleppo über die Schifffahrt im Indischen Ozean erzählt worden sein muss. Verbindungen zwischen Aleppo und dem Indischen Ozean waren tatsächlich recht häufig.

19 Paul Lucas (*Deuxième voyage*, a.a.O., S. 207) erwähnt die Gastfreundschaft von Monsieur Durand auf seiner Rückreise von Kairo am 16. Oktober: »[…] ich wohnte bei M. Durand, der mich freundlich aufnahm« <a. d. Frz. v. G. G.>. Er hatte Paul Lucas bereits auf dessen vorangegangener Reise (25. August 1699) aufgenommen: Paul Lucas, *Voyage du Sieur Paul Lucas*, a.a.O., S. 53.

20 Ohne *sitār* und ohne *ġaṭā*: »verhüllender Umhang […], mit dem die syrischen Frauen Kopf und Oberkörper bedecken« <a. d. Frz. v. G. G.> (Adrien Barthélemy, *Dictionnaire Arabe-Français*, a.a.O., S. 578).

21 Paul Lucas, *Voyage du Sieur Paul Lucas*, a.a.O., S. 53: Rosetta ist »der Ort der Wonnen und der angenehmste in ganz Ägypten« <a. d. Frz. v. G. G.>. Zur Lebensqualität in Rosetta: Gaston Rambert (Hg.), *Histoire du commerce de Marseille*, Bd. 5, a.a.O., S. 380.

22 Hanna schreibt hier *wāḥīd min al-ġuzz*, »einer von den Ghuzz«, danach verwendet er den Singular *ġuzzi* dieser Kollektivbezeichnung (vom türkischen *Oġuz*), womit die Mitglieder der regierenden osmanischen Kaste bezeichnet werden, siehe El-Said Badawi, Martin Hinds, *A Dictionary of Egyptian Arabic, Arabic-English*, Beirut 1986, S. 621.

23 Der berühmte Al-Ramliyya-Platz befindet sich am Fuß der Zitadelle.

24 *Sanǧaq* (Plur. *sanāǧiq*): Der *Sandschaq* ist der Gouverneur der Unterabteilung einer osmanischen Provinz, die auch *Sandschaq* heißt.

25 Hanna schreibt merkwürdigerweise *zafarǧal* (desgl. [24r]), vermutlich aufgrund der Verwechslung mit einem Wort, das ihm bekannter war: *safarǧal*, »Quitte«. Der richtige Begriff ist *zabarǧad*, aus dem Persischen (vgl. mit griech. *smaragdos*, »Smaragd«). Der Olivin (Chrysolit, Peridot) ist in Ägypten besonders verbreitet, wo er seit der Antike bekannt ist. Er kommt auf der kleinen Insel Sankt Johannes im Roten Meer vor, in der Antike Topazios, die heute eben Zabargad heißt. Im ägyptischen Arabisch bedeutet *zabargad* »Olivin«, »Aquamarin« oder auch »Topas« (El-Said Badawi, Martin Hinds, *A Dictionary of Egyptian Arabic*, a.a.O., S. 364).

26 Charalambia Coquin, *Les édifices chrétiens du Vieux-Caire*, Kairo 1974, S. 137 – 144. Der von Hanna genannte Ort *dair rīḥān al-qiddīs* (Kloster Sankt Rīḥān) besteht aus einer kleinen, der Jungfrau Maria geweihten Kirche mit dem Beinamen *Qaṣrīyāt al-rīḥān* (»Basilikumtopf«) in Alt-Kairo, nicht weit entfernt von der Kirche des Heiligen Sergios ('Abū Sarǧa), die Hanna als das »Haus der Jungfrau« bezeichnet.

27 Im Evangelium steht nicht, dass die Heilige Familie sieben Jahre lang in Ägypten gelebt hat, und bezeichnet auch den Ort nicht: Mat. 2,13 – 23. Möglicherweise bezieht Hanna sich auf koptische Apokryphen.

28 Das »Haus der Jungfrau« ist identisch mit der Kirche des Heiligen Sergios in Alt-Kairo und zählt »offiziell« zu den etwa zwanzig Orten in Ägypten, wo die Jungfrau Maria auf ihrer Flucht Station gemacht haben soll: Otto F. A. Meinardus, *Coptic Saints and Pilgrimages*, Kairo/New York 2002, S. 83; Charalambia Coquin, *Les édifices chrétiens du Vieux-Caire*, a.a.O., S. 87 – 113. In der Krypta dieser letztgenannten Kirche, die den Kopten gehört, war es den Franziskanern vermutlich seit dem 14. Jahrhundert erlaubt, die Messe zu lesen (ebd., S. 100 – 102). Paul Lucas, *Voyage du Sieur Paul Lucas*, a.a.O., S. 103, sagt, dass Alt-Kairo anderthalb Meilen entfernt sei. Er gibt eine genaue Beschreibung der Krypta.

29 Genesis, 41,37 – 57.

30 Hanna schreibt *sarankīlī (srangīlī)* für *(i)strangīlī* (siehe weiter unten, [29r] und 4. Kap., Anm. 46 und spricht etwas verwirrend von Sprache, während es sich um einen Schrifttypus handelt. Das Estrangelo ist die älteste Form der syrischen Schrift (das älteste bekannte datierte Manuskript wurde 411 n. Chr. in Edessa geschrieben). Der Gebrauch dieser Schrift hat sich bis ins Mittelalter erhalten, selbst noch nach dem Erscheinen anderer Schriftformen. Zur Zeit Hannas war Serto die gebräuchlichste Schrift. Es wurden jedoch auch in moderner Zeit weiterhin syrische Texte in Estrangelo gedruckt. Die Etymologie des Wortes ist unsicher. Im Bericht von Paul Lucas für den Minister Pontchartrain über die mitgebrachten Dinge heißt es: »eine Rolle, auf Hebräisch, welche das Pentateuch ist« <a. d. Frz. v. G. G.>: Henri Omont, *Missions archéologiques françaises en Orient aux XVIIe et XVIIIe siècles*, Bd. 1, Paris 1902, S. 346.

31 Paul Sebag, *Tunis: histoire d'une ville*, Paris 1998, S. 167 – 168: »Der *Riyāl* [...] kommt vom spanischen Real, der in Spanien im 17. Jahrhundert das wichtigste Silbergeld war [...]. Das spanische Geld war anstelle einer nationalen Währung im Umlauf und diente gleichzeitig als Wertmaß und als Zahlungsmittel sowohl für Zahlungen im Inneren des Landes als auch für internationale Zahlungen. Was als *Riyāl* bezeichnet wurde, war das spanische Geldstück von acht Real. Sein Wert entsprach demjenigen von 52 nāsrī oder Aspern, die im Land geprägt wurden« <a. d. Frz. v. G. G.>. Siehe auch Gaston Rambert (Hg.), *Histoire du commerce de Marseille*, Bd. 5, a.a.O., S. 356.

32 André Raymond: *Grandes villes arabes à l'époque ottomane*, Paris 1985, S. 46, 233 – 234. *Wakāla*: ein typischer Kairener Begriff, der ein mit Toren verschlossenes Gebäude bezeichnet, das den Händlern als Unterkunft dient (eine Art von Chan oder Karawanserei). Er entspricht der *Qaisarīye (qaiṣarīya)*, ein Name, der vor allem in Aleppo Anwendung fand. Auf seiner Rückreise mit einer Karawane von Istanbul nach Aleppo übernachtete Hanna mehrmals in einer *qaiṣarīya*.

33 Hanna schreibt *al-marāmāt* für *al-h(a)rāmāt*.

34 Hanna schreibt *Ğabal Tūr* (für *Ṭūr*) *Sīnā*, was traditionsgemäß (vgl. z. B. Koran 95,2 und 52,1) den Berg Sinai (heute *Ğabal Mūsā*, »Berg des Moses«) bezeichnet. Siehe E. Honigmann, C. E. Bosworth, »Ṭūr (al-)«, in: *Encyclopaedia of Islam*, 2. Aufl., Bd. 10, Fasz. 175 – 176, Leiden 2001, S. 715 – 717.

35 Arab. *ḥağīn 'aṣrāwī*. Ein *ḥağīn* ist ein Rennkamel oder Reitkamel, Dromedar, siehe Adrien Barthélemy, *Dictionnaire Arabe-Français*, a.a.O., S. 864. Für *'aṣrāwī* (von *'aṣara*, »zehn«) siehe A. de Biberstein Kazimirski, *Dictionnaire arabe-français*, Paris 1846, Bd. 2, S. 262: *'awāsir*, »Kamele, die gewohnt waren, nur alle zehn Tage zu trinken«, und Reinhart P. A. Dozy, *Supplément aux dictionnaires arabes*, 2 Bde., Leiden 1881, Bd. 2, S. 130: *ḥuğun 'uṣārā* (nur mit »Dromedare« übersetzt). Es handelt sich offensichtlich um Tiere, die wenig trinken und schnell laufen.

36 Mit dem Said wird Oberägypten bezeichnet.

37 Hanna scheint offenbar nicht zu wissen, dass sein Meister auf seiner vorhergehenden Reise bereits den Nil bis Assuan bereist hatte; Paul Lucas, *Voyage du Sieur Paul Lucas*, a.a.O., S. 62 – 98, Maurice Martin, »Souvenirs d'un compagnon de voyage de Paul Lucas en Égypte (1707)«, a.a.O., S. 473, Anm. 1, und Gaston Rambert (Hg.), *Histoire du commerce de Marseille*, Bd. 5, a.a.O., S. 386 – 387. Eine Reise nach Äthiopien und in den Sudan konnte nicht ernsthaft geplant gewesen sein, nachdem eine offizielle Expedition unter dem Patronat des Konsuls Maillet und des Ministers Pontchartrain aufgrund des Mordes an Le Noir du Roule und den Mitgliedern seiner Mission 1705 gerade gescheitert war.

38 Es handelt sich um Pater Giovanni Battista della Fratta, der seit 1688 als Missionar im Fayūm lebte. Vgl. weiter unten Anm. 56 und 57.

39 D. h. der Nil (siehe Anm. 10).

40   Arab. *baqaṣmāt*. Dieses alte Lehnwort (vgl. die griechischen *paximathía*) bezeichnet eine Art harten Zwieback aus Mehl und Getreide in dicken, viereckigen Stücken, der getrocknet und im Ofen gebacken wird. Es ist das »Brot des Krieges« oder der »Schiffszwieback«.

41   Genesis, 47,1 – 2 erwähnt das Fayūm nicht ausdrücklich.

42   Gemeint ist der Damm des sog. Josefskanals, arab.: *ẓahr Yūsuf* <A. d. dt. Ü.>.

43   Maurice Martin, »Souvenirs […]«, a.a.O., S. 473, spricht vom »Josefsdamm«, Damm von el-Lahūn genannt. Es handelt sich um den Wasserfall der Schleuse. Paul Lucas, *Deuxième voyage*, a.a.O., S. 186 – 187: »An einem Ort mit Namen Laon angekommen, wo man gewöhnlich anlegt, gingen wir an Land und ließen unsere Sachen und Waren transportieren, […] um sie in ein anderes Boot auf einem anderen Kanal des Nils zu bringen, der direkt zum Fayūm führt. Dieser Kanal nimmt das Wasser des Nils unter einer schönen Brücke mit drei Bögen auf, neben der das Wasser wie in einen Abgrund hinunterstürzt. […] An diesem Abgrund fängt man sehr große Fische« <a. d. Frz. v. G. G.>. Zu den Schleusen, der Joseflegende usw. siehe auch P. M. Holt, »Fayyūm (al-)«, in: *Encyclopédie de l'Islam*, 2. Aufl., Bd. 2, Leiden 1977 [Lieferung 35 – 37, 1964], S. 893.

44   Claude Denizeau, *Dictionnaire des parlers arabes de Syrie, Liban et Palestine*, a.a.O., S. 101, schreibt *ḥadīd*, »para, kleine Münze« (jedoch für Palästina vor einem Jahrhundert). *Fils* oder *Fulus*: ägyptische Kupfermünze im Wert zwischen 1/8 und 1/18 Para *(Maṣrīye)*: Şevket Pamuk, *A Monetary History*, a.a.O., S. 176.

45   Paul Lucas, *Deuxième voyage*, a.a.O., S. 191: »Zwischen den Tüchern, die man dort aus dem Leinen fertigt, liegt der *Burdas*; das ist ein gestreifter Stoff, den die meisten Bewohner des Fayūm tragen« <a. d. Frz. v. G. G.>. Siehe auch Anm. 14.

46   Hanna schreibt *sarankālī (srangālī)*, »Estrangelo« (siehe auch weiter oben [24r] und Anm. 30).

47   Arab. *buḫar sawdāwī*, »schwarzgalliger Dampf« (melancholisch, schwarzgallig). In der Theorie der menschlichen Gemütsverfassungen steigt die schwarze Stimmung zum Gehirn und verursacht die Melancholie *(mālīḫūlyā)*.

48   Hanna wird diese Episode noch zwei Mal berichten ([137rv]; [171v] – [172r]).

49   Es ist klar, dass es darum geht, Alkohol zu trinken, was bei einem Muslim nicht selbstverständlich ist. Hanna erklärt weiter unten, dass Paul Lucas Wasser nur vermischt mit Wein trinken konnte.

50   Es ist das einzige Mal im gesamten Bericht Hannas, dass sein Gegenüber sich an ihn richtet und ihm offensichtlich den gleichen Rang zuerkennt wie seinem »Meister« Paul Lucas.

51   Der *'ūd al-qāqūn* (für *qāqūl*), von dem Hanna spricht, ist der *'ūd qāqullā* (oder *qaqǝlli*, Adrien Barthélemy, *Dictionnaire Arabe-Français*, a.a.O., S. 561, 631), eine Art Aloeholz, mit dem man den Tabak aromatisiert.

52   Das heißt, er sagt vor dem Essen, wie auch sonst zu verschiedenen Gelegenheiten: *bismillāh al-raḥmān al-raḥīm*, »im Namen des barmherzigen und gnädigen Gottes«.

53   *Qaẓan kabābī*, auf Türkisch *kaẓan kebabı*: Fleischtopfgericht.

54   Maurice Martin, »Souvenirs […]«, a.a.O., S. 472: Es handelt sich um den Obelisken von Begig. Paul Lucas, *Deuxième voyage*, a.a.O., S. 192: Beschreibung des Obelisken; S. 193: dessen Zeichnung von Lucas.

55   *Dabbābāt* (siehe Jean-Baptiste Belot, *Dictionnaire al-Farā'id arabe-français*, Beirut 1971 [1. Ausg. 1883; 3. erw. Ausg. 1893], S. 187); vgl. [19v] und Anm. 6.

56   Der Kustode des Heiligen Landes, der Vorgesetzte des Paters Giovanni della Fratta, teilte die Meinung hinsichtlich der Bekehrungsmethoden des Missionars nicht. 1715 macht er sich darüber lustig, dass dieser zehn neue Katholiken gewonnen habe, die zu drei koptischen Familien gehörten, was an ein Wunder grenze, denn so etwas sei bis dahin noch nie da gewesen; vgl. Eutimio Castellani (Hg.), *Atti del Rev.mo Padre Lorenzo*

Coẓẓa, custode di Terra Santa (1709 – 1715), in: Girolamo Golubovich (Hg.), *Biblioteca bio-bibliografica della Terra Santa e dell'Oriente francescano*, N. S., Bd. 4, Quaracchi 1924, I, 1, S. 418. Siehe Anm. 38.

57 In seinem Bericht vom 23. August 1708 schildert der Kustode den Pater Giovanni Battista della Fratta als alt und gottesfürchtig, aber von morgens bis abends ausschließlich mit der Ausübung der Heilkunde beschäftigt, sodass er bis zur Dunkelheit nicht zum Essen komme. Er habe für die Mission keine Zeit, und es stelle sich sogar die Frage, ihn von dem Posten abzuberufen: Archives de la Congrégation *De Propaganda Fide*, Rom, Serie SOCG, Bd. 565, Fol. 130rv.

58 *Pinco, bink* usw.: Henry Kahane, Renée Kahane, Andreas Tietze, *The Lingua Franca in the Levant: Turkish Nautical Terms of Italian and Greek Origin*, Urbana 1958, Nr. 500, S. 349.

59 Paul Lucas, *Deuxième voyage*, a.a.O., S. 207, bezeichnet dieses Fahrzeug nur als »Barke«. Es könnte sich entweder um eine Handelstartane handeln oder um ein typisches kleines Handelsboot des Mittelmeers mit Brücke, einem Mast und einem einzigen Segel bzw. mit zwei Masten und zwei Segeln: Michel Vergé-Franceschi, Eric Rieth, *Voiles et voiliers au temps de Louis XIV*, Paris 1992, S. 80, 82; Gaston Rambert (Hg.), *Histoire du commerce de Marseille*, Bd. 5, a.a.O., S. 154f., zu den verschiedenen Schiffstypen, S. 156 – 157 zu Barken und Tartanen.

60 *Bāẕargān*. Siehe [12v] und 2. Kap., Anm. 17.

61 Arab. *barābira*.

62 Während des spanischen Erbfolgekrieges hatten die Franzosen am meisten die Verfolgungen der Engländer und deren Verbündeter zu fürchten. Genua und Livorno waren Basen der englischen Korsaren. Siehe weiter unten [61v] ff.) die Episode der Einschiffung auf einem englischen Schiff in Tunis und seiner Aufbringung durch einen französischen Korsaren, der schließlich Livorno anlief.

5. KAPITEL

1 Die Daten von Paul Lucas und von Hanna Diyāb stimmen nicht überein. Paul Lucas, *Deuxième voyage*, a.a.O., S. 208, behauptet, am 27. Oktober (1707) in Alexandria an Bord gegangen zu sein und am 10. Dezember im berberischen Tripolis angekommen zu sein, das heißt nach einer Reise von 44 Tagen. Die Episoden dieser außerordentlich schwierigen Reise werden von Paul Lucas weit knapper berichtet, stimmen jedoch mit dem Bericht Hannas überein.

2 An der Küste des heutigen Libyen. Bei Paul Lucas heißt er *Golfe de la Sidre*. Hanna schreibt *Kūfra dī sīdra*, gewiss nach dem provenzalischen Namen (»golfe« heißt *gouffre*, »Abgrund«); vgl. Frédéric Mistral, *Lou Tresor dóu Felibrige ou Dictionnaire provençal-français embrassant les divers dialectes de la langue d'oc moderne*, Aix-en-Provence (u.a.) 1879 – 1887, Bd. 2, S. 67. Vgl. ital. *Golfo di Sidra*.

3 Türk. *dıl*, »Landspitze«, »Landzunge«: James W. Redhouse, *A Turkish and English Lexicon, Shewing in English the Significations of the Turkish Terms*, Konstantinopel 1890 (Neudr. Beirut 1974), S. 910.

4 Hanna verwendet hier das Wort *šāiqa*, das der französischen *saïque* entsprechen könnte, einem kleinen, von Griechen und Türken benutzten, mit einem Deck versehenen Handelsschiff mit einem einzigen Segel, weshalb es nur mit Rückenwind vorwärts kommt. Michel Vergé-Franceschi, Eric Rieth, *Voiles et voiliers au temps de Louis XIV*, a.a.O., S. 83. Da es sich jedoch um ein französisches Schiff mit zwei Segeln handelt, weist dies eher auf eine Barke oder Tartane hin (s. 4. Kap., Anm. 59).

5 *Yāẕigī*. Türkisches Lehnwort mit der Bedeutung »Sekretär«. Zwar verwendet Hanna

es tatsächlich auch in diesem Sinn ([134r] Schluss; [145v]; [149r]), aber auch, wie in dieser gesamten Passage (und auch [63rv] und [143v]), um so etwas wie einen Leutnant oder andere Untergebene des Schiffskapitäns zu bezeichnen.

6   Arab. *trinkīt*, frz. *trinquette* oder *trinquet*, s. Henry Kahane (u.a.), *The Lingua Franca in the Levant*, a.a.O., Nr. 673, S. 446 – 447.

7   Ein *raṭl* (Plur. *'arṭāl*) ist ein Gewichtsmaß. »Ein Damaszener *Ratl* um 1700: 600 *Dirham*, das sind 1,85 kg, das heißt 1/100 *Qintār* <a. d. Frz. v. G. G.> (Colette Establet, Jean-Paul Pascual, *Des tissus et des hommes. Damas vers 1700*, Damaskus 2005, S. 343). Vgl. Adrien Barthélemy, *Dictionnaire Arabe-Français*, a.a.O., S. 284: »Gewicht von 1000 *dərhem* […], das sind 3 kg 202 Gramm. Das *raṭl 'atīq* [das alte *raṭl* von Aleppo] […] ist 800 *dərhem* […], das sind 2 kg 566 Gramm« <a. d. Frz. v. G. G.>.

8   Hanna schreibt *al-qaṣab*, vermutlich für *qaṣabī (gusbi)*, Name einer langen, schlanken Dattelart.

9   Die *bsīssa* ist heute ein weit verbreitetes maghrebinisches Gericht, ein Brei aus gewürztem Getreide. *Ḍūra* (im klassischen Arabisch *ḏura*) bezeichnet hier vermutlich Sorghum oder »grobe Hirse«, sog. Mohrenhirse (Adrien Barthélemy, *Dictionnaire Arabe-Français*, a.a.O., S. 233).

10   »Tripolis«: Lesung sehr unsicher, aber wahrscheinlich.

11   Laurent-Charles Féraud, *Annales tripolitaines*, Neuausg., Paris 2005, S. 190, 199. Nach einem ersten Aufenthalt als Konsul in Tripolis von 1685 bis 1691 bekleidete Claude Lemaire das Amt abermals ab 1702, bevor er im Juli 1708 nach Aleppo entsandt wurde. Hanna schreibt stets *Lemairo* mit italienischer Endung.

12   Die Freundschaft von Claude Lemaire mit Chalil-Bey (der von der Pforte 1673 mit dem Titel eines Paschas nach Tripolis entsandt worden war) geht auf Lemaires ersten Aufenthalt in Tripolis zurück. 1683 gehörte Chalil-Bey zur tripolitanischen Delegation, die in Paris empfangen wurde: Laurent-Charles Féraud, *Annales tripolitaines*, a.a.O., S. 174 – 178. Diese Freundschaft festigte sich nach der Machtergreifung von Chalil-Bey im Juli 1702 und der Rückkehr Lemaires: Ebd., S. 190 – 191. Nach der Beschießung von Tripolis durch die Franzosen im Jahr 1685 und ein weiteres Mal 1692 konnten sich die Beys der »Freundschaft« Frankreichs nicht mehr entziehen. Umso mehr als Mohammad-Dey und sein Schwiegersohn Chalil Dey (bei Hanna Chalil-Bey genannt) sich auf die Franzosen stützten, um ihre umstrittene Autorität zu festigen. Ebd., S. 198: 1705 schickte Pontchartrain den Botschafter von Tripolis in Paris mit Artillerie zur Unterstützung von Chalil.

13   Arab. *'ibn qawm*.

14   Laurent-Charles Féraud, *Annales tripolitaines*, a.a.O., S. 182: Dem Chronisten Ibn Ghalbūn zufolge soll Chalil, der bei der Auseinandersetzung mit den Franzosen schwer verwundet worden war, im Jahr 1693 gefangen genommen worden sein. Ebd., S. 193: Lemaire in einem Brief an den Papst (1704): »[…] wir haben einen Prinzen, einen Herrscher, welcher Sklave Ihrer Allerchristlichsten Majestät gewesen war, der viel Macht hat und im Übrigen sein Freund ist« <a. d. Frz. v. G. G.>. Ebd., S. 185: Der Redemptoristenpater Godefroy erwähnt in einem Brief von 1709 eine Episode, die der von Hanna berichteten ähnlich ist, nur dass Claude Lemaire darin nicht auftaucht: »Chalil-Bey gebricht es trotzdem nicht an Menschlichkeit und Einsicht in das Gute, das ihm zuteilwurde, was er an einer Frau aus Marseille beweist, die sich ihm gegenüber barmherzig gezeigt hatte, als er ein Galeerensträfling in Frankreich war. Er spricht von ihr nur als von seiner Mutter. Er schickt ihr gelegentlich Geschenke und bietet immer wieder an, sie mit allem zu beglücken, sollte sie nach Tripolis kommen wollen« <a. d. Frz. v. G. G.>.

15   Laurent-Charles Féraud, *Annales tripolitaines*, a.a.O., S. 183, 190, 198 – 199: Chalil Pascha gewann die Freundschaft von Muhammad-Dey und wurde dessen Schwiegersohn. Nach einer Revolution, in deren Verlauf Muhammad-Dey im Januar 1701

abgesetzt wurde, und mehreren weiteren Umstürzen gelang es Chalil, der sich auf seine Anhänger im Land stürzte, die Macht wiederzuerlangen, und er rief Muhammad-Dey wieder zurück. Bei dessen Tod 1706 wurde Chalil-Bey alleiniger Herr des Landes.

16   Paul Lucas, *Deuxième voyage*, a.a.O., S. 208 – 209: »Caly Bey empfing den Herrn Konsul [Lemaire] auf beste Weise und umarmte ihn […]. Er verabschiedete uns mit den nämlichen Höflichkeiten und umarmte Monsieur Lemaire mit denselben Zeichen der Freundschaft wie vorher.« <a. d. Frz. v. G. G.>.

17   Laurent-Charles Féraud, *Annales tripolitaines*, a.a.O., S. 192 – 193, und Paul Lucas, *Deuxième voyage*, a.a.O., S. 218, zum Wirken Lemaires zugunsten religiöser und missionarischer Einrichtungen in Tripolis und der Errichtung eines Hospitals.

18   Tatsächlich hatte sich die Republik Venedig, im Unterschied zu anderen Mächten, bis zum Ende des 18. Jahrhunderts geweigert, die Friedensverträge mit den berberischen Regentschaften zu unterzeichnen. Die Güter eines auf Grund gelaufenen feindlichen Schiffes zu beschlagnahmen, gehört zum normalen Seerecht. Der Bey von Tripolis handelte demnach durchaus rechtmäßig.

19   Ungesicherte Übersetzung von *'aḏāt* (auch [128r]) und *'aḏāwāt* ([143v] und zweimal [152r]). Wir haben es als eine Transkription des türkischen *'aṭa / 'ada* (ausgesprochen *āda*) für »Insel« interpretiert (der erste Plural ist durch eine spätere Verwendung in der berühmten Chronik von Al-Dschabartī belegt). Man könnte in diesem Wort auch eine dialektale Schreibweise von *qaḏāwāt*, *»caʒas«*, »Amts- oder Verwaltungsbezirke«, sehen, doch ist diese Hypothese weniger wahrscheinlich.

20   Lesung unsicher.

21   Sipahi: In der osmanischen Armee waren die Sipahis eine berittene Elitetruppe, die für ihre Dienste mit einem Stück Land *(timar)* bedacht wurden; Robert Mantran, *Histoire de l'Empire ottoman*, Paris 1998, S. 195 – 196.

22   Laurent-Charles Féraud, *Annales tripolitaines*, a.a.O., S. 199 – 200: Chalil verwand den Weggang Claude Lemaires nach Aleppo im Jahr 1708 schwer und suchte dessen mittlerweile sechzehn Jahre alten Sohn bei sich zu behalten, indem er ihm den Titel eines Konsuls verschaffte (er nannte ihn gewöhnlich den »kleinen Konsul«). Den Nachfolger Claude Lemaires, Pierre Poulard, empfing er frostig, behandelte ihn später sogar feindselig.

23   Hanna benutzt den Begriff *waqf*, mit dem Stiftungen nach islamischem Recht bezeichnet werden. Aber auch Christen und Juden verwenden ihn für ihre Einrichtungen.

24   Die Orthografie der Vornamen dieser beiden Kinder des Konsuls Lemaire, *Nīkūlā* und *Markārīta*, scheint sich an den italienischen Formen Nicola und Margarita zu orientieren.

25   *'Urṭāwāt*, einer der Plurale von *'urṭa*, »orta« oder »orda« (von türk. *ordu*), womit eine Abteilung Janitscharen bezeichnet wird (eine der 196 Einheiten, aus dem dieses Korps besteht).

26   Laurent-Charles Féraud, *Annales tripolitaines*, a.a.O., S. 174 – 200 ff.: Tatsächlich bildeten die Janitscharen eine von den einheimischen Machthabern schwer zu kontrollierende Macht. Muhammad-Dey und Chalil-Bey waren mehrere Male das Ziel von Aufständen und Verschwörungen, die von Milizen angezettelt wurden. Im November 1709 wurde Chalil-Bey schließlich vom Militär gestürzt. Dieses achtete in der Regel darauf, sich das Wohlwollen des französischen Konsuls zu erhalten, wie in der von Hanna berichteten Episode.

27   Die von Hanna benutzte Redewendung lautet: *twaḏḏēt bi-l-ḥalīb*, was wörtlich übersetzt »ich vollzog die Waschung (meines Gesichts) mit Milch« bedeutet.

28   Gaston Rambert (Hg.), *Histoire du commerce de Marseille*, Bd. 5: Robert Paris, *De 1660 à 1789. Le Levant*, a.a.O., S. 270: Ein derartiger Vorfall brachte 1702 die »fränkischen« Händler mit den Obrigkeiten von Kairo in Konflikt. Die Händler weigerten sich, die

für den *ḏimmī* bestimmte Kopfbedeckung zu tragen, und hielten am *Schäsch* fest, mit dem sie sich nur durch die Farbe von den Muslimen unterschieden.

29 *'Ūǧāq*. Der aus dem Türkischen entlehnte Begriff bedeutet etymologisch »Herd« und weiter einen Raum, wo sich die Soldaten aufhalten, also letztlich ein Regiment.

30 *Bīrdī = buyurdī* (türk. *buyurdu, buyuruldu*), »Erlass, Vollmacht, Verordnung«.

31 Während Hanna Diyāb berichtet, auf dem Landweg gereist zu sein, spricht Paul Lucas, *Deuxième voyage*, a.a.O., S. 218 – 219, von einer Schiffsreise nach Dscherba und von einer weiteren von Dscherba nach Sfax. Der Konsul Lemaire schreibt am 25. Januar 1708, dass Paul Lucas Gelegenheit habe, von einem einheimischen Schiff mitgenommen zu werden, »um nach Dscherba und nach Sousse zu gelangen und von dort auf dem Landweg nach Tunis« <a. d. Frz. v. G. G.>: Henri Omont, *Missions archéologiques françaises*, a.a.O., S. 338.

32 Diesmal gebraucht Hanna das Wort *milla*.

33 *Matāqīl*. Der *miṯqāl*, Plur. *maṯāqīl*, ist eine Gewichtseinheit. »Der syrische *miṯqāl* von 24 Karat […], das sind 4,427 Gramm, sehr nahe am kanonischen *miṯqāl* von 4,427 Gramm« <a. d. Frz. v. G. G.>, Colette Establet, Jean-Paul Pascual, *Des tissus et des hommes*, a.a.O., S. 337.

34 Der Satz ist rätselhaft und unvollständig übersetzt.

35 Hanna verwendet hier *naṣārā* für »Christen« und bezeichnet die Muslime als »Ismaeliten« im Sinn von »Abkömmlinge des Ismael« (nicht im Sinn der schiitischen Ismaeliten).

36 Paul Lucas, *Deuxième voyage*, a.a.O., S. 219, bietet eine etwas andere Beschreibung (er spricht von einer Pyramide) und fügt eine Zeichnung (S. 221) bei. Er erklärt: »Es ist das Grab der Christen, welche von Arkan, dem Chek, getötet worden waren, der die Insel von der Christenheit erobert hat« <a. d. Frz. v. G. G.>. Nach der Einnahme von Dscherba durch die Spanier und ihre Verbündeten im März 1560 erlebte die spanische Flotte am 11. Mai eine katastrophale Niederlage durch die türkische Flotte unter dem Kommando von Piyale Pascha und Turgut Reis (Dragut), an die sich tatsächlich eine lange Belagerung anschloss. Die Spanier kapitulierten schließlich am 31. Juli 1560: Fernand Braudel, *Das Mittelmeer und die mediterrane Welt in der Epoche Philipps II*, Bd. 3, Frankfurt a. M. 1990, S. 108 – 126. Die Schädelpyramide blieb bis 1848 an dieser Stelle. Zu einem illustrierten Gesamtüberblick der Beschreibungen siehe Charles Monchicourt, *L'expédition espagnole de 1560 contre l'île de Djerba (Essai bibliographique. Récit de l'expédition. Documents originaux)*, Paris 1913, S. 152 – 155.

37 *Ifrīqiya* bezeichnete diese Region Nordafrikas, die einen Teil der Provinzen des römischen Afrika umfasste, danach das christliche Afrika (worauf sich Hanna hier bezieht). Nach der islamischen Eroberung durch die Umaiyaden standen diese Gebiete vor der osmanischen Eroberung der Reihe nach unter der Herrschaft der Aghlabiden, Fatimiden und Hafsiden und gehören heute zu Tunesien, zum Gebiet von Constantine und zu Tripolitanien.

38 Hanna schreibt *Ǧarākisa*, »Tscherkessen«. Diese Bezeichnung ist dunkel. Es könnte sich um einen Hinweis auf die tscherkessischen Mamelucken handeln, die von 1382 bis 1517 Ägypten regiert haben. Hanna erwähnt die Tscherkessen auch weiter unten [62r], im Zusammenhang mit Karthago.

39 *'Arfāḍ*, Plur. von *rāfiḍī* (auch weiter unten [53r]); eine der sunnitischen Bezeichnungen für Schiiten. Im weiteren Sinn auch »häretisch« und häufig »Perser«.

40 Arab. *milla*.

41 »Hund«, türk. *köpek*, arab. *kalb*.

42 Arab. *yā ġaddāh*, muss als Anrede an den Propheten verstanden werden. Obwohl diese Form der Anrede in der schiitischen Tradition öfter auf Hussein, den Neffen des Propheten Muhammad, angewandt wird, spricht wenig dafür, dass es sich hier

um eine zusätzliche Anspielung auf vermeintliches Schiitentum des fraglichen Mannes handelt. Im Übrigen sei angemerkt, dass zu jener Zeit in Sousse keine schiitische Gemeinde belegt ist. Im Gegenteil waren dort äußerst konservative Gruppen almorawidischer Tradition vorherrschend, mithin Sunniten wie auch in anderen Städten des Sahel. Christen war der Zutritt zur Stadt im Mittelalter verboten (diese zusätzlichen Angaben verdanken wir Abdelhamid Larguèche).

43 Paul Lucas, *Deuxième voyage*, a.a.O., S. 219, scheint gegenüber diesen Löwen, an die Hanna glaubt, sehr skeptisch gewesen zu sein: »Wir schlugen unseren Konnak in Sichtweite von la Monette auf« <a. d. Frz. v. G. G.> [man lese *Mamette*, d.h. Hammamet, wie in der Ausgabe von 1714, Bd. 2, S. 106: *»à la vûe de la Momette«*]. »Am 21. kamen wir durch einen Wald, der gut drei Meilen maß. In diesem Wald hausen, wie man sagt, stets viele Löwen, und es werden im Land viele Geschichten darüber erzählt, die vollkommen märchenhaft und unglaublich scheinen, […] wir sind freilich keinem begegnet« <a. d. Frz. v. G. G.>. Der Bericht von Paul Lucas ist ab Sousse weniger genau als derjenige von Hanna. So scheint er ganze Etappen übersprungen zu haben. Er siedelt diesen Ort der Löwen bei Hammam Lif an, wo er nach seinen Worten am Abend übernachtete.

44 Die »Sebcha«, die sich zwischen Sousse und Enfida erstreckt, reicht an manchen Orten bis an die Meeresküste, und die Reisenden waren gezwungen, sie zu durchqueren: René Cagnat, Henri Saladin, *Le voyage en Tunisie*, Éd. François Baratte, Paris 2005, S. 45, 50 – 51.

45 *Bawāšī*, Plur. von *bōšīye*, »rechteckiges Seidentuch oder Kopftuch, das die Männer wie einen Turban tragen« <a. d. Frz. v. G. G.> (Adrien Barthélemy, *Dictionnaire Arabe-Français*, a.a.O., S. 69).

46 Hammam Lif, etwa zehn Kilometer östlich von Tunis gelegen. Bei dem nahe gelegenen Chan, wo die Karawane haltmachte, handelt es sich wahrscheinlich um Foundouk-Choucha: René Cagnat, Henri Saladin, *Le voyage en Tunisie*, Éd. François Baratte, a.a.O., S. 28.

47 *Qablūġa*, von türk. *qaplıja*, »überdachte heiße Quelle« (James W. Redhouse, *A Turkish and English Lexicon*, a.a.O., S. 1406).

48 Paul Lucas, *Deuxième voyage*, a.a.O., S. 220 – 221: »[…] ich habe darin gebadet und ich fand das Wasser so heiß, dass ich Mühe hatte hineinzugehen« <a. d. Frz. v. G. G.>.

49 Laurent d'Arvieux, *Mémoires du Chevalier d'Arvieux contenant ses voyages à Constantinople, dans l'Asie, la Syrie, en Palestine, l'Égypte et la Barbarie […]*, hg. v. J.-B. Labat, Paris 1735, Bd. 4, S. 15 – 16.

50 Husain Ben ʿAlī (1675 – 1740), 1705 an die Macht gekommen, war der Begründer der Dynastie der Husseiniten.

51 *Lawāwīn*, Plur. von *līwān* (Dialektform von *ʾīwān*). Der *līwān* ist ein Raum im Erdgeschoss, der sein Licht von der offenen Seite zu einem Hof hin erhält. Prunkvolle Salons können zwei oder drei Liwane haben.

52 Paul Sebag, a.a.O., S. 181: Der Bardo, Fürstenresidenz seit der Hafsidenzeit, wurde von Bey Hammūda Ben Murād (1631 – 1666) restauriert und ausgeschmückt. In der Zeit Hannas wurde er von Reisenden für seine Gärten und luxuriösen Wohnräume gepriesen. Laurent d'Arvieux, *Mémoires*, a.a.O., Bd. 4, S. 47 – 48, beschreibt den hier von Hanna erwähnten Ort genau, der in Kreuzform um ein von einer Kuppel überwölbtes Bassin angeordnet ist.

53 *Tamannī*. Die Begrüßung besteht darin, »den Körper zur Erde zu beugen, leicht die rechte Hand zu küssen, sie danach schnell zu den Lippen und zum Kopf [zur Stirn] zu führen« <a. d. Frz. v. G. G.>: Mallouf, zit. bei A.-C. Barbier de Meynard, *Dictionnaire turc-français. Supplément aux dictionnaires publiés jusqu'à ce jour*, Paris 1881 – 1886, Bd. 1, S. 489.

54 Diese Übersetzung verlangt die Ersetzung eines Buchstabens, der im Manuskript vermutlich ausgelassen wurde.

55 Beschreibung in Laurent d'Arvieux, *Mémoires*, Bd. 4, a.a.O., S. 1 – 3. Paul Sebag, *Tunis au XVIIe siècle. Une cité barbaresque au temps de la course*, Paris 1989, S. 127 – 130. Die Europäer nannten diese Sklavenkerker »*bagnes*« oder »*bagni*«. Davon gab es um 1700 dreizehn. Sie waren um einen zentralen Hof angeordnet und enthielten Tavernen und Läden, sodass sie tatsächlich wie Chane aussahen. Alle beherbergten Wohnungen für Geistliche und eine Kapelle. Über die Behandlung der Sklaven in den Kerkern siehe Paul Sebag, *Tunis au XVIIe siècle*, a.a.O., S. 130 – 134. Die positive Beurteilung ihres Schicksals durch Hanna stimmt überein mit derjenigen des Chevalier d'Arvieux (*Mémoires*, a.a.O., S. 8: »[…] im Allgemeinen leben die Sklaven dort angesichts ihrer Lage recht gut, und wenn sie arbeiten wollen, fühlen sie sich dort recht wohl« <a. d. Frz. v. G. G.>).

56 Es handelt sich bei diesen Tieren um Wüstenspringmäuse. [Arab. *ǧarbū'* od. klass. *yarbū'* (davon frz. *gerboise*, »Wüstenspringmaus«, *Jaculus*) <A. d. dt. Ü.>.] Paul Lucas, *Deuxième voyage*, a.a.O., S. 197 – 198, erwähnt die nämliche Geschichte bei ihrem Aufenthalt im Fayūm. Die Methode, sie zu fangen, beschreibt er auf gleiche Weise wie Hanna. [Für Paul Lucas' Version spricht der Hinweis auf die Herkunft der Wüstenspringmäuse aus dem Said, womit das oberägyptische Niltal bezeichnet wird (s. a. 4. Kap., Anm. 36) <A. d. dt. Ü.>.]

57 Hanna schreibt *šuǧma* (für *ṭuǧma*, vgl. griech. *tagma*), gewöhnlich für den »Chor« der Engel gebräuchlich.

58 Hannas Beschreibung der Anwendung einer »Gefühlserziehung« und ihrer Wirkung auf die Zuhörer entspricht dem, was man auch sonst über die katholischen Volksmissionen besonders der Jesuiten weiß. Die Predigt ist imstande, bei den Zuhörern eine Destabilisierung der Persönlichkeit und einen Orientierungsverlust hervorzurufen, die sie auf eine Bekehrung durch Beichte und Kommunion vorbereiten sollen: Marc Venard, »Le rôle des laïcs«, in: Ders. (u. a.) (Hg.), *Histoire du christianisme des origines à nos jours*, Bd. 9: *L'Âge de raison (1620)*, Paris 1997, S. 322 – 324. Hanna hätte diese Erfahrung auch in Aleppo machen können, wo die Methoden der katholischen Reform zu seiner Zeit sehr verbreitet waren: Bernard Heyberger, *Les chrétiens du Proche-Orient*, a.a.O., Rom 1994, S. 355 – 358.

59 Hanna schreibt *byīrū fīlūsūfa*, vergleichbar mit dem provenzalischen *peiro* (oder *piero*) *filousoufau* (Frédéric Mistral, *Lou Tresor dóu Felibrige*, a.a.O., Anm. 69, II, S. 522, Kolumne 2). Ein Kapuziner aus Smyrna schrieb über Paul Lucas, dass dieser »auf Kosten seines Lebens das Geheimnis nach der Verjüngung des Menschen suchte«; Henri Omont, *Missions archéologiques françaises*, a.a.O., S. 319, Brief von Cuper an den Abbé Bignon, in dem er den Inhalt eines Briefes des Vorstehers der Kapuziner von Smyrna berichtet.

60 *Iksīr*, Arab. *al-'iksīr*, daher »das Elixier« <A.d.dt.Ü.>.

61 Paul Lucas, geboren 1664, war 1707 in Wahrheit 43 Jahre alt.

62 Paul Lucas, *Deuxième voyage*, a.a.O, S. 197 – 198, spricht davon, im Fayūm ursprünglich sieben Springmäuse erhalten zu haben. Er erwähnt auch einen Käfig aus Eisendraht (nicht aus Holz), schildert die Vorführung von zwei noch lebenden Tieren vor dem König, spricht jedoch nicht von der Vermittlung durch einen Händler.

63 Hier stimmt der Bericht Hannas mit den Ausführungen von Paul Lucas, *Deuxième voyage*, a.a.O., S. 197 – 198, überein. Zum Krieg der Schiffe zwischen Engländern und Franzosen s. 4. Kap., Anm. 62.

64 Der Hafen von Tunis zu jener Zeit war eigentlich La Goulette. Die Ruinen des antiken Karthago erstrecken sich nördlich des Hafens: Laurent d'Arvieux, *Mémoires*, Bd. 4, a.a.O., S. 31 – 37. Paul Sebag, *Tunis au XVIIe siècle*, a.a.O., S. 33 – 36.

65 Siehe weiter oben Anm. 39.

1   Paul Lucas, *Deuxième voyage*, a.a.O., S. 220: Einschiffung am 4. Juni 1708.

2   Genauer stand Korsika damals unter der Oberhoheit von Genua.

3   Paul Lucas, *Deuxième voyage*, a.a.O., S. 222: Der detailliertere Bericht Hannas stimmt mit demjenigen von Paul Lucas genau überein, einschließlich der Episode mit der Schaluppe.

4   Der Satz in *lingua franca* ist nach der arabischen Transkription Hannas schwierig wiederzugeben. »Maina« bedeutet: »Holt die Segel ein« – als Zeichen der Kapitulation. »*Maina* Frankreich, *maina*!« heißt: »Ergebt euch Frankreich, ergebt euch«, siehe Henry Kahane (u. a.), *The Lingua Franca in the Levant*, a.a.O., Nr. 378, S. 279 – 282. Man achte auf den Gebrauch dieser Sprache zwischen »Franken« und nicht zwischen Okzidentalen und Orientalen, wie Gilbert Buti bereits festgestellt hat: Gilbert Buti, »Langues et langages des capitaines marchands de Marseille au XVIIIᵉ siècle«, in: Ders. (u. a.) (Hg.), *Langues et langages du commerce en Méditerranée et en Europe à l'époque moderne*, Aix-en-Provence 2013, S. 127 – 147.

5   Paul Lucas, *Deuxième voyage*, a.a.O., S. 222: Auch hier stimmt der Bericht von Paul Lucas mit demjenigen Hannas überein. Der Kapitän heißt Joseph Brémond. Siehe Philippe Hrodej, »Brémond Joseph et Honoré«, in: Gilbert Buti, Philippe Hrodej (Hg.), *Dictionnaire des corsaires et pirates*, Paris 2013, S. 112: Joseph Brémond kaperte im Mai 1708 mit seinem Schiff *Le Soleil d'Or* zwei englische Schiffe auf der Höhe von Kap Korsika.

6   Paul Lucas, ebd.: »[…] dass meine Aufträge des Königs ein alter Hut seien; dass sie auf den Galeeren von Marseille hergestellt würden; dass man solche und ähnliche, so viele man wolle, für dreißig Sous haben könne; mit einem Wort: dass ich sein Gefangener sei, dass alles, was ich hätte, ihm gehöre und dass bei ihm der Umstand, ob Franzose oder ein anderer, auf dasselbe hinauslaufe« <a. d. Frz. v. G. G.>.

7   Siehe oben [12r], 2. Kap., Anm. 15.

8   Paul Lucas, *Deuxième voyage*, a.a.O., S. 223 – 224. Die von Paul Lucas wiedergegebene Version des Wortwechsels mit dem Konsul unterscheidet sich erheblich von derjenigen Hannas. Dem Reisenden zufolge ergriff der Konsul bis zum Schluss entschieden Partei für Joseph Brémond, und erst eine Intervention des Großherzogs der Toskana scheint ihn letztlich dazu bewogen zu haben, seine Haltung ihm gegenüber zu ändern.

9   Salz- und Tabakschmuggel wurde in der Toskana besonders heftig bekämpft. Es gab ein staatliches Monopol auf Salz, das mit einer Salzsteuer belegt war. Im Lauf des 17. und 18. Jahrhunderts sind mehrere Gesetzestexte gegen unerlaubten Salz- und Tabakhandel verkündet worden. Giuseppe Vivoli, *Annali di Livorno*, Livorno, Bd. 2, 1842, S. 274, und Bd. 3, 1844, S. 324 – 327. Zu den Bestimmungen für Tabak: *Bando e ordine da osservarsi per il nuovo appalto del tabacco* […], Siena 1736, S. 8. Diese Hinweise verdanken wir Cesare Santus.

10   In Livorno waren die Barbiere häufig muslimische Sklaven. Eigenartigerweise sagt Hanna nichts zur stattlichen Anzahl von Sklaven in der Stadt: Guillaume Calafat, Cesare Santus, »Les avatars du ›Turc‹. Esclaves et commerçants musulmans à Livourne (1600 – 1750)«, in: Jocelyne Dakhlia, Bernard Vincent (Hg.), *Les Musulmans dans l'histoire de l'Europe*, Bd. 1: *Une intégration invisible*, Paris 2011, S. 489.

11   Laurent d'Arvieux, *Mémoires*, a.a.O., Bd. 3, S. 204 – 210: »Von der Bedeutung des Bartes für die Araber.« Zur Zeit von Hannas Besuch war die Gesichtsbehaarung in Westeuropa nicht mehr in Mode, das glatt rasierte Gesicht war nun gefordert: Jean-Marie Le Gall, *Un idéal masculin. Barbes et moustaches (XVᵉ–XVIIIᵉ siècles)*, Paris 2011.

12   Hanna benutzt hier das (aus dem Türkischen entlehnte) Wort *kāḥiya* und nicht *kanslēr*, das er weiter oben verwendet hatte (Schluss [67v]).

13 Hanna spricht von einem »Kaffeeladen«. Livorno war der erste europäische Hafen, in dem 1632 das Kaffeehaus eingeführt wurde. Die wichtigsten Gäste dort waren die »türkischen« Sklaven. Die ersten erwähnten Kaffeehausbetreiber waren Armenier (wir danken Cesare Santus für diese Hinweise). Dieser maronitische Aleppiner Kaffeehändler (oder nur Kaffeehausbetreiber) konnte von uns nicht identifiziert werden. Ein Aleppiner Kaffeehändler syriakischer Glaubensrichtung wird in Livorno um 1712 erwähnt: Bernard Heyberger, »Chrétiens orientaux dans l'Europe catholique«, a.a.O., S. 85 und Anm. 104. Die Anwesenheit orientalischer Christen arabischer Sprache in Livorno ist für die folgenden Jahrzehnte besser belegt. Siehe auch Guido Bellatti Ceccoli, *Tra Toscana e Medioriente. La storia degli arabi cattolici a Livorno (sec. XVII–XX)*, Livorno 2008.

14 In dieser gesamten Passage benutzt Hanna das Wort *ṭāʾifa*.

15 Arabisch *suryān*. Es handelt sich um häufig »Jakobiten« genannte Angehörige der syrischen okzidentalen Kirche, heute »syrische Kirche«, autokephale »orthodoxe« Kirche, die aus dem Bruch mit der offiziellen Kirche des römischen Reichs nach dem Konzil von Chalkedonien (451) hervorgegangen ist. In theologischer Hinsicht ist sie miaphysitisch (sie beharrt auf der einzigen, unteilbaren göttlichen Natur Christi). Unter dem Einfluss der lateinisch-katholischen Missionare haben sich die »Syrer« oder »Syriaken« im Lauf des 17. Jahrhunderts mit Rom vereinigt, insbesondere in Aleppo, wo sie zu Beginn des 18. Jahrhunderts Verfolgungen seitens Mitgliedern ihrer Kirche erdulden mussten, die der Union feindlich gegenüberstanden. Letztere sind in den Augen Hannas, Mitglied der maronitischen Kirche, Häretiker wie die griechisch Orthodoxen (siehe 3. Kap., Anm. 3 zu *Rūm*).

16 Dieser Christ aus Damaskus konnte nicht identifiziert werden, obwohl Christen aus Damaskus in Livorno zu jener Zeit bereits erwähnt sind. Seine Geschichte gleicht derjenigen anderer orientalischer Christen, die sich in eben diesen Jahren in Europa niedergelassen haben. Bernard Heyberger, »Chrétiens orientaux dans l'Europe catholique«, a.a.O., und ders., »Sécurité et insécurité: les chrétiens de Syrie dans l'espace méditerranéen (XVIIᵉ–XVIIIᵉ siècles)«, in: Meropi Anastassiadou, Bernard Heyberger (Hg.), *Figures anonymes, figures d'élite: pour une anatomie de l'Homo ottomanicus*, Istanbul 1999, S. 147–163.

17 Tatsächlich wurde von Smyrna Santonin (Wurmsamen [*Artemisia cina*], Verwendung als Wurmmittel) aus Persien importiert, ebenso der Rhabarber aus Persien, der über Kanton aus Tibet kam.

18 Hanna schreibt *Ḫoraisān*, was wahrscheinlich auf die Aussprache *Ḫorēsān* hinweist.

19 Smyrna war im 17. Jahrhundert schnell gewachsen und wurde tatsächlich das Handelszentrum für Produkte aus Persien: Daniel Goffman, *Izmir and the Levantine World, 1550–1650*, Seattle, London 1990. Edhem Eldem, Daniel Goffman, Bruce Masters, *The Ottoman City between East and West. Aleppo, Izmir, and Istanbul*, Cambridge 1999, S. 87–95.

20 Ohne *ġaṭā* noch *sitār* (s. [22v] und 4. Kap., Anm. 20).

21 *Ḥiǧāb*.

22 *Ḫmār*, Schleier, der vorn den Hals, das Kinn und den Mund bedeckt und oben auf dem Kopf festgemacht wird: Reinhart P. A. Dozy, *Dictionnaire détaillé des noms des vêtements chez les Arabes*, a.a.O. (1. Kap., Anm. 3), S. 170.

23 Es hätte zu jener Zeit in Livorno gut ein »orientalischer Geschmack« herrschen können, der jedoch auch Ablehnung hervorrufen konnte: Guillaume Calafat, Cesare Santus, a.a.O., S. 513–514.

24 Das heißt: der Sakristan.

25 Es war uns nicht möglich, die Herkunft dieser Geschichte herauszufinden, die mit Sicherheit aus einem »volkstümlichen« Text stammt. Cesare Santus hat uns auf die Ähnlichkeit dieser Geschichte mit der Erzählung »Andreuccio da Perugia« von Boc-

caccio hingewiesen, in der von Grabräubern die Rede ist, die den Ring vom Finger eines Toten nehmen: Boccaccio, *Decameron*, 2. Tag, 5. Geschichte. Man beachte auch, dass die Angst, lebendig begraben zu werden, im Abendland des 18. Jahrhunderts verbreitet war: Michel Vovelle, *Piété baroque et déchristianisation en Provence au XVIIIe siècle*, Paris 1978, S. 79 – 82.

26   Hanna schreibt *dāwudīyāt*, »von David«. Er stellt offensichtlich Harnische mit flachen Panzerplatten den Kettenhemden gegenüber. Schon in der vorislamischen Dichtung findet man Hinweise, dass der Prophet David die Gabe gehabt habe, Harnische und Kettenhemden herzustellen. Siehe auch Koran 21,80: »Und wir lehrten ihn [David], Panzerkleidung für euch zu verfertigen, um euch vor eurer Gewalt zu schützen« (*Der Koran*, Übersetzung von Rudi Paret, 5. Aufl., Stuttgart [usw.] 1989). Siehe *La Bānat So‘ād, poème de Ka‘b ben Zohaïr; publiée avec une biographie du poète, une traduction, deux commentaires inédits et des notes* von René Basset, Algier 1910, S. 162 – 163.

27   Der *kīs* (wörtlich »Sack«) war eine Verrechnungswährung. Hanna gibt weiter unten (Ende [77r]) den Wert an: 500 Piaster. Zwei Jahrhunderte später hatte er diesen Wert immer noch (Adrien Barthélemy, *Dictionnaire Arabe-Français*, a.a.O., S. 735).

28   *Sic*, für den Großherzog.

29   Wir konnten die Quelle dieser judenfeindlichen Geschichte nicht herausfinden. Juden befanden sich in Livorno im Vergleich zum restlichen Europa dank der Protektion der Großfürsten in einer beneidenswerten Situation: Lucia Frattarelli Fischer, *Vivere fuori dal ghetto. Ebrei a Pisa e Livorno (secoli XVI–XVIII)*, Turin 2008. Man beachte, dass die sephardischen Juden von Livorno enge ökonomische Beziehungen mit Aleppo aufrechterhielten, wo recht viele Juden lebten. Sie standen dort unter französischem Schutz, litten aber auch unter der Konkurrenz der christlichen »fränkischen« Händler: Francesca Trivellato, »Stati, diaspore e commerci mediterranei: mercanti ebrei tra Livorno, Marsiglia e Aleppo (1673 – 1747)«, in: Adriano Prosperi (Hg.), *Livorno 1606 – 1806. Luogo di incontro tra popoli e culture*, Turin (usw.) 2009, S. 361 – 372. Die Konkurrenz zwischen Juden und einheimischen Christen in Syrien und der Antijudaismus der letzteren sind auch durch andere Zeugnisse aus dem 18. und 19. Jahrhundert belegt.

30   Offenbar Heu von Klee *(nifl)*.

31   Hanna schreibt *maḥūlyā* (für *mālīḫūlyā*). [29v] (siehe 4. Kap., Anm. 47) spricht er mit Blick auf seine Mutter von *buḫār sōdāwī*, »schwarzgalligen Dämpfen«, die wir ebenfalls mit »Melancholie« übersetzt haben. Siehe auch [137v].

32   Hanna gebraucht hier das Wort »Scharia« (*šarī‘a*, »muslimisches religiöses Gesetz«) für »Gesetz« im weiteren Sinn, sodann *maḥkama* für »Gericht«, wie in *maḥkama šar‘īya*, »muslimisches Gericht«. Das Wort *ḥākim* bedeutet im Arabischen sowohl »Richter« (ziviler, im Unterschied zum Kadi, *qāḍī*) als auch »Gouverneur, Statthalter«. In diesem Sinn wird es hier, wie an vielen anderen Stellen im Text, gebraucht. Hanna benutzt es an anderen Stellen auch in der Bedeutung von »Richter«. Zur Prozessführung gegen Juden in Livorno und zur Teilung der Zuständigkeiten zwischen dem Statthalter und der Inquisition siehe Lucia Frattarelli Fischer, *Vivere fuori dal ghetto*, a.a.O., S. 207 – 252.

33   Auch hier ist es uns nicht gelungen, Hannas Quelle ausfindig zu machen. Über den Antijudaismus im 18. Jahrhundert und das Problem in Verbindung mit der Konversion von Juden siehe Lucia Frattarelli Fischer, *Vivere fuori dal ghetto*, a.a.O., S. 207 – 306, und Marina Caffiero, *Battesimi forzati. Storie di ebrei, cristiani e convertiti nella Roma dei papi*, Rom 2004, S. 36 – 39: Zur Zeit von Hannas Aufenthalt in Livorno betrieb Paolo Sebastiano Medici, ein konvertierter livornesischer Jude und Günstling des Großfürsten, eine heftige antijüdische Propaganda und hielt antijüdische Predigten. »Ein schlimmes Ende!« (siehe *Der Koran*, Übersetzung von Rudi Paret, a.a.O.): *Wa bi’sa l-masīr* (für *wa bi’sa l-maṣīr*) ist eine koranische Formel (12 Belege), die in die

Umgangssprache übernommen wurde (siehe auch Adrien Barthélemy, *Dictionnaire Arabe-Francais*, a.a.O., S. 453).

34 Es handelt sich um Madonna di Montenero, eine Wallfahrt, die zur Zeit Hannas sehr beliebt war: Giangiacomo Panessa, »Per un 'identità condivisa: Santa Maria di Negroponte tra Oriente e Occidente«, in: Adriano Prosperi (Hg.), *Livorno 1606 – 1806*, a.a.O., S. 438 – 448.

35 Die Kirche der Madonna di Montenero ist für ihre große Ansammlung von Votivbildern bekannt, besonders für solche von Seeleuten: *Ex voto marinari del Santuario di Montenero, Catalogo della mostra svoltasi presso i Bottini dell'Olio di Livorno dal 25 ottobre 1981 al 31 gennaio 1982*, Pisa 1981.

36 *Namsā*. Der Begriff, mit dem heute ausschließlich Österreich bezeichnet wird, bezieht sich traditionell auf Deutschland bzw. das Deutsche Reich. Siehe weiter unten [110r] und 8. Kap., Anm. 67.

37 Die Geschichte vom Henkerseil, das durch das Eingreifen der Jungfrau Maria reißt, ist ein häufiges Motiv der Flugschriften im 16. und 17. Jahrhundert und hat ihren Ursprung in der mittelalterlichen Hagiografie. Sie taucht in verschiedenen Variationen auf: Roger Chartier, »La pendue miraculeusement sauvée. Étude d'un occasionnel«, in: Ders. (Hg.), *Les usages de l'imprimé*, Paris 1987, S. 83 – 127. Zum Thema der Wunder in der Rechtsprechung siehe Pascal Bastien, *Une histoire de la peine de mort. Bourreaux et supplices, 1500 – 1800*, Paris 2011, S. 169 – 172. Die Tatsache, dass die Geschichte in Deutschland angesiedelt ist, lässt auf einen apologetischen Hintergrund zugunsten des Marienkults im Kontext der Gegenreformation schließen.

38 Man beachte, dass später Tommaso Diab, ein Mitglied der Familie Diyāb, der Dominikaner geworden war, während langer Jahre Kaplan der Orientalen von Livorno war (1769 – 1807): Guido Bellatti Ceccoli, *Tra Toscana e Medioriente*, a.a.O., S. 80 f.

39 Die Berichte von der Entdeckung einer »eigensinnigen Jungfrau«, die dreimal an den Ort ihrer Auffindung zurückkehrt, sind im 16. und 17. Jahrhundert zahlreich. Aber diese Geschichte entspricht nicht dem offiziellen Bericht über die Entdeckung des Bildes von Montenero (die im Jahr 1345 stattgefunden haben soll), wie sie im 17. Jahrhundert aufgeschrieben wurde. Andererseits kannte Hanna den dieser Ikone zugeschriebenen orientalischen Ursprung nicht, von der angenommen wird, dass sie aus Negroponte (Euböa in Griechenland) stammt: Giangiacomo Panessa, »Santa Maria di Negroponte tra Oriente e Occidente«, a.a.O.

40 Hanna benutzt das Wort *šaḥtūr*, übersetzt mit »*barcasse*« (Barkasse): Henri Charles und ʿAbd El-Majŷd Solaÿmân, *Le parler arabe de la voile et la vie maritime sur la côte libano-syrienne*, Beirut 1972, S. 153 *(šaḥtūra)* und 376 *(šaḥtūr)*; Adrien Barthélemy, *Dictionnaire Arabe-Français*, a.a.O., S. 381. Paul Lucas (*Deuxième voyage*, a.a.O., S. 224) seinerseits nennt dieses Schiff »*felouque*«. Die Einschiffung nach Genua fand nach Paul Lucas am 26. Juni statt.

41 Zu jener Zeit regierte der für zwei Jahre gewählte Doge (»Doge der Republik Genua und König von Korsika«) mit sechs Statthaltern der Region. Es handelt sich hier womöglich um einen von diesen.

42 Hanna benutzt das Wort *ṭaskara* (= *taskara*, von *taḏkira*; türk. *teẕkere*, siehe Adrien Barthélemy, *Dictionnaire Arabe-Français*, a.a.O., S. 316), was üblicherweise die Bezeichnung für einen Passagierschein zum Reisen innerhalb des Osmanischen Reiches ist.

43 Es geht hier um die Ereignisse, die zur Bombardierung von Genua (17.–22. Mai 1684) führten. Hanna Diyāb neigt stets zur Personalisierung politischer Entscheidungen. Tatsächlich stieß die arrogante Haltung des Botschafters François Pidou de Saint-Olon, der gesandt war, den Krieg vorzubereiten, aber schlecht beraten war, auf Feindschaft bei der Bevölkerung: Antoine-Marie Graziani, *Histoire de Gênes*, Paris

2009, S. 432 – 447. Zu den Einzelheiten, insbesondere zum beschmierten Wappen, siehe den Vicomte de Guichen, »Le bombardement de Gênes et le Doge à Versailles (1684 – 1685)«, in: Ders., *Crépuscule d'Ancien Régime*, Paris 1909, S. 18 – 27.

44 *Šaktarīya*, zweifelsohne eine Transkription des türkischen *tschektiri (čektiri)*, eine Variante von *tschektirme (čektirme)*; vgl. James W. Redhouse, *A Turkish and English Lexicon*, a.a.O., S. 724 – 725: »Schiff mit Segel und Rudern im türkischen Küstenhandel«; A.-C. Barbier de Meynard, *Dictionnaire turc-français*, a.a.O., Bd. 2, S. 589: »Schiff oder Ruderschiff; Galeere« (die Variante *tschektiri* »bezeichnet auch ein schlankes Korsarensegelschiff«); Jean Daniel Kieffer, Thomas-Xavier Bianchi, *Dictionnaire turc-français: à l'usage des agents diplomatiques et consulaires, des commerçants, des navigateurs et autres voyageurs dans le Levant*, Paris 1835, Bd. 1, S. 382: »galère, demi-galère, galiote«. Das Wort kommt im Arabischen selten vor. Belegt ist es unter der Form *šaktarīya* in der berühmten Chronik des Ägypters Al-Dschabartī (gest. 1823).

45 Antoine-Marie Graziani, *Histoire de Gênes*, a.a.O., S. 438 – 439, und Vicomte de Guichen, *Crépuscule d'Ancien Régime*, a.a.O., S. 29 – 53: Die Bombardierung durch die Flotte unter dem Kommando von Seignelay und Duquesne aus einer Distanz außerhalb der Reichweite der genuesischen Kanonen verursachte immense Schäden, darunter die Zerstörung von 3000 Häusern. Die Genueser Würdenträger hatten nicht mit einer derartigen Entfesselung der Gewalt gerechnet und gedacht, sie könnten verhandeln.

46 Antoine-Marie Graziani, *Histoire de Gênes*, a.a.O., S. 440: Der Doge musste sich erniedrigen und sich persönlich nach Versailles begeben, um dort seine Entschuldigung vorzubringen (am 15. Mai 1685), doch tat er dies mit großem Prunk. Die Aussage Hannas legt Zeugnis ab von der enormen Nachwirkung, welche diese Erniedrigung in Genua und in den Augen Europas hatte. Zu den Einzelheiten siehe den Vicomte de Guichen, a.a.O., S. 53 – 82.

7. KAPITEL

1 Dieses Kapitel ist im Manuskript nicht nummeriert.

2 Die Galeere trug den Namen *La Fidelle*: Henri Omont, *Missions archéologiques françaises*, a.a.O., S. 339.

3 Siehe »Description d'une galère armée et sa construction«, in: Jean Marteilhe, *Mémoires d'un galérien du Roi-Soleil*, Paris 1982, S. 263 – 292: »Eine normale Galeere ist 150 Fuß lang« ‹a. d. Frz. v. G. G.› (S. 263), das heißt tatsächlich etwa hundert Ellen.

4 Der Aufbau, der sich in der Regel über der Schanze, dem Hinterdeck, befand und die Unterkunft des Kapitäns beherbergte.

5 Im Arabischen *dīwānḫāna*.

6 Hanna schreibt *al-mudschrimīn (al-muǧrimīn)*, wörtlich: »die Kriminellen«.

7 Siehe »Description d'une galère armée et sa construction«, in: Jean Marteilhe, *Mémoires d'un galérien du Roi-Soleil*, a.a.O., S. 264 – 265: Eine Galeere hat normalerweise 24 Ruderbänke auf jeder Seite, aber die Zahl von sechs Ruderern pro Bank ist richtig. Zum Leben und zur Behandlung der Galeerensträflinge siehe ebd., passim.

8 Die Passage ist ein heikles Unternehmen, besonders bei widrigen Windverhältnissen. Die Aussage ist interessant, denn sie bestätigt den Einsatz von Ruderbooten als Schlepper, wie auf dem Bild von C.J. Vernet, *Entrée du port de Marseille* (1754) zu sehen ist. Siehe Charles Carrière, *Négociants marseillais au XVIIIᵉ siècle*, Marseille 1973, Bd. 1, S. 158, Anm. 20. Wir danken Régis Bertrand für diese und die drei folgenden Anmerkungen.

9　Zutreffende Beschreibung der Kette, die vom Mittelalter bis ins 19. Jahrhundert die nächtliche Durchfahrt an den Festungen Saint-Jean und Saint-Nicolas verhinderte.

10　Zutreffende Beschreibung der Maschine zur Reinigung des Hafens, eines auf einem Ponton stehenden Baggers, mit dem man gegen die Verschlammung des Hafens ankämpfte. Fotografie des Modells in Régis Bertrand, *Le vieux port de Marseille*, Marseille 1998, S. 44.

11　Im Zeremonienbuch der Stadt ist 1708 – 09 kein Empfang von Prinzessinnen verzeichnet. Hingegen erwähnt Jean Marteilhe (*Mémoires d'un galérien du Roi-Soleil*, a.a.O., S. 310) diese Art von Unterhaltung.

12　Die »Histoire du galérien Goujon« [Geschichte des Galeerensträflings Goujon] in: Jean Marteilhe, *Mémoires d'un galérien du Roi-Soleil*, a.a.O., S. 148 – 167, weist Ähnlichkeiten mit derjenigen des jungen Mannes auf und ereignete sich etwa zur selben Zeit. Aber Goujon, ein Edelmann aus dem Limousin, war Galeerensträfling in Dünkirchen.

13　Zu den Aleppinern in Marseille in jener Epoche siehe auch Bernard Heyberger, »Chrétiens orientaux dans l'Europe catholique«, a.a.O., S. 79 – 80. Zu den Armeniern in Marseille (die oft über Aleppo dorthin gekommen sind) siehe Olivier Raveux, »Les marchands orientaux et les langues occidentales au XVIIᵉ siècle. L'exemple des Choffelins de Marseille«, in: Gilbert Buti (u.a.) (Hg.), *Langues et langages du commerce en Méditerranée*, a.a.O., S. 99 – 114.

14　Wie viele andere Reisenden beschreibt Hanna die Sitte, Müll und Exkremente im zentralen Rinnstein, der sich durch die Gassen zog, zu entsorgen. *Petit Paris* befand sich vermutlich im Viertel Cours (siehe folgende Anm.), wo die Herbergen lagen, denn der Autor gelangte leicht an den Stadtrand (unser Dank für die Anmerkung gilt Régis Bertrand).

15　Hanna schreibt *al-kūrs*, wahrscheinlich für *cours* im Marseiller Provenzalisch, vgl. Frédéric Mistral, *Lou Tresor dóu Felibrige*, a.a.O., Bd. 2, S. 650. *Le Cours*, zwischen der *Porte d'Aix* (Ausgangspunkt der Straße nach Aix-en-Provence und darüber hinaus nach Paris) und der *Porte de Rome* gelegen, heute Cours Belsunce und Cours Saint-Louis.

16　Hanna schreibt *bait al-balad*, »*maison de la ville*«, »Stadthaus«.

17　Die Loge der Händler war im Erdgeschoss des 1673 erbauten *Hôtel de ville*, des Stadthauses, untergebracht: Régis Bertrand (Hg.), *Marseille, parcours de ville*, Marseille 2013, S. 124; Gilbert Buti, »I luoghi dello scambio commerciale. La Loggia di Marsiglia, XVII–XVIII secolo«, in: Teresa Colletta (Hg.), *Città portuali del Mediterraneo. Luoghi dello scambio commerciale e colonie di mercanti stranieri tra Medioevo ed età moderna*, Mailand 2012, S. 156 – 170 (Anm. v. Régis Bertrand).

18　Die Funktion des *šāhbandar* ist in den syrischen Städten sehr verbreitet. Laurent d'Arvieux, *Mémoires*, a.a.O, Bd. 6, S. 432, gibt für denjenigen von Aleppo folgende Definition: »Der Schakbandar ist wie der Vogt und Richter der Händler des Landes« <a. d. Frz. v. G. G.>; Adrien Barthélemy, *Dictionnaire Arabe-Français*, a.a.O., S. 374: »Vorsteher, Syndikus oder Vogt der Händler, Präsident eines Rates der Großhändler, der vor der Schaffung der *Wilayet* und der Handelsgerichte im Jahr 1865 alle Streitigkeiten kommerzieller Natur entschied« <a. d. Frz. v. G. G.>. Am Ende des 18. Jahrhunderts bezeichnete der Begriff die osmanischen Konsuln in den europäischen Häfen. Es könnte sich hier um den Admiralitätsleutnant handeln, den Justizoffizier, der für Rechtsfälle des Seehandels zuständig war. Dieser hielt seine Sitzungen im Justizpalais ab (nördlich und auf halber Höhe zum *Hôtel de ville*). Weiter unten gebot dieser »Konsul« einem Kapitän, Hanna in sein Land zurückzubringen, was durchaus in die Zuständigkeit eines Admiralitätsleutnants gehörte, der die Freigabe der auslaufenden Schiffe veranlasste und Befehlsgewalt über die Mittelmeerkonsulate der Levante ausübte. Bedeutet »darüber« ein Stockwerk im *Hôtel de ville*, kann es sich auch um das

Amtszimmer eines Magistratsbeamten handeln (Information v. Régis Bertrand und Gilbert Buti). Siehe auch [136r].

19 Hanna schreibt *bait al-mutāğara*, »Haus des Handels«.

20 Das Handelsgericht, Entscheidungsinstanz zwischen Handelsleuten, war 1474 eingerichtet worden. Seine Beamten waren Handelsrichter.

21 *Bandar*. Vgl. Adrien Barthélemy, *Dictionnaire Arabe-Français*, a.a.O., S. 63: »*centre des affaires*«, »*port de commerce*« [Geschäftszentrum, Handelshafen]; Ḫayr al-dīn al-ʾAsadī, *Mawsūʿat Ḥalab al-muqārana*, Aleppo 1986, Bd. 2, S. 178: Hafen, Handelsstadt, Sitz der Händler, Zentrum der kommerziellen Aktivitäten einer Stadt.

22 Die »königlichen« Agenten kauften seit 1692 ihr Amt. Hanna hat ihre Rolle als Vermittler, aber auch als Bankiers verstanden. Gaston Rambert, *Histoire du commerce de Marseille*, a.a.O., Bd. 4, 1954, S. 542 – 544 (Anm. v. Régis Bertrand).

23 Die Geschichte der Marie-Madeleine [Maria Magdalena] von Marseille taucht in der *Légende dorée* von Jacques de Voragine auf. Der Bericht Hannas folgt wie derjenige anderer orientalischer Reisender (zum Beispiel Elias Al-Mawsilī, *Un Irakien en Amérique au XVIIᵉ siècle*, Paris 2011, Anm. 3 v. Antoine Rabbât, S. 115) nur teilweise dieser Version. Die *grotte de Marie-Madeleine* [»Höhle von Maria Magdalena«] ist der felsige Teil der urchristlichen Krypten der Abbaye Saint-Victor. Siehe Jean Guyon, Marc Heijmans (Hg.), *L'Antiquité tardive en Provence (IVᵉ-VIᵉ siècle): Naissance d'une chrétienté*, Arles 2013 (Information v. Régis Bertrand).

24 Im Text: *maḥāzen al-marlūs*. Trotz gemeinsamer Bemühungen ist es J. Lentin und R. Bertrand nicht gelungen, die von Hanna hier beschriebene Örtlichkeit genau zu bestimmen. *Marlūs* (oder *marlūẓ*) ist im Arabischen die Bezeichnung für den Seehecht. Im Provenzalischen steht *marlus* in Marseille für den *merlan vert* und *marlusso*, den »Kabeljau« (frz. *merluche, morue*), siehe Frédéric Mistral, *Lou tresor dóu Felibrige*, a.a.O., Bd. 2, S. 325. Die Fischer von St. Malo brachten den Kabeljau nach Marseille, den die Marseiller sortierten und haltbar machten, um ihn zu exportieren. Zwischen der Abbaye Saint-Victor und dem Arsenal lag das Viertel Le Marquisat mit seinen Manufakturen, darunter vor allem Seifenhersteller. Möglicherweise hat Hanna auf seinem Weg Läden gesehen, in denen der *marlusso* für den Export haltbar gemacht und vorbereitet wurde.

25 Notre-Dame de la Garde. Im 17. Jahrhundert wurde die von der Festung umschlossene Kapelle schließlich zur heiligen Stätte der Seefahrer. Hanna schreibt *Madāma d(e)kārdī*. Auch hier handelt es sich um eine provenzalisierende Form, vgl. Frédéric Mistral, *Lou Tresor dóu Felibrige*, a.a.O., Bd. 2, S. 243: *Madamo*, »Madame«, und S. 24: *Nosto-Damo de la Gàrdi*, »Notre-Dame de la Garde, de la Gardie«.

26 Hanna entdeckte einen Kreuzweg. Die Einrichtung von Kreuzwegen war eine Neuerung: Michel-Jean Picard, »Croix (chemin de)«, in: *Dictionnaire de spiritualité*, Bd. 2, Kol. 2576 – 2606. Diese Beschreibung ist umso interessanter, als man bisher glaubte, die den Zugang zum *Fort de la Garde* säumenden Kapellen enthielten noch die Flachreliefs, die 1447 dem Bildhauer Étienne Audinet in Auftrag gegeben worden waren und heitere Wunder darstellten. In Wahrheit waren letztere offenbar durch bildliche Darstellungen des Leidenswegs Christi ersetzt worden. Madeleine de Scudéry, Schwester des Gouverneurs des *Fort de la Garde*, schreibt 1661: »Nicht weit von den Gräben der Burg gibt es einen Leidensweg, auf dessen Stationen sich Nischen befinden« <a. d. Frz. v. G. G.> (Information v. Régis Bertrand).

27 Händlerfamilie. Jean war erster Magistratsbeamter 1682 – 1684, François Handelsabgeordneter 1711 – 1712, Antoine erster Magistratsbeamter 1716 – 1718.

28 Jérôme Phélypeaux, Comte de Pontchartrain (1674 – 1747), ist als Staatssekretär der Marine (1699 – 1715) »Orientminister«: Étienne Taillemite, »Pontchartrain«, in: François Bluche (Hg.), *Dictionnaire du Grand Siècle, Nouvelle édition*, Paris 2005, S. 1225 – 1226.

29 Hussein I. El-Mudarris, Olivier Salmon (Hg.), *Le consulat de France à Alep au XVIIe* *siècle*, Aleppo 2009, S. 274 und S. 377: Zu Bazin heißt es im Bericht des Marquis d'Or-tières (1686), dass er seit 18 Jahren in Aleppo lebe (ebd., S. 468). Bonifay taucht 1679 als nationaler Abgeordneter auf (ebd., S. 211). Zu Simon (erwähnt [163v]) könnte Si-mian passen, ein Dragoman, der auch von Chevalier d'Arvieux erwähnt wird, ver-mutlich der Vater des Marseiller Händlers Philibert Simian (1709 – 1777).

30 Zur Familie Roux siehe Charles Carrière, Michel Goury, *Georges Roux, dit de Corse:* *l'étrange destin d'un armateur marseillais (1703 – 1792)*, Marseille 1990: Jean-François war der Vater des großen Reeders Georges. Dieser wurde 1703 auf der griechischen Insel Tinos geboren – wie sein Vater, der von sich behauptete, französischer Herkunft zu sein. Die Familie Samatan aus dem Languedoc kam 1595 nach Marseille. Mitte des 18. Jahrhunderts waren sie Großhändler: Charles Carrière, *Négociants marseillais*, a.a.O., Index. (Diese und die folgende Anm. sind von Régis Bertrand).

31 Siehe Anm. 19. Vermutlich aus den Sanitätsstationen der Quarantäne.

8. KAPITEL

1 Dieses Kapitel ist im Manuskript nicht nummeriert.

2 Am Fuß dieser Seite der Handschrift [90v] steht ein Lesenachweis in fremder Schrift: »Dieser Reisebericht meines Großvaters [daneben am Zeilenende: »meines Vaters«] ist am 19. *Nīsān* des Jahres 1840 christlicher Zeitrechnung in den Besitz von Ǧibrā'il, Sohn des Dīdkūz [für Dīdkūs, ein häufig belegter Vorname] Diyāb aus der maroni-tischen Gemeinde [*ṭā'ifā*] gelangt.« Wir danken Ibrahim Akel für seine Hilfe bei der Entzifferung dieser Erwähnung.

3 Hanna Diyābs Datierung ist ganz offensichtlich falsch. Er betrat Paris 1708, und es handelte sich um den Winter 1709, der eiskalt war, wie er weiter unten richtig bemerkt. Antoine Galland schreibt in seinem *Journal* unter dem Datum 13. Februar 1709, dass er Paul Lucas zum ersten Mal seit dessen Rückkehr aus der Levante ge-troffen habe: Frédéric Bauden, Richard Waller (Hg.), *Le journal d'Antoine Galland* *(1646 – 1715). La période parisienne*, Bd. 1: *1708 – 1709*, Löwen [usw.] 2011, S. 261. Nach Paul Lucas, *Deuxième voyage*, a.a.O., S. 224, fand die Ankunft in Marseille im Juli 1708 statt. Die Ankunft in Paris fiele demnach auf den September.

4 Hanna schreibt: *al-šāria'*, »Scharia'«.

5 Āzāi erinnert an den provenzalischen Namen von Aix-en-Provence, der in der Zeit, als Hanna durch den Süden Frankreichs reiste, sicher noch in Gebrauch war: *ẓ-Ais*, das sich wie *ẓaï* ausspricht. *Ā-ẓ-Aïs*, »Azai« ausgesprochen, bedeutet demnach: »nach Aix«. Die folgende Erklärung weist jedoch auf eine Verwechslung Hannas von Aix (das in der Tat eine Stadt der Juristen mit einem Parlament war, jedoch nicht Teil des Kirchenstaats) mit Avignon hin. Die Universität von Avignon gab es immer noch, sie hatte aber nicht mehr die Bedeutung für die Rechtsprechung wie im 16. Jahr-hundert.

6 Bedruckter Seidenstoff.

7 Hanna gebraucht die traditionellen Worte der Aleppiner Seidenhersteller: *'alṭūn*, »reiner Goldfaden« (auch schon für seinen *Schāsch* gebraucht, vgl. [64v], und *qaṣab*, »goldumsäumter Silberfaden auf Seidenfäden, Gold auf Seide« (Adrien Barthélemy, *Dictionnaire Arabe-Français*, a.a.O., S. 660).

8 Wir danken Michel Auvolat, der so freundlich war, den Führer der astronomischen Uhr in der Kathedrale Saint-Jean in Lyon zu konsultieren, um Hannas Beschreibung zu verstehen helfen. Der einziehbare Zeiger, der Hanna so interessierte, funktioniert tatsächlich so, wie er ihn beschreibt. Das elliptische Zifferblatt mit diesem Mecha-

nismus wurde 1660 angebracht; siehe http://www.ens-lyon.fr/RELIE/Cadrans/
Musee/HorlogesAstro/Lyon/Cathedrale.htm.

9   Die Geschichte des Schöpfers dieser Uhr, der geblendet worden sein soll, ist eine
        noch heute im Umlauf befindliche Legende, obwohl die Uhr bereits in der zweiten
        Hälfte des 14. Jahrhunderts gebaut worden war. Man trifft auch an anderen Orten auf
        sie (zum Beispiel in Bezug auf die astronomische Uhr von Straßburg).

10   Hanna benutzt das Wort *qabidschī (qabiǧī)* (Lehnwort aus dem Türkischen: *qapuči/
        qapcı/ kapıcı*, im modernen Türkisch »Portier, Concierge«; siehe Reinhart P. A. Dozy,
        Supplément aux dictionnaires arabes, a.a.O., Bd. 2, S. 295; James W. Redhouse, *A Tur-
        kish and English Lexicon*, a.a.O., S. 1436). Im Französischen *capigi*, womit der Pfört-
        ner am Eingang des Serails des Landesfürsten oder eines Provinzpaschas bezeichnet
        wurde. Hanna verwendet das Wort für alle Arten von Wächtern (zum Beispiel in Ver-
        sailles, [94v]) und häufig als Abkürzung für *qabiǧī bāšī*, der den Chef der weißen Eun-
        uchen des Palastes bezeichnen kann (siehe [140v] die Übergabe von Beglaubigungs-
        schreiben eines Botschafters an den Sultan) oder auch den Anführer einer Gruppe
        von Reitern wie in der Episode bei der Durchquerung Anatoliens [160v ff.].

11   Sollte es sich wirklich um Pont-Saint-Esprit handeln, so ist die Stadt tatsächlich für
        ihre Brücke über die Rhone bekannt. Diese Stadt auf dem rechten Rhoneufer war, von
        Bollène her kommend, das auf dem anderen Flussufer liegt und Teil des Kirchenstaa-
        tes war, der bevorzugte Übergang in das »innere Königreich«. Provence, Dauphiné
        und Languedoc wurden als »ausländische Provinzen« betrachtet, wo man Zölle auf
        Waren, Wegzölle für die Durchfahrt von einer Provinz in die andere erhob; daher
        diese Kontrollen (Hinweise von Régis Bertrand). Hanna täuscht sich allerdings in-
        sofern, als er diesen Ort zwischen Lyon und Paris legt. Im folgenden Text kommt es
        noch zu weiteren Verwechslungen dieser Art.

12   Offenbar ein Fayencekühlbecken mit auskragendem Rand, um die Gläser darauf zu
        stellen (Anmerkung von Régis Bertrand).

13   Die Beleuchtung von Paris wurde unter dem ersten Generalleutnant der Polizei, Nico-
        las de La Reynie (1667 – 1697), erheblich verbessert. Ab 1669 wurden 3000 Laternen
        aufgestellt, 1729 waren es bereits 5772: Michèle Bimbenet-Privat, Marie-Françoise
        Limon, »Lieutenant général de police«, in: Lucien Bély (Hg.), *Dictionnaire de l'Ancien
        Régime*, Paris 1996, S. 740. Georges Dethan, *Paris au temps de Louis XIV, 1660 – 1715.
        Nouvelle histoire de Paris*, Paris 1990, S. 78 – 81.

14   Paul Lucas war tatsächlich Sohn eines Goldschmieds aus Rouen: Paul Lacroix, *XVIIe
        siècle: lettres, sciences et arts. France, 1590 – 1700*, Paris 1882, S. 55.

15   Dieses Datum ist falsch (siehe 8. Kap., Anm. 3). Die Ankunft in Paris fiel in den Mo-
        nat September 1708.

16   In Wahrheit schrieb Paul Lucas seine Reiseberichte nach den Notizen, die er sich
        gemacht hatte, nicht selbst. Diese zweite Reise wurde von Étienne Fourmont dem
        Älteren geschrieben, Mitglied der *Académie des inscriptions*: Henri Omont, *Missions
        archéologiques françaises*, a.a.O., S. 318.

17   Leichter, gestreifter Wollstoff, der nach dem Vorbild der Wollstoffe aus London
        auch im Languedoc, im Süden Frankreichs, für den Export in die Levante hergestellt
        wurde und sich zwischen 1720 und 1730 auf dem orientalischen Markt durchsetzte.
        Hannas »orientalisches Gewand« war demnach aus englischem oder französischem
        Tuch gefertigt. Colette Establet, Jean-Paul Pascual, *Des tissus et des hommes*, a.a.O.,
        S. 312; 332.

18   Diese Gebäude sind tatsächlich sehr groß, aber dennoch nicht von solchem Ausmaß:
        Daniel Roche (Hg.), *Les écuries royales du XVIe au XVIIIe siècle*, Paris, Château de
        Versailles 1998. Aber auch der Botschafter der Pforte, Mehmed Efendi (*Le paradis des
        infidèles. Un ambassadeur ottoman en France sous la Régence*, hg. v. Gilles Veinstein,
        Paris 1981, S. 130), äußerte seine große Bewunderung für diese Ställe.

19 Es handelt sich um das große Gitter, das den Eingang des ersten Hofes, des »Ehren-
hofes« *(cour d'honneur)*, begrenzt: Pierre Verlet, *Le château de Versailles*, Paris 1985
(diese und die folgende Anmerkung verdanken wir Matthieu Lahaye).

20 Es handelt sich um die Regimenter der Garde des Königs *(garde de la Maison militaire
du roi)*, »Hundertschweizer« *(Cent-suisses)* oder leichte Reiter der königlichen Garde
(Chevau-légers de la garde du roi). Sie ließen tatsächlich nur diejenigen ein, die zu den
Würdenträgern des Hofes gehörten: Béatrix Saule, *La journée de Louis XIV, 16 no-
vembre 1700*, Arles 2003; Jacques Levron, *La vie quotidienne à la Cour de Versailles aux
XVIIe et XVIIIe siècles*, Paris 1995.

21 Das Manuskript erwähnt den Ort des Ausflugs Ludwigs XIV., doch das Wort ist un-
lesbar, weil abgeschnitten.

22 Der Ratssaal befand sich im Palast. Zu jener Zeit lag er neben dem Zimmer des Königs
im Mittelteil des Schlosses (diese Anmerkung verdanken wir Matthieu Lahaye).

23 Hanna schreibt Paul Lucas hier die These der »ewigen Orthodoxie« und der »ewigen
Treue der Maroniten zu Rom« zu, die von den Historikern der »Nation« im Lauf des
17. Jahrhunderts ausgearbeitet wurde, die aber bei den Gelehrten umstritten war.

24 Louis de France, Dauphin von Frankreich, genannt *Monseigneur* und *Le Grand Dauphin* (1661 – 1711), wurde von seinem Vater an der Macht beteiligt, war kultiviert, von
wachem Geist und hatte Geschmack an Sammlungen. Von ihm sagte man tatsächlich: *»Fils de roi, père de roi, jamais roi«* (»Königssohn, Königsvater, niemals König«):
Matthieu Lahaye, *Le fils de Louis XIV, Monseigneur le Grand Dauphin (1661 – 1711)*,
Seyssel 2013.

25 *Al-ṭabī'īyāt*, streng genommen *Physik* in der aristotelischen Tradition.

26 Guy-Crescent Fagon (1638 – 1718), ab 1693 erster Arzt des Königs und dessen Freund.
Fagon hat sich der Botanik gewidmet und einen Pflanzenkatalog verfasst: Stanis
Perez, *La santé de Louis XIV. Une biohistoire du Roi-Soleil*, Seyssel 2007.

27 Marie Adelaide von Savoyen (1685 – 1712), Herzogin von Burgund. Sie heiratete (1697)
den Herzog von Burgund, den älteren Sohn des Grand Dauphin. Hanna täuscht sich,
wenn er sie als »Schwiegertochter« des Königs bezeichnet. In Wahrheit war sie die
Schwiegertochter von dessen Sohn. Aber er gibt die Besonderheit ihrer Beziehung
zu Ludwig XIV. wieder: »Der König hegte für diese ›hübsche Hässliche‹ eine große
Zärtlichkeit und erlaubte dieser jungen Person Vertraulichkeiten, die er von jemand
anderem niemals geduldet hätte [...]. Ludwig XIV. ließ dieser Prinzessin, welche die
Zuneigung von Madame de Maintenon [gewonnen hatte], alle Launen durchgehen«
<a. d. Frz. v. G. G.> (Evelyne Lever, »Bourgogne«, in: François Bluche (Hg.), *Dic-
tionnaire du Grand Siècle*, a.a.O., S. 230). Im Übrigen hatte die Herzogin von Burgund, die offenbar Förderin von Paul Lucas war, eine Leidenschaft für die Menage-
rie von Versailles: Henri Omont, *Missions archéologiques françaises*, a.a.O., S. 319,
327.

28 Man könnte auch lesen: »Dies war die erste Frau, welche die Ehre hatte, den König,
den Sultan von Frankreich, Ludwig XIV. mit Namen, im Saal seines Rates zu sehen«,
doch wäre diese Lesart historisch wohl unbegründet.

29 Arab. *fnūdat šam'* (frz. *rat de cave*) ist eine lange, dünne gedrehte Kerze, die vor allem
von den Kellermeistern benutzt wird. Der Begriff bezeichnet auch den Leuchter.

30 Hanna schreibt hier *al-malika*, »die Königin«.

31 Das ist ein Verstoß gegen das Zeremoniell. Jacques Levron, *La vie quotidienne à la
Cour de Versailles*, a.a.O. (Anm. v. Matthieu Lahaye).

32 Die pfälzische Prinzessin Elisabeth Charlotte von Bayern, Herzogin von Orléans
(1652 – 1722), Gattin von *»Monsieur«*, dem Bruder des Königs: Arlette Lebigre, *La
princesse Palatine*, Paris 1986.

33 Madame de Maintenon (1635 – 1719), geborene Françoise d'Aubigné, verwitwete Scarron. Nach einem abenteuerlichen und intrigenreichen Leben wurde sie die Gouver-

nante der Kinder, die Ludwig XIV. mit Madame de Montespan hatte, später Maitresse des Königs. Nach dem Tod der Königin Marie-Thérèse am 31. Juli 1683 machte Ludwig XIV. der Marquise de Maintenon heimlich einen Heiratsantrag, die Heirat wurde vermutlich am 9. Oktober desselben Jahres vollzogen: Françoise Chanderna-gor, »Maintenon«, in: François Bluche (Hg.), *Dictionnaire du Grand Siècle*, a.a.O., S. 936 – 938; Jacqueline Martin-Bagnaudez, *Regards sur Madame de Maintenon*, Paris 2011. Das Mädchen, das sie aufgezogen und dessen Erziehung sie übernommen hatte, könnte ihre Nichte Françoise-Charlotte d'Aubigné (1684 – 1739) gewesen sein, die sie 1698 mit dem Herzog de Noailles verheiratete und die ihre Erbin wurde.

34   Wie in [97v] schreibt Hanna *Māḍāma doriān*, ohne »l«, für *Madame d'Orléans*. Ob es sich um ein simples Versehen oder um die Schreibweise einer eigentümlichen Aussprache handelt, die Lesart kann als gesichert gelten, und Lesarten wie *Madame de Rohan*, *de Royan* oder *de Reillan* usw. können ausgeschlossen werden. Hanna scheint Mme. d'Orléans, die pfälzische Prinzessin, mit Mme. de Montespan zu verwechseln. Mme. de Maintenon, damals noch Mme. Scarron, war nie ihre »Zofe«, doch hat ihr Mme. de Montespan die Erziehung ihrer Kinder, die sie mit Ludwig XIV. hatte, anvertraut.

35   Hanna schreibt *Ṣawāyā*, was Savoyen bedeuten kann. Madame de Maintenon hatte keine Verbindungen mit Savoyen. Hingegen hatte ihr der Aufenthalt auf den Antillen in ihrer Jugend den Beinamen *L'Indienne* eingetragen. Der Bericht Hannas macht die Einwände und Gegnerschaft gegen die Heirat des Königs mit einer Frau niedriger Herkunft und von zweifelhaftem Ruf sowie den Beginn einer negativen Legende um die Mme. de Maintenon deutlich: Jacqueline Martin-Bagnaudez, *Regards sur Madame de Maintenon*, a.a.O., S. 107 – 109.

36   Diese Behauptung ist vollkommen falsch (Anmerkung von Matthieu Lahaye).

37   Hanna verwendet das Wort *malika*, »Königin«, aber Madame de Maintenon trug weder diesen Titel noch übte sie diese Funktion jemals offiziell aus.

38   Die Einzelheiten in Hannas Bericht sind nicht zutreffend. Aber sie lassen den guten Ruf des Dauphin in der Meinung der Pariser erkennen.

39   Tatsächlich handelte es sich um den dritten Arbeitsabschnitt, der gegen Ende der 1670er-Jahre begann: Frédéric Tiberghien, *Versailles: Le chantier de Louis XIV, 1662 – 1715*, Paris 2006 (Anm. von Matthieu Lahaye).

40   Es handelt sich um die »Maschine von Marly«, eingeweiht von Ludwig XIV. am 13. Juni 1684. Sie sollte die Bassins und Brunnen im Park von Versailles und Marly mit Wasser versorgen. Die Konstruktion rief im Jahr 1720 auch die Bewunderung des Botschafters der Pforte hervor: Mehmed Efendi, *Le Paradis des infidèles*, a.a.O., S. 127 – 128: »Niemals habe ich von etwas gehört, das an dieses Wunder der Kunst herangekommen wäre.« Doch ist der Bericht Hannas viel lebendiger und genauer und beschreibt die Begebenheiten in erstaunlicher Übereinstimmung mit anderen Berichten: François Bluche (Hg.), *Dictionnaire du Grand Siècle*, a.a.O., S. 938 u. 985; Éric Soulard, *Les eaux de Versailles, XVIIe-XVIIIe siècles*, Diss. hist. Univ. Grenoble II, 2011 (Hinweise von Matthieu Lahaye).

41   Michel Jeanneret, *Versailles, ordre et chaos*, Paris 2012 (Hinweis von Matthieu Lahaye).

42   Hanna schreibt *ghizlān*, »Gazellen«.

43   Über den großen Park von Versailles siehe Vincent Maroteaux, *Versailles, le roi et son domaine*, Paris 2000 (Hinweis von Matthieu Lahaye).

44   Diese Bemerkung lässt darauf schließen, dass Hanna hier Informationen übernahm, die er nach seiner Reise erhalten hatte, denn Ludwig XIV. ist erst im Jahr 1715 gestorben. Sie sind außerdem nicht ganz richtig: Der König kehrte nach Paris zurück, nicht zuletzt 1709 anlässlich einer Prozession.

45   Dieser Name taucht in der Geschichte nur ein Mal auf. Weiter unten ist von einem

Maler mit Namen Nicolas die Rede, als ob es sich um denselben handelte <A. d. dt. Ü.>.

46 Diese Geschichte von den Trauben, die derart naturecht gemalt sind, dass die Vögel kommen, um sie aufzupicken, und vom Vorhang als *trompe-l'œil* ist natürlich eine (leicht veränderte) Version jener, die von Plinius über die Maler Zeuxis und Parrhasios erzählt wird (*Naturgeschichte*, Buch 35: *Farben, Malerei, Plastik*).

47 Hanna beschreibt hier die Arbeitsweise der Armenverwaltung *(bureaux des pauvres)* recht zutreffend: Jean-Pierre Gutton, »Bureaux des pauvres«, in: Lucien Bély (Hg.), *Dictionnaire de l'Ancien Régime*, a.a.O., S. 187–188.

48 Das Militärkrankenhaus, *Hôpital militaire des Invalides*, wurde 1676 errichtet: Jean Imbert, »Hôpitaux militaires«, in: Ebd., S. 644–645. Hanna zeigt sich an der mit Müßiggang und Kriminalität assoziierten neuen Behandlung von Armut interessiert, die sich ab dem 16. Jahrhundert in Europa abzeichnete und gewiss in deutlichem Widerspruch zu seinen Erfahrungen aus Aleppo stand. Die Schaffung von öffentlichen Krankenhäusern und die Neugestaltung anderer Formen der Wohltätigkeit und Fürsorge im Lauf des 17. Jahrhunderts waren Ausdruck dieser neuen Haltung gegenüber dem Betteln und der Landstreicherei: Jean-Pierre Gutton, »Assistance«, in: Ebd., S. 99–104. Über die Armenpolizei in Paris zur Zeit des Besuchs Hannas siehe Paolo Piasenza, *Polizia e città. Strategie d'ordine, conflitti e rivolte a Parigi tra Sei e Settecento*, Bologna 1990, S. 270 f. Diesen Hinweis verdanken wir Ulrike Krampl.

49 Hanna schreibt im Arabischen: »Kirche der Jungfrau«.

50 Hanna schreibt hier *mād(a)na*, Dialektform für »Minarett«.

51 Es handelt sich um die Kathedrale Notre-Dame in Paris. Der aleppinische Christ Hanna hebt den Klang der Glocken und die Stärke des Glockenklangs besonders hervor, da in Aleppo den Christen das Glockenläuten verboten war. Es gibt weitere Zeugnisse vom starken Eindruck, den das Läuten der Glocken bei orientalischen Christen hinterlassen hat.

52 Es handelt sich um Christophe Maunier, der in der Korrespondenz und im *Journal* von Antoine Galland mehrmals als *le chevalier Maunier, gentilhomme de M. le Cardinal [de Noailles]* erwähnt ist. Er war seit 1700 ein Informant Gallands und 1709 einer seiner Konkurrenten für den Lehrstuhl des Arabischen am Collège royal: Mohamed Abdel-Halim (Hg.), *Correspondance d'Antoine Galland*, Diss., Univ. Paris 1964, S. 318, 397, 413–415. Frédéric Bauden, Richard Waller (Hg.), *Le journal d'Antoine Galland*, a.a.O., S. 262, 265–266, 268. Galland hatte die Familie Maunier in Aleppo kennengelernt. Pierre Maunier, der Vater, hatte die Tochter einer syriakischen Familie aus Aleppo, die zum Katholizismus konvertiert war, geheiratet.

53 Antoine Galland erwähnt in seinem *Journal* die Begebenheit, die ihm Hanna erzählt hatte, und fügt noch einige genauere Angaben hinzu: Frédéric Bauden, Richard Waller (Hg.), *Le journal d'Antoine Galland*, a.a.O., S. 373. Die Prozession fand am 30. Mai statt. Nicholas Dew (*Orientalism in Louis XIV's France*, Oxford 2009, S. 1–3), der diese Geschichte aus Gallands *Journal* kennt, zweifelt an ihrer Echtheit und schreibt sie dem erzählerischen Talent Hannas zu.

54 Wörtlich »Brokat mit Faden aus reinem Gold«, siehe [911] und 8. Kap., Anm. 7.

55 »Es gibt keinen anderen Gott außer Gott«, Anfang der Schahāda *(šahāda)*, des muslimischen Glaubensbekenntnisses. Siehe folgende Anmerkung.

56 Frédéric Bauden, Richard Waller (Hg.), *Le journal d'Antoine Galland*, a.a.O., S. 373: »[…] er hatte beobachtet, dass das Dach des Baldachins mit einem roten Satinstoff bedeckt war, der von einem in Kriegszeiten den Türken abgenommenen Feldzeichen oder von einem Schiff der Berberei stammen musste und offenbar nach Nostre Dame gebracht worden war, worauf das ganze Glaubensbekenntnis der Mahomedaner in großen weißen Lettern geschrieben stand, das heißt [im Text in arabischer Schrift] *La ela ella llah Mohammed rasoul llah*: ›Es gibt keinen anderen Gott außer Gott, Maho-

met ist sein Prophet«« <a. d. Frz. v. G. G.>. Man beachte, dass Hanna es vermied, die zweite Hälfte des muslimischen Glaubensbekenntnisses zu wiederholen; es hätte blasphemisch sein können, Muhammad als Apostel Gottes zu erwähnen. Auf der anderen Seite war dies vielleicht einer gewissen Vorsicht geschuldet, da er in Aleppo schrieb. Die Rezitation des Glaubensbekenntnisses wurde wiederholt als Konversion angesehen und hat den dabei überraschten Christen zu einer Konversion verpflichtet.

57 Siehe Kap. 8, Anm. 52. In einem »*portrait d'Alep et d'Alexandrette*« (»Porträt von Aleppo und Alexandrette«) von 1706 in den diplomatischen Archiven werden Paul und Joseph Mosnier, gebürtig aus Aleppo, Söhne eines Händlers aus Marseille, genannt. Es wird angegeben, dass der ältere, Paul, der Repräsentant der französischen Nation gewesen war und gegenwärtig nur noch die Angelegenheiten des Heiligen Landes wahrnehme, dessen Prokurator er sei. Der zweite übe den Beruf des Chirurgen aus und sei Likörhändler: *Honnêtes gens, estimés de tout le monde* [»Anständige Leute, von aller Welt geschätzt«], vermerkt der Bericht (Archives nationales, B III, 231, Akte 111). Der dritte, das Familienoberhaupt, von dem Hanna sagt, er heiße Zamariya, nannte sich in Wirklichkeit Jean-Marie, italienisch Giomaria. Er residierte in Istanbul, wo er Prokurator des Heiligen Landes und Vertrauensperson der französischen Botschaft war. 1709 schrieb der Kommissar des Heiligen Landes in Konstantinopel, Paul Maunier sei nach zweijährigem Siechtum verstorben und es erscheine notwendig, dass Giomaria sich nach Aleppo begebe, da die Angelegenheiten der Familie, von der nur noch minderjährige Kinder lebten, sich in schlechtem Zustand befänden. Der Franziskaner wollte ihn zurückhalten, da seine Anwesenheit bei den Verhandlungen zu Fragen der Restaurierung des Heiligen Grabes unabdingbar war. Schließlich zog sich die Sache in die Länge, und 1713 wurde entschieden, einen vom Botschafter gewählten Franzosen zu berufen, worüber Maunier offenbar gekränkt war: Leonhard Lemmens (Hg.), *Acta S. Congregationis de Propaganda Fide pro Terra Sancta*, in: G. Golubovich, *Biblioteca bio-bibliografica della Terra Santa e dell'Oriente francescano*, 2. Serie, Bd. 1, Karatschi 1921, S. 263, 315, 387 – 389.

58 Frédéric Bauden, Richard Waller (Hg.), *Le journal d'Antoine Galland*, a.a.O., S. 378 (6. Juni): »Von dem Maroniten Hanna habe ich erfahren, dass nach seiner Meinung der Satinstoff, der das Dach des Baldachins von Nostre Dame bei den Prozessionen des Allerheiligsten bedeckt hatte, abgenommen und verbrannt worden, und dass er vierzig Jahre lang in Gebrauch gewesen sei« <a. d. Frz. v. G. G.>.

59 Arabisch *haikal Allāh*. Hanna verwechselt hier die fast gleichlautenden Wörter *hôtel* (Hospiz) und *autel* (Altar). Georges Dethan, *Paris au temps de Louis XIV*, a.a.O., S. 196 – 201: Ein Stich von 1700 verschafft eine Vorstellung von den der Beschreibung Hannas entsprechenden Sälen (S. 197). Aber der Gesamteindruck von Pflege und Hygiene ist eher zwiespältig. Gewiss ging es nicht einfach um Gleichheit: Es waren vor allem die Armen, die im Hospital gepflegt wurden.

60 Georges Dethan, *Paris au temps de Louis XIV*, a.a.O., S. 192 – 196, zum Haus für Findelkinder (Faubourg Saint-Antoine) und dem Heim von Sainte-Pélagie sowie anderen Einrichtungen für »gefallene Mädchen«. Hanna beschönigt die Lebenswirklichkeit in diesen Einrichtungen mit äußerst repressivem Charakter.

61 Die Einnahmen des Hôtel-Dieu waren ursprünglich sehr unterschiedlicher Art und stammten weitgehend aus Schenkungen, Spenden und Legaten. Der Überschuss lag 1701 ungefähr bei 65 000 Pfund, es erstaunt jedoch nicht, dass im Notjahr 1709 das Defizit etwa 145 000 Pfund betrug: Georges Dethan, *Paris au temps de Louis XIV*, a.a.O., S. 200.

62 Es handelt sich um die Salpêtrière oder um Bicêtre, beide Einrichtungen waren Teil des allgemeinen Hospitals, das 1656 gegründet worden war. 1690 waren in der Salpêtrière 800 Kinder, Jungen und Mädchen, eingesperrt. Das Regime war für die in

Bicêtre wegen Bettelei eingesperrten Kinder unter 18 Jahren vermutlich noch strenger: Georges Dethan, *Paris au temps de Louis XIV*, a.a.O., S. 187 – 192.

63 Frz. *aman*; von arab. ʿ*amān*, »Integrität, Sicherheit, Unversehrtheit« <A. d. dt. Ü.>.

64 Hanna Diyāb liefert den Ursprung eines »Verschwörungsberichts« zur Entscheidung Ludwigs XIV., das Edikt von Nantes durch das Edikt von Fontainebleau (Oktober 1685) zu widerrufen, der historisch nicht gesichert ist und die königliche Entscheidung rechtfertigen sollte. Richtig ist, dass die Berichte die Hugenotten als potentielle Königsmörder hinstellten: Joël Cornette, *Chronique du règne de Louis XIV*, Paris 1997, S. 326 – 336; Bernard Dompnier, »En France«, in: Marc Vénard (Hg.), *Histoire du christianisme des origines à nos jours*, Bd. 9: *L'Âge de raison (1620 – 1750)*, a.a.O., S. 123 – 134. Die Revolte der Camisards in den Cevennen, die von 1702 bis 1704 zu einem regelrechten Krieg mit blutiger Bilanz führte, hat seit jener Zeit die öffentliche Meinung beschäftigt. Die Auseinandersetzung wurde auch in den darauffolgenden Jahren weitergeführt: Philippe Joutard, »Camisards«, in: François Bluche (Hg.), *Dictionnaire du Grand Siècle*, a.a.O., S. 259 – 260.

65 Das Wort »Monate« steht nicht im Manuskript, man kann es aber ohne Weiteres ergänzen, da es einige Zeilen weiter unten auftaucht: »bevor die Frist von sechs Monaten verstrichen war«.

66 Hanna schreibt *al-salṭana*, »Sultanat«. Das Edikt von Fontainebleau gestand den Pastoren tatsächlich fünfzehn Tage Zeit zum Abschwören zu oder es drohte Verbannung aus dem Königreich. Sie konnten dann nur ihre Ehefrauen und ihre Kinder unter sieben Jahren mitnehmen. Den Laien war es hingegen offiziell untersagt, Frankreich zu verlassen.

67 *Namsā* ist hier noch als »Deutschland« zu verstehen (siehe 6. Kap., Anm. 36), nicht als Österreich. Das katholische Österreich hat den Protestanten keine Zuflucht gewährt; Brandenburg wurde das bevorzugte Aufnahmeland der Hugenotten in Deutschland. Die Beschreibung der Folgen des Widerrufs des Edikts von Nantes für die Protestanten ist recht zutreffend.

68 Im Manuskript unten an der Seite [110v] angefügt: *min nās*, »von Leuten«.

69 Es handelt sich vermutlich um das Haus des hugenottischen Händlers Philippe de Gastine, der am 30. Juli 1571 unter der Beschuldigung, dort protestantische Gottesdienste zelebriert zu haben, gehängt wurde. Das Haus wurde abgerissen und an seiner Stelle das »Kreuz der Gastines« errichtet. Das Versetzen des Kreuzes aus Anlass des Friedens von Saint-Germain rief zu Beginn des Jahres 1572 schwere Unruhen hervor. Der Ort des Hauses an der Kreuzung der heutigen Rue Saint-Denis und Rue des Lombards blieb unbebaut. Mack Holt, *The French Wars of Religion 1562 – 1629*, Cambridge 2005, S. 79 – 80. Möglicherweise hat Hanna die Verfolgung der Protestanten mit derjenigen der Jansenisten verwechselt. Der polizeiliche Druck auf sie hatte sich von 1693 an verstärkt. Nach der Verhaftung von Pasquier Quesnel (1703) schien sich die Vorstellung von einer Verschwörung durch die Gruppe der Jansenisten bestätigt zu haben und führte zu Gewaltmaßnahmen: Im Oktober 1709 wurden die Nonnen von Port-Royal durch die Polizei deportiert, die Jansenisten überwacht, verhaftet und verbannt. Am 22. Januar 1710 wurde der Befehl gegeben, die Gebäude von Port-Royal dem Erdboden gleichzumachen. Marie-José Michel, *Jansénisme et Paris (1640 – 1730)*, Paris 2000, S. 193 – 196; Monique Cottret, »La querelle janséniste«, in: Marc Vénard (Hg.), *Histoire du christianisme*, a.a.O., S. 378 – 381.

70 Die Anwesenheit dieses Gesandten Sultan Ahmeds III. (1703 – 1730) wird bei Galland bestätigt: Frédéric Bauden, Richard Waller (Hg.), *Le journal d'Antoine Galland*, a.a.O., S. 228 (1. Januar 1709): »[…] ich habe Monsieur Abbé de Louvois meine Ehrerbietung ausgesprochen, der dem türkischen Gesandten die Bibliothek zeigte. Dieser hatte den Namen […], war über einen Zeitraum von zehn Jahren im Serail aufgezogen worden und hatte die arabische und persische Sprache gelernt sowie verschiedene Schriftar-

ten, die bei der Pforte gepflegt wurden, erlernt; er war als Defterdar, das heißt als Finanzverwalter, nach Damaskus entsandt worden, hatte einen Bruder, der Capigi Baschi, das heißt Vorsteher der Gerichtsvollzieher beim Großsultan, war, und er hatte die Tochter eines Tartarenkhans geheiratet« <a. d. Frz. v. G. G>.

71 Die Bestellung von achtzig Ankern für die osmanische Flotte wird in der Korrespondenz Pontchartrains mit der Handelskammer von Marseille, den Abgeordneten der französischen Nation in Konstantinopel und dem Botschafter Ferriol (November 1709) tatsächlich bezeugt. Der Minister nahm die Bestellung an, verhandelte jedoch im Gegenzug über die »freie Förderung von Weizen« aus der Türkei, damit die Schiffe, welche die Anker transportierten, »so viel Weizen nach Frankreich mitbringen können, als möglich ist« <a. d. Frz. v. G. G.>. Der Händler Brue kam nach Versailles, um die Lieferung der Anker zu beantragen, und ist abgereist »mit Geschenken für die wichtigsten Minister, die der Großzügigkeit Seiner Majestät würdig waren« <a. d. Frz. v. G. G>: Anna Pouradier Duteil-Loizidou (Hg.), *Consulat de France à Larnaca. Documents inédits pour servir à l'histoire de Chypre*, Nikosia 2009, Bd. 6, S. 113 – 115.

72 Arabisch *marākib baklik*. Das osmanisch-türkische *beğlik* (modernes Türkisch *beylik*) ist von *bey* abgeleitet und bezeichnete unter anderem Güter, insbesondere Grundbesitz, die dem Staat gehörten.

73 Nach Abschluss des Vertrages von Karlowitz, unterzeichnet am 26. Januar 1699 und am 15. Juli 1700, verlor das Osmanische Reich große kontinentale und maritime Gebiete. In diesem Zusammenhang suchte der Sultan die osmanische Flotte schnell wieder aufzubauen, um bei der Wiederaneignung des Asowschen Meeres die Küsten am Mittelmeer und am Schwarzen Meer zu schützen. Die osmanische Flotte bestand aus Galeeren, wurde aber in der zweiten Hälfte des 17. Jahrhunderts mehr und mehr mit Segelschiffen ausgerüstet. 1682 baute man unter der Aufsicht von Konvertiten zehn Schiffe, wie 1691 der Comte de Marsigli bezeugte: Luigi Ferdinando Marsigli, *L'État militaire de l'Empire ottoman, ses progrès et sa décadence*, Den Haag 1732, Bd. 2, S. 164. Den Inhalt dieser und der drei folgenden Anmerkungen haben wir weitgehend Frédéric Hitzel zu verdanken.

74 Im Allgemeinen hielten die Botschafter ihren feierlichen Einzug durch die Porte Saint-Antoine und waren in der Rue de Charenton, im Faubourg Saint-Antoine, untergebracht. Die Beschreibung dieses Aufenthaltes eines Repräsentanten der Pforte in Paris entspricht dem damals institutionalisierten Ablauf für den Empfang von Botschaftern: Lucette Valensi, *Ces étrangers familiers. Musulmans en Europe (XVIᵉ-XVIIIᵉ siècles)*, Paris 2012, S. 205 – 222.

75 Der *Dschōchadār* (*čūḫadār* oder *čūqadār*, modernes Türkisch: *çukadar*) war ein livrierter Lakai des Sultans, des Großwesirs oder eines Paschas, und mit deren Garderobe betraut. Dieser Ehrentitel wurde später auf verschiedene zivile Funktionen übertragen. Es konnte sich wie hier um hohe Würdenträger oder Botschaftssekretäre gehandelt haben [140r ff.] oder um die persönliche Anhängerschaft eines Paschas [157r], eines *mutasallim*, eines *qabiğī bāšī*, eines Aghas usw.

76 Alle Reisenden waren von den Bassins, den Brunnen und Wasserspeiern von Versailles fasziniert, die von der Größe Ludwigs XIV. künden sollten.

77 Die von Hanna gelieferten Hinweise lassen eine Identifizierung dieser Aufführung zu. Es handelte sich um *Atys*, eine von Lully komponierte tragische Oper nach einem Libretto von Philippe Quinault. Die Oper, 1676 in Saint-Germain-en-Laye zum ersten Mal aufgeführt, hatte einen solchen Erfolg, dass sie bis 1747 im Pariser Théâtre Lyrique immer wieder aufgeführt wurde. Die erwähnte Aufführung fand am 29. November 1708 im Saal des Palais-Royal statt, der seit dem Tod Molières von der Académie royale de musique, mit anderen Worten der Oper, bespielt wurde (alle Hinweise und Anmerkungen zu dieser Aufführung verdanken wir Jérôme de La Gorce). *Atys* wurde noch einmal 1753 vor dem König in Fontainebleau aufgeführt.

78 Es handelt sich um die »Zeit«. Wie ein Bild aus jener Epoche zeigt, das sich heute im Musée Carnavalet befindet, erschien diese Allegorie mit einer Sense in der Hand in einer Bühnenmaschinerie im Prolog zu Beginn der Aufführung.

79 Hanna benutzt hier den Begriff *nōbe* (klassisch arabisch *nawba*, etymologisch »an der Reihe sein, zu singen oder sein Instrument zu spielen«; vgl. frz. *nouba*), »Musikformation, Orchester mit orientalischer Musik«.

80 Darin ist Kybele und ihr Gefolge von geflügelten Zephyrn zu erkennen. Die Ankunft der Göttin in einer Gloriole geschah am Ende des ersten Aktes, feierlich besungen von einer »Truppe Phrygier und Phrygierinnen«.

81 Das ist eine Heraufbeschwörung der berühmten Szene vom Schlaf des Atys im dritten Akt, wo angenehme Träume »mit ihrem Gesang und ihren Tänzen ihn die Liebe der Kybele und das Glück, das er sich daraus erhoffen darf, erkennen lassen«.

82 Die Figur, die Hanna *malik*, »König«, nennt, ist Atys, der im letzten Akt Sangaride (von Hanna als *malika*, »Königin«, bezeichnet) tötet.

83 Seit der Erstaufführung in Saint-Germain-en-Laye taucht im Bühnenbild des letzten Teils der Tragödie der Springbrunnen auf, inmitten eines Bildes, das im Libretto von Quinault mit »Lustgärten« beschrieben ist.

84 »Der Schlaf des Königs Bacchus«. Keine Oper gegen Ende des 17. oder zu Beginn des 18. Jahrhunderts hatte diesen Titel, und keine von denen, die »Bacchus« im Titel haben (wie *Ariane et Bacchus* von Marin Marais oder *Les Fêtes de l'amour et de Bacchus* von Lully, Molière und Quinault) oder ihn auf der Bühne darstellten, wurde 1708 wieder aufgeführt (vgl. Louis-César de La Baume duc de La Vallière, *Ballets, opera, et autres ouvrages lyriques, par ordre chronologique depuis leur origine, avec une table alphabétique des ouvrages et des auteurs*, Paris 1760, S. 141 – 142).

85 Hanna schreibt *kam(m)ūdia*.

86 *Ḥayāl al-baẓār*. Es handelt sich um eine alte Bezeichnung der türkischen Schattenspiele: *hayal bazan* (»Spiel der projizierten Schatten«). Siehe übernächste Anmerkung.

87 Hanna schreibt *'arkelīn* für frz. *arlequin*.

88 Hanna beruft sich hier auf die im Orient äußerst populären Schattenspiele, *ṭaif al-ḥayāl* oder *ḥayāl al-ẓill*, deren zwei Hauptpersonen in Syrien und im Libanon *Karakōẓ* und *'Īwāẓ* (in der Türkei *Karagōẓ* und *Hacivat*) sind.

89 Tatsächlich wurde zur Zeit Hannas der Katechismus in Aleppo nach dieser Methode unterrichtet.

90 Hanna spricht hier von »Handhabung des Spießes *(sīḫ)*«.

91 *La'b al-ḥagam*: Dies war eine Art Kampfsport, der mit Stock und einem mit Baumwolle und Lappen ausgestopften Schild betrieben wurde.

92 Hanna transkribiert das französische Wort *le palais* in arabischer Schrift: *lū balī*.

93 Sicherlich der *Palais-Royal*.

94 *Barğāwāt*. Vielleicht handelt es sich hier um Barège, Stoff aus leichter Wolle (in Körperbindung), woraus Halstücher, Schals und Kleider gefertigt werden. Es gibt auch den Seidenbarège, bisweilen wird auch indischer Barège genannt.

95 *Ḫāṣṣa* bezeichnet einen feinen und dichten Baumwollstoff: Adrien Barthélemy, *Dictionnaire Arabe-Français*, a.a.O., S. 190; Colette Establet, Jean-Paul Pascual, *Des tissus et des hommes*, a.a.O., S. 329: einfacher, einfarbiger (indischer) Musselin.

96 *Bāẓargān*.

97 »Onkel« und »Tante« werden im nahöstlichen Arabisch häufig zur Bezeichnung von Erwachsenen benutzt, wenn man sich an ein Kind wendet, und von Kindern als respektvolle und zugleich herzliche Anrede an Erwachsene.

98 Hanna schreibt *al-ḥakim*, »der Gouverneur«. Es handelt sich sehr wahrscheinlich um den Generalleutnant der Polizei (vgl. die Episode mit den Hugenotten [110v–111r]).

99 *Al-sanṭānsā* bzw. *ṣanṭānsā'*; frz. *la sentence*, »das Urteil«.

100 *Madschīdī*, (maǧīdī), ein Geldstück zum ursprünglichen Gegenwert vom 20 Piastern, vgl. Adrien Barthélemy, *Dictionnaire Arabe-Français*, a.a.O., S. 778.

101 Zur Praxis des Drucks von Todesurteilen und ihrer Verbreitung durch Kolporteure: Pascal Bastien, *Une histoire de la peine de mort*, a.a.O., S. 199 – 201: »Die Pariser hörten die Verkündung der Todesurteile mindestens einmal in der Woche, wenn nicht öfter. Das Verbrechen wurde darin in allen Einzelheiten beschrieben. Mit juristischen Formeln und psychologisierenden Adverbien und Adjektiven wurde auf der vollen Schuldfähigkeit des Verbrechers und dessen dringender Eliminierung bestanden. […] Das Todesurteil glich einem kleinen Roman und öffnete allen möglichen gemeinen und finsteren Vorstellungen Tür und Tor« <a. d. Frz. v. G. G.>.

102 Das Gebet zur Jungfrau Maria ist das *Salve Regina*, ein Bittgebet an die »Mutter der Barmherzigkeit« und »Fürsprecherin« um Beistand zur Erlangung göttlicher Barmherzigkeit. Gleich darauf erfolgt die Exekution: Pascal Bastien, *Une histoire de la peine de mort*, a.a.O., S. 166 – 167.

103 Hanna schreibt *al-šarī'a*, »Scharia«; »Gesetz, Recht«.

104 Pascal Bastien, *L'exécution publique à Paris au XVIIIe siècle. Une histoire des rituels judiciaires*, Seyssel 2006, S. 128, 144 – 145, 225 – 237: Revolten der Menge gegen die Justizbehörden scheinen in Paris äußerst selten gewesen zu sein. Die Reaktion ist vermutlich mit dem besonderen Fall des Verurteilten zu erklären. Die Tätigkeit des Henkers hingegen wurde als äußerst schmachvoll angesehen.

105 Es handelt sich hier um die Folter des Räderns, die von Hanna äußerst genau beschrieben wird und die, wie er andeutet, Mördern und Straßenräubern vorbehalten war. Das Kreuz, das zur Folterung diente, hatte allerdings die Form eines X, eines Andreaskreuzes, und nicht diejenige des Petruskreuzes. Die Genauigkeit und Richtigkeit von Hannas Beschreibung wird bestätigt durch den Vergleich mit Pierre-François Muyart de Vouglans, *Les loix criminelles de France, dans leur ordre naturel. Dédiées au Roi*, Neufchatel 1781, Bd. 1, S. 52: »[…] der Körper des Verbrechers wird auf ein kleines Wagenrad getragen, dessen Nabe man herausgesägt hatte & das horizontal auf einen Pfahl gesetzt worden war. Nachdem er ihm die Schenkel darunter geknickt hat, bindet ihn der Henker auf dieses Rad, indem er ihn mit allen Körperteilen an den Radkranz fesselt, dergestalt, dass die Fersen seinen Hinterkopf berühren, und zieht ihn so für mehr oder weniger lange Zeit vor dem Publikum hoch« <a. d. Frz. v. G. G.>.

106 Die Erdrosselung zur Abkürzung der Leiden wurde im 18. Jahrhundert fast zur Regel: Pascal Bastien, *Une histoire de la peine de mort*, a.a.O., S. 86 f.

107 Zur Züchtigung der Bordellwirtinnen siehe Pascal Bastien, *L'exécution publique à Paris au XVIIIe siècle*, a.a.O., S. 110 – 112, 121. Hanna verwendet das Wort *taġrīs*, das in seinem Land eine ganz bestimmte Strafe bezeichnete: Der Verurteilte wurde verkehrt herum auf einem Esel sitzend, dessen Schwanz er halten musste, durch die Stadt geführt, mit einem Schild, auf dem sein Verbrechen geschrieben stand. Der Verurteilte und der Esel trugen Glocken (*ġaras*, daher der Name dieser Strafe) um den Hals. Siehe Adrien Barthélemy, *Dictionnaire Arabe-Français*, a.a.O., S. 109. Der entehrende Ritt auf dem Esel, von dem er hier spricht, ist ähnlich und der Begriff zutreffend.

108 In diesem Bericht erzählt Hanna den Ablauf der Geschichte nicht in chronologischer Ordnung, denn er stellt keine Verbindung zwischen der Hungersnot und dem Elend des Großen Winters und der Epidemie danach her, wie dies die Historiker getan haben. Tatsächlich war die Sterblichkeit besonders von Ende Sommer 1709 an sehr hoch: Marcel Lachiver, *Les années de misère. La famine au temps du Grand Roi*, Paris 1991, S. 354, 361. Aber in Paris hatte der Kardinal de Noailles bereits am 16. Mai 1709 eine feierliche Prozession angeordnet, eben diese, an der Hanna teilgenommen hat. Nach einem öffentlichen Fasten am 15. Mai und Einzelprozessionen in den Kirchen begab sich jeder Sprengel nach Notre-Dame und von da zu Sainte-Geneviève, um

dort den Reliquienschrein zu holen. Die riesige Prozession zog sich bis in den Abend: Ebd., S. 347.

109 Hanna berichtet hier Elemente des Zeremoniells, das der Herausgabe der Reliquie der heiligen Geneviève vorausging und sie begleitete. Eine komplizierte Prozedur war notwendig, um vom Pfarrer von Sainte-Geneviève die Zustimmung zu erlangen. Diese wurde von einem strengen Ritual und vielen Vorsichtsmaßnahmen begleitet: Jean Delumeau, *Rassurer et protéger. Le sentiment de sécurité dans l'Occident d'autrefois*, Paris 1989, S. 128 – 132.

110 Hanna erwähnt an verschiedenen Stellen sieben Viertel von Paris. Tatsächlich zählte Paris sechzehn und ab 1701 – 1702 zwanzig Viertel und vierzehn Vorstädte. Die Prozession wurde aber nach Kirchsprengeln organisiert und nicht nach Vierteln. Die Zahl der Sprengel und die der Viertel stimmen nicht überein. Michel Le Moel, »Quartiers de Paris«, in: François Bluche (Hg.), *Dictionnaire du Grand Siècle*, a.a.O., S. 1285 – 1287.

111 Die von Hanna erzählte Geschichte stimmt nicht mit der Hagiografie der heiligen Genoveva überein. Wie bei der Madonna von Livorno erzählt er eine bekannte Geschichte, schreibt sie aber fälschlich der Heiligen von Paris zu. Die Geschichte der frommen Frau, die Nahrung aus ihrem Haus versteckt, um sie den Armen zu geben, und das Brot dann in ihrer Schürze in Rosen verwandelt sieht, taucht seit dem Ende des Mittelalters in mindestens fünf Legenden von weiblichen Heiligen auf: Caroline Bynum, *Jeûnes et festins sacrés. Les femmes et la nourriture dans la spiritualité médiévale*, Paris 1994, S. 314 u. Anm. 13, S. 334. Insbesondere wird sie Elisabeth von Ungarn (1207 – 1231) zugeschrieben. Die heilige Elisabeth von Portugal (1271 – 1336) verteilte in Rosen verwandelte Almosen. Diese Geschichte kommt im *Kitāb ʾaḫbār al-qiddīsīn* vor, das Hanna vielleicht mit eigener Hand kopiert hatte: Louis Cheikho, *Catalogue raisonné des manuscrits historiques de la Bibliothèque Orientale de l'Université Saint-Joseph*, Bd. 1, Beirut; *Mélanges de l'université Saint-Joseph*, 11, 1926, S. 191 – 306, 266, Ms. Nr. 596 (= Bd. 3), Fol. 20r. Man beachte aber, dass die wirkliche Geschichte der heiligen Geneviève (Genoveva) in folgendem Bericht vorkommt: Ms. Nr. 594 (= Bd. 1), Fol. 40r-42v. Wir verdanken diesen Hinweis Johannes Stephan.

112 Hanna zögert mit der Jahresangabe: Man kann sehen, dass er nacheinander »8« und »9« hinschrieb. Nach frühen Frösten im Oktober 1708 trat die Kälte in der Dreikönigsnacht vom 5. auf den 6. Januar 1709 mit einem Temperatursturz von fast zwanzig Grad ein und hielt etwa neunzehn Tage lang an. Kältewellen folgten vom 4. bis zum 10. Februar, vom 19. Februar bis zum 2. März und vom 10. bis zum 15. März: Marcel Lachiver, *Les années de misère*, a.a.O., S. 272 – 277. Antoine Galland spricht in seinem *Journal* von »strengster Kälte« vom Donnerstag, den 10. Januar an. Im Vergleich zu Hanna gibt er viel weniger Einzelheiten zu diesem *Grand Hyver*, dem »Großen Winter«.

113 Die Zahl von 80000 Toten in Paris ist übertrieben: Man zählte im Jahr 1709 29288 und 1710 22389 Tote, das heißt, 51700 in zwei Jahren im Unterschied zu 35000 zu normalen Zeiten: Marcel Lachiver, *Les années de misère*, a.a.O., S. 377.

114 Die von Hanna gegebene Beschreibung stimmt weitgehend mit dem überein, was man aus anderen Quellen kennt: Marcel Lachiver, *Les années de misère*, a.a.O., S. 287 – 303.

115 Hanna sagt »im *ǧuwwānī* eines Hammam«. Der *ǧuwwānī*, »das Innere«, ist der heißeste Raum, direkt neben der Feuerstelle. Er entspricht dem *caldarium* der römischen Thermen.

116 Eine *Ūqīye* ist ein Aleppiner Gewichtsmaß von 320 Gramm. Adrien Barthélemy, *Dictionnaire Arabe-Français*, a.a.O., S. 905.

117 Marcel Lachiver, *Les années de misère*, a.a.O., S. 319 – 320: Der Preis für ein Sester Weizen (das Pariser *setier* entsprach etwa 150 Litern) hatte sich in der Region von Paris zwischen Januar 1708 und Januar 1709 verdoppelt. Anfang Mai 1709 ist »die Ka-

tastrophe […] eingetreten«: Die Preise hatten sich gegenüber Januar 1708 versechs-facht. Ebd., S. 326 – 330. Die Maßnahmen zur Erfassung und Rationierung betrafen nur die Armen. Die »Armenregister« wurden allgemein im Laufe des Monats Mai eingeführt.

118 *Sūldīyāt*, vgl. ital. *soldi*.

119 Hanna hält es für unnötig, die (wenn auch begrenzten) Unruhen zu erwähnen, die es in Paris ab März 1709 gegeben hatte, und die repressiven Maßnahmen, die vom Polizeileutnant ergriffen wurden: Marcel Lachiver, *Les années de misère*, a.a.O., S. 337 – 338. Die Baustellen für die Beschäftigung von Bauern gegen Brot wurden am 6. August 1709 eingerichtet. Hanna könnte also die ersten Baustellen gesehen haben, da er Paris erst gegen Ende September verließ. Zum Kauf von Getreide aus der Levante schritt man hingegen erst im Januar 1710. Der erste Transport traf am 11. September 1710 in Paris ein. Siehe 8. Kap., Anm. 71.

120 *Al-ġalā ġallāb*. Diese Wendung ist in verschiedenen Varianten in der ganzen arabischen Welt sprichwörtlich. Sie wird auch im übertragenen Sinn gebraucht: »Was man nicht bekommen kann, lockt.«

121 Siehe 5. Kap., Anm. 19.

122 Hanna übertreibt das Ausmaß des Aufstands vom 5. April 1709 in Marseille, der mehr der Lebensmittelknappheit als einer Hungersnot geschuldet war. Er macht aber auf die Effizienz der Organisation bei der Verteilung aufmerksam. Gaston Rambert (Hg.), *Histoire du commerce de Marseille*, a.a.O., Bd. 4, S. 335 – 336 und 350 – 352. Claude Badet, »La crise de 1709 à Marseille. Les problèmes de ravitaillement en blé (1709 – 1710)«, in: Jean-Louis Miège (Hg.), *Les céréales en Méditerranée*, Marseille 1993, S. 69 – 84. Hanna hatte zusätzliche Informationen über die Organisation der Getreidezuteilung nach dem »Großen Winter« bei seinem Aufenthalt in Istanbul erhalten.

123 *Zalaṭa* oder *Zolota*. Ursprünglich eine polnische Münze, die im 17. Jahrhundert in großen Mengen eingeführt wurde. Ab 1690 wurde eine *cedid ẓolota* geprägt und in Umlauf gebracht, die Silber und Kupfer enthielt und ungefähr ein Drittel weniger wert war als der holländische Thaler (*abukelb*, siehe 1. Kap., Anm. 28). Şevket Pamuk, *A Monetary History*, a.a.O., S. 160.

124 Es handelt sich um Antoine Galland. Hanna taucht zwischen ihrer ersten Begegnung bei Paul Lucas am 17. März und dem 6. Juni mehrere Male in dessen *Journal* auf: Frédéric Bauden, Richard Waller (Hg.), *Le journal d'Antoine Galland*, a.a.O., S. 286, 290 – 291, 320 – 333, 338 – 343, 346 – 347, 352 – 359, 363 – 367, 369 – 372, 373 – 376, 378. Auch später wird er noch erwähnt, als Galland am 25. Oktober Hannas Brief aus Marseille erhält, sodann wieder am 19. November: ebd., S. 483 und 504.

125 Zwar haben wir nichts in der Hand, um die hier erwähnte Person zu identifizieren, dennoch sei darauf hingewiesen, dass Jules Mathorez, »Notules sur quelques Arméniens ayant vécu en France avant 1789«, in: *Revue des études arméniennes*, 2,1, 1922, S. 85 – 90, um 1669 von dem Fall eines zweimal verheirateten armenischen Abenteurers in der Umgebung des Reisenden Tavernier berichtet und einen weiteren Armenier, einen Juwelier in Paris, im Jahr 1675 erwähnt.

126 Arabisch ʾIṣṭifān al-Šāmī. Antoine Galland nennt ihn Étienne und sagt, er sei aus Aleppo (siehe weiter unten 8. Kap., Anm. 128).

127 *Šāhīya*, Plur. *šāhīyāt* (wörtlich »vom Schāh«, das heißt »vom Herrscher«), ist der Name eines Geldstücks, das im 16. Jahrhundert in den Provinzen Mossul und Bagdad, aber auch in Damaskus, Aleppo und Amida (heute Diyarbakir) geprägt wurde. Um 1600 war es etwa dreieindrittel Para wert: Şevket Pamuk, *A Monetary History*, a.a.O., S. 97 – 99. Siehe auch ʾĪsā Iskandar Maʿlūf, *Tārīḫ al-ʾamīr Faḫr al-dīn al-Maʿanī al-ṯānī*, 3. Aufl., Beirut 1997 (1. Aufl. 1934), S. 136, Anm. 5.

128 Antoine Galland, *De l'origine et du progrès du café. Extrait d'un manuscrit arabe de la bibliothèque du roi*, Caen 1699, Neuausg. Paris 1992, S. 88, »Fragments sur le café,

extraits du *Dictionnaire d'Histoire naturelle*«: »Das erste öffentliche Kaffeehaus wurde von einem Armenier anlässlich der Messe von Saint-Germain 1672 eröffnet. Danach ließ er sich am Quai de l'École nieder, wo man immer noch einen Laden an der Ecke der Rue de la Monnaie sehen kann. […] Nachdem er Paris verlassen hatte, um nach London zu gehen, hatte er mehrere Nachfolger. […] Schließlich eröffnete ein gewisser Étienne aus Halep als Erster in Paris ein Kaffeehaus mit Spiegeln und Marmortischen; es war in der Rue Saint-André gegenüber vom Pont Saint-Michel« <a. d. Frz. v. G. G.>. Zusätzliche Hinweise finden sich in: Jules Mathorez, »Notules sur quelques Arméniens ayant vécu en France avant 1789«, a.a.O.

129 Zur Überwachung von Ausländern und zu den Methoden der Pariser Polizei unter dem Generalleutnant d'Argenson siehe Jean-François Dubost, »Les étrangers à Paris au siècle des Lumières«, in: Daniel Roche (Hg.), *La ville promise. Mobilité et accueil à Paris (fin XVIIe–début XIXe siècle)*, Paris 2000, S. 221 – 288: »Es ist recht einfach vorzugeben, dass man es nicht sei!« (S. 225) Mehrere Versuche, einen Pass einzuführen, blieben ohne Resultat. Wichtig war auch, wie in Hannas Fall, nicht »ohne Zeugnis« zu sein, das heißt ohne Zeugenbürgschaft zu seinen Gunsten. Zu den Ausländern in Frankreich 1699, darunter ungefähr achtzig osmanische Untertanen: Jean-François Dubost, Pierre Sahlins, *Et si on faisait payer les étrangers? Louis XIV, les immigrés et quelques autres*, Paris 1999, S. 38 – 220.

130 Ein *Hatt-ı şerif* ist ein »heiliger Befehl«, der, im Gegensatz zu anderen Dokumenten, vom Sultan unterschrieben wird.

131 Es handelt sich um Giomaria Maunier, Prokurator des Heiligen Landes in Istanbul (siehe 8. Kap., Anm. 52 und Anm. 57).

132 Der *Schähbandar* bezeichnet hier vermutlich den Admiralsleutnant oder einen der Handelsdeputierten.

133 Mit dem Datum vom 25. Oktober vermeldet Antoine Galland, einen Brief von Hanna erhalten zu haben, abgeschickt in Marseille am 17. Oktober, in dem dieser ihn davon unterrichtet, »dass er dort keine Nachricht von M. L'Abbé de Signy vorgefunden habe«. Am nächsten Tag begab sich Galland zu diesem, der ebenfalls einen Brief gleichen Inhalts erhalten hatte: Frédéric Bauden, Richard Waller (Hg.), *Le journal d'Antoine Galland*, a.a.O., S. 483. Diese Information ermöglicht es, den von Hanna erwähnten »Prinzen« als Abbé de Signy zu identifizieren. François de Camps, Abbé de Signy (1643 – 1723), ist durch seine numismatischen Arbeiten bekannt, scheint jedoch am Hof und im akademischen Milieu nicht über die Macht verfügt zu haben, die Hanna ihm zuschreibt: Louis-Gabriel Michaud (Hg.), *Biographie universelle ancienne et moderne* […], 2. Aufl., Paris/Leipzig, Bd. 6, 1843, S. 516 – 517.

134 Mutmaßliche Übersetzung.

135 Der Bericht von dieser dritten Reise von Paul Lucas wurde veröffentlicht: Paul Lucas, *Troisième voyage du Sieur Paul Lucas, fait en 1714, par ordre de Louis XIV dans la Turquie, l'Asie, la Syrie, la Palestine, la Haute et la Basse-Égypte etc. …*, Rouen 1719, 3 Bde.

136 *Cheramide*, ein Halbedelstein (*Supplément au Dictionnaire de l'Académie française*, 6. Aufl., 1835, S. 180); dieselbe Form im Italienischen (Joakim Stulli, *Vocabolario italiano-illirico-latino: A-I. Parte Terza, Tomo Primo*, 1810, S. 324). Das Wort ist bereits belegt bei Plinius, *Historia naturalis*, 37, 10. Die Farbe dieses Halbedelsteins erinnert an Keramik.

137 Siehe [29v] (und 4. Kap., Anm. 47) und [137v].

138 Hanna verwendet hier die türkische Wendung *yengi dunya* (modernes Türkisch: *Yeni Dünya*).

139 Die Handelskammer von Marseille, gegründet 1599, wurde von vier Deputierten geleitet, die zur Hälfte jedes Jahr ausgewechselt und unter den Händlern der Stadt ausgewählt wurden: *La chambre de commerce de Marseille. Son histoire, ses fondations,*

sa bibliothèque, Marseille 1933, S. 6. Zu den sehr weitgehenden Zuständigkeiten der Handelskammer zur Zeit von Hanna Diyāb: Gaston Rambert (Hg.), *Histoire du commerce de Marseille*, Bd. 5, a.a.O., S. 72 – 75.

140 Vermutlich der *šāhbandar*, der Admiralsleutnant.

141 Unsichere Lesart: Hanna schreibt *lak(a)lāṭān*. Manche Namen von Schiffen standen in Verbindung mit den Orten, die sie häufig anliefen (so etwa *St Joseph le Postillon de Chypre* oder *La Diligence de Constantinople* oder nach Venedig eine *Marsiliane* und eine *Martigane*); hier könnte Galata, die Vorstadt von Istanbul, gemeint sein (wir danken Gilbert Buti für diese Hinweise). In Marseille ist zur selben Zeit eine *Galatane* erwähnt, aber es handelte sich um eine Galeere. Es ließe sich, wenn auch weniger wahrscheinlich, eine *La Galatée* denken (in späterer Zeit ein häufiger Name) oder auch *La Calatane* für *La Catalane*.

142 *Qunbāz* oder *ġunbāz*, lange Tunika mit Ärmeln. Siehe Adrien Barthélemy, *Dictionnaire Arabe-Français*, a.a.O., S. 683; Reinhart P. A. Dozy, *Dictionnaire détaillé des noms des vêtements chez les Arabes*, a.a.O., S. 324 – 326.

143 Vor einer Begegnung mit dem Sultan musste ein Botschafter erst mit dem Großwesir und dem Dragoman der Pforte zusammentreffen. Bei dieser Gelegenheit hatte er die Geschenke, die ihm von seinem König geschickt worden waren, vorzulegen. War der Großwesir damit zufrieden, bat er den Sultan um sein Einverständnis zu einer Audienz für den neuen Botschafter.

144 Der Sultan empfing die Botschafter im »Audienzsaal« *(arz odası)*, im Marmorpavillon, der sich direkt hinter dem dritten monumentalen Tor des Topkapı-Palastes befand, dem *Bab üs-sa'ade* oder »Tor der Glückseligkeit«.

145 *Kapıcı paşa* oder *kapıcı ağası*, Vorsteher der weißen Eunuchen im Topkapı-Palast.

146 Es handelt sich um den Comte de Ferriol, Botschafter in Istanbul von 1699 – 1711. Er hatte am 25. Dezember 1699 seine erste Audienz beim Großwesir. Da er sich, entgegen dem Protokoll, weigerte, bei den kaiserlichen Audienzen sein Schwert abzugeben, verlor er die Sympathien der herrschenden osmanischen Kreise und wurde vom Sultan nie empfangen: Jean-Louis Bacqué-Grammont, Sinan Kuneralp, Frédéric Hitzel, *Représentants permanents de la France en Turquie (1536 – 1991) et de la Turquie en France (1797 – 1991)*, Istanbul/Paris 1991, S. 26 – 27; Joseph von Hammer-Purgstall, *Geschichte des Osmanischen Reiches, grossentheils aus bisher unbenützten Handschriften und Archiven*, Bd. 4: *Vom Carlowiczer Frieden bis zum Frieden von Kainardsche: 1699 – 1774*, 2. verb. Aufl., Pesth 1840, 61. Buch, S. 24.

147 Es handelt sich um den spanischen Erbfolgekrieg (1701 – 1714). Die österreichischen Habsburger, welche die Übertragung der spanischen Territorien an Philippe V. von Bourbon, Enkel Ludwigs XIV., nicht anerkannten, bemächtigten sich eines Teils dieser Territorien, unter anderem Siziliens. 1709 beherrschten sie zusammen mit ihren Verbündeten Italien.

148 Möglicherweise vom provenzalischen *gardi*, »Wache«.

149 Die *šaqlūzāt* (Hanna schreibt *šaqlūzāt*) waren Kanonen mittlerer Größe und mittleren Kalibers.

150 Arab. *bū(b)bā*, frz. *en poupe*, »mit dem Wind« oder »vor dem Wind segeln«. Das Wort, vermutlich vom venezianischen *pupa*, fand Eingang in verschiedene arabische Dialekte. Siehe Henry Kahane (u. a.), *The Lingua Franca in the Levant*, a.a.O., Nr. 527, S. 364.

151 Morea: alte Bezeichnung für den Peloponnes <A. d. dt. Ü.>.

9. KAPITEL

1 Dieses Kapitel ist im Manuskript nicht nummeriert.

2 Siehe Anne Mézin, *Les Consuls de France au siècle des Lumières (1715–1792)*, Paris 1997.

3 Die levantinischen Handelsniederlassungen hatten ein »Frankenviertel«, wo Diplomaten, Händler und Kaufleute wohnten. Sie waren frei in der Ausübung ihrer Religion, ihrer Kulte (Kirchenbesuche) und ihrer Gebräuche und Sitten (dies betraf vor allem den Alkoholkonsum). Geschützt waren sie durch sog. Kapitulationen, das sind Verträge, die seit dem 16. Jahrhundert vom Sultan den Großmächten zugestanden wurden und die Sicherheit von Gütern und Personen garantierten. Den Inhalt dieser Anmerkung und eines Großteils der folgenden Anmerkungen verdanken wir Frédéric Hitzel.

4 Geldwährung im Wert von 30 Para (Adrien Barthélemy, *Dictionnaire Arabe-Français*, a.a.O., S. 502). Zur Zeit Barthélemys, das heißt beinahe zwei Jahrhunderte später, hatte eine *Zalaṭa* den Wert von 30 Para (s. 8. Kap. Anm. 123). Der Piaster entsprach demnach 40 Para (ebd., S. 25), die *Zalaṭa* war also drei Viertel Piaster wert. Wie soll man es hier verstehen, dass 25 Piaster »alle *ẓəlaṭ*« sind? Dass sie gut verdient waren?

5 *Kāmara*. Hanna gebraucht dieses Wort in der Form der *lingua franca* (vgl. venezianisch *cámara*) und nicht in der gebräuchlichen Form des Vorderen Orients: *qamara*. Siehe Henry Kahane (u. a.), *The Lingua Franca in the Levant*, a.a.O., Nr. 142, S. 134–135.

6 *Oqqa* (frz. *ocque* oder *oque*) Gewichtsmaß, ungefähr 1,25 kg (1,281 kg in Aleppo: Adrien Barthélemy, *Dictionnaire Arabe-Français*, a.a.O., S. 10).

7 Die Einfahrt in die Dardanellen war für Segelschiffe schwierig, die auf günstige Windverhältnisse aus Süden warten mussten, um nach Istanbul zu gelangen. Die Schiffe konnten für die Durchfahrt in der einen oder anderen Richtung zwei Tage oder eine Woche benötigen. In der Wartezeit wurde Halt in Gallipoli (Gelibolu) gemacht.

8 Vermutlich Kuçük Çekmece, in der Nähe des heutigen Flughafens Atatürk von Istanbul. Hanna verwechselt die Stationen: Fuhr man nach Istanbul, wurde zuerst in Büyük Çekmece (siehe weiter unten Anm. 11) haltgemacht, danach in Küçük Çekmece.

9 Siehe 5. Kap., Anm. 19. Wenn es sich wirklich um Inseln handelte, dann vermutlich um jene des ägäischen Meers (Vorschlag von Faruk Bilici, bei dem wir uns hiermit bedanken).

10 Der Verkauf von Getreide war verboten. Er war nur mit einer Sonderbewilligung des Sultans zugelassen, nach kaiserlichem Erlass *(firman)*: Palmira Brummett, *Ottoman Seapower and Levantine Diplomacy in the Age of Discovery*, Albany 1994, S. 131–141.

11 Büyük Çekmece liegt vor Küçük Çekmece auf dem Weg nach Istanbul. Die beiden Häfen sind etwa vierzig Kilometer voneinander entfernt.

12 Kum Kapı (»Tor des Sandes«) war der osmanische Name des Tores zum Stadtviertel gleichen Namens.

13 Küçük Çekmece ist ungefähr zwanzig Kilometer vom Goldenen Horn entfernt. Auf dem Weg entlang der Meeresküste kommt man durch das byzantinische Tor, wo das Schloss von Yedi Kule, die »Sieben Türme«, liegt.

14 Yedi Kule liegt am Nordufer des Marmarameeres; es handelt sich möglicherweise um den Marmorbruch der Insel Marmara.

15 Das Viertel Galata liegt nördlich vom Goldenen Horn. Um dorthin zu gelangen, musste man von Istanbul ein Boot benutzen.

16 Die diplomatische Vertretung der Niederlande befand sich seit 1612 im Viertel von Pera. Nach einem Brand, der nur die Botschaft Venedigs verschonte, wurde sie 1831 durch ein neues, im selben Viertel errichtetes Gebäude ersetzt. Es ist bis heute die holländische Botschaft.

17 Beyoğlu ist der türkische Name des Viertels, das die Stadtteile Galata und Pera umfasst.

18 Die Niederlassungen der anderen abendländischen Botschaften befanden sich ebenfalls im Viertel Pera. Die französische Botschaft befindet sich seit Beginn des 17. Jahrhunderts dort.

19 Hanna schreibt *Qiẓ Qalʿa*, das heißt, er hat das zweite türkische Wort »Turm« mit dem arabischen *qalʿa*, »Festung«, übersetzt. Es handelt sich bei Kız Kulesi um den sog. Leanderturm im Bosporus. Der eingeschlagene Weg war offenkundig nicht der direkte, denn Galata liegt auf der anderen Seite des Goldenen Horns, während Kız Kulesi im Bosporus gegenüber der asiatischen Küste liegt.

20 Der Comte de Ferriol wurde 1709 abberufen, verließ seinen Posten aber nicht vor der Ankunft seines Nachfolgers, des Marquis und Comte des Alleurs, der erst am 24. Juli 1710 in Istanbul eintraf.

21 Hanna gebraucht auch hier den Begriff *nōbe* (»nawba«).

22 Es handelt sich um die Yeni Dschami oder Valide Sultan Dschami, die Hauptmoschee gegenüber von Galata auf dem südlichen Ufer des Goldenen Horns. Obwohl mit ihrer Erbauung im Jahr 1597 begonnen wurde, vergingen fast sechzig Jahre, bis sie unter Valide Turhan Hatidsche, der Mutter von Mehmed IV., fertiggestellt wurde und 1665 eingeweiht werden konnte. Für ihren Unterhalt wurde ein großer, gedeckter Markt, der *Mısır çarşısı* oder »ägyptischer Basar«, in der Nähe errichtet.

23 In der Nähe des ägyptischen Basars gab es weitere Chane oder Karawansereien, die dazu dienten, Waren von den Schiffen oder den Kamelkarawanen zu beherbergen.

24 Wörtlich »der lange Sūq«, der große Sūq.

25 Es handelt sich um den alten *bedesten*, ein viereckiges Mauerwerk, erbaut unter Mehmed II., das auf jeder Seite durch vier Eisentore zugänglich ist und sich im Zentrum des großen Basars befindet. Hier wurden die wertvollsten Waren umgeschlagen: Textilien, Schmuck, Pelze, Waffen.

26 Die Stände der Händler waren tatsächlich mit zwei Holzplatten versehen, die am Abend zugeklappt wurden. Andererseits wurde der *bedesten* in der Nacht verschlossen und von siebzig Wächtern *(pāsbān)* scharf bewacht.

27 Vom großen Basar aus haben sie den Divan Yolu oder »Kaiserweg« genommen, um zum Eingang des Topkapı-Palastes zu gelangen, wo nur der erste Hof für das Publikum zugänglich war. Davor ist das Bab-ı Hümayun, das »Kaisertor«.

28 Der *ḍarb ḫāneh*, oder die kaiserliche Gießerei, befand sich bis zum Ende des Osmanischen Reichs im ersten Hof des Topkapı-Palastes.

29 Hanna schreibt *qiẓrār*. Es handelt sich um das türkische *qızlar*, »die Mädchen«, die Frauen des kaiserlichen Harems.

30 Auf die Vorderseite des osmanischen Piasters wurde das Jahr der *Hidschra* nach dem muslimischen Kalender geprägt, auf die Rückseite die *tuğra* (türk.; arab. *ṭuġrāʾ* oder *ṭurra*, die von Hanna benutzte Form), das Monogramm des Sultans in kalligrafischer Schrift und die Zahl, die den Wert der Münze angibt.

31 Die byzantinische Basilika der Heiligen Sophia war nach der osmanischen Eroberung der Stadt im Mai 1453 zu einer Moschee umgewandelt worden. Jeden Freitag begab sich der Sultan mit seinem Gefolge dorthin, um am großen, von einem Imam geleiteten Gebet teilzunehmen. Dies wird *selamlık* genannt, die Gelegenheit, bei der das Volk seinen Herrscher im großen Aufzug sehen darf.

32 Die *Qibla* zeigt die Gebetsrichtung nach Mekka an. Sie besteht im Allgemeinen aus einer Nische *(miḥrāb)* in der Mauer.

33 Beim Hinuntergehen zum Hafen kam Hanna an den Befestigungsmauern von Topkapı in der Nähe der Dienststellen des Großwesirs vorbei, der wichtigsten Persönlichkeit des Reichs nach dem Sultan, der ihm das Reichssiegel, die Insignien seiner Macht, verlieh.

34 Siehe weiter oben 8. Kap., Anm. 143.

35 Jedes Schiff hatte eine festgesetzte Zahl von Ruderern. Das Boot des Sultans hatte vierzehn Paar Ruder, dasjenige des Großwesirs zwölf Paar. Die Schiffe der wichtigsten Amtsträger der Pforte und der Botschafter der fremden Mächte hatten sieben Paare.

36 Es muss sich um die Anlegestellen von Sirkeci gehandelt haben.

37 Vielleicht die *sekban* (Militärangehörige, die mit der Begleitung großer Persönlichkeiten betraut waren).

38 Bei der kaiserlichen Audienz wurde der Botschafter zum *arz odası*, dem »Audienzsaal«, geführt, einem Marmorpavillon, der am Eingang zum dritten Hof des Topkapı-Palastes liegt; dieser Teil, *Enderûn* genannt, das heißt »Inneres«, war strikt privat.

39 Eine Abweichung vom Protokoll: Normalerweise blieb der Sultan unter einem Baldachin sitzen, der Dragoman las ihm das Beglaubigungsschreiben vor, und der Sultan begnügte sich mit einem »Pek iyi«, das heißt »sehr gut«. Keinesfalls hätte sich Ihre Hoheit zum Empfang eines Botschafters erhoben, schon gar nicht, wenn dieser aus einem Land der Ungläubigen kam.

40 Dem Botschafter und seinem Gefolge wurden für die Audienz beim Sultan tatsächlich Kaftane gestellt. Je wichtiger der Botschafter war, umso mehr Kaftane erhielt er; vierzig waren grundsätzlich das Maximum, das er bekommen konnte.

41 Hanna, der nicht unmittelbar Zeuge dieser Zeremonie war, verkehrt den Verlauf des Protokolls. Normalerweise wurden der Botschafter und sein Gefolge vom Großwesir in den Ratssaal gebeten, um an einer Versammlung teilzunehmen; danach bot man ihnen ein Mahl an. Erst am Ende dieses Mahles, nachdem die Zustimmung des Sultans erfolgt war, wurden sie in seiner Gegenwart hineingeführt.

42 Wörtlich »Beilträger«; es handelte sich eigentlich um die Haremswächter.

43 Es kann sich auch um Palastwachen handeln oder um Ruderer der Kajiken des Sultans.

44 »*Vivat!*« auf Italienisch (oder in der *lingua franca*); von Hanna transkribiert mit *kīwīwa* (die Lesart verdanken wir Faruk Bilici).

45 1709 wurde Ferriol von einer vorübergehenden Demenz heimgesucht und nach Frankreich zurückgerufen. Er verließ Istanbul erst am 4. April 1711 in schlechtem Einvernehmen mit seinem Nachfolger, dem Comte des Alleurs (1710 – 1716). Dieser war am 24. April 1710 in Istanbul eingetroffen: Jean-Louis Bacqué-Grammont, Sinan Kuneralp, Frédéric Hitzel, *Représentants permanents de la France en Turquie*, a.a.O., S. 26 – 28 (siehe weiter oben 8. Kap., Anm. 146).

46 Der Sitz der französischen Jesuiten war das Kloster Sankt-Benedikt (heute das katholische französisch-türkische Gymnasium) am Fuß der Hügels von Galata.

47 Hanna erwähnt an zwei Stellen seinen Schutzengel. Über die zunehmende Bedeutung der Schutzengel in der katholischen Gottesfurcht des 17. Jahrhunderts siehe Jean Delumeau, *Rassurer et protéger*, a.a.O., S. 328 – 339.

48 *Krīkīye.*

49 Arab. *maṭwēyet* (Hanna schreibt *maṭwīyet*) *al-s(i)qāl* (Adrien Barthélemy, *Dictionnaire Arabe-Français*, a.a.O., S. 495: »*ensoupleau ou ensouple de derrière*«). Dieser Mechanismus, Kettbaum genannt, besteht aus einer zylinderförmigen Walze, die von Rollen und Lederriemen mit Gewichten mitgezogen wird und es ermöglicht, den von der Walze ablaufenden Stoff zu spannen. Die Einführung dieser Technik, die in den Kreisen der Weber und Stoffhändler in Aleppo, zu denen Hanna gehörte, unbekannt war, wurde uns freundlicherweise von Nabil Bakhane beschrieben. Siehe auch Adrien Barthélemy, a.a.O, S. 347: *saqal*: »*lustrer une étoffe à la calandre, calandrer, satiner*« (Lüstrieren, Kalandrieren, Satinieren eines Stoffes).

50 Der Bischof von Babylon (Baghdad) für Persien, mit Residenz in Hamadan, war damals Louis-Marie Pidou de Saint-Olon (1687 – 1717). 1709 schickte man ihm einen

Koadjutor, Gatien de Calliczon, Bischof von Agathopolis. Es könnte sein, dass es sich hier um diesen Bischof handelte, der erwartet wurde: Louis-Gabriel Michaud, »Pidou de Saint-Olon (Louis-Marie)«, in: Ders. (Hg.), *Biographie universelle ancienne et moderne*, a.a.O, Bd. 33, o. J., S. 212.

51 Arab. *marākib baklik*. Zum zweiten Wort siehe [111r] und 8. Kap., Anm. 72. Das gleiche Wort wird einige Zeilen weiter unten für die Schiffe der französischen königlichen Flotte verwendet.

52 Joseph von Hammer-Purgstall, *Geschichte des Osmanischen Reiches*, Bd. 4, a.a.O., 62. Buch, S. 94: 1707 wurde unter dem Wesirat von Ali Pascha Çorlu der Bau von Schiffen und das Gießen von Kanonen und Ankern in Auftrag gegeben. Man entschied sich für den Bau einer Gießerei hinter den Werften des Arsenals, genannt *Tersane göʒleri* (»die Augen des Arsenals«). Sie lieferte bald Anker von 70 bis 80 Doppelzentnern aus (Hinweis von Frédéric Hitzel, dem wir auch die zwei folgenden Anmerkungen sowie Anm. 56 in diesem Kapitel verdanken).

53 Der Stapellauf der Schiffe fand im Arsenal von Kasımpaşa statt, zu einer Stunde, die vom Hauptastronomen des Palastes festgesetzt wurde.

54 Vor jeder Einweihung oder Eröffnung werden Schafe geschlachtet.

55 *Ǧalāyīn*. Siehe Gilbert Buti, Philippe Hrodej (Hg.), *Dictionnaire des corsaires et pirates*, a.a.O.: »Galion, kleines Kriegssegelschiff, vom 16. Jahrhundert an auch große Handelsschiffe mit drei Masten, die für Handel und Krieg taugten« <a. d. Frz. v. G. G.>.

56 Tatsächlich wurden bei der Einfahrt ins Goldene Horn von jedem einfahrenden Schiff zur Begrüßung des Sultanserails Kanonenschüsse abgefeuert.

57 Hanna verwendet hier den Begriff *qubṭān bāšī* (auf Türkisch *kapudan paşa*), womit üblicherweise der Großadmiral des Osmanischen Reichs bezeichnet wurde, hier jedoch den Chef des französischen Geschwaders meint (den er einige Zeilen weiter oben schlicht *qabṭān*, »Kapitän«, genannt hat).

58 Zu diesen achtzig Ankern siehe 8. Kap., Anm. 71. Anna Pouradier Duteil-Loizidou (Hg.), *Consulat de France à Larnaca*, a.a.O., Bd. 6, S. 115: Pontchartrain hatte zwei Schiffe aus Toulon mit den ersten dreißig Ankern geschickt, die anderen sollten auf weiteren »Kriegsschiffen« folgen. Die Lieferung der Anker war eine Gefälligkeit an die Pforte, sie wurden jedoch nicht geschenkt. Diese Schiffe waren ausreichend bewaffnet, um die osmanischen Behörden einzuschüchtern, sollte der Wesir die Bezahlung oder die Erlaubnis zum Kauf von Getreide verweigern. Die Kanonenschüsse bei der Einfahrt ins Goldene Horn hatten also den Zweck, die Regierung und die Bevölkerung einzuschüchtern.

59 Gemeint sind die Inseln der Ägäis.

60 *Ǧaktarīyāt*, siehe 7. Kap., Anm. 44.

61 Wörtlich »des Sultans«.

62 Nach der Niederlage von Poltawa (8. Juli 1709) gegen die Truppen Zar Peters I. suchte der schwedische König Zuflucht im Osmanischen Reich. Er ließ sich mit seinen Leuten im Lager von Bender in Moldawien nieder (Anm. von Frédéric Hitzel).

63 Üsküdar (Scutari) auf dem asiatischen Ufer des Bosporus war der Ausgangspunkt der Karawanen nach Persien und Syrien.

64 »Verband«, unsichere Übersetzung.

65 Hanna schreibt Afyun Qarā ʿIšār (aber weiter unten, [156v], Afyūn Qara Ḥisār). Die Gegend von Afyon Karahisar (wörtlich »schwarze Burg von Opium«) liegt im Südwesten von Anatolien.

66 Der Golf von Izmit unterbricht den Landweg. Um einen weiten Umweg zu vermeiden, mieteten sie Kajiks zum Übersetzen. Danach setzten sie ihren Weg östlich des Sees von Iznik fort und ließen die Stadt Bursa westlich liegen, wandten sich dann nach Süden in Richtung Afyon Karahisar (Anmerkung von Frédéric Hitzel).

67 *Kāwur Kūy*, türk. Gavur Köy.

68 Arab. *yaḥne*; siehe Claude Denizeau, *Dictionnaire des parlers arabes de Syrie, Liban et Palestine*, a.a.O., S. 560. Man könnte auch an *yaḥana* (eine Variante von *laḥana*), »Kohl«, denken.

69 Hier *qaẓan kabābī* geschrieben, siehe 4. Kap., Anm. 53.

70 Das Essen wird schnell und schweigend eingenommen, und man bedient sich mit der rechten Hand. Erst nach dem Händewaschen mithilfe einer Kanne *(leğen)* über einem Becken nimmt sich die Tischgesellschaft Zeit zu einer Unterhaltung bei einer Tasse Kaffee (Anm. von Frédéric Hitzel).

71 Eskişehir ist eine Stadt auf dem anatolischen Nordwestplateau, etwa 330 Kilometer östlich von Istanbul. Berühmt ist sie für ihre Meerschaumpfeifen *(lüle taşı)* und ihre Thermalbäder, die seit der Antike besucht werden, daher ihr Name *eski şehir*, wörtlich »alte Stadt«.

72 Afyon Karahisar liegt etwa 135 Kilometer südlich von Eskeşehir.

73 Arab. *ḥaram kāḥyāsī*, türk. *harem kahyası*, »Verantwortlicher für das Quartier der Frauen«.

74 Im Orient wird Safran (wenn das von Hanna hier verwendete Wort *ğādbūn* tatsächlich diese Bedeutung hat) häufig gegen alle möglichen Übel, besonders gegen Depressionen angewandt. Es soll die Verdauung fördern, die Leber erleichtern und auch das Blut verflüssigen (Anm. von Frédéric Hitzel).

75 Arab. *ṣarwanğī bāšī*, vgl. A.-C. Barbier de Meynard, *Dictionnaire turc-français*, a.a.O., Bd. 2, S. 58: *sarban bachi*, »Zuständiger für das Gepäck, derjenige, der sich um den Transport des Lagermaterials kümmert«; Furier.

76 Arab. *ṣīwān*, türk. *sayvan* (persischer Herkunft), »offenes Zelt«, »großes Prunkzelt mit Sonnensegel«, »Sommerzelt« usw. Hanna unterscheidet den *ṣīwān* des Pascha und die *ḥiyām* (Plur. von *ḥaima*), Zelte der Untergebenen wie der Soldaten und des *ḥaẓnādār*.

77 *Ḥaẓnādār.*

78 Arab. *qunāq*: Türkisches Lehnwort mit der Bedeutung »Reisestation, Rastplatz« und »Unterkunft, Wohnung, Bleibe«, hier: Platz, Etappenquartier. Bei Paul Lucas, *Deuxième voyage*, a.a.O., S. 233, bedeutet *connac* »Lager, Ort der Erholung«. Der *qanaqğī*, Quartiermeister, ist für die Verwaltung der Stationen und die Organisation der Etappenquartiere verantwortlich.

79 Das heißt, dass sie den grauen Star hatte, der als eine Ansammlung von Flüssigkeit im Auge angesehen wurde (siehe Reinhart P. A. Dozy, *Supplément aux dictionnaires arabes*, a.a.O., Bd. 2, S. 625).

80 Viele europäische Reisende haben bis ins 19. Jahrhundert darüber berichtet, wie Kranke zu ihnen kamen, da sie für große Ärzte gehalten wurden.

81 Türk. *mütesellim*, Gouverneur zur Eintreibung der Steuer bei der Bevölkerung; Steuereinnehmer. Er nahm bei Abwesenheit des Paschas die Funktionen eines Gouverneurs wahr.

82 Die Führung der jährlichen Pilgerreise *(ḥağğ)* von Damaskus nach Mekka und zurück war ein sehr wichtiges politisches, religiöses und ökonomisches Amt im Osmanischen Reich. Die von Beduinen unsicher gemachten Wege konnten nur mit Gewalt oder Korruption geschützt werden. Nāṣif Bāšā oder Naṣūḥ Bāšā ibn ʿUṯmān (1708 – 1714/15) blieb aufgrund seines kundigen Umgangs mit den Beduinen entlang der Pilgerwege außergewöhnlich lange Gouverneur von Damaskus. Henri Laoust, *Les gouverneurs de Damas sous les mamlouks et les premiers ottomans (658/1156 – 1260/1744)*, Damaskus 1952, S. 230 – 235. Abdul-Karim Rafeq, *The Province of Damascus 1723 – 1783*, Beirut 1966, S. 58 – 59. (Wir danken Brigitte Marino für diese Hinweise.)

83 Der *bustānğī* (Hanna schreibt *buṣṭanğī*), im modernen Türkisch *bostancı*, war ein »Gärtner«, der sich mit den kaiserlichen Gärten des Sultans beschäftigte, aber auch die Aufgabe hatte, die Hauptstadt und den Bosporus zu überwachen; das Wort bezeichnet auch einen Wächter des Sultanspalastes.

84 Konya liegt etwa 230 Kilometer südöstlich von Eskişehir.

85 *Karawān bāšī*, türk. *Kervan başı*.

86 *Šāwīš* bezeichnet hier einen Offizier, wahrscheinlich einen Hauptmann, der mit dieser Art Auftrag für den Gouverneur bedacht wurde.

87 »Magenperle«, »Magenstein«, Bezoard oder Bezoar: ein fester Ballen von Haaren, Pflanzenfasern und anderen Stoffen, der sich im Magen von Pflanzenfressern findet; galt und gilt im Orient noch heute als Mittel gegen Schwindel, Epilepsie, Herzklopfen, Gelbsucht usw. Arab. *bāzahr*, von persisch *pādzahr*, »Gegengift«: Hussein I. El-Mudarris, Olivier Salmon (Hg.), *Le consulat de France à Alep au XVIIe siècle*, a.a.O., S. 476.

88 Siehe [90r] und 7. Kap., Anm. 29.

89 Der Agha lockte Hanna mit einer Pilgerreise nach Jerusalem (al-Quds), ein wichtiges Ereignis bei den orientalischen Christen, die mit dem Titel *al-Ḥāǧǧ* (»Pilger«) von dort zurückkommen. Es kam vor, dass ein Muslim einem Christen dessen Pilgerreise spendete: Bernard Heyberger, *Les chrétiens du Proche-Orient*, a.a.O., S. 167 – 177.

90 Es handelt sich um den Durchlass im Taurusgebirge, um die berühmte »Kilikische Pforte«, türk. *Gülek Boğazı*.

91 *(I)sbanǧ*: von türk. *ispençe* (wörtlich »Fünfte«, pers. Lehnwort), Grundsteuer für Nichtmuslime (hier wahrscheinlich ein Wegzoll für die Durchquerung des Engpasses).

92 *Ṭaskara*, vgl. [84r] und 6. Kap., Anm. 42.

93 Hanna verwendet hier den Begriff *Charādsch (ḫarāǧ)*, die damals geläufige Bezeichnung für die *Dschizia*, eine Kopfsteuer für die Nichtmuslime, die *Dhimmī (ḏimmī)*. Hanna versuchte sich hier als Ausländer und nicht als Untertan des Sultans auszugeben, um damit von der Kopfsteuer befreit zu sein *(musta'min)*.

94 Missis (oder Misis, Mamistra oder Mopsueste, Mopsucrenae, heute Yakapınar) liegt knapp dreißig Kilometer östlich von Adana. Ein prächtige römische Brücke überquert dort den Fluss Dschihān (Ceyhan Nehri), den Pyramos der Antike. Es ist zu vermuten, dass Hanna die Etappen seiner Route verwechselt hat, denn Missis liegt östlich von Adana, Richtung Alexandrette (Iskenderun).

95 *'Amān*, siehe Adrien Barthélemy, *Dictionnaire Arabe-Français*, a.a.O., S. 15.

96 *Qa'ṭāl*. Adrien Barthélemy, *Dictionnaire Arabe-Français*, a.a.O., S. 672, bringt eine verwandte Form: *tqa'ṭol*.

97 Der Ḫān 'Abrak, später Ḫān al-Qaṣṣābīye (Seidenlager), befindet sich im Sūq al-Hawā im südlichen Teil des Viertels 'Aqabe in der Nähe der Großen Moschee von Aleppo. Er wurde 916/1510, zur Zeit des mamlukischen Herrschers Qanṣōh al-Ġūri, von dem Prinzen 'Abrak gegründet. Die Kapuziner (erst französische, danach italienische) wohnten von 1629 bis ins 19. Jahrhundert in diesem Chan (siehe Bernard Heyberger, *Les chrétiens du Proche-Orient*, a.a.O., S. 341 – 342).

98 Hanna schreibt *kūẕḏāšī*, türk. *göztaşı* (wörtl. »Augenstein«): Kupfersulfat (Kupfervitriol), Chalkanthit.

99 Die Provinz *(eyalet)* von Adana oder *Adana eyaleti* wurde 1608 geschaffen. Davor hieß sie Beylikat der Ramazanogulları. Die Ramazaniden (nach dem Gründer der Dynastie Ramazan benannt), zu Beginn des 16. Jahrhunderts den Osmanen untertan, hatten bis zu dieser Zeit Adana regiert.

100 Arab. *Araklī*. Unter den vielen türkischen Ortschaften mit dem Namen Ereğli muss es sich hier um Konya Ereğlisi (das antike Herakleia Kybistra) auf dem Weg von Konya nach Adana handeln. Trifft diese Identifizierung zu, dann hat sich Hanna im Ablauf der Stationen getäuscht, da diese Stadt vor der Kilikischen Pforte auf der Strecke von Konya nach Adana liegt.

101 Adana besitzt eine großartige Brücke über den Fluss Seyhan (der antike Sarus). In römischer Zeit erbaut, wurde sie mehrfach repariert. Trotz zahlreicher Erdbeben stehen bis heute 14 der 21 ursprünglichen Brückenbögen. Helena (247 – 329) oder ihrem

Sohn Kaiser Konstantin (272 – 337) wird häufig die Erbauung antiker Bauwerke zugeschrieben.

102 Hanna schreibt *Qarāniq Qabī*, die Transkription des türkischen *karanlık kapı*, »düstere, finstere Pforte«, das er zuerst ins Arabische übersetzt hat.

103 Hanna transkribiert das türkische *dolu dizgin*, »in vollem Zaum; in gestrecktem Galopp«, ins Arabische *(dūlī dizkīn)*.

104 Hier ist im Manuskript mit dem üblichen Zeichen für einen Zusatz oder eine Einfügung eine kurze Textpassage angezeigt. An den rechten Rand geschrieben, enthält sie 11 Zeilen mit fünf bis zehn Worten und bezieht sich offenbar auf eine kurze zusätzliche Episode, in der sich Hanna abseits von der Karawane verirrt hatte. Diese Passage ist leider im Manuskript in einem allzu schlechten Zustand, als dass eine einigermaßen kohärente Übersetzung möglich wäre.

105 Payas, früher Baias oder Baiyas, ist eine Stadt in der Nähe von Alexandrette (Iskenderun), etwa 112 Kilometer südlich von Adana und 180 Kilometer von Aleppo entfernt.

106 In Payas teilten sich um 1700 Maroniten und Armenier die Kirche: Bernard Heyberger, *Les chrétiens du Proche-Orient*, a.a.O., S. 24 – 25; 426.

107 *Dīwānḫāna*.

108 Die *muğaddara* (dialektal *mğaddara*) ist ein altes vorderorientalisches Gericht auf der Grundlage von Burghul (Bulgur), Linsen und frittierten Zwiebeln. Es existiert eine Variante, wo der Burghul durch Reis ersetzt wird. Die genaue Angabe von Hanna könnte darauf hinweisen, dass sie, angesichts der damaligen Vorliebe für Reis, mehr geschätzt wurde.

109 *Šūšānī* (Dialektform von *ṣāṣūnī*): »armenischer Brotbäcker aus dem Land Šāṣūn« (Sassun, Region des Kurdistan östlich des Vansees), siehe Adrien Barthélemy, *Dictionnaire Arabe-Français*, a.a.O., S. 450. Die *Šāṣūnī* waren in der gesamten Region, besonders in Aleppo, als Bäcker bekannt, siehe Bernard Heyberger, *Les chrétiens du Proche-Orient*, a.a.O., S. 31 – 32.

110 *Masrīyāt dīwānī*, das heißt »offizielles« Geld im Vergleich zum gebräuchlichen Geld, *čərkāt* (*cərok*, siehe [127v] *tcherq*).

111 Hanna wollte in seinen französischen Kleidern kein Aufsehen erregen und ironische oder abfällige Bemerkungen vermeiden.

112 *Zqāq al-ḫall*, »Essiggasse«, Viertel von Aleppo am Rand der Vorstadt von Dschdaide, wo die meisten Christen wohnten.

113 Die Archive des maronitischen Erzbistums von Aleppo, Kopie des Kirchenregisters: Die Heirat von Ḥannā ibn Diyāb ist im Jahr 1717 verzeichnet. In einer Erfassung der maronitischen *ṭā'ifa* von 1740 taucht Ḥannā ibn Diyāb als Vorstand eines Hauses mit zwölf Personen auf, je sechs beiderlei Geschlechts. Wir danken Jean Fathi, dass er uns eine Kopie dieses zweiten Dokuments verschafft hat.

114 *Murabba‘*, ein großes Zimmer im ersten Stock eines Hauses.

115 Hanna gibt hier die dritte Version seines Berichts von der Heilung seiner Mutter durch Paul Lucas wieder. Siehe [19v] und [137rv].

116 Siehe [29v] und 4. Kap., Anm. 47.

117 Hanna gibt hier den französischen Akzent von Paul Lucas wieder, der sich bemüht, das Wort *al-Ḥənnāqīye (al-Ḥannāqīya)* zu artikulieren.

118 Das heutige Gaziantep, in der Türkei nördlich von Aleppo gelegen.

119 *Qaṣr al-tamātīn*. *Timtān* (Plur. *tamātīn*) bezeichnet die Schnur, mit der das Zelt befestigt wird.

120 Vielleicht zu verstehen als »steiniges Gelände, von dem man die Steine wegtragen musste« (vgl. Adrien Barthélemy, *Dictionnaire Arabe-Français*, a.a.O., S. 677), und nicht als »kleine Burg«.

(Im Glossar sind nur Begriffe mit Erläuterungen in Kurzform aufgenommen, die im Text oder in den Anmerkungen wiederholt auftreten. Ausführlichere Erklärungen und Verweise dazu finden sich in den Anmerkungen.)

Abu kalb (türk. *abukelb*, auch *aslani*) Geldwährung von geringem Wert.

Bāẓargān fremde, türkische oder persische Händler.

Beyoğlu der türkische Name des Viertels in Istanbul, das die Stadtteile Galata und Pera umfasst.

Bostandschi (*bustānğī*, türk. *bostancı*) Gärtner der kaiserlichen Gärten des Sultans; Wächter des Sultanpalastes, auch zuständig für die Überwachung der Hauptstadt und des Bosporus.

Chan (auch: *Khan*) Zentren des Großhandels, Lager- und Gewerbekomplexe in den städtischen Basaren der Levante oder entlang von Karawanenrouten, wo sie auch als Herbergen dienen.

Chatt scherif (*ḥatt šārīf*, türk. *Hatt-ı şerif*) vom Sultan unterschriebener »heiliger Befehl« oder Erlass.

Chawādscha (*ḥawāğa*, Plur. *ḥawāğāt*) respektvolle Bezeichnung für fremde und einheimische christliche Händler.

Chmār (*ḥmār*) Schleier, der Hals, Kinn und Mund bedeckt und am Kopf festgemacht wird.

Dhimmi (*ḏimmī*) Nichtmuslime unter islamischer Herrschaft.

Dirham Gewichtsmaß.

Dīwānchāna (*dīwānḥāna*) s. *Īwān*.

Dīwāni Geldwährung.

Dragoman *(turğmān)* Dolmetscher, Übersetzer.

Dscharbūʿ (*ğarbūʿ* od. klass.-arab. *yarbūʿ*; frz. *gerboise*) Wüstenspringmaus.

Dscherme kleines, flaches Segelschiff, vor allem auf dem Nil.

Dschōchadār livrierter Diener, urspr. zuständig für die Kleiderkammer der Sultane, Großwesire, Paschas; später Ehrentitel für verschiedene zivile Funktionen.

Eyalet osmanisch-türkische Bezeichnung für eine Provinz.

Ferman (auch: Firman) Erlass bzw. Empfehlungsschreiben eines Landesherrn.

Isbandsch (*(I)sbanğ*; türk. *ispençe*) Grundsteuer für Nichtmuslime; hier vermutlich Wegzoll für Nichtmuslime.

Iwān (*ʾīwān*; Dialekt auch: *līwān*) zum Hof geöffneter Raum im Erdgeschoss eines Hauses; Salon.

Yāẓidschi (*yāẓiğī*) türkisches Lehnwort mit der Bedeutung »Sekretär«, bei Hanna auch eine Art Schiffsleutnant oder anderer Untergebener eines Kapitäns.

Kāchiya Sekretär, Verwalter, Quartiermeister.

Kaik (auch: Kajik, Kaike) Schiffstyp der Levante; Ruderschiff; in Istanbul Fährboote über den Bosporus.

Kalpak (auch: Kolpak) eine auch von Christen getragene Mütze.

Kapıcı paşa Vorsteher der weißen Eunuchen im Topkapı-Palast; s. a. *Qabidschi*.

Kīs (arab. *kīs*, wörtl. »Sack«) hier: Verrechnungswährung von 500 Piastern.

Krīkī (Plur. *krīkīye*, kollekt. *krīk*) Griechisch-Orthodoxer.

Kuẓdāschi (türk. *göẓtaşı*, wörtl. »Augenstein«) Kupfersulfat, Chalkanthit.

Līwān (Plur. *lawāwīn*) arab. Dialektform von *ʿīwān*, s. *Iwān*.

Maʿāsch (*maʿāš*) s. *Dscherme*.

Masrīye (maṣrīye) Geldwährung im Wert von 40 Piastern.

Mīri Grundsteuer.

Mithqāl (miṯqāl, Plur. *maṯāqīl)* Gewichtseinheit, ca. 4,4 g.

Murabbaʿ großes Zimmer im ersten Stock eines Hauses.

Mutasallim (türk. *mütesellim)* Steuereinnehmer; auch Stellvertreter eines Paschas.

Nōbe (klass. arab. *nawba;* frz. *nouba)* Orchester mit orientalischer Musik; bei Hanna allgemein für »Orchester«.

Ōdabāschī s. *ʾŪdābāschi.*

Odschāq (ʿuǧāq) »Leutezimmer«, Regimentszimmer.

Oqqa Gewichtsmaß von ungefähr 1,25 kg.

Qabidschi (qabiǧī) Wächter des Herrscherserails oder des Serails eines Paschas; bei Hanna auch alle möglichen Arten von Wächtern, Anführern usw.; s. a. *Kapıcı paşa.*

Qablūdscha überdeckte heiße Quelle mit einem Wasserbecken.

Qaisarīye; Qaisarīya (qaiṣarīya) ein mit Toren verschlossenes Gebäude, dient Händlern als Unterkunft, Chan oder Karawanserei.

Qanaqdschi (qanaqǧī) Quartiermeister.

Qāṭrandschi (qāṭranǧī) Karawanenführer.

Qāwūq zylinderförmige, steife Kopfbedeckung; eine Art Fez.

Qazān kabābi (türk. *kazan kebabı)* Gericht mit gekochtem Fleisch in einem Topf.

Qibla zeigt die Gebetsrichtung nach Mekka an.

Qintar (qinṭār) Gewichtsmaß und Hohlmaß.

Qombāz (qunbāz; ǧunbāz) lange Tunika mit Ärmeln.

Rāfidi (rāfiḍī, Plur. *ʾarfāḍ)* eine Bezeichnung für Schiiten; im Weiteren auch für Häretiker.

Ratl (raṭl, Plur. *ʾarṭāl)* Gewichtsmaß. Damaszener *Ratl* um 1700 ca. 1,85 kg; der alte von Aleppo beträgt 2,56 kg.

Riyāl Geldwährung, vom spanischen Real abgeleitet.

Rūm Bezeichnung für Griechen im weitesten Sinn (s. 3. Kap., Anm. 3).

Saīd (Ṣaiʾd) Bezeichnung für Oberägypten.

Sandschaq (sanǧaq, Plur. *sanāǧiq)* Gouverneur der Unterabteilung einer osmanischen Provinz, die ebenfalls *Sandschaq* heißt.

Schāhbandar (šāhbandar) Vorsteher der Händler, Präsident des Rates der Großhändler, zuständig für Streitigkeiten kommerzieller Natur; ab 18. Jahrhundert osmanische Konsuln in europäischen Häfen; bei Hanna auch Admiralitätsleutnant oder Magistratsbeamter in Marseille.

Schāiqa (šāiqa) kleineres Handelsschiff mit nur einem Segel.

Schaitīye (šaiṭiye) kleineres Schiff mit Segel; bei Hanna auch *šāiṭa* und *šaiqa.*

Schāsch (šāš) der Streifen Tuch, der um die Kalotte für den Turban gewickelt wird.

Suq (sūq) Markt, Basar.

Taʾifa (ṭāʾifa) ethnische oder religiöse Gruppe, Berufsgruppe, häufig für christliche Gemeinden.

ʾŪdābāschi (ʾūḏābāšī) »Kammermeister«, auch militärischer Grad des »Stubenältesten« bei den Janitscharen; bei Hanna auch Herbergsvorsteher eines Chans.

ʾUdschāq (ʿūǧāq) türk. Lehnwort; hier ein Janitscharenregiment.

Ūqīye (ūqīye) Gewichtsmaß von 320 g in Aleppo.

ʿUthmāni *(ʿuṯmānī)* kleine osmanische Kupfermünze.

Waqf (Plur. *ʾawqāf*) (religiöse) Stiftung.

Yāẓidschi *(yāẓiǧī)* Türkisches Lehnwort.

für Sekretär; bei Hanna auch Schiffs-offizier.

yunāni (Adj.) *(yūnānī)* griechisch (für die Antike).

NACHWORT VON
BERNARD HEYBERGER

Hanna Diyāb, der Autor des Reiseberichts, dessen Übersetzung wir hier veröffentlichen, taucht in keinem historischen Handbuch und auch in keiner Literaturanthologie auf. Sein Text, der nur in einer einzigen Handschrift erhalten ist, blieb bisher unveröffentlicht.[1] 1928 kam diese Handschrift zusammen mit einem Teil der Sammlung des Aleppiner Priesters Paul Sbath, die kurz davor vom Vatikan angekauft worden war, in die Vatikanische Apostolische Bibliothek nach Rom. Sie trägt die Signatur Sbath 254 und besteht aus 174 Folios, das heißt 347 Seiten von jeweils 21 Zeilen. Leider fehlen die ersten fünf Folios, sodass der Text unvermittelt mitten in einem Satz beginnt. Wir neigen zu der Ansicht, dass es sich um ein Autograf oder um ein vom Autor diktiertes Schriftstück handelt. Tatsächlich weist der Text eine weniger regelmäßige Schrift auf als diejenige eines professionellen Schreibers. Vor allem enthält die Handschrift zahlreiche Streichungen und Korrekturen mit am Rand angefügten Paragrafen.

Es war Jérôme Lentin, der uns 1993 auf die Schrift aufmerksam gemacht hat, als er für seine Habilitationsschrift[2] in Rom Recherchen zu den arabischen Quellen im Vatikan betrieb. Wir hatten uns vorgenommen, sie gemeinsam zu übersetzen und herauszugeben, da uns sowohl ihre Sprache als auch ihr kurzweiliger Erzählduktus mit den vielen Informationen über die Epoche und die besuchten Gebiete, die darin erwähnt werden, gefielen. Doch die Zeit verging, und das Leben hat den einen wie den anderen von uns zu anderen Arbeiten geführt, ohne dass wir darüber Hanna Diyāb und seinen Reisebericht vergessen hätten.

Paule Fahmé-Thiéry, die eine Untersuchung über arabische Reiseberichte des 17. und 18. Jahrhunderts verfertigt hatte, habe ich im Jahr 2009 an der *École pratique des hautes études* mit dem Text bekannt gemacht. Die Erzählungen Hannas, insbesondere seine Sprache mit ihren typischen Aleppiner Redewendungen, die ihr vertraut waren, haben sie begeistert und den Entschluss reifen lassen, die Übersetzung in Angriff zu nehmen. Es war für alle an dem Werk Beteiligten ein langer, arbeitsintensiver, aber auch interessanter Weg, gleichzeitig der Beginn eines fortwährenden Dialogs zwischen Jérôme Lentin und mir. Daraus wurde eine gute Gruppenarbeit, in die wir unsere jeweiligen Fachkenntnisse eingebracht und bei der wir uns auf dem Weg der elektronischen Kommunikation sowie bei gelegentlichen freundschaftlichen Treffen gegenseitig angeregt haben.

Es steht außer Frage, dass dieser Reisebericht Hanna Diyāb zugeschrieben werden muss. Auf der letzten Seite der Handschrift ist folgender Hinweis zu lesen: »Buch des ergebenen ʿAbd al-Qārī Antūn Yūsif Hanna Diyāb, und dieses im christlichen Jahr 1766.« Außerdem steht unten auf Folio [90v] folgende Bestätigung: »Dieser Reisebericht meines Großvaters« [daneben am Zeilenende: »meines Vaters«] »ist am 19. *Nīsān* des Jahres 1840 christlicher Zeitrechnung in den Besitz von Ğibrāʾil, Sohn des Dīdkūz Diyāb, aus der maronitischen Gemeinde gelangt.« Hanna Diyāb gehörte zu einer bekannten christlichen maronitischen Familie in Aleppo.[3] Sehr wahrscheinlich ist es sein Name, der anlässlich seiner Heirat im Jahr 1717 im Register der Kirchgemeinde erscheint. Und er ist es auch, der bei einer Erfassung der Maroniten von Aleppo im Jahr 1740 als Haushaltsvorstand von zwölf Personen, sechs männlichen und sechs weiblichen, auftaucht.[4] Hanna teilt in seinem Text mit, dass er zur Zeit seiner Reise zwei ältere Brüder hat, ʿAbdallāh und Antūn, sowie eine Mutter, die bei ihnen lebt. ʿAbdallāh war offenbar der Familienvorstand, da der Vater vermutlich schon gestorben war. Selbst auf Entfernung scheint Hanna unter der Fuchtel seines Bruders zu stehen, denn dieser versucht ihn einzuschüchtern und zur Rückkehr von Saida nach Aleppo zu zwingen. Aber Hanna begehrt dagegen auf: »Ich bin ein Mann, der seinen Weg selbst bestimmt.« Und er ist darüber erfreut, sich dem brüderlichen Befehl widersetzt zu haben. Die Situation des jüngeren Bruders lastet auf ihm. Seine Erfahrungen als Novize in einem Kloster des Libanongebirges wie auch seine Abreise aus Aleppo mit dem französischen Reisenden Paul Lucas[5] erscheinen wie Versuche, dieser Lage zu entkommen, ohne dass er deswegen die Absicht gehabt hätte, vollkommen mit den Seinen zu brechen. Nach seiner Rückkehr von der Reise im Jahr 1710 bringt ihn die Familie in einem Laden im Suq von Aleppo unter, wo er unter Anleitung eines Onkels mütterlicherseits in das Geschäft eines Tuchhändlers eingeführt wird und bald darauf heiratet.

Leider hielt es sein »Meister« Paul Lucas, mit dem er seine Reise unternommen hatte und den er in seinem Bericht unablässig erwähnt, nicht für notwendig, ihn in der veröffentlichten Version des eigenen Reiseberichts[6] auch nur einziges Mal zu erwähnen. Aber die darin geschilderten Episoden stimmen weitgehend mit dem überein, was Hanna selbst berichtet, abgesehen von einigen wenigen Fakten und Abweichungen im zeitlichen und örtlichen Verlauf der Reisebeschreibung.

Auch der Orientalist Antoine Galland[7] hielt es nicht für angebracht, den Beitrag Hannas zu *Tausendundeine Nacht* zu erwähnen, und schrieb alle Verdienste dieser Publikation, durch die sein Name der Nachwelt unauslöschlich im Gedächtnis bleiben sollte, sich selbst zu. Diese Haltung gegenüber »eingeborenen« Informanten, aber auch gegenüber Dienern und Frauen in ihren Diensten ist bei den meisten dieser Autoren üblich. Nur in seinem Tagebuch, das er damals führte und das nicht zur Veröffentlichung gedacht war, erwähnt Galland Hanna einige Male. Unter dem Datum vom 17. März 1709 hält er ihre erste Begegnung fest:

»Am Morgen ging ich zu Monsieur Paul Lucas, um ihm die Münzen zurückzubringen, die er mir vor 8 Tagen mitgegeben hatte. Ich unterhielt mich eine Weile mit Hanna, dem Maroniten aus Halep, der neben seiner Sprache, die das Arabische ist, recht passabel [T]ürkisch und Provenzalisch und Französisch spricht.«[8]

Hanna taucht in seinem *Journal* erneut unter dem Datum 25. März auf, als dieser ihm anlässlich eines Besuchs in der Wohnung von Paul Lucas »einige sehr schöne arabische Erzählungen, die er mir niederzuschreiben versprochen hat, um sie mir mitzuteilen«[9], erzählt. Am 5. Mai heißt es: »er hat die Erzählung von der Lampe [von Aladdin] fertiggestellt«, und am 27. Mai erzählte er »die Listen der Morgiane [Mardschana] oder die vierzig Räuber« [Ali Baba]. Im Ganzen waren es sechzehn Erzählungen, die der Maronit aus Aleppo dem Professor des Arabischen erzählt hat, der zwölf davon veröffentlichte.[10] Er lieferte Galland noch weitere Informationen, zum Beispiel über die Drusen und die Nusairer (Alawiten). Mehrere der von Hanna aus dem Pariser Leben beschriebenen Episoden stimmen mit dem überein, was der Orientalist in seinem *Journal*[11] berichtet. Leider taucht dieser seinerseits im Reisebericht Hannas nur kurz auf, wo er durchweg als »der alte Mann« bezeichnet wird.

> »Ein alter Mann besuchte uns des Öfteren. Er war mit der Bibliothek der arabischen Bücher betraut. Er las gut Arabisch und übersetzte Bücher aus dieser Sprache ins Französische. In dieser Zeit übersetzte er unter anderem die Geschichten von *Tausendundeine Nacht*. Dieser Mann suchte meine Hilfe zu einigen Punkten, die er nicht verstand und die ich ihm erklärte. Es fehlten im Buch, das er übersetzte, einige Nächte, und ich erzählte ihm daher die Geschichten, die ich kannte. Er konnte sein Buch mit diesen Geschichten ergänzen und war sehr zufrieden mit mir.« [128r]

Hanna Diyāb ist zwar kein Unbekannter geblieben, dennoch war er ein einfacher Mann, und eben dies macht heute den Wert seines Berichts aus. Reiseberichte, insbesondere von Christen, sind eine recht häufig auftretende Gattung im Syrien des 17. und 18. Jahrhunderts. Die berühmte, von dessen Sohn Būlos geschilderte Reise des melkitischen Patriarchen Makarios al-Zaʿīm nach Moskau (1652) wurde in einer unvollständigen französischen Übersetzung ediert.[12] Derselbe Patriarch hinterließ auch einen Bericht seiner Reise nach Georgien.[13] Der aus Mossul stammende Priester Elias al-Mawsilī verfasste über seinen langen Aufenthalt in Amerika einen Text, der zwar keinen Reisebericht im eigentlichen Sinn darstellt, gleichwohl mehrere arabische Ausgaben und eine französische Übersetzung zur Folge hatte, die jedoch alle unvollständig sind.[14] Es dürften noch weitere zahlreiche Berichte zu entdecken sein, die unpubliziert in den Handschriftensammlungen liegen.[15] Die wenigen Exemplare solcher Texte weisen auf eine eher begrenzte Verbreitung hin. Doch die Tatsache, dass der Text des Elias al-Mawsilī abgeschrieben und von Dschibrāʾīl Diyāb[16] aufbewahrt wurde – derselbe, der in den Besitz der Handschrift seines Vorfahren kam –, ist zumindest ein Hinweis darauf, dass diese Kreise an solchen Geschichten Geschmack gefunden haben.

Der Bericht von Hanna Diyāb unterscheidet sich von anderen Reiseberichten, die wir kennen. Zunächst ergeht sich der Verfasser nicht im ʾAdab, gleichzeitig Sittenlehre und literarische Kultur, der die Gattung der Reiseberichte *(riḥla)* auszeichnete und noch von den Muslimen seiner Epoche befolgt wurde.[17] Im Gegensatz zu den Berichten des Damaszener Scheichs ʿAbd al-Ghānī al-Nābulusī am Ende des 17. Jahrhunderts[18] oder des berühmten *L'Or de Paris* [dt.: *Ein Muslim entdeckt Europa*] des ägyptischen Scheichs Rifāʿa al-Tahtāwī, der die französische Hauptstadt um 1830 beschreibt,[19] ist sein Text nicht von gelehrter Kultur durchtränkt mit langfädigen Referenzen, Zitaten und Versen aus der Dichtung. Būlos al-Zaʿīm zum Beispiel, der sich im Prosareim versucht *(saǧʿ)*, zeigt in dieser Hinsicht der »großen« arabischen Kultur gegenüber mehr Ehrerbietung als Hanna, obwohl er in seiner Einleitung den Mangel an »Fähigkeiten« beklagt, »elegant gedrechselte Worte syntaktisch korrekt und in schönem Stil zu formulieren, wie dies den hervorragenden Meistern gegeben ist«.[20] Er stellt sich im Übrigen damit mehr in eine christliche Geschichte und Tradition, indem er sich auf Handschriften bezieht, an denen er seine Beobachtungen bemisst. Auch der Bericht von der Reise nach Amerika des Priesters Elias al-Mawsilī gründet auf einer Kultur der Gelehrsamkeit, aber auf einer christlichen und kirchlichen.[21]

Die Sprache Hannas gehört zum »Mittelarabischen« (etwas zwischen einer standardisierten »literarischen« oder »klassischen«, weitgehend geschriebenen oder schulisch vermittelten Sprache und einer oralen, dialektalen), die auch andere Reiseberichte oder verschiedene Versionen von *Tausendundeine Nacht* kennzeichnet. Die Sprache, die Galland für seine Übertragung einsetzt, weist typische Züge der gesprochenen Sprache Syriens auf. Aber im Vergleich zu einem großen Teil dieser Texte unterscheidet sich der Reisebericht Hannas durch eine stärker vom Dialektalen geprägte Form mit besonderen aleppinischen Merkmalen, was eine Bestätigung für seine Distanz zu einer Kultur des 'Adab bedeuten könnte, wie sie sich auch in *Tausendundeine Nacht* zeigt.[22]

Hanna erzählt: Nach ihrer Ankunft in Paris

»ließ sich [Paul Lucas] ein kostbares Kleid anfertigen und schickte das Buch über die Reise zur Druckerei. In diesem Buch berichtete er in allen Einzelheiten von seiner Reise in den Ländern, in denen er unterwegs gewesen war, und ebenso von allen Begebenheiten, die er gesehen, und gab darin Auskunft zu allem, was er gesammelt hatte, denn er schrieb jeden Tag auf, was er gesehen und gehört hatte« [93v].

In Wahrheit hat Paul Lucas keinen seiner drei veröffentlichten Reiseberichte selbst geschrieben. Der zweite *(Deuxième voyage du Sieur Paul Lucas dans le Levant, octobre 1704 – septembre 1708)* wurde dem Akademiemitglied Étienne Fourmont l'Ainé anvertraut.²³ Zwar stimmen einige Episoden in Paul Lucas' Version mit derjenigen Hanna Diyābs überein, dennoch sind die beiden Texte in ihrer Art recht unterschiedlich. Lucas kann Gebrauch von seinen Reisenotizen machen, was ihm eine recht große Genauigkeit bei der Beschreibung der Reiseroute und Landschaften wie auch der Monumente ermöglicht. Hanna hingegen zeigt sich bei der Schilderung konkreter Situationen und Begegnungen beredter und unterhaltsamer, kümmert sich jedoch weniger um Genauigkeit bei den Zeitangaben von Wegstrecken oder Aufenthalten und sieht seine Aufgabe offensichtlich nicht darin, Informationen über antike Ruinen und Inschriften, die ihm auf dem Weg begegnet sind, zu liefern. Wie aus seinen Bemerkungen zum Buch von Paul Lucas zu entnehmen ist, hat er selbst unterwegs keine Notizen gemacht oder ein Tagebuch geführt im Unterschied etwa zu Būlos al-Zaʿīm. Man kann sich vorstellen, dass er das ganze Leben lang seine Geschichte erzählt hat. Er gesteht selbst, sein Gedächtnis sei lückenhaft, und in der Tat trifft dies bei verschiedenen Gelegenheiten auf Daten und den chronologischen Ablauf bei Ortsveränderungen zu, namentlich da, wo man sie mit dem Bericht von Paul Lucas vergleichen kann oder bei der gut belegten Zeitabfolge der klimatischen Begebenheiten im »Großen Winter« *(Grand Hyver)* von 1709. Auch in seinen kontextuellen Erklärungen erweist er sich als wenig sicher, da, wo er sich auf die Vergangenheit bezieht, auf »Chroniken«, wie er sagt, die bestimmte Ereignisse betreffen. Darin zeigt sich der ihn prägende Kulturtypus, der mit Gelehrsamkeit nichts zu tun hat. Wo er ganz offensichtlich Zugang zu schriftlichen Quellen hatte, handelte es sich um Texte europäischen, nicht arabischen Ursprungs mit weiter Verbreitung. Man trifft auf kuriose – wenngleich stereotype – Nachrichten wie jene vom gerissenen Strick des Gehenkten,²⁴ von der lebendig begrabenen Toten, vom Stein der Weisen und dem Jungbrunnenelixier²⁵ oder jene vom Schuster, der aus Liebe zu einer Prinzessin ein Meister der Kunstmalerei geworden ist. Sie erinnern an die »Gelegenheitsliteratur« der vermischten Nachrichten, an jene Blätter, die zu damaliger Zeit mit Geschichten dieser Art für ein gemischtes Publikum, einschließlich der Analphabeten, in Europa Verbreitung fanden. Die zwei antijüdischen Geschichten, die er in Livorno aufgeschnappt hatte, gehören zur selben Gattung. Da es bei dieser Art von Berichten äußerst schwierig ist, zu den Quellen zu gelangen, ist es uns leider nicht gelungen, diese zu identifizieren. Hanna liest außerdem mit großer Leidenschaft die in den Straßen von Paris anlässlich der öffentlichen Hinrichtungen verkauften Schuldsprüche – für zwei Sous, wie er präzisiert.[26] Das gedruckte Wort gehört zwar zu seiner Kultur, jedoch in engster Verbindung zur Oralität. Er zitiert nicht mit dem Buch in der Hand, sondern bezieht sich auf Dinge, die er gelesen hat, die ihm entweder vorgelesen oder mit lauter Stimme erzählt wurden und die zur europäischen Literatur gehörten. Zudem sind die für ein breites Publikum gedachten Texte, aus denen er seine Informationen bezog, durch Redewendungen gekennzeichnet, die für die orale Kultur, die Redeweise der Erzähler typisch sind. Die Geschichten darin werden in der Sprache eines beglaubigten Wahrheitsbeweises vorgetragen.[27] In manchen Fällen, wie in seinem Bericht von der Bombardierung Genuas oder der Heirat Ludwigs XIV. mit Madame de Maintenon, sind die Fakten ziemlich genau, wenn auch nach seiner Façon interpretiert. Zitiert er die Bibel, was selten geschieht, sind die Angaben ungenau. Im Blick auf die Madonna von Montenero in Livorno und die heilige Geneviève in Paris zeigt er hingegen einige Kenntnisse in der katholischen Hagiografie, überträgt jedoch auf diese beiden Schutzheiligen Episoden, die in ihren offiziellen Heiligenlegenden nicht vorkommen. Es könnte sein, dass die »Sammlung der Leben der Heiligen für das ganze Jahr« mit dem Titel *Kitāb Aḫbar al-qiddīsīn*, die von dem Jesuiten Pierre Fromage zusammengestellt und von einem maronitischen Laien mit Namen Hanna zwischen 1755 und 1757 kopiert wurde, von der Hand Hanna Diyābs stammt.[28]

Was Hanna weiterhin von anderen Reiseschriftstellern unterscheidet, ist die Tatsache, dass er seine Reise nicht in Verbindung mit einer Mission unternommen hat, wie dies für Tahtāwī der Fall war oder auch für Mehmed Efendi[29], der eine Gesandtschaft der Hohen Pforte nach Paris zur Zeit der Regentschaft Philipps von Orléans (1715 – 1723) angeführt hat. Hanna ist auch nicht in die »Länder der Christen« gekommen, um zu betteln, wie Makarios al-Zaʿīm, Elias al-Mawsilī oder die meisten der orientalischen Geistlichen, die damals zahlreich auftauchten, um sich an den Staaten der europäischen Herrscher schadlos zu halten.[30] Hannas Reise ist eine Art Initiationsreise, die *Grand tour* eines jungen Mannes, der seinen Weg sucht.

Diesen Bericht einer Initiationsreise bringt Hanna vierundfünfzig Jahre nach seiner Rückkehr in seine Heimatstadt zu Papier. Im Text behauptet er, zur Zeit der Niederschrift fünfundsiebzig Jahre alt gewesen zu sein. Er ist also alt und blickt auf ein Leben als Tuchhändler im Suq von Aleppo zurück. In der Handschrift fehlen die ersten Folios, wir wissen daher nicht, ob er darin die Beweggründe für seine Niederschrift dargelegt hat. Wir verfügen über keine Erklärungen zu seinem »autobiografischen Pakt«.[31] Wir begreifen jedoch, dass er, im Unterschied zu Būlos al-Zaʿīm, zu Elias al-Mawsilī, Tahtāwī oder Mehmed Efendi, nicht geschrieben hat, um einen Herrscher oder seine Zeitgenossen zu informieren und zu belehren. Es steckt keine karrieristische Absicht dahinter.[32] Und es geht auch nicht vorrangig um Apologie, Erbauung oder Selbstrechtfertigung. Der Gegenstand seines Berichts ist vielmehr eine Betrachtung über sein Leben, das ihm auf der Reise in seiner Jugend mehrere Gelegenheiten geboten hatte, die er nicht ergriffen hat oder nicht ergreifen wollte. In Paris hätte er Teilhaber eines Landsmannes, dem zu jener Zeit ersten Kaffeehausbesitzer in der Stadt, werden können, wenn er dessen behinderte Tochter geheiratet hätte. Er fragte noch Paul Lucas um Rat, bevor er das Angebot ablehnte. In Istanbul hätte er sich eine Stellung im Dienst »fränkischer« Händler oder Diplomaten verschaffen können. Dennoch hat er sich schließlich nach längerem Zögern dazu entschlossen, nach Hause zurückzukehren und sich dort niederzulassen.

Ein Versprechen, das ihm Lucas gemacht haben soll, taucht zu Beginn der Reise und bei verschiedenen weiteren Gelegenheiten in seinem Text auf. Tatsächlich scheint ihm sein Meister die Möglichkeit in Aussicht gestellt zu haben, vom Minister Pontchartrain oder gar von Ludwig XIV. persönlich eine Stellung als bibliothekarischer Übersetzer der orientalischen Sprachen zu erhalten. Galland seinerseits soll ihm eine Mission als Sammlungsreisender, ähnlich jener, mit der Lucas mehrere Male betraut war, versprochen haben, möglicherweise aber, um seine Ambitionen auf eine Expertenfunktion in Paris auf andere Aussichten zu lenken. Letzten Endes wurde Hanna von seinem Meister getäuscht, der alles getan haben soll, um die Versuche Gallands scheitern zu lassen, Hanna einen offiziellen Auftrag als Reisender zu verschaffen. So jedenfalls wird es von Hanna berichtet.

Bestanden diese Aussichten wirklich? Hanna hat sich gewiss Illusionen gemacht. Zu Beginn des 18. Jahrhunderts hatte der Orientalismus einen Stand der Gelehrsamkeit erreicht, der den Großteil der orientalischen Christen und ihr vermeintliches sprachliches Wissen disqualifizierte. Zur Zeit von Hannas Aufenthalt in Paris erhielt Antoine Galland den Lehrstuhl eines Lektors der arabischen Sprache am *Collège royal* – gegen seine Konkurrenz aleppinischer Herkunft: den Neffen von Butros Dib, der den Posten bis zu seinem Tod im Februar 1709 innehatte, und den Chevalier Christophe Maunier, dem Hanna bei seinem Aufenthalt in Paris begegnet war.[33] Zu jener Zeit eröffnete auch Eusèbe Renaudot seine direkten Angriffe gegen die Orientalen, die eine gelehrte Karriere in Rom und Paris gemacht hatten, und Pierre Bayle bezeichnete sie in seinem *Dictionnaire historique et critique* als »Beutelschneider« und »Spitzbuben«.[34]

Was sein Vorhaben betrifft, vom König mit einer Mission betraut zu werden und eine Reise in den Orient finanziert zu bekommen, so ist klar, dass ihm die Geheimnisse des Hofes nicht vertraut genug waren und er nicht die Protektion genoss, die sich etwa ein Paul Lucas zunutze machen konnte, um ihm den

Weg zu verbauen. Die Herzogin von Burgund, der Hanna vorgestellt wurde, als er bei ihr den Käfig mit den Wüstenspringmäusen vorführte, war dessen Förderin. Lucas genoss auch die anhaltende Unterstützung des Abbé Jean-Paul Bignon, der 1718 Bibliothekar des Königs wurde und der dessen Sache mehrmals gegenüber dem Minister verfocht, indem er den hohen wissenschaftlichen Wert der Handschriften, Medaillen und Abschriften von Inschriften betonte, die der »wunderbare Paul Lucas« von seiner Reise mitgebracht hatte, ohne aus ihm gleich einen Gelehrten zu machen:

> »Man kann sogar sagen, dass er für diese Dinge einen Instinkt besitzt, der schwer zu erklären ist, denn obwohl wenig gelehrt, so bringt er doch kaum etwas mit, das die fähigsten Antiquare besser hätten auswählen können.«[35]

Der Aufenthalt von 1679 bis 1688, für den Antoine Galland eine Finanzierung erhalten hatte, stellte das Modell für diese wissenschaftlichen Missionen dar.[36] Es war tatsächlich der geltend gemachte Präzedenzfall für die Vorbereitung von Lucas' zweiter Reise, auf der dieser Hanna verpflichtete. Lucas hatte eine finanzielle Unterstützung erhalten und einen Pass, der ihn als Arzt auswies; zusammen mit einem von Abbé Bignon verfassten Auftragsschreiben, in dem detailliert aufgeführt war, wohin er sich zu begeben habe und wo er die Münzen finden könne, mit denen die Numismatiker der königlichen Akademie ihre Sammlungen zu vervollständigen hofften. Er war ausdrücklich aufgefordert, den Zweck seiner Reise zu verbergen, um die Stücke für das königliche Kabinett günstig erwerben zu können und um Beleidigungen zu vermeiden. Seine Rechenschaftsberichte hatte er direkt an den Staatssekretär der Marine, Jérôme de Pontchartrain (1699 – 1715)[37], zu richten, den Hanna in seinem Bericht als »Minister des Orients« bezeichnet. Dieser war es auch, der Lucas bei seiner Rückkehr 1708 in Versailles als Erster empfing.

Paul Lucas, 1664 als Sohn eines Goldschmieds in Rouen geboren, war schon jung aufgebrochen, die Welt zu erkunden und mit Edelsteinen Handel zu treiben, worin er sich, nach den Aussagen Hannas, offenbar auskannte. Der in seinem Pass verzeichnete Stand als »Arzt« war nur Vorgabe. Der Titel wurde ihm letztlich zugestanden, obwohl er auf diesem Gebiet wie auch in der Altertumskunde, nach dem Urteil eines Kapuziners in Smyrna, »mehr Praxis als Wissenschaft« bewiesen haben soll. Nach dessen Urteil war er eher auf der Suche nach dem Geheimnis des Jungbrunnens, was auch eine Anekdote Hannas bestätigt.[38] Was das Wissen Lucas' über die Münzen, Handschriften und Inschriften betrifft, wurden seine Kenntnisse der Altertumskunde von den Fachleuten schon zu seiner Zeit als eher oberflächlich eingeschätzt, obwohl sie Hanna sehr beeindruckt haben. Antoine Galland hielt davon nicht viel: »Er ist ein Mann mit wenig Bildung und auch mit wenig Stil in seinen Schriften«, erklärte er.[39] Auch der Jesuit und Ägyptologe Claude Sicard schätzte seine »wissenschaftliche« Arbeit wenig:

»Sieur Lucas schrieb letzthin unserem Konsul, er sei in den Ruinen des Labyrinths von Moeris gewesen, wo er viele Wunderdinge gesehen habe, unter anderem eine griechische Inschrift. Es ist schade, dass der unermüdliche Reisende diese Sprache nicht beherrscht. Die Abschriften von manchen Inschriften in eben dieser Sprache, die er uns aus Natolien [Anatolien] mitgebracht hat, sind erbärmlich.«[40]

»Bis auf die Wissenschaft, die er nicht haben muss, besitzt er alles, was einen anständigen Mann ausmacht, wir kommen gut miteinander aus, und ich habe alles für ihn getan, was in meiner Macht stand.«[41]

Lucas, geschätzter für sein *»Sçavoir-faire«* als für seine akademischen Fachkenntnisse, konnte mithin als der typische Vertreter des vom König ernannten reisenden Aufkäufers von Altertümern gelten, auf den auch die Aspirationen Hannas zielten. Aber seine Kenntnisse waren umstritten und seine Ehrlichkeit konnte in Zweifel gezogen werden, namentlich im Streit mit dem Korsaren Joseph Brémond. Diesen beschuldigte er, ihm den Sack mit den wertvollen Münzen nicht zurückgegeben zu haben, den er sich beim Überfall auf das englische Schiff, das den Reisenden mit seinem Diener Hanna nach Livorno gebracht hatte, angeeignet habe. Die Aussage Hannas bestätigt Pontchartrains für Lucas wenig schmeichelhafte Einschätzung dieses Streitfalls.[42] Lucas hatte große Mühe, die Finanzierung seiner dritten Reise zu erhalten; es war der anhaltenden Unterstützung durch Abbé Bignon zu verdanken, dass er schließlich reisen konnte.

Historiker auf der Suche nach einer Perspektive von unten nach oben, nach einem Standpunkt des Subalternen, dürfen sich über die Begegnung mit Hanna freuen. Sein Bericht gehört zu den »Ich-Dokumenten«, an denen heute Interesse besteht. Ausgehend von den Begebenheiten auf den Lebenswegen eines Individuums, dessen Zeugnis erhalten ist, können wir dessen Einzigartigkeit oder repräsentativen Charakter, dessen Anpassung an soziale Normen oder, im Gegenteil, die Art und Weise, wie sie übertreten werden, zu erfassen suchen. Eine solche Herangehensweise trägt dazu bei, unseren Erzähler nicht in festgelegte Kategorien (Christ, Orientale, Araber, Diener usw.) einzusperren, sondern seine Bewegungsfreiheit, seine Handlungsfähigkeit gegenüber den Ereignissen und ihrer Unvorhersehbarkeit zu berücksichtigen.[43] Auf der anderen Seite ist auch die biografische Herangehensweise verlockend, um die Verschränkung mit einer weltgeschichtlichen Perspektive zu erfassen. Der individuelle Lebenslauf mag als Schlüssel zum Verständnis der Verbundenheit kulturell voneinander entfernter Welten dienen und dazu, wie sich wechselseitig Vorstellungen herausbilden, insofern gerade die einzigartige Erfahrung allgemeinere Entwicklungen begreifbar macht.[44] Hanna gehört zu diesen »Übergangsmenschen«, diesen »transimperialen Subjekten« oder »Zwischenmenschen«, die ihren Platz als »Vermittler« (Übersetzer, Informationsbeschaffer, Händler, Makler) einnehmen, die einander im mediterranen Raum jener Zeit begegnet sind und die in letzter Zeit Gegenstand zahlreicher Publikationen wurden.[45] Handelte es sich um osmanische Untertanen, dann waren es oft Christen, auch katholische, wie zum Beispiel bei unserem Maroniten aus Aleppo. Ihre sprachlichen Kenntnisse waren ihr wichtigster Vorteil, wie dies auch bei Hanna der Fall ist.

Die Gepflogenheit, über sich selbst zu schreiben, ist weder ein Vorrecht des abendländischen Europas noch der Moderne. Sie ist in anderer Form auch in anderen Gesellschaften zu finden, insbesondere in der arabischen und muslimischen Welt. Außerdem lassen sich in der syrischen Literatur ab dem 16. Jahrhundert Hinweise auf eine stärkere Betonung des Ichbewusstseins feststellen.[46] Gleichwohl zeugt der Bericht Hannas im Vergleich mit jenen seiner Zeitgenossen von einer großen persönlichen Freiheit des Verfassers. Er kann im Verlauf seiner Reise im neugierigen Blick der anderen nicht immer der exotischen Vorstellung vom »Orientalen« entgehen. Aber dank seiner Stellung als Diener eines Reisenden, sodann als unabhängiger junger Mann, entkommt er dem Käfig der Repräsentationsfunktionen etwa von Botschaftern oder kirchlichen Würdenträgern. Seine Kenntnisse des Französischen, Provenzalischen, Italienischen und Türkischen geben ihm im Verkehr mit anderen und in der Konversation Sicherheit.

Die vielen Gelegenheiten zu einer Begegnung mit neuen Orten, neuen Gegenständen und neuen Eindrücken ermöglichen ihm eine vertiefte Selbstwahrnehmung. Wenn er sich an seinem Lebensabend daranmacht, seine Reise zu erzählen, verfügt er über mehr Freiheit, sich selbst zum Ausdruck zu bringen, als die meisten anderen Verfasser von Reiseberichten, da er nicht in eine Gelehrtenkultur eingezwängt ist, in der er sich unentwegt genötigt sieht, Verdienste zu würdigen und Ehre zu erweisen, wie das bei den Verfassern der *riḥla* der Fall ist. Er ist auch nicht verpflichtet, wie so oft in der Reiseliteratur, Gemeinplätze, die in früheren Berichten erwähnt und von den Lesern erwartet werden, zu übernehmen, obwohl man auch in seinem Text einige findet, wie etwa die Maschine von Marly oder eine Aufführung in der Oper. Von letzterer gibt er allerdings eine sehr genaue und sehr persönliche Beschreibung. Im Großen und Ganzen bezieht er sich in seinem Bericht vor allem auf selbst Erlebtes. Anders als in allen anderen arabischen Reiseberichten spricht der Erzähler in der ersten Person und gibt sich jederzeit zu erkennen. Er versteckt seine Gefühle nicht. Noch im Moment der Niederschrift erlebt er die Angst, das Erstaunen, die Sprachlosigkeit, die ihn fünfzig Jahre zuvor ergriffen hatten, und bringt sie lebhaft zum Ausdruck. An solchen Stellen kann sich der Leser von der Freimütigkeit Hannas überzeugen, von seinem Bemühen, eine Episode aus seinem Leben mit aller Wahrhaftigkeit zu berichten.[47] Die Darstellung Hannas ist, zusammen mit derjenigen der maronitischen Mystikerin Hindiyya al-ʿUǧaimī, die autobiografischste von allen uns bekannten arabischen Texten des 18. Jahrhunderts. Hanna gehört zur selben frommen Umgebung in Aleppo wie sie. In dieses Umfeld hatten seit dem 17. Jahrhundert Selbsterforschung und Selbstprüfung Eingang gefunden, durch Missionare, aber auch durch orientalische Mönche wie Germanos Farhāt – derselbe, der dem Kloster vorstand, in dem Hanna Novize war, und der ihn der Gewissensprüfung unterwarf.[48]

Antoine Galland spricht in seinem *Journal* verschiedentlich und durchaus mit Zuneigung von Hanna. Der Aleppiner war für Galland zweifellos wertvoll, da ihm dieser bei einigen Arbeitsbegegnungen Geschichten erzählt hat, die ihm für die Fertigstellung von *Tausendundeine Nacht*, die seinen Ruhm begründen sollten, fehlten. Zu den Geschichten, für die man keine anderen Quellen kennt als das, was Hanna Galland erzählt hat, gehören einige der berühmtesten wie »Ali Baba« und »Aladdin und die Wunderlampe«. Sie zeigen, dass der Maronit aus Aleppo »vermutlich der größte namentlich bekannte Erzähler der Moderne«

ist, und dass es »Zeit ist, dass ihm von Seiten der Fachwelt wie des Publikums die Aufmerksamkeit zuteil wird, die er für seinen Beitrag zum Werk Gallands verdient«.[49] Wie schon gesagt, liefert uns Hanna zum Leidwesen sowohl der Fachwelt als auch der Liebhaber von *Tausendundeine Nacht* leider nur eine knappe Darstellung seiner Zusammenarbeit mit dem Orientalisten. Bei der späteren Niederschrift seiner Erinnerungen war ihm nicht bewusst, was für einen Beitrag zur europäischen Kultur, ja, zur Weltkultur überhaupt, er damit geleistet hat. Er konnte nicht wissen, dass die Geschichten, die er erzählt hatte, inzwischen zu Bestsellern der europäischen Literatur geworden waren.

Sein Bericht bestätigt zumindest, dass er ein beispielloser Erzähler ist. Es gibt bei ihm ein unbestreitbares Vergnügen am Erzählen, sein Publikum gefangen zu nehmen, den Geschmack am *ʿaǧīb* und am *ġarīb* (am Wunderlichen und Sonderbaren), der besonders in den Anekdoten, die er in das Gewebe seines Berichts eingeflochten hat, zum Ausdruck kommt.[50] Er hat ein Gespür für das Spiel der Verwicklungen und macht nur ein Mal (vielleicht bewusst und absichtlich) den Fehler, dieselbe Geschichte von der Heilung seiner Mutter durch Paul Lucas an drei verschiedenen Stellen zu erzählen. Selbst die Konstruktion seiner Erzählung gleicht derjenigen von *Tausendundeine Nacht* oder anderen Erzählungen seiner Zeit, denn die Nebengeschichten sind mit der Rahmenerzählung verknüpft. Die Verstellungen, Identitätsaneignungen, Schicksalswendungen, von denen einige Beispiele im Reisebericht selbst und in den Nebenhandlungen vorkommen, sind Themen, die den Lesern der Geschichten vertraut vorkommen mögen, ebenso wie die Suche nach Edelsteinen und Wundermitteln mit seinem Meister Paul Lucas.[51] Hanna erzählt von vielen Abenteuern zu Wasser und zu Lande, Geschichten von Unwettern, Seeräubern und Korsaren, von Karawanen und Maultieren, die durch ihre erzählerische Wirkung Abenteuergeschichten gleichen, aber dennoch Zeugnis von real erlebten Situationen im Mittelmeerraum zu Beginn des 18. Jahrhunderts ablegen. Die Episode vom muslimischen Glaubensbekenntnis, gestickt auf ein Tuch, das bei der Fronleichnamsprozession in Paris das Allerheiligste bedeckte, erscheint so unwahrscheinlich, dass alle Welt behauptete, es handle sich um eine Erfindung. Und doch wird der Bericht Hannas von Antoine Galland im *Journal* bestätigt und ergänzt.[52]

Ungeachtet des zusammengewürfelten Charakters von *Tausendundeine Nacht*, der eine politische Analyse schwierig erscheinen lässt, liegt es nahe, Hannas Vorstellungen von Macht und deren Ausübung – namentlich derjenigen Ludwigs XIV. – mit dem in Beziehung zu setzen, was uns in diesen Erzählungen begegnet. Die Erklärung der Rücknahme des Edikts von Nantes als Folge einer Vorahnung des Königs von einer Verschwörung »Abtrünniger« gegen seine Person und deren Aufdeckung ist dafür bezeichnend.[53] Der Antijudaismus der beiden Anekdoten aus Livorno, die Hanna in seinen Reisebericht übernommen hat, entspricht dem Antijudaismus, der auch in der Geschichte »Aladdin und die Wunderlampe« zu erkennen ist. Im Übrigen glaubt Jean-Claude Garcin entdeckt zu haben, dass der Antijudaismus in *Tausendundeine Nacht* ab dem 16. Jahrhundert auftauchte und sich in den folgenden Jahrhunderten verstärkt habe.[54]

Man hat festgestellt, dass die Hanna zugeschriebenen Geschichten »den heroischen Werdegang gewöhnlicher Individuen in außergewöhnlichen Situationen in den Vordergrund rücken«, was, wie schon erwähnt, in diesem Reisebericht auch auf den Erzähler zutrifft.[55] Außerdem verschaffen diese Geschichten »der Darstellung der Kindheit und Entwicklung der jungen Helden einen neuen Ort«, was ebenfalls für unseren Bericht gilt, der immer wieder durchzogen wird von Geschichten und Beobachtungen aus der Kindheit, der Jugend und der Ausbildung. Sollte Hanna etwa Aladdin sein? In beiden Fällen durchlebt ein junger Mann, der seinen Vater verloren hat, eine Krise. Und just in diesem Moment trifft er eine Art fremden Beschützer. Der »Onkel« Aladdins stellt sich als Zauberkünstler heraus. Hanna, der zum Zeitpunkt der ersten Begegnung Paul Lucas gegenüber sehr misstrauisch ist, erkundigt sich über ihn, bevor er in seinen

Dienst tritt. Nach der Abreise aus Aleppo lässt der französische Reisende in der Nähe von Keftin jemanden in eine mit einem Felsen bedeckte Höhle hinuntersteigen, aus der dieser – eine Lampe hervorholt! Ist es nicht genau das, was der »Onkel« von Aladdin verlangt? Die Person des Zauberkünstlers taucht in den Geschichten häufig auf. Im Bericht Hannas findet man noch weitere Beispiele, wie den armenischen Betrüger, der in Paris seine Freundschaft gewinnt, indem er sich als sein Landsmann aus Aleppo ausgibt, was Hanna beinahe in Schwierigkeiten mit den Häschern des Generalleutnants der Polizei bringt.

Der Geschmack an Edelsteinen bringt diesen Abenteurer Paul Lucas näher. Hanna bewundert seinen Meister sehr, beneidet ihn sogar für seine »umfassende[n] Kenntnisse auf dem Gebiet der Juwelierkunst und von den in unseren Ländern unbekannten Metallen« [23r]. Leider wird ihm dieses Wissen nicht vermittelt, wie er in seinem Bericht bedauert: »Ich kannte mich auf diesem Gebiet nicht aus und wurde auf der Reise nicht eingeweiht« [29v]. Aladdin hingegen »bildete sich« »in den Läden der allergrößten Händler«, insbesondere bei den Juwelieren und »durch Zuschauen beim Verkauf und Kauf aller Arten von Steinen in ihren Läden lernte er ihren Wert und ihren Preis kennen«. Darüber hinaus hatte der »Onkel« Aladdin versprochen, ihm »einen Laden mit wertvollen Stoffen und feinen Tüchern« zu finden, von dem er ein anständiges Auskommen haben sollte.

> »Als Aladdin von seinem Oheim […] vernahm, dass er ihn zu einem *Chawādscha*, einem Kaufmann, machen wollte, freute er sich mächtig, da er wusste, dass solche Leute samt und sonders saubre und feine Kleidung tragen.«[56]

Und wird Hanna bei seiner Rückkehr nach Aleppo nicht bei seinem Onkel in einem Tuchladen untergebracht?

Es ist schwierig auszumachen, was in den von Hanna erzählten Geschichten von ihm kommt und was Galland zuzuschreiben ist, der sich sicherlich nicht damit zufriedengegeben hat, die Geschichten nur zu übersetzen, sondern Einfügungen und Veränderungen vorgenommen hat.[57] Zumindest scheint es, was die Geschichte von Aladdin betrifft, die Hanna selbst niedergeschrieben haben soll, nachdem er sie Galland erzählt hatte, nicht abwegig zu sein, darin autobiografische Elemente Hannas erkennen zu wollen.[58] Umgekehrt ist es naheliegend, dass sein autobiografischer Bericht erzählerische und stilistische Elemente aus den Märchen übernimmt: Es wird auf eine bereits existierende literarische Form zurückgegriffen, um von sich selbst zu erzählen. Während Hindiyya sich bemüht, einem Muster der Hagiografie und der frommen Literatur zu folgen, lässt sich Hanna von Märchen inspirieren.

Dennoch verfügen wir nur über wenige Hinweise, um beurteilen zu können, wie die Art der Beziehung war, die Hanna zu dieser Kultur der Märchen unterhielt. In einer von dem Orientalisten Galland berichteten Unterhaltung behauptete er, die Araber »haben ein Märchenbuch mit dem Titel *ʿašr al-wuẓāra*, ›Die zehn Wesire‹«.[59] Man könnte sich daher vorstellen, dass Hanna vor seiner Abreise aus Aleppo Gelegenheit hatte, in einer Sammlung Märchen zu lesen. Man weiß, dass das von Galland benutzte Manuskript ihm von einem befreundeten Christen aus Aleppo beschafft worden war. Es ist aus dem 15. Jahrhundert und enthält Hinweise, dass es sowohl von Christen als auch von Muslimen gelesen wurde. Die Handschriften des Aleppiner, später Damaszener Kopisten Ahmad al-Rabbāt (zweite Hälfte des 18., Anfang des 19. Jahrhunderts) zeigen Spuren der Lektüre von mehr als zweihundert Personen, Juden und Christen aus Damaskus, die eine Ausleihpraxis gegen Bezahlung dieser Märchensammlung bestätigen.[60] Dennoch waren offenbar nur wenige Handschriften im Umlauf. Zu den fünfzehn arabischen Sammlungen von *Tausendundeine Nacht* zu Beginn des 19. Jahrhunderts zählt jene, die Patrick Russel in Aleppo erworben hat. Dieser, gestorben 1805, hatte mit seinem Bruder Alexander, gestorben 1768, lange Zeit in Syrien gelebt. Zum Kauf der Handschrift schreibt er in *The Natural History of Aleppo*:

»Es ist zu Aleppo ein seltenes Buch; nach vielem Nachsu-
chen fand ich nur zween Bände, welche nur zweihundert
und achtzig Nächte enthalten, und erhielt mit Mühe die Erlaubnis, eine Abschrift davon zu nehmen.«[61]

Die Christen Syriens waren wie ihre muslimischen oder jüdischen Landsleute von dieser Kultur des Märchens stark durch-
drungen. Es ist bekannt, dass manche Geschichten aus der
Zeit Hannas im Heldenepos *Sīrat Baibars*[62], aber auch in *Tausendundeine Nacht*[63] eine stark christliche Prägung haben. Wir
können überdies Hinweise auf die Pflege der oralen Kultur in
den christlichen Kreisen von Aleppo im 18. Jahrhundert finden.
In der zweiten Hälfte des Jahrhunderts wollten mehrere Vorschriften laizistischer katholischer Bruderschaften die Beteili-
gung an Abenden mit Musik, Gesang und Märchen untersagen.
Im Register der armenisch-katholischen Bruderschaft ist zum
Beispiel die Verurteilung eines Mitbruders festgehalten, dem
öffentliche Buße auferlegt wurde, weil er 1758 eine Abendver-
anstaltung *(lailīya)* organisiert und fünf weitere Mitglieder der
Bruderschaft dazu eingeladen hatte.[64] Und in den für die Frauen
bestimmten Vorschriften der »Rosenkranzbruderschaft« von 1794
ist zu lesen, dass sie jeglichen weltlichen Gesang vergessen und
davon Abstand halten oder ihren Abscheu davor zeigen sollten,
wenn Märchen, Legenden oder nichtige Geschichten erzählt
würden.[65]

Diese Unterhaltungen fanden oft in den Gärten statt, wohin
sich die Aleppiner in Gruppen begaben, um dort an der frischen
Luft zu trinken, zu essen, Musik, Lieder und Geschichten zu hören. Dasselbe Register der armenischen Bruderschaft erwähnt,
dass es gemäß einer kollektiven Entscheidung vom Jahr 1756
verboten war, ohne Erlaubnis des *Murschid* (geistigen Leiters)
und des *Mutaqaddim* (Präfekten) in die Gärten zu gehen und
dort die Nacht zu verbringen. Die Tatsache, dass das Dokument
danach die Strafen beim Verstoß gegen die Regel auflistet, zeigt,
wie verbreitet diese Gepflogenheit war.[66]

Der Besuch von Kaffeehäusern taucht auch im Kapitel der für die frommen katholischen Mitglieder der Bruderschaft verabscheuenswerten Dinge auf.[67] Zur Zeit Hannas gab es ein schönes Kaffeehaus im christlichen Viertel von Aleppo, wo es – bis vor Kurzem zumindest – noch in Betrieb war. Patrick Russel gibt eine gute Beschreibung der Atmosphäre, die am Ende des 18. Jahrhunderts an solchen Orten herrschte:

»Das Lesen morgenländischer Mährchen und Erzählungen hat etwas von einer dramatischen Vorstellung; es ist nicht blos einfache Erzählung; die Geschichte wird durch die Geberden und Handlung des Sprechers gleichsam lebendig: Eine Mannigfaltigkeit anderer Geschichtbücher auser den arabischen Nacht-Unterhaltungen (die man unter diesem Namen zu Aleppo wenig kennt) geben dem Geschichterzähler Stoff genug an die Hand; er weis ihnen denn dadurch, dass er die Vorfälle aus verschiedenen Erzählungen vereinigt, und die Wendungen derer, welche er schon zuvor erzählt hatte, abändert, ihnen selbst bei Leuten, welche sich zuerst einbilden, Erzählungen zu hören, mit welchen sie schon bekannt sind, den Anstrich von Neuheit zu geben: Er geht bei seinem Erzählen mitten im Zimmer auf und ab, und bleibt nur dann und wann still stehen, wenn der Ausdruck eine emphatische Stellung erfordert: Man hört ihm gemeiniglich und mit groser Aufmerksamkeit zu, aber nicht selten bricht er mitten in einer anziehenden Begebenheit, wenn die Erwartung seiner Zuhörer auf das höchste gespannt ist, unversehens ab, entwischt aus dem Zimmer, und läst seine Heldin und seine Zuhörer in der äusersten Verlegenheit zurük: diejenige, die allenfalls nahe der Thüre stehen, suchen ihn aufzuhalten, und bestehen darauf, dass er die Geschichte zu Ende bringe, ehe er davon gehe; aber er weis sich immer gut los zu machen, und die Zuhörer, deren Neugierde nun aufgehalten ist, finden sich bewogen, den nächsten Tag um die gleiche Stunde wieder zu kommen, um den Verfolg an zuhören. Kaum ist er davon, so fängt die Gesellschaft in abgesonderten Partieen, über die Rollen des Lustspiels, oder über den Ausgang der unvollendeten Begebenheit an zu streiten. Der Streit wird nach und nach ernsthaft, und entgegengesezte Meinungen werden mit eben so vieler Hitze vertheidigt, als wenn das Schiksal der Stadt von der Entscheidung abhienge.«[68]

Für die ersten Jahren des 19. Jahrhunderts verschafft der deutsche Reisende Ulrich Jasper Seetzen, ein aufmerksamer Beobachter des Lebens in Aleppo, interessante Einblicke in die autochthone Kultur, die im Wesentlichen auf der Oralität und dem Memorieren beruht. Diese kontrastiert zweifelsohne erheblich mit seinem Ideal einer gelehrten Buchkultur, was seinem Standpunkt einen arroganten Zug verleiht. Dennoch kann er zum Verständnis beitragen, wie es Hanna Diyāb nach so vielen Jahren gelingen konnte, seine Erinnerungen mit solcher Genauigkeit niederzuschreiben:

»Auch die Texte der Gesänge und Lieder werden gewöhnlich bloss mündlich fortgepflanzt und erlernt. Dies hat das Gute, dass das Gedächtniss bei den Levantinern gewöhnlich ungemein geübt ist und dass er all sein Wissen bey der Hand hat, indem er bey einiger Lernbegierde seinem Gedächtniss seine erworbenen Kenntnisse anvertrauen muss, da ihm iedes andere Mittel, sich z. B. aus Büchern zu belehren, schwer oder oft unmöglich fällt. Dieser im Gedächtnisse aufbewahrte Schatz giebt ihren Unterhaltungen oft viel Anziehendes. Das Erzählen wird ihnen leicht. Doch mögen durch Gedächtnissfehler oft wesentliche Irrungen in ihren Erzählungen und ihren Liedern vorkommen. Es giebt nur wenige, die sich eine kleine schriftliche Sammlung von Volksliedern etc. machen.«[69]

Nachdem er sich über die seiner Meinung nach schlechten Schulen am Ort auslässt, erzählt Seetzen die folgende Geschichte, die, indem sie ebenfalls die Verbindung von Oralität, Einprägung und Wissen beleuchtet, etwas über die Kultur von Hanna Diyāb sagt:

»Unser ietziger Bedienter, ein lustiger Bursche von etwa 19 Jahren, ein Syrer Namens Anton, besuchte 12 Jahre lang die Schule und hat in dieser Zeit so wenig gelernt, dass er kaum das arabische Alphabet kennt. Dies muss offenbar von dem fehlerhaften Unterricht herrühren; denn er hat in der That ausgezeichnete Talente und lernet eine Sache sehr leicht, wozu er Lust hat. In seinem Kopfe ist ein Magazin von kleinen Gedichten, Sentenzen, Volksliedern, lustigen Anekdoten und Erzählungen, voll Einbildungskraft, Geist und Lebensphilosophie. Es ist in der That auffallend, wie sehr selbst die niedrigste Volksklasse solche oft geistvollen Sachen auswendig herzusagen weiss. Alle ihre Gesänge athmen von feuriger Liebe oder von beissender Satyre, und sie wissen von Hahrún el Reschid, von Sleimán, Lockman dem Weisen etc. oft sehr schöne Sachen mit Interesse vorzutragen. Um sich dies zu erklären muss man wissen, dass man sehr häufig in den vielen Kaffeehäusern öffentliche Erzähler antrift, wovon Manche wirklich studiren, um ihr Auditorium angenehm zu unterhalten. In den Kaffeehäusern trift man aber nicht bloss die mittlere, sondern auch die niedrigste Volksklasse an, welche für eine Tasse Kaffee, die einen Para kostet, einen ganzen Nachmittag daselbst verweilen und den Erzähler so gut hören können als der Reichere. Ihr immer geübtes Gedächtniss ist ausserordentlich gut, ihre Phantasie blühend, aber ihr Scharfsinn vernachlässiget.«[70]

Hanna, ein einfacher, aber neugieriger und freier Mann, vereinte, ähnlich wie die Erzähler in den Gärten und den Kaffeehäusern Aleppos, in sich zweifellos die Kunst des Erinnerns und des Erzählens mit einem wachen Blick für die Situationen des Lebens und einer beeindruckenden Intelligenz. Als Christ und Orientale, Erzähler und Reisender war er auch ein Mann der Synthese zwischen verschiedenen kulturellen Traditionen und Einflüssen. Man braucht ihm nicht die postkolonialen Obsessionen eines Anti-Okzidentalismus und der Authentizität *à tout prix* unterzuschieben. Die Märchen, die er Galland anvertraut hat, bezeugen, dass er »ganz und gar zu einer internationalen Tradition gehörte, die er gut kannte« und die nicht zwangsläufig eine alte »orientalische« Tradition war. Er tritt daher wie ein »Schmuggler«[71] auf. Diese Rolle übernimmt er in seinem Reisebericht durchaus bewusst; sie war im Übrigen typisch für die Aleppiner Christen seiner Epoche, besonders für jene, die wie er zu einer katholischen Fraktion gehörten.

Tatsächlich führt uns der Text Hannas nicht auf Anhieb zum Thema des Gegensatzes zwischen Orient und Okzident wie häufig in anderen Reiseberichten. Man kann in seiner Aufzeichnung keine deutliche kulturelle Grenze erkennen zwischen einer ihm vertrauten Welt, an der er sich orientierte, und einer vollkommen exotischen.[72] Man erinnere sich daran, dass er und seine Brüder in Aleppo Angestellte eines dieser Marseiller Handelshäuser waren, deren Mitglieder in der Stadt Niederlassungen hatten. Im Dienst dieser »Franken« hatte er deren Sprache gelernt und sich mit ihrer Lebensweise vertraut gemacht. Die Haushalte der Diplomaten und Händler der Niederlassungen waren überdies Orte des Austauschs und der Begegnung. Der häusliche Raum, selbst die Küche, konnte ein wichtiges Zentrum der Interaktion zwischen Personen von Stand und Personen unterschiedlichster kultureller Herkunft sein.[73]

Hanna schrieb und las Französisch, sprach – und las vermutlich auch – Italienisch. Er verstand und sprach Türkisch, hingegen war ihm das Griechische vollkommen fremd, als er damit in Zypern in Kontakt kam. Hier befand er sich vielleicht das einzige Mal in einer Situation radikaler Sprachlosigkeit:

»Unter ihnen war ich wie ein Tauber in einem Hochzeitszug, da ich ihre Sprache nicht verstand, während sie die
meinige nicht verstanden. Als ich mich in der fränkischen
Sprache an sie wandte, denn diese verstanden sie, antworteten sie mir zum Spott nur auf Griechisch. Wahrlich, sie
hegten einen erbitterten Hass gegen die Gruppe der Katholiken. Ich fühlte mich in ihrer Gegenwart gekränkt.« [14v]

Der Umgang mit provenzalischen Händlern in Aleppo erleichtert ihm den Empfang in Marseille, wo er auf die Gastfreundschaft und die Unterstützung in Syrien bekannter Familien
zählen kann. Darüber hinaus begegnet er in Beirut, Livorno,
Marseille, Paris, Istanbul oder Payas Christen aus seiner Stadt,
mit denen sich fast auf Anhieb eine enge Vertrautheit und Soli-
darität einstellt. Als Maronit fühlt er sich auch vollkommen der
katholischen Kultur zugehörig, die sich zu seiner Zeit bei den
Christen von Aleppo bereits stark durchgesetzt hatte, sodass
er sich auf seiner Reise in den katholischen religiösen Zeremo-
nien gut zurechtfindet. Auch ist er sehr fromm und für die Aus-
drucksformen der barocken religiösen Kultur empfänglich, wie
etwa für den Kreuzweg mit den Szenen des Leidens Christi,
die er in Marseille sieht, die große Prozession mit den Reliquien
der heiligen Geneviève in Paris oder die dramaturgisch gestal-
teten Predigten, die er in den Kirchen hört.

Schließlich ist festzuhalten, dass er auf das osmanische politische Vokabular zurückgreift, wenn er von der Macht in Frankreich spricht: Den König nennt er *sultān* und nicht König[74], die
Torwächter werden mit dem türkischen Wort *Qabidschi* bezeichnet, die Sekretäre oder Verwalter mit *Kāchya*. In Marseille wird
der Konsul oder der Meeresadmiral *Schāhbandar* genannt, eine
Bezeichnung, die in Aleppo und im gesamten Osmanischen
Reich auf den Vorsteher der Berufsgilden zutrifft. Eine Stiftung zugunsten von Kirchen und Hospitälern ist bei ihm ein
Waqf (arab., Plur. *awqāf*), das sind juristische Einrichtungen zu
wohltätigen Zwecken, wie sie in der muslimischen Welt weit

verbreitet sind. Für »Gesetz« verwendet er öfter das arabische Wort »*Scharia*«, und Briefe und Erlasse der Machthaber sind, entsprechend der osmanischen Terminologie, »Fermane«. Auf diese Weise entsteht in seinem Bericht eine gewisse Kontinuität in der Art, wie Macht wahrgenommen und benannt wird.

Die Welt des Meeres war für Hanna vollkommen neu und nicht gerade vertrauenerweckend. Viele Seiten der Beschreibung widmet er der Schiffsreise, vor allem den Unbilden, die er erlebt, den Unwettern, Flauten, der Unfähigkeit der Kapitäne oder den Überfällen der Korsaren. Man trifft bei ihm auf Begriffe der Seefahrt wie *Fortūna* für den Sturm oder *Trinkit* für das Stagsegel, die zu seiner Zeit in verschiedenen Sprachen des Mittelmeeres gebräuchlich waren.[75] Das Meer war nun von abendländischen Seeleuten, von Franzosen und Engländern, beherrscht. Das kleine Schiff, auf dem er und sein Meister die längste und gefährlichste Fahrt zwischen Alexandria und dem berberischen Tripolis unternahmen, war französisch mit einer französischen Mannschaft, jedoch von einem osmanischen Militärangehörigen gemietet, und transportierte maghrebinische Passagiere. Wie das Haus des Händlers oder Diplomaten war das Schiff ein Ort der Begegnung, wo »Franken« sich an den Orient gewöhnten und Orientalen mit »Franken« in Kontakt kamen.

Der Kaperkrieg während des Spanischen Erbfolgekriegs brachte vor allem die europäischen Nationen gegeneinander in Stellung. Zu Konfliktsituationen und Verhandlungen zwischen den feindlichen Parteien auf dem Meer liefert Hanna bei gegebenen Anlässen wie dem Zusammentreffen zwischen einem englischen Schiff und dem provenzalischen Korsaren Joseph Brémond vor der Küste von Livorno interessante Einzelheiten. Ausführlich und genau beschreibt er die diplomatischen Beziehungen zwischen Frankreich und seinen Vertretern auf der einen Seite sowie den Behörden der Regenten von Tripolis und von Tunis auf der anderen, die Zeugnis ablegen von der Rhetorik der Freundschaft, aber auch von Verschlagenheit und Einschüchterung.[76]

Der Bericht weist auf Ähnlichkeiten zwischen Aleppo und Paris hin, gleichzeitig wird darin auch festgestellt, dass Andersartigkeit und Exotik nicht zu den hervorstechenden Merkmalen des christlichen Europas gehörten. Als Bürger ist Hanna zutiefst schockiert von der Unzivilisiertheit der ländlichen Bevölkerung im ägyptischen Fayum oder in der Wüste der Syrte, an deren Küste sein Schiff auf Grund gelaufen war. Menschen gleichen Teufeln:

> »In dem Zelt […] saß ein Mann, der einem Teufel glich, mit Augen wie ein Affe, eingehüllt in eine schwarze Decke. Er selbst war auch schwarz und ein schrecklicher Anblick.« [36v]

In der osmanischen Provinz Zypern empfindet er dies besonders stark, als er zum ersten Mal nichtverschleierte Frauen auf der Straße sieht, die auch noch Wein und Schweinefleisch verkaufen. Denn in Aleppo, muss hinzugefügt werden, waren die Christinnen verschleiert wie die Musliminnen, und der Klerus versuchte den Verkauf von Alkohol an seine Schäfchen zu unterbinden; Schweinefleisch war dort für Christen ebenso *harām* wie für Muslime.[77]

Im Osmanischen Reich variierten die Kleidervorschriften, kaum hatte man die Tore Aleppos hinter sich gelassen. Sobald Hanna zur Karawane stößt, um mit ihr in das libanesische Tripolis zu reisen, tauscht er seinen blauen *Schāsch*, für die Christen in Aleppo vorgeschrieben, gegen einen weißen, der ihn nicht mehr von den anderen Reisenden unterscheidet. In Beirut will er seinen blauen *Schāsch* wieder aufsetzen, doch sein Freund aus der Stadt, der deren Toleranz preist, weist ihn darauf hin, er könne einen weißen, ja, sogar einen grünen aufsetzen, ein Privileg, das normalerweise den Scherifen, den Nachkommen des Propheten vorbehalten war. Schließlich entscheidet er sich dennoch für den blauen. In Beirut begegnet Hanna bis an die Zähne bewaffneten Männern, die er für Muslime hält. Was für eine Überraschung, als er feststellt, dass sie Maroniten wie er sind! Im berberischen

Tripolis tauscht er seine Mütze (Kalpak), das Attribut des Christen, auf Wunsch des Konsuls und seines Meisters gegen sein schönes Aleppiner Gewand. Daraufhin wird er von Janitscharen aufgegriffen, die ihm den *Schāsch* samt Käppchen vom Kopf reißen, was zu schweren diplomatischen Verwicklungen führt, die für den Dragoman, den Übersetzer des französischen Konsulats, schwierig zu meistern sind, denn:

> »Warum hast du den *Schāsch* und den *Qāwūq* angezogen? In diesem Land darf sich niemand damit kleiden, nur die vom König als Botschafter aus Istanbul gesandten Paschas. Niemand außer ihnen darf das tragen.« [47r]

Gleichwohl erscheint die Ankunft in den »Ländern der Christen« wie ein Bruch. Tatsächlich begannen sich die europäischen Länder damals mit Grenzen zu umgeben und die Einreise in ihre Gebiete zu filtern. Die erste Schranke, auf die der Reisende stieß, waren die sanitären Beschränkungen der Quarantäne. Hanna führt jene von Livorno sehr eindrücklich vor und beschreibt, wie am Ende der Quarantäne alle Passagiere einer eingehenden medizinischen Untersuchung unterzogen wurden.[78] Darauf folgte der Zoll. Hanna zitterte wegen seines Tabaks, den er in seinem Gepäck versteckt hatte und dessen Einfuhr in die Toskana strengstens verboten war. In Genua wurden nach seinen Aussagen Fremde besonders streng kontrolliert und verpflichtet, sich bei einem Richter zu melden, bevor sie in einer Herberge abstiegen, wonach diese Meldung einige Tage später erneuert werden musste.

Aber was ist ein Fremder? Für Hanna ist es zunächst jemand, der nicht bekannt ist, den man nicht sofort identifizieren kann. Die Situation des Fremden ist heikel, weil man ihn nicht sogleich erkennt und weil ihm selbst die sozialen Regeln des Ortes, an dem er sich befindet, unbekannt sind. Doch wie der Arme kann er sich auf die Barmherzigkeit berufen. Fremd ist, wer allein bleibt, für den niemand bürgt. In den verschiedenen Niederlassungen des Osmanischen Reichs, in den Regentschaften des Maghreb, aber auch in Livorno erfuhr Hanna das Problem des Fremdseins kaum, da er durch die Vermittlung seines Meisters den Schutz und die Gastfreundschaft der französischen Konsulen und der ansässigen Franzosen genoss. Man versteht, wie wichtig dieses Netz war, das durch ein zweites ergänzt wurde, von dem er gelegentlich auch noch profitierte: demjenigen der katholischen Geistlichen, der Minoritenbrüder in Zypern und Ägypten, der Kapuziner in Beirut, der Jesuiten in Istanbul. Für ihn wie für Paul Lucas waren Empfehlungsschreiben, aber auch die sozialen Rituale der Gastfreundschaft bei einer Pfeife und einem Kaffee wesentliche Elemente, um das Gewebe der sozialen Beziehungen über große Entfernungen hinweg aufrechtzuerhalten. In Marseille stand er unter dem Schutz von Händlerfamilien mit Kontoren in Aleppo, die ihn gut kannten. Das Netz syrischer oder Aleppiner Landsleute verschaffte ihm eine gewisse Sicherheit. In Paris war Christophe Maunier, Angehöriger einer in Aleppo gut bekannten französisch-syrischen Familie, beim Erzbischof angestellt und, nach dem Bericht zu schließen, offenbar eine Schlüsselfigur bei der Aufnahme und Integration der orientalischen Katholiken in der französischen Hauptstadt. Hanna gehörte nicht zu einer *trading diaspora*[79] im eigentlichen Sinn, doch durch den ganzen Bericht hindurch wird deutlich, wie wichtig für Reisende und Händler Freundschaft und Vertrauen zur Gewähr eines guten Empfangs und sicherer Informationen in den verschiedenen Niederlassungen des Mittelmeerraumes waren.

Während des Spanischen Erbfolgekrieges entwickelte die Polizei eine wahre Obsession gegenüber allen Fremden, deren Opfer auch Hanna selbst in Paris beinahe wird. Aber trotz aller Bemühungen der Verwaltung, die einzelnen Personen zu identifizieren, war es nach wie vor »recht einfach«, eine Existenz vorzutäuschen, die man nicht besaß, und »zu behaupten, jemand zu sein, der man nicht ist«.[80] Als Hanna und sein Meister bei den Genueser Behörden vorstellig werden, bestätigt Paul Lucas dem Richter, dass er »französischer Herkunft« und sein Diener »Orientale« sei. Diese zweite Definition ist reichlich ungenau. Dennoch entsprach sie zu damaliger Zeit der gebräuchlichsten, eindeutigsten Definition und basierte für Osmanen und »Franken« vor allem auf dem äußeren Aussehen. Wie bereits erwähnt, stellte die Kopfbedeckung ein wichtiges Element der Identifizierung dar. So wurde der Flüchtling aus Zypern, der sich heimlich an Bord eines französischen Schiffes geschlichen hatte, mit Perücke und Hut, den zweifelsfreien Attributen des »Franken«, versehen, um seine wahre Identität eines dem osmanischen Fiskus unterstellten Untertanen zu verbergen. Das Thema des Gegensatzes zwischen Orient und Okzident nach Aussehen und Kleidung ist ein von okzidentalen wie von orientalischen Autoren häufig gebrauchtes Stereotyp. Gleichwohl handelt es sich dabei um zwei der wichtigsten Identifizierungsmerkmale, und für Hanna ist es kein simples literarisches Klischee, sondern im Gegenteil ein wichtiger, stark empfundener Bestandteil seiner Persönlichkeit. Als der Barbier in Livorno ihm in einem Zug die Hälfte seines Schnurrbarts abrasiert, schreit er erschreckt auf, als wäre er geschnitten worden, und ruft:

> »Weißt du nicht, dass die Söhne des Orients sich nicht den Schnurrbart schneiden, wie ihr es macht?« [69v]

Trotz alledem hat er Gefallen an der Kostümierung, denn auf dem Rückweg durch Anatolien reist er als »Franke« verkleidet. Gegen seinen Willen freilich muss er die Rolle eines Arztes annehmen, was ihn in den Augen der Leute, denen er unterwegs begegnet, verpflichtet. Erst bei seiner Rückkehr nach Aleppo gewinnt er seine ursprüngliche Identität wieder zurück, als er sich die Haare schneiden lässt und den *Schāsch* um seinem Kopf wickeln kann. Gleichzeitig beantragt er bei den Behörden einen Passierschein auf seinen Namen.

Hanna fühlte sich nicht ständig als »Fremder« oder »Orientale«. Aber es gab Situationen, welche die Differenz zwischen ihm selbst und den »Franken« spürbar machten. Paul Lucas verwies ihn gelegentlich auf seine orientalische Identität. Am stärksten jedoch verspürte er dieses Gefühl des Andersseins am Hof in Versailles. Denn gerade dort nahm man ihn als ein Unterhaltungsobjekt wahr. Als Träger des Käfigs, in dem die von der Reise mitgebrachten Wüstenspringmäuse hausten, wird er in orientalischen Kleidern Ludwig XIV. und den Prinzessinnen aus dessen Entourage vorgeführt. Doch schnell wendet sich die belustigte Neugier von den Tieren ab und dem Mann zu:

> »Sie ließen vom Anblick der wilden Tiere ab und fingen an, mich und meine Kleider zu untersuchen und sich darüber lustig zu machen.« [96v]

Man nahm ihm die Mütze ab, interessierte sich für seinen Schnurrbart. Als er, gegen das Protokoll verstoßend, mit einem Dolch am Gürtel auftrat, löste er bei einer Prinzessin die stereotype und schreckliche Vorstellung vom Orientalen aus, sodass sie ausrief: »Kommt her und seht den Säbel des Muselmanns!« [98r] Und als am Ende der Oper eine Dame respektlose Bemerkungen über den Bart des Gesandten der Hohen Pforte, den Hanna begleitet hatte, äußerte, solidarisierte er sich mit dem Osmanen und gab der Ungezogenen eine schroffe Antwort. In diesen Hofkreisen fühlte sich der Christ aus Aleppo am meisten »orientalisiert«, und hier hielten sich, ungeachtet aller »Türkereien« bei Festen und Aufzügen, besonders hartnäckig der Geschmack des Exotismus und eine stereotype Vorstellung vom »Türken«.

Hanna war ein neugieriger Reisender mit wachem Blick für das Neue und Interessante in den »Ländern der Christen«. Das heißt, dass die Gegenstände, die sein Interesse erregten, dieselben waren wie bei den meisten orientalischen Besuchern des abendländischen Europas. Es sei darauf hingewiesen, dass ihr Blick oft von ihren Gastgebern gelenkt wurde, die sie zum Besuch der hydraulischen Maschine von Marly, in die Oper oder zu einer spektakulären Uhr führten.[81] Hanna zeigt sich an den

Wundern der abendländischen Technologie sehr interessiert und beschreibt die Maschine, die zur Reinigung des Hafens von Marseilles eingesetzt wurde, die astronomische Uhr von Lyon, die Maschine von Marly und das Szenarium der Oper *Atys* ausführlich.

Das Benehmen der Frauen und ihr Platz im öffentlichen Raum gehören zu den Allgemeinplätzen der orientalischen Reisenden in Frankreich. Hanna, der von den Toiletten der Frauen am Hof von Versailles ganz hingerissen war, spricht von der Herzogin von Burgund und ihren Zofen wie von Prinzessinnen aus *Tausendundeine Nacht*:

> »Als wir eintraten, erblickte ich die Prinzessin beim Kartenspiel auf einem Sessel sitzend, umgeben von ebenfalls sitzenden Prinzen. Vor jedem von ihnen lag ein Haufen Goldstücke. Sie waren in kostbare Kleider aus goldbestickter Seide gekleidet und von Zofen, schön wie Sterne, umgeben. Wir stellten uns vor der Prinzessin auf; mit ihrer Schönheit und ihrer Kleidung übertraf sie alle anderen.« [96v]

> »Auf dem Weg stellte sich uns ein hübsches junges Mädchen in den Weg. Es trug einen königlichen Mantel aus broschierter Seide und ein Diadem mit Edelsteinen im Haar aus Diamanten, Hyazinthsteinen und Smaragden, die das Auge entzückten. Es war von vier schönen Zofen in üppigen Kleidern umgeben. Ich dachte, es sei eine Königstochter.« [96v]

Dennoch ist er, bei dem, was er über die Frauen denkt und sagt, äußerst diskret. Es gibt keine Liebesleidenschaft wie in den Märchen, auch keine moralischen Kommentare über die Beziehungen zwischen Männern und Frauen, wie man sie zum Beispiel bei Scheich Tahtāwī antrifft.[82] Eigenartigerweise schreibt er dem osmanischen Gesandten, dem er als Dolmetscher diente, solche Überlegungen zu. Dieser war entzückt »vom Takt und Anstand der Frauen, von der Liebenswürdigkeit und Anmut

ihrer Worte und der Verständigkeit und Lebendigkeit ihrer Erwiderungen« und sagte, »die fränkischen Frauen hätten mehr
Höflichkeit und Taktgefühl als diejenigen seines Landes« [111v].
Nachdem er die Episode mit der aus Damaskus stammenden
Frau in Livorno erzählt hat, die sich weigerte, ohne Schleier auf
die Straße zu gehen, schließt er die Geschichte mit den Worten, »dass die Frauen bei uns sich nicht so verhalten können wie
diejenigen in diesen Ländern, denn sie wurden dazu erzogen,
im Verborgenen zu bleiben« [72v]. Man könnte ein Echo seines
Interesses an der Erziehung der Frauen nach seinen Erlebnissen
in Versailles vielleicht auch noch in der »Geschichte von den
zwei Schwestern«, die er Galland erzählt hat, erkennen, in der
die Prinzessin Parizade lesen und schreiben lernt und »in kurzer
Zeit ebenso gelehrt wird wie ihre Brüder, die Prinzen«, obwohl
sie jünger ist als diese. Sie erhält schließlich wie ihre Brüder
eine vollständige Ausbildung, unter anderem in den »schönen
Künsten«, bringt sich aber »in den Stunden der Entspannung«
auch noch die Musik bei. Sie kann reiten, schießen und »führt
häufig sogar im Rennen«. Schließlich rettet sie sie auch noch
und legt Zeugnis von ihrer Kaltblütigkeit ab.

Hanna interessierte sich, wie andere orientalische Besucher
auch, für die politische und verwaltungstechnische Organisation der Staaten und deren sichtbare Produkte: den Unterhalt
der Befestigungsanlagen von Livorno, die Beleuchtung und
Reinigung der Straßen von Paris, die Kutschen- und Postdienste
zwischen Paris und Marseille usw. Die Macht der öffentlichen
Organe faszinierte ihn. In langen Passagen beschreibt er die
Hospitäler und das Funktionieren der öffentlichen Hilfseinrich-
tungen in Paris. Er erkennt sehr wohl, dass die Organisation der
öffentlichen Wohlfahrt und die Unterdrückung der Bettelei etwas vollkommen Neues sind und sehr verschieden von dem, was
er aus Aleppo kennt. Und er berichtet von einigen Maßnahmen
der Obrigkeit, im schweren Winter von 1709, im *Grand Hyver*,
die Hungersnot und die dadurch ausgelösten Unruhen zu be-
kämpfen. Die Existenz spezieller Schulen wie jener der *Beaux*

Arts, aber auch der Katechismusunterricht für Kinder rufen bei ihm anerkennende Kommentare hervor, die möglicherweise ein Licht auf die Situation in Aleppo gegen Ende seines Lebens werfen, als die Erziehung der Knaben und Mädchen im Katechismus sich bei den Christen verbreitete und das Verlangen nach Bildung bei ihnen stark zunahm. So sehr ihn die Staatsmacht interessierte, so schreckte sie ihn auch ab, sobald sie von der Polizei oder der Justiz ausgeübt wurde. Zwar übt er keine Kritik und überschätzt im Übrigen gewiss deren Wirksamkeit und wohlmeinende Absichten, dennoch spürt man, dass ihn die repressive Politik Ludwigs XIV. gegenüber den Protestanten und den Jansenisten, das Funktionieren der Justiz und die Methoden der Polizei nur teilweise beruhigen. Sein detaillierter Bericht über die Urteile, die Beschreibung der Folterungen und Hinrichtungen, denen er beigewohnt hat (Hängen, Rädern, öffentliche Auspeitschung und Züchtigung einer Kupplerin), verraten diese Mischung von Faszination und Schrecken, die die Macht auf ihn ausübt.

Diese Beobachtungen führen bisweilen zu wenig schmeichelhaften Vergleichen mit seinem Heimatland. In Livorno beschreibt er sehr genau das Exerzieren der Truppen bei der Ausbildung und legt großen Nachdruck auf die dabei herrschende strenge Disziplin. Er verbreitet sich über den guten Zustand der Artillerie und hebt das System zur Pflege der Waffen hervor, was bei ihm die Erinnerung an Aleppo und dessen berühmte Zitadelle wachruft, wobei ihn der Zustand der eingestaubten, versandeten und verrosteten Kanonen zu einer Kritik an den für diese Situation Verantwortlichen nötigt. Ein weiteres Mal versteckt er sich hinter den Worten des osmanischen Gesandten, um die Regierung der Pforte zu kritisieren, die er mit der französischen Monarchie vergleicht:

»Nachdem er die Notabeln der Stadt empfangen hatte, stattete er ihnen seinerseits seinen Besuch ab, um ihre Wohnsitze, ihre ausgezeichnete Organisation und Wirtschaft und die Annehmlichkeiten ihres Lebens zu bewundern. Er stellte auch einen großen Unterschied zwischen der Organisation der fränkischen Länder und der seines Landes fest, das voller Laster, Ungerechtigkeit und Missbrauch der Herrschenden gegen ihre Untertanen sei. Er sagte dies im Vertrauen seinen *Dschōchadār*en, die es mir danach berichteten, denn sie stimmten mit der Ansicht ihres Aghas überein.« [111v]

In Smyrna angekommen, stößt er beim Zoll wieder auf die osmanische Herrschaft mit ihren muslimischen Beamten und wird nun »von einer großen Furcht ergriffen, so, als ob ich in Gefangenschaft geraten wäre« [141v]. Er bedauert in diesem Moment, die »Länder der Christen« verlassen zu haben, um »mich wieder in die Gefangenschaft der Muslime zu begeben«. Im Grunde lässt er sich jedoch nirgends über den Gegensatz zwischen Christen und Muslimen aus. Er zeigt auch keine Lust, sich mit dem fanatischen Mönch zusammenzutun, den er in Istanbul getroffen hatte und der ihn zur Kasteiung aufforderte, von Gott die Bekehrung der Muslime zu erflehen.

Der Bericht Hanna Diyābs ist dank seiner erzählerischen Qualitäten, der Reichhaltigkeit an Beobachtungen und der Vertrautheit, die er mit dem Leser durch die Schilderung seiner Eindrücke und Gefühle herstellt, ein einzigartiges Dokument. Bei der Arbeit an seinem Text kommt man nicht umhin, ein empathisches Verhältnis zum Autor zu entwickeln und Begeisterung und Lust zu empfinden, ihm auf allen Wegen, die er uns eröffnet, zu folgen.

Über das unbestreitbare Vergnügen hinaus, das die Lektüre seines Berichts verschafft, müssen wir Hanna dankbar dafür sein, dass er uns zu einem neuen Blick auf die Mittelmeerwelt, auf die Beziehungen zwischen »Orient« und »Okzident« oder zwischen »Christentum« und »Islam« sowie auf die Geschichten von *Tausendundeiner Nacht* verhilft.

1   Nach unserem Wissen wurde er nur für den Artikel von Maurice Martin, »Souvenirs d'un compagnon de voyage de Paul Lucas en Égypte (1707)«, in: Jean Vercoutter (Hg.), *Hommages à la mémoire de Serge Sauneron (1927 – 1976)*, Bd. 2: *Égypte post-pharaonique*, Kairo 1979, S. 471 – 475, herangezogen.

2   Jérôme Lentin, *Recherches sur l'histoire de la langue arabe au Proche-Orient à l'époque moderne*, Lille 1997, 2 Bde. Die Absicht einer Veröffentlichung des Textes wird bereits dort erwähnt (S. 49).

3   Bernard Heyberger, *Hindiyya, mystique et criminelle (1720 – 1798)*, Paris 2001, 456 S., *passim*.

4   Archive des maronitischen Erzbistums von Aleppo, Kopie des Kirchgemeinderegisters und der Erfassung der maronitischen Gemeinde nach Haushalten von 1740.

5   Kurzer biografischer Hinweis auf Paul Lucas: Lucette Valensi, »Lucas, Paul«, in: François Pouillon (Hg.), *Dictionnaire des orientalistes de langue française*, Paris (u. a.), 2008, S. 614. Siehe diesbezüglich besonders: Henri Omont, *Missions archéologiques françaises en Orient aux XVIIe et XVIIIe siècles*, 1. T., Paris 1902, S. 317 – 382.

6   Paul Lucas, *Deuxième voyage du Sieur Paul Lucas dans le Levant (octobre 1704-septembre 1708)*, n. Ausg., Saint-Étienne 2002.

7   Zu Antoine Galland siehe Sylvette Larzul, »Galland, Antoine«, in: François Pouillon (Hg.), *Dictionnaire des orientalistes*, a.a.O., S. 415 – 418; Mohamed Abdel-Halim, *Antoine Galland: sa vie et son œuvre*, Paris 1964; Sylvette Larzul, *Les traductions françaises des »Mille et Une Nuits«: Étude des versions Galland, Trébutien et Mardrus*, Paris 1996.

8   Frédéric Bauden, Richard Waller (Hg.), *Le journal d'Antoine Galland (1646 – 1715). La période parisienne*. Bd. 1: *1708 – 1709*, Löwen (u. a.) 2011, S. 286.

9   Ebd., S. 290.

10 Ebd., S. 321, 358; Ulrich Marzolph, »Les contes de Hannâ«, in: *Les Mille et Une Nuits*, Katalog d. Ausstellung *Mille et Une Nuits*, Paris, Institut du monde arabe (27. November 2012 – 28. April 2013), Paris 2012, S. 87 – 91.

11 Frédéric Bauden, Richard Waller (Hg.), *Le journal d'Antoine Galland*, a.a.O., Bd. 1, S. 290 – 291, 320 – 338, 343 – 378, 412, 483, 504.

12 Būlus al-Ḥalabī, *Voyage du patriarche Macaire d'Antioche*, arab. m. (unvollst.) frz. Übers. v. Basile Radu, in: *Patrologia Orientalis*, 1 (PO 107), S. 3 – 200, 1930; 24, 4 (PO 119), 1933, S. 441 – 604; 26, 5 (PO 129), 1933, S. 603 – 717. Arab. (unvollst.) v. Q. al-Bāša, »Safrāt al-baṭryark Makāryūs al-Ḥalabī bi-qalam waladihi al-šammās Būlus«, *Al-Maṣarra*, 1912 – 1913, 1913 – 1914, passim. Siehe zu diesem Reisebericht die erhellenden Analysen von Hilary Kilpatrick, »Journeying towards Modernity. The *Safrat al-Baṭrak Makāriyūs* of Būlus Ibn al-Zaʾīm al-Ḥalabī«, in: *Die Welt des Islams*, 37/2, 1997, S. 156 – 177.

13 Carsten-Michael Walbiner, *Die Mitteilungen des griechisch-orthodoxen Patriarchen Makarius Ibn az̧-Zaʾim von Antiochia (1647 – 1672) über Georgien nach dem arabischen Autograph von St. Petersburg*, hg. u. übers. a. d. Arab., masch. geschr. Diss., Universität Leipzig 1995.

14 Elias al-Mawsilî, *Un Irakien en Amerique au XVIIe siecle*, Arles 2011. Arab. Ausg. dess. Textes v. Antoine Rabbath, »Riḥlat ʾawwal šarqī ʾilā ʾAmrīkā«, *Al-Machreq*, Bd. 8, 1905, S. 821 – 834, 875 – 886, 974 – 983, 1022 – 1033, 1118 – 1129. Weitere arab. Ausg. v. Ibtihāj al-Wāḍī, *Al-Mawrid*, 4, 1975, u. v. Nūrī al-Jarrāḥ, Beirut 2001. Eine gute ital. Übers. v. Marina Montanaro: *Il primo orientale nelle Americhe*, Mazara del Vallo 1992. Zu diesem Text siehe John-Paul Ghobrial, »The Secret Life of Elias of Babylon and the Uses of Global Microhistory«, in: *Past and Present*, 222, Februar 2014, S. 51 – 93.

15 Dazu gehören unter anderen:
    – Bericht von der Reise und dem Aufenthalt eines gewissen Raʾd in Venedig im Jahr

1656, in: Apostolische Vatikanische Bibliothek, Handschrift Sbath 89, Folios 1b-19b, hg. v. Kārstan-Maykal Wālbīnar (= Carsten-Michael Walbiner), »Riḥlat ›Ra'd‹ min ḥalab 'ilā al-Bunduqiyya«, in: Nagi Edelby, Pierre Masri (Hg.), *Mélanges en mémoire de Mgr Néophytos Edelby (1920 – 1995)*, Beirut 2005, S. 367 – 383. Elie Kallas, *The Travel Accounts of Ra'd to Venice (1656) and its Aleppo Dialect according to the ms. SBATH 89*, Vatikan, 2015.

– Archive des Ordens der Aleppiner Basilianer, Kloster Saint-Sauveur von Ṣarbā, Handschrift Ṣarbā 261,1: Bericht der Mönche Yuḥannā Naqqāš und Tūmā Kurbāǧ von der Reise ins »Land der Christen« (1775 – 1777), s. Michel Abras, »Le voyage de deux moines melkites en Italie du Nord en 1775«, in: Bernard Heyberger, Carsten-Michael Walbiner (Hg.), *Les Européens vus par les Libanais à l'époque ottomane*, Beirut/Würzburg 2002, S. 59 – 65.

– Bericht von einer Reise und einem Aufenthalt in Rom von Ḫiḍr al-Maṣilī, hg. v. Louis Cheikho, »Riḥla al-Qass Ḫiḍr al-Kaldānī min al-Mawṣil 'ilā Rūmiyya wa-mā ǧarā lahu fī ṭarīqihi wa-fī l-madīna al-muqaddasa«, in: *Al-Machreq*, Bd. 13, 1910, S. 581 – 592, 656 – 668, 735 – 744, 835 – 843. Dieses Dokument wird verwendet von Carsten-Michael Walbiner, »›Images painted with such exalted skill as to ravish the senses …‹ Pictures in the Eyes of Christian Arab Travellers of the 17th and 18th Centuries«, in: Bernard Heyberger, Silvia Naef (Hg.), *La multiplication des images en pays d'Islam*, Istanbul 2003, S. 15 – 30.

– Forschungs- und Landesbibliothek Gotha, Ms. Orient. A1549, Bericht von der Reise ins »Land der Christen« (Frankreich und Spanien) von Arsānyūs Šukrī mit seinem Gefährten Banyamīn ibn Zaḥariyā im Jahr 1748.

16   Einleitung von Antoine Rabbath zur arabischen Ausgabe, *Al-Machreq*, Bd. 8, 1905, frz. Übers. in: Elias Al-Mawsilî, *Un Irakien en Amérique.*, a.a.O., S. 24.

17   Siehe verschiedene Beiträge in: Stefan Reichmuth, Florian Schwarz (Hg.), *Zwischen Alltag und Schriftkultur: Horizonte des Individuellen in der arabischen Literatur des 17. und 18. Jahrhunderts*, Beirut/Würzburg 2008.

18   Ṣalāḥaddīn al-Munaǧǧid, Stefan Wild (Hg.), *Zwei Beschreibungen des Libanon: 'Abd al-ġānī An-Nābulusīs Reise durch die Biqā' und Al-'Uṭaifīs Reise nach Tripolis*, Beirut 1979; Heribert Busse, *Die Reise 'Abd al-Gānī An-Nābulusī durch den Libanon*, Beirut 2003.

19   Rifā'a al-Ṭahṭāwī, *Ein Muslim entdeckt Europa: Bericht über seinen Aufenthalt in Paris 1826 – 1831*, hg., aus d. Arab. übers. u. komm. von Karl Stowasser, München 1989.

20   Zitiert und ins Frz. übersetzt von Jérôme Lentin, *Recherches sur l'histoire de la langue arabe*, a.a.O., Bd. 1, S. 37 <a. d. Frz. v. G. G.>.

21   John-Paul Ghobrial, »The Secret Life of Elias of Babylon«, a.a.O., S. 64 – 74.

22   Jérôme Lentin, »La langue des *Mille et Une Nuits*«, in: *Les Mille et Une Nuits*, a.a.O., S. 55 – 59; ders., »La langue des manuscrits de Galland et la typologie du moyen arabe«, in: Aboubakr Chraïbi (Hg.), »*Les Mille et Une Nuits*« *en partage*, Arles 2004, S. 435 – 455; Aboubakr Chraïbi, »Qu'est-ce que *Les Mille et Une Nuits* aujourd'hui? Le livre, l'anthologie et la culture oubliée«, in: *Les Mille et Une Nuits*, a.a.O., S. 33 – 39.

23   Henri Omont, *Missions archéologiques françaises en Orient*, a.a.O., S. 317.

24   Roger Chartier, »La pendue miraculeusement sauvée. Étude d'un occasionnel«, in: Ders. (Hg.), *Les Usages de l'imprimé*, Paris 1987, S. 83 – 127.

25   Zu den unterschiedlichen Themen finden sich interessante Hinweise und bibliografische Einleitungen in folgenden Artikeln der *Enzyklopädie des Märchens*, a.a.O.: Ines Köhler-Zülch, »Scheintod«, 2004, Bd. 11, Kol. 1324 – 1331; Bea Lundt, »Stein der Weisen«, 2005 – 2007, Bd. 12, Kol. 1215 – 1220; Claude Lecouteux, »Lebenswasser«, 1994 – 1996, Bd. 8, Kol. 838 – 841.

26   Pascal Bastien, *Une histoire de la peine de mort. Bourreaux et supplices, 1500 – 1800*, Paris 2011, S. 199 – 201.

27 Roger Chartier, »Avant-propos. La culture de l'imprimé«, in: R. Chartier (Hg.), *Les Usages de l'imprimé*, a.a.O., S. 15 – 17.

28 Louis Cheikho, *Catalogue raisonné des manuscrits historiques de la Bibliothèque orientale de l'université Saint-Joseph*, Bd. 1, Beirut, Mélanges de l'université Saint-Joseph, 11, 1926, S. 266, Ms. in 4 Bdn., Nr. 594 – 597. Die Hinweise verdanken wir Johannes Stephan.

29 Mehmed Efendi, *Le Paradis des infidèles. Un ambassadeur ottoman en France sous la Régence*, hg. v. Gilles Veinstein, übers. v. Julien-Claude Galland, Paris 1981. Siehe auch *Deux Ottomans à Paris sous le Directoire et l'Empire. Relations d'ambassade*, hg. u. übers. v. Stéphane Yérasimos, Arles 1998.

30 Bernard Heyberger, »Chrétiens orientaux dans l'Europe catholique (XVIIe–XVIIIe siècles)«, in: Bernard Heyberger, Chantal Verdeil (Hg.), *Hommes de l'entre-deux. Parcours individuels et portraits de groupes sur la frontière de la Méditerranée (XVIe-XXe siècle)*, Paris 2009, S. 61 – 93.

31 Philippe Lejeune, *Der autobiographische Pakt*, Frankfurt a. M. 2010.

32 Siehe die karrieristischen Beweggründe von Elias al-Mawsilī bei der Niederschrift seines Berichts: John-Paul Ghobrial, »The Secret Life of Elias of Babylon«, a.a.O., S. 89 – 93.

33 Frédéric Bauden, Richard Waller (Hg.), *Le journal d'Antoine Galland*, a.a.O., S. 255, 262, 266, 268.

34 Pierre Bayle, »Ecchellensis (Abraham)«, *Dictionnaire historique et critique*, 3. Aufl., Rotterdam 1720, Bd. 2, S. 1045 – 1046; Loubna Khayati, »Usages de l'œuvre d'Abraham Ecchellensis dans la seconde moitié du XVIIe siècle. Controverses religieuses et histoire critique«, in: Bernard Heyberger (Hg.), *Orientalisme, science et controverse: Abraham Ecchellensis (1605 – 1664)*, Turnhout 2010, S. 203 – 213. Galland schrieb eine gehässige Geschichte über Butrus Dib, die von Abbé Renaudot weitergetragen wurde: Frédéric Bauden, Richard Waller (Hg.), *Le Journal d'Antoine Galland*, a.a.O., Bd. 1, S. 277.

35 Bignon an Minister Maurepas, 30. Sept. 1727: Henri Omont, *Missions archéologiques françaises*, a.a.O., S. 380 <a. d. Frz. v. G. G.>.

36 Henri Omont, *Missions archéologiques françaises*, a.a.O., S. 203 – 221.

37 Ebd., S. 317 – 334.

38 Ebd., S. 319: Brief von Cupper an Abbé Bignon, der den Inhalt eines Briefes des Vorstehers der Kapuziner von Smyrna wiedergibt.

39 Mohamed Abdel-Halim, *Correspondance d'Antoine Galland*, krit. Ausg. m. Kommentar, Phil. Diss., Paris 1964, S. 657.

40 Claude Sicard, *Œuvres*, Bd. 1: *Lettres et relations inédites*, hg. v. Maurice Martin, Kairo 1982, Brief an Guis, Kairo, den 25. März 1717, S. 49 – 50.

41 Ebd., Sicard an Pater Fleuriau, Kairo, den 30. Juni 1717, S. 52 – 53.

42 Henri Omont, *Missions archéologiques françaises*, a.a.O., S. 343: Brief von Pontchartrain an Bignon vom 19. Juni 1709.

43 François-Joseph Ruggiu, »Introduction«, in: Jean-Pierre Bardet, François-Joseph Ruggiu (Hg.), *Au plus près du secret des cœurs? Nouvelles lectures historiques des écrits du for privé en Europe du XVIe au XVIIIe siècle*, Paris 2005, S. 7 – 13; Jean-Pierre Bardet, Élisabeth Arnoul, François-Joseph Ruggiu (Hg.), *Les Écrits du for privé en Europe du Moyen Âge à l'époque contemporaine*, Pessac 2010.

44 John-Paul Ghobrial, »The Secret Life of Elias of Babylon«, a.a.O., S. 56 – 59. Beispiele der »Konnektivität« von Individuen waren in jüngerer Zeit Gegenstand biografischer Untersuchungen: Natalie Zemon Davis, *Leo Africanus. Ein Reisender zwischen Orient und Okzident*, Berlin 2008; Lucette Valensi, *Mardochee Naggiar. Enquête sur un inconnu*, Paris 2008. Siehe auch verschiedene biografische Essays in: Jocelyne Dakhlia, Bernard Vincent (Hg.), *Les Musulmans dans l'histoire de l'Europe*, Bd. 1: *Une intégration*

invisible, Paris 2011, und in: Jocelyne Dakhlia, Wolfgang Kaiser (Hg.), *Les Musulmans dans l'histoire de l'Europe*, Bd. 2: *Passages et contacts en Méditerranée*, Paris 2013.

45 Claudia Moatti, Wolfgang Kaiser (Hg.), *Gens de passage en Méditerranée de l'Antiquité à l'époque moderne. Procédures de contrôle et d'identification*, Paris 2007; E. Natalie Rothman, *Brokering Empire. Trans-Imperial Subjects between Venice and Istanbul*, Ithaca/London 2012; Bernard Heyberger, Chantal Verdeil (Hg.), *Hommes de l'entre-deux*, a.a.O.

46 Stefan Reichmuth, Florian Schwarz (Hg.), *Zwischen Alltag und Schriftkultur*, a.a.O.; Ralf Elger, Yavuz Köse (Hg.), *Many Ways of Speaking about the Self: Middle Eastern Ego-Documents in Arabic, Persian, and Turkish (14th–20th Century)*, Wiesbaden 2010.

47 Johannes Stephan, »Von der Bezeugung zur narrativen Vergegenwärtigung. Fokalisierung im *Reisebuch* des Syrers Hanna Dyāb (1764)«, in: *Diegesis*, 4, 2, 2015: https://www.diegesis.uni-wuppertal.de/index.php/diegesis/issue/view/10.

48 Bernard Heyberger, *Hindiyya, mystique et criminelle (1720 – 1798)*, a.a.O., S. 329.

49 Ulrich Marzolph, »Les contes de Hannâ«, a.a.O., S. 90.

50 Aboubakr Chraïbi, »Qu'est-ce que *Les Mille et Une Nuits* aujourd'hui?«, a.a.O.

51 Die Episode eines französischen Konsuls, der einen gravierten Edelstein kauft, in der Geschichte von ʿAlā al-Dīn Abū Schamāt, in: Jean-Claude Garcin, *Pour une lecture historique des »Mille et Une Nuits«*, Arles 2013, S. 395.

52 Frédéric Bauden, Richard Waller (Hg.), *Le journal d'Antoine Galland*, a.a.O., Bd. 1, S. 373. Die Prozession fand am 30. Mai 1709 [?] statt. Nicholas Dew (*Orientalism in Louis XIV's France*, Oxford 2009, S. 1 – 3), der diese Anekdote aus dem Tagebuch Gallands kennt, verbucht sie auf das Konto des Erzähltalents Hannas.

53 Siehe die Versuche einer Ausdeutung der politischen Macht in *Tausendundeine Nacht* durch Jocelyne Dakhlia, »Une vacance califale? Hârûn al-Rashîd dans *Les Mille et Une Nuits*«, in: Aboubakr Chraïbi (Hg.), *»Les Mille et Une Nuits« en partage*, a.a.O., S. 168 – 181; Jean-Claude Garcin, *Pour une lecture historique*, a.a.O., passim; Robert Irwin, »Political Thought in the *Thousand and One Nights*«, in: Ulrich Marzolph (Hg.), *The Arabian Nights in Transnational Perspective*, Detroit, 2007, S. 103 – 115.

54 Jean-Claude Garcin, *Pour une lecture historique*, a.a.O., S. 526, 585 – 586.

55 Jean-Paul Sermain, »Galland, traducteur et créateur«, in: *Mille et Une Nuits*, Katalog der Ausstellung, a.a.O., S. 85.

56 *Geschichten aus Tausendundeiner Nacht*, »Aladdin und die Wunderlampe«, hg. v. Johann Christoph Bürgel, Marianne Chenou, a. d. Arab. v. Max Henning, Stuttgart 2010, S. 553.

57 Sylvette Larzul, »Les Mille et Une Nuits d'Antoine Galland: traduction, adaptation, création«, in: Aboubakr Chraïbi (Hg.), *»Les Mille et Une Nuits« en partage*, a.a.O., S. 251 – 266; dies., »Further Considerations on Galland's *Mille et Une Nuits*: A Study of the Tales Told by Hannâ«, in: Ulrich Marzolph (Hg.), *The Arabian Nights in Transnational Perspective*, a.a.O., S. 17 – 31.

58 Frédéric Bauden, Richard Waller (Hg.), *Le journal d'Antoine Galland*, a.a.O., Bd. 1, S. 290, 321; Bd. 2 [ersch. demn.], S. 253 – 254, 302; Mohamed Abdel-Halim, *Correspondance d'Antoine Galland*, a.a.O., S. 275.

59 Frédéric Bauden, Richard Waller (Hg.), *Le journal d'Antoine Galland*, a.a.O., Bd. 1, S. 330.

60 Ibrahim Akel, »La bibliothèque arabe des *Mille et Une Nuits*: les vestiges de la tradition arabe«, in: *Les Mille et Une Nuits*, a.a.O., S. 43 – 47.

61 Maurits H. van den Boogert, *Aleppo Observed. Ottoman Syria Through the Eyes of Two Scottish Doctors, Alexander and Patrick Russel*, London 2010, S. 226 – 227; Alexander u. Patrick Russel, *Naturgeschichte von Aleppo, enthaltend eine Beschreibung der Stadt …*, 1. Bd., 2. Buch, 2. Abschn., übers. v. Johann Friedrich Gmelin, Göttingen 1797, S. 200, Anm. 20.

62 Thomas Herzog, »Une version ›chrétienne‹ de la *Sīrat Baybars*: le manuscrit de Wol-
fenbüttel«, in: *Arabica*, Bd. 51, 1 – 2, 2004, S. 103 – 120; ders., *Geschichte und Imagi-
naire: Entstehung, Überlieferung und Bedeutung der Sīrat Baibars in ihrem sozio-politi-
schen Kontext*, Wiesbaden 2006.

63 Siehe die Geschichte von Masrūr mit Zayn al-Mawāṣif in Jean-Claude Garcin, *Pour
une lecture historique*, a.a.O., S. 570 – 581.

64 Ferdinand Tawtal (Taoutel), »Waṯā'iq ṯārīḫiyya ʿan Ḥalab«, *Al-Machreq*, Bd. 42, 1948,
S. 232 – 237, 372.

65 Aleppo, Fondation Salem, Reglement der Bruderschaft vom Rosenkranz (Ms.), 1794,
S. 58.

66 Ferdinand Tawtal (Taoutel), »Waṯā'iq ṯārīḫiyya ʿan Ḥalab«, a.a.O., S. 382: 1781 wurden zwei Mitbrüder gerügt, weil sie ohne Erlaubnis in die Gärten gegangen waren;
S. 383: 1783 wurden einige angeklagt, weil sie dort ohne Erlaubnis die Nacht verbracht hatten; 1803 wiederholte der *Murschid* die Anordnung, dass sich niemand ohne
Erlaubnis in die Gärten oder in ein Kaffeehaus begebe.

67 Ebd., S. 388: 1788 wurde ein Mitbrüder gerügt, weil er in einem Kaffeehaus gesessen
hatte; S. 389: 1789 wurden einige gesehen, wie sie ein Kaffeehaus betraten.

68 Maurits H. van den Boogert, *Aleppo Observed*, a.a.O., S. 227 – 228; Alexander Russel,
*The Natural History of Aleppo. Containing a Description of the City and the Principal
Natural Productions in Its Neighbourhood*, hg. v. Patrick Russel, London 1794, Bd.
1, S. 148 – 150; Alexander u. Patrick Russel, *Naturgeschichte von Aleppo*, a.a.O.,
S. 199 – 201.

69 Ulrich Jasper Seetzen, *Tagebuch des Aufenthalts in Aleppo (1803 – 1805)*, Hildesheim
(u. a.) 2011, S. 214.

70 Ebd., S. 231.

71 Ulrich Marzolph, »Les contes de Hannā«, a.a.O., S. 89.

72 Zu diesem Thema der Kontinuität und Diskontinuität siehe besonders Jocelyne Dakhlia, »Une archéologie du même et de l'autre: Thomas-Osman d'Arcos dans la Méditerranée du XVIIᵉ siècle«, in: Jocelyne Dakhlia, Wolfgang Kaiser (Hg.), *Les Musulmans dans l'histoire de l'Europe*, a.a.O., Bd. 2, S. 61 – 163.

73 E. Natalie Rothman, *Brokering Empire: Trans-Imperial Subjects between Venice and
Istanbul*, a.a.O., S. 16 – 18.

74 Wohingegen er merkwürdigerweise den osmanischen Sultan meistens mit *malik*,
»König«, und nicht mit *sultān* bezeichnet. <A. d. dt. Ü.>

75 Henry Kahane, Renée Kahane, Andreas Tietze, *The Lingua Franca in the Levant: Turkish Nautical Terms of Italian and Greek Origin*, Urbana 1958, XIII. Für *trinquet* siehe
Nr. 673, S. 446 – 447, für *fortuna* Nr. 305, S. 225 – 228.

76 Guillaume Calafat, »Les interprètes de la diplomatie en Méditerranée. Traiter à Alger
(1670 – 1680)«, in: Jocelyne Dakhlia, Wolfgang Kaiser (Hg.), *Les Musulmans dans
l'histoire de l'Europe*, a.a.O., Bd. 2, S. 371 – 410.

77 Bernard Heyberger, »Morale et confession chez les melkites d'Alep d'après une liste
de péchés (fin XVIIᵉ siècle)«, in: Geneviève Gobillot, Marie-Thérèse Urvoy (Hg.),
L'Orient chrétien dans l'empire musulman. Hommage au Pᵣ Gérard Troupeau, Versailles
2005, S. 283 – 306.

78 Siehe auch die empörte Erinnerung des osmanischen Botschafters Morali Seyyid
Alī Efendi an seinen Aufenthalt im Lazarett von Marseille in Stéphane Yerasimos
(Übers.), *Deux Ottomans à Paris sous le Directoire et l'Empire*, a.a.O., S. 69 – 72.

79 Philip D. Curtin, *Cross-Cultural Trade in World History*, Cambridge, New York 1984;
Bruce Masters, »Trading Diasporas and ›Nations‹: The Genesis of National Identities
in Ottoman Aleppo«, in: *International History Review*, Bd. 9 (3), 1987, S. 345 – 367.

80 Jean-François Dubost, »Les étrangers à Paris au siècle des Lumières«, in: Daniel
Roche (Hg.), *La ville promise. Mobilité et accueil à Paris (fin XVIIᵉ – début XIXᵉ siècle)*,

Paris 2000, S. 221 – 288; Vincent Milliot, »La surveillance des migrants et les lieux d'accueil à Paris du XVIᵉ siècle aux années 1830«, in: ebd., S. 21 – 76.

81   Mehmed Efendi, *Le Paradis des infidèles*, a.a.O. : die Oper, S. 115 – 117; die Maschine von Marly, S. 126 – 128; eine spektakuläre Uhr, S. 129.

82   Rifāʿa al-Ṭahṭāwī, *Ein Muslim entdeckt Europa*, a.a.O., S. 78 – 79, 82 – 83, 108 – 109, 114 – 115.

VON JÉRÔME LENTIN

Die Handschrift Hanna Diyābs ist in einer Sprache geschrieben, die man gemeinhin als »Mittelarabisch« bezeichnet. Was ist damit gemeint?

Die arabische Sprache tritt im Wesentlichen in zwei Formen auf: in oralen Varianten (Dialekten), die sich je nach Land, Region, Stadt usw. erheblich unterscheiden, und in der standardisierten, häufig literarisch oder auch klassisch genannten, weitgehend geschriebenen und oral ausschließlich bei formellen Gelegenheiten gebräuchlichen Variante.

Selbstverständlich überschneiden oder »vermischen« sich in vielen Fällen der sprachlichen Kommunikation – im Mündlichen wie im Schriftlichen – Dialekt und standardisierte Sprache (nach komplexen, scheinbar willkürlichen, in Wirklichkeit jedoch genauen Regeln folgenden Verfahrensweisen). Sie determinieren eine Varietät oder intermediäre Varietäten von Arabisch, bei der – oder bei denen – von der einen oder der anderen Ausgangsvarietät entliehene Merkmale, aber auch ursprüngliche sprachliche Merkmale nebeneinander auftreten. Diese intermediäre Sprache nennt man »Mittelarabisch«.

Bis in jüngere Zeit benutzte ein Teil – und ein weit größerer als gemeinhin angenommen – der Schriftwerke im Arabischen diese intermediäre Sprache. Dies ist, neben vielen anderen Textgattungen (wie den populären Heldendichtungen oder in *Tausendundeine Nacht*, aber auch in historischen Chroniken oder Verwaltungsurkunden usw.), bei zahlreichen Reiseberichten der Fall, so auch bei Hannas Bericht.

Die Orthografie in Hannas Reisebericht richtet sich häufig nach der dialektalen Aussprache. Der Wortschatz ist gemischt.

Der Aleppiner Hanna verwendet, insbesondere zur Benennung von Gegenständen des täglichen Lebens, den Wortschatz seines Dialekts. Diesbezüglich war das ausgezeichnete Wörterbuch von Adrien Barthélemy (*Dictionnaire Arabe-Français. Dialectes de Syrie: Alep, Damas, Liban, Jérusalem*, Paris 1935 – 1969) eine wertvolle und beständige Hilfe bei der Übersetzungsarbeit. Nebenbei bemerkt, zeugt dies von einer erstaunlichen Beständigkeit des Wortschatzes über eine recht lange Periode, da dieses Wörterbuch den Sprachzustand einer Epoche von fast zwei Jahrhunderten nach Hanna festhält. Lehnwörter aus dem Türkischen, ebenso in verschiedenen Varianten aus dem Italienischen, oftmals auf dem Weg über die *lingua franca*, sind im Text häufig (sie überdauerten übrigens noch lange).

Dieser Gebrauch des dialektalen Wortschatzes verleiht dem Text Hannas seinen natürlichen, unaffektierten Charakter. Am Beispiel gebräuchlicher Verben lässt sich hingegen feststellen, dass er viele Variationen verwendet und dabei meistens, wenn auch nicht immer, die standardisierenderen Formen vorzieht. Ein Hanna recht eigentümlicher Zug verdient eigens erwähnt zu werden: Er berichtet getreulich nicht nur das, was er sieht, sondern auch das, was er hört. So gibt er Wörter, Ausdrucksweisen, Ortsnamen in der Sprache wieder, wie er sie gehört hat (in der Provence zum Beispiel auf Provenzalisch). Gleichzeitig versieht er in einem schon beinahe pädagogisch anmutenden Bestreben, sich verständlich zu machen, seine »Retranskriptionen« fast immer mit einer Glosse in einem einfachen und klaren Arabisch.

Dieses Bemühen um Klarheit scheint auch in der Erzählung auf: Hanna ist darauf bedacht, daran zu erinnern, von wem er spricht, die Teilnehmer eines Dialogs oder Orte durch wiederholte Nennung genau zu bestimmen, die Chronologie noch der unwichtigsten Episoden oder Nebengeschichten, die er erzählt, mit einem »daraufhin«, »danach«, »schließlich« deutlich zu kennzeichnen. Viele Randbemerkungen in seiner Handschrift sind im Übrigen hinzugefügt worden, wenn ihm, vermutlich bei erneuter Lektüre, die Darstellung nicht klar genug erschien. Diese Sorgfalt trägt bisweilen zu einer gewissen Schwerfälligkeit bei, die wir in der Übersetzung weitgehend zu erhalten versuchten.

Man kann also nicht von einem literarischen Werk im eigentlichen Sinn sprechen, auch wenn seine Sprache gelegentlich auf den Wortschatz oder auf Wendungen eines eher »literarischen« oder »gelehrten« Sprachgebrauchs des Arabischen zurückgreift und noch häufiger Anleihen macht bei gewissen Stereotypen, die dem Fundus der sogenannten Populärliteratur wie den bereits erwähnten Heldendichtungen oder *Tausendundeine Nacht* entnommen sind oder einfach der Natur dessen entsprechen, wovon er erzählt (»sich ergehen und bewundern«, »prachtvolle Gebäude«, »mit allen Ehren empfangen« usw.).

Seine Sprache ist also nicht nur ungekünstelt, sondern auch ungebunden; mit ihrem zum Dialektalen neigenden Charakter entgeht sie jeglicher Schulmeisterei, dennoch ist sie nie umgangssprachlich, außer dort, wo dies zur Darstellung von Ereignissen und Dialogen notwendig ist.

Es treten hier, so viel kann festgehalten werden, Eigenschaften hervor, die eine Vertrautheit im Umgang mit der Welt des Geschriebenen und Übung im Schreiben zeigen, gleichzeitig – abgesehen von gelegentlichen Ungeschicklichkeiten – ein gewisses Talent, dieses sprachliche Werkzeug für die Zwecke seines Berichts einzusetzen. Man wird bei der Lektüre auch bemerken, dass Hanna in der genauen, aber dennoch möglichst einfachen Beschreibung von Geräten oder Maschinen, die ihn auf seiner Reise beeindruckt hatten, äußerst geschickt ist, ebenso, mit welcher Subtilität er indirekte und direkte Rede miteinander verbindet.

Für Historiker der arabischen Geschichte ist ein Dokument wie der Reisebericht Hannas eine äußerst wertvolle Quelle. Dies umso mehr, als wir nicht viele von dieser Art besitzen (oder noch nicht entdeckt haben). Unschätzbar ist er auch für die Geschichte eines so wichtigen Dialekts, wie dies der Dialekt der Stadt Aleppo ist, über den nur wenige alte Zeugnisse existieren. Hannas Bericht ist letzten Endes ein weiteres Beispiel – wenn es denn eines solchen noch bedurft hätte – für die Geschmeidigkeit, Reichhaltigkeit und Eignung für verschiedene Schreibvorhaben, von denen diese geschriebene Form des eigenartigerweise verkannten und heute aufgegebenen »Mittelarabischen« sprachgeschichtlich zeugt. Wir hoffen, mit dieser Übersetzung den Leser dafür empfänglich machen zu können.

S. 4/5: »Nouvelle Carte Marine de tous les Ports de l'Europe sur l'Océan et la Méditerranée« von Nicolas Berey (1640 – 1667), Druck von 1700. Quelle: Bibliothèque nationale de France, GE BB-565 (A1, 39)

S. 30: Aleppo – Stadtansicht, Kupferstich, aus: Alexander Drummond: Travels through different cities of Germany, Italy, Greece and several parts of Asia …, London 1754, S. 185. © bpk / British Library

S. 60: »Obélisque, dit de Cléopâtre à Aléxandrie«, aus: Cassas, Louis François (Hg.); Volney, Constantin-François (Ill.): Voyage pittoresque de la Syrie, de la Phénicie, de la Palestine et de la Basse Égypte: ouvrage divisé en trois volumes contenant environ trois cent trente planches, Bd. 3, Paris 1800. Quelle: Universitätsbibliothek Heidelberg, Signatur: C 3014 Gross RES::1 – 3, Tafel 52

S. 77: Karte aus: Voyage du Sieur Paul Lucas, 2. Bd., Amsterdam 1714, nach Seite 40. © bpk / Staatsbibliothek zu Berlin / Dietmar Katz

S. 122: Kupferstich »Pyramide de Têtes des morts de 30 pieds de haut sur cent trente de tour«, aus: Voyage du Sieur Paul Lucas, 2. Bd., Amsterdam 1714, vor S. 105. © bpk / Staatsbibliothek zu Berlin / Dietmar Katz

S. 137: Kupferstich aus: Voyage du Sieur Paul Lucas, 2. Bd., Amsterdam 1714, nach S. 58. © bpk / Staatsbibliothek zu Berlin / Dietmar Katz

S. 200: Vue de Marseille (Bouches-du-Rhône, France), en 1760. © bpk / adoc-photos

S. 231: »Vue de la fameuse machine de Marly qui élève l'eau de la Seyne 535 pieds de haut servant à faire jouer les fontaines du Palais-Royal, de Versailles et de Marly …« Quelle: Bibliothèque nationale de France, RESERVE QB-201 (171)-FT 5 [Hennin, 5257]

S. 245: »Façade méridionale de l'ancien Hôtel-Dieu et assises de l'ancien pont Saint-Charles à Paris (France). Vers 1630. Gravure.« © bpk / adoc-photos

S. 364: Kolorierter Kupferstich aus: Recueil de cent estampes représentant les diverses nations du Levant, tirées d'après nature en 1707 et 1708 par les ordres de M. de Ferriol, ambassadeur du Roy à la Porte et gravées en 1712 et 1713 par les soins de Le Hay, Paris 1714/15, S. 77. Quelle: Bibliothèque nationale de France, département Estampes et photographie, FOL-OD-11

Viele Kollegen und Freunde, an die wir uns mit dem Text von Hanna Diyāb gewandt haben, widmeten sich mit Interesse den Fragen, die wir ihnen gestellt haben und beantworteten sie mit größter Sorgfalt. Dazu gehören: Ibrahim Akel, Lise Andries, Michel Auvolat, Nabil Bakhache, Faruk Bilici, Guillaume Calafat, Jacques Caporal, Federico Cresti, Alain Desreumaux, Marie-Aimée Germanos, Gilles Grivaud, Ulrike Krampl, Abdelhamid Larguèche, Brigitte Marino, Johann Strauss. Hinweise und Beiträge zu den Anmerkungen erhielten wir von Régis Bertrand, Gilbert Buti, Frédéric Hitzel, Jérôme de La Gorce, Matthieu Lahaye, Cesare Santus. Johannes Stephan ließ uns an einer wichtigen Entdeckung zu Hanna teilhaben. Ulrich Marzolph war so freundlich, das Nachwort gegenzulesen und es mit Kommentaren und weiteren Hinweisen zu versehen. Ihnen allen gilt unser Dank.

INHALT

VON ALEPPO NACH PARIS

IST ALS ORIGINALAUSGABE IM JUNI 2016 ALS DREIHUNDERT-
ACHTUNDSIEBZIGSTER BAND DER ANDEREN BIBLIOTHEK
ERSCHIENEN.

ALS EXTRADRUCK WURDE VON ALEPPO NACH PARIS IM MÄRZ 2022
WIEDERAUFGELEGT.

DIE HERAUSGABE LAG IN DEN HÄNDEN VON CHRISTIAN DÖRING.

BEIM LEKTORAT WURDE ER UNTERSTÜTZT VON
RON MIECZKOWSKI.

DIE ARABISCHE HANDSCHRIFT VON HANNA DIYĀB
WURDE ERSTMALS INS FRANZÖSISCHE ÜBERTRAGEN VON
PAULE FAHMÉ-THIÉRY, BERNARD HEYBERGER UND JÉRÔME
LENTIN UND ERSCHIEN 2015 BEI ACTES SUD, ARLES.

DIE ÜBERSETZUNG AUS DEM FRANZÖSISCHEN STAMMT VON
GENNARO GHIRARDELLI UNTER HINZUZIEHUNG DER ARABISCHEN
HANDSCHRIFT. IHM VERDANKEN WIR AUCH DAS VORWORT.
DAS NACHWORT STEUERTE BERNARD HEYBERGER BEI.
JÉRÔME LENTIN HAT DIE BEMERKUNGEN ZUR SPRACHE
VON HANNA DIYĀB VERFASST.

DIESES BUCH WURDE VON PAULINA PYSZ, BERLIN,
GESTALTET UND AUSGESTATTET.

DEN SATZ ÜBERNAHM DÖRLEMANN SATZ, LEMFÖRDE,
MIT DER SCHRIFT FOURNIER.

DIE HERSTELLUNG BETREUTE KATJA JAEGER, BERLIN.

GEDRUCKT UND GEBUNDEN WURDE BEI
FRIEDRICH PUSTET GMBH & CO. KG, REGENSBURG.
ALS INHALTSPAPIER WURDE 90 G/M² HOLZFREIES
WERKDRUCKPAPIER VERWENDET.

ISBN 978-3-8477-2045-4
DIE ANDERE BIBLIOTHEK
© AUFBAU VERLAGE GMBH & CO. KG
BERLIN 2022

Extradrucke der Anderen Bibliothek № 378

Die Geschichte der 1985 von Hans Magnus Enzensberger und dem Schriftsetzer, Drucker und Verleger Franz Greno noch im Bleisatz aus der Taufe gehobenen Buchreihe DIE ANDERE BIBLIOTHEK ist längst zum Bestandteil unserer deutschsprachigen Lesekultur geworden.

Monat für Monat ist seitdem ein Band erschienen.
Seit Januar 2011 wählt Christian Döring monatlich sein Buch aus und gibt es im neuen Verlag DIE ANDERE BIBLIOTHEK unter dem Dach des Aufbau Hauses am Berliner Moritzplatz heraus.

Das Programm der ANDEREN BIBLIOTHEK folgt inhaltlich seit Anbeginn nur einem Maßstab: Genre-, epochen- und kulturraumübergreifend wird entdeckt und wiederentdeckt, die branchenübliche Einteilung in Sachbuch und Literatur hat nie interessiert, nur Originalität und Qualität sollen zählen.

– Jeden Monat erscheint ein neuer Band, von den besten Buchkünstlern gestaltet.
– Die ORIGINALAUSGABE erscheint in einer einmaligen Auflage von 3.333 Exemplaren, limitiert und nummeriert.

Sind die limitierten und nummerierten ORIGINALAUSGABEN vergriffen, bieten wir Ihnen unsere EXTRADRUCKE der ANDEREN BIBLIOTHEK, damit Sie alle an den Erfolgen unserer schönen Bücher teilhaben können. Gewohnte beste Inhalte, durchgesehen und aktualisiert, zum moderaten Preis in einer fein bedruckten Ausgabe.

Unser Vorschlag:
Werden Sie Mitglied im Club unserer Abonnenten, so erhalten Sie garantiert jede ORIGINALAUSGABE zum Vorzugspreis. Und als persönliches Dankeschön: eine unserer Prachtausgaben im Folioformat.

030 / 28 394–229
info@die-andere-bibliothek.de
www.die-andere-bibliothek.de